萨孟武 作品系列

儒家政论衍义

萨孟武 著

生活·讀書·新知 三联书店

Copyright © 2022 by SDX Joint Publishing Company
All Rights Reserved.
本作品版权由生活·读书·新知三联书店所有。
未经许可,不得翻印。

图书在版编目(CIP)数据

儒家政论衍义/萨孟武著.—北京:生活·读书
·新知三联书店,2022.10
(萨孟武作品系列)
ISBN 978-7-108-06539-1

Ⅰ.①儒… Ⅱ.①萨… Ⅲ.①儒家—政治思想—研究
—中国 Ⅳ.①B222.05②D092.2

中国版本图书馆 CIP 数据核字(2019)第 056028 号

著作财产权人:ⓒ三民书局股份有限公司
本书中文简体字版由三民书局股份有限公司授权生活·读书·新知三联书店有限公司在中国境内
(台湾、香港、澳门地区除外)独家出版。
本书中文简体字版禁止以商业用途于台湾、香港、澳门地区散布、销售。
版权所有,未经著作权财产权人书面授权,禁止对本书中文简体字版之任何部分以电子、机械、影
印、录音或其他方式复制或转载。

责任编辑	杨柳青
封面设计	储　平
责任印制	洪江龙

出版发行　生活·讀書·新知 三联书店
　　　　　(北京市东城区美术馆东街 22 号)
邮　　编　100010
印　　刷　江苏苏中印刷有限公司
版　　次　2022 年 10 月第 1 版
　　　　　2022 年 10 月第 1 次印刷
开　　本　720 毫米×965 毫米　1/16　印张 35.25
字　　数　504 千字
定　　价　128.00 元

萨孟武(1897—1984),名本炎,孟武为其字,福建福州人,著名政治学家。日本京都帝国大学法学士,回国后历任上海各大学教授。1927年,任总政治部宣传处编辑科科长。1928年,任中央政治学校教官兼编辑部主任。1930年,任中央政治学校普通行政系教授。越一年,兼任系主任,另兼陆军大学教官、中央学校教授。抗战军兴,随政校上庐山,抵芷江,入重庆。国民参政会成立,遴选为参政员。抗战胜利后,历任中山大学、台湾大学法学院教授兼院长。政校复校,兼任政治系研究所教授,并曾任立法委员。著有《政治学》《西洋政治思想史》《中国政治思想史》《新国家论》《中国宪法新论》《〈西游记〉与中国古代政治》《〈红楼梦〉与中国旧家庭》《〈水浒传〉与中国古代社会》《孟武自选文集》等著作。

自　序

　　本书起稿于六年以前,前后修改五次。本来与刘振强先生约好,于 1981 年 11 月交与三民书局刊行,约定之后,又从头阅读一遍,再加修改,费时四个多月,才成定稿,总计修改有六次之多。

　　本书书名前后更改数次,最后接受台大法学院教授贺凌虚、袁颂西两位先生之建议,定名为"先秦儒家政治思想的体系及其演变"。三民书局刘振强先生希望缩短,遂改为"儒家政论衍义",而以原书名附载于其后。因为本书是叙述儒家政治思想,故凡思想与政治无关者,例如孔子之章关于格致诚正修齐之类均舍而不述,否则书名应称为儒家思想,不宜称为儒家政论。

　　关于政治,有三种重要问题,一是政治思想,二是政治制度,三是政治现象,此三者均与时代背景有关,又有相互关系。本书以儒家孔孟荀三位的政治思想为经,而于解说之中,叙述时代背景、政治制度、政治现象(例如朋党等等)。此外又兼述经济等等(例如孟子主张井田,本书于此条解说中,则叙述历代户口、垦田、米价所引起的各种问题)。阅者只看本书目录,就可知道吾言之不虚。

　　本书每章均成独立的单位,可合而读之,又可分而读之。为读者分读时容易了解起见,故书中不免有重复之处。

本书引文均详细注出哪一书哪一卷哪一篇,而关于文集方面,且注出哪一书局出版。因为同是《司马光文集》,中华出版之《司马温公集》与商务万有文库之《司马温公传家集》,内容繁简不同,因之所载卷数亦异,故应注出出版书局。

著者识于台北　1982年3月23日时年八十六岁

目　次

导论　001

第一章　孔子

第一节　性、情、知　003
（一）性　003

（二）情　006

（三）知　015

第二节　政治原则　019
（一）统一及正统　019

（二）正名　023

（三）从周及正朔　025

（四）尊王　028

（五）攘夷　030

（六）民本——民本与民主的区别　035

（七）春秋三世　039

第三节　礼治　042
（一）礼与法　042

（二）礼之作用　044

（三）制礼的权　046

（四）礼的内容　046

（五）礼与义　050

第四节　人治　052
　（一）行法在人　052
　（二）政者正也　053
　（三）不求备于一人　056
　（四）选才的方法——考绩　058

第五节　刑赏　064
　（一）赏罚与劝惩　064
　（二）刑赏与人情　070
　（三）刑与礼治——孔子何以反对晋铸刑鼎　073

第六节　为政之道　077
　（一）一张一弛　077
　（二）兴革须依人力财力先定规模　079
　（三）无欲速、无见小利　081
　（四）小不忍则乱大谋　085
　（五）临事而惧、好谋而成　087
　（六）爱惜名器　089
　（七）法令不可轻易更改　090

第七节　君与臣　093
　第一项　君臣关系　093
　　（一）君臣相处之道——忠的观念的演变　093
　　（二）礼敬臣下——由礼敬演变为奴畜　099
　　（三）慎择近臣——历代宦官之祸　106
　　（四）外重或内重　111
　　（五）小谋大、内图外——内朝官如何演变为外朝官　113
　第二项　君道　122
　　（一）君道无为或守要　122
　　（二）委任责成　132
　第三项　臣道　138

　　　　（一）旷职及越权　138

　　　　（二）对于内乱及外患的态度　141

　　　　（三）谏诤　142

　　第八节　经济　144

　　　　（一）庶与富——历代户口垦田及米价——先富后教　144

　　　　（二）大富与大贫　166

　　　　（三）义与利　169

　　第九节　教育——历代太学、学生运动、朋党　171

　　第十节　狱讼及军事　192

　　　　（一）狱讼　192

　　　　（二）军事——宋向戍的弭兵、足食与足兵　197

第二章　孟子

　　第一节　人性　203

　　　　（一）性善　203

　　　　（二）性与命　212

　　　　（三）寡欲　214

　　　　（四）环境与人性　219

　　第二节　政治　222

　　　　（一）国家的要素　222

　　　　（二）政治的起源　224

　　　　（三）一治一乱　229

　　　　（四）统一——统一与武力、统一与革命的区别　235

　　　　（五）思想的统一　238

　　　　（六）王与霸　244

　　第三节　复古思想　247

　　　　第一项　贵族政治　247

　　　　　　（一）不得罪于巨室——历史上豪宗大族的势力　247

（二）贵戚之卿有易君位之权　254
　第二项　封建制度　256
　　井田制度——历代田制及唐代反对封建的意见　256
第四节　人治　274
　第一项　民本　274
　第二项　仁政　276
　　（一）仁政的本质　276
　　（二）仁政的政策　278
　　（三）仁政与小惠　280
　第三项　贤能政治　282
　　（一）贤与能的区别　282
　　（二）贤明与多数　285
　　（三）徒善与徒法　292
　第四项　放伐暴君　295
第五节　人君　300
　　（一）君权与天　300
　　（二）君道　303
第六节　人臣　307
　　（一）士之品格　307
　　（二）入官——历代考选制度　311
　　（三）为贫而仕——历代禄俸制度　323
　　（四）臣道　336
　　（五）谏诤及格君心之非　339
第七节　经济　343
　　（一）分工　343
　　（二）富民之必要　345
　　（三）富民的政策　349
第八节　外交及反战　354

（一）外交　354

　　　（二）反战　357

第三章　荀子

　第一节　人性及人情　363

　　　（一）性之本质及其与情的区别　363

　　　（二）人情　367

　　　（三）人欲——先哲对于人欲的看法及理学派惩忿窒欲的

　　　　　主张　372

　　　（四）性恶　379

　　　（五）计算利害大小　382

　　　（六）环境与人之情性　386

　第二节　社会　389

　第三节　礼治及法治　394

　　　（一）礼之基础　394

　　　（二）礼之起源　396

　　　（三）礼之作用　398

　　　（四）礼治　400

　　　（五）由礼治而主张法治　402

　　　（六）由法生"类"——后世沿类创例,吏胥缘例操纵国权　403

　　　（七）礼用于士以上,法用于众庶百姓　406

　第四节　势与术　410

　　　（一）势　410

　　　（二）术　413

　第五节　政治　416

　　　（一）统一——思想的统一　416

　　　（二）法后王　423

　　　（三）民本——民主政治的制度　425

（四）政治上的平等　435

　　（五）改革　438

第六节　人治　440

第七节　刑赏　454

　　（一）刑赏的起源　454

　　（二）刑赏的作用　458

　　（三）刑赏须合理　461

　　（四）厚赏重刑尤其重刑之必要　468

第八节　人君　474

　　（一）君之作用　474

　　（二）君道无为　480

第九节　人臣　491

　第一项　总说　491

　　（一）遇合　491

　　（二）通才与专才　493

　第二项　宰相　494

　　（一）相之起源及其重要　494

　　（二）相的职权　498

　第三项　群臣　503

　　（一）百官的分职　503

　　（二）臣道　504

第十节　经济　509

　　（一）富国即富民的重要　509

　　（二）富民政策　513

　　（三）先富后教　513

　　（四）聚敛与藏富于民　514

　　（五）国贫的原因　515

　　（六）义与利　519

第十一节　军事　521

第十二节　天及卜筮　529

　　（一）天——历代民变与宗教　529

　　（二）卜筮　546

导　论

　　余希望读者先阅导论,而后再读每章每节每项目所述,而后更能了解本书之要点。本书分三章,每章成为独立单位,阅者可合而读之,亦可分而读之。因此,文字不免重复。

　　本书名称本来是"先秦儒家政治思想的体系及其演变",书名稍长,但不用是名,不能涵盖全书的内容,三民书局刘振强先生希望缩短,以便读者容易记得,乃改为"儒家政论衍义",而以原书名附在其后。①

　　宋儒真德秀著《大学衍义》,但所衍者止于格致诚正修齐,而治平犹阙。明代丘濬著《大学衍义补》,揭治国平天下之道。本书写法是依丘书的体裁,但只以孔孟荀之言为纲,不若丘书之纲那样芜杂。例如丘书卷十三《藩民之生》,中有一纲"汉惠帝六年令民女子年十五以上至三十不嫁,五算",下加"臣按"云云七十余字,本书因为书名(先秦儒家)关系,以"子适卫,冉有仆,子曰庶矣哉云云"(《论语·颜渊》)为纲,而将汉惠帝六年之令加入解说(书中凡用仿宋体字者均是原文,正文等于丘书之按语)之中,先引叶适、管子之言,说明"庶"何以必要;次述汉唐初年讲求民庶之法;

---

① 本书虽以先秦儒家政治思想为纲展开,但其所引古籍及史事等实不限于先秦,故现省略副书名。——编者

又次说明既庶了，就要富之，先引先哲之言，再列举历代户口、垦田、米价等等，以证明庶而不富，为患更大；最后讨论先富后教，除引勾践先生聚而后教训，并引孟荀二子之说，以及董仲舒、李觏、王安石之言，以加强孔子学说深合于为政之道。又如丘书卷十五《宽民之力》，以《礼记·杂记》"孔子曰，张而不弛，文武弗能也；弛而不张，文武弗为也。一张一弛，文武之道也"为纲，下加"臣按"云云，约一百六十字。本书亦以孔子之言"一张一弛"为纲，而解说有一千一百字以上，由人类心理，说明人类若长期紧张，而无弛缓为之调剂，精神力不免疲惫而至于蹶竭。长期弛缓，而无紧张为之调剂，精神力又由松懈而至于麻木。秦灭六国之后，理应采用"弛"的政策，使民稍息仔肩，顾乃虐用其民，终至一夫夜呼，乱者四应，秦祚因之而亡，此张而不弛之过也。宋自澶渊和谈之后，边患并未解除，理应采用"张"的政策，使全国奋发图强，顾乃苟且偷安，政风士气多务因循，以致金兵南下，宋室不能不偏安于江左。南渡既久，君臣上下又复文恬武嬉，歌舞太平，于是元兵南下，宋祚亡矣，此弛而不张之过也。

　　本书定名为"儒家政论衍义"，其原名为"先秦儒家政治思想的体系及其演变"，著作在先，改名在后，兹分析原书名借以说明本书的内容，读者可先阅此篇导论，而后再阅每章每节每项目之所述。现在先就"体系"及"演变"两语说起。

　　（一）书名用"体系"二字，盖吾国先哲讨论政治，多从人之情性出发，由各人看法的不同，而展开各自不同的政治思想。他们思想内容虽然歧异，但均能整然成一体系，举最显明之例言之，孟子言性善，仁义礼智"非由外铄我也，我固有之也"。人性既善，故他不言刑赏以劝善惩恶，而尤反对战争。荀子言性恶，性既是恶，自应用刑以惩恶，设赏以劝善。在必要时，且宜用兵。孔子只说"性相近也，习相远也"，人性本来相去无几，其后习于善则善，习于恶则恶，即人众不能皆善，也不会皆恶。如何使人习于善而不习于恶？除少数贤人能够自动地"安而行之"之外，对于绝大多数的人，必须应用"以德报德，则民有所劝；以怨报怨，则民有所惩"（《礼记·表记》）的道理。以德报德就是用赏，使民"利而行之"。以怨报怨就是用刑，使民"勉强而行之"。（《中庸》）孔子言政,绝不轻视人之情性。现在试问孟荀二子均是战国时代的大儒,何以两人思想如斯分歧?案孔子对于"仁"的道德观念有两种解释,一是"樊迟问仁,子曰爱人"(《论语·颜渊》),即仁不问对方人格如何,均以爱待之。二是"子曰,唯仁人为能爱人,能恶人"(《大学》),孔颖达疏"仁人能爱善人,恶不善之人",即仁乃视对方的人格之善恶,善者爱之,不善者恶之。孟子侧重"爱人",故为政应由恻隐之心,不用刑杀。荀子兼顾"能爱人",又"能恶人",故他说"杀人者不死,而伤人者不刑,是谓惠暴而宽贼也,非恶恶也"(《正论篇》)。孟荀二子对于孔子所说的仁,各采用其一说,于是二子对于其他道德观念,见解亦不相同。孟子以羞恶之心为义,辞让之心为礼(《公孙丑上》章,《告子上》章"辞让之心"作"恭敬之心"),即礼义均内在于吾人之心。吾人能够无失"本心",自能自律地循礼守义。荀子依《礼记·乐记》所说"礼自外作","义近于礼",而认礼义均在于外,而非在内。何谓礼?荀子说"礼者法之大分"(《劝学篇》),"非礼是无法也"(《修身篇》),即礼就是法。何谓义?荀子说:"夫义者所以限禁人之为恶与奸者。"(《强国篇》)观"限禁"二字,又观礼就是法之言,可知礼义都是在外。荀子又依《中庸》"义者宜也",而谓"先王制礼义以分之,使人各得其宜"(《荣辱篇》)。盖人众未必均能自律地循礼守义,必须从外加以强制,使人他律地循礼守义,而后人人才会各得其宜,孟荀二子思想的分歧在此。

(二)书名何以用"演变"二字?大凡思想虽由事实而发生,而事实的变化又可改变思想的原有意义。秦汉以后,学者多宗孔子之道,然乃渐渐离开原始儒学,依时代的变迁,渐次改变儒学的本质。举一例说,关于君臣关系,孔子说,"君使臣以礼,臣事君以忠"(《论语·八佾》),即忠只是相对的义务。孟子有草芥、寇仇之语,荀子有"从道不从君"之言(《臣道篇》)。魏晋以后,朝代更易有甚弈棋,君位不安于上,百姓涂炭于下。隋末,文中子王通曾说,"无定主而责之以忠……虽曰能之,末由也已"(《中说·事君篇》)。但他又说,"何必霍光,古之大臣废昏举明,所以康天下也"(《中说》同上)。唐兴,太宗改先秦儒学之相对的忠而为绝对的忠,太宗"谓侍臣曰,君虽不君,臣不可以不臣"(《旧唐书·太宗纪》贞观二年)。五季丧乱相承,五十余年之间易代五次,长者不过十余年,短者仅二三年,朝为天子,暮为囚徒。因朝代的兴废,造成政局的棼乱。

因政局的梦乱,黎民就随之陷于水深火热之中,时承唐末方镇大乱之后,人民疲惫不堪,其易姓更国号不是由于民众暴动,而是由于军阀火拼。安重荣说,"天子兵强马壮者当为之,宁有种耶"(《旧五代史·安重荣传》),所以司马光著《资治通鉴》,开始就说,"君臣之位犹天地之不可易也"(周威烈王二十三年臣光曰)。自兹以降,名教之说大盛,绝对的忠成为政治上道德的铁则。及至明代,自太祖始,每位天子无不专制,视臣下如奴隶,廷杖之事不绝于史,于是反抗暴君的思想又发生了。方孝孺说,"天之立君也,非以私一人而富贵之,将使其涵育斯民,俾各得其所也"(《逊志斋集》卷二《深虑论七》,中华版)。"如使立君而无益于民,则于君也何取哉? 自公卿大夫至于百执事,莫不有职,而不能修其职,小则削,大则诛。君之职重于公卿大夫百执事远矣。怠而不自修,又从侵乱之,虽诛削之典莫之加,其曷不畏乎天耶? 受命于天者君也,受命于君者臣也。臣不供其职,则君以为不臣;君不修其职,天其谓之何? 其以为宜然而祐之耶,抑将怒而殄绝之耶,奚为而弗思也?"(同上卷三《君职》)方氏此一段话乃本于《孟子》,"孟子谓齐宣王曰,士师不能治士,则如之何? 王曰,已之。曰四境之内不治,则如之何? 王顾左右而言他"(《梁惠王下》)。推孟子之意,此际应该易位。方氏虽然赞成孟子之说,但生在名教社会之内,不敢明白说出放伐暴君,只能将殄绝之责归之于天。明末清初黄梨洲著《明夷待访录》,中有《原君》及《原臣》两篇文章,其思想多本于方孝孺。他依孟子放伐暴君之说,赞成汤武革命,但不能再进一步,主张民主。此无他,人类的思想不是从空创造出发,而是按照事实而渐渐发生。吾国历史没有民主的事实,所以学者不能若欧洲文艺复兴时代的学者,由研究希腊文化而发现了民主制度。中国民主思想乃萌芽前清光绪初年,由严复翻译西书而后大畅于世。

(三) 本书名为"先秦",但先秦以后的事,亦尽量述之。举一例说,孟子有"一治一乱"之言,本书于该条下,先引东汉仲长统之说,他谓乱世长而治世短,且世愈下,而乱愈甚(《后汉书·仲长统传》理乱篇);次引司马光之语,他谓天下一分一合,合短而分长。当然合是治世,分是乱世(《司马温公集》卷三《进五规状·保业》,中华版)。司马光之前,李觏以为人之情,治极思乱,乱极思治,但未说明治乱的原因(《李直讲文集》卷二十一《备乱》,商务版)。明代李贽则以质与文为社会治乱的原因。质是治世,文是乱世之所由生。其所谓"质"似指大乱刚平,一切均归破坏,但人口锐减,大众只求粗食以充饥,陋室以蔽风雨。文似指乱后小康,大众忘记前此的艰苦,而要求珍食美屋。然人口蕃息,物资渐渐缺乏,又引起乱事的发生。社会反复着一质一文,即一治一乱,而现出弱肉强食的现象,这是天演的公理,虽圣人莫如之何(《李氏藏书》卷一《世纪总论》、《温陵集》卷十九《答人难无为》《道古录》)。本书复引《淮南子》所说,"世治则愚者不能独乱,世乱则智者不能独治"(《淮南子》卷二《俶真训》)。更引王符之言,"治世一成,君自不能乱也,况臣下乎?乱世一成,君自不能治也,况臣下乎"(《潜夫论》第三十一篇《明忠》)。最后则说明我自己的见解,我认为一治一乱是由民生问题即土地问题而发生。土地问题可分两种,一是土地的生产不能供给全国人口的需要,这叫作社会之绝对的贫穷;二是土地的生产固然可供全国人口的需要,但土地乃为少数人所兼并,多数农民无田可耕,沦为流民,这称为社会之相对的贫穷。相对的贫穷尚可用社会政策以拖延危机的爆发。绝对的贫穷在生产技术幼稚之时,除取得新土地之外,势必发生大乱。大乱之后,人口减少,土地成为无主的土地,遂由政府分配给人民,由是社会又现出小康的局面。小康既久,人口又复增加,土地又发生问题,这是一治一乱的根本原因。在一治一乱之中,我们不可轻视士人的作用。吾国过去士人均投身政界以求衣食,所以士人人数与职官额数应保持一定的比例。士人过剩,若有大部分士人不能吸收于官场之内,而变成游士,社会必现出杌陧不安的现象。关此,苏轼有《养士》一篇文章说明。其次必须注意的,则为商业资本。社会呈出小康之时,社会安定,农业生产物随之增加。农产物生产的增加,须赖商人运贩于市场之上。商人蓄积财富,而因社会之贫穷、消费力之低落,又令商人不愿投资于工业,只依"以末得之,以本守之"的方法,投资于土地之上。于是农村之内发生兼并的现象,农民失去土地,变为流民。一方有游士,他方有流民,于是大乱现象便因之形成,所以古代政府常施行重农轻商政策。

(四)本书名为"儒家",而以孔孟荀的思想为纲,即取三子之言为标题,而后加以解说。解说除引太史公所举"六家"之外,如杂家、兵家、纵横家等等,凡足供参考者均引之。先秦以后,自《吕氏春秋》而至前清末叶严复所译西书的按语（按语才是严复的思想），亦尽量引用。有的且与西洋类似思想比较，例如儒家的民本与西洋的民主有何区别，中国何以有民本而无民主思想，西洋民主思想发生原因何在，发展如何，均举在《大学》"民之所好好之，民之所恶恶之"条下。又如孟子的政治学说有的地方颇似欧洲中世末期的"暴君放伐论"（Monarchomachos），本书举出三点，以作比较：（1）暴君放伐论主张"王权神授"，孟子则谓"天与贤则与贤，天与子则与子"。如何而知天意，孟子说，"使之主祭，而百神享之，是天受之"。（2）暴君放伐论主张放伐暴君。孟子赞成汤放桀，武王伐纣，且说"闻诛一夫纣矣，未闻弑君也"。（3）暴君放伐论主张废君立君应由代表当时特权阶级的三级会议执行。孟子亦谓贵戚之卿有易君位之权。

（五）书名为"政治思想"，案古人思想都是政治思想，不但吾国如此，就是西洋也是一样。盖有识之士均欲利用国家权力以解决社会问题，于是讨论政治便成为各时代的中心思想。远者如希腊的柏拉图、亚理斯多德①，罗马的波里比斯②（Polybius）、西塞禄③（Cicero），近者如武力说、多元论、社会主义、独裁思想等等各种著作，哪有一种不谈政治？不过有的欲建立新制度，有的则拥护旧制度，因而思想有所不同而已。兹宜特别告知读者的，本书虽定名为"政治思想"，其实，"政治制度""政治现象"，凡问题与政治有关者无不简单述之。举数例说，内朝官的迩臣如何演变为外朝官的大臣，述于《礼记·缁衣》"子曰，君毋以小谋大，毋以内图外"条下。历代禄俸述于《孟子·万章下》"孟子曰，仕非为贫也，而有时乎为贫"条下。历代民众叛变与宗教的关系述于《荀子·天论》"从天而颂之，孰与制天命而用之"条下。其他借题论述政治制度、政治现象之事，不胜枚举，这是本书内容的大要。

---

① 通常译作"亚里士多德"。——编者
② 通常译作"波利比乌斯"。——编者
③ 通常译作"西塞罗"。——编者

第一章 孔子

本章所述孔子的政治思想，不但取材于《论语》，经书之中尤其《礼记》，凡有引用孔子之言而不见于《论语》者，均引之。此外，如《孔子家语》等书亦不忽略。盖《论语》之书，据柳宗元研究，乃曾子门人杂记曾子之言或曾子所追述孔子之言。"孔子弟子，曾参最少，少孔子四十六岁（原注：孔子卒时年七十二，曾子年二十六），曾子老而死，是书（《论语》）记曾子之死，则去孔子也远矣，曾子之死，孔子弟子略无存者矣。吾意曾子弟子之为之也……或曰，孔子弟子尝杂记其言，然而卒成其书者曾子之徒也。"（《柳河东集》卷四《论语辨》上篇，世界版）。余为什么引用柳氏之言？盖欲借此说明凡欲研究孔子思想，不可单单根据《论语》。

第一节
性、情、知

(一) 性

> 性相近也,习相远也。(《论语注疏》卷十七《阳货》)

古人讨论政治,均由人性出发,而后展开其整个主张。古人言性可归纳为四种:一是性善;二是性恶;三是性可以为善,可以为不善;四是有性善,有性不善。此四种学说均见于《孟子》中《告子》之章。但第四种之说除公都子引"或曰"之外,后人多不注意,而且常与第三种混同为一。所以古书之中,只有孟子言性善,荀子言性恶,扬子(扬雄)言人之性善恶混。何谓善恶混?混谓人之本性乃善恶杂处于心,其后或善或恶则如扬雄所说,"修其善则为善人,修其恶则为恶人"(《法言义疏》五《修身卷第三》,世界版)。扬雄于性善性恶之外,创造了一种人性善恶混之说,其实此种见解与告子所说,"性犹湍水也,决诸东方则东流,决诸西方则西流",相去无几。所不同的,告子明言性无分于善恶,扬雄则谓人性自始就均有善质及恶质:修其善者为善人,修其恶者为恶人。若据王充之言,人性善恶混之说乃创始于周人世硕。"周人世硕以为人性有善有恶,举人之善性养而致之,则善长;性恶养而致之,则恶长……密子贱、漆雕开、公孙尼子之徒亦论情性,与世子(即世硕)相出入,皆言性有善有恶。……自孟子以下至刘子政(刘向),鸿儒博生闻见多矣,然而论情性竟无定是。唯世硕、公孙尼子之徒颇得其正……余固以孟轲言人性善者,中人以上者也;孙卿言人性恶者,中人以下者也;扬雄言人性善恶混者,中人也。"(《论衡》第十三篇《本性》)扬雄之前,董仲舒另有一番说法。"性比于禾,善比于米。米出禾中,而禾未可全为米也。善出性中,而性未可全为善也……性如茧如卵,卵待覆而成雏,茧待缫而为丝,性待教而为善……或曰,性有善端,心有善质,尚安非善?应之曰,非也。茧有丝,而茧非丝也,卵有雏,而卵非雏也。比类率然,有何疑焉?"(《春秋繁露》第三十五篇《深察名号》)董氏又说,"善如米,性如禾。禾虽出米,而禾未可谓米也。性虽出善,而性未可谓善也……故曰,性有善质,而未能为善也……今按圣人言中,本无性善名,而有善人吾不得见之矣。使万民之性皆已能善,善人者何为不见也……圣人之性不可以名性,斗筲之性又不可以名性,名性者中民之性。中民之性如茧如卵,卵待覆二十日而后能为雏,茧待缫以涫汤而后能为丝,性待渐于教训而后能为善。善,教训之所然也,非质朴之所能至也,故不谓性……性者……无所待而起,生而所自有也;善所自有,则教训已非性也。是以米出于粟,而粟不可谓米;玉出于璞,而璞不可谓玉;善出于性,而性不可谓善。其比多在物者为然,在性者以为不然,何不通于类也"(同上第三十六篇《实性》)。孔子对于人性,没有积极的主张,只谓"性相近也,习相远也",现先看朱注,朱注谓"此所谓性,兼气质而言者也。气质之性固有美恶之不同矣,然以其初而言,则皆不甚相远也。但习于善则善,习于恶则恶,于是始相远耳"。注又引"程子曰,此言气质之性,非言性之本也。若言其本,则性即是理,理无不善,孟子之言性善是也,何相近之有哉"。即程朱要拥护孟子性善之说,不能不创造"性之气质"一语以与"性之本质"区别。朱子曾谓"性形而上者也,气则形而下者也。形而上者一理浑然,无有不善。形而下者则纷纭杂揉,善恶有所分矣"(《近思录集注》卷一)。此言可以补充程子所分"性之本质"与"性之气质"未尽之点。然皆用以证明孟子性善说之合理。程朱又把本章与下章"子曰,唯上智与下愚不移",合而为一。朱注,"此承上章而言人之气质相近之中,又有善恶一定而非习之所能移者"。并引"程子曰,人性本善,有不可移(《近思录》卷一,移作革)者何也?语其性则皆善也,语其才则有下愚之不移。所谓下愚有二焉,自暴自弃也。人苟以善自治,则无不可移。虽昏愚之至,皆可渐磨而进也。唯自暴者拒之以不信,自弃者绝之以不为,虽圣人与居,不能化而入也,仲尼之所谓下愚也。然其质非必昏且愚也,往往强戾而才力有过人者,商辛是也。圣人以其自绝于善,谓之下愚,然考其归,则诚愚也"。现在再看邢昺之疏如何解释。"此章言君子当慎其所习也。性谓人所禀受以生而静者也,未为外物所感,则人皆相似,是近也。既为外物所感,则习以成性,若习于善则为君子,若习于恶则为小人,是相远也。故君子慎其所习。然此乃是中人耳,其性可上可下,故遇善则升,逢恶则坠也。孔子又尝曰,唯上智圣人不可移之使为恶,下愚之人不可移之使强贤,此则非如中人性,习相近远也。"朱注邢疏均将"性相近也"之章与下章"唯上知与下愚不移"合而为一。由余观之,上一章言性,性有善恶;下一章言知,知有智愚。在历史上,大恶之徒常是智慧甚高的人。大贤的智慧又未必均是大智。"参也鲁"(《论语·先进》),而能传孔子之道。是则性之善恶与知之智愚固不可混而为一。吾最初还以为这是我之创见。第三次修改时,忽然记起苏轼有《扬雄论》一文,把它看了之后,方知古人已先我言之,苏轼文章是反驳韩愈的。韩愈谓"孟子之言性曰人之性善,荀子之言性曰人之性恶,扬子之言性曰人之性善恶混。夫始善而进恶,与始恶而进善,与始也混而今也善恶,皆举其中而遗其上下者也。得其一而失其二者也。叔鱼之生也……人之性果善乎?后稷之生也……人之性果恶乎?尧之朱,舜之均……人之性善恶果混乎?然则性之上下者,其终不可移乎?曰上之性,就学而愈明;下之性,畏威而寡罪。是故上者可教,而下者可制也,其品则孔子谓不移也"(《韩昌黎文集》卷一《原性》,世界版)。苏轼则云:"昔之为性论者多矣,而不能定于一。始孟子以为善,而荀子以为恶,扬子以为善恶混,而韩愈者又取乎三子之说而折之,以孔子之论,离性以为三品,曰中人可以上下,而上智与下愚不移,以为三子者皆出乎其中,而遗其上下……是未知乎所谓性者,而以夫才者言之。夫性与才相近而不同,其别不啻若黑白之异也。圣人之所与小人共之,而皆不能逃焉,是真所谓性也。而其才固将有所不同,今木得土而后生,雨露风气之所养,畅然而遂茂者,木之所同也,性也。而至于坚者为毂,柔者为轮,大者为楹,小者为桷,桷之不可以为楹,轮之不可以为毂,是岂其性之罪邪?天下之言性者皆杂乎才而言之,是以纷纷而不能一也。孔子所谓中人可以上下,而上智与下愚不移者,是论其才也。而至于言性,则未尝断其善恶,曰性相近也,习相远也而已。韩愈之说则又有甚者,离性以为情,而合才以为性,是故其论终莫能通。"(《苏东坡全集·应诏集》卷十《扬雄论》,世界版)岂但韩愈,就是邢昺、朱熹等人,其言性也是杂乎才而言之。苏轼之言与余相同,认为"性相近也"之章与下章"唯上知与下愚不移"不可合并讨论。"性相近也"之章说明人性之善恶。"唯上知与下愚不移"之章说明才识之高低。不过人性善恶可由环境及教化加以改变。《孔子家语》:"子曰,人有五仪,有庸人,有士人,有君子,有贤人,有圣人。"(第七篇《五仪解》,《大戴礼》卷一《哀公问五义》有同一文字)观孔子对斯五者之解释,可知在性善之中尚可以分为四等。所谓庸人是指自己没有定见而只会随波逐流的人。此种人当然不能归纳于性善之人之中。《论语》:"子曰,圣人吾不得而见之矣,得见君子者斯可矣。子曰(朱注此二字疑衍文),善人吾不得而见之矣,得见有恒者斯可矣。亡而为有,虚而为盈,约而为泰,难乎有恒矣。"邢昺疏,"善人即君子也"(《论语注疏》卷七《述而》),即性善的人只有三等。朱注,"君子才德出众之名","善人者志于仁而无恶",即把君子与善人分开,而认性善的人共有四等。至于"亡而为有,虚而为盈,约而为泰"的人,邢疏及朱注均把他排斥于性善之外。今若依据朱注,则《论语》此段孔子之言是分性善为四等,而与《家语》相同。吾所引以为怪的,均是孔子之言,何以名称及等级乃不一致。《家语》将君子列为第三等,《论语》列之为第二等。《论语》所谓有恒者,《家语》称之为士人。此盖孔子之书乃其门人随听随笔,故不但此书与彼书,就是同一的书,前后亦有不一致之处。

(二) 情

何谓人情?喜怒哀惧爱恶欲,七者弗学而能。(《礼记注疏》卷二十二《礼运》)

子曰,富与贵是人之所欲也,不以其道得之,不处也;贫与贱是人之所恶也,不以其道得之,不去也。(《论语注疏》卷四《里仁》)

子曰,爱之欲其生,恶之欲其死。既欲其生,又欲其死,是惑也。(《论语注疏》卷十二《颜渊》)

饮食男女人之大欲存焉,死亡贫苦人之大恶存焉,故欲恶者心之大端也。(《礼记注疏》卷二十三《礼运》)

上举第一条称为七情,七情常减少为六情,即《白虎通》所说"喜怒哀乐爱恶谓六情"(卷三《情性》)。《白虎通》之六情不知是否采自荀子学说。荀子以为"生之所以然者谓之性,性之好恶喜怒哀乐谓之情"(《荀子》第二十二篇《正名》)。即荀子之好恶,《白虎通》改为爱恶。古人常以"好"字代爱,《论语·里仁》"唯仁者能好人,能恶人",即其一例。荀子之六情又与郑子大叔之六情相同,今先引本条《礼运》的孔颖达疏。孔疏云:"案昭二十五年《左传》云,天有六气,在人为六情,谓喜怒哀乐好恶。此(《礼运》)之喜怒及哀恶与彼(《左传》)同也。此云欲则彼云乐也。此云爱则彼云好也。谓六情之外,增一惧而为七。熊氏云,惧则怒中之小别,以见怒而怖惧耳。六气谓阴阳风雨晦明也。按彼传云,喜生于风,怒生于雨,哀生于晦,乐生于明,好生于阳,恶生于阴,其义可知也。"孔疏所引《左传》之文乃郑子大叔答晋赵简子之言。原文为"民有好恶喜怒哀乐,生于六气……哀有哭泣,乐有歌舞,喜有施舍,怒有战斗,喜生于好,怒生于恶……赏罚以制死生。生,好物也;死,恶物也。好物乐也,恶物哀也。哀乐不失,乃能协于天地之性,是以长久"。性无善恶,感于外物而发生六情,六情不得其宜,则喜怒等等不免过度。故《乐记》云:"人生而静,天之性也,感于物而动,性之欲也。物至知知,然后好恶形焉。好恶无节于内,知(知犹欲也)诱于外,不能反躬,天理灭矣。夫物之感人无穷,而人之好恶无节,则是物至而人化物也。人化物也者,灭天理而穷人欲者也。于是有悖逆诈伪之心,有淫泆作乱之事。是故强者胁弱,众者暴寡,知者诈愚,勇者苦怯,疾痛不养,老幼孤独不得其所,此大乱之道也。是故先王之制礼乐,人为之节(应作'为人之节')……礼节民心,乐和民声,政以行之,刑以防之,礼乐刑政四达而不悖,则王道备矣。"文中"感于物而动,性之欲也",郑玄注,"言性不见物则无欲"。孔颖达疏,"其心本虽静,感于外物,而心遂动,是性之所贪欲也。自然谓之性,贪欲谓之情,是情与性别也"(《礼记注疏》卷三十七《乐记》)。孔疏是根据《乐记》最先数句,"凡音之起,由人心生也。人心之动,物使之然也"。即吾人的精神活动须有两个条件,以音乐为例言之,一是音的刺激,二是心的反应;换言之,一是客观的声音,二是主观的情绪。客观上没有声音,吾人不会有所刺激。主观上没有情绪,吾人不会由刺激而引起反应。《吕氏春秋》云,"耳之情欲声,心不乐,五音在前弗听。目之情欲色,心弗乐,五色在前弗视。鼻之情欲芬香,心弗乐,芬香在前弗嗅。口之情欲滋味,心弗乐,五味在前弗食。欲之者耳目鼻口也,乐之弗乐者心也"(卷五《仲夏纪第五》之四《适音》)。但是吾人之心固然接受客观的音乐,而反应又随各人情绪而不同。同是低音,有人认为清爽,有人认为沉闷。同是高音,有人认为激昂,有人认为吵闹。这都是由于情绪不同之故。人类均有六情(《礼运》作七情),若听其自由发动,社会必至棼乱。先王恶其乱也,故制礼义以限禁之,使人各得其宜。董仲舒说:"夫礼体情而防乱者也。民之情不能制其欲,使之度礼,目视正色,耳听正声,口食正味,身行正道,非夺之情也,所以安其情也。"(《春秋繁露》第八十二篇《天地施》)即依董氏之意,情不可夺之使无,只能安之以正。

　　上举第二条据邢昺疏,"富者财多,贵者位高,此二者是人之所贪欲也。乏财曰贫,无位曰贱,此二者是人之所嫌恶也"。一欲富贵而恶贫贱,这是人情,但君子必得之有道,去之亦有道。孔子曾言:"邦有道,贫且贱焉,耻也。邦无道,富且贵焉,耻也。"(《论语·泰伯》)又说:"邦有道谷。邦无道谷,耻也。"(《论语·宪问》)邦有道而不见用于世而至贫贱,必其人缺乏才智。邦无道,竟能富贵,飞黄腾达,必其人善于奔竞钻营。古来国家兴盛之时,朝廷常有激昂豪杰之士;国家将乱,又往往是人主信任奸佞,好谀成风,公卿则唯唯听命,依阿取宠。官场习气如斯,所以古人之洁身自爱者,常不欲为宦。其实,此种态度是不对的。尸子说:"夫高显尊贵,利天下之径也,非仁者之所以轻也。何以知其然耶……舜之方陶也,不能利其巷,及南面而君天下,蛮夷戎狄皆被其福。"(《尸子》卷上《明堂》)所以贤人志士之欲独善其身,只是消极的道德,不足为训。然而吾国自古以来，官场习气实在太坏。西汉由高祖而至文景，人才辈出。武帝即位，"上方欲用文武，求之如弗及。群士慕向，异人并出，汉之得人，于兹为甚"（《汉书》卷五十八《公孙弘传》赞）。元成以后，情形不同。成帝时梅福上书曰，"自阳朔（成帝年号）以来，天下以言为讳，朝廷尤甚，群臣皆承顺上指，莫有执正"（《汉书》卷六十七《梅福传》）。哀帝时，大臣"以苟容曲从为贤，以拱默尸禄为智"（《汉书》卷七十九《鲍宣传》）。此种现象之所以发生，何焯谓"成帝以后，士皆依附儒术，容身固位，志节日微，卒成王家之篡"（《汉书》卷六十七《朱云传》补注）。例如匡衡"经学绝伦"，中书令石显用事，衡竟"阿谀曲从"，"不敢失其意"（《汉书》卷八十一《匡衡传》）。张禹"经学精习"，而乃"内殖货财……买田至四百顷，皆泾渭溉灌，极膏腴上贾，它财物称是"。又"自见年老，子孙弱"，不欲得罪王氏，谓日食地震，与王氏专政无关（《汉书卷》八十一《张禹传》）。孔光"经学尤明"，而乃依附王莽，莽"所欲搏击，辄为草，以太后指，风光令上之"（《汉书》卷八十一《孔光传》）。此三人者"咸以儒宗居宰相位，服儒衣冠，传先王语，然皆持禄保位，被阿谀之讥"（《汉书》卷八十一《匡衡传》赞）。案自武帝立五经博士，开弟子员，设科射策之后，经学浸盛，"盖利禄之路然也"（《汉书》卷八十八《儒林传》赞）。学者研究经学，目的不在于"明天道，正人伦，致至治"（《儒林传》序），而在于拾金紫。目的如斯，一旦达到目的，当然是持禄保位，而不能以青紫为手段，实行"致至治"的抱负。唐代以后，举士均用考试，而据杜陵项氏之言，"风俗之弊至唐极矣。王公大人巍然于上，以先达自居，不复求士。天下之士什什伍伍，戴破帽，骑蹇驴，未到门百步，辄下马，奉币刺，再拜以谒于典客者，投其所为之文，名之曰求知己。如是而不问，则再如前所为者，名之曰温卷。如是而又不问，则有执贽于马前自赞曰，某人上谒者。嗟乎，风俗之弊至此极矣。此不独为士者可鄙，其时之治乱盖可知矣"（引自《文献通考》卷二十九《举士》）。宋代如何？"士大夫寡廉鲜耻，列拜于势要之门，甚者匍匐门窦，称门生；不足，称恩坐恩主，甚至于恩父者。谀文丰赂，又在所不论也。"（《宋史》卷三百九十八《倪思传》）宜乎叶适慨然言之，"奔竞成风，干谒盈门，较权势之轻重，不胜其求。若此者不但下之人知之，上之人亦知之矣。方其人之未得出乎此也，卑身屈体以求之，仆隶贱人之所耻者而不耻也，此岂复有其中之所存哉？及其人之既得脱乎此也，抗颜庄色以居之，彼其下者又为卑身屈体之状以进焉，彼亦安受之而已"(《水心集》卷三《荐举》)。明代士风更劣于唐宋，明太祖由匹夫而登帝位，要树立尊严，不惜当众侮辱大臣，甚至加以廷杖，所谓"士可杀，不可辱"，明祖未必知道。到了末季，大臣受主威胁制，"唯诺惟谨，伈伈俔俔，若有所不敢"(《明史》卷一百七十九《邹智传》)。刘吉"居内阁十八年，人目之为刘棉花，以其耐弹也"。当时有"纸糊三阁老(刘吉等三人)、泥塑六尚书之谣"(《明史》卷一百六十八《刘吉传》)。官场的习气影响到士大夫的气节。魏忠贤操弄国权之时，竟然有监生(国子监生员，犹前代之太学生)请以忠贤配孔子，以忠贤父配启圣公。忠贤"所过，士大夫遮道拜伏，至呼九千岁"。士风日下，颂功德者相继，忠贤生祠乃遍建于各地(《明史》卷三百五《魏忠贤传》)，中珰误国，明祚安得不亡？

上举第三条盖谓人情所最重视的莫如生死问题。慎子说，"生不足以使之，利何足以动之？死不足以禁之，害何足以恐之"(《慎子·逸文》)。《吕氏春秋》有类似的文句，"生不足以使之，则利曷足以使之矣？死不足以禁之，则害曷足以禁之矣"(卷二十《恃君览第八》之三《知分》)。南北朝时，有刘勰者，他知人类皆有利害观念，"就利而避害，爱得而憎失，人之恒情已。人皆知就利而避害，莫知缘害而见利；皆识爱得而憎失，莫识由失以至得……疽瘊用砭石，非不痛也。然而为之者，以小痛来而大痛减，即细害至，巨害除也。攀石止齿龋之痛，而朽牙根，噪痛虽弭，必至生害。此取小利而忘大利，惟去轻害而负重害也"(《新论》第四十七篇《利害》，世界版)。古人尤其法家的政治思想是利用人类的利害观念，尤其贪生怕死的感情，设计一种制度，使人不贪小利而受大害，愿受小害而得大利。其最后采用的手段则为生与死，即郑子大叔所说，"赏罚以制死生"(《左》昭二十五年)。管子有言，"人主之所以令则行，禁则止者，必令于民之所好，而禁于民之所恶也。民之情莫不欲生而恶死，莫不欲利而恶害，故上令于生利人，则令行；禁于杀害人，则禁止"(《管子》第六十四篇《形势解》)。又说，"人臣之所以畏恐而谨事主者，以欲生而恶死也。使人不欲生，不恶死，则不可得而制也"(《管子》第六十七篇《明法解》)。孔子之言固然未必如法家那样偏激。邢昺疏，"人心爱恶当须有常。若人有顺己，己即爱之，便欲其生。此人忽逆于己，己即恶之，则愿其死。一欲生之，一欲死之，用心无常，是惑也"。

朱注,"爱恶人之常情也,然人之生死有命,非可得而欲也。以爱恶而欲其生死,则惑矣。既欲其生,又欲其死,则惑之甚也"。朱注提出"命"字,此乃根据子夏所说"死生有命"(《论语·颜渊》)。本条孔子之言若应用于政治之上,盖谓人主之爱恶往往引起生杀的结果,但人主的爱恶应以国家利害为前提。《淮南子》说,"明主之赏罚非以为己也,以为国也。适于己而无功于国者,不施赏焉。逆于己,便于国者,不加罚焉"(《淮南子》卷十《缪称训》)。换句话说,有利于国,"恶之欲其死"可也;有害于国,"爱之欲其生"不可也。季布为楚将,数窘汉王,汉王即帝位,拜之为郎中,非不恶季布也,因为赏之有利于国(参阅《汉书》卷三十七《季布传》)。诸葛亮器重马谡,及谡兵败街亭,下狱死,亮为流涕,非不爱马谡也,因为罚之有利于国(参阅《蜀志》卷七《马谡传》)。最令人叹美的莫如汉武帝之杀钩弋夫人(赵倢伃,昭帝母)。"钩弋夫人之子弗陵(昭帝),年数岁,形体壮大多知,上奇爱之,欲立焉,以其年稚母少,犹豫久之。后数日帝谴责钩弋夫人,夫人脱簪珥,叩头。帝曰,引持去,送掖庭狱。夫人还顾。帝曰,趣行,汝不得活。卒赐死。顷之,帝闲居,问左右曰,外人言我何?左右对曰,人言且立其子,何去其母乎?帝曰,然,是非儿曹愚人之所知也,往古国家所以乱,由主少母壮也。女主独居骄蹇,淫乱自恣,莫能禁也。汝不闻吕后耶,故不得不先去之也。"(《资治通鉴》卷二十二汉武帝后元元年)东汉母后临朝之祸,武帝已早见之矣,故欲立其子,先去其母,其忍心害理是为公而非私。政治上的是非与伦理上的善恶有时未必一致,徒善不足以为政,小善只足以误国,这是政治家所应知道的。

上举第四条据《孔子家语》第三十二篇《礼运》,这是孔子之言。人类均有六情,爱恶喜怒哀乐。由爱生喜,由喜生乐,这是发生于吾人的快感。由恶生怒,由怒生哀,这是出于吾人不快之感。总之,六情可归纳为快及不快的感情。兹试就饮食男女言之,饮食就是食欲,男女就是色欲。礼云:"夫礼之初,始自饮食。"(《礼记注疏》卷二十一《礼运》)又云,"君子之道造端乎夫妇"(同上卷五十二《中庸》)。郑玄注,将夫妇解释为匹夫匹妇,朱注对此没有解释。吾人以为夫妇应作配偶解,即男女两性的结合。食欲及色欲本来只是本能的作用,到了食必甘味,色必少艾,则已离开本能,而知有所选择。但在一个社会之内,甘味的食及少艾的色是有限的,以有限的食色绝不能满足多数人的选择,最后必出于争。为了阻止各人争食,为了防止各人争色,于是古圣就制礼义以限禁人之为恶与奸者。食的问题就是经济,色的问题就是婚姻。古者生产技术甚为幼稚,所以古人对于经济问题,只能消极地减少人众的消费。这个问题当详论于本章第八节《经济》。关于婚姻,远古可以不谈,周代关于男女有别之制似甚严格,兹只举《曲礼》(《礼记注疏》卷二《曲礼上》)所载者言之。"男女不杂坐,不同椸枷,不同巾栉,不亲授,嫂叔不通问,诸母(庶母也)不漱裳……女子许嫁缨,非有大故,不入其门。姑姊妹,女子子(已嫁之女),已嫁而反,兄弟弗与同席而坐,弗与同器而食。"这不是因为男女均重贞节,反而因为男女太过淫乱。鲁桓公与姜氏如齐,申繻告以"女有家,男有室,无相渎也,谓之有礼,易此必败"(《左》桓十八年)。果然发生了"齐侯通焉"之事,而桓公且遭害而死于车上。当时男女关系盖如郑祭仲妻告其女之言,"人尽夫也,父一而已"(《左》桓十五年),是以子烝其庶母者有之(卫宣公烝于齐姜,见《左》桓十六年。晋献公烝于齐姜,见《左》庄二十八年),父夺其媳以为妇者有之(卫宣公为其子娶于齐而美,公取之,见《左》桓十六年),嫡祖母欲与其孙私通者有之(宋公子鲍美而艳,其嫡祖母襄夫人欲通之,见《左》文十六年),君臣共通一寡妇者有之(陈灵公及孔宁、仪行父通于夏姬,皆衷其袒服以戏于朝,见《左》宣九年)。提到夏姬,她真是一位尤物,郑穆公女,嫁于陈大夫御叔。据楚申公巫臣之言,"是不祥人也,夭子蛮(郑灵公,夏姬之兄,传未载其兄妹通奸之事),杀御叔(亦早死),弑灵侯(陈灵公,为夏姬子夏征舒所弑)……出孔仪(孔宁、仪行父),丧陈国(楚灭陈)"。楚庄王伐陈,杀夏征舒。庄王及其大夫子反均欲纳夏姬,皆为申公巫臣谏而止。庄王以夏姬予连尹襄老,襄老死,其子黑要烝焉。后来申公巫臣竟取夏姬以奔吴(以上见《左》成二年)。此不过举男女淫乱之荦荦大者。古人以男女问题与饮食同视,可知其重要性不在经济之下。但男女问题比之饮食更难解决,饮食只是人对物的关系,男女则为人对人的关系,双方的人均有独立的意志,均有独立的人格。唯自男女分工之后,男常处于主动的地位,女常处于被动的地位。而礼教发达之后,固然说"妻者齐也"(《白虎通》卷四《嫁娶》),而《礼》所谓"男不主内,女不主外"(《礼记注疏》卷二十七《内则》),《易》所谓"女正位乎内,男正位乎外"(《易经注疏》卷四《家人卦》),则成为确定的社会规范。先哲对于男女问题,多沉默不言,只唯孟子对齐宣王说王道,中有"内无怨女,外无旷夫"(《孟子·梁惠王下》)之言。男女婚配何以与王政有关?盖结婚的人一方有妻子之累,不能不致力于生产工作;同时有家庭之爱,不能不安分守法。反之,没有结婚的人,因为没有家累,可以游手好闲;因为没有家庭之爱,不怕犯法累及妻子。秦末,天下大乱,沛县父老帅子弟共杀沛令,议立新令以应陈涉,"萧(萧何)曹(曹参)等皆文吏自爱,恐事不就,后秦种族其家,尽让高祖……高祖乃立为沛公"。"高祖为人不事家人生产作业",既即帝位,八年十月置酒未央宫前殿,"上奉玉卮,为太上皇(高祖父)寿曰,始大人常以臣亡赖不能治产业,不如仲(高祖弟)力。今某之业所就,孰与仲多"(《汉书》卷一《高帝纪》)。"不事家人生产作业","亡赖不能治产业",唯其如是,才敢去做惊天动地的事。话旁涉到别处去了,现再回头说明男女关系。古者"男三十而娶,女二十而嫁",嫁娶须有父母之命、媒妁之言,但"中春之月,令会男女,于是时也,奔者不禁"。贾公彦疏,"此月既是娶女之月,若有父母不娶不嫁之者,自相奔竞,亦不禁之"(《周礼注疏》卷十四《媒氏》)。即于礼教之下,开一条路,使男女能够满足色欲。

吾国人口在东周以前,似是女多男少,依《汉书》(卷二十八上)《地理志》所载,九州男女人口如次表所示。

州名	男女人口	州名	男女人口	州名	男女人口
扬州	民二男五女	青州	民二男三女	幽州	民一男三女
荆州	民一男二女	兖州	民二男三女	冀州	民五男三女
豫州	民二男三女	雍州	民三男二女	并州	民二男三女

即除雍州及冀州之外,均是男少女多,这个统计固然不能全信,而古代女多于男,似是一种事实。不知自何时始,渐次变为男多女少。吾研究其原因,周自称为后稷之后,渐次以农立国。战国以后,人口以农民为最多,农民受了赋役的压迫,而政府对于米价的政策又不适当,不问岁之凶丰,对于农民均极不利。关此,汉代的晁错(《汉书》卷二十四上《食货志》)、宋代的李觏(《李直讲文集》卷

十六《富国策第六》,商务四部丛刊版)皆有说明,当待后引之。因此,农村常由贫穷而发生人口过剩的现象。这个过剩的人口虽然离开农村,逃亡城市,而城市却没有工厂收容他们。案工厂的成立乃由机器的发明,而机器的发明则有其物质的条件。中国因为战乱相承,农村不断地被破坏,而有过剩的廉价劳动力。劳动力的过剩对于工业固然有利,但劳动力太过过剩,又阻害机器的发明。因为社会上既有廉价的劳动力,则生产者雇用人工比之购置机器尤为有利。何况发明一种机器,又足以剥夺人工,而使无数劳动者失去职业。中国古代政府不但不奖励机器的发明,且用严刑峻法禁止人士发明机器。礼所谓"作奇技奇器以疑众,杀"(《礼记注疏》卷十三《王制三》),其原因乃在于此。技术不能改良,中国工业当然不能发达。更进一步观之,中国人口既然以农民占绝大多数,而农民的生计又极穷苦,这个情况由消费力方面说,对于工业的发达又是有害。一方因为劳动力的过剩,机器没有发明的机会;他方因为消费力的薄弱,生产品无处发售,于是中国工业数千年来,便只在同一规模之上反覆不已,不能由家内手工业发展为工厂工业。其结果如何?农村感觉人口过剩,而又没有疏导的地方;农民由于生活关系,就有减少人口的必要。他们如何减少人口?节欲么,不能;用医药的方法么,没有。唯一方法则为历史上所常见的"生儿不养"。这个时候,他们不养哪一种儿子呢?不孝有三,无后为大,男儿是自家传种的工具,女儿不过供给别家传种,所以他们所不养的,大半是女儿。家家不养女儿,于是中国社会便发生了"性"的缺陷,即男儿太多,女儿太少,男多而女少,到了男女成年之后,必有一部分的男人无妻可娶。女人的需要超过于女人的供给,固然可以提高女人的价格,而使人众生产女儿,但是她们是人类,不是货物,货物可以自由生产,而人类则当待于自然的增殖。既然不能用人为的方法制造出来,制造之后,又当经过一定年龄之后,方有"使用价值"。所以女人的价格提高之后,娶不到妻的人更不容易娶到妻。因是,中国人在经济上若是落伍者,在性欲上就成为失败者。食色是人类的天性,食的问题不能解决,已经可使人众铤而走险,若再加上色的问题不能解决,结果更不堪设想,这便是孟子由王道而主张"内无怨女,外无旷夫"的理由。

（三）知

子曰，中人以上可以语上也，中人以下不可以语上也。（《论语注疏》卷六《雍也》）

子曰，唯上知与下愚不移。（《论语》卷十七《阳货》。其上文为"子曰，性相近也，习相远也"。因邢疏及朱注均将两文合并解释，而余又有反驳之语，故特抄录其上文"性相近也，习相远也"于括弧之内。）

子曰，生而知之者上也，学而知之者次也，困而学之又其次也，困而不学，民斯为下矣。（《论语注疏》卷十六《季氏》）

哀公问政，子曰……或生而知之，或学而知之，或困而知之，及其知之，一也。（《礼记注疏》卷五十二《中庸》）

关于第一条，朱注谓"教者当随对方资质之高下而告语之，则其言易入而无躐等之弊也"。邢疏谓"人之才识凡有九等：谓上上、上中、上下；中上、中中、中下；下上、下中、下下也。上上则圣人也，下下则愚人也，皆不可移也。其上中以下，下中以上，是可教之人也。中人谓第五中中之人也。以上谓上中、上下、中上之人也。以其才识优长，故可告语上知之所知也。中人以下，谓中下、下上、下中之人也。以其才识暗劣，故不可以告语上知之所知也。此应云中人以上可以语上，以下不可以语上，而繁文两举中人者，以其中人可上可下故也。言此中人若才性稍优，则可以语上；才性稍劣，则不可以语上，是其可上可下也"。人之才识分为九等创始于班固之《古今人表》（《汉书》卷二十）。但该表虽列有九格，最上格为圣人，次为仁人，次为智人，最下格为愚人。智人以下，愚人以上，尚有五格，表虽列有人名，而每格所列举的人，其才识高低、品性优劣却没有一个总名称如圣人、仁人、智人、愚人等等以涵盖之。现在试问邢昺所拟上上至下下九等之分是否仿自陈群？魏黄初元年尚书陈群立九品官人之法。胡三省注云，"九品上上、上中、上下；中上、中中、中下；下上、下中、下下也"《资治通鉴》卷六十九魏文帝黄初元年。《魏志》卷二十二《陈群传》，只云

"制九品官人之法，群所建也"，未载其详）。魏晋官制，用官品以代秦汉的官秩，《通典》云，"魏官置九品，第一品、第二品……第九品"（《通典》卷三十六《秩品》），历代均沿其制。马端临说，"此所谓九品者官品也，以别官之尊卑。陈群所谓九品者人品也，以定人之优劣。二者皆出于曹魏之初，皆名以九品。然人品自为九品，官品自为官品……固难因其同时同名，而遂指此为彼也"（《通考》卷六十七《官品》）。意者邢昺分人才识为上上……下下九等，当仿自陈群分人品为九；而陈群分人品为九，似与班固之《古今人表》有关。至于魏晋用官品九等以代秦汉之秩，不知是否仿周代之九命。周时春官大宗伯"以九仪之命，正邦国之位。壹命受职，再命受服，三命受位，四命受器，五命赐则，六命赐官，七命赐国，八命作牧，九命作伯"（《周礼注疏》卷十八"大宗伯之职"，参阅郑玄注、贾公彦疏，同书卷二十一《典命》亦可参考）。其所不同的，九品以数少者为贵（一品最贵），九命以数多者为尊（九命最尊）。南北朝时，梁置十八班以定官品，以数多者为尊（十八班最尊，一班最卑）。北周依周礼，用九命以定官品，亦以数多者为尊（九命最尊，一命最卑）（参阅《隋书》卷二十六《百官志上》、卷二十七《百官志中》）。以上所述与本条无大关系，姑顺便写下，以供读者参考。

第二条孔子之言，其重点亦在才识，绝不能与其上文"性相近也，习相远也"合并讨论，本书（五页以下）已经说过。班固《古今人表》已将性之善恶与知之高低混为一谈。陈群九品官人之法本来因为"三方鼎立，士流播迁，四方错杂，详核无所"，故权立此法以代替汉世乡举里选之制（《通典》卷十四《历代选举制》）。据马端临之言，"州郡县俱置大小中正……区别所管人物，定为九等。其有言行修著，则升进之，或以五升四，以六升五。倘若道义亏缺，则降下之，或自五退六，自六退七矣"（《通考》卷二十八《举士》）。是则中正所品第者是以操行善恶为标准。此后公府辟除、郡国贡举、吏部选任必以中正所品第者为标准。即中正司评论，官府司擢用。司擢用者不得另立标准，而须以中正的评论为根据。案汉世举官，盖如杜钦对策所说，"观本行于乡党，考功能于官职"（《汉书》卷六十《杜钦传》）。"观本行于乡党"，所谓品也；"考功能于官职"，所谓状也。刘毅曾言，"以品取人，或非才能之所长；以状取人，则为本品之所限"（《晋书》卷四十五《刘毅传》）。善乎马端临的批评，"按既曰九品中正之官设之州县，是即乡举里选之遗意。然未仕者居乡有履行之善恶，所谓品也。既仕者居官有才能绩效之优劣，所谓状也。品则中正可得而定，状则非中正可得而知。今欲为中正者以其才能之状著于九品，则宜其难凭。要知既入仕之后，朝廷自合别有考课之法，而复以中正所定之品目，第其升沈，拘矣。况中正所定者又未必允当乎"（《通考》卷三十五《举官》）。

第三条"生而知之"是为上智，"困而不学"是为下愚，与第四条所载《中庸》之文都是告人求学可以增加才识。但《中庸》之文少"困而不学，民斯为下矣"两句。据第三条所举《季氏》章邢昺疏，"此章劝人学也（第四条所举《中庸》之言亦然）。生而知之者上也，谓圣人也。学而知之者次也，言次于圣人，谓贤人也。困而学之又其次也，言其人本不欲学，因行事有所不通，发愤而学之，此复次于贤人也。困而不学，民斯为下矣，谓知困而不能学，此为下愚之民也"。邢疏又引"《左传》昭七年，公如楚，孟僖子为介，不能相仪；及楚，不能答郊劳。九月公至自楚，孟僖子病不能相礼，乃讲学之，是其困而学之者也"。读邢昺之疏，本条分人物为四等，朱注亦然，"言人之气质不同，大约有此四等"。其所以用"气质"两字，盖宗孟子性善之说，以为性之本质无有不善，性之气质则有善恶之不同，前后注释虽然勉强，尚能一贯。邢疏若与《雍也篇》（中人以上可以语上也云云）合而读之，似有不能相符之处。何以说呢？《雍也篇》之邢疏是以中中即所谓中人为标准。由中上至上中，可告语以上知之所知，至于上上则为圣人。由中中至下中，不可告语以上知之所知，至于下下则为愚人。是则人之才识应有五等，吾不知此五等与第三条（生而知之者上也云云）之分四等如何贯通起来。也许邢昺以为中人可上可下，上者归于中上以上之列，下者归于中下以下之列。但中人所以可上可下，绝非其本质如此，而是由于学与不学之故。既已不学，安知其不会变为"困而不学，民斯为下矣"？第三条及第四条孔子之言，是注意"学"之一字。礼云，"学然后知不足，教然后知困。知不足，然后能自反也。知困，然后能自强也"（《礼记注疏》卷三十六《学记》）。《淮南子》说，"欲弃学而循性，是犹释船而欲履水也……今使人生于辟陋之国，长于穷檐漏室之下，长无兄弟，少无父母，目未尝见礼节，耳未尝闻先古，独守专室（小室也）而不出门，使其性虽不愚，然其知者必寡矣"（《淮南子》卷十九《修务训》）。

所以中中的人，学可以升至中上以上之列；不学必降于中下以下之列。中中不会永久停止于中中，所以名为五等，其实仍是四等。吾意邢疏于上举第一条（《雍也篇》），分人之才识为九等，乃是受了陈群九品的影响。于第三条（《季氏篇》）减少为四等，实较九等简单而易了解。孔子分人之才识为上、次、再次三等，加上"困而不学，民斯为下矣"，共计四等。希腊哲人柏拉图除奴隶外，分人为金、银、铁三等，依教育方法即本条所谓"学"甄别之。现在试问孔子时代有没有"学"？孟子说，"设有庠序学校以教之……夏曰校，殷曰序，周曰庠，学则三代共之"（《孟子·滕文公上》）。但以夏殷文化观之，未必就有学校。"郁郁乎文哉"的周，当有学校之设。《左》襄三十一年有"郑人游于乡校"之语，杜预注云"乡之学校"。到了春秋之末而至战国时代，百家杂兴，学者各用自己的学说教诲弟子，而以孔门为最盛。孔子"从周"，"有教无类"，教了之后，分别人为三等，即中人以上、中人、中人以下。中人以上即上知，中人以下未必都是下愚，只唯自暴自弃、困而不学的人方是下愚。社会之内上知少，下愚亦寡，中人最多，中人由于学，可上可下。由此可知，孔子分别人之才识与柏拉图分人为金银铁三等约略相同。

第二节
政治原则

(一) 统一及正统

> 子云,天无二日,土无二王,家无二主,尊无二上。示民有君臣之别也。(《礼记注疏》卷五十一《坊记》)

孔子此言与《礼记》另外所述,"天无二日,土无二王,国无二君,家无二尊,以一治之也"(《礼记注疏》卷六十三《丧服四制》),意义相同。丧服加上一句"以一治之也",用意尤明。此即荀子所说:"君者国之隆也,父者家之隆也,隆一而治,二而乱,自古及今,未有二隆争重而能长久者。"(《荀子》第十四篇《致士》)亦即管子所说,"使天下两天子,天下不可理也。一国而两君,一国不可理也。一家而两父,一家不可理也"(《管子》第二十三篇《霸言》)。这不但古代,就是现代,不问君主国或共和国,也不问元首有实权或无实权,都是一样。盖国家之置元首,乃所以表示国家的统一。日本新宪法第一条规定"天皇为日本国家的象征,为日本国民合为一体的象征"。意大利新宪法第八十七条第一项规定"总统为国家元首,表示国家的统一"。岂但一国只宜有一位元首,元首之下,行政机关亦以首长制为妥。

仲长统说,"周礼六典,冢宰贰王而理天下。春秋之时,诸侯明德者皆一卿为正。爰及战国,亦皆然也。秦兼天下,别置丞相,而贰之以御史大夫。自高帝逮于孝成,因而不改,多终其身,汉之隆盛是惟在焉。夫任一人则政专,任数人则相倚。政专则和谐,相倚则违戾。和谐则太平之所兴也,违戾则荒乱之所起也。光武皇帝愠数世之失权,忿强臣之窃命,矫枉过直,政不任下,虽置三公,事归台阁。自此以来,三公之职,备员而已,然政有不理,犹加谴责"(《后汉书》卷四十九《仲长统传·法诫篇》)。岂止谴责,甚者且加以策免。政制上最重要的乃是位、权、责三者互相贯联。在其位者必有其权,有其权者必负其责。反之亦然,负其责者须有其权,有其权者须在其位。邓析说,"治世位不可越,职不可乱"(《邓析子·无厚篇》)。东汉三公不能主政,尚书位低,虽得主政,而又不负责任。其实,尚书之能主政,并非法律上的制度,所以政权谁属,往往成为问题。东汉尚书夺三公之权;到了魏晋,中书又分尚书之权;降至南北朝,门下复分中书之权。王鸣盛说,"官不论贵贱,唯视其职之闲要,而闲要唯视时主之意向,其制无时不改"(《后汉书·仲长统传·法诫篇》补注引王鸣盛曰)。以上所言似是离题,其实不然。要之,吾国政制由西汉丞相总百官,揆百事;到了南北朝,宰相愈多,政权愈不统一。谢晦常叹"宰相顿有数人"(《宋书》卷四十四《谢晦传》)。王华亦说,"宰相顿有数人,天下何由得治"(《宋书》卷六十三《王华传》)。所以要谋国家的统一,不能不置一位元首。元首若"统而不治",则在元首之下,须有一位总百官而揆百事的宰相。要是既任用一人为宰相,而又不予信任,另用一人以牵制之,则上虽有"以一治之也"的元首,而行政步骤必难一致,吾人读中国历史,即可知之。

兹试进一步,说明正统。晋习凿齿著《汉晋春秋》,"起汉光武,终于晋愍帝。于三国之时,蜀以宗室为正,魏武虽受汉禅晋,尚为篡逆,至文帝(司马昭)平蜀,乃为汉亡,而晋始兴焉"。他谓"皇晋宜越魏继汉,不应以魏后为三恪(周得天下,讨夏殷二王后,又封舜后,谓之恪,并二王后为一国,其礼转降,示敬而已,故曰三恪,见《左》襄二十五年杜预注)……昔汉氏失御,九州残隔,三国乘间,鼎峙数世,干戈日寻,流血百载,虽各有偏平,而其实乱也。宣皇帝(司马懿)……南擒孟达,东荡海隅,西抑劲蜀,旋抚诸夏……命世之志既恢,非常之业亦固。景(司马师)文

(司马昭)继之……席卷梁益……至于武皇,遂并强吴,混一宇宙,又清四海,同轨二汉。除三国之大害,静汉末之交争,开九域之蒙晦,定千载之盛功者,皆司马氏也。而推魏继汉,以晋承魏,比义唐虞,自托纯臣,岂不惜哉!今若以魏有代王之德,则其道不足;有静乱之功,则孙刘鼎立。道不足,则不可谓制当年;当年不制于魏,则魏未曾为天下之主。王道不足于曹,则曹未始为一日之王矣"(《晋书》卷八十二《习凿齿传》),然则何谓正统?依常说,正统乃含有两个观念,一是伦理的观念,取天下以"正";二是政治的观念,"统"天下于一。苏轼说,"正统之说曰,正者所以正其不正也,统者所以合天下之不一也"。但苏轼似不赞成此种解释,故他又说,"正统之为言,犹曰有天下云尔"(《苏东坡全集》前集卷二十一《后正统论·总论一》,世界版)。朱熹曾提一般人对于正统的见解,谓为"如秦、西晋、隋则统而不正者,如蜀、东晋则正而不统者"。朱子对此则说,"何必恁地论,只天下为一,诸侯朝觐,狱讼皆归,便是得正统"。所以"如秦初,犹未得正统,及始皇并天下,方始得正统。晋初,亦未得正统,自泰康以后,方始得正统。隋初,亦未得正统,自灭陈后,方得正统。如本朝(宋)至太宗并了太原,方是得正统。又有无统时,如三国、南北朝、五代皆天下分裂,不能君臣,皆不得正统"(《朱子语类》卷一百五《论自注书·通鉴纲目》)。案一切政治思想,往往于不知不识之间,受了当时政治势力的影响,陈寿以魏为正统,习凿齿以蜀为正统,据梁启超说,"寿生西晋,而凿齿东晋也。西晋踞旧都(洛阳),而上有所受(魏亦都洛阳),苟不主都邑说(以前代之旧都所在为正统),则晋为僭矣。故寿之正魏,凡以正晋也。凿齿时,则晋既南渡,苟不主血胤说(以前代之宗室为正统)……则刘石苻姚正,而晋为僭矣。凿齿之正蜀,凡亦以正晋也"(梁启超著《论正统》,见中华书局印行《饮冰室文集》之九)。其后司马光著《资治通鉴》,帝魏而黜蜀,朱熹著纲鉴目录则以昭烈章武之元继汉统,此亦如梁启超所说:"温公(司马光)生北宋,而朱子南宋也。宋之篡周宅汴,与晋之篡魏宅洛者同源,温公之主都邑说也,正魏也,凡所以正宋也。南渡之宋与江东之晋同病,朱子之主血胤说也,正蜀也,凡亦以正宋也。"(梁启超著《论正统》)但朱子虽以蜀为正统,而其本史正文仍依陈寿之书,即其笔法未能一贯,似是还依过去成例,凡能统一中华,至少能统一北方者,均有资格成为正统。

元末明初,方孝孺由春秋华夷之别,进而说明正统之义。照他说,"正统之名……本于《春秋》……《春秋》之旨虽微,而其大要不过辨君臣之等,严华夷之分"(《逊志斋集》卷二《后正统论》)。故凡篡臣贼后以及夷狄虽能统天下于一,亦不能称之为正统。他尤注意华夷之别。他说:"夫中国之为贵者,以有君臣之等、礼义之教,异乎夷狄也。无君臣则入于夷狄,入夷狄则与禽兽几矣……吾尝妄论之曰,有天下而不可比于正统者三,篡臣也,贼后也,夷狄也。何也?夷狄恶其乱华,篡臣贼后恶其乱伦也……夫所贵乎中国者,以其有人伦也,以其有礼文之美、衣冠之制,可以入先王之道也。彼篡臣贼后者乘其君之间,弑而夺其位,人伦亡矣,而可以主天下乎?苟从而主之,是率天下之民无父无君也。是犹可说也,彼夷狄者侄母烝杂,父子相攘,无人伦上下之等也,无衣冠礼文之美也。故先王以禽兽畜之,不与中国之人齿。苟举而加诸中国之民之上,是率天下为禽兽也。夫犬马一旦据人之位,虽三尺之童皆能愤怒号呼,持梃而逐之。悍婢奸隶杀其主而夺其家,虽犬马亦能为之不平而噬啮之。是何者,以其乱常也。三者之乱常无异此矣。士大夫诵先王之道者乃不之怪,又或为之辞,其亦可悲矣乎。"(同上《后正统论》)关于乱臣,方氏以王莽与晋为例,谓王莽若不能为正统,则晋亦篡也,何可视为正统?王莽为篡,晋为正统,乃由于重视传祚长短,此种论法何能令人心服?方氏说,"王莽之不齿乎正统久矣,以其篡也,而晋亦篡也。后之得天下而异乎晋者寡矣,而犹黜莽,何也?谓其无成而受诛也。使光武不兴,而莽之子孙袭其位,则亦将与之乎,抑黜之乎?昔之君子未尝黜晋也,其意以为后人行天子之礼者数百年,势固不得而黜之。推斯意也,则莽苟不诛,论正统者亦将与之矣。呜呼,何其戾也"(同上卷二《释统上》)。关于贼后与夷狄不得为正统,亦可发生问题。唐武后为天子约二十年,元统治中国有八十余年之久,难道在这期间之内,中国没有统么?于是方氏于正统之外,立一变统。他说,"三代正统也,如汉如唐如宋虽不敢几乎三代,然其主皆有恤民之心,则亦圣人之徒也,附之以正统,亦孔子与齐桓仁管仲之意欤。奚谓变统?取之不以正,如晋宋齐梁之君,使全有天下,亦不可为正矣。守之不以仁义,戕贼乎生民,如秦与隋,使传数百年,亦不可谓正统。夷狄而僭中国,女后而据天位,治如苻坚,才如武氏,亦不可继统矣。二统立而劝戒之道明,侥幸者其有所惧乎"(同上卷二《释统上》)。方氏变统之说不知是否出于章子的霸统?余孤陋寡闻,未读章子之书,唯于苏轼文中,读到苏氏反驳章子霸统之说(见《苏东坡全集·前集》卷二十一《后正统论》之辩论二及三),故不敢随便介绍。

全文先哲讨论正统,吾认为梁启超《论正统》(见中华版《饮冰室文集》之九)说明最为明晰。照梁氏说,所谓正统者,其理论的根据约有六事:

> 一曰以得地之多寡而定其正不正也。凡混一宇内者,无论其为何等人,而皆奉之以正,如晋、元等是。
> 二曰以据位之久暂而定其正不正也。虽混一宇内,而享之不久者,皆谓之不正,如项羽、王莽等是。
> 三曰以前代之血胤为正,而其余皆为伪也,如蜀汉、东晋、南宋等是。
> 四曰以前代之旧都所在为正,而其余皆为伪也。如因汉而正魏,因唐而正后梁、后唐、后晋、后汉、后周等是。(武案,此条后段有问题。)
> 五曰以后代之所承者所自出者为正,而其余为伪也,如因唐而正隋,因宋而正周等是。
> 六曰以中国种族为正,而其余为伪也,如宋齐梁陈等是。

梁氏说,"此六者互相矛盾,通于此则窒于彼,通于彼则窒于此。而据朱子纲目及通鉴集览等所定,则前后互歧,进退失据,无一而可焉"。梁氏举例说明,文长不录。

(二) 正名

> 子路曰,卫君待子而为政,子将奚先?子曰,必也正名乎!……名不正,则言不顺;言不顺,则事不成;事不成,则礼乐不兴;礼乐不兴,则刑罚不中;刑罚不中,则民无所措手足。(《论语注疏》卷十三《子路》)

齐景公问政于孔子。孔子对曰,君君,臣臣,父父,子子。公曰,善哉,信如君不君,臣不臣,父不父,子不子,虽有粟,吾得而食诸?(《论语注疏》卷十二《颜渊》)

上举两条乃证明孔子重视正名之例。何谓正名?其含义有二,一是名实一致,即循名求实,有君之名,须有君之实质;有臣之名,须有臣之实质。父子亦然。二是名分相符,即依名守分,有君之名,须守君之本分;有臣之名,须守臣之本分。父子亦然。孔子对于正名,只简单举出君君臣臣父父子子,然此八字乃包括名实一致及名分相符。春秋之世,诸侯僭于天子,大夫僭于诸侯,到了后来,家臣又僭于大夫。上失其势,不能坚守其分,下便逆乱,而敢侵犯其上之分。周郑由交质而交战;周天子称王,楚子亦称王;天子八佾,季氏亦舞八佾于庭。名、实、分三者纷乱极了。于是臣弑其君者有之,子弑其父者有之。孔子有鉴于此,故乃主张为政之道须先正名。如何使君臣父子能够循名责实,依名守分,则有恃于礼。《曲礼》云,"君臣上下父子兄弟非礼不定"(《礼记注疏》卷一《曲礼上》)。"定"者依君臣之名,行君臣之实,定君臣之分。分既定了,则上不侵下,下不僭上,而如尸子所说:"君臣父子上下长幼贵贱亲疏皆得其分,曰治。"(《尸子》卷上《分》)这有如《吕氏春秋》所说,"凡为治必先定分,君臣父子夫妇。君臣父子夫妇,六者当位,则下不逾节,而上不苟为矣,少不悍辟,而长不简慢矣"(卷二十五《似顺论第五》之五《处方》)。尹文子之言更能阐明正名之必要。他说,"名以正形。今万物具存,不以名正之,则乱。万名具列,不以形应之,则乖。故形名者,不可不正也……名称者,别彼此而检虚实者也。自古至今,莫不用此而得,用彼而失。失者由名分混,得者由名分察……名定则物不竞,分明则私不行。物不竞,非无心;由名定,故无所措其心。私不行,非无欲;由分明,故无所措其欲……雉兔在野,众人逐之,分未定也。鸡豕满市,莫有志者,分定故也"(《尹文子·大道上》)。孔子之正名只就人伦言之,名家除人伦外,又及于一切名称,如方圆白黑、善恶贵贱、贤愚爱憎(参阅《尹文子·大道上》)。但人类常由心理的作用,影响其见解。《大学》云,"身(依朱注,身应作心)有所忿懥,则不得其正;有所恐惧,则不得其正;有所好乐,则不得其正;有所忧患,则不得其正"(《礼记注疏》卷六十《大学》）。又由主观的爱恶,判断客观的事物,而发生名实不一致、名分不相符的现象。盖贤愚善恶在人,亲疏赏罚在己。因我亲而赏之,便谓其人贤而善；又因我疏而罚之,便谓其人恶而愚,此盖由不能正名之故。故尹文子谓"今亲贤而疏不肖,赏善而罚恶,贤不肖善恶之名宜在彼,亲疏赏罚之称宜属我……名贤不肖为亲疏,名善恶为赏罚……名之混者也。故曰,名称者,不可不察也"（《尹文子·大道上》）。尸子有言："天下之可治,分成也。是非之可辨,名定也……治天下之要,在于正名。正名去伪,事成若化,苟能正名,天成地平。"（《尸子》卷上《发蒙》）

（三）从周及正朔

子曰,周监于二代,郁郁乎文哉,吾从周。（《论语注疏》卷三《八佾》）

元年春,王正月。（《公羊传》隐公元年）

孔子于三代之中最称许的为周,故说,"周监于二代,郁郁乎文哉,吾从周"。此盖夏殷二代去孔子之时久远,而夏之后代如杞、殷之后代如宋,又缺乏文献可供参考。故孔子说："夏礼吾能言之,杞不足征也。殷礼吾能言之,宋不足征也。文献不足,故也。足则吾能征之矣。"（《论语·八佾》）孔子所以从周,盖周将原始国家改造为封建国家,使社会组织前进一步。然而孔子并不是欲恢复周代一切制度。当周公制礼作乐而颁行新制之时,周是征服民,夏殷是被征服民,周公固未强制施行周制,而强迫夏殷遗民服从周法。《左》定四年,卫大祝子鱼曰,"昔武王克商,成王定之……周公相王室,以尹天下……分鲁公（伯禽）……以殷民六族……而封于少皞之虚（曲阜也）。分康叔……以殷民七族……而封于殷虚（朝歌也）。皆启以商政,疆以周索"。杜预注,"皆,鲁卫也。索,法也"。孔颖达疏,"《王制》云,凡居民材,必因天地寒暖燥湿、广谷大川异制。民生其间者异俗,修其教不易其俗,齐其政不易其宜。是言王者布政,当顺民俗而施之也。此民习商之政为日已久,还因其风俗,开道以旧政也"。故孔子谓"鲁卫之政兄弟也"（《论语·子路》）。子鱼继着又说，"分唐叔……以怀姓九宗……而封于夏虚（今大原晋阳也），启以夏政，疆以戎索"。孔颖达疏，"怀性……唐之余民……一姓而有九族也"，"亦因夏风俗，开用其政"，"大原近戎而寒，不与中国同，故自以戎法"。《左》昭十五年晋荀跞谓"晋居深山，戎狄之与邻，而远于王室。王灵不及，拜戎不暇"。杜预注，"言王宠灵不见及，故数为戎所加陵"。孔颖达疏，"数为戎所侵陵，拜谢戎师，不有闲暇"。由此可知晋到了鲁昭公年间，戎狄尚有势力，所以唐叔封于夏虚，只能施行戎法。鲁卫"启以商政，疆以周索"，晋则"启以夏政，强以戎索"，此皆因地制宜。意者，戎法接近于夏法，政宽而刑轻；周法接近于商法，政严而刑酷。宰我曾言，"周人以栗，曰使民战栗"。宰我之言必有所本，所以邢昺疏谓，孔子"知其非妄，无如之何，故曰，事已成，不可复解说也；事已遂，不可复谏止也；事已往，不可复追咎也。历言此三者以非之，欲使慎其后也"（《论语·八佾》）。案周有五刑，本来是"墨罪五百，劓罪五百，宫罪五百，刖罪五百，杀罪五百"（《周礼注疏》卷三十六《司刑》）。经过一百余年之后，天下安定，穆王命吕侯，依夏代之制，改定刑罚，"墨罚之属千，劓罚之属千，剕罚之属五百，宫罚之属三百，大辟之罚其属二百。五刑之属三千"。孔颖达疏，"《周礼》……五刑惟有二千五百。此经（《吕刑》）'五刑之属三千'，案刑数乃多于《周礼》……《周礼》五刑皆有五百，此则轻刑少而重刑多；此经……轻刑多而重刑少。变周用夏，是改重从轻也"（《尚书注疏》卷十九《吕刑》）。《周礼》贾公彦疏，"夏刑三千，墨劓俱千。至周，减轻刑，入重刑，俱五百，是夏刑轻，周刑重"（《周礼注疏》卷三十六《司刑》）。班固说，"周秦之敝，罔密文峻"（《汉书》卷五《景帝纪》赞）。其所以如此，盖欲"使民战栗"，而不敢反抗。故孔子说，"虞夏之道寡怨于民，殷周之道不胜其敝"（《礼记注疏》卷五十四《表记》）。但是吾人观子鱼之言，亦可知道周公制礼（礼就是法），乃求其合于当时当地人民的需要，不是用单一的礼法强行于全国。《淮南子》说："世异则事变，时移则俗易。故圣人论世而立法，随时而举事。尚古之王，封于泰山，禅于梁父。七十余圣，法度不同，非务相反也，时事异也。是故不法其已成之法，而法其所以为法；所以为法者，与化推移者也。"（《淮南子》卷十一《齐俗训》）所以孔子从周，不是法周公已成之法，而是法周公如何立法。即如

《吕氏春秋》所说,"先王之法胡可得而法?虽可得,犹若不可法。凡先王之法有要于时也,时不与法俱至。法虽今而在,犹若不可法。故择先王之成法,而法其所以为法……今世之主,法先王之法……其时已与先王之法亏（异也）矣。而曰'此先王之法也'而法之,以为治,岂不悲哉……时已徙矣,而法不徙,以此为治,岂不难哉"（卷十五《慎大览第三》之八《察今》）。

孔子深信社会的进化是渐进的,不是突变的,政治的革新只可训致,而不可速成。周公之于鲁卫,皆"启以商政,疆以周索";而于晋也,又"启以夏政,疆以戎索"。盖循各地的民俗,不得不然。孔子以为古代圣王受命制法,常鉴于前代之过与不足,过者损之,不及者益之。故说,"殷因于夏礼,所损益可知也。周因于殷礼,所损益可知也。其或继周者,虽百世可知也"（《论语·为政》）。今试以刑赏为例言之,《司马法》:"夏赏于朝,贵善也。殷戮于市,威不善也。周赏于朝,戮于市,劝君子惧小人也。""夏,赏而不罚……殷,罚而不赏……周以赏罚……"（第二篇《天子之义》）但是吾人读《尚书》中《夏书》及《商书》,即知《司马法》之言未必可信。《礼记》云:"夏道……先赏而后罚……殷人……先罚而后赏……周人……其赏罚用爵列。"孔颖达疏,"夏则先赏后罚,殷则先罚后赏……周人……'其赏罚用爵列'者,既不先赏后罚,亦不先罚后赏,唯用爵列尊卑,或赏或罚也"（《礼记注疏》卷五十四《表记》）。《尚书》云"旌别淑慝,表厥宅里,彰善瘅恶,树之风声。弗率训典,殊厥井疆,俾克畏慕",依孔安国注,盖谓"当识别顽民（指殷民）之善恶,表异其居里,明其为善,病其为恶,立其善风,扬其善声。其不循教道之常,则殊其里居田界,使能畏为恶之祸,慕为善之福,所以沮劝"（《尚书注疏》卷十九《毕命》）。周损益夏殷二代之制。孔子所谓"所损益可知也"殆指此言之,而与黑格尔之辩证法——正反合相去无几。孔子所以从周,亦因周能损益夏殷二代制度,而整理为一种新制。

现在试简单说明正朔。孔子著《春秋》,始于鲁隐公即位之年。《春秋》第一句云"元年春,王正月",《公羊传》,"元年者何?君之始年也"。徐彦疏,"君,鲁侯隐公也"。在封建时代,诸侯均自纪年。就在汉世,王国亦然。顾炎武说,"汉时诸侯王得自称元年。《汉书·诸侯王表》,楚王戊二十一年,孝景三年;楚王延寿三十二年,地节元年之类是也……又考汉时不独王也,即列侯于其国中亦得自称元年。《史记·高祖功臣侯年表》，高祖六年，平阳懿侯曹参元年；孝惠六年，靖侯窋元年；孝文后四年，简侯奇元年是也"（《日知录》卷二十《年号当从实书》）。《公羊传》，"王者孰谓？谓文王也"。何休解诂，"文王，周始受命之王"。徐彦疏，"文王者，周之始受命制法之王"，故以文王代表周之天子，云"王正月"就是周正月。《公羊传》，"曷为先言王，而后言正月？王正月也"。《左》隐元年孔颖达疏，"夏以建寅之月为正，殷以建丑之月为正，周以建子之月为正。三代异制，正朔不同……周以建子之月为正，则周之二月三月皆是前世之正月也……王二月者，言是我王（周）之二月乃殷之正月也。王三月者，言是我王之三月乃夏之正月也"。故列国虽然各自纪年。而由正月至十二月之月份，即所谓正朔无不相同。此亦维持统一的一个方法。《公羊传》，"何言乎王正月，大一统也"。徐彦疏，"凡前代既终，后王更起，立其正朔之初，布象魏于天下，自公侯至于庶人，自山川至于草木昆虫，莫不悬于正月而得其所"。全国正朔相同，乃所以"大一统也"。王阳明谓"夫子以天下之诸侯不复有周也，于是乎作春秋以尊王室，故书'王正月'以大一统也。书'王正月'以大一统，不以王年，而以鲁年者，《春秋》鲁史而书'王正月'，斯所以为大一统也"（《阳明全书》卷二十六《五经臆说》十三条，中华版）。

（四）尊王

孔子曰，天下有道，则礼乐征伐自天子出。天下无道，则礼乐征伐自诸侯出……天下有道，则政不在大夫。（《论语注疏》卷十六《季氏》）

周代之初，政在天子；其次，政在诸侯；又次，政在大夫。其实，例如鲁国，政在大夫之后，尚有一个时期政在家臣。自平王东迁以后，天子名存实亡。《左》隐三年，"郑武公、庄公为平王卿士（杜注，乡士王卿之执政者）。王贰于虢（杜注，虢西虢公亦仕王朝，王欲分政于虢，不复专任郑伯），郑伯怨王。王曰，无之。故周郑交质，王子狐（平王子）为质于郑，郑公子忽为质于周。王崩，国人将畀虢公政。

四月,郑祭足帅师取温(周地)之麦,秋又取成周(洛阳)之禾,周郑交恶"。《左》桓五年"王(桓王)夺郑伯(庄公)政,郑伯不朝。秋,王以诸侯伐郑,郑伯御之……王卒大败,祝聃射王中肩"。天子与诸侯交质,君臣体制已经破坏,又与诸侯交战,周之权威扫地尽矣。案本条孔子之言,礼乐指制度,征伐指军事。"子曰,非天子不议礼,不制度,不考文(郑玄注,此天下所共行,天子乃能一之也)……虽有其位,苟无其德,不敢作礼乐焉。虽有其德,苟无其位,亦不敢作礼乐焉。"(《礼记注疏》卷五十三《中庸》)由这一统观念,孔子遂进而尊王。"王者欲一乎天下。"(《公羊传》成公十五年)有天子在,诸侯不得专地(《公羊传》桓公元年),不得专封(《公羊传》僖公元年),不得专讨(《公羊传》宣公十一年)。哪知降至春秋,诸侯乃自相侵略。隐公四年,春,王正月,"莒人伐杞取牟娄",对此,《穀梁传》说,"言伐言取,所恶也,诸侯相伐取地,于是始,故谨而志之也"。在周代鼎盛之时,凡诸侯相伐取地,必由天子或由方伯出来阻止。否则亦由强有力的诸侯来负阻止的责任。《公羊传》说,"上无天子,下无方伯,天下诸侯有相灭亡者,力能救之,则救之可也"(僖公元年)。到了后来,诸侯且有略取天子土地之事。鲁宣公元年,"冬,晋赵穿帅师侵柳"。对此,《公羊传》说,"柳者何?天子之邑也。曷为不系乎周?不与伐天子也"。昭公二十三年,"晋人围郊",对此,《公羊传》说,"郊者何?天子之邑也。曷为不系于周?不与伐天子也"。略一字,以表示尊王之意,尊王乃所以大一统也。

天子无力征伐,且受诸侯侵略,即如上所言矣。制度如何?隐公五年,"九月,考仲子之宫,初献六羽",对此,《公羊传》说,"初献六羽,何以书?讥。何讥尔?讥始僭诸公也……天子八佾,诸公六,诸侯四"。鲁为侯国,只应四佾,而竟用六佾,故谓之僭。《公羊传》又继续说"僭诸公,犹可言也。僭天子,不可言也"。《穀梁传》亦说,"舞夏(夏,大也)天子八佾,诸公六佾,诸侯四佾。初献六羽,始僭乐矣"。哪知到了后来,"季氏八佾舞于庭,三家者以雍彻"(《论语注疏》卷三《八佾》)。注引马融曰,"三家谓仲孙(即孟孙)、叔孙、季孙。雍,《周颂·臣工》篇名,天子祭于宗庙,歌之以彻祭,今三家亦作此乐"。以大夫而用天子之舞,以大夫而奏天子之乐,真是僭越极了,故子家驹告昭公曰,"诸侯僭于天子,大夫僭于诸侯,久矣"(《公羊传》昭公二十五年)。何以说"久矣",据《左传》所述,鲁在宣公时代,已经不能忍受三桓之迫,故公"欲去三桓,以张公室"(《左》宣十八年)。昭公时代,"政在季氏三世矣,鲁公丧政四公矣"(《左》昭二十五年)。昭公固曾讨伐季氏(《左》昭二十五年),而竟为三桓所败,出奔于齐,而死于异国(《左》昭三十二年)。到了哀公时代,"公患三桓之侈也,欲以诸侯去之;三桓亦患公之妄也,故君臣多间……公欲以越伐鲁,而去三桓"(《左》哀二十七年)。三桓攻公,公奔越,不得复归,国人立其子悼公(《左》哀二十七年杜注孔疏)。在昭哀之间,即在定公时代,季氏之政乃归其家臣阳虎。《左》定五年,"阳虎囚季桓子"。六年,"阳虎又盟公及三桓于周社,盟国人于亳社,诅于五父之衢"。七年,"齐人归郓、阳关,阳虎居之以为政"。八年,"阳虎欲去三桓,以季寤更季氏,以叔孙辄更叔孙氏,已更孟氏"。故《公羊传》云,"阳虎专季氏,季氏专鲁国"(定公八年)。九年,阳虎败,鲁政复归于三桓尤其季氏。以上乃借鲁为例,说明周代政治体制已经破坏,不可收拾。

(五) 攘夷

子曰,管仲相桓公,霸诸侯,一匡天下,民到于今受其赐。微管仲,吾其被发左衽矣。(《论语注疏》卷十四《宪问》)

孔子著《春秋》,大一统之义,明华夷之别。如何大一统之义?曰尊王。如何明华夷之别?曰攘夷。平王之末,周室陵迟,戎逼诸夏,自陇山以东及乎郑卫,往往有戎,当春秋时,间在中国。"诸戎饮食衣服不与华同,贽币不通,言语不达。"(《左》襄十四年)而王室式微,不能保卫诸夏。诸夏各国复内乱频起,千室之邑(家臣)欺陵百乘之家(大夫),百乘之家欺陵千乘之国(诸侯)。在此形势之下,"王者欲一乎天下",只有"自近者始",先"内其国而外诸夏",次"内诸夏而外夷狄"(《公羊传》成公十六年)。换言之,即由一位诸侯先修内政,内政既修,再纠合诸夏各国以攘夷狄。在诸夏各国之中,不消说,齐晋最强,但孔子乃寄望于鲁。鲁为周公之后,周既东迁,周公所草创的礼乐各种制度多保存于鲁。

孔子从周，他说，"甚矣吾衰也，久矣吾不复梦见周公"（《论语·述而》）。邢昺疏，"孔子叹其衰老，言我盛时尝梦见周公，欲行其道。今则久多时矣，吾更不复梦见周公，知是吾衰老甚矣"。朱注，"孔子盛时，志欲行周公之道，故梦寐之间如或见之。至其老而不能行也，则无复是心，而亦无复是梦矣，故因此而自叹其衰之甚也"。孔子又说："齐一变至于鲁，鲁一变至于道。"（《论语·雍也》）邢昺疏，"言齐鲁有太公周公之余化，太公大贤，周公圣人。今其政教虽衰，若有明君兴之，齐可一变，使如于鲁，鲁可一变，使如于大道行之时也"。朱注引程子曰，"夫子之时，齐强鲁弱，孰不以为齐胜鲁也。然鲁犹在周公之法制。齐由桓公之霸，为从简尚功之治，太公之遗法变易尽矣，故一变乃能至鲁。鲁则修举废坠而已，一变则至于先王之道也"。孔子曰，"呜呼哀哉，我观周道，幽厉伤之，吾舍鲁何适矣"。孔颖达疏，"言鲁国尚胜于余国，故韩宣子适鲁云周礼尽在鲁矣"（《礼记注疏》卷二十一《礼运》）。又有进者，鲁国虽弱，鲁公虽受制于大夫，而尚不断对抗三桓，可知鲁不乏有为之君。孔子言于定公曰（据《史记·孔子世家》，时为定公十三年，阳货已败），"家不藏甲，邑无百雉之城，古之制也。今三家过制，请皆毁之……遂毁三都之城（据《史记·孔子世家》，孟孙之城未毁），强公室，弱私家，尊君卑臣，政化大行"（《孔子家语》第一篇《相鲁》）。《左》隐元年郑祭仲告庄公曰，"都城过百雉，国之害也。先王之制，大都不过参国之一（杜注，三分国城之一），中五之一，小九之一。今京（郑邑名，庄公顺母姜氏之意，使共叔段居之）不度，非制也（杜注，不合法度，非先王制），君将不堪"。盖"国家之立也，本大而末小，是以能固"（《左》桓二年晋大夫师服之言）。这就是孔子欲堕三都之城的原因。"强公室，弱私家"可以说是当时诸侯共同希望的政策，而行之能成功者只有商鞅一人。然"宗室贵戚多怨望者"，故孝公一死，惠王即位，商鞅即遭车裂之刑（《史记》卷六十八《商君传》）。吴起为楚相，"废公族疏远者，以抚养战斗之士"，"楚贵戚尽欲害吴起，及慎王死，宗室大臣作乱，而攻吴起"，射杀之（《史记》卷六十五《吴起传》）。由这两事可知孔子欲堕三都之城不易成功。文章旁涉远了，然乃说明欲"内诸夏而外夷狄"，须先"内其国而外诸夏"。但"内其国而外诸夏"，常常引起公室与私家的冲突，而不易成功。所以"内诸夏而外夷狄"，即攘夷工作更难之又难。春秋时代列国政治家首先出来攘夷的则为管仲。孔子虽说,"管仲之器小哉","管仲而知礼,孰不知礼"(《论语·八佾》)。此乃就小节言之,若就大处着目,管仲相桓公,固曾伐戎救燕(《左》庄三十年),伐狄救邢(《左》闵元年),伐狄救卫(《左》僖二年)。伐楚,名义上责其苞茅不入贡于周(《左》僖四年),事实上乃制止楚之蚕食诸夏各国。早在《左》桓二年,蔡郑已经惧楚。《左》庄六年楚灭申,十四年灭息,十六年灭邓。及至管仲卒,桓公死,齐国大乱,楚更无顾忌,而致"汉阳诸姬,楚实尽之"(《左》僖二十四年)。但在春秋末期以前,华夏诸国尚视楚为蛮夷,楚亦以蛮夷自居,楚武王说,"我蛮夷也"(《史记》卷四十《楚世家》)。管仲相桓公,其最大贡献则为攘夷。故孔子说:"微管仲,吾其被发左衽矣。"

　　孔子明华夷之别,其所谓华夷非以血统为标准,乃以文化为标准,凡华而用夷礼,则视之为夷。夷而用华礼,又视之为华。此种思想见于《左传》者可以杞为例。杞,姒姓公爵,夏禹之后。入春秋,初称侯(《左》桓二年经,秋七月杞侯来朝),次称伯(《左》庄二十七年经,冬杞伯来朝)。及杞成公用夷礼,孔子又贬之为子。《左》僖二十三年经"冬十有一月,杞子卒",传"十一月,杞成公卒,书曰子,贬之也"。《左》僖二十七年经"春,杞子来朝",传"春,杞桓公来朝,用夷礼,故曰子"。其见于《公羊》《穀梁》两书者,其例不少,兹只举数则以示之。隐公元年,"冬,天王使凡伯来聘,戎伐凡伯于楚丘以归"。对此,《公羊传》云,"凡伯者何?天子之大夫也。此聘也,其言伐之何?执之也。执之则其言伐之,何?大之也。曷为大之?不与夷狄之执中国也"。《穀梁传》云,"凡伯者何也?天子之大夫也。国而曰伐,此一人而曰伐,何也?大天子之命也。戎者卫也,戎卫者,为其伐天子之使,贬而戎之也。楚丘,卫之邑也。以归,犹愈乎执也"。桓公十五年经"邾人、牟人、葛人来朝",《公羊传》云,"皆何以称人?夷狄之也"。何休解诂,"桓公行恶(杀隐公),而三人俱朝事之,故夷狄之"。定公四年经"冬十有一月庚午,蔡侯以吴子及楚人战于伯莒,楚师败绩"。对此,《公羊传》云,"吴何以称子?夷狄也,而忧中国"(《穀梁传》谓"吴信中国而攘夷狄,吴进矣")。同年同月经"庚辰,吴入楚",《公羊传》云,"吴何以不称子,反夷狄也(复反于夷狄之行)。其反夷狄奈何?君舍于君室,大夫舍于大夫室,盖妻楚王之母也"(《穀梁传》谓"君居其君之寝,而妻其君之妻,大夫居其大夫之寝,而妻其大夫之妻,盖有欲妻楚王之母者")。吴信中国而攘夷狄,则称之为子。吴不遵中国之礼,君臣奸淫楚宫,即从而夷狄之,《春秋》笔法于兹可见矣。宣公十二年经"夏六月乙卯,晋荀林父帅师及楚子战于邲,晋师败绩"。对此,《公羊传》云,"大夫不敌君,此其称名氏以敌楚子何?不与晋而与楚子为礼也"。何休解诂,"以恶晋"。徐彦疏,"解云,内诸夏而外夷狄,《春秋》之常。今叙晋于楚子之上,正是其例。而知其恶晋者,但楚庄德进行修,同于诸夏。讨陈之贼,不利其土(详《左》宣十一年),入郑皇门,而不取其地(详《左》宣十二年),既卓然有君子之信,宁得殊之?既不合殊,即是晋侯之匹。林父人臣,何得序于其上?既序人君之上,无臣子之礼明矣。臣而不臣,故知恶晋也"。僖公二十七年经"冬,楚人、陈侯、蔡侯、郑伯、许男围宋"。对此,《穀梁传》云,"楚人者,楚子也。其曰人,何也?人楚子,所以人诸侯也。其人诸侯何也?不正其信夷狄而伐中国也"。哀公十二年经"公会晋侯及吴子于黄池"。对此,《穀梁传》云,"黄池之会,吴子进乎哉,遂子矣。吴夷狄之国也,祝(断也)发文身,欲因鲁之礼,因晋之权,而请冠端而袭(杨士勋疏,请冠端而袭者,请着玄冠玄端而相袭),其藉(贡献)于成周,以尊天子,吴进矣"。吴在春秋,华夏诸侯亦视之为蛮夷。《左》成七年"春,吴伐郯,郯成。季文子(鲁大夫)曰,中国不振旅,蛮夷入伐,而莫之或恤,无吊者也夫",即斥吴为蛮夷之例也。

孔子以文化为标准,明华夷之别,此种思想对于后世影响甚大。南北朝时杨元慎斥南朝而奉拓跋魏为正朔(参阅《洛阳伽蓝记》卷二),隋末文中子王通之帝魏(参阅王通《中说·述史篇》及《元经》卷九后魏孝文帝太和四年),都是基于文化观念。唐太宗对李靖说,"自古皆贵中华,贱夷狄,朕独爱之如一,故其种落皆依朕如父母"(《资治通鉴》卷一百九十八唐太宗贞观二十一年五月)。李靖亦说,"天之生人,本无番汉之别。然地远荒漠,必以射猎为生,由此常习战斗,若我恩信抚之,衣食周之,则皆汉人矣"(《武经七书·李卫公问对》卷中)。陈黯在其所著《华心》(《全唐文》卷七百六十七)中说道:"苟以地言,则有华夷,以教言,亦有华夷乎?夫华夷者辨在心,辨心在察其趣向,有生于中州而行戾于礼义,是形华而心夷也。生于夷域而行合乎礼义,是形夷而心华也。"前曾引过方孝孺之言:"《春秋》之旨虽微,而其大要不外辨君臣之等,严华夷之别。"(《逊志斋集》卷二《后正统论》)他基此观念,进而排斥夷狄之入主中国。方氏之文已引在本书者从略,其未引者不妨引之，以供读者参考。他说:"《书》曰，蛮夷猾夏，寇贼奸宄。以蛮夷与寇贼并言之。《诗》曰，戎狄是膺。《孟子》曰，禹遏洪水，驱龙蛇，周公膺夷狄。以戎狄与蛇虫洪水并言之。《礼》之言戎狄详矣，异服异言之人，恶其类夷狄，则察而诛之，况夷狄乎？孔子大管仲之功曰，微管仲，吾其被发左衽矣，如其仁。管仲之得为仁者，圣人美其攘夷狄也。然则进夷狄而不攘，又从而助之者，其不仁亦甚矣，曾谓圣人而肯主之乎？"（《逊志斋集》卷二《后正统论》）方氏还是注重文化，然其书稍见偏激。清初，王船山的见解与前人不同，他谓华夏之别不单是文化有别，而是所居之地异，气质亦因之而异。船山说:"夷狄之与华夏，所生异地。其地异，其气异矣。气异而习异，习异而所知所行蔑不异焉。""异种者其质异也，质异而习异，习异而所知所行蔑不异焉。"（《读通鉴论》卷十四《东晋哀帝》）甚至谓"人与人相于信义而已矣。信义之施，人与人之相于而已矣。未闻以信义施之虎狼与蜂虿也……故曰，夷狄者歼之不为不仁，夺之不为不义，诱之不为不信，何也？信义者人与人相于之道，非以施之夷狄者也"（同上卷四《汉昭帝》）。船山依地理形势，以为不但闽粤，即交趾亦应属于中国。他说:"南越固海内之壤也，五岭者培堘高下之恒也，未能逾夫大行、殽函、剑阁、龟陁之险也。若夫东瓯之接吴会，闽越之连余干，尤股掌之相属也。其民鸡犬相闻，田畴相入，市贾相易，婚姻相通，而画之以为化外，则生类之性睽，而天地之气阂矣……《书》曰宅南交，则交趾且为尧封，而越居其内。越者大禹之苗裔，先王所以封懿亲者也，非荒远之谓也……武帝平瓯闽，开南越，于今为文教之郡邑。而宋置河朔燕云之民，画塘水三关以绝之，使渐染夷风，于是天地文明之气，日移而南。天且歆汉之功，而厌宋之偷矣。"（同上卷三《汉武帝》）继船山之后，以民族思想鼓动人心者有吕留良（号晚村）。他的著作，前清列为禁书，今所存者不过数种，即此数种，台湾亦不之有。吕留良说，"孔子何以许管仲不死公子纠而事桓公，甚至美为仁者，是实一部《春秋》之大义也。君臣之义固重，而更有大于此者。所谓大于此者何耶？以其攘夷狄，救中国于被发左衽也"（引自梁启超著《中国近三百年学术史》，中华版一七四页）。吾人以为三国以前，吾国用文化以别华夷，盖欲以华变夷。此后吾国仍用文化以别华夷，不过借此以辩护夷狄入主中国，无须反对而已。

（六）民本——民本与民主的区别

民之所好好之，民之所恶恶之。(《礼记注疏》卷六十《大学》)

此两句据朱熹说，非孔子之言，乃"曾子之意，而门人记之也"。余读孔子之书，孔子虽未明白说出此两句话，而孔子之言暗合此两句之意者极多。不但孔子之言而已，上可追溯于《尚书·皋陶谟》"天聪明自我民聪明，天明畏自我民明威"。孔颖达疏，"正义曰，皇天无心，以百姓之心为心，此经大意言民之所欲，天必从之"。《泰誓》中"天视自我民视，天听自我民听"，孔安国注，"言天因民以视听，民所恶者天诛之"。而如《礼记》所说，"君以民存，亦以民亡"(《礼记注疏》卷五十五《缁衣》)。现在试问民意如何决定？由全体公民开会决定么？抑由公民所选出的代表决定？其决定需要满场一致的赞成么，抑只以多数人的意见为标准？对此问题，古人均未提到，吾人所知道的，古人均谓民意不易摸捉，"夏暑雨，小民惟曰怨咨；冬祁寒，小民亦惟曰怨咨，厥惟艰哉"(《尚书注疏》卷二十七《君牙》)。人民如斯不易伺候，所以古人为政，虽谋人民的福利，而什么是人民的福利，均不由人民决定。《左》襄八年，郑子驷曰，"《诗》云谋夫孔多，是用不集，发言盈庭，谁敢执其咎"。《左》成六年晋栾书(栾武子，将中军)救郑，与楚师遇于绕角(郑地)。楚师还，晋师遂侵蔡，楚以申息(楚二县)之师救蔡。赵同、赵括欲战(尚有其他将佐五人欲战)。知庄子(荀首中军佐)、范文子(士燮上军佐)、韩献子(韩厥新中军佐)谏曰不可，乃遂还。军师之欲战者众，或谓栾武子曰，子盍从众，子为大政(中军元帅)，将酌于民者也(酌取民心以为政)。子之佐十一人(晋有六军，每军将佐各一人，共十二人，除栾武子外，尚有十一人)，其不欲战者三人而已。欲战者可谓众矣。《商书》(《洪范》)曰，三人占(孔注，《洪范》曰卜筮各三人)，从二人，众故也。武子曰，善钧从众。夫善众之主也，三卿为主，可谓众矣(杜注，三卿皆晋之贤人)，从之，不亦可乎。子曰，"众恶之，必察焉。众好之，必察焉"(《论语·卫灵公》)。众之所恶，尚须再察；众之所好，亦须再察，好恶不由众人决定,试问决定之权属于谁人,再察之责属于谁人？"子贡问曰,乡人皆好之,何如？子曰,未可也。乡人皆恶之,何如？子曰,未可也,不如乡人之善者好之,其不善者恶之。"（《论语·子路》）善哉王充的批评："夫如是,称誉多而小大皆称善者,非贤也。善人称之,恶人毁之,毁誉者半,乃可有贤。但善人所称,恶人所毁,果可依此而知贤乎？依孔子之言,可以知贤。然称之者,其人是否是善人；毁之者,其人是否是恶人,又如何决定？也许称之者是恶人,而毁之者是善人,如是人将惑乱而无所适从矣。"（《论衡》第八十篇《定贤》,文字略加修改,使读者容易了解）要之,吾国先哲没有从众的观念,而只有从贤的思想。换言之,先哲只有民本思想,而无民主思想。民本二字出自《夏书·五子之歌》："民惟邦本,本固邦宁。"（《尚书注疏》卷七《五子之歌》）

民本与民主不同,民主不但要 for the people,还要 by the people,而民本则只有 for the people,至于哪一种施设可以达到 for the people 的目的,则由政府决定。所谓"凡事谋人民的福利,凡事不由人民自己决定"（Alles für das Volk, Nichts durch das Volk.）,这就是民本政治的本质。何以吾国没有民主思想？大凡民智未开,大众的智力和腕力相差不远之时,往往是谁都不肯服从别人的意见,此时除依多数人决定之外,实无办法。这只是一个原因,最重要的,吾国自有历史以来,就是大国,而与希腊的城市国家不同。史前之事不可得而知矣,帝尧即位之后,才有历史（其实也是后人追述,未必完全真实）,而中华国家最初乃建设于黄河两岸,渐次发展而至长江流域。北方平原,而帝尧之时又有洪水为灾,黄河长可千里,要治洪水,须有整个计划：只治上流,倘下流壅塞,上流之水,亦不能畅行到海。只治下流,苟上流泛滥,下流亦不安全。所以在尧舜时代,虽然只是原始国家,而领土却甚广大。民主政治乃以多数人的意见决定一切,在代表观念尚未发生以前,要在大领土之上,集合全体人民开会,是办不到的,而且希腊的城市国家,多数决政治也不是一举而即成功。照曾克斯①(E. Jenks)说,原始社会不知多数决之法,凡事不能得到满场一致,就须诉诸腕力,举行决斗,以决定哪一方意见得到胜利。所以满场一致

---

① 通常译作"甄克思"。——编者

与决斗乃是原始社会解决问题的方法。既而人们渐渐感觉决斗对于胜负双方都有害处,于是就发生了种种代替决斗的方法。一是呐喊(shout),双方发出喊声,谁压倒对方,谁便得到胜利。二是分列(divide),倘双方喊声不分大小,则双方列队比较长短,谁队伍长,谁的意见便见通过。这样,头数多少便代替了腕力大小,即"计算人头代替了打碎人头"(counting heads instead of breaking them),这就是多数决的起源。希腊中期已有多数决之制,斯巴达选举五位执政官(Ephors),就是以得票较多者为当选。雅典的各种会议或用举手,或用投票,依多数人之意见决定一切。降至罗马,法谚云:"多数所表示者得适用于全体"(Refertur ad universos quod publice fit per majorem partem.),"民会多数所为者视为全体所为"(Quod major pars curiae effecit pro eo habetur ac si omnes egerinnt.)。只看元老院决议案皆以多数人的意见为标准,就可知道当时多数决已经成为法律上的制度。日耳曼民族的思想与多数决主义未必符合。他们不甚相信两人的意见比之一人的意见更有价值。战场之上,一人勇士可以打败五人,何以论坛之上,须以多数人之意见为标准。中世的三级会议有"凡事须由贤人(pars sanior)决定,不宜由多数人(pars major)决定","投票须权(wägen)其轻重,不宜数(zählen)其多寡"之言。他们最初举行表决尤其选举,皆以满场一致的形式为之,用喝彩以代投票,纵有少数人提出异议,亦为喝彩之声所掩蔽,至于日耳曼民族采用多数决之制,乃是传自教会,而教会又是受了罗马法的影响。教会选举教皇,以得到大主教(Kardinal)三分之二投票为当选,选举主教(Bischof),以得到管长会议(Domcapitel)过半数投票为当选。最初意大利北部村落先用多数决之法,以选举村长。其后欧洲各地渐次成立了"少数服从多数"(minor pars sequator majorem)的惯例。其实,最初所谓多数不但指投票在数的方面是优越的,同时还指在质的方面也是优越的。多数同时包括数多而又质良,就是多数之外,尚加以"贤明"的要素,这称为"多数而又贤明"的原理(the doctrine of the major et sanior pars)。因此之故,少数苟在质的方面是优越的,换句话说,是贤明的,尚可战胜那仅在数的方面占优势的多数。不过"贤明"并没有一个公认的方法来证明,所以不久之后,这个原理又被另一个原理修改了,就是数的方面苟占绝对优势,例如三分之二的人数,那么"贤明"如何,可以不谈。后来,连这个绝对优势的多数都不顾了,纵在选举之时,也只要求一个大多数(a greater number)。1215 年英王约翰所发布的大宪章(第六一条)规定:国内男爵(Barons)互选二十五名为代表,代表会议之决议以出席人过半数之同意行之。1356 年神圣罗马帝国皇帝卡尔四世(Karl IV, 1346—1378)所发布的敕令(goldene Bulle)①规定:选举侯(Kurfürst)选举皇帝之时,以得票较多者为当选。这样,多数决主义到了 14 世纪,欧洲各国就渐次用之以作议决及选举的方法,终随英国宪政而传播于全世界。

唯在大国,只有多数观念,而不能佐之以代表制度,民主政治亦难实现,例如希腊的城市国家,人口与领土超过一定限度,国家便见分裂,而创设新的城市国家。罗马与希腊不同,人口虽然增加,领土虽然扩大,而国家依然保存统一的形式。但国家过度膨胀,技术上无法实行民主政治,于是罗马对于市民便分为等级,而发生"没有投票权的市民"(civis sine suffragio),最后又放弃城市国家的形式,而成立一个世界帝国,任何市民都没有参政权。降至中世固然自由城市尚保存民主政治,设置市会以作立法机关,但地小民寡,有似于古代的城市国家,且为其单位者不是个个市民,而是各种基尔特②。其可视为现代代议制度的滥觞者则为中世的三级会议。但各阶级的代表须受原选举人训令的拘束,这就是所谓"命令的委任"(imperatives Mandat),而与今日代议士依自己的判断,独立投票,不受任何拘束,即所谓"自由的委任"(freies Mandat)者当然不同。话虽这样说,而人民的权利得由代表行使,不能不说是中世的创举,而非古代学者所能知道。尤其是马西僚③(Marsiglio da Podova, 1270—1340)主张民选代表之制,不遗余力,以为立法权可由人民所选举的代表行使之。他所以有此思想,乃有鉴于教会制度。在基督教刚刚发生之时,教徒不多,教徒每数年必集会一次,讨论问题。到了后来,教徒增加,

---

① 即金玺诏书。
② 英语 Guild 之音译,即行会之意。——编者
③ 即马西略(Marsilius),意大利思想家,著有《和平的保卫者》。曾任帕多瓦城教长、巴黎大学校长。因拥护王权、反对教廷,被罗马教廷开除教籍,逃往巴伐利亚投靠路易四世王朝。——编者

全体集会已不可能,于是各地教徒遂派代表。这种代表制度,马西僚以为政治上亦可应用。这样,代表观念逐渐普及,先为三级会议所采用,最后现代民主国的议会也用之以代表民意。

吾国古代没有"多数"及"代表"的制度,所以先哲没有民主思想,只能说到 for the people,不能说到 by the people。先哲所注重的是意见的贤明,贤明打垮了多数,而贤明又没有一定标准,这是吾国政治思想的缺点。

(七) 春秋三世

> 公子益师卒,何以不日?远也。所见异辞,所闻异辞,所传闻异辞。

(《公羊传》隐公元年)

何休解诂,"所见者谓昭定哀,己与父时事也。所闻者谓文宣成襄,王父时事也。所传闻者谓隐桓庄闵僖,高祖曾祖时事也"。我们以为"所见异辞,所闻异辞,所传闻异辞"乃接在"远也"之下,"远也"又接在"何以不日"之下,本来没有什么意义,不过说明公子益师之死所以不书其日期,因为年代久远,无人记得。桓公五年,春正月甲戌己丑,陈侯鲍卒,《公羊传》云,"曷为以二日卒之?怴也。甲戌之日亡,己丑之日死,而得君子疑焉,故以二日卒之也"。何休解诂,"君子谓孔子也,以二日卒之者,阙疑"。《吕氏春秋》(卷二十二《慎行论第二》之六《察传》)说:"夫得言不可以不察,数传而白为黑,黑为白。"故凡事之可疑者宁可阙文。《春秋》是述十二公时代的事,而可分为三个时期,有亲自看到的,有闻诸别人的,有传闻于他人的。亲自看到的可以详细书之;闻诸别人的须有选择:或详或简而书之;至于传闻之事,苟有疑问,宁可阙文,不可穿凿。这是古代良史所遵守的原则。东汉何休由这三世,创造了一种学说,"于所传闻之世,见治起于衰乱之中,故内其国而外诸夏"。"于所闻之世,见治升平,内诸夏而外夷狄。""至所见之世,著治太平,夷狄进至于爵,天下远近小大如一。"(《公羊传》隐公元年何休解诂)此种解释乃着眼于华夷之别。然则为什么"春秋内其国而外诸夏,内诸夏而外夷狄"?"王者欲一乎天下,曷为以外内之辞言之？言自近者始也。"(《公羊传》成公十五年)盖在所传闻之世，诸夏各国内乱时起，而又互相攻战，有至灭亡者。此种情形不但破坏大一统的局面，且可给予夷狄以侵略的机会。《春秋》希望诸侯先修内政，各保其国，维持统一之形，故云"内其国而外诸夏"。在所闻之世，蛮夷猾夏已可威胁诸夏各国的安全。僖公元年，齐师、宋师、曹师次于聂北，救邢。《公羊传》云："救不言次，此其言次何？不及事也。不及事者何？邢已亡矣。孰亡之？盖狄灭之。曷为不言狄灭之？为桓公讳也。曷为为桓公讳？……上无天子，下无方伯，天下诸侯有相灭亡者，力能救之，则救之可也。"僖公二年，春王正月，城楚丘。《公羊传》云，"孰城？城卫也。曷为不言城卫？灭也。孰灭之？盖狄灭之。曷为不言狄灭之？为桓公讳也。曷为为桓公讳？上无天子，下无方伯，天下诸侯有相灭亡者，桓公不能救，则桓公耻之也。然则孰城之？桓公城之。曷为不言桓公城之？不与诸侯专封也。曷为不与？实与而文不与……上无天子，下无方伯，天下诸侯有相灭亡者，力能救之，则救之可也"。在夷狄之中，南方的楚最为强盛。《左》桓二年"蔡侯、郑伯会于邓，始惧楚也"。到了僖公四年，"楚屈完来盟于师，盟于召陵"，《公羊传》云，"屈完者何？楚大夫也。何以不称使？尊屈完也。曷为尊屈完？以当桓公也。其言盟于师，盟于召陵何？师在召陵也。师在召陵，则曷为再言盟？喜服楚也。何言乎喜服楚？楚有王者则后服，无王者则先叛。夷狄也，而亟病中国。南夷与北狄交，中国不绝若线。桓公救中国而攘夷狄，卒怗荆(怗，服也。荆，楚也)，以此为王者之事也"。何休解诂，"言桓公先治其国，以及诸夏。治诸夏以及夷狄，如王者为之，故云尔"。观何休解诂，可知他是承认齐桓能够"内诸夏而外夷狄"。"内诸夏而外夷狄"，据何休解诂，是在"所闻之世"，齐桓攘夷开始甚早，其最重要的则为《左》僖四年伐楚之役(晋文称霸在《左》僖二十八年城濮之战)，如是，僖公时代的事不应划归于"所传闻之世"。因为"所传闻之世"只有"内其国而外诸夏"，未能"内诸夏而外夷狄"也，这是一种不甚重要的矛盾。又有进者，齐桓晋文之称霸均确定于伐楚之事。盖楚与戎狄不同，楚曾观兵于周郊，问鼎小大轻重(《左》宣三年)，戎狄虽然为祸中国，而却未曾欲为中国之主。戎狄似无领土野心，其能压迫王室，多由统治阶级引之入寇，申侯引犬戎攻杀幽王(《史记》卷四《周本纪》)，颓叔奉子带以狄师伐周(《左》僖二十四年),即其例也。但另一方面,统治阶级常与戎女结婚,尤其是晋居深山之中,戎狄与之邻(《左》昭二十三年),所以晋之君臣常娶戎女为妇。例如晋献公娶二女于戎,大戎狐姬生重耳,小戎子生夷吾;又伐骊戎,以骊姬归,生奚齐,其娣生卓子(《左》庄二十八年)。此四公子均曾即位,而重耳就是五霸之一的晋文公。文公之臣赵衰亦娶狄女季隗为妇,生盾(《左》僖二十三年),故赵盾说,"臣狄人也"(《左》宣三年,参阅《左》僖二十四年)。不但诸侯及大夫而已,就是天子,例如周襄王亦以狄女隗氏为后(《左》僖二十四年)。所以文宣以后,虽云"内诸夏而外夷狄",其实,最能为祸中国者,厥为楚。斯时也,诸夏各国均视吴楚及秦为夷狄。降至"所见之世",秦及吴楚也常参加中原诸侯的会盟,《春秋》已经不称他们为"人",而进至以爵称呼他们了。故云,"夷狄进至于爵,天下远近大小若一"。由此可知何休所谓衰乱、升平、太平三世乃就华夷之别言之。清末,康有为敷衍《公羊》学说,分据乱、升平、太平三世,又参以《礼运》大同小康之言,以升平世为小康,太平世为大同。小康之世,社会尚未充分进步,故无妨仍以天下为私,而施行君主立宪。大同之世,社会已经进步到天下为公,故可施行民主共和。任何制度都没有绝对的价值,最重要的是制度能够适合于环境需要,尤须适合于当时人民程度。康氏说,"夫政治非空言理想所能为也,以政治法律皆施于人民者,必与人民之性情习俗相洽相宜,乃可令下如流,施行无碍也。非可执欧美之成文,举而措之中国,而即见效也。岂徒不效,其性情风俗不相宜者,且见害焉"(《不忍杂志汇编二集》卷一《中国颠危误在全法欧美而尽弃国粹说》)。又说,"夫天下无万应之药,无论参术苓草之贵、牛溲马渤之贱,但能救病,便为良方。天下无无弊之法,无论立宪、共和、专制、民权、国会一切名词,但能救国宜民,是为良法。执独步单方者必非良医,执一政体治体者必非良法……夫所谓政党议会、民权宪法,乃至立宪、共和、专制,皆方药也。当其病,应其时,则皆为用。非其病,失其宜,则皆为灾"(《不忍杂志汇编初集》卷一《中国以何方救危论》)。此两段话颇获我心。余意《公羊》三世不过说明史家应依年代的远近,知者详述之,不知者宁可阙文。何休的三世则明华夷之别,以为社会愈进步,夷狄可以华化,天下远近小大如一。康氏的三世又言及小康大同之道,以现代的观念,来说明古人之说,虽有创见,不免牵强附会。

第三节
礼　治

（一）礼与法

礼者，政之本也。（《孔子家语》第十七篇《哀公问政》）

子曰……安上治民，莫善于礼。（《孝经》第十二章《广要道》）

一群人由于生活的必要，不能不聚居于一地，而构成为社会。为维持社会秩序，又需要一种规范，以拘束同群的人，使人人各守其分，各得其宜。社会规范最初只是习惯，自饮食男女至待人接物，均依当时当地的环境和需要，依一定模式而为之。这个一定模式对于吾人有一种压力，使吾人不敢反抗，亦不愿改变，且认其为社会公认的行为规则。习惯行之既久，不但拘束吾人的行为，亦常拘束吾人的心意。吾人违背习惯，纵无外界的制裁，心理亦觉不安。到了这个时候，习惯变成风俗。尹文子说，"世之所贵，同而贵之，谓之俗……苟违于人，俗所不与；苟忮（逆）于众，俗所共去"（《尹文子·大道上》），于是风俗对于人类就有一种权威，古人称之为礼。礼之发生乃开始于饮食男女，即开始于食欲及色欲。礼云："夫礼之初，始诸饮食。"（《礼记注疏》卷二十一《礼运》）又云，"君子之道造端乎夫妇"(同上卷五十二《中庸》)。所谓夫妇是指男女两性的结合。《礼运》说"饮食男女,人之大欲存焉"(《礼记注疏》卷二十二《礼运》)。为了防止人众争夺食物,为了防止人众争夺配偶,古圣就制礼以禁止争夺。即礼是对人众的食色加以拘束,一方使各人均能满足这两种大欲,同时又使各人不妨害别人的满足。

在"法"之观念尚未发生以前,古人常称法为礼,其实,法就是产生于礼之中。管子说"法出于礼"(《管子》第十二篇《枢言》)。荀子谓"礼者法之大分"(《荀子》第一篇《劝学》),"非礼是无法也"(《荀子》第二篇《修身》)。今试引《曲礼》中一句以为证,《曲礼》云,"分争辨讼非礼不决"。孔颖达疏,"《周礼·司寇》,'以两造禁民讼',又云'以两剂禁民狱',故郑(郑玄)云:'争罪曰狱,争财曰讼。'"(《礼记注疏》卷一《曲礼》上)。即民如有听讼争罪,依礼决之。《周礼》的注疏更见显明,但原文太长,只能摘要述之。"讼谓以财货相告者",即属于民事案件,原告及被告双方均应亲至审判的有司之处,并纳百矢为质。不纳百矢,则是"自服不直"。自服不直及败诉之人,百矢没入官。而败诉者若是被告,尚须负民事上的责任(如债务的清偿、标的物的归还)。"狱谓相告以罪名者",即属于刑事案件,原告及被告双方均应各赍卷书,纳三十斤之金于审判的有司。不书券,不入金,也是"自服不直"。自服不直及败诉者,金没入官,而败诉者若是嫌疑犯的被告,尚须负刑事上的责任(如徒刑、死刑)。原告败诉则为诬告,亦难逃刑事上的制裁(参阅《周礼》卷三十四《秋官司寇》)。由此可知古代之礼,有的实质上就是法。故孔子云,"礼者,政之本也","安上治民,莫善于礼"。礼在政治上作用如此,故孔子说,"礼之于正国也,犹衡之于轻重也,绳墨之于曲直也,规矩之于方圆也。故衡诚县,不可欺以轻重;绳墨诚陈,不可欺以曲直;规矩诚设,不可欺以方圆。君子审礼,不可诬以奸诈"(《礼记注疏》卷五十《经解》)。荀子亦说,"国无礼则不正。礼之所以正国也,譬之犹衡之于轻重也,犹绳墨之于曲直也,犹规矩之于方圆也。既错之而人莫之能诬也"(《荀子》第十一篇《王霸》)。此与法家慎子所说"有权衡者不可欺以轻重,有尺寸者不可差以长短,有法度者不可巧以诈伪"(《慎子·逸文》),完全相同。

（二）礼之作用

礼之教化也微，其止邪于未形，使人日徙善远罪而不自知也。（《礼记注疏》卷五十《经解》）

然则礼与法是否完全没有区别？吾人以为礼之内容比较复杂，而为不成文的法。法之内容比较简单，而为成文的礼。贾谊受了本条的暗示，说道，"凡人之智能见已然，不能见将然。夫礼者禁于将然之前，而法者禁于已然之后，是故法之所用易见，而礼之所为生难知也。若夫庆赏以劝善，刑罚以惩恶，先王执此之政，坚如金石，行此之令，信如四时，据此之公，无私如天地耳，岂顾不用哉？然而曰礼云礼云者，贵绝恶于未萌，而起教于微眇，使民日迁善远罪而不自知也"（《汉书》卷四十八《贾谊传》，《大戴礼》卷二《礼察第四十六》亦载此文，其中只有二三字与《贾谊传》不同）。即依贾谊之意，礼是基于预防主义，故能禁于将然之前；法是基于应报主义，故只禁于已然之后。贾谊的见解似有问题。因为法既定为成文，民皆先知，必能有所畏惧而不敢为非作邪，故法也能禁于将然之前，而为预防主义。明代丘濬解释《大戴礼》"刑罚者御人之衔勒也"云云，说道，"古者待刑人，其严如此，非故绝之也，欲人知所惩而不敢为恶也。绝其所已然，以惩其所未然，所绝者少，而所全者众，圣人大公至仁之心也"（《大学衍义补》卷一百一《总论制刑之义》）。此言可以补救贾谊之疏忽。

如上所言，古代之所谓礼，其实在礼之中，一部分就是法。所以礼之基础即法之基础。礼法的基础，第一是义。何以说呢？"义近于礼"（《礼记注疏》卷三十七《乐记》），即管子所说，"礼出乎义"（《管子》第三十六篇《心术上》）。何谓义？"义者宜也，"（《礼记注疏》卷五十二《中庸》），即管子所说，"义者谓各处其宜也"（《管子·心术上》），亦即荀子所说，"先王制礼义，使人各得其宜"（《荀子》第四篇《荣辱》）。礼法的第二基础为仁。"樊迟问仁，子曰爱人。"（《论语·颜渊》）但孔子主张爱人，并不反对恶人，"子曰，唯仁者能好人，能恶人"（《论语·里仁》）。《大学》亦有"唯仁人为能爱人，能恶人"之句。孔颖达疏，"仁人能爱善人，恶不善之人"

(《礼记注疏》卷六十《大学》)。即人有善行,我则爱之;人有恶行,我则恶之。仁是依对方的人格价值,予以其应得的报偿,故可由此演绎出赏罚观念。故云,"礼也者义之实也……仁也者义之本也"(《礼记注疏》卷二十二《礼运》)。

但是单单依靠有司的赏罚,礼治及法治又不能确实施行,必也人人皆有拥护礼法的勇气。"子贡曰,我不欲人之加诸我也,吾亦欲无加诸人。子曰,赐也,非尔所及也。"邢昺疏,"子贡言,我不欲他人以非义加陵于己,吾亦欲无以非义加陵于人"(《论语注疏》卷五《公冶长》)。前曾举过管子之言,"法出于礼","礼出乎义",故邢昺之疏,亦即子贡之言,可更改为我不让别人以非礼(不法)侵犯我的权益,吾亦不欲以非礼(不法)侵犯别人的权益。孔子自己亦言,"我未见好仁者,恶不仁者。好仁者,无以尚之。恶不仁者,其为仁矣,不使不仁者加乎其身"。邢昺疏,"'好仁者,无以尚之'……言性好仁者,为德之最上。'恶不仁者,其为仁矣,不使不仁者加乎其身'……言能疾恶不仁者,亦得为仁。但其行少劣……唯能不使不仁者加乎非义于己身也"(《论语注疏》卷四《里仁》)。孔子之言与子贡之言,用意相同。子贡之言稍见积极,言他人若以非义加陵于己,我将予以反击。故就效力大小言之,子贡之言乃比孔子为大,故孔子说,"赐也,非尔所及也"。

对于非礼——不法的行为,能做勇敢的反抗,而如子贡所说,"我不欲人之加诸我也",这是礼治——法治能够发挥作用的基本条件。德国法学权威耶陵(R. V. Jhering)①有言,"勿为不法"(thue kein unrecht)固然可嘉,"勿宽容不法"(dulde kein unrecht)尤为可贵。"勿为不法"即子贡所说"我亦欲无加诸人","勿宽容不法"才是子贡所说"我不欲人之加诸我"。故凡忍受或劝告被害人忍受别人的非礼——不法行为,侵犯吾身的权益,无异于劝告全国人破坏礼法。非礼或不法的行为遇到权利人不挠不屈,坚决反抗,则不但被害人,就是旁人看到此种现象,亦必有所顾忌,而不敢轻举妄动,侵犯别人的权益。由此可知我们保护自己的权益,不但是我对自己的义务,且又是我对社会的义务。

---

① 即耶林(1818—1892),为新功利主义法学派创始人,著有《为权利而斗争》等。——编者

为保护自己的权益,而与恶势力斗争,这也许出于利己之心,利己就是自爱。所谓自爱不单指洁身自爱,循礼守法,且又指牺牲一切,为自己的权益而做勇敢的斗争。"子路曰仁者使人爱己,子曰可谓士矣。子贡曰仁者爱人,子曰可谓士君子矣。颜渊曰仁者自爱,子曰可谓明君子矣。"(引自《荀子》第二十九篇《子道》)扬雄之言更见明晰,他说,"人必自爱也,而后人爱诸,自爱仁之至也"(《法言义疏》十八《君子卷第十二》)。爱护自己的权益,不许别人侵害。假令有人侵害,我依"以怨报怨"的道理,使人有所畏惧。人人均有戒心,而不肯为非作邪,这是"仁之至也"。故我以仁与义为礼治——法治的基础。

(三)制礼的权

> 子曰……非天子不议礼,不制度,不考文。(《礼记注疏》卷五十三《中庸》)

礼如何发生?礼固然发生于习惯风俗之中,而其有法之效力,必由于国家的承认。《礼》云"礼自外作"(《礼记注疏》卷三十七《乐记》)。又云,"礼也者动于外者也"(同上卷三十九《乐记》),即礼不是由吾人的内心自动地发生出来,而是由外部权力察社会的需要,择习惯风俗之合于义者,定之为礼。所谓外部权力是指什么?古代以主权在君,所以制礼之权属于天子,犹如今日以主权在民,所以立法之权属于代表民意的议会。法家说:"夫生法者君也。"(《管子》第四十五篇《任法》)孔子亦说:"非天子不议礼,不制度,不考文……虽有其位,苟无其德,不敢作礼乐焉。虽有其德,苟无其位,亦不敢作礼乐焉。"(《礼记注疏》卷五十三《中庸》)即主张制礼之权不属于有权势的天子,而是属于有德的天子。

(四)礼的内容

> 礼从宜。(《礼记注疏》卷一《曲礼上》)

但天子亦不得任意制礼。《礼》云,"礼从宜",郑注孔疏对于三字的解释均失之过狭。依吾人之意,"宜"是"适合"之意,若综合《礼记》各卷所述而归纳之,可归纳为三点。

一是适合于人民程度。孔子曰,"夫礼为可传也,为可继也"。孔疏,"圣人礼制,使后人可传可继,故……以中为度耳,岂可过甚,皆使后人不可传继乎"(《礼记注疏》卷八《檀弓上》)。当然一种礼法要永远传继,势所不能,理所不可。唯在社会变迁不甚剧烈的时代,至少亦应可传继数十年之久。否则将如韩非所说,"法禁变易,号令数下者,可亡也"(《韩非子》第十五篇《亡征》)。孔疏中有"以中为度"之语,吾不能不引孔子之言以为证。子曰,"君子不以其所能者病人,不以人之所不能者愧人。是故圣人之制行也,不制以己,使民有所劝勉愧耻,以行其言"。郑注,"以中人为制,则贤者劝勉,不及者愧耻,圣人之言乃行也"。孔疏,"'不制以己'者,言圣人之制法立行,不造制以己之所能,谓不将己之所能以为制法,恐凡人不能行也。'使民有所劝勉愧耻,以行其言'者,既不制以己之所能,但制以中人之行,使得可行,则民有所自劝勉,不能者自怀愧耻。如此,则民得以行其圣人之言也"(《礼记注疏》卷五十四《表记》)。前曾说过,孔子分人为三等,一是中人以上,二是中人,三是中人以下。人类之中,中人以上少,中人以下亦少,中人最多。礼及法若以中人为标准,则贤不肖皆能守。孔子说,"故君子莅民,不临以高,不导以远,不责民之所不为,不强民之所不能"(《孔子家语》第二十一篇《入官》)。礼以中人为制,便如子思所说,"先王之制礼也,过之者俯而就之,不至焉者跂而及之"(《礼记注疏》卷七《檀弓上》)。但是"跂而及之"实在不易,故荀子尤其法家皆以中人以下为标准。盖礼法对于中人以下,若能令其遵守,则对于中人及中人以上,自无问题。礼法只能对于中人以上,令其遵守,则对于中人及中人以下,恐无办法。礼法对于中人,能够令其遵守,则对中人以下,尚有问题。如何令中人以下愿意遵守,这则有恃于刑赏。

二是适合于每个人的能力。《礼》云,"贫者不以货财为礼,老者不以筋力为礼"(《礼记注疏》卷二《曲礼上》)。注疏对此两句没有解释。吕大临说,"君子之于礼,不责人之所不能备,贫者不以货财为礼,是也。不责人之所不能行,老者不以筋力为礼,是也"(引自《大学衍义补》卷三十八《礼仪之节上》)。此虽然只就"礼"言之,若应用于政治方面,则如管子所说:"明主度量人力之所能为而后使焉,故令于人之所能为,则令行;使于人之所能为,则事成。乱主不量人力,令于人之所不能为,故其令废。使于人之所不能为,故其事败。夫令出而废,举事而败,此强不能之罪也。"(《管子》第六十四篇《形势解》)管子又说:"君有三欲于民,三欲不节则上位危。三欲者何也?一曰求,二曰禁,三曰令。求必欲得,禁必欲止,令必欲行。求多者其得寡,禁多者其止寡,令多者其行寡。求而不得,则威日损。禁而不止,则刑罚侮。令而不行,则下凌上。故未有能多求而多得者也,未有能多禁而多止者也,未有能多令而多行者也。故曰,上苛则下不听。"(《管子》第十六篇《法法》)文子曾述老子之言,"事烦难治,法苛难行,求多难赡……故功不厌约,事不厌省,求不厌寡。功约易成,事省易治,求寡易赡"(《文子》第十篇《上仁》)。邓析子说,"治世之礼简而易行,乱世之礼烦而难遵"(《邓析子·转辞篇》)。《吕氏春秋》说:"礼烦则不庄,业烦则无功,令苛则不听,禁多则不行。"(卷十九《离俗览第七》之五《适威》)各家之言均与儒家之言吻合。

　　三是适合于社会环境。《礼》云,"天不生,地不养,君子不以为礼……居山以鱼鳖为礼,居泽以鹿豕为礼,君子谓之不知礼"(《礼记注疏》卷二十三《礼器》)。此不过举例说明礼应依社会环境之允许者为限,并不是说,礼应适合于社会环境者只此区区小事而已。《礼》云,"礼有以多为贵者……有以少为贵者……有以大为贵者……有以小为贵者……有以高为贵者……有以下为贵者……有以文为贵者……有以素为贵者……孔子曰,礼不可不省也,礼不同,不丰不杀。此之谓也,盖言称也"(《礼记注疏》卷二十三《礼器》)。《礼》又云,"礼之不同也,不丰也,不杀也,所以持情而合危也"(《礼记注疏》卷二十二《礼运》)。孔颖达疏,关于不丰,谓"礼应须少,不可求多也",关于不杀,谓"礼应须多,不可杀少也",固然不错。盖据《礼器》所说,"先王之制礼也,不可多也,不可寡也,唯其称也"(《礼记注疏》卷二十三《礼器》),而关于"持情而合危",说明不甚明晰。余意此一句是谓礼能适合各人境遇及各地环境,不求多,也不求寡,则礼必合于情理,社会安而不危。故孔疏对其下文"故圣王所以顺山者,不使居川;不使渚者居中原,而弗敝也"(《礼运》),说明云,"本居山者,所利便于禽兽;本居川者,所利在舟楫,故圣人随而安之,不夺宿习,不使居山之人居川也,不使渚者居中原。小洲曰渚,渚利鱼盐。广平曰原,原利五谷。既顺安之,故不使渚者徙中原"。如是,各地人民"必各保其业,故恒丰而不敝困也"。

四是适合于时代需要,换言之,礼须随时代的变迁而改变。《礼》云,"礼,时为大……尧授舜,舜授禹,汤放桀,武王伐纣,时也"。郑玄注,"言受命改制度"(《礼记注疏》卷二十三《礼器》)。改制度就是制定新礼。尧舜禅让,汤武革命,这是取得政权的方法,而非政权所设置的制度。三代以前,凡强有力的酋长,各部落常奉之为共主。至夏,父死子继,商则兄终弟及,周又立嫡长子为嗣,这才是改制度。《礼》云,"有虞氏官五十,夏后氏官百,殷二百,周三百"(《礼记注疏》卷三十一《明堂位》),由官数的增加,可知官制之有改革。若以殷周为例言之,孔子云,"殷人尊神,率民以事神"(《礼记注疏》卷五十四《表记》),故其官制,先六大,即大宰、大宗、大史、大祝、大士、大卜。次五官,即司徒、司马、司空、司士、司寇(参阅《礼记注疏》卷四《曲礼下》及郑玄注)。六大以祭祀之官为主。大祝、大卜与神权有关,固无论矣。至于大史,吾人读《左》闵二年,狄人囚史华龙滑与礼孔,二人曰"我大史也,实掌其祭",可知大史也是祭祀的官。大士呢?《礼记注疏》卷四《曲礼》,"正义云,大士非司士及士师、卿士之等者……与大祝、大卜相连,皆主神之士"。五官观其名称,便知大半与军事有关。周以武力灭殷,组织封建国家,当时民智已比殷时进步,单单利用神权,未必能够压服被征服民。最需要的乃是武力,武力在神权之上,所以殷时六大,周多降之为下大夫。并改制殷之五官为六卿(冢宰、司徒、宗伯、司马、司寇、司空,可阅《尚书·周官》)。何以改制?盖如管子所说,"法者不可恒也"(《管子》第四十五篇《任法》),恒乃永久不变之意。商鞅有言,"三代不同礼而王,五霸不同法而霸"(《商君书》第一篇《更法》),非其相反,时变异也。所以"圣人之为国也……因世而为之治,度俗而为之法"(同上第八篇《壹言》)。慎子亦言,"治国无其法则乱,守法而不变则衰"(《慎子·逸文》)。韩非也说:"法与时转则治,治与世宜则有功。"(《韩非子》第五十四篇《心度》)此数子之言即《礼记》"五帝殊时,不相沿乐;三王异世,不相袭礼"(《礼记注疏》卷三十七《乐记》)。《吕氏春秋》说:"故治国无法则乱,守法而弗变则悖,悖乱不可以持国。世易时移,变法宜矣。"(卷十五《慎大览第三》之八《察今》)

《淮南子》说:"世异则事变,时移则俗易,故圣人论世而立法,随时而举事……非务相反也,时事异也。故不法其已成之法,而法其所以为法,所以为法者,与化推移者也。"(《淮南子》卷十一《齐俗训》)《淮南子》又说,"苟利于民,不必法古。苟周于事,不必循旧……故圣人法与时变,礼与俗化……故变古未可非,而循俗未足多也"(《淮南子》卷十三《氾论训》)。

(五) 礼与义

> 礼虽先王未之有,可以义起也。(《礼记注疏》卷二十二《礼运》)

前已提过《礼器》中所说,"先王之制礼也,不可多也,不可寡也,唯其称也"。多则繁芜而发生"法令滋章,盗贼多有"的现象。寡则简陋,将令执法者便于自由心证而上下其手。称是谓合于当时当地的需要,得其中庸之道。万一时代变迁,环境改变,而礼尚未制定,则将如何补救?《礼》云,"义近于礼"(《礼记注疏》卷三十七《乐记》)。此与管子所说"礼出乎义"(《管子》第三十六篇《心术上》),相差无几。何谓义?"义者宜也"(《礼记注疏》卷五十二《中庸》),即管子所说,"义者谓各处其宜也"(《管子》第三十六篇《心术上》),亦即荀子所说,"先王……制礼义,使人……各得其宜"(《荀子》第四篇《荣辱》)。即义一方使人能得其所应得,同时禁人妨害别人去得其所应得。各人能得其所应得,是为各人的权利。各人不能妨害别人去得其所应得,则有恃于礼。故荀子说,"夫义者所以限禁人之为恶与奸者也"(《荀子》第十六篇《强国》)。这样,由"义近于礼"一语观之,礼之内涵又几乎与法相同,故荀子云,"非礼是无法也"(《荀子》第二篇《修身》)。英语的 right 既指正义,又指权利。德语的 Recht 既指权利,又指法律,复指正义。吾国古人思想,义与礼——法亦有密切的关系,所以遇到一种事件,无礼——法可循,可依义裁决之,使人能得其宜。即如本条所说,"礼虽先王未之有,可以义起也"。孔颖达疏,"起,作也。礼既与义合,若应行礼,而先王未有旧礼之制,则便可以义作之……先无其礼,临时以义断之……庾云,谓先王制礼,虽所未有,而此事亦合于义,则可行之,以义与礼合也……义者裁断合宜也"(《礼记注疏》卷二十二《礼运》)。此犹汉时断狱议事常依《春秋》以补法之未备。而与今日《民法》第一条规定,"民事,法律所未规定者依习惯,无习惯者依法理",完全相同。

第四节
人　治

（一）行法在人

子曰，制度在礼，文为在礼，行之其在人乎？（《礼记注疏》卷五十《仲尼燕居》）

子曰，文武之政，布在方策。其人存，则其政举；其人亡，则其政息……故为政在人。（《礼记注疏》卷五十二《中庸》）

观上两条孔子之言，可知孔子思想接近于人治。孟子说，"徒善不足以为政，徒法不能以自行"（《孟子·离娄上》）。荀子说，"法不能独立，类（类，例也）不能自行；得其人则存，失其人则亡"（《荀子》第十二篇《君道》）。孟荀二子均是战国时代的大儒，其言如此，固不足怪。管子说，"今有土之君皆处欲安，动欲威，战欲胜，守欲固，大者欲王天下，小者欲霸诸侯，而不务得人，是以小者兵挫而地削，大者身死而国亡。故曰，人不可不务也（言当务得人），此天下之极也"（《管子》第十篇《五辅》）。又说，"明主之治天下也，必用圣人，而后天下治……故治天下而不用圣人，则天下乖乱而民不亲也"（《管子》第六十四篇《形势解》）。尸子说，"国之所以不治者三，不知用贤，此其一也。虽知用贤，求不能得，此其二也。虽得贤,不能尽,此其三也"(《尸子》卷上《发蒙》)。《吕氏春秋》云,"古之善为君者,劳于论人(论犹择也),而佚于官事,得其经也"(卷二《仲春纪第二》之四《当染》,卷十二《季冬纪第十二》之二《士节》亦有"贤主劳于求人,而佚于治事"之句)。《淮南子》说,"法者治之具也,而非所以为治也。而犹弓矢中之具,而非所以中也……故法虽在,必待圣而后治……故国之所以存者,非以有法也,以有贤人也;其所以亡者,非以无法也,以无贤人也"(《淮南子》卷二十《泰族训》)。岂但古代,就是现今,同是民主,或以治,或以乱;同是议会,或能代表民意,或只引起不断的政变。何以故?也是因为得人与不得人。

且也,法不过写在纸上的条文,即孔子所谓"布在方策"。郑玄注,"方板也,策简也"。孔子之时尚未发明纸笔,文字只能刻在竹简之上,苟令无人执行,则有法等于无法。何况社会情况千差万别,任何国家均不能将一切法律现象一一规定为条文,尤其在孔子时代,势只有如苏轼所说,"夫法者本以存其大纲,而其出入变化固将付之于人"(《苏东坡全集·应诏集》卷二《策别七》)。杜预有言:"法行则人从法,法败则法从人。"(《左》宣十二年杜注)盖人赴诉于有司之时,有司认为无利可图,则告之曰,法律没有规定,而做不受理的处分。若认为可以直接或间接渔利,又谓法律没有禁止,而做不合情理的裁判。均是法律没有规定,或借此以逃避责任,或借此以图谋私利。固然古代亦有监察机关,例如御史中丞、监御史之类,但依商鞅之言,"夫置丞立监者,且以禁人之为利也,而丞监亦欲为利,则何以相禁"(《商君书》第二十四篇《禁使》)。此与西谚所说"谁监察监察人"(Who will oversee the overseers?)用意相同。

(二) 政者正也

公(鲁哀公)曰,敢问何谓为政?孔子对曰,政者正也,君为正,则百姓从政矣。君之所为,百姓之所从也。君所不为,百姓何从?(《礼记注疏》卷五十《哀公问》)

季康子问政于孔子。孔子对曰,政者正也,子帅以正,孰敢不正?(《论语注疏》卷十二《颜渊》)

子曰，其身正，不令而行。其身不正，虽令不从。(《论语注疏》卷十三《子路》)

子曰，苟正其身矣，于从政乎何有？不能正其身，如正人何？(《论语注疏》卷十三《子路》)

以上四条都是主张政治家须先正其身，而后方能正人。左襄二十一年，臧武仲谓季孙(季武子)曰，"夫上之所为，民之归也。上所不为，而民或为之，是以加刑罚焉，而莫敢不惩。若上之所为，而民亦为之，乃其所也，又可禁乎"。"子曰，下之事上也，不从其所令，从其所行。"(《礼记注疏》卷五十五《缁衣》)所以孔子又说，"君子……欲政之速行也，莫善乎以身先之"(《孔子家语》第二十一篇《入官》)。盖"君子之德风，小人之德草，草上之风必偃"(《论语·颜渊》)之故。

无论春秋时代还是封建社会，自天子而至陪臣，他们所统治的区域均甚狭小。统治者一举一动，百姓都能看到。《淮南子》接受孔子的意见，亦说，"民之化也，不从其所言，而从所行"(《淮南子》卷九《主术训》)。所以统治者须先修其身而齐其家，在小国寡民之时，不啻为至理名言。秦汉以后，中国成为大一统的国家，天子私人生活，百姓未必知道。因此，天子个人修养，即所谓修齐，其重要性乃在治平之次，而如贾谊所说，"人主之行，异布衣。布衣者饰小行，竞小廉，以自托于乡党邑里。人主者，天下安，社稷固不耳"(贾谊《新书》卷一《益壤》)。此际百姓所注意的乃是宰相的言动。汉制，"天子所居，门闼有禁，非侍御之臣不得妄入，称禁中"(蔡邕《独断》)。反之，丞相府之门无阑，表示开放之意。《通典》云，"凡丞相府门无阑，不设铃鼓，言其大开，无节限"(《通典》卷二十一《宰相》)。所以宰相必须谨身守法，又能广其胸臆，以接受天下贤才，表示门大开而不壅蔽。《吕氏春秋》云，"亡国非无智士也，非无贤者也，其主无由接故也。无由接之患，自以为智，智必不接。今不接而自以为智，悖。若此则国无以存矣，主无以安矣"(卷十六《先识览第四》之三《知接》)。此言人主自命不凡，而不肯接见贤智之士。其实，贤智之士被摒斥于朝廷之外，多因人主受了亲近尤其宰相的蒙蔽。明丘濬说，"夫朝廷之政，其弊端之最大者莫大乎壅蔽。所谓壅蔽者，贤才无路以自达，下情不能以上通是也。贤才无路以自达，则国家政事无与共理,天下人民无与共治。下情不能以上通,则民间利病无由而知,官吏臧否无由而闻,天下日趋于乱矣。昔唐玄宗用李林甫为相,天下举人至京师者,林甫恐其攻己短,请试之,一无所取,乃以野无遗贤为贺。杨国忠为相,南诏用兵,败死者数万人,更以捷闻。此后世人主用非其人,不能辟四门、明四目、达四聪之明效也"(《大学衍义补》卷一《总论朝廷之政》)。所以汉时对策,均由天子亲第其优劣,而不假手于宰臣。而县之三老且得直接向天子言事。顾炎武说,"汉世之于三老,命之以秩,颁之以禄……当日为三老者多忠信老成之士也。上之人所以礼之者甚优,是以人知自好,而贤才亦往往出于其间。新城三老董公遮说汉王为义帝发丧,而遂以收天下。壶关三老茂上书明戾太子之冤,史册炳然,为万世所称道"(《日知录》卷八《乡亭之职》)。吾为什么历举历史之事,盖欲借此证明政治家的胸襟必须宽大,而后才会发生"不令而行"的效果。

上已引过孔子之言,"君子……欲政之速行也,莫善乎以身先之"(《孔子家语》第二十一篇《入官》),不但人治如此,就是法治也一样。荀悦说,"善禁者先禁其身而后人,不善禁者先禁人而后身。善禁之至于不禁,令亦如之。若乃肆情于身而绳欲于众,行诈于官而矜实于民;求己之所有余,夺下之所不足,舍己之所易,责人之所难,怨之本也"(《申鉴》第一篇《政体》)。贾谊有言:"大人者不忧小廉,不牵小行,故立大便,以成大功。"(贾谊《新书》卷一《益壤》)这是贾谊劝告汉文帝下诏,令诸王国割地分封,众建诸侯而小其力,不必拘泥于友于兄弟之古训。推此言也,凡秉国权之人应以国家为重,一切行为都宜以国家利害为最高标准。有益于国,不必以匹夫的道德自律,小廉小行尽可置之不顾。当然,无益于国,小行小廉亦宜注意。宋时王安石为相,"上元夕,从驾乘马入宣德门,卫士诃止之,策其马。安石怒,上章请逮治。御史蔡确言,宿卫之士拱扈至尊而已。宰相下马,非其处,所应诃止。帝卒为杖卫士,斥内侍,安石犹不平"(《宋史》卷三百二十七《王安石传》)。以变法之人自己不肯守法,以为我有特权,变法之不成功,理之当然。廷尉张释之说,"法者天子所与天下公共也"(《汉书》卷五十《张释之传》)。在法令未改以前,天子尚须守法,宰相哪可破坏。武帝"为窦太主(帝姑)置酒宣室,使谒者引内董君(窦太主寡居,与董偃私通,董君即董偃)。是时朔(时为中郎)陛戟殿下,辟戟而前曰,偃……安得入乎?……上默然不应,良久曰,吾业以设饮,后而自改。朔曰,不可,夫宣室者先帝之正处也,非法度之政不得入焉。上曰,善。有诏止,更置酒北宫,引董君从东司马门……赐朔黄金三十斤"(《汉书》卷六十五《东方朔传》)。观汉武帝的作风,可知纵令天子,虽微末事件,也宜守法。善哉《淮南子》之言:"所立于下者不废于上,所禁于民者不行于身……有法者而不用,与无法等。是故人主之立法,先自为检式仪表,故令行于天下。孔子曰,其身正,不令而行;其身不正,虽令不从。故禁胜于身(谓不敢自犯禁也),则令行于民矣。"(《淮南子》卷九《主术训》)

(三) 不求备于一人

> 子曰,君子不器。(《论语注疏》卷二《为政》)
>
> 子曰,君子……使人也,器之。小人……使人也,求备焉。(《论语注疏》卷十三《子路》)

上举第一条是指通才,第二条是指专才。关于通才与专才的区别,当讨论于本书荀子之章(第九节第一项之二)。兹所以先举第一条者,盖不欲读者拘泥于第二条之"器之",而忘记孔子尚有第一条"不器"之言。对于第二条,邢昺疏"君子……度人才器而官之……小人……责备于一人"。昔者"周公谓鲁公曰……君子……无求备于一人"。邢昺疏,"任人当随其才,无得责备于一人也"(《论语注疏》卷十八《微子》)。盖人有所长,必有所短。管子说,明主"任其所长,不任其所短,故事无不成,而功无不立"(《管子》第六十四篇《形势解》)。子思谓"夫圣人之官人,犹大匠之用木也,取其所长,弃其所短,故杞梓连抱而有数尺之朽,良工不弃,何也? 知其所妨者细也,卒成不訾之器"(《孔丛子》第七篇《居卫》)。尹文子说,"天下万事不可备能,责其备能于一人,则贤圣其犹病诸"(《尹文子·大道上》)。慎子亦说,"民杂处而各有所能,所能者不同,此民之情也……而皆上之用也,是以大君因民之能为资,尽包而畜之……是故不设一方以求于人,故所求者无不足也"(《慎子·民杂篇》)。《吕氏春秋》说:"物固莫不有长,莫不有短,人亦然。"(卷四《孟夏纪》第四之五《用众》)。"以全举人固难……尺之木必有节目,寸之玉必有瑕璃。先王知物之不可全也,故择物而贵取一也……以人之小恶,亡人之大美,此人主之所以失天下之士也已。"(卷十九《离俗览第七》之八《举难》)《淮南子》说,"是故贤主之用人也,犹巧工之制木也。大者以为舟航柱梁,小者以为楫楔,修者以为櫚榱,短者以为朱儒枅栌。无小大修短,各得其所宜;规矩方圆,各有所施。天下之物莫凶于鸡毒,然而良医橐而藏之,有所用也。是故林莽之材犹无可弃者,而况人乎?今夫朝廷之所不举,乡曲之所不誉,非其人不肖也,其所以官之者非其职也"(《淮南子》卷九《主术训》)。"今以人之小过,掩其大美,则天下无圣王贤相矣……夫人之情,莫不有所短,诚其大略是也,虽有小过,不足以为累。若其大略非也,虽有间里之行,未足大举(举,用也)……是故君子不责备于一人。"(《淮南子》卷十三《氾论训》)以上所举先哲之言都是说明无求备于一人。"仲弓为季氏宰,问政。子曰……赦小过"(《论语·子路》),朱注谓"过,失误也。大者于事或有所害,不得不惩;小者赦之,则刑不滥,而人心悦矣"。此与《周易·系辞》(《周易注疏》卷八《系辞下》)所说"小惩而大诫,此小人之福也"有无抵触?吾意朱子对于"赦小过"的解释未能体会孔子之意,《系辞》之言是对一般人民因故意而干犯法纪者言之。上文之"赦小过"则对有司因过错而致执行职务有些瑕疵者言之。一位有司若有治事之才,又有正身之德,苟不幸而有小怨,自不宜以一眚而掩其才德。陆贽说:"仲尼至圣也,犹以五十学易无大过为言……况自贤人以降,孰能不有过失哉……而以……一事过差,遂从弃捐,没代不复,则人才不能不乏,风俗不能不偷,此所谓嫉恶太甚之患也。"(《陆宣公奏议》卷十一《论朝官阙员及刺史等改转伦序状》,世界版)西汉时,黄霸为颍川太守,考课天下第一,征守京兆尹,不能称职,"连贬秩,有诏归颍川太守,官以八百石居,治如其前。前后八年,郡中愈治",赐爵关内侯,黄金百斤,秩中二千石,卒迁为御史大夫,最后且为丞相(《汉书》卷八十九《黄霸传》)。此盖颍川与京兆尹不同,颍川是外郡,太守可以便宜行事,京兆尹则为首都,多贵戚巨宦,非有隽不疑、赵广汉那样果敢(参阅《汉书》卷七十一《隽不疑传》、卷七十六《赵广汉传》),不易尽职。

(四) 选才的方法——考绩

　　子曰,视其所以,观其所由,察其所安,人焉廋哉,人焉廋哉!(《论语注疏》卷二《为政》)

"仲弓为季氏宰,问政。子曰……举贤才。曰,焉知贤才而举之?曰,举尔所知,尔所不知,人其舍诸?"邢昺疏,"但举女之所知,女所不知,人将自举之,其肯置之而不举乎?既各举其所知,则贤才无遗"(《论语注疏》卷十三《子路》)。孔子之言太过乐观。荀子说,"君有妒臣,则贤人不至"(《荀子》第二十七篇《大略》)。萧曹为汉初名臣,犹复相妒而交恶,何况其他人?所以孔子答仲弓之言未必能够解决问题。尸子说:"听朝之道使人有分,有大善者必问孰进之,有大过者必问孰任之,而行赏罚焉,且以观贤不肖也。今有大善者,不问孰进之;有大过者,不问孰任之,则有分无益已。问孰任之,而不行赏罚,则问之无益已……为人臣者以进贤为功,为人君者以用贤为功。为人臣者进贤……而无赏,是故不为也。进不肖者……而无罪,是故为之也。使进贤者必有赏,进不肖者必有罪,无敢进也者为无能之人,若此则必多进贤矣。"(《尸子》卷上《发蒙》)"汉法,保举而其人不称职者与同罪。"(《汉书》卷七十六《王尊传》)因是,百官均不敢举贤才,武帝元朔元年冬十一月诏,"不举孝,不奉诏,当以不敬论。不察廉,不胜任也,当免"(《汉书》卷六《武帝纪》)。此似依上述尸子之言而定为制度。

　　吾意本条孔子之言,《虞书》"五载一巡守,群后四朝(各会朝于方岳之下,凡四处,故曰四朝)。敷奏以言,明试以功,车服以庸"(《尚书注疏》卷三《舜典》),值得参考。《虞书》所举三句又见于《夏书》,"禹曰……敷纳以言,明庶以功,车服以庸"(同上卷五《益稷》)。对此,丘濬说明云,"按试人之法有二,曰言曰功而已。所谓言者,《礼记》所谓或以言扬是也。所谓功者,《礼记》所谓或以事举是也。进人不以言,则无以知其所有之蕴。试人不以功,则无以验其所行之实。苏轼曰,尧舜以来,进人何尝不以言,试人何尝不以功?是则以言功为用人之法,其来尚矣"《大学衍义补》卷十《公铨选之法》）。先就"敷奏以言"言之,韩非说,"主道者使人臣必有言之责,又有不言之责。言无端末,辩无所验者,此言之责也。以不言避责持重位者,此不言之责也。人主使人臣言者必知其端以责其实,不言者必问其取舍以为之责,则人臣莫敢妄言矣,又不敢默然矣,言默则皆有责也"（《韩非子》第十八篇《南面》）。西汉天子常下诏公卿二千石举贤良方正,诏中若附有"能直言极谏以匡朕之不逮"一语,必加考试,察其是否果能直言极谏。然所试者并不是观其文辞,而是取其忠言嘉谟足以佐国,崇论弘议足以康时,而与后世之以诗赋、经义取士者绝不相同。

次就明试以功言之。孔子曾言,"始吾于人也,听其言而信其行。今吾于人也,听其言而观其行"（《论语·公冶长》）。言既不可深信,则用人之法,既听其言,就要试之以事,测验其人之能力如何,有否言过其实。孔子所谓"言"不但指出之于口的言辞,亦指书于纸上的文章。孔子所谓行不是单指行谊,且又指治事的能力。陆贽说,"夫理道之急在于得人,而知人之难,圣哲所病。听其言则未保其行,求其行则或遗其才。校劳考则巧伪繁兴,而贞方之人罕进；徇声华则趋竞弥长,而沉退之士莫升。自非素与交亲,备详本末,探其志行,阅其器能,然后守道藏用者可得而知,沽名饰貌者不容其伪。故孔子云,视其所以,观其所由,察其所安,人焉廋哉？夫欲观视而察之,固非一朝一夕之所能也,是以前代有乡里举选之法,长吏辟署之制,所以明历试,广旁求,敦行能,息驰骛也"（《陆宣公奏议》卷七《请许台省长官举荐属吏状》,世界版）。上文曾经说到,既听其言,就须试之以事。汉时,凡人初任某种职官,或由一种职官迁为另一种职官,必须试署一年。秦汉时,官吏试署者则曰守（参阅《陔余丛考》卷二十六《假守》）。试署以一年为度,满岁为真,才食全俸。案国家所希望于官吏者,一是能力,二是品德,汉制关斯二者简单而易行。西汉喜激昂奋发之士,而厌谨慎软弱之徒,其所谓能力,据《汉书》列传所载,多指"敢击行","捕搏敢行","斩伐不避权贵"。朱博为亭长,捕搏敢行,迁为郡之功曹（《汉书》卷八十三《朱博传》）,即其例也。至于品德,绝不可希望于群臣者太多,太多常等于零。《吕氏春秋》云,"凡论人,通则观其所礼,贵则观其所进,富则观其所养,听则观其所行,止则观其所好,习则观其所言,穷则观其所不受,贱则观其所不为。喜之以验其守,乐之以验其僻,怒之以验其节,惧之以验其持,哀之以验其人(应作仁),苦之以验其志。八观六验,此贤主之所以论人也"(卷三《季春纪第三》之四《论人》)。《淮南子》亦说,"论人之道,贵则观其所举,富则观其所施,穷则观其所不受,贱则观其所不为,贫则观其所不取。视其更难,以知其勇;动以喜乐,以观其守;委以财货,以论其仁;振以恐惧,以知其节,则人情备矣"(《淮南子》卷十三《氾论训》)。两书之言固有参考的价值,但项目太多,长官实难做到。汉制对于官吏的品德,单单要求孝及廉(西汉孝与廉别为二途,东汉以后,合为一途)。西汉去古未远,曾子说,"居处不庄,非孝也。事君不忠,非孝也。莅官不敬,非孝也。朋友不信,非孝也。战陈无勇,非孝也"(《礼记注疏》卷四十八《祭义》)。即修身、齐家、交际、治国、出战,一切善的行为均视为由孝出发。但吾人在《汉书》上,只见严诩一人以孝行为官(《汉书》卷七十七《何并传》),可见其难。至于其他品德,最重视的则为清廉,吾人读《汉书》,不难看到某人察廉迁某官,如张敞补太守卒史,察廉为甘泉仓长(《汉书》卷七十六《张敞传》),同时惩治贪污又极严厉,汉法,赃至十金,即处死刑(参阅《汉书》卷八十三《薛宣传》补注引周寿昌曰),而"解臧吏三世禁锢"(《后汉书》卷四十六《陈忠传》,这是追述前汉之法)。又有进者,西汉之制,人士多先为乡官或郡县曹掾,而如公非刘氏所说,"才试于事,情见于物,则贤不肖较然。故遭事不惑,则知其智;犯难不避,则知其节;临财不私,则知其廉;应对不疑,则知其辩。如此,则察举易,而贤公卿大夫自此出矣"(《文献通考》卷三十五《吏道》)。即据公非刘氏之言,要评鉴人物,必须试之以事,世人的毁誉不足为凭。商鞅说,"凡人臣之事君也,多以主所好事君"(《商君书》第十四篇《修权》)。韩非亦说,"人主好贤,则群臣饰行以要君欲"(《韩非子》第七篇《二柄》)。我们只看东汉士大夫多矫饰其行,而沽名钓誉遂成为一代风气。我们再看曹操好俭,"后宫食不过一肉,衣不用锦绣,茵蓐不缘饰,器物无丹漆"(《魏志》卷二十一《卫觊传》)。其臣见上之俭也,"士大夫故污辱其衣,藏其舆服。朝府大吏或自挈壶餐,以入官寺"(《魏志》卷二十三《和洽传》)。至乃"长吏还者垢面羸衣,常乘柴车。军吏入府,朝服徒行"(《魏志》卷十二《毛玠传》注引先贤行状)。徐干说:"上无明天子,下无贤诸侯,君不识是非,臣不辨黑白……多助者为贤才,寡助者为不肖……民……知富贵可以从众为也,知名誉可以虚哗获也,乃……结比周之党,汲汲皇皇,无日以处,更相叹扬,迭为表里。"(徐干《中论》第十一篇《谴交》)这样,社会又发生了一种现象,人士"多务交游,以结党助,偷世窃名,以取济渡"(《潜夫论》第二篇《务本》)。东汉之末,名流虽居高位,而"功业皆无所采,是故俗论皆言处士纯盗虚声"(《后汉书》卷六十一《黄琼传》)。

三就"车服以庸"言之,此一句是承上二句而言。孔颖达疏,"诸侯四处来朝,每朝之处,舜各使陈进其治理之言,令自说己之治政(敷奏以言)。既得其言,乃依其言,明试之以要其功。以如其言(明试以功),即功实成,则赐之车服,以表显其人有才能可用也(车服以庸)。人以车服为荣,故天子之赏诸侯,皆以车服赐之"(《舜典》)。在周公改造原始国家而为封建国家以前,即由尧舜而至夏商,所谓诸侯只是各部落的酋长,所谓天子不过各部落的共主。一个部落酋长,力足以压服各部落,各部落便尊之为共主;力不足以控制各部落,则各部落独立,又奉另一个部落酋长为共主。因是,共主对于"群后"遂只有赏(车服以庸)而不敢加之以罚。然此只就共主对群后言之。共主在自己部落之内,也是酋长,而对其部下,则有赏罚之权,如舜"流共工于幽州,放驩兜于崇山,窜三苗于三危,殛鲧于羽山"(《尚书·舜典》)是也。《虞书》云,"三载考绩,三考黜陟幽明"(《尚书注疏》卷三《舜典》),即用考绩之法,确定各官之能力。董仲舒说:"考绩之法,考其所积也……有功者赏,有罪者罚。功盛者赏显,罪多者罚重。不能致功,虽有贤名,不予之赏。官职不废,虽有愚名,不加之罚。赏罚用于实,不用于名。贤愚在于质,不在于文。故是非不能混,喜怒不能倾,奸轨不能弄,万物各得其冥,则百官劝职,争进其功。"(《春秋繁露》第二十一篇《考功名》)即依董氏之意,考绩是考百官的服务成绩。考了之后,必须继之以赏罚。关于考绩制度,当详论于荀子之章(第九节第二项宰相之二)。兹只述汉唐二代之制。西汉时,每岁县之令长须将治状报告于郡国守相,守相则于此际考课群吏,令长亦在被考之列。考毕,守相须将所辖郡国众事,如户口、垦田、税收、盗贼、囚犯等等,做成计簿,报告于中央,这称为上计。丞相则根据计簿,考课守令之功绩,奏行赏罚。此际御史府派往各州的刺史,亦回京师奏事,御史大夫则依刺史的报告,察计簿之虚实,而判其真伪。兹应注意,计簿所载,尽是事实,不是空文,凡税收多而影响于垦田,或户口增加而盗贼囚犯亦因之加多，其成绩均不能列为优等，甚或降为劣等。盖一地长官须识大体，言税收，不可忘及国民经济；言国民经济，不可忘及国防大计。且也，考绩之所考者必与各官之职务有关。《汉书》上有许多"察能"迁官之例，吾人读后，就可了解其情形。唐代考绩之法，条文上亦甚实际，以四善二十七最，别为九等。"善"是百官所共同应有的善，如恪勤匪懈等等。"最"是各官依其职务特有的最，如推鞫得情、处断平允为法官之最，牧养肥硕、蕃息孳多为牧官之最（《新唐书》卷四十六《考功郎中》）。同时考绩采公开形式，新《志》所谓"大合众而读之"（《新唐书》同上），即其一证。大中（宣宗年号）时，考功郎中奏请采用榜悬之法，任使披诉（《唐会要》卷八十二《考下》）。虽未实行，而唐代考绩比较公开，由此亦可知道。但唐代考绩自始就是有名无实，玄宗以前失之过严，没有一人能够得到上下考（第三等）。肃宗以后，失之过宽，往往不分优劣，悉以中上考（第四等）褒之（参阅《唐会要》卷八十一《考上》、卷五十八《考功郎中》）。唐代吏治之坏，这是一个原因。考绩之后，须有奖惩。陆贽说："夫核才取吏有三术焉，一曰拔擢，以旌其异能；二曰黜罢，以纠其失职；三曰序进，以谨其守常。如此，则高课者骤升，无庸者亟退，其余绩非出类，守不败官，则循以常资，约以定限。故得殊才不滞，庶品有伦。"（《陆宣公奏议》卷十一《论朝官阙员及刺史等改转伦序状》，世界版）又说，"《虞书》'三载考绩，三考黜陟幽明'，是则必俟九年，方有进退。然其所进者，或自侧微而纳于百揆，虽久于任，复何病哉？汉制，部刺史秩六百石，郡守秩二千石。刺史高第者即迁为郡守，郡守高第者即入为九卿，从九卿即迁为亚相（御史大夫）、相国（丞相）。是乃从六百石吏而至台辅，其间所历者三四转耳。久在其任，亦未失宜。近代建官渐多，列级逾密……若依唐虞故事，咸以九载为期，是宜高位常苦于乏人，下寮每嗟于白首"（《陆宣公奏议》同上）。案汉制官秩虽有十五级（本来有二十级），而迁官却不是级级高升，而得越级而进。由此可知考绩的目的在于提拔异能，而黜罢庸愚，至于序进不过用以安慰各官之绩非出类、守不败官而已。所谓序进是依年资而升迁，这只能安抚常人，而不能鼓励英豪。董仲舒反对"累日以取贵，积久以致官"之制，他说，"且古所谓功者，以任官称职为差，非所谓积日累久也。故小材虽累日，不离于小官；贤材虽未久，不害为辅佐"（《汉书》卷五十六《董仲舒传》）。后代所谓考绩，其实只是年劳。

马端临说,"二法（考绩及年劳）虽相似,而其意实相反。考课是以日月验其职业之修废,年劳是以日月计其资格之深浅。后世之所谓考课者皆年劳之法耳,故贤者当陟,或反以资浅而抑之;不肖者当黜,或反以年深而升之。故考课之法行,则庸愚畏之;年劳之法行,则庸愚便之"（《通考》卷三十九《考课》）。后魏孝明帝神龟年间,崔亮迁吏部尚书,因官少而欲得官者多,"乃奏为格制,不问士之贤愚,专以停解日月为断。虽复官须此人,停日后者,终于不得;庸才下品年月久者,灼然先用,沉滞者皆称其能"（《魏书》卷六十六《崔亮传》）。此种格制,后人称之为"停年格"。唐在开元年间,裴光庭依崔亮的停年格,定下"循资格"之制。"开元十八年,侍中裴光庭兼吏部尚书。先是选司注官,惟视其人之能否,或不次超迁,或老于下位,有出身二十年不得禄者……光庭始奏用循资格,各以罢官若干选而集,官高者选少,卑者选多,无问能否,选满则注,限年蹑级,毋得逾越,非负谴者皆有升无降。有庸愚沉滞者皆喜,谓之圣书,而才俊之士无不怨叹。"（《通考》卷三十七《举官》）由此可知循资格就是停年格,史家对斯二者均云,"失才于是乎始"。

第五节
刑　赏

（一）赏罚与劝惩

子曰，以德报德，则民有所劝。以怨报怨，则民有所惩。（《礼记注疏》卷五十四《表记》）

本条是孔子主张刑赏的基础见解，刑赏的目的在于劝惩。"或曰，以德报怨何如？子曰，何以报德？以直报怨，以德报德"（《论语·宪问》），即孔子反对以德报怨，盖恐为恶者无所惩艾，而为善者不再劝勉。"子曰，以德报怨，则宽身之仁也。以怨报德，则刑戮之民也。"（《礼记注疏》卷五十四《表记》）郑玄注、孔颖达疏均不甚明晰。依余之意，以德报怨，近于姑息；以怨报德，失之残暴，均非为政之道。孔子本条所说宜引荀子之言以解释之。荀子说，"赏有功，罚有罪……善善恶恶之应也，治必由之，古今一也"（《荀子》第十六篇《强国》）。荀子之"善善"即孔子之"以德报德"。荀子之"赏有功"，即使"民有所劝"。荀子之"恶恶"，即孔子之"以怨报怨"。荀子之"罚有罪"，即使"民有所惩"，本条所引《表记》上文为"报者天下之利也"之"报"字与荀子《强国篇》"善善恶恶之应也"之"应"字相同，谓

"礼相往来"(郑玄注)。法更如是,趣旨皆主张有功者报之以赏,有罪者报之以罚。古来最会阐明赏罚的道理者莫如法家。法家均认刑赏的基础在于人类有好恶的感情,而好恶的感情又基于人类有利害观念。管子说:"明主之道,立民所欲以求其功,故为爵禄以劝之。立民所恶以禁其邪,故为刑罚以畏之。"(《管子》第六十七篇《明法解》)商鞅说,"好恶者赏罚之本也,夫人情好爵禄而恶刑罚,人君设二者以御民之志,而立所欲焉"(《商君书》第九篇《错法》)。韩非说,"明主……设民所欲,以求其功,故为爵禄以劝之。设民所恶,以禁其奸,故为刑罚以威之"(《韩非子》第三十六篇《难一》)。三子之言均不出孔子本条之言的范围。岂但法家,《吕氏春秋》说,"天使人有欲,人弗得不求。天使人有恶,人弗得不辟。欲与恶所受于天也,人不得与焉"(卷五《仲夏纪第五》之二《大乐》)。"民之用也有故,得其故,民无所不用。用民有纪有纲……为民纪纲者何也?欲也,恶也。何欲何恶?欲荣利,恶辱害。辱害所以为罚充也,荣利所以为赏实也。赏罚皆有充实,则民无不用矣。"(卷十九《离俗览第七》之四《用民》)《淮南子》说:"物莫避其所利,而就其所害。"(卷十一《齐俗训》)"圣人因民之所喜而劝善,因民之所恶而禁奸,故赏一人而天下誉之,罚一人而天下畏之。"(卷十三《汜论训》)董仲舒说,"民无所好,君无以劝也。民无所恶,君无以畏也……有所好,然后可得而劝也,故设赏以劝之。有所好,必有所恶。有所恶,然后可得而畏也,故设罚以畏之"(《春秋繁露》第二十篇《保位权》)。降至东汉,人士喜言"天之谴告"。先秦儒家学说几至失传。但尚有王符者分人情为两种,一种人人所共有而不能禁止,另一种非人人所共有而可以禁止。不能禁止的,立礼制使人自动地各处其宜;可以禁止的,设法禁即用刑赏,使人被动地知所趋避。他说,"先王因人情喜怒之所不能已者,则为之立礼制而崇德让。人所可已者,则为之设法禁而明赏罚"(《潜夫论》第十九篇《断讼》)。但人情能够自动守礼制,毕竟人数不多,所以法禁必不可废。既已注重法禁,那就不能放弃刑赏,而刑杀尤为必要,"议者必将以为刑杀当不用,而德化可独任。此非通变者之论也,非叔世者之言也"(同上第二十篇《衰制》)。盖"德者所以修己也,威者所以治人也。上智与下愚之民少,而中庸之民多"(同上第三十三篇《德化》)。"一人伏正罪,而万家蒙乎福者,圣主行之不疑。"(同上第十九篇《断讼》)虞舜之于四凶,周公之于管蔡,何曾放弃刑杀？孔子之杀少正卯,何曾放弃"齐之以刑"的法,故他谓"法令赏罚者诚治乱之枢机也,不可不严行也"(同上第十七篇《三式》)。岂但要严行而已,"夫积怠之俗,赏不隆,则善不劝。罚不重,则恶不惩。故凡欲变风改俗者,其行赏罚也,必使足惊心破胆,民乃易视"(同上《三式》)。

魏晋南北朝是中国黑暗时代,士大夫谈老庄,尚玄虚,或信佛教,慕涅槃。有心之士欲矫正风俗的邪僻,就感觉刑赏的必要。西晋的傅玄就是其例,他先区别礼与法,以为"立善防恶谓之礼,禁非立是谓之法"(《全晋文》卷四十七傅玄撰《法刑》,世界版)。这个区别应改作"立是防非谓之礼,禁恶奖善谓之法",比较妥当。案礼所以防恶,没有制裁力,因而没有强行性。法所以禁非,有制裁力,因而又有强行性。他又区别法与刑,以为"明书禁令曰法,诛杀威罚曰刑"(同上),即法乃规定法律要件,刑则规定法律效果,例如杀人者死,杀人是禁令而为法律要件,死是刑罚而为法律效果。他继着即说："治世之民从善者多,上立德而下服其化,故先礼而后刑也。乱世之民从善者少,上不能以德化之,故先刑而后礼也。"(同上)傅玄既谓乱世必须用法,所以主张刑赏必不可少。他说："治国有二柄,一曰赏,二曰罚。赏者政之大德也,罚者政之大威也。……民之所好莫甚于生,所恶莫甚于死。善治民者开其正道,因所好而赏之,则民乐其德也。塞其邪路,因所恶而罚之,则民畏其威矣。善赏者赏一善,而天下之善皆劝；善罚者罚一恶,而天下之恶皆惧者何？赏公而罚不贰也。有善虽疏贱必赏,有恶虽贵近必诛,可不谓公而不贰乎？若赏一无功,则天下饰诈矣；罚一无罪,则天下怀疑矣。是以明德慎赏而不肯轻之；明德慎罚而不肯忽之。夫威德者相须而济者也,故独任威刑而无德惠,则民不乐生；独任德惠而无威刑,则民不畏死。民不乐生,不可得而教也；民不畏死,不可得而制也。有国立政,能使其民可教可制者,其唯威德足以相济者乎？"(《全晋文》卷四十七傅玄撰《治体》)东晋的葛洪认为"天地之道不能纯仁",必须"明赏以存正,必罚以闲邪"(《抱朴子外篇》卷十四《用刑》)。他谓"诛贵所以立威,赏贱所以劝善。罚上达,则奸萌破而非懦弱所能用也。惠下逮,则远人怀而非俭吝所能办也"(《抱朴子外篇》卷三十九《广譬》)。此即《六韬》所谓"杀贵大,赏贵小"(《将威第二十二》)之意。葛洪生在叔世,故尤重刑。他说,"莫不贵仁,而无能纯仁以致治也;莫不贱刑,而无能废刑以整民也"。"仁者为政之脂粉,刑者御世之辔策。脂粉非体中之至急,而辔策须臾不可无也……当怒不怒,奸臣为虎;当杀不杀,大贼乃发。"(《抱朴子外篇》卷十四《用刑》)昔者"卫子(商鞅)疾弃灰而峻其辟。夫以其所畏,禁其所玩,峻而不犯,全民之术也。明治病之术者,杜未生之疾;达治乱之要者,遏将来之患。若乃以轻刑禁重罪,以薄法卫厚利,陈之滋章,而犯者弥多,有似穿阱以当路,非仁人之用怀也"(同上)。即葛洪认为严刑可使人民不敢为非,换言之,严刑可以收预防主义之效。南北朝到了南梁,刘勰承认人类皆有利害观念,说道,"就利而避害,爱得而憎失,物之恒情也"(刘子《新论》第四十七篇《利害》)。但"人皆知就利而避害,莫知缘害而见利;皆识爱得而憎失,莫识由失以至得……疽痤用砭石,非不痛也,然而为之者,以小痛来而大痛灭,小害至巨害除也……矾石止齿龋之痛,而朽牙根,躁痛虽弭,必生后害。此取小利而忘大利,惟去轻害而负重害也"(同上《利害》)。如何使人不为小利而受大害,能忍小害而得大利?此则有恃于刑赏,用刑使人想到大害,不贪小利;用赏使人念及大利,不避小害。刘勰说:"治下御民莫正于法,立法施教莫大于赏罚。赏罚者国之利器,而制人之柄也……明赏有德,所以劝善人也;显罚有过,所以禁下奸也。善赏者因民所喜以劝善,善罚者因民所恶以禁奸……明主一赏善罚恶,非为己也,以为国也。适于己而无功于国者,不加赏焉;逆于己而有劳于国者,不施罚焉。罚必施于有过,赏必加于有功。苟能赏信而罚明,则万人从之。若舟之循川,车之遵路,亦奚向而不济,何行而弗臻矣。"(同上第十五篇《赏罚》)

唐兴,贞观初年,君臣见周以仁兴,秦以严亡,欲用周政,以仁治天下。对此问题,东晋葛洪已有批评,他说,"俗儒徒闻周以仁兴,秦以严亡,而未觉周所以得之不纯仁,而秦所以失之不独严也。昔周用肉刑,刖足劓鼻,盟津之令,后至者斩,毕力赏罚,誓有孥戮,考其所为,未尽仁也。及其叔世……礼乐征伐不复由己,群下力竞,还为长蛇……失柄之败,由于不严也。秦之初兴,官人得才……兼弱攻昧……咀嚼群雄……实赖明赏必罚,以基帝业。降及杪季,骄于得意,穷奢极泰……天下有生离之哀,家户怀怨旷之叹……其所亡，岂由严刑？此为秦以严得之，非以严失之也"(《抱朴子外篇》卷十四《用刑》)。但是唐初君臣并未忘记刑赏的重要，太宗说，"国家大事唯赏与罚，赏当其劳，无功者自退；罚当其罪，为恶者咸惧，则知赏罚不可轻行也"(《贞观政要》第八篇《封建》)。魏徵说："夫刑赏之本在乎劝善而惩恶。帝王之所以与天下为画一，不以贵贱亲疏而轻重者也。今之刑赏未必尽然，或屈伸在乎好恶，或轻重由乎喜怒。遇喜则矜其情于法中，逢怒则求其罪于事外；所好则钻皮出其毛羽，所恶则洗垢求其瘢痕。瘢痕可求，则刑斯滥矣。毛羽可出，则赏因谬矣。刑滥则小人道长，赏谬则君子道消。小人之恶不惩，君子之善不劝，而望治安刑措，非所闻也。"(《贞观政要》第三十一篇《刑法》)即太宗以为人主不可轻用刑赏，魏徵则主张刑赏必须公平。安史乱后，学者依孔荀思想，采法家之说，主张刑赏者甚多，如陆贽、柳宗元的言论是其最著名者。陆贽之言本书引过不少，兹再引前此所未之引者。陆贽说："夫人情者，利焉则劝，习焉则安，保亲戚则乐生，顾家业则忘死。"(《陆宣公奏议》卷九《论缘边守备事宜状》，世界版)人情如斯，故为政之道，自当假手于刑赏。名利乃众人之所好，人主须知善用名利观念，使人士能够为名而努力，为利而奋斗。陆贽说："臣愚以为信赏必罚，霸王之资；轻爵亵刑，衰乱之渐。信赏在功无不报，必罚在罪无不惩。非功而获爵，则爵轻；非罪而肆刑，则刑亵。爵赏刑罚，国之大纲；一纲或紊，万目皆弛。虽有善理，未如之何……夫立国之道，惟义与权；诱人之方，惟名与利。名近虚而于教为重，利近实而于德为轻……专实利而不济之以虚名，则耗匮而物力不给；专虚名而不副之以实利，则诞谩而人情不趋。故国家之制赏典，锡货财，赋秩廪，所以彰实也；差品列，异服章，所以饰虚也。居上者必明其义，达其变，相须以为表里，使人日用而不知，则为国之权得矣。"(《陆宣公奏议》卷四《又论进瓜果人拟官状》)陆贽分别赏为两种：一是实利，如汉代赏百官常用黄金若干斤之类；二是虚名，如汉代对于有功之人，常赐爵关内侯之类。专用实利，不免财竭而物力不给，故须佐之以虚名。荀子曾言："明主有私人以金石珠玉，无私人以官职事业。"(《荀子》第十二篇《君道》)金石珠玉不足以供给，于是爵号生焉。拿破仑知道人类好名甚于好利，乃制定许多高贵的称号及勋章，借以满足人类的虚荣心。陆贽所谓虚名，亦此之谓。照陆贽说，刑赏不但使受刑者畏，受赏者劝,而且使天下之人闻刑一人而皆畏,闻赏一人而皆劝。赏一而劝百,刑一而惩百,刑赏的作用在此。陆贽说:"伏以理国化人在于奖一善,使天下之为善者劝;罚一恶,使天下之为恶者惩。是以爵人必于朝,刑人必于市,惟恐众之不睹,事之不彰。君上行之无愧心,兆庶听之无疑议,受赏安之无怍色,当刑居之无怨言,此圣王所以宣明典章,与天下公共者也。奖而不言其善,斯为曲贷;罚而不书其恶,斯谓中伤。曲贷则授受不明,而恩幸之门启;中伤则枉直莫辩,而谗间之道行。此柄一亏,为害滋大。"(《陆宣公奏议》卷七《谢密旨因论所宣事状》)

然则如何使刑赏能够达此目的?一是刑赏不可逾时行使。《司马法》云,"赏不逾时,欲民速得为善之利也。罚不迁列,欲民速睹为不善之害也"(第二篇《天子之义》)。吾国古代有"赏以春夏,刑以秋冬"之言(《左》襄二十六年蔡大夫声子之言),盖春夏生长而秋冬肃杀,古人喜依天时以定人事,终则此两句便成为刑赏时期的制度。柳宗元则说,"夫圣人之为赏罚者,非他,所以惩劝者也。赏务速而后有劝,罚务速而后有惩,必曰赏以春夏而刑以秋冬,而谓之至理者伪也。使秋冬为善者,必俟春夏而后赏,则为善者必怠。春夏为不善者,必俟秋冬而后罚,则为不善者必懈。为善者怠,为不善者懈,是驱天下之人而入于罪。驱天下之人入于罪,又缓而慢之,以滋其懈怠,此刑之所以不措也。必使为善者不越月逾时而得其赏,则人勇而有劝焉。为不善者不越月逾时而得其罚,则人惧而有惩焉。为善者月以有劝,为不善者月以有惩,是驱天下之人而从善远罪也。驱天下之人而从善远罪,是刑之所以措,而化之所以成也"(《柳河东集》卷三《断刑论下》,世界版)。二是刑自大官始,赏自小民始。《六韬》云,"杀一人而三军震者杀之,赏一人而万人悦者赏之。杀贵大,赏贵小。杀及当路贵重之人,是刑上极也;赏及牛竖马洗厩养之徒,是赏下通也。刑上极,赏下通,是将威之所行也"(《六韬·将威第二十二》)。此虽然只就军人言之,其实可以扩大而应用于一切官吏之上。苏轼说,"昔者圣人制为刑赏,知天下之乐乎赏而畏乎刑也,是故施其所乐者自下而上。民有一介之善,不终朝而赏随之,是以下之为善者足以知其无有不赏也。施其所畏者自上而下,公卿大臣有毫发之罪,不终朝而罚随之,是以上之为不善者,亦足以知其无有不罚也……舜诛四凶而天下服,何也?此四族者,天下之大族也。夫惟圣人为能击天下之大族,以服小民之心,故其刑罚至于措而不用。周之衰也,商鞅、韩非峻刑酷法,以督责天下。然其所以为得者,用法始于贵戚大臣,而后及于疏贱,故能以其国霸。由此观之,商鞅、韩非之刑法非舜之刑,而所以用刑者,舜之术也"(《苏东坡全集·应诏集》卷二《策别第六》,世界版)。

子曰,"政之不行也,教之不成也,爵禄不足劝也,刑罚不足耻也,故上不可以亵刑而轻爵"(《礼记注疏》卷五十五《缁衣》)。孔颖达疏引"皇氏云,言在上政令所以不行,教化所以不成者,只由君上爵禄加于小人,不足劝人为善也;由刑罚加于无罪之人,不足耻其为恶。由赏罚失所,故致'政之不行,教之不成'也……刑爵不中,则惩劝失所,故君上不可轻亵之"。邓析子说:"喜而使赏,不必当功。怒而使诛,不必值罪。不慎喜怒,诛赏从其意,而欲委任臣下,故亡国相继,杀君不绝。"(《邓析子·转辞篇》)《吕氏春秋》说,"凡人之所以恶为无道不义者,为其罚也。所以蕲有道行有义者,为其赏也。今无道不义存,存者赏之也;而有道行义穷,穷者罚之也。赏不善而罚善,欲民之治也,不亦难乎"(卷七《孟秋纪第七》之三《振乱》)。《淮南子》说,"明主之赏罚非以为己也,以为国也。适于己而无功于国者,不施赏焉。逆于己便于国者,不加罚焉"(《淮南子》卷十《缪称训》)。对此问题,当再论于荀子之章,故只举名家及杂家之言,以证明孔子之意。

(二) 刑赏与人情

子曰……示之以好恶,而民知禁。(《孝经》第七章《三才》)

子曰……或安而行之,或利而行之,或勉强而行之,及其成功一也。(《礼记注疏》卷五十二《中庸》)

子曰……仁者安仁,知者利仁,畏罪者强仁。(《礼记注疏》卷五十四《表记》)

子曰,有国者章善瘅恶以示民厚,则民情不贰……故君民者章好以

示民俗,慎恶以御民之淫,则民不惑矣。(《礼记注疏》卷五十五《缁衣》)

孔子曾言:"君子莅民,不可以不知民之性而达诸民之情。"(《孔子家语》第二十一篇《入官》)人之情性莫不好利而恶害。人之所好的利,莫如富贵;所恶的害,莫如刑罚。为政之道须立民所欲,以求其功,故悬爵赏以劝之;立民所恶,以禁其邪,故为刑罚以畏之。孔子深知人类能够自动地就善而避恶,为数极寡。他说,"无欲而好仁者,无畏而恶不仁者,天下一人而已"。依郑玄注,"一人而已,喻少也"(《礼记注疏》卷五十四《表记》)。跟着孔子又重复地说,"中心安仁者,天下一人而已矣"(《礼记》同上)。子曰,"小人不耻不仁,不畏不义,不见利不劝,不威不惩。小惩而大诫,此小人之福也"(《周易注疏》卷八《系辞下》)。既是"不见利不劝,不威不惩",那又安能舍刑赏而不用?上引《系辞》最后一句:"小惩而大诫,此小人之福也。"孔颖达疏,"正义曰……明小人之道不能恒善,若因惩诫,而得福也"。说到这里,不能不引法家之言以供读者参考。管子说,"上赦小过,则民多重罪,积之所生也"(《管子》第十六篇《法法》)。"凡牧民者欲民之正也。欲民之正,则微邪不可不禁也。微邪者大邪之所生也,微邪不禁,而求大邪之无伤国,不可得也。"(《管子》第三篇《权修》)商鞅说,"禁奸止过,莫若重刑。刑重而必得,则民不敢试,故国无刑民"(《商君书》第十七篇《赏刑》)。又说,"行刑重其轻者,轻者不生,则重者无从至矣,此谓治之于其治也。行刑重其重者,轻其轻者,轻者不止,则重者无从止矣,此谓治之于其乱也"(《商君书》第五篇《说民》)。韩非亦说,"明君见小奸于微,故民无大谋;行小诛于细,则民无大乱。此谓图难于其所易也,为大者于其所细也"(《韩非子》第三十八篇《难三》)。即韩非同商鞅一样,主张轻罪重刑。他谓"行刑重其轻者,轻者不至,重者不来,此谓以刑去刑。罪重而刑轻,刑轻则事生,此谓以刑致刑,其国必削"(《韩非子》第五十三篇《饬令》)。但韩非亦知"用刑过者民不畏"(《韩非子》第十九篇《饰邪》)。盖如尹文子所说:"老子曰,民不畏死,如何以死惧之?凡民之不畏死,由刑罚过。刑罚过,则民不赖其生,生无所赖,视君之威末如也。刑罚中,则民畏死,畏死由生之可乐也。知生之可乐,故可以死惧之。此人君之所宜执,臣下之所宜慎。"(《尹文子·大道下》)

孔子不忘刑赏，尚可取证于孔子所说，"或安而行之，或利而行之，或勉强而行之"。孔颖达疏，"或安而行之，或无所求为，安静而行之。或利而行之，或贪其利益而行之……或勉强而行之，谓畏惧罪恶，勉力自强而行之"（《礼记注疏》卷五十二《中庸》）。"安而行之"乃仁人之事，孔子已言其寡。"利而行之"就要用赏，"勉强而行之"就要用刑。上举《中庸》之言就是《表记》所说："子曰……仁者安仁，智者利仁，畏罪者强仁。"孔颖达疏，"仁者安仁者……若天性仁者，非关利害而安仁也。知者利仁者，若有知谋者，贪利而行仁，有利则行，无利则止，非本情也。畏罪者强仁者，若畏惧于罪者，自强行仁，望免离于罪。若无所畏，则不能行仁也"（《礼记注疏》卷五十四《表记》）。观《中庸》及《表记》所述孔子之言，孔子不忘刑赏，亦可知道。简单言之，即如《孝经》所述："子曰……示之以好恶，而民知禁。"邢昺疏，"示有好必赏之令，以引喻之，使其慕而归善也。示有恶必罚之禁，以惩止之，使其惧而不为也"（《孝经注疏》第七章《三才》）。又如《缁衣》所述，"子曰，有国者章善瘅恶以示民厚，则民情不贰……故君民者章好以示民俗，慎恶以御民之淫，则民不惑矣"。对于前段，郑玄注，"章，明也。瘅，病也"。孔颖达疏，"言为国者，有善以赏章明之，有恶则以刑瘅病之也"。对于后段，郑玄注，"淫，贪侈也。《孝经》曰，示之以好恶，而民知禁"。孔颖达疏，"言如此，则民不惑矣"（《礼记注疏》卷五十五《缁衣》）。即孔子的政治思想是由人情出发，不依靠抽象的道德观念，而依靠现实的刑赏制度。

孔子不忘刑赏，而刑则如荀子所说，"凡刑人之本，禁暴恶恶，且征（惩）其未（将来）也"（《荀子》第十八篇《正论》）。用孔子自己的话表示之，"冉有问于孔子曰，古者三皇五帝不用五刑，信乎？孔子曰，圣人之设防，贵其不犯也，制五刑而不用，所以为至治也"（《孔子家语》第三十篇《五刑解》）。至治之世，可以刑措而不用，不能废刑而不设，设五刑乃所以警告人众，使其不敢为奸作邪，刑之作用在此。

孔子曾说，"不教而杀，谓之虐"（《论语·尧曰篇》）。此句之教有两种解释，一是教化之意，即先施教化，使人知道何种行为不可为。凡人受了教化，而犹为奸作邪，则科以刑杀的制裁，所以刑是用以辅救教之无能为力。即如孔子所说，"五刑所以佐教也"（《孔丛子》第二篇《论书》）。关此，尸子说，"为刑者，刑以辅教,服不听也"(《尸子》卷下)。荀子谓"不教而诛,则刑繁而邪不胜;教而不诛,则奸民不惩"(《荀子》第十篇《富国》),亦此意也。二是教令之意,教令就是法令。邢昺对于"不教而杀谓之虐",疏云,"为政之法,当先施教令于民,犹复丁宁申敕之。教令既治,而民不从,后乃诛也。若未尝教告而即杀之,谓之残虐"。即先发布教令,使人知道哪一种行为要受刑杀的制裁;没有预先发布教令,使人知所畏避,而即处以刑杀,是为暴政。邢昺之疏如果可信,则是孔子早就主张罪刑法定主义。台湾"刑法"第一条云,"行为之处罚,以行为时之法律有明文规定者为限",刚刚与邢疏之立意相同。又者,《孔子家语》所述孔子之言亦可补充邢疏之未详尽,孔子言必"先教而后刑也,既陈道德以先服之,而犹不可;尚贤以劝之,又不可;即废之,又不可,而后以威惮之。若是三年,而百姓正矣。其有邪民不从化者,然后待之以刑,则民咸知罪矣"(《孔子家语》第二篇《始诛》)。依此言也,"教"字应解释为教化,但余则依邢疏,解释为教令。

(三) 刑与礼治——孔子何以反对晋铸刑鼎

> 子曰,道之以政,齐之以刑,民免而无耻。道之以德,齐之以礼,有耻且格。(《论语注疏》卷二《为政》)
>
> 子曰,夫民教之以德,齐之以礼,则民有格心。教之以政,齐之以刑,则民有遁心。(《礼记注疏》卷五十五《缁衣》)

俗儒因"民免而无耻",而反对政与刑;又因"有耻且格",而赞成德与礼。即他们以为君子为政,尚德而不尚刑。《论语》中孔子之言亦见于《礼记·缁衣》之章。孔疏,"则民有格心者,格,来也……则民有归上之心"。"则民有遁心",孔疏未加解释,郑玄注,"遁,逃也"。似谓民有逃叛之心。但是礼不云乎"礼乐刑政,其极一也,所以同民心而出治道也"。孔疏,"政,法律也"(《礼记注疏》卷三十七《乐记》)。是则"道之以德,齐之以礼",是为礼治。"道之以政,齐之以刑",是为法治。法治与礼治,"其极一也"。孔疏对此四字引"贺云,虽有礼乐刑政之殊,及其检情归正,同至理极,其道一也"(同上《乐记》)。孔子又说,"圣人之治化也,必刑政相参焉。太上以德教民,而以礼齐之。其次,以政焉导民,以刑禁之,刑不刑也。化之弗变,导之弗从,伤义以败俗,于是乎用刑矣"(《孔子家语》第三十一篇《刑政》)。即礼治无效,就要用法治,而法治必须佐之以刑,才会成功。何况孔子明白说过,道之以德,齐之治礼,乃太上之治道。太上之治道虽有其言,未必真有其事,故只有导之以政,齐之以刑。孔子说,"君子礼以坊德,刑以坊淫,命以坊欲"。郑玄注,"命谓教令"。孔颖达疏,"君子礼以坊德者,由人民逾德,故人君设礼,以坊民德之失也。刑以坊淫者,制刑以坊民淫邪也。命以坊欲者,命,法令也;欲,贪欲也。又设法令以坊民之贪欲也"(《礼记注疏》卷五十一《坊记》)。

孔子言仁,未曾舍刑罚而不用。《左》昭二十年"郑子产有疾,谓子大叔曰,我死,子必为政。唯有德者能以宽服民,其次莫如猛。夫火烈,民望而畏之,故鲜死焉;水懦弱,民狎而玩之,则多死焉,故宽难(杜注云,难以治)。疾数月而卒。大叔为政,不忍猛而宽。郑国多盗,取人于萑苻之泽。大叔悔之曰,吾早从夫子,不及此。兴徒兵以攻萑苻之盗,尽杀之,盗少止。仲尼曰,善哉,政宽则民慢,慢则纠之以猛。猛则民残,残则施之以宽。宽以济猛,猛以济宽,政是以和"。孔子虽说,为政之道要"宽以济猛,猛以济宽",其实,孔子还是倾向于猛。孔子为鲁司寇,摄行相事,七日而诛乱政大夫少正卯。少正卯是"鲁之闻人"(《孔子家语》第二篇《始诛》)。

然则孔子何以又同晋叔向一样反对刑书?《左》昭六年"三月,郑人铸刑书。叔向使诒子产书曰……昔先王议事以制,不为刑辟,惧民之有争心也……民知有辟,则不忌于上,并有争心,以征于书,而徼幸以成之,弗可为矣……今吾子相郑国……铸刑书,将以靖民,不亦难乎……民知争端矣,将弃礼而征于书。锥刀之末,将尽争之,乱狱滋丰,贿赂并行,终子之世,郑其败乎"。原文太过简单,兹依孔颖达疏,解释如次。照孔氏说,夏有夏刑,周有吕刑,"皆是豫制刑矣……圣王虽制刑法,举其大纲。但同犯一法,情有浅深,或轻而难原,或重而可恕……虽依准旧条,而断有出入。不豫设定法,告示下民,令不测其浅深,常畏威而惧罪也。法之所以不可豫定者,于小罪之间或情有大恶……于大罪之间或情有可恕……今郑铸之于鼎，以章示下民，亦既示民，即为定法。民有所犯，依法而断。设令情有可恕，不敢曲法以矜之；罪实难原，不得违制以入之。法既豫定，民皆先知，于是倚公法以展私情，附轻刑而犯大恶，是无所忌而起争端也。汉魏以来，班律于民，惧其如此，制为比例：入罪者举轻以明重，出罪者举重以明轻。因小事而别有大罪者，则云所为重以重论，皆不可一定故也"。"刑不可知，威不可测，则民畏上也。今制法以定之，勒鼎以示之，民知在上不敢越法以罪己，又不能曲法以施恩，则权柄移于法，故民皆不畏上。""法之设文有限，民之犯罪无穷。为法立文，不能网罗诸罪，民之所犯不必正与法同，自然有危疑之理。因此危文以生与上争罪之心，缘徼幸以成其巧伪，将有实罪而获免者也。""今铸鼎示民，则民知争罪之本在于刑书矣。制礼以为民则，作书以防民罪。违礼之愆，非刑书所禁，故民将弃礼而取征验于书也。刑书无违礼之罪，民必弃礼而不用矣。"

《左》昭二十九年，"冬，晋赵鞅、荀寅帅师城汝滨，遂赋晋国一鼓铁，以铸刑鼎，著范宣子所为刑书焉。仲尼曰，晋其亡乎，失其度矣。夫晋国将守唐叔之所受法度，以经纬其民，卿大夫以序守之，民是以能尊其贵，贵是以能守其业。贵贱不愆，所谓度也。……今弃是度也，而为刑鼎，民在鼎矣，何以尊贵，贵何业之守？贵贱无序，何以为国"。兹依孔颖达疏，解释如次。"范宣子制作刑书，施于晋国，自使朝廷承用，未尝宣示下民。今荀寅谓此等宣子之书，可以长为国法，故铸鼎而铭之，以示百姓。""守其旧法，民不豫知，临时制宜，轻重难测。民是以能尊其贵，畏其威刑也。官有正法，民常畏威，贵是以能守其业，保禄位也。贵者执其权柄，贱者畏其威严，贵贱尊卑不愆，此乃所谓度也。言所谓法度，正如此是也。""今弃是贵贱常度，而为刑书之鼎，民知罪之轻重在于鼎矣。贵者断狱不敢加增，犯罪者取验于书，更复何以尊贵？威权在鼎，民不忌上，贵复何业之守？贵之所以为贵，只为权势在焉。势不足畏，故业无可守。贵无可守，则贱不畏威。贵贱既无次序，何以得成为国？"

吾意以为礼是不成文的法，法是成文的礼。不成文的礼，内容至为杂碎，不能一一刻于刑鼎之上。但既是不成文了，自可依社会实况而随时变更之。成文法的刑书有时反难适应变化多端的社会，叔向、孔子反对刑书，理由当在于此。何况法既豫定,民皆先知,执法之人,由另一方面言之,自难"察狱或失其实,断罪不得其中,至有以私乱公,以货枉法"之事。若拘泥于叔向所说"民知有辟,则不忌于上",孔子所说"民在鼎矣,何以尊贵",而着目于"刑不可知,威不可测,则民畏上"(《左》昭六年孔疏),"民不豫知,临时制宜,轻重难测。民是以能尊其贵,畏其威刑也"(《左》昭二十九年孔疏),这由现代人观之,其不合理,事之至明。

第六节
为政之道

（一）一张一弛

> 子曰，张而不弛，文武弗能也。弛而不张，文武弗为也。一张一弛，文武之道也。（《礼记注疏》卷四十三《杂记下》）

这是孔子告知子贡之言，周代每年十二月有蜡祭一次，"一国之人皆若狂"。子贡观后，不知其乐何在。孔子告以农民终岁劳苦，今令其休息一日，饮酒狂欢，此乃一张一弛之意。大凡人类精神力不可长期紧张，亦不可长期弛缓。长期紧张而无弛缓为之调剂，精神必由惫疲而至于蹶竭，故云"张而不弛，文武弗能也"。长期弛缓而无紧张为之调剂，精神必由松懈而至于麻木，故云"弛而不张，文武弗为也"。个人如此，国家也一样。

孟子说，"出则无敌国外患者，国恒亡"（《孟子·告子下》）。此言当出于《左》成十六年晋范文子所说，"唯圣人能外内无患，自非圣人，外宁必有内忧，盍释楚以为外惧乎"，盖恐政府及人民均耽于安乐，弛而不张之故。在吾国历史上，张而不弛者可以秦代为例。秦灭六国之后，天下已定于一，理应采用"弛"的政策，使民稍息仔肩，顾乃虐用其民，卒至一夫夜呼，乱者四应，秦祚因之而亡。弛而不张者可以宋代为例。宋自澶渊议和之后，边患虽然减少，然并未曾消灭，顾全国乃鸩于苟且偷安，不思奋发图强。真宗本来"以无事治天下"，王旦为相，"谓祖宗之法具在，务行故事，慎所变改"（《宋史》卷二百八十二《王旦传》）。仁宗"意在遵守故常"（《宋史》卷二百九十二《田况传》），而宰相吕夷简又"以姑息为安，以避谤为智"（《宋史》卷二百八十八《孙沔传》）。经两代六十余年的苟安生活，习以成性，于是政风士气多务因循，哪有一人同汉代晁错一样，知有灭族之祸，尚敢建议削地。错父自往阻之，错曰，"固也，不如此，天子不尊，宗庙不安"（《汉书》卷四十九《晁错传》）。此种公而忘私、国而忘家的精神乃是政治上所最需要的。宋神宗虽是有为之君，但既擢用王安石为相了，而尚许王珪尸位于其间。王珪"道谀将顺，当时目为三旨相公，以其上殿进呈云取圣旨，上可否讫云领圣旨，退谕禀事者云已得圣旨也"（《宋史》卷三百一十二《王珪传》）。宋代政风所以如此，据苏洵说，"彼皆不知其势将有远祸欤？知其势将有远祸，而度己不及见，谓可以寄之后人，以苟免吾身者也"（《嘉祐集》卷一《审敌》，中华版）。全国上下"自以为祸灾可以无及其身"（《王临川全集》卷三十九《上时政疏》，世界版），遂猥用持盈守成之说，文苟简因循之治，卒至徽钦北狩，高宗南渡，定都于杭州。此后虽有战事，志在保境，进攻之心失，苟安之念生。南渡既久，君臣上下又宴安于江左一隅之地，文恬武嬉，歌舞太平。风俗固已华靡，士大夫又从而治园囿台榭，以乐其生于干戈之余，而钱塘为乐国矣。此种弛而不张的风气深入人心，人心遂由松懈麻木而发生自卑之念，欲坐"俟天意自回，强敌自毙"（《宋史》卷三百八十一《王居正传》），且借口于乘机待时以自慰。叶适在孝宗时，曾谓"言者皆曰当乘其机……言者皆曰当待其时……机自我发，非彼之乘，时自我为，何彼之待"（《水心集》卷一《上孝宗皇帝札子》，中华版）。在光宗时，又谓"事之未立，则曰乘其机也。不知动者之有机，而不动者之无机矣。纵其有机也与无奚异。功之未成，则曰待其时也。不知为者之有时，而不为者之无时矣。纵其有时也与无奚异"（同上《上光宗皇帝札子》）。观叶适之言可知南宋君臣之弛。

(二) 兴革须依人力财力先定规模

> 凡事豫则立，不豫则废。（《礼记注疏》卷五十二《中庸》）

据孔颖达疏，豫谓"豫先谋之"，即先定规模之意。苏轼于仁宗嘉祐八年所撰的《思治论》可以补充孔疏未尽之言。他谓"方今天下何病哉？其始不立，其卒不成；惟其不成，是以厌之而愈不立也……夫所贵于立者，以其规模先定也。古之君子先定其规模，而后从事，故其应也有候，而其成也有形……今夫富人之营宫室也，必先料其资财之丰约，以制宫室之大小……及期而成，既成而不失富，则规模之先定也。今治天下则不然，百官有司不知上之所欲为也……及其发一政，则曰姑试行之而已，其济与否，固未可知也。前之政未见其利害，而后之政复发矣。……何则？以规模不先定也"（《苏东坡全集·前集》卷二十一《思治论》，世界版）。但先定规模之时，绝不可由一时冲动，率尔而为之，必须知道当时当地的需要。尤其人力及财力，不顾人力财力，任何造为均难成功，终则于用人方面、于决策方面，均将呈出"不豫"的现象。就用人说，将如司马光所说，"若以一人之言进之，未几又以一人之言疑之，臣恐太平之功未易可致也"（《涑水记闻》卷五《策》五条）。就决策言，又如程振所说，"柄臣不和，论议多驳，诏令轻改，失于事几……今日一人言之，以为是而行，明日一人言之，以为非而止"（《宋史》卷三百五十七《程振传》）。此二者均足以祸国殃民。

何谓人力？除担任某种造为的人才之外，还要顾到一般人民有否接受此种造为的能力，即如孔子所说，"君子莅民，不临以高，不导以远，不责民之所不为，不强民之所不能"（《孔子家语》第二十一篇《入官》）。又如管子之言："明主度量人力之所能为而后使焉，故令于人之所能为则令行，使于人之所能为则事成。乱主不量人力，令于人之所不能为，故其令废；使于人之所不能为，故其事败。夫令出而废，举事而败，此强不能之罪也。故曰，毋强不能。"（《管子》第六十四篇《形势解》）管子又说："君有三欲于民……三欲者何也？一曰求，二曰禁,三曰令……求多者,其得寡。禁多者,其止寡。令多者,其行寡……故未有能多求而多得者也,未有能多禁而多止者也,未有能多令而多行者也。故曰,上苛则下不听。"(《管子》第十六篇《法法》)《吕氏春秋》云,"乱国之使其民,不论人之性,不反人之情(不反而察人之情),烦为教而过不识(令烦碎而责人之不知),数为令而非不从(令常变而非人之不从),巨为危而罪不敢(《淮南子·齐俗训》作'危为禁而诛不敢',意义亦不明,似谓命人冒巨险,而罪其敢冒者),重为任而罚不胜(命人负重责,而罪其不胜任者)"(卷十九《离俗览第七》之五《适威》)。此皆有悖于用人力之法。何谓财力?任何造为无不需要经费,而负担经费者则为人民。换言之,国家常用赋税的形式,征取人民一部分的财产,以充各种开支之用。《大学》云,"生财有大道,生之者众,食之者寡,为之者疾,用之者舒,则财恒足矣"。朱注引吕大临之言,以"生之者众"谓"国无游民","食之者寡"谓"朝无幸位","为之者疾"谓"不夺农时","用之者舒"谓"量入为出"。邢昺之疏对于"生之者众"及"为之者疾"均认为不妨害农桑之业,此与吕大临之言无大区别,唯对于"食之者寡"则谓"减省无用之费",对于"用之者舒"则谓"君上缓于营造费用"(《礼记注疏》卷六十《大学》)。我赞成邢疏的解说。陆贽说,"夫地力之生物有大数,人力之成物有大限。取之有度,用之有节,则常足。取之无度,用之不节,则常不足。生物之丰败由天,用物之多少由人。是以圣王立程,量入为出,虽过灾难,下无困穷。理化既衰,则乃反是,量出为入,不恤所无,故鲁哀公问,年饥,用不足,如之何?有若对以盍彻。桀用天下而不足,汤用七十里而有余,是乃用之盈虚在节与不节耳。不节则虽盈必竭,能节则虽虚必盈"(《陆宣公奏议》卷十二《均节赋税恤百姓第二》)。苏轼说,"为国有三计,有万世之计,有一时之计,有不终月之计……岁之所入足用而有余……卒有水旱之变、盗贼之忧,则官可以自办,而民不知,如此者天不能使之灾,地不能使之贫,盗贼不能使之困,此万世之计也。而其不能者,一岁之入才足以为一岁之出,天下之产仅足以供天下之用。其平居虽不至于虐取其民,而有急则不免于厚赋。故其国可静而不可动,可逸而不可劳,此亦一时之计也。至于最下而无谋者,量出以为入,用之不给,则取之益多。天下晏然无大患难,而尽用衰世苟且之法,不知有急,则将何以加之,此所谓不终月之计也"(引自《大学衍义补》卷二十一《总论理财之道下》)。苏辙说,"善为国者……知财之最急,而万事赖焉。故常使财胜其事,而事不胜财,然后财不可尽,而事无不济"(《栾城集》卷二十一《上皇帝书》,商务版)。吾研究中国历史,知道国家之乱常由于造为太多,事胜于财。政府为弥缝财政穷匮,先之以增加赋税,次之以滥铸钱币,造成通货膨胀,物价腾贵,终至民不聊生,而如苏轼之言:"冒法而为盗则死,畏法而不盗则饥。饥寒之与弃市,均是死亡,而赊死之与忍饥,祸有迟速,相率为盗,正理之常。"(《苏东坡全集·奏议集》卷二《论河北京东盗贼状》,世界版)人民相率为盗,最初不过穿窬而已,由穿窬而强盗,由强盗而攻盗,而至于不可收拾,于是政权便由旧皇朝转移于新皇朝。

财政行为有关于国家之治乱者甚大。唐代财赋耗费最大者,一是兵资,二是官俸。宋代亦然,仁宗时兵冗官滥已成宋代财政的负荷。神宗变法,目的在于富国强兵。但要强兵须先富国。神宗曾谓"政事之先,理财为急"(《宋史》卷一百八十六《均输》)。"王安石为政,汲汲焉以财利兵革为先。"(《宋史》同上《市易》)然而要富国,必须培养税源;而欲培养税源,又须减轻赋税;而欲减轻赋税,复须裁兵省官。仁宗皇祐年间曾经沙汰冗吏(《涑水记闻》卷九),皇祐年间又曾下诏裁兵(《涑水记闻》卷五,参阅卷四),而结果竟同唐德宗时张延赏为相实行裁员(《旧唐书》卷一百二十九《张延赏传》),唐穆宗时萧俛当国实行销兵(《新唐书》卷一百一《萧俛传》)一样,引起纠纷而至失败。王安石秉政,似知节流不易成功,便致力于开源,开源不得其法,变为聚敛,举其彰明较著者,青苗及市易均是社会政策,王安石竟将社会政策供为财政政策之用。叶适曾言,"理财与聚敛异,今之言理财者聚敛而已矣"(《水心集》卷四《财计上》)。新政理财完全聚敛,而又"专以取息为富国之务"(《宋史》卷一百七十五《布帛》),其归失败,理所当然。

(三) 无欲速,无见小利

> 子夏问政。子曰,无欲速,无见小利。欲速则不达,见小利则大事不成。(《论语注疏》卷十三《子路》)

任何造为尤其改制均不可操之过急，只能逐渐进行。人类均有惰性，虽知旧制之弊，而新制之功效如何，人民并不之知。倘若急速改革，人民将以新制之利未必能够抵消旧制之弊，阻力横生，而至于无法施行。王安石变法之失败即由于太过躁进。神宗亦犯同样错误。范纯仁曾对神宗说，"道远者理当驯致，事大者不可速成，人材不可急求，积敝不可顿革，傥欲事功亟就，必为憸佞所乘"（《宋史》卷三百一十四《范纯仁传》）。王安石亦知"缓而图之，则为大利。急而成之，则为大害"，且谓"窃恐希功幸赏之人速求成效于年岁之间，则吾法隳矣"（《王临川全集》卷四十一《上五事札子》，世界版）。然实行之时又复急功，违反自己之言。新政名目太多，一利未兴，又思再兴一利；一害未除，又思再除一害。刘挚说，"自青苗之议起，而天下始有聚敛之疑。青苗之议未允，而均输之法行。均输之法方扰，而边鄙之谋动。边鄙之祸未艾，而助役之事兴。至于求水利，行淤田，并州县，兴事起新，难以遍举"（《宋史》卷三百四十《刘挚传》）。梁焘亦谓"今陛下之所知者（知其害民），市易事耳。法之为害，岂特此耶？……青苗之钱未一及偿，而责以免役；免役之钱未暇入，而重以淤田；淤田方下，而复有方田；方田未息，而迫以保甲。是徒扰百姓，使不得少休于圣泽"（《宋史》卷三百四十二《梁焘传》）。《淮南子》云，"力胜其任，则举之者不重也。能称其事，则为之者不难也"（《淮南子》卷九《主术训》）。商鞅变法所以成功，王莽改革所以失败，即因商鞅所变之法不多。王莽所革之政太过杂乱，不意王安石竟蹈王莽的覆辙。钦宗即位于社稷垂亡之际，唐格还不忘往事，说道，"革弊当以渐，宜择今日之所急者先之"（《宋史》卷三百五十二《唐格传》）。王安石不辨当时之急，而欲一举而将昔日弊政尽行改革，这已有反于为政之道。何况兴革过多，需要大量经费，于是变法的目的遂如上条所说，注重财政的收入，不惜牺牲人民的利益。这样，复引起老成知务者的反对，而令王安石不得不"多用门下儇慧少年"（《宋史》卷三百二十七《王安石传》）。此辈儇慧少年要表示自己的才智，不惜生事以邀功。苏轼说："事少而员多，则无以为功，必须生事以塞责。"（《东坡七集·续集》卷十一《上神宗皇帝书》）在王安石秉政之时，生事不单是塞责，目的乃欲邀功，借以引诱当途之青睐，而开拓自己的前途。于是一法尚未成功，另一法已经公布，至于两法有无冲突，大都无遑细察，甚至一种新法之中又孕育了破坏该法的胚子。王船山以为法制应因时因地而异。以时书,他说,"夫为政之患,闻古人之效而悦之,不察其精意,不揆其时会,欲姑试之而不合,则又为之法以制之,于是法乱弊滋,而古道遂终绝于天下"(《读通鉴论上》卷三《汉武帝》)。又说:"一代之治,各因其时,建一代之规模,以相扶而成治。故三王相袭,小有损益,而大略皆同。未有慕古人一事之当,独举一事,杂古于今之中,足以成章者也。王安石惟不知此,故偏举周礼一节,杂之宋法之中,而天下大乱。"(同上卷二十一《唐高宗》)是故"汉以后之天下,以汉以后之法治之"(同上卷五《汉成帝》),绝不可胶柱鼓瑟。就地说,"一人之身,老少异状,况天下乎?刚柔异人也,不及者不可强,有余者不可裁。清任各有当,而欲执其中,则交困也。南北异地也,以北之役役南人,而南人之脆者死。以南之赋赋北土,而北土之瘠也尽。以南之文责北士,则学校日劳鞭扑。以北之武任南兵,则边疆不救,危亡其间"(同上卷四《汉元帝》)。总而言之,"法者非一时,非一人,非一地者也"(同上卷四《汉元帝》)。善哉现代学者严复之言,"民之可化至于无穷,惟不可期之以骤"①(《原强》)。"盖一国之事同于人身,今夫人身逸则弱,劳则强者,固常理也。然使病夫焉,日从事于超距赢越之间,以是求强,则有速其死而已矣。"(《原强》)此即孔子所说,"无欲速,欲速则不达"之意。

尤有进者,凡国家欲施行一种政策,必不可贪小利,而须考虑政策的利弊孰大孰小,不但要考虑眼前的利弊,且要考虑后来的利弊。《吕氏春秋》说,"利虽倍于今,而不便于后,弗为也"(卷二十《恃君览第八》之二《长利》)。贪眼前的小利,而贻害于十数年或数十年之后,伟大的政治家必不尝试。所以政治家决定一种政策,宁可多费时日,考虑利弊之大小。新制利多而弊少者可以采用,利少而弊多者不可施行。旧制害少者不须改革,害多者方可革除。但肉食者鄙,未能远谋,往往只顾眼前的小利,迅速发布命令,使新制迅速施行;既见小利未必有利,又急急发布命令,以废除新制。孔子云,"见小利,则大事不成",此之谓也。

本条分而言之,一是"无欲速,欲速则不达";二是"无见小利,见小利则大

---

① 严复引英国哲学家斯宾塞(Spencer)之言。——编者

事不成"。合而言之,欲速常由于见小利,亦可以说见小利往往欲速。不达就是大事不成,大事不成就是不达。凡为政而欲速者,往往不加详察,任意发布命令,此种作风只有偾事败国。《周官》云,"王曰,呜呼,凡我有官君子,钦乃攸司,慎乃出令。令出惟行,弗惟反"。据孔安国注、孔颖达疏,"有官君子,谓大夫已上有职事者。汝等皆敬汝所主之职事,慎汝所出之号令",令出于口,必须行之。"前令不行,而倒反,别出后令,以改前令。二三其政,则在下不知所从,是乱之道也"(《尚书注疏》卷十八《周官》),对此,丘濬解释云,"夫朝廷之政,由上而行之于下,由内而行之于外,必假命令以达之。于其未出之前,必须谨审详度,知其必可行而无弊,然后出之。既出之后,必欲其通行而无碍,不至于壅塞而反逆可也"(《大学衍义补》卷三《谨号令之颁》)。管子说,"号令已出,又易之……如是则庆赏虽重,民不劝也。杀戮虽繁,民不畏也。故曰上无固植(植,志也),下有疑心。国无常经,民力必竭,数(数,理也)也"(《管子》第十六篇《法法》)。此即韩非所说,"法禁变易,号令数下者,可亡也"(《韩非子》第十五篇《亡征》)。宋仁宗时,尹洙曾经说道,"夫命令者,人主所以取信于下也。异时民间,朝廷降一命令,皆悚视之。今则不然,相与窃语,以为不久当更,既而信然。此命令日轻于下也。命令轻,则朝廷不尊矣"(《宋史》卷二百九十五《尹洙传》)。"子曰,君子寡言而行,以成其信"(《礼记注疏》卷五十五《缁衣》),即为政不在多言。要是见有小利,就发布诏令以行之;见小利未必有利,又发布诏令以撤销之,则此后发布诏令,谁能相信,宋代的经济政策便是如此。故史臣云:"终宋之世享国不为不长……内则牵于繁文,外则挠于强敌,供亿既多,调度不继,势不得但已,征求于民。谋国者处乎其间,又多伐异而党同,易动而轻变。殊不知大国之制用如巨商之理财,不求近效,而贵远利。宋臣于一事之行,初议不审,行之未几,既区区然较其失得,寻议废格。后之所议,未有以愈于前,其后数人者又复訾之如前。使上之为君者,莫之适从;下之为民者,无自信守。因革纷纭,非是贸乱,而事弊日益以甚矣。世谓儒者论议多于事功,若宋人之言食货,大率然也。又谓汉文景之殷富得诸黄老之清静,为黄老之学者大忌于纷更,宋法果能然乎?"(《宋史》卷一百七十三《食货志上一·农田》)

（四）小不忍则乱大谋

子曰……小不忍，则乱大谋。（《论语注疏》卷十五《卫灵公》）

孔子此言应用于政治方面，就是说，为政之道必须顾到时势的情况，时势有利于我，就应抓住机会，进行我的策略；时势不利于我，又须忍受屈辱，以待机会的来临，尤其外交方面尤见其然。《吕氏春秋》说，"人主之行与布衣异，势不便，时不利，事雠以求存"（卷二十《恃君览第八》之六《行论》）。这就是后人所谓"待时"。叶适说，"何谓待时……夫时有未可而待其至……越之报吴也，范蠡、文种以为必在二十年之外。二十年之内，勾践欲不忍其愤而一决，则二人者出死力以止之。至其成功也，果在于二十年之外。此岂非所谓待时者邪？然二十年之内，越人日夜之所为皆报吴之具也。故时未至则不动，时至则动而灭吴。若二十年之内无所为，而欲待于二十年之外，可乎？自古两敌之争，高者修德行政，下者蓄力运谋，皆有素治之术、先定之形，然必顺其势，而因势之可为则胜，违时而求以自为则败。若此者曰待时可也"（《水心集》卷四《待时》，中华版）。汉兴，接秦之敝，国力固不足以抵抗匈奴。汉家君臣深信法家学说，又能辅之以黄老主义。法家以为政治尤其国际政治乃以力为基础，"力多则人朝，力寡则朝于人"（《韩非子》第五十篇《显学》）。黄老主义则因时为业。在国力疲惫之时，不惜谦辞交欢，妻之以公主，赠之以金缯，吾人观吕后报书冒顿，文帝赐书赵佗，即可知之。但谦辞交欢只能拖延危机的爆发。在危机尚未爆发以前，苟不知奋发图强，亦难免亡国之祸，南宋政府即其一例。汉与南宋不同，国力不足以抵抗强敌，绝不空喊胡祸，使胡人有所戒备，而是一方交欢，一方准备。有交欢而不准备，国必亡；有准备而不交欢，国必危。吾人观"文帝中年，赫然发愤，遂躬戎服……从六郡良家材力之士，驰射上林，讲习战陈"（《汉书》卷九十四下《匈奴传赞》），就可知道此中消息。到了国力充足，方才改变前此交欢的态度，而不惜乘机开衅，马邑诱敌即其明证。冒顿曾遗书吕后，词极侮慢,"群臣庭议,樊哙请以十万众横行匈奴中。季布曰,哙可斩也,妄阿顺旨。于是大臣权书遗之",即因中国疮痍未瘳(《汉书》卷九十四下《匈奴传》,参阅卷三十七《季布传》)。力不足则容忍,力有余则进攻。《三略》云,"能柔能刚,其国弥光。能弱能强,其国弥彰。纯柔纯弱,其国必削。纯刚纯强,其国必亡"(《上略》)。西汉君臣深知此中道理,而用以对付匈奴。唐代初年对于突厥亦曾应用黄老主义。当高祖起兵晋阳,恐突厥为阻,不得不向其称臣(《新唐书》卷二百十五下《突厥传赞》)。高祖受禅,突厥颇多横恣,高祖以中原未定,每优容之。到了扫荡群雄,天下为一,而户口凋残,财政困穷,不遑外略,突厥愈益骄踞,有凭陵中国之意,无岁不来寇边,竟令高祖欲迁都以避其锋(《新唐书》卷二百十五上《突厥传》)。蛮夷猾夏,中国称臣,此种侮辱谁能忍受？汉武帝说,"齐襄公复九世之雠,《春秋》大之"(《汉书》卷九十四上《匈奴传》)。唐太宗雄才大略,对此国耻,固"常痛心疾首,思一刷耻于天下"(《新唐书》卷二百十五上《突厥传》)。但太宗即位之初,仍依高祖的政策,不愿小不忍而乱大谋。太宗说,"我所以不战者,即位日浅,为国之道,安静为务,一与虏战,必有死伤。又匈奴(指突厥)一败,或当惧而修德,结怨于我,为患为细。我今卷甲韬戈,陷以玉帛,顽虏骄恣,必自此始,破亡之渐,其在兹乎？将欲取之,必固与之,此之谓也"(《旧唐书》卷一百九十四上《突厥传》)。高祖时代大乱方平,必须予民休息。太宗初年国力尚未完全恢复,倘若兴师往征,纵令幸而获胜,而财富殚空,又足以引起社会问题,所以此际只能忍痛而实行"必姑与之"的政策。到了回纥及薛延陀相率背叛东突厥,而东突厥又"频年大雪,六畜多死,国中大馁"(《旧唐书》卷一百九十四上《突厥传》)。将欲取之的机会来了,太宗就命将出师,一举而歼灭之。唐德宗时陆贽关于华夷形势,说明中国应采的政策,说道:"夫以中国强盛,夷狄衰微,而能屈膝称臣,归心受制,拒之则阻其向化,灭之则类于杀降,安得不存而抚之,即而叙之也？又如中国强盛,夷狄衰微,而尚弃信忤盟,蔑恩肆毒,谕之不变,责之不惩,安得不取乱推亡,息人固境也？其有遇中国丧乱之弊,当夷狄强盛之时,图之则彼衅未萌,御之则我力不足,安得不卑词降礼,约好通和,啖之以利以引其欢心,结之以亲以纾其交祸。纵不必信,且无大侵,虽非御戎之善经,盖时事亦有不得已而然也。倘或夷夏之势,强弱适同,抚之不宁,威之不靖,力足以自保,势不足以出攻,安得不设险以固军,训师以待寇,来则薄伐以遏其深入,去则攘斥而戒于远追,虽非安边之令图,盖势力亦有不得已而然也……向若遇孔炽之势,行即叙之方,则见侮而不从矣。乘可取之资,怀畏避之志,则失机而养寇矣。有攘却之力,用和亲之谋,则示弱而劳费矣。当降屈之时,务殚伐之略,则召祸而危殆矣。"(《陆宣公奏议》卷九《论缘边守备事宜状》,世界版)陆贽之言大体上值得参考,但最初数句,尤其"灭之则类于杀降",我个人不敢赞同。这只是养疽贻患,国际上王道思想是行不通的。严复曾说:"夫罗马有所征服,则其法载与俱行,虽其始若难行,顾其终则有弦同之治……至若吾国,因循为治,得国不变其政,临民不移其俗,若朝鲜,若琉球,若卫藏,若缅甸、安南,正朔朝贡而外,皆安其故,此所谓至逸者也。而至于今,效可睹矣。"(《法意》第二十九卷十八章,复案)我今借严氏之言以作本条的结论。

(五) 临事而惧,好谋而成

> 子曰……必也临事而惧,好谋而成者也。(《论语注疏》卷七《述而》)

孔子此言是对子路言之。子路自恃其勇,问孔子曰"子行三军则谁与",孔子答以本条之所言,故本条本来是说明军事,但亦可扩大而应用于政事。所谓"临事而惧"就是吴子所说"虽克如始战"(《吴子》第四篇《论将》),纵令一战而大胜,再战之时,还要同始战一样,不敢轻敌。所谓"好谋而成"就是尉缭子所说"无困在于豫备"(第七篇《十二陵》)。作战之先,能够知彼知己,假令许多情势,早先预备,则临时发生困难,亦易于克服。作战如此,为政亦然。凡政府要决定一种重大的政策,必须瞻前顾后,观察过去的成败,顾到未来的结果,熟计之后,方得拟定政策的草案,绝不可由一时冲动,而做任何决定。秦汉时代有廷议之制,后代因之,凡遇重大问题,常开廷议,筹谋解决之法。汉世参加廷议的人是随问题的性质而异其人选,但多数廷议常令下列人员参加,一是公卿,二是列侯,三是二千石,四是大夫,五是博士(参阅《西汉会要》卷四十及卷四十一《集议》）。公卿是现任大臣，熟悉当前情况。列侯是国家元老，熟悉过去成败得失。二千石指郡守，汉时廷议，三辅长官尤其京兆尹常得参加，他们熟悉地方情况。大夫"掌论议"（《汉书》卷十九上《百官公卿表》），历来居此职者多学博行修之士，学博而后知政策之得失，行修而后不致党同伐异。博士"掌通古今"（《汉书》同上），能够贡献良好的意见。公卿、列侯、二千石有经验，大夫、博士有学问。有经验的常拘泥于现实，有学问的不免过于理想，合两种人令其集议，则现实与理想可以调和，而使政策合理而得施行无阻。由此可知廷议与议会不同，不是代表各方面的意见或利益，而是使各种人士从各种角度，表示各种意见，而求政策能够适合当时当地的需要。德国学者刻尔森（H. Kelsen）①在其所著《民主政治的本质及其价值》②中，谓议员的人选不宜个别确定，令其讨论一切问题；应依问题的性质，随时由政党依其所得票数，选派各种不同的专家（Fachmänner）为之。此种流动性的议会，颇有似于汉世的廷议（汉代廷议常请专家增加讨论，专家的意见常被参加廷议的人接受）。案廷议乃交换意见，一方使对方相信我方意见之合理，他方又使自己相信对方意见之合理。即彼此均能说服别人，而又愿意为别人所说服。但此种舍己从人的态度很难做到。所以古人又希望天子兼听独断。兼听可以防臣下之蒙蔽，独断可以禁臣下之纷争。然此作用亦只能发生于明君贤相在位之时，否则或如唐文宗时每"议政之际，是非锋起，上不能决也"（《通鉴》卷二百四十六唐文宗开成三年）；或如明世宗嘉靖二十五年曾铣建议复套（恢复河套之地），条上八议，又条上方略十八事，"并优旨下廷议，廷臣见上意向铣，一如铣言"。到了严嵩反对复套，"兵部尚书王以旂会廷臣覆奏，遂尽反前说，言套不可复"（《明史》卷二百四《曾铣传》）。此种集议哪能集思广益，哪能收兼听独断之效。其尤弊者，廷臣意见互觭，议论滋扰，但有角户分门之念，而无共襄国是之诚意，不但筑室道谋，国家政策始终不能确定，而且助长廷臣集朋结党，而发生朋党之祸，唐明两代可为殷鉴。话已离题，旁涉到别处去了，然乃证明开会并不能决定问题，有时且供为

---

① 现译为凯尔森（1881—1973），奥地利宪法与宪法法院缔造者，著名实证主义法学家。——编者
② H. Kelsen, *Vom Wesen und Wert der Demokratie*, 2Auf, 1929, S. 44.

推诿责任之策,所谓"好谋而成"绝非此意。

(六) 爱惜名器

> 仲尼……曰……唯器与名不可以假人。杜预注,器,车服。名,爵号。(《左》成二年)

依杜注,所谓车服即《虞书》所说"车服以庸"之车服。这个车服乃"表显其人有才能可用"(《尚书注疏》卷三《舜典》)。爵号乃赐予有功于国家的人。例如汉初,"非有功不得侯",窦太后及景帝欲封皇后兄王信为侯,丞相周亚夫以为不可,景帝只得默然而沮(《汉书》卷四十《周亚夫传》)。其重惜爵号如此。韩非对于商鞅奖励军功之法有所批评。他说,"商君之法曰,斩一首者爵一级,欲为官者为五十石之官;斩二首者爵二级,欲为官者为百石之官。官爵之迁与斩首之功相称也。今有法曰,斩首者令为医匠,则屋不成而病不已。夫匠者手巧也,而医者齐药也,而以斩首之功为之,则不当其能。今治官者智能也,今斩首者勇力之所加也。以勇力之所加而治智能之官,是以斩首之功为医匠也"(《韩非子》第四十三篇《定法》)。唐德宗因朱泚之乱,驾幸凉州,沿途百姓进献瓜果,拟各与以散试官,陆贽力言不可。他说,"伏以爵位者,天下之公器,而国之大柄也。唯功勋才德所宜处之。非此二途不在赏典,恒宜慎惜,理不可轻。轻用之,则是坏其公器,而失其大柄也。器坏则人将不重,柄失则国无所持。起端虽微,流弊必大。缘路所献瓜果,盖是野人微情,有之不足光圣猷,无之不足亏至化,量以钱帛为赐,足彰行幸之恩。馈献酬官,恐非令典"。(《陆宣公奏议》卷四《驾幸梁州论进献瓜果人拟官状》,参阅同卷《又论进瓜果人拟官状》,世界版)宋神宗时苏轼上言,"大抵名器爵禄,人所奔趋,必使积劳而后迁,以明持久而难得,则人各安其分,不敢躁求。今若多开骤进之门,使有意外之得,公卿侍从跬步可图,其得者既不肯以侥幸自名,则其不得者必皆以沉沦为恨。使天下常调,举生妄心,耻不若人,何所不至,欲望风俗之厚岂可得哉"(《苏东坡全集·

续集》卷十一《上神宗皇帝书》,世界版)。以上所举三则,韩非以为各种功勋均有其特质,不察功勋之特质,积军功者乃赏以治民之任,这何异于使斩首者为医匠?陆贽则谓官职是用以治民的,毫无才识而乃酬之以官,则名器已轻,国家何能用此以使百官有砥砺之心?苏轼以为名器爵禄须使得者视为难能可贵。苟开骤进之门,则巧进之人必多,如是,人士将视名器为不足贵。

(七) 法令不可轻易更改

> 子曰……三年无改于父之道,可谓孝矣。(《论语注疏》卷一《学而》,又卷四《里仁》、《礼记注疏》卷五十一《坊记》)。

本条乃告诫人主不可任意更改法令以变易制度。《左》昭六年,晋叔向曰,"国将亡,必多制"。杜预注,"数改法"。盖如韩非所说,"治大国而数变法,则民苦之,是以有道之君贵虚静而重变法"(《韩非子》第二十篇《解老》)。宋自神宗熙宁变法而至于钦宗靖康年间二帝北狩,五十余年中,俄而新党秉政,俄而旧党执权,因新旧两党之不断更迭,引起法制之不断改革。神宗变法,目的在于图强救亡。神宗崩殂,哲宗即位,元祐年间,英宗宣仁高皇后(神宗母,哲宗祖母)听政。她曾对神宗说,"安石乱天下"(《宋史》卷三百二十七《王安石传》),所以一经临朝,就起用旧党,罢黜新党。哲宗年幼,"每大臣奏事,但取决于宣仁后,哲宗有言,或无对者"(《宋史》卷三百四十《苏颂传》)。此由哲宗观之,实有害皇帝的尊严,所以亲政之后,改元绍圣,"以绍述(新政)为国是"(《宋史》卷四百七十一《章惇传》),驱逐旧党,凡元祐所革(革除新政),一切复之。哲宗崩殂,徽宗(神宗子)入承大统,神宗钦圣向皇后权同处分军国事,她见"神宗用王安石之言,开熙、河,谋灵、夏,师行十余年不息。迨闻永乐之败,神宗当宁恸哭,循致不豫"(《宋史》卷四百七十一《章惇传》)。故对于新党没有好感。"凡绍圣、元符以还,惇所斥逐贤大夫士,稍稍收用之。"(《宋史》卷二百四十三《神宗钦圣向皇后传》)向太后临朝不过六个月,即行崩殂。此时徽宗年已十八,过去大臣唯太后之意旨是听,所以亲政之后,改元崇宁,以示推崇熙宁之意,于是新党又登用了。新旧两党交握政权,他们"以元丰为是,则欲贤元丰之人;以元祐为非,则欲斥元祐之士"(《宋史》卷三百一十四《范纯仁传》)。"前日所举,以为天下之至贤;而后日逐之,以为天下至不肖。其于人材既反覆不常,则于政事亦乖戾不审矣。"(《宋史》卷三百三十六《吕公著传》)这是党争所引起的最大流弊。韩非说,"法莫如一而固"(《韩非子》第四十九篇《五蠹》)。"一"有两种意义,第一是一贯以同一观念,国家法令均依当时社会环境制定之。当时所需要的法令必须保持一贯精神,不但同一法令之中,此一条与彼一条不得互相牴牾,即在不同法令之中,此法令与彼法令亦不宜互相矛盾。牴牾及矛盾,轻者可减少或消灭法令的效力,重者且造成棼乱。第二是简单之意。老子云,"法令滋章,盗贼多有"(《老子》五十七章)。文子述老子之言,"事烦难治,法苛难行,求多难赡……故功不厌约,事不厌省,求不厌寡。功约易成,事省易治,求寡易赡"(《文子》第十篇《上仁》)。此即邓析子所说,"治世之礼简而易行,乱世之礼烦而难遵"(《邓析子·转辞篇》)。邓析与子产同时,当时礼与法尚未完全分化,其所谓礼乃包括法在内。《吕氏春秋》云,"礼烦则不庄,业烦则无功,令苛则不听,禁多则不行"(卷十九《离俗览第七》之六《适威》)。此皆与管子"求多者其得寡,禁多者其止寡,令多者其行寡"(《管子》第十六篇《法法》),立意相同。固是固定之意,用韩非自己之言表示之,那就是说,"法禁变易,号令数下者可亡也"(《韩非子》第十五篇《亡征》)。子曰,"道(治)千乘之国,敬事而信",集解引包曰"为国者举事必敬慎,与民必诚信"(《论语注疏》卷一《学而》)。大凡政府欲举一事必以发布命令的形式为之。命令未布,无妨慎重考虑,举凡社会环境、人民利害、政府财力、国际形势,都应在考虑之中。命令既出,就要确实施行,如是,才会取信于民。商鞅变法,必先徙本立信,职此之故。古代有"令出如山"之言,绝不可因法令受到阻力,收回成命;亦不可因法令稍有瑕疵,敷衍了事(法令颁布之后,发见瑕疵,实由考虑尚未周到)。因有阻力而不力行,则此后发布新法令,人士将设法造作阻力,使新法令无法施行,弄到结果,人士对于任何法令必怀疑其实行性。忠厚者奉行,奸猾者观望;奉行者受损,观望者得利。观望而可得利,则奉行者亦将变为观望,奉行而竟受损,试问此后谁人愿行奉行?《书》云,"慎乃出令,令出惟行弗惟反"(《尚书注疏》卷十八《周官》)。孔子谓"大人不倡游言(浮游虚漫之言),可言也不可行,君子弗言也"(同上卷五十五《缁衣》)。何以故?"子曰,口惠而实不至,怨菑及其身。是故君子与其有诺责也,宁有已怨。"据郑注孔疏"已"谓不许也,君子许民以一种福利,而竟食言不与,必将引起民之责难,所以宁可不许而受民怨(《礼记注疏》卷五十四《表记》)。《表记》上文有"子曰……君子问人之寒则衣之,问人之饥则食之,称人之美则爵之"。再上又有"子曰……君子于有丧者之侧,不能赙焉,则不问其所费。于有病者之侧,不能馈焉,则不问其所欲。有客不能馆,则不问其所舍"。总而言之,"君子寡言而行,以成其信"(《礼记注疏》卷五十五《缁衣》)。即恐多言而流于口惠,终至失信于民。

本条"三年无改于父之道",集解引孔安国曰:"孝子在丧,哀慕犹若父存,无所改于父之道。"(《学而》)朱注,"然又必能三年无改于父之道,乃见其孝。不然,则所行虽善,亦不得为孝矣"。又引"尹氏曰,如其道,虽终身无改可也。如其非道,何待三年。然则三年无改者,孝子之心有所不忍故也"。复引"游氏曰,三年无改,亦谓在所当改而可以未改者耳"(《学而》)。《礼记·坊记》郑玄注,"不以己善,驳亲之过"。吾意郑玄及孔安国虽是汉代大儒,其注解未必合理。朱子虽受后人崇拜,其注亦不足为训。但其所引尹氏尤其游氏之言值得参考。宋神宗施行新政,因行之不得其法,而致引起百姓怨恨。神宗崩,哲宗即位,英宗宣仁高皇后(神宗母,哲宗祖母)听政,罢新政,起用旧党。于是"三年无改于父之道,可谓孝矣",就为新党引为反对恢复旧法的口实,所以司马光说,"议者必曰,孔子称孟庄子之道,其他可能也,其不改父之臣与父之政是难能也"。又曰"三年无改于父之道,可谓孝矣。彼谓无害于民,无损于国者,不必以己意遽改之耳。必若病民伤国,岂可坐视而不改哉"(《司马温公文集》卷七《乞去新法之病民伤国者疏》,中华版)。明代丘濬根据温公之言,说道,"按孔子谓三年无改于父之道,谓其事在可否之间,非逆天悖理之甚者也。曾子谓不改其父之臣,谓其人在有无之间,非蠹政害教之尤者也。先人有所过误,后人救之,使不至于太甚,孝莫大焉"(《大学衍义补》卷十二《戒滥用之失》)。

第七节
君与臣

第一项　君臣关系

（一）君臣相处之道——忠的观念的演变

孔子对曰，君君，臣臣。（《论语注疏》卷十二《颜渊》）

孔子对曰，君使臣以礼，臣事君以忠。（《论语注疏》卷三《八佾》）

第一条是说明有君之名，须有君之实，更须守君之分。有臣之名，须有臣之实，亦须守臣之分。第二条则补充第一条之不足，而说明君臣的权利义务关系是相对的。君有以礼使臣的义务，臣有求君以礼相待的权利。臣有以忠事君的义务，君有求臣以礼相报的权利。而此权利义务关系又是互相对偿的，即唯君能以礼待臣，而后臣才报君以忠；只唯臣能以忠事君，而后君才以礼使臣。苟令君失其为君之道，则为臣者学汤武革命可也。同样，臣失其为臣之道，则为君者学舜放四凶可也。此种君臣关系由孟子发挥到了极点，孟子说，"君之视臣如手足，则臣视君如腹心。君之视臣如犬马,则臣视君如国人。君之视臣如土芥,则臣视君如寇雠"(《孟子·离娄上》)。但是不幸得很,孟子此种思想到了魏晋南北朝却供人臣觊觎帝位的口实。魏之代汉,固有其应代之道。曹操奋身于董卓肆凶之际,芟刈群雄,几平海内。他说,"设使国家无有孤,不知当几人称帝,几人称王"(《魏志》卷一《武帝纪》建安十五年注引《魏武故事》)。汉祚能够延长三十余年之久,实赖曹操之力。柳宗元说,"汉之失德久矣……宦、董、袁、陶之贼生人盈矣。丕之父攘祸以立强;积三十余年,天下之主曹氏而已,无汉之思也。丕嗣而禅,天下得之以为晚,何以异夫舜禹之事耶"(《柳河东全集》卷二十《舜禹之事》,世界版)。晋之代魏何能与魏之代汉相比,司马懿受两世托孤之命,不言君臣,只言友谊,亦应竭股肱之力,效之以忠贞,而乃欺凌幼主,诛戮大臣。子师废齐王而立高贵乡公,昭弑高贵乡公而立陈留王,每乘废置,窃取权柄,三世秉政,卒移魏鼎。其创业之本异于前代。而如石勒所说,"欺他孤儿寡妇,狐媚以取天下"(《晋书》卷一百五《石勒载记下》)。所以王导陈述晋得天下之迹,明帝不禁"以面覆床曰,若如公言,晋祚复安得长远"(《晋书》卷一《宣帝纪》)。然而王船山还说,"天下者非一姓之私也。兴亡之修短有恒数,苟易姓而无原野流血之惨,则轻授他人而民不病。魏之授晋,上虽逆而下固安,无乃不可乎"(《读通鉴论》卷十一晋泰始元年)。降至南北朝,高门华胄虽居公卿之位,而视朝代更易无异于"将一家物与一家"(《南史》卷二十八《褚炤传》),而所谓忠臣亦"如失主犬,后主饲之,便复为用"(《梁书》卷十七《马仙琕传》)。此种风气所以发生,盖如隋末文中子王通所说,"无定主,而责之以忠……虽曰能之,末由也已"(《中说·事君篇》)。唐兴,欲矫正魏晋以来的风气,就改相对主义的忠而为绝对主义的忠。唐太宗说,"君虽不君,臣不可以不臣"(《旧唐书》卷二《太宗纪》贞观二年)。此言当然有反于孔子"君君臣臣"之道。唐自安史乱后,方镇跋扈,天子力不能制,乃忍辱含垢,因而抚之,谓之姑息之政。但姑息愈甚,方镇愈跋扈,弄到结果,兵骄将悍,天子受制于藩臣,藩臣受制于将校,将校受制于士卒,逐帅立帅有如儿戏。陵退而至五代,五代传祚无不短促,朝为天子,暮为囚徒。安重荣"起于军伍……每谓人曰,天子兵强马壮者当为之,宁有种耶"(《旧五代史》卷九十八《安重荣传》)。皇室失去人民的尊敬,欧阳修说,"当此之时,为国长者不过十余年,短者三四年至一二年。天下之人视其上易君代国,如更成长无异,盖其轻如此"(《新五代史》卷四十九《王进传论》)。《宋史》亦谓"五季为国,不四三传辄易姓,其臣子视事君,犹佣者焉。主易则他役,习以为常,故唐方灭,即北面于晋,汉甫称禅,已相率下拜于周矣"(《宋史》卷二百六十二《李谷传》论)。政局变化有甚弈棋,盖所谓"君不君,臣不臣"的时代。宋兴,天下复归一统,司马光有鉴于唐末五代方镇之乱,故对于君臣之义,反对孟子思想,以为"君臣之分犹天地之不可分也"。他说,"文王序《易》,以乾坤为首。孔子系之曰,天尊地卑,乾坤定矣;卑高以陈,贵贱位矣。言君臣之位,犹天地之不可易也。《春秋》抑诸侯,尊周室,王人虽微,序于诸侯之上,以是见圣人于君臣之际,未尝不惓惓也。非有桀纣之暴、汤武之仁,人归之,天命之,君臣之分,当守节伏死而已矣"(《资治通鉴》卷一周威烈王二十三年臣光曰)。自是而后,君臣关系更由相对的忠变为绝对的忠。经元至明,便酿成空前绝后的专制。明太祖每览章奏,常因一字触犯忌讳,肆行刑杀(参阅《廿二史札记》卷三十二《明初文字之祸》),而吾国固有的君臣关系竟一变而为主奴关系。盖明祖之待大臣,必先破坏大臣的人格,或廷杖,或镣足治事(参阅《明史》卷一百三十九《茹太素传》),使其失去自尊心,自视为软弱无骨的豸虫。此种作风到了后来,更变本加厉,而令士大夫"以鞭笞捶楚为寻常之辱"(《明史》卷一百三十九《叶伯巨传》)。然而反抗的言论也萌芽了。明初方孝孺既见明祖之专制,对于臣下若草芥焉,若奴隶焉,故其早期文章就说,"生民之初,固未尝有君也。众聚而欲滋,情炽而争起,不能自决,于是乎有才智者出而君长之。世变愈下而事愈繁,以为天下之广非一人所能独治也,于是置为爵秩,使之执贵贱之柄;制为赏罚,使之操荣辱修短之权,位乎海内之人之上。其居处服御无以大异于人不可也,于是大其居室,彰其舆服,极天地之嘉美珍奇以奉之,而使之尽心于民事。故天之立君所以为民,非使其民奉乎君也……后世人君知民之职在乎奉上,而不知君之职在乎养民,是以求于民者致其详,而尽于己者卒怠而不修。赋税之不时,力役之不共,则诛责必加焉。政教之不举,礼乐之不修,强弱贫富之不得其所,则若罔闻知。呜呼,其亦不思其职甚矣!夫天之立君者何也?亦以不能自安其生而明其性,故使君治之也。民之奉乎君者何也?亦以不能自治与自明,而有资乎君也。

如使立君而无益于民,则于君也何取哉?自公卿大夫至于百执事莫不有职,而不能修其职,小则削,大则诛。君之职重于公卿大夫、百执事远矣,怠而不自修,又从侵乱之,虽诛削之典莫之加,其曷不畏乎天邪?受命于天者君也,受命于君者臣也。臣不供其职,则君以为不臣。君不修其职,天其谓之何"(《逊志斋集》卷三《君职》)。推此言也,可以达到革命的理论。孟子称许汤武革命,不过许"巨室"起而易位,方孝孺则赞成秦汉以后,百姓起而推翻王朝。他说:"斯民至于秦,而后兴乱。后世亡人之国者,大率皆民也……视其君如仇雠,岂民之过哉?"(同上卷三《民政》)其后有李贽者,言论更见激烈,他见明代天子之专制及大臣之愚忠,每因小事,即争相苦谏,卒至轻者廷杖,重者馘首。以为"天之立君,所以为民"(《温陵集》卷十九《道古录·论舜好问》)。君若不能保民,臣何必学比干之谏而死?若依孔子所说"君使臣以礼,臣事君以忠"之义观之,明之大臣实无尽忠的义务。李贽说,"夫暴虐之君淫刑以逞,谏又乌能入也!蚤知其不可谏,即引身而退者上也。不可谏而必谏,谏而不听乃去者次也。若夫不听复谏,谏而以死,痴也。何也?君臣以义交也,士为知己死,彼无道之主曷尝以国士遇我也?然此直云痴耳,未甚害也,犹可以为世鉴也。若乃其君非暴,而故诬之为暴,无所用谏,而故欲以强谏,此非以君父为要名之资,以为吾他日终南之捷径乎?若而人者,设遇龙逢、比干之主,虽赏之使谏,吾知其决不敢谏矣,故吾因是而有感于当今之世也"(《初潭集》卷二十四《君臣四·五痴臣》)。《左》襄二十五年齐崔杼弑庄公,晏子说,"君为社稷死,则死之;为社稷亡,则亡之。若为己死而为己亡,非其私昵,谁敢任之"。由此可知春秋时代人主蒙难而死,其臣没有殉难的义务,要看其君之死是否为社稷而死。此种思想一到宋代以后,渐次没落。明末清初黄梨洲的思想似受方孝孺的影响。梨洲说,"有生之初,人各自私也,人各自利也。天下有公利而莫或兴之,有公害而莫或除之。有人者出,不以一己之利为利,而使天下受其利;不以一己之害为害,而使天下释其害。此其人之勤劳必千万于天下之人。夫以千万倍之勤劳而己又不享其利,必非天下之人情所欲居也……后之为人君者不然,以为天下利害之权皆出于我,我以天下之利尽归于己,以天下之害尽归于人,亦无不可。使天下之人不敢自私,不敢自利,以我之大私,为天下之大公。

始而惭焉,久而安焉。视天下为莫大之产业,传之子孙,受享无穷。汉高帝所谓'某业所就,孰与仲多'者,其逐利之情不觉溢之于辞矣。此无他,古者以天下为主,君为客。凡君之所毕世而经营者,为天下也。今也以君为主,天下为客。凡天下之无地而得安宁者,为君也。是以其未得之也,屠毒天下之肝脑,离散天下之子女,以博我一人之产业,曾不惨然!曰,我固为子孙创业也。其既得之也,敲剥天下之骨髓,离散天下之子女,以奉我一人之淫乐,视为当然。曰,此我产业之花息也。然则为天下之大害者,君而已矣。向使无君,人各得自私也,人各得自利也。呜呼,岂设君之道固如是乎……而小儒规规焉以君臣之义无所逃于天地之间,至桀纣之暴犹谓汤武不当诛之,而妄传伯夷、叔齐无稽之事,使兆人万姓崩溃之血肉曾不异夫腐鼠。岂天地之大,于兆人万姓之中独私其一人一姓乎"(《明夷待访录·原君》)。梨洲评论人君之后,又进而说明臣道。他谓人臣并不是视于无形,听于无声,以事其君;也不是杀其身以事其君,盖"我之出而仕也,为天下,非为君也。为万民,非为一姓也。吾以天下万民起见,非其道,即君以形声强我,未之敢从也,况于无形无声乎!非其道,即立身于其朝,未之敢许也,况于杀其身乎!不然,而以君之一身一姓起见,君有无形无声之嗜欲,吾从而视之听之,此宦官宫妾之心也。君为己死而为己亡,吾从而死之亡之,此其私昵者之事也……世之为臣者昧于此义,以谓臣为君而设者也。君分吾以天下而后治之,君授吾以人民而后牧之,视天下人民为人君囊中之私物。今以四方之劳扰、民生之憔悴,足以危吾君也,不得不讲治之牧之之术。苟无系于社稷之存亡,则四方之劳扰、民生之憔悴,虽有诚臣,亦以为纤芥之疾也"(《明夷待访录·原臣》)。梨洲以为臣与子不能并称,"父子一气,子分父之身而为身","君臣之名从天下而有之者也。吾无天下之责,则吾在君为路人。出而仕于君也,不以天下为事,则君之仆妾也;以天下为事,则君之师友也。夫然,谓之臣,其名累变;夫父子固不可变者也"(《明夷待访录·原臣》)。梨洲的见解虽比古人进步,而尚不能称之为民主。民主观念乃传自泰西。据严复说,民主政治的特质有二:一是政府由于民选,吾国先哲无此见解。他说,"中西政想有绝不同者。夫谓治人之人即治于人者之所推举,此即求之于古圣之胸中、前贤之脑海,吾敢决其无此议也"(《社会通诠·国制不同分第十四》,严复曰,商务版一四〇页以下)。二是多数决,即用投票以决定多数人的意见,吾国更无之有。他说:"宜乎古之无从众也。盖从众之制行,必社会之平等,各守其畛畔,一民各具一民之资格价值而后可。古宗法之社会,不平等之社会也。不平等,故其决异议也,在朝则尚爵,在乡则尚齿,或亲亲,或长长,皆其所以折中取决之具也。使是数者而无一存,固将反于最初之道。最初之道何?强权是已,故决斗也……西文福脱(Vote)之字,于此土无正译。"(《社会通诠·国家之议制权分第十二》,严复曰,商务版一二一页)案吾国古圣先贤只言仁,据严复说,"夫制之所以仁者,必其民自为之。使其民而不自为,徒坐待他人之仁我,不必蕲之而不可得也。就令得之,顾其君则诚仁矣,而制则犹未仁也。使暴者得而用之,向之所以为吾慈母者,乃今为之豺狼可也。呜呼,国之所以常处于安,民之所以常免于暴者,亦恃制而已,非待其人之仁也。恃其欲为不仁而不可得也,权在我者也。使彼而能吾仁,即亦可以吾不仁,权在彼者也……(权)必在我,无在彼,此之谓民权"(《法意》第十一卷第十九章,复案,商务版)。梁启超亦说:"中国先哲言仁政,泰西近儒倡自由,此两者其形质同而精神迥异,其精神异而正鹄仍同,何也?仁政必言保民,必言牧民。牧之保之云者,其权无限也。故言仁政者只能论其当如是,而无术以使之必如是。虽以孔孟之至圣大贤,哓音瘏口以道之,而不能禁二千年来暴君贼臣之继出踵起,鱼肉我民。何也?治人者有权而治于人者无权。其施仁也常有鞭长莫及、有名无实之忧,且不移时而熄焉。其行暴也,则穷凶极恶,无从限制,流毒及全国,亘百年而未有艾也。圣君贤相既已千载不一遇,故治日常少而乱日常多。若夫贵自由、定权限者,一国之事其责任不专在一二人。分功而事易举,其有善政,莫不遍及。欲行暴者随时随事皆有所牵制,非惟不敢,抑亦不能,以故一治而不复乱也。是故言政府与人民之权限者,谓政府与人民立于平等之地位,相约而定其界也,非谓政府界民以权也。赵孟之所贵,赵孟能贱之。政府若能界民权,则亦能夺民权。吾所谓形质同而精神迥异者此也。"(《饮冰室文集》之十《论政府与人民之权限》,中华版)

(二) 礼敬臣下——由礼敬演变为奴畜

> 子曰……敬大臣也，体群臣也……敬大臣则不眩，体群臣则士之报礼重。(《礼记注疏》卷五十二《中庸》)
>
> 子曰……大臣不可不敬也。(《礼记注疏》卷五十五《缁衣》)

"敬大臣则不眩"，朱注云"不眩谓不迷于事。敬大臣则信任专，而小臣不得以间之，故临事而不眩也"。"体群臣则士之报礼重"，朱注未加解释。孔颖达疏，"体谓接纳，言接纳群臣，与之同体也……群臣虽贱，而君厚接纳之，则臣感君恩，故为君死于患难，是报礼重也"。古者天子之于大臣，常视为师友，坐而讨论国事，西汉之世，"丞相进见圣主，御坐为起，在舆为下"(《汉书》卷八十四《翟方进传》)。"丞相有病，皇帝法驾亲至问疾，从西门入。即薨，移居第中，车驾往吊，赐棺敛具，赠钱葬地。"(《汉旧仪》卷上)丞相有大罪，欲加以死刑，"皇帝使侍中持节，乘四白马，赐上尊酒十斛，养牛一头，策告殃咎，使者去半道，丞相即上病，使者还，未白事，尚书以丞相不起病闻。丞相不胜任，使者奉策书，驾骆马，(丞相)即时布衣步出府，免为庶人。丞相有他过，使者奉策书，驾䯄骊马，(丞相)即时步出府，乘栈车牝马，归田里思过"(《汉旧仪》卷上)。文帝时，贾谊上书言，"主上遇其大臣如遇犬马，彼将犬马自为也。如遇官徒，彼将官徒自为也……古者大臣有坐不廉而废者，不曰不廉，曰簠簋不饰。坐污秽淫乱男女亡别者，不曰污秽，曰帷薄不修。坐罢软不胜任者，不谓罢软，曰下官不职。(《孔子家语》第三十篇《五刑解》所载比此详细)故贵大臣定有其罪矣，犹未斥，然正以呼之也，尚迁就而为之讳也。故其在人遣人何之域者(师古曰，谴，责也。何，问也)，闻谴何，则白冠氂缨，盘水加剑(如淳曰，加剑当以自刻也)，造请室(应劭曰，请室，请罪之室)而请罪耳。上不执缚系引而行也。其有中罪者，闻命而自弛，上不使人颈盩而加也(补注，王先谦曰，弛，毁也。闻命而免衣冠，就桎械，自毁其容仪，不待上使人戾颈而加䙝夺也)。其有大罪者，闻命则北面再拜，跪而自裁，上不使捽抑而刑之也(师古曰,捽,持头发。抑,谓按之也)……是后大臣有罪,皆自杀,不受刑。至武帝时,稍复入狱,自宁成始"(《汉书》卷四十八《贾谊传》,据卷九十《宁成传》,成"抵罪髡钳,是时九卿死即死,少被刑"。成为内史,内史掌治京师,武帝太初元年分为三辅)。

制度如此,实际情形如何?高祖起自布衣,既即帝位,汉七年才由叔孙通制定朝仪,而除朝会之外,君臣之间没有繁文缛礼。天子燕居,不但群臣,就是平民也得随便进见。娄敬戍陇西,过雒阳,敬脱挽辂,衣褐衣晋谒,告以迁都秦池为便,高祖与张良商量之后,"便即日驾西都关中"(《汉书》卷四十三《娄敬传》),即其例也。高祖为人,性豪放,不因践帝位而自大,亦不因做过亭长而自卑。御史大夫周昌"尝燕入奏事(师古曰,燕谓安闲之居),高帝方拥戚姬,昌还走。高帝逐得骑昌项上问曰,我何如主也?昌仰曰,陛下即桀纣之主也。于是上笑之,然尤惮昌"(《汉书》卷四十二《周昌传》)。

文帝时,廷尉张释之说,"法者天子所与天下公共也",成为吾国古代司法的格言。文帝依释之言,只处犯跸的人以罚金,而对于盗取高庙坐前玉环的人,又接受释之的提议,不处以灭族之刑(《汉书》卷五十《张释之传》),可见文帝重视大臣的意见。不但此也,冯唐官不过郎中(比六百石)。文帝闻其称许廉颇、李牧之为将,上"拊髀曰,嗟乎,吾独不得廉颇、李牧为将,岂忧匈奴哉?唐曰,陛下虽有廉颇、李牧不能用也。上怒,起入禁中,良久召唐让曰,公众辱我,独亡间处乎?……唐对曰……臣窃闻魏尚为云中守,军市租尽以给士卒……是以匈奴远避,不近云中之塞。虏常一人,尚帅车骑击之,所杀甚众。夫士卒尽家人子,起田中从军……终日力战,斩首捕虏,上功莫府,一言不相应,文吏以法绳之,其赏不行……且云中守尚坐上功,首虏差六级,陛下下之吏,削其爵,罚作之。繇此言之,陛下虽得李牧,不能用也……文帝说,是日令唐持节赦魏尚,复以为云中守,而拜唐为车骑都尉"(《汉书》卷五十《冯唐传》)。文帝之于张释之可以称为"敬大臣",其于冯唐可以称为"体群臣"。

汉世到了武帝时代,天子的尊严已经树立。武帝"招延士大夫,常如不足。然性严峻,群臣虽素所爱信者,或小有犯法,或欺罔,辄按诛之,无所宽假。汲黯谏曰,陛下求贤甚劳,未尽其用,辄已杀之。以有限之士,恣无已之诛,臣恐天下贤才将尽,陛下谁与共为治乎?黯言之甚怒,上笑而谕之曰……

黯曰,臣虽不能以言屈陛下,而心犹以为非。愿陛下自今改之,无以臣为愚而不知理也"。胡三省注云,"黯言之甚怒,上乃笑而谕之,即其怒笑之间而观其君臣相与之意,则帝之于黯,非但能容其直,而从容不迫,方谕之以其所见。使他人处此,固将顺之不暇矣。而黯自言其心犹以为非,此岂面从退有后言者哉?黯之事君固人所难能,而帝之容黯,亦非后世之君所可及矣"(《资治通鉴》卷十九汉武帝元狩三年)。是时黯为主爵都尉(后更名为右扶风,三辅皆秩中二千石),列于九卿。武帝"方招文学儒者,上曰,吾欲云云。黯对曰,陛下内多欲,而外施仁义,奈何欲效唐虞之治乎?上怒,变色而罢朝。公卿皆为黯惧。上退,谓人曰,甚矣汲黯之戆也……然,古有社稷之臣,至如汲黯近之矣。……黯列九卿矣,而公孙弘、张汤为小吏,及弘、汤稍贵,与黯同位……黯褊心不能无少望,见上言曰,陛下用群臣如积薪耳,后来者居上……匈奴浑邪王帅众来降,汉发车二万乘。县官亡钱,从民贳马……马不具。上怒,欲斩长安令。黯曰,长安令亡罪,独斩臣黯,民乃肯出马(时黯为右内史,后更名为京兆尹,长安令归其管辖)……上默然"(《汉书》卷五十《汲黯传》)。汲黯当面批评武帝,武帝均优容之,不视为犯上不敬,其"敬大臣"也如此。但武帝对于大臣并不完全优容。元狩以后,大臣尤其丞相及御史大夫因罪自杀者甚多。元狩二年,丞相公孙弘薨,"其后李蔡、严青翟、赵周、石庆、公孙贺、刘屈氂继踵为丞相……唯庆以惇谨,复终相位,其余尽伏诛云"(《汉书》卷五十八《公孙弘传》)。御史大夫有罪自杀者有张汤、王卿、暴胜之三人(《汉书》卷五十九《张汤传》,王卿及暴胜之见《百官公卿表下》)。韩非说,"上古之传言,《春秋》所记,犯法为逆以成大奸者,未尝不从尊贵之臣也。而法令之所以备,刑罚之所以诛,常于卑贱。是以其民绝望,无所告诉"(《韩非子》第十七篇《备内》)。武帝诛丞相,毫不宽假,可谓合于《六韬》所说"杀贵大"之意。最可令人称许的,则为武帝之于东方朔,"武帝初即位,征天下……之士,待以不次之位"。东方朔上书,"文辞不逊,高自称誉",最后一句竟谓"若此,可以为天子大臣矣"。"上伟之,令待诏公车",累迁至大中大夫,后因事免,久之,复为中郎,帝姑馆陶公主,号窦太主,寡居,年五十余矣,近幸董偃,以主故,号曰董君。"上为窦太主置酒宣室,使谒者引内董君。是时朔持戟殿下(即掌守门户,出充车骑,中郎为郎之一种,秩比六百石),辟戟而前曰,董偃有斩罪三,安得入乎?上曰,何谓也?"朔曰云云,"上默然不应,良久曰,吾业以设饮,后而自改。朔曰,不可,夫宣室者先帝之正处也,非法度之政,不得入焉……上曰,善。有诏止,更置酒北宫,引董君从东司马门入。赐朔黄金三十斤"(《汉书》卷六十五《东方朔传》)。朔官不过比六百石之中郎,武帝不但从其言,且赐以黄金三十斤,这可谓"体群臣"之至。

东汉以后,君之于臣,礼敬极差。史谓"光武承王莽之余,颇以严猛为政,后代因之,遂成风化"(《后汉书》卷四十一《第五伦传》)。"尚书近臣乃至捶扑牵曳于前,群臣莫敢正言。"(《后汉书》卷二十九《申屠刚传》)明帝察察为慧,"公卿大臣数被诋毁,近臣尚书以下,至见提搜"(《后汉书》卷四十一《钟离意传》)。在这样的政风之下,当然是"大臣难居相任"(《后汉书》卷二十六《侯霸传》),只有明哲保身。所以顺帝时虞诩乃说,"方今公卿以下,类多拱默……至相戒曰,白璧不可为,容容多后福"(《后汉书》卷六十一《左雄传》),这比之西汉公卿大臣之敢作敢为者,相差远矣。

魏晋南北朝乃士族政治,尤其南朝公卿大臣均是汉魏华胄,他们虽居高位,皆以文学自逸,未尝肯预时务。朝代更易,他们的地位不会发生动摇。只因他们不乐武职,因之戎旅之事便委于寒人。刘裕、萧道成、萧衍、陈霸先均出身寒素,又均借军府起家。士族与武将利害未必一致,但一位武将势力增大,而能夺取中央政权之时,两者又必妥协起来,一方士族欲保全自己的门户,他方武将欲利用士族的名望,篡取帝位。于是篡位者军阀,授玺者王谢(以琅邪王氏为多),便成为南朝禅代的固定形式。兹应说明者,东汉政归尚书,魏晋政归中书,到了南北朝,侍中亦成为宰相之职。天子对于侍中,礼遇甚优,几乎不视之为臣,而视之为友。例如"宋文帝元嘉中,王华、王昙首、殷景仁等并为侍中,情在亲密,与帝接膝共语,貂拂帝手,拔貂置案上,语毕复手插之。孝武时,侍中何偃南郊陪乘,銮铬过白门阙,偃将匄,帝乃接之曰,联乃陪卿"(《南齐书》卷十六《百官志》)。此种礼遇不是因为他们为侍中,而是因为他们出身于士族。士族轻视皇室(参阅《梁书》卷二十一《王峻传》),皇室且畏敬士族(参阅《北齐书》卷二十三《崔㥄传》)。总之,魏晋南北朝,天子并不是敬大臣而体群臣,只因他们出身于士族,不能不以礼接之。

隋文肇兴，统一南北，在平陈以前，对于公卿大臣尚接之以礼，且甚亲密，例如上"幸醴泉宫，上召师（时为山东河南十八州安抚使）与左仆射高颎，上柱国韩擒等，于卧内赐宴，令各叙旧事以为笑乐"（《隋书》卷四十六《韦师传》）。到了统一南北，态度就不同了。帝性多忌刻，佐命功臣鲜有终其天年（《隋书》卷四十史臣曰）。光武不过不以功臣任职，隋文帝则杀戮功臣，卢思道曾对文帝说，"殿庭非杖罚之所，朝臣犯笞罪，请以赎论"（《隋书》卷五十七《卢思道传》），可知文帝常廷杖朝臣。

唐时，"宰相早朝上殿，命坐，有军国大事则议之，常从容赐茶而退。自余号令、除拜、刑赏、废置，事无巨细，并熟状拟定，进入。上于禁中亲览，批纸尾，用御宝，可其奏，谓之印画，降出奉行而已，由唐室历五代不改其制"（《历代职官表》卷三《宋内阁》引王曾笔录）。即唐代宰相乃和天子坐而讨论军事大事。不但此也，太宗时房玄龄为宰相，"帝曰，公为仆射，当助朕广耳目，访贤材。比闻阅牒讼日数百，岂暇求人哉？乃敕细务属左右丞，大事关仆射"（《新唐书》卷九十六《房玄龄传》）。此与玄宗之于姚崇，完全相似。"崇尝于帝前，序次郎吏，帝左右顾，不主其语。崇惧，再三言之，卒不答。崇趋出，内侍高力士曰，陛下新即位，宜与大臣裁可否。今崇亟言，陛下不应，非虚怀纳诲者。帝曰，我任崇以政，大事吾当与决，至用郎吏，崇顾不能，而重烦我邪？崇闻乃安，由是进贤退不肖，而天下治。"（《新唐书》卷一百二十四《姚崇传》）太宗不使宰相管小事，即"官盛任使"（《中庸》），此敬大臣之至也。房玄龄加太子少师，始诣东宫，太子欲拜之，玄龄让不敢谒，乃止（《新唐书·房玄龄传》）。王珪为礼部尚书，兼魏王泰师，王见之，为先拜，珪亦以师自居（《新唐书》卷九十八《王珪传》）。皇子乃至太子对其师傅须先拜，可知盛唐时代天子礼敬大臣之至。李勣"尝暴疾，医曰用须灰可治。帝（太宗）乃自剪须以和药。及愈入谢，顿首流血。帝曰，吾为社稷计，何谢为"。"后留宴……俄大醉，帝亲解衣覆之。"（《新唐书》卷九十三《李勣传》）这固然是太宗用术数以笼络李勣（参阅《李卫公问对》卷下），然亦可以证明唐代天子燕居之时常与朝臣饮酒为乐，不拘礼节，故李勣竟然大醉而睡。张说为中书令，玄宗"召说及礼官学士等，赐宴于集仙殿，谓说曰，今与卿等贤才同宴于此，宜改名为集贤殿。因下制改丽正书院为集贤殿书院"（《旧唐书》卷九十七《张说传》）。此亦唐代天子与朝臣共乐（《新唐书·张说传》，帝曰，朕今与贤者乐于此）之一例也。

宋制如何？上页曾引王曾笔录，继着又说，"国初（宋初）范质、王溥、魏仁浦在相位，自以前朝（后周）相，且惮太祖英睿，请具札子，面取进止，朝退，各疏其所得圣旨，同署字以志之，尽禀承之方，免差误之失，帝从之。自是奏御浸多，或至旰昃，于今遂为定式"。即宋之宰相虽然不是坐与天子讨论军国大事，但还是坐听天子关于军国大事的意见。而于退朝之时，各疏其所得圣旨，同署名上疏，听天子裁决。"开宝二年春宴，太祖笑谓仁浦曰，何不劝我一杯酒？仁浦奉觞上寿，帝密谓之曰，朕欲亲征太原如何？仁浦曰，欲速不达，惟陛下慎之。"（《宋史》卷二百四十九《魏仁浦传》）由此可见宋初，君臣之间不甚悬隔。"太祖数微行过功臣家。普每退朝，不敢便衣冠。一日大雪，向夜普意帝不出。久之，闻叩门声，普亟出，帝立风雪中，普惶惧迎拜。帝曰，已约晋王矣。已而太宗至，设重裀地，坐堂中，炽炭烧肉。普妻行酒，帝以嫂呼之。"（《宋史》卷二百五十六《赵普传》）寇準在太宗时，为枢密院直学士，"尝奏事殿中，语不合，帝怒起，準辄引帝衣，令帝复坐，事决乃退。上由是嘉之……淳化二年春大旱，太宗延近臣问时政得失，众以天数对。準对曰……大旱之证盖刑有所不平也。太宗怒起，入禁中。顷之召準问所以不平状，準曰，愿召二府（中书省及枢密院）至，臣即言之。有诏召二府入，准乃言曰，顷者祖吉、王淮皆侮法受赇，吉赃少乃伏诛；淮以参政沔（王沔户部侍郎参知政事）之弟，盗主守财至千万，止杖，仍复其官，非不平而何？太宗……知準为可用矣，即拜準左谏议大夫、枢密副使，改同知院事"（《宋史》卷二百八十一《寇準传》）。太祖太宗可以称为知"敬大臣"而"体群臣"。到了真宗时代，契丹入寇，直犯贝魏，中外震骇，宰相王钦若、陈尧叟建避寇之策，欲帝南幸金陵或西幸成都。準曰，"谁为陛下画此策者，罪可诛也"。準劝真宗渡河决战，盖準深知契丹本不欲战。契丹以为宋之君臣可以虚声恐吓，而坐致其金缯，姑以是胁之，而无俟于战。以真宗之庸懦、朝臣之恐慌，几堕其术中了。哪知寇準知之深，持之定，不许真宗还入大内。盖天子一入大内，将听妇人女子之言，而不敢冒险。议久不决，準出遇太尉高琼，"準复入内，琼随立庭下"（可知宋代朝臣见天子，不必跪）。"準厉声曰，陛下不以臣言为然，盍试问琼等？琼即仰奏曰，寇準言是。準曰，机不可失，宜趣驾。琼即麾卫士进辇，帝遂渡河。"（同上《準传》）观寇準之厉声，不待真宗许可，即趣驾渡河。

王钦若毁谤寇準以天子为孤注一掷,我则谓寇準乃以其一家生命为孤注一掷。準愿冒此大险,盖太宗能以"礼群臣"之道接纳寇準,故準对于真宗之报礼亦重。

明代在"永乐、洪熙二朝,每召内阁造膝密议"(《历代职官表》卷四《明内阁》引廖道南《殿阁词林记》),可知明初大臣进见天子,还是坐与天子讨论军国大事。但明代自太祖始,就不知敬大臣而体群臣。兹试举二三事以证之,茹太素于洪武七年为刑部侍郎。八年,坐累降刑部主事。陈时事,言多忤触。帝怒,召太素杖于朝。顷之出为浙江参政,又内召为户部尚书。太素抗直不屈,未几降为御史。复因忤触帝怒,与同官十二人俱镣足治事,后竟坐法死(《明史》卷一百三十九《茹太素传》)。明祖侮辱群臣,在《明史》上,其例甚多。士可杀,不可辱,解缙曾言,"大臣有过恶,当诛,不宜加辱"(《明史》卷一百四十七《解缙传》)。顾明祖乃以加辱大臣以立威,所以叶伯巨说,"今之为士者……以鞭笞捶楚为寻常之辱"(《明史》卷一百三十九《叶伯巨传》)。最奇怪的是,"洪武十一年,命吏部课朝觐官殿最,称职而无过者为上,赐坐而宴。有过而称职者为中,宴而不坐。有过而不称职者为下,不预宴,序立于门,宴者出,然后退"(《明史》卷七十一《选举志三》)。考绩列优等者坐而食,列中等者立而食,列下等者立而看别人之食,考绩之后,继之以惩奖。惩罚之法,免职可也,既不免职,乃令他们站着看别人之食,此种儿戏行为岂可用之于朝廷之上,以作考课结果的惩罚?《左》宣四年,子公(公子宋)与子家(公子归生)入见灵公,"子公之食指动,以示子家,曰他日我如此,必尝异味。及入,宰夫将解鼋,相视而笑。公问之,子家以告。及食大夫鼋,召子公而弗与也,子公怒",遂与子家合谋弑灵公。这是政变的一个怪闻。不与之食且招杀身之祸,不与之食,又令其站着看别人之食,明祖不识敬大臣、体群臣之道,后代便变本加厉,每位天子均有廷杖大臣之事。王守仁一代大儒,亦曾受廷杖一次(《明史》卷一百九十五《王守仁传》)。案明代天子自太祖始,均有变态心理,一方由夸大狂,不愿受人轻视;他方由自卑感,又疑别人轻视。举数例为证,史称仁宗"在位一载,用人行政,善不胜书"(《明史》卷八《仁宗纪》赞),帝曾"谕三法司,自今诽谤者悉勿治"(《明史纪事本末》卷二十八《仁宣致治》,洪熙元年三月)。但侍读李时勉上疏书谅暗中不宜近妃嫔,皇太子不宜远左右。"仁宗怒甚,召至便殿,对不屈。命武士扑以金瓜,胁折者三,曳出几死。"

"仁宗大渐,谓夏原吉曰,时勉廷辱我。言已勃然怒,原吉慰解之,其夕帝崩。"《明史》卷一百六十三《李时勉传》)"国君而仇匹夫,惧者甚众矣"(《左》僖二十四年),何能广升言路,采纳直言?这比之汉文帝之对冯唐,汉武帝之对汲黯,相差何啻千里。宣宗在位十年,史称其有许多善政,但亦缺乏人君之度。江西巡按御史陈祚上疏请于听政之余,命儒臣讲说《大学衍义》一书。帝览疏"大怒曰,竖儒谓朕未读《大学》耶?薄朕至此,不可不诛"。宣宗不知《大学衍义》与《大学》为两书,而欲置言者于死地,虽赖学士陈循之言,免其一死,而还命缇骑逮至京,并其家下锦衣狱,"禁系者五年,其父竟瘐死"。到了英宗即位,才释复官(《明史》卷一百六十二《陈祚传》)。明代天子胸襟之狭,真令人惊奇。武宗"早朝,有遗书丹墀者,上命拾以进,则告瑾(宦官刘瑾)不法状也……上……曰,汝谓贤,吾故不用;汝谓不贤,今用之……任瑾益专"(《明史纪事本末》卷四十三《刘瑾用事》,正德三年六月)。这不是刚毅,而是由自卑感的作用,宁犯众怒,以表示一己的魄力。群臣受了天子淫威的压制,已自视为软弱无能的豸虫。他们遇见天子,只以耳听天子的谩骂,不敢以口言天子的是非,弄到结果,"士大夫寡廉鲜耻,趋附权门","士风日下,以缄默为老成,以謇谔为矫激"(《明史》卷二百八《余珊传》、卷二百九《冯恩传》),终至连大珰也视为神圣不可侵犯了。魏忠贤"所过,士大夫遮道拜伏,至呼九千岁"(《明史》卷三百五《魏忠贤传》)。政界人物如此猥鄙,所以李自成入京,诸臣甚至内阁首辅魏藻德降;清兵入京,许多朝臣如钱谦益等又降。

(三) 慎择迩臣——历代宦官之祸

> 子曰……迩臣不可不慎也。(《礼记注疏》卷五十五《缁衣》)

何谓迩臣?孔颖达疏,"迩,近也,言亲近之臣不可不慎择其人"。迩臣即左右亲近之臣。韩非反对人主与左右讨论臣下之贤智,盖"人主之左右不必智也,人主于人有所智而听之,因与左右论其言,是与愚人论智也。人主之左右不必贤也,人主于人有所贤而礼之,因与左右论其行,是与不肖论贤也"(《韩非子》第十一篇《孤愤》)。人主生长于深宫之中,朝夕所见者多是阉宦宫嫔之辈,所以与近习讨论人之贤愚、政之得失,未有不偾国败事。韩非云,"下众而上寡,寡不胜众者,言君不足以遍知臣也"(《韩非》第三十八篇《难三》)。人臣不能遍知,而乃与近习讨论臣之智愚,结果太阿倒持,历代女祸及宦官之祸无不由此而生。于是就发生了一个问题,迩臣是否包括宦官、宫女在内?如其然也,岂但东汉、唐、明的宦官,就是宫嫔,例如唐顺宗时代的牛昭容(《新唐书》卷一百六十八《王叔文传》)、明光宗时代的李选侍(《明史》卷一百十四《李选侍传》,参阅卷二百四十四《杨涟左光斗传》),亦宜简单一述。但问题太广,只能述历史上宦官之祸。固然宦官可否称之为臣,颇有问题。吾国自古就有五刑,《尚书·舜典》有"流宥五刑""五刑有服"之句。孔安国注,"五刑,墨、劓、剕、宫、大辟"。又《尚书·吕刑》,"五刑之属三千"。孔颖达疏,"五刑之名见于经传,唐虞已来皆有之矣,未知上古起在何时也"。《吕刑》又云,"宫辟疑赦"。孔安国注,"宫,淫刑也,男子割势,妇人幽闭"。孔颖达疏,"男子之阴名为势,割去其势,与椓去其阴,事亦同也。妇人幽闭,闭于宫,使不得出也"。春秋之时,宦官的地位未必甚低,晋献公使寺人披伐重耳(献公子,即晋文公)于蒲(《左》僖五年,参阅《左》僖二十四年);晋文公取原,问原守于寺人勃鞮,勃鞮推荐赵衰,衰即为原大夫(《左》僖二十五年)。降至战国,有些名臣且曾仕于宦者,而为其舍人,蔺相如即其例也(《史记》卷八十一《蔺相如传》)。汉制,宦官属于少府,少府为九卿之一,属官有尚书。汉武帝游宴后庭,始以官者典事尚书,谓之中书谒者,置令仆射。司马迁被刑,为中书谒者令,即其任也(《汉书·百官公卿表》及补注引王先谦曰、《通典》卷二十一《中书令》)。元帝即位,石显为中书谒者令。"帝被疾,不亲政事……以显……中人无外党……遂委以政,事无小大,因显白决,贵幸倾朝,百僚皆敬事显。"(《汉书》卷九十三《石显传》)爰及东汉而至唐明,宦官之祸甚炽,其所以然者,东汉皇帝多不永年,和帝以后,皇统屡绝,外藩入继。谁能入承大统,则由皇后定策帷幕,援立孩稚,以便垂帘听政,并委用父兄以寄腹心。天子年龄稍长,不甘政归外戚,祭则寡人,遂与宦官密谋禁中,欲收回大权,不惜诛戮外戚。一旦大功告成,宦官当然得志,终而操弄了国权。案东汉宦官之能打垮外戚,盖有三种理由:一是东汉有中常侍之职,尤为接近天子的迩臣,而以宦官任之,外戚若有规画启奏,中常侍就可窥知,先发制人,故能得到胜利《通考》卷五十七《内侍省》)。二是宦官控制军队之权大于外戚,外戚固然常掌门禁而典禁兵,但新主即位,外戚随之易人。反之,宦官地位则甚巩固,故外戚与宦官因政争而勃发为兵争之时,禁兵常为宦官所慑服,不敢与其交锋《通考》卷一百五十《兵制》,参阅《后汉书》卷六十九《窦武传》)。灵帝中平五年置西园八校尉,而以阉宦蹇硕为元帅,督司隶校尉以下,虽大将军亦领属焉《后汉书》卷六十九《何进传》),宦官的兵权更大了。三是东汉自桓灵以来,有黄门北寺狱,凡攻击宦官之人均送黄门北寺狱,由宦官考问。《通考》云,"是宦者得以专刑也,故穷捕钩党,剿戮名士,皆黄门北寺狱之所为也"(《通考》卷五十七《内侍省》)。宦官既接近天子,而又有兵权及司法权,其能战胜外戚是必然的。最初外戚得势,宦官欲去外戚,后来宦官得势,外戚欲去宦官,而最后胜利均属宦官。到了两败俱伤,董卓肆凶,而汉祚亦亡。

唐代宦官之祸,原因与东汉不同。唐代天子均壮年即位,又皆有皇子,其所以发生宦官之祸乃因皇储的地位极不安定。举一例说,唐高祖既立建成为太子,又私许世民以太子之位,终至发生玄武门事变。肃宗以后,几乎没有一位储君地位是安定的,肃宗虽立为太子,而储位"几危者数四"(《旧唐书》卷十《肃宗纪》)。他乘安史作乱,玄宗幸蜀之际,分兵北走灵武,自取帝位,此际宦官李辅国为劝进的元勋《新唐书》卷二百八《李辅国传》)。自是而后,皇储有一番动摇,宦官便以定策之功,窃取许多权柄。弄到结果,宦官之权反在人主之上,立君废君弑君有同儿戏,其为祸之烈比之东汉似有过而无不及。案唐代宦官之能揽权树威,内挟制天子,外挟制大臣,乃有三种原因。一是领财库。吾国古代财用大率分为两种,即军国经费与皇室经费。唐代有左藏及大盈两库,左藏供国家的开支,朝臣主之;大盈库供人主宴私赏赐之用,宦官主之。至德(肃宗年号)中,第五琦为度支盐铁使,以京师豪将求取无节,悉以租赋纳入大盈内库,自是而后,宦官就取得了财政权。大历年间杨炎做相,奏请德宗以财赋归于左藏(《旧唐书》卷一百十八《杨炎传》),然宦官权势已大,虽然不管财赋,而管财赋者却不能不仰承宦官的鼻息。二是管枢密。枢密使承受表奏,宣布诏令,置于代宗时代,而以宦官主之(《通考》卷五十八《枢密院》)。枢密使既有承受表奏的权,自得审查表奏,干涉大臣的行政;又既有宣布诏令的权,自能矫称帝旨,擅发诏令,而变为枢机之任。初"宰相奏事,帝平可否,枢密使立侍,得与闻,及出,或矫上旨,谓未然,数改易桡权"(《新唐书》卷二百八《刘季述传》),此历史明言枢密使矫旨变更诏令也。三是掌禁兵,自府兵制度破坏之后,天子自置禁军于京师,有羽林、龙武、神武、神策、神威,各分左右,共十军,其中以神策为最盛。德宗惩艾朱泚之乱,猜忌诸将,以宦官典宿卫,置护军中尉、中护军各二员,以内宦窦文场、霍仙鸣为中尉,自是神策亲军之权全归于宦者矣(《新唐书》卷五十《兵志》、卷二百七《窦文场传》,《旧唐书》卷一百八十四《宦官传》序)。神策在禁军中,号称劲旅,而以宦官主之,则中央发生政变之时,神策中尉的宦官自有举足轻重之势。浸假天子废立,宦官便握了决定的权,故史谓"贞元已后,中尉之权倾于天下,人主废立皆出其可否"(《旧唐书》卷四十四《职官志三·左右神策军》注)。但是是时方镇布列于天下,宦官拥权树威,方镇何以视若无睹?固然安史乱后,朝廷常遣中使监军,而中使监军对于方镇未必有利,方镇所以愿听命于宦官,乃有两大原因。其一,德宗姑息方镇,藩臣缺,每派宦官伺察,观众所欲立者,授以节度使之职(《旧唐书》卷一百四十七《杜黄裳传》)。当时方镇虽然跋扈,而名器尚在朝廷,武将欲得名器,必须勾结宦官。故史谓,"自大历以来,节制之除拜多出禁军中尉"(《旧唐书》一百六十二《高瑀传》),宦官既有武将为其外援,当然其势愈张,其力愈固。其二,神策军的粮饷特别丰厚,比一般军队约多三倍,塞上诸将均请遥隶神策军,以领取丰厚的粮饷。此种遥隶的军队往往称神策行营,皆内统于中人(《新唐书》卷五十《兵志》)。宦官的军事权本来只以神策军为基础,现在有了神策行营,则人众必误信其势力遍布各地。所以朝臣欲诛宦官,不但要夺取神策军,且须派遣党与分总地方军权(参阅《旧唐书》卷一百三十五《王叔文传》、《新唐书》卷一百七十九《李训传》)。这是宦官横极,虽天子亦莫如之何的原因。前此,天子以宦官为腹心,现在则视宦官为腹心之疾,而欲芟落本根,以绝祸源。最后便爆发为宰相崔胤欲借梁兵(朱温之兵)谋诛宦官,阴与朱温(时为汴州刺史,宣武军节度使)谋之,中尉韩全诲(宦者,时为左神策护军中尉)等亦恃李茂贞(时为凤翔陇右节度使)之强,以为外援(《新五代史》卷四十《李茂贞传》),于是南衙(朝臣)、北司(宦官)的斗争又转变为方镇与方镇的火并。茂贞败北，崔胤、朱温尽诛宦官，君侧虽请，而唐祚竟和东汉何进之召董卓一样，随之灭亡。

明代宦官参与政治，开始于成祖时代。成祖欲取帝位，与建文交战，有三年之久，而终不能南下。建文钳制内侍甚严，宦官怨甚，密遣人赴燕，具言京师虚实，约为内应(《明会要》卷三十九《宦官》)。成祖"以为忠于己……即位后，遂多所委任"(《明史》卷三百四《宦官传序》)，或遣出使，或遣将兵，或遣监军，或遣刺事(《明会要》卷三十九《宦官》)，然宦官尚不敢擅作威福。传至英宗，信任宦官王振，宦官之权始大，卒招土木之变，英宗北狩。经顺宗监国，英宗复辟，而至宪宗嗣位，宦官操弄国权，势力渐大。宪宗口吃，不欲与朝臣面议大政，深居宫中，罕与朝臣见面，自是而后，天子不见群臣，就成习惯(《陔余丛考》卷十八《有明中叶天子不见群臣》)。于是传递章奏，宣示诏令，不能不假手于宦官，宦官成为天子的喉舌，便居枢机之任。案明初宦官本来属于礼部，旋即改制，直隶于天子。宦官十二监而以司礼监为最贵，在司礼监之中，掌印太监及秉笔太监尤有权力(《明史》卷七十四《宦官十二监》)。明在洪熙(仁宗)以前，凡遇大事，臣下皆面奏取旨，而批答皆出自御笔。宣德(宣宗)以后，始令内阁关于中外奏章，许用小票墨书，贴附奏疏以进，中易红书批出。而遇大事，亦命内阁条旨，然后批行(《历代职官表》卷四《内阁》引廖道南《殿阁词林记》)。但每日御笔亲批不过数本，其余悉令秉笔太监分批(刘若愚《酌中志》卷十六《内府衙门识掌》条)。正德(武宗)初年阁臣常依大珰之意，票拟旨意。后来宦官更进一步，不经内阁票拟，而迳自行批示，此即所谓内批、中旨。但秉笔太监批朱之后，尚须掌印太监盖以御玺，才为有效，所以掌印太监之权乃在秉笔太监之上。此二者均掌章奏，天子倦勤，他们就代天子批阅章奏，而操弄国权，故明志云，"内阁之拟票不得不决于内监之批红，而相权转归之寺人"(《明史》卷七十二《职官志》序)。然宦官之能操弄国权，不但依靠批朱而已，此外尚有两种大权。一是司法权。永乐十八年设东厂，专刺缉刑狱之事，而以宦官任之，统锦衣卫，主巡察缉捕，理诏狱(《明史》卷七十四《宦官十二监》)，这无异于东汉的黄门北寺狱且兼特务之职。杨涟疏劾魏忠贤二十四大罪，其中之一为"东厂之设原以缉奸，自忠贤受事，日以快私仇、行倾陷为事"(《明史》卷二百四十四《杨涟传》)，可知宦官如何利用东厂以树威。二是财政权。明代财库极其杂乱,可大别为两类:第一类是内府十库,各有所隶,或属于户部,或属于兵部,或属于工部(《明史》卷七十九《食货三·仓库》)。其实皆以中官司其出纳,盖即如前代之内藏库。第二类是太仓库,主之户部,则如前代之左右藏库也(《历代职官表》卷七《户部三库·明制》谨案)。凡收入之能折银者皆入太仓库。太仓库专以贮银,故又谓之银库(《明史》卷七十九《仓库》)。黄梨洲说明明代阉宦弄权,谓"天下之财赋先内库而后太仓"(《明夷待访录·奄宦上》)。这可以证明内府十库全归宦官理;户部事实上能管者不过太仓一库而已。然而正德时,"中官数言,内府财用不充,请支太仓银,户部执奏不能沮"(《明史》卷七十九《仓库》)。由此可知纵是太仓,宦官亦得任意支用其银。宦官为接近天子的迩臣,既居喉舌之任,又有司法权,复有财政权,其能操弄朝柄,是势之必然。于是士大夫便分为反对宦官的东林党及投靠宦官的阉党,互相排挤,一直至于明亡,党争方息。

(四) 外重或内重

子曰……君……毋以远言近。(《礼记注疏》卷五十五《缁衣》)

孔颖达疏,"'毋以远言近'者,无得以远臣共言近臣之事也",盖恐启外官干涉内政之祸。其实以近言远,亦有流弊,故本条不但讨论远言近,且兼讨论近言远。孔子所以单言"毋以远言近",自亦有故。孔子时代诸侯独立,往往干涉天子左右三公之权,采邑也独立起来,不惜作乱而干涉诸侯左右卿大夫之权,即如《公羊传》所说,"诸侯僭于天子,大夫僭于诸侯"(昭公二十五年)。到了后来,竟又发生"阳虎专季氏,季氏专鲁国"(《公羊传》定公八年)的现象。在如斯局势之下,政局何能安定?孔子为鲁司寇,必欲毁三孙之城;商鞅变法,必改采邑为县,此皆欲集权于中央,不使地方官干涉中央的行政。固然汉制,廷议之时三辅长官(治所皆在长安)尤其京兆尹可以参加。此不过欲知地方情况,使中央所发布的诏令合于地方需要。例如景帝即位,晁错为内史(武帝太初元年才分为三辅)，数言事，法令多所更定(《汉书》卷四十九《晁错传》)。昭帝时，隽不疑为京兆尹，亦曾决定国家大疑大事(《汉书》卷七十一《隽不疑传》)；张敞"为京兆，朝廷每有大议，引古今处便宜，公卿皆服，天子数从之"(《汉书》卷七十六《张敞传》)。但同时防范王国甚见严厉，如"宗室不宜典三河"(《汉书》卷三十六《刘歆传》)，"初汉制，王国人不得在京师"(《汉书》卷七十一《彭宣传》注引李奇曰)，"诸侯国人不得宿卫"(《汉书·彭宣传》)，此皆出于预防"远言近"之弊。后世"远言近"为祸最大者莫如晋代八王之乱。晋定都洛汤，自古为洛汤之患者，不是来自河北，就是来自关中，"石函之制，非亲亲不得都督关中"(《晋书》卷五十九《河间王颙传》)。哪知晋武践祚，竟封司马亮为扶风王，持节都督关中雍凉诸军事，后虽徙封汝南，又征为太尉录尚书事(《晋书》卷五十九《汝南王亮传》)。他如赵王伦、河间王颙均于惠帝元康年间先后镇关中，旋即征召入秉朝政。诸王"出拥旄节，莅岳牧之荣；入践台阶，居端揆之重"(《晋书》卷五十九《八王传》序)，遂由他们争夺中央政权，引起萧墙之祸。总之，"远言近"势必由于尾大不掉，终至发生内乱，魏晋南北朝的都督、唐末五代的方镇、民国初年的督军，均可举以为证。

孔子只言君"毋以远言近"，但政制太过于"近言远"亦有弊端。案尚书与公卿比较，尚书为近臣，公卿为远臣。朝官与地方官比较，朝官为近臣，地方官为远臣。国家太过重视朝官，可以造成内重外轻之势，而致地方官受到掣肘，不能有所建树。西汉制度甚为便通，景帝拜郅都为雁门太守，许其便宜从事，匈奴引兵去，不近雁门(《汉书》卷九十《郅都传》)。宣帝时，龚遂为渤海太守，上言"臣愿丞相、御史且无拘臣以文法，得一切便宜从事。上许焉"，"郡中翕然……盗贼……悉平"(《汉书》卷八十九《龚遂传》)。此皆可以证明不以近言远之利。反之，赵宋鉴唐末五代方镇之祸，分命朝臣出守列郡。他们出守是以京朝官的资格，权知州事，所谓权知乃摄理其事之言，即如叶适所说，"使名若不正任若不久者，以轻其权"(《水心集》卷五《纪纲二》)。复置通判以贰之，通判也由京朝官充任，一切公事须经通判连署，才为有效。而通判所能同意的亦只限于些微之事，其稍重要者必须奏闻(《宋史》卷一百六十一《职官志》序、卷一百六十六《次府通判》注、卷一百六十七《府州军监》)。不但此也，地方税收悉送京师，其留为地方政府使用者，岁不过数千缗，而还要受转运使(掌经度一路财赋及专举刺官吏之事，见

《宋史》卷一百六十七《都转运使》《转运使》)的监视。朝廷对于转运使又不放心,转运使关于地方财政,虽铢分之微,须报告于三司(参阅苏辙撰《栾城集》卷二十一《熙宁二年上皇帝书》)。南宋时陈亮、叶适均将夷狄的猖狂归咎于中国集权太甚,换言之,即太致力于近言远,而不知其弊。陈亮说:"艺祖承五代藩镇之祸,能使之拱手以趋约束,故列郡以京官权知,三年一易,财归于漕司,兵各归于郡,而士自一命以上,虽郡县管库之微职,必命于朝廷,而天下之势始一矣。"(《龙川文集》卷十一《铨选资格》,中华版)然其结果,遂致"文为之太密,事权之太分,郡县太轻而委琐不足恃。兵财太关于上,而重迟不易举"(同上卷一《上孝宗皇帝第一书》)。"艺祖皇帝束之于上以定祸乱,后世不原其意,束之不已,故郡县空虚,而本末俱弱。"(同上卷一《上孝宗皇帝第三书》)"契丹遂得以猖狂恣睢,与中国抗衡,俨然为南北两朝,而头目手足浑然无别。"(《宋史》卷四百三十六《儒林六》)叶适亦说:"国家规模特异前代,本缘唐季陵夷,藩方擅命,其极为五代废立、士卒断制之祸。是以收揽天下之权,铢分以上,悉总于朝。上独专操制之劳,而下获享其富贵之逸。故内治柔和,无狡悍思乱之民,不烦乎兵尺铁,可以安枕无事,此其得也。然外网疏漏,有骄横不臣之国,虽聚重兵勇将,而无一捷之用,卒不免屈意损威,以就和好,此其失也。"(《水心集》卷一《上孝宗皇帝札子》,中华版)又说:"固外者宜坚,安内者宜柔;使外亦如内之柔,不可为也。唐失其道,化他地为藩镇,内外皆坚,而人主不能自安。本朝反其弊,使内外皆柔,虽欲自安,而有大不可者。故自端拱雍熙以后,契丹日扰河北、山东,无复宁居,李继迁叛命,西方不解甲,诸将不能自奋于一战者,权任轻而法制密,从中制外,而有所不行也。"(《水心集》卷五《纪纲二》)

(五) 小谋大、内图外——内朝官如何演变为外朝官

子曰……君毋以小谋大……毋以内图外。(《礼记注疏》卷五十五《缁衣》)

郑玄注,"大臣柄权于外,小臣执命于内,或时交争,转相陷害"。孔颖达

疏，"'君毋以小谋大'者，言君无得与小臣而谋大臣之事也。'毋以内图外'者，无得以内臣共图谋外臣之事"。在本条之上有"迩臣不可不慎也"一语，在本条之中复有"毋以远言近"一句，对斯二者本书已有说明，但何谓迩臣，本书虽举历代宦官之祸以为证，其实迩臣不但宦官而已，汉世的中朝官才确实配称迩臣。《汉书》（卷七十七）《刘辅传》注引孟康曰，中朝，内朝也，大司马、左右前后将军、侍中、常侍、散骑、诸吏（诸吏和侍中一样，为加官的名称）为中朝。丞相以下至六百石为外朝也。补注引钱大昕曰，"给事中亦中朝官……由庶僚加侍中给事（给事中）者，皆自托为腹心之臣"，即天子亲近之臣。汉初，丞相总百官，揆百事，丞相必以列侯任之，所以当时丞相乃代表列侯，而为对抗天子的一个力量。七国乱后，王国的势力固然削弱，而列侯亦因功臣死亡殆尽，存者尽是纨绔子弟，力不足以对抗天子。且也，武帝擢用儒生，以公孙弘为丞相，儿宽为御史大夫，此二人均无謇谔之风。公孙弘"希世用事"，董仲舒斥其从谀（《史记》卷一百二十一《董仲舒传》）。儿宽只知"和良承意……无有所匡谏"（《史记》卷一百二十一《伏生传》）。公孙弘之后，丞相由李蔡至刘屈氂，尽是拱默尸禄之辈，于是大权便集中于天子。武帝将崩，以霍光为大司马大将军，受遗诏辅少主，政治一决于光，同时助理万机的丞相车千秋又系慎厚畏事之徒（《汉书》卷六十六《车千秋传》）。于是政权便由外朝官的丞相移归于内朝的大司马大将军（凡将军如骠骑将军、车骑将军、卫将军而加有大司马之号者均得辅政）。内朝官为亲近之臣，外朝官与天子比较疏远，丞相成为具员。但将军之加有大司马之号者，纵是辅政，又未必就有大权，只唯成帝时代，母后（元帝后王氏）王氏一家，前后有五大司马辅政，而成帝又谦让无所颛（《汉书》卷九十八《元后传》）。经哀帝而至平帝，便禄去公室，权归外家。然此只就王氏一家言之，宣帝亲政之后，末年亦有大司马车骑将军史高及许嘉辅政（史高虽为车骑将军而冠大司马之号，但《汉书》未明言其曾辅政）。然史许没有权势，反而是中书令石显贵幸倾朝（中书令就是尚书令，以士人任之，称为尚书令；以宦者任之，称为中书令。这个中书令与曹魏以后的中书令不同），竟令丞相匡衡及御史大夫张谭皆阿附畏事显（《汉书》卷九十三《石显传》，参阅卷七十六《王尊传》、卷八十一《匡衡传》）。所以王鸣盛说，"官不论贵贱，唯视其职之闲要；而闲要唯视时主之意向，其制无时不改"（《后汉书》卷四十九《仲长统传·法诫篇》集解引王鸣盛曰）。

案吾国中央官制,秦汉以后,无时不在变化之中,而变化的原因则如本条孔子之言,以小谋大,以内图外。天子畏帝权旁落,惧大臣窃命,欲收其权为己有,常用内朝亲近的小臣,牵制外朝疏远的大臣,历时既久,近臣便夺取了大臣的职权,从而大臣乃退处于备员的地位,而亲近的小臣却渐次变为国家的大臣。近臣一旦变为大臣,天子又欲剥夺其权,而更信任其他近臣。这样,由内而外,由近而远,由小而大,演变不已,而吾国中央官制遂日益扩大起来。司马光说,"谨案西汉以丞相总百官,而九卿分治天下之事。光武中兴,身亲庶务,事归台阁,尚书始重,而西汉公卿稍以失职矣。及魏武佐汉,初建魏国,置秘书令典尚书奏事。文帝受禅,改秘书为中书,有令有监,而亦不废尚书。然中书亲近,而尚书疏外矣。东晋以来,天子以侍中常在左右,多与之议政事,不专任中书,于是又有门下,而中书权始分矣。降及南北朝,大体皆循此制"(引自《文献通考》卷五十《门下省》)。兹先说明尚书,尚书之官始于秦代,汉承秦制,秦汉均属少府,有令一人,秩千石。武帝游宴后庭,用宦者为令,改称中书令。自是而后,尚书令或用宦者,或用士人;用宦者,称为中书令;用士人,称为尚书令。有时又两者并置。尚书本来只是御前保管文书之所,但天子倦勤朝政,又常寄以笔札之任,其职有似于天子的侍从秘书。宣帝由仄陋而登至尊,即位初年,大司马大将军霍光颛国,亲政之后,欲政由己出,以防权臣专擅,于是对于近臣的尚书遂视为肺腑,从而尚书令渐次变成天子的喉舌。元帝被疾,不亲政事,以中人无外党,信任中书令石显,委之以政,事无大小,因显白决,故时有"尚书百官之本,国家枢机"之言(《汉书》卷九十三《石显传》)。由此可知尚书之官不待光武改制,早在元帝时代,已由天子的私人秘书变为国家的枢要之职。光武中兴,废丞相而置三公,"虽置三公,事归台阁(章怀注,台阁谓尚书也)。自此以来,三公之职备员而已"(《后汉书》卷四十九《仲长统传·法诫篇》)。所以陈忠才说,"汉典旧事,丞相所请,靡有不听。今之三公虽当其名,而无其实,选举诛赏一由尚书。尚书见任,重于三公,陵迟以来,其渐久矣"(《后汉书》卷四十六《陈忠传》)。此种制度对于东汉政治有何影响?宰相不能主政,尚书虽是天子近臣,而地位甚低,其得参知政事,不是法律上的制度。因之大权谁属就有问题,母后临朝,则外戚以大将军颛国;天子亲政,则阉宦以中常侍执权。国无法轨，这就是东汉政局纷乱的原因。

此种演变——小臣演变为大臣，内朝的亲近之臣演变为外朝的疏远之臣——还在继续进行。尚书本来只是天子的侍从秘书，一旦变为国家枢机，不但离开少府，成为独立机关（魏晋时代尚称为尚书台，已不属于少府），而且天子不便再任用私人为尚书令。到了建安年间，曹操秉政，以荀彧、荀攸为尚书令，但二荀所掌者为运筹帷幄，而非典作文书。因之典作文书不能不另有其人，于是又设置了秘书令之职。文帝受禅，改秘书为中书，置监令，自是而后，中书遂和尚书并置。由此可知魏世的中书与两汉的中书不同，另有其他起源，非以宦者任之，而以士人任之，成为独立机关，称为中书省，有监令各一人，又有中书侍郎及中书通事舍人等官。魏明帝时，"中书监令号为专任"（《魏志》卷十四《蒋济传》），其权已重。帝"内图御寇之计，外规庙胜之画，资（中书令孙资）皆管之"（《魏志》卷十四《刘放传》注引《资别传》）。辛毗深恶刘放（中书监）、孙资，不与往来。帝欲拜毗为尚书仆射，以访放资，放资以为不可，遂不用（《魏志》卷二十五《辛毗传》）。监令既得判断时事，又能左右天子用人，于是政治中心又由尚书移归于中书，中书决定政策，尚书不过听命受事而已。案尚书、中书所以能够演变为国之枢机，乃是因为它有出纳王命的权。东汉出纳王命者为尚书，魏世出纳王命者为中书。在君主专制时代，一切政事最后均由天子决定，而天子决定则用诏令的形式颁布天下。所以谁有出纳王命的权，谁就有颁布诏令的权；而谁有颁布诏令的权，又容易贡献意见，参知政事，而掌机衡之任。尚书及中书所以成为政之枢机，原因在此。中书所以夺取尚书的权，原因亦在此。

晋承魏制，中书之权益大。《通典》云，"中书监令常管机要，多为宰相之任"（《通典》卷二十一《宰相》）。固然尚书令也是宰辅之职，晋武帝时荀勖曾言"九寺可并于尚书"（《晋书》卷三十九《荀勖传》，尚书有六曹，谓九卿之权可合并于尚书六曹也）。但中书监地在枢近，多承恩宠，所以人士由中书监出为尚书令，于秩虽然为迁，往往怅惘失意，以为夺其凤凰池（参阅《晋书》卷三十九《荀勖传》）。

降至东晋，政制又有变化，即除尚书令及中书监令之外，复有侍中成为宰辅之职，其机关称为门下省。侍中始于秦世，西汉为加官，东汉属少府。汉初，其职犹卑，不过"直侍左右，分掌乘舆服物下至亵器虎子之属。武帝时，孔安国为侍中,以其儒者,特听掌御唾壶,朝廷荣之"(《通典》卷二十一《侍中》)。但侍中既在天子左右,故凡加斯官者,就为亲近之职。武帝初,"严助、朱买臣皆侍中,贵幸用事,始与闻朝政"(《汉书》卷十九《百官公卿表·奉车都尉条》补注引钱大昕曰)。到了东汉,母后临朝,外戚便以侍中,"内干机密,出宣诏命"(《后汉书》卷二十三《窦宪传》,参阅卷三十四《梁冀传》、卷六十九《何进传》)。及至魏世,虽有"综理万机"之称(《魏志》卷十四《程昱传》),然世人尚嘲之为"执虎子"(《魏志》卷十六《苏则传》注引《魏略》)。经东晋而至南北朝,渐次华贵。侍中在人主左右,切问近对,拾遗补阙,既处腹心之地,遂总枢机之任,参断帷幄,渐次为宰相之职。何以故呢?中书起草诏命,在其未曾提交尚书执行以前,必须送呈天子批阅。当此之时,侍从天子左右者既是侍中,天子不免向其咨询,最初侍中是有问才答的,而答又只得消极地匡正政治上的阙失。但是侍中不断地匡正,中书自应顾虑侍中的意见。浸以成俗,侍中便得积极地提出自己的主张,到了这个时候,侍中已经成为枢机之任。《历代职官表》(卷二《内阁上》)云:"谨案,又侍中参掌机密,亦为相职。故王华官侍中,称宰相顿有数人。而南齐竟陵王子良以司徒兼侍中,亲为众僧赋食行水。世以为失宰相体是也。"北朝亦然,后魏"尤重门下官,多以侍中辅政"。北齐"为宰相秉持朝政者亦多为侍中"(《通典》卷二十一《宰相》)。《历代职官表》(卷二《内阁上》)云:"谨案,后魏……门下省独膺钧衡之寄,故侍中称为宰相。"又云:"谨案,北齐侍中最称近密,故杜佑以为秉政之官。"后魏孝文帝时,彭城王勰为侍中,"长直禁内,参决军国大政,万机之事无不预焉"(《魏书》卷二十一下《彭城王勰传》)。延昌(宣武帝)中,于忠为侍中,孝明帝即位,"忠既居门下……遂秉朝政,权倾一时"(《魏书》卷三十一《于忠传》)。此外如侍中高阳王雍、侍中汝南王悦均入居门下,参决尚书奏事(《魏书》卷九《肃宗孝明帝纪》熙平二年及正光四年),是则后魏直以侍中为宰相之职,所以高阳王雍才说:"臣初入柏堂,见诏旨之行一由门下。"(《魏书》卷二十一《高阳王雍传》)

由东汉而至南北朝,尚书、中书、侍中相继成为机衡之任。隋文肇兴,整顿政制,三省正式成为国家机关而为政之枢机,然三省分权,即"中书出令,门下审驳……尚书受成"之制,隋代尚未之有,故马端临云,"门下审覆之说始于唐"(《文献通考》卷五十《门下省》)。固然尚书失权已久,但执行政令的既是尚书,而自曹魏以来,尚书六曹(隋改之为六部)又蚕食九卿之职,则尚书仍不失为"政本之地"。但吾人又须知道三省既然正式成为国之枢机,天子便须顾到体制,不能随便以之安插亲近之人,于是又发生了参知政事之职。例如隋文帝初年以苏威"为纳言,与左翊卫大将军宇文述、黄门侍郎裴矩、御史大夫裴蕴、内史侍郎虞世基参掌朝政,时人称为五贵"(《隋书》卷四十一《苏威传》)。是则官不论大小,只要人主视之为亲信,其人就得参预朝政。

唐承隋制,亦置三省,三省却已分权。《通考》云,"中书出令,门下审驳……而尚书受成,颁之有司"(《通考》卷五十《门下省》)。但权力分立亦有流弊,盖中书与门下常起争端,所以不久就于门下省内设置政事堂,使宰相尤其门下中书双方先于政事堂议定,然后奏闻。政事堂所以设在门下省,盖唐初尚承北朝之制,门下省权力较大。但宰相虽在门下省议事,而笔拟诏令之责乃属于中书。且也,贞观以后,中书地位日益提高,所以高宗末,裴炎由侍中迁中书令,就徙政事堂于中书省。开元中,张说为相,改政事堂为中书门下。是则中书门下就是政事堂,仍设于中书省,为宰相议政之所。唐又依隋之制,以他官参预政事。参预政事之名号甚多,其后逐渐确定为"同中书门下三品"(简称为同品)及"同中书门下平章事"(简称为平章)。而加"同品""平章"之号者,以中书侍郎及门下侍郎为最多,吾人读新旧《唐书》本纪及列传,即可知之。盖武后以女主临朝,大臣未附,乃委政侍郎,换言之,委政官品较低之官,以便控制。此后遂成惯例,任何职官苟有同品或平章之衔,就得参预政事,成为宰相之职。同品及平章一旦正式成为宰相之职,天子又不便于安插私人,于是又设置了一个新的机关,这个新的机关就是翰林院。魏晋以来,中书主出令;齐梁以降,中书舍人专掌诏诰,权倾天下。唐在玄宗以前,中书舍人权任尚重;玄宗以后,诏诰之任逐渐归于翰林学士。翰林院设置于开元初年,本为各种艺能技术之士如文词经学及僧道卜祝等待诏之所,渐次演变,遂代替中书舍人之职。其初也,批答四方表疏;其次也,又掌制诰书敕;到了至德年间,天下用兵,翰林学士因在天子左右,谋猷参决多出于翰林,而翰林学士遂有内相之称。例如陆贽初入翰林,特承德宗异顾。"及出居艰阻之中(朱泚叛逆,德宗幸奉天),虽有宰臣,而谋猷参决,多出于贽,故当时目为内相。"陆贽是一代名臣,故乱事一平,就谓"词诏所出,中书舍人之职。军兴之际,促迫应务,权令学士代之。朝野乂宁,合归职分,其命将相制诰,却付中书行遣"(《旧唐书》卷一百三十九《陆贽传》)。至于王叔文则不然了。顺宗即位,久疾不任朝政,翰林学士王叔文用事,谋夺宦者兵柄,宦者俱文珍恶之,转叔文为户部侍郎,而"削去学士之职……叔文大骇,谓人曰,叔文须时至此商量公事,若不带此职,无由入内"(《旧唐书》卷一百三十五《王叔文传》)。此又和晋代荀勖由中书监迁尚书令,乃惘惘怅怅,以为失去凤凰池者相同。

宋代政制极其杂乱,而又前后改革数次。元丰以前有一套,元丰改制又有一套,南渡以后更有一套。每套之中复有变革。若拾其不同,只就大体言之,宋承前代之旧,设置三省,三省长官即侍中、中书令、尚书令皆"佐天子议大政"。又因其秩高不降,"以同平章事为真相之任"。同平章事以中书、门下侍郎居多,吾人读《宋史·宰辅表》,即可知之。写到这里,我想旁涉数句,唐设中书门下,以为宰相议政之所,宋以同平章事为真相之任,即亦合中书门下两省为一。元丰改制,"以尚书令之贰左右仆射为宰相,左仆射兼门下侍郎……右仆射兼中书侍郎"(《宋史·职官志一》)。这样,尚书省已侵占中书、门下二省之权,所以宋志云,"三省之政合乎一"(《宋史·职官志一》),而隋唐以来三省分立完全消灭。兹再回头说明宋代宰相。宋除同平章之外,又置"参知政事掌副宰相"(《宋史·职官志一》)。所谓"参知政事"与唐代之参议朝政、参知机务等等名号不同,而和"同平章事"一样,为一种官名,任何职官苟带有参知政事之衔,均得"与宰相同议政事"(《宋史·职官志一》),所以参知政事乃是辅相。宋代宰相只有二人或三人,再加上参知政事,亦不过四五人。但宋代宰相自始就有名无实,他们是依圣旨,起草诏令,吾人读一〇四页所引"王曾笔录"即可知之,宰相面取圣旨,归而草拟诏令。在天子方面、宰相方面将不胜其烦劳,而机要之事且有泄漏之虞,于是翰林学士更代替中书舍人之职,"掌制诰诏令撰述之事"。"凡拜宰相及事重者,晚漏上,天子御内东门小殿,宣召面谕,给笔札,书所得旨,禀奏归院。内侍锁院门,禁止出入。夜漏尽,具词进入。迟明,白麻出,合门使引授中书,中书授舍人宣读……乘舆行幸,则侍从以备顾问。"(《宋史》卷一百六十二《翰林学士院》)翰林学士接近天子,故常迁为参知政事——副相,其未迁为参知政事者,亦常权侔宰辅。例如熙宁元年唐介为参知政事,王安石为翰林学士,关于用人行政,神宗每问王安石。唐介说,"陛下以安石可大用,即用之;岂可使中书政事决于翰林学士?臣近每闻宣谕某事,问安石,可即行之,不可不行。如此,则执政何所用,恐非信任大臣之体也"(《宋史》卷三百一十六《唐介传》)。宋之政体本来杂乱(参阅《宋史》卷一百六十一《职官志一》)。神宗变法,又不顾体制,竟使亲近之臣翰林学士侵夺疏远的大臣之权,其有悖于本条所引孔子之言,甚为明显。

宋鉴唐末五代之乱,其政制完全根据制衡原理,以防大权旁落,故除三省分立之外,又采政军财之分立。政事属于中书省(中书省于三省中,实为政之枢机),军事属于枢密院,财用属于三司使。枢密院及三司使这两个机构酝酿于唐代,而成立于五代。此种分立实犯了制度上最大错误,仁宋时范镇疏言,"今中书主民,枢密主兵,三司主财,各不相知。财已匮,枢密益兵无穷;民已困,三司取财不已"(《宋史》卷三百三十七《范镇传》)。三种机关行使职权,不相协调,其误国偾事,自是势之必然。所以南渡之后,宰相常兼枢密使之任。三司使如何呢?神宗熙宁三年,将三司使的数种职权移归于各部寺监管辖,于是"三司之权始分",元丰改制,罢三司,归户部,于是三司之名始泯(参阅《宋史》卷一百六十三《职官志三》)。兹应特别提出一言者,韩非反对人主以臣备臣(《韩非子》第十八篇《南面》),宋承五代之后,其政治制度注重在制衡作用,最初是权力制衡,其后是大臣制衡。大臣制衡即"以臣备臣"。宋神宗任用王安石,而又以司马光为御史大夫(《宋史》卷三百一十二《王珪传》),又因冯京批评变法失当,神宗又擢之为枢密副使,进参知政事(《宋史》卷三百一十七《冯京传》),卒至群臣之间,"同我者谓之正人,异我者疑为邪党。既恶其异我,则逆耳之言难至。既喜其同我,则迎合之佞日亲。以至真伪莫知,贤愚倒置"(《宋史》卷三百一十四《范纯仁传》)。不但王安石如此,就是司马光也一样(参阅《宋史》卷三百一十四《范纯仁传》、卷三百三十八《苏轼传》)。

元兴,参考辽金及南宋之制,中枢机关置中书省以总政务,枢密院以秉兵柄,御史台以司黜陟(参阅《元史》卷八十五《百官志》),这是中国政制上一大变化,即将复杂的政制改造为简单的政制。明初,承元之制,设中书省以总天下之文治,都督府以总天下之兵政,御史台以振天下之纪纲。元明二代均以中书省为政之枢机,置左右丞相等官。明洪武十三年左丞相胡惟庸图谋不轨,既伏诛,就革去中书省,升六部,直属于天子;置五军都督府,以分领军卫,每府置左右都督各一人。改御史台为都察院,置左右都御史各一人。此皆谋权力不专于一司。太祖时,"中外章奏皆上彻御览,每断大事,决大疑,臣下惟面奏取旨,有所可否,则命翰林儒臣折衷古今,而后行之。故洪武时,批答皆御前传旨当笔"(廖道南《殿阁词林记》,引自《历代职官表》卷四《明内阁》)。此时殿阁大学士,而亦不过"侍左右备顾问"(《明史》卷七十二《职官志一·内阁》),并不以之为宰辅之任。成祖登极,自操威柄,但为集思广益,特简亲信七人,直文渊阁,参与机务。世人"以其授餐大内,常侍天子殿阁之下,避宰相之名,又名内阁"(《明史》卷七十二《职官志一·内阁》),即在成祖时代,内阁已由"备顾问"进而"参预机务"。当时"入内阁者皆编(编修正七品)检(检讨从七品)讲(侍讲正六品)读(侍读正六品)之官"(《明史》卷七十二《职官志一·内阁》),其实,尚有修撰(从六品),此数者皆属翰林院。"永乐、洪熙二朝,每召内阁造膝密议,人不得与闻,虽倚毗之意甚专,然批答出自御笔,未尝委之他人也。"(《历代职官表》卷四《明内阁》引廖道南《殿阁词林记》)至宣德时,"柄无大小,悉下大学士杨士奇等参可否,虽吏部蹇义、户部夏原吉时召见,得预各部事,然希阔,不敌士奇等亲"(《明史》卷七十二《职官志》序)。组织内阁的翰林官,秩不过六七品,而权乃在正三品的六部尚书之上,此盖内阁乃亲信的臣。明代天子常"令杨士奇等于内外章奏,许用小票墨书,贴各疏面以进,谓之条旨,中易红书批出",此即所谓票拟及批朱。然"遇大事,犹命大臣面议,议既定,传旨处分,不待批答"(《历代职官表》卷四《明内阁》引廖道南《殿阁词林记》)。成化以后,宪宗因口吃,不能与朝臣交谈,深匿宫中,罕见朝臣。此际传递天子与内阁之文件者乃是阉宦。且天子每日御笔亲批,不过数本,其余悉令太监分批(参阅刘若愚《酌中志》卷十六《内阁衙门职掌》),于是"内阁之拟票不得不决于内监之批红,而相权转归之寺人"(《明史》卷七十二《职官志》序)。此盖明代天子自始就信任亲近的小臣,而不信任朝中的大臣,是以大权便由六部移归于内阁,更由内阁移归于阉宦。何况明代所谓内阁又如黄梨洲所说:"或谓后之入阁办事,无宰相之名,有宰相之实也。曰,不然,入阁办事者职在批答,犹开府之书记也。其事既轻,而批答之意又必自内授之,而后拟之,可谓有其

实乎？吾以谓有宰相之实者今之宫奴也。"(《明夷待访录·置相》)

清以武力征服四邻，故其立国重视武事，纵有文事，亦附属于武备之下。所谓八旗，其性质近似于部落，而任务则以军事为主，政事为副。到了领土辽广，户口增加，就置文馆以掌文事，不久改名为内三院，一曰内国史院，一曰内秘书院，一曰内弘文院。其所以如此定名，不知是否依宋代宰相或监修国史，或为昭文馆大学士，或为集贤殿大学士。顺治九年改内三院为内阁，而以殿阁大学士组织之。于是唐代的翰林学士，经宋至明，经明至清，便由内相步步变成外朝的政之枢机，而非天子的亲近之臣。康熙年间，置南书房于乾清门右阶下，拣择文词之臣任职于南书房，令其拟进谕旨，于是内阁之权不免稍分。雍正八年因西北用兵，以内阁在太和门外，爆直者多，虑泄漏事机，废南书房，设军机房于隆宗门内，后更名为军机处，地近宫阙，便于宣召。为军机大臣者皆亲近重臣，于是笔拟诏令、敷奏万机之权又由内阁移归于军机处。而如《清史》(卷二百八十八)《张廷玉传》所述，"内阁权移于军机处，大学士必充军机大臣，始得预政事"。政之枢机不是正式国家机关，而是天子的幕僚，天子一或不慎，大权便旁落于幕僚，而发生许多弊政，如康熙时代的明珠、乾隆时代的和珅，是其彰明较著之例。其或不旁落于幕僚，亦常权归后宫，同光时代的西太后即其例也。

以上是借吾国政制的变迁以证明孔子之言，"毋以小谋大"，"毋以内图外"，甚有远见。小官除西汉之大司马（虽非小臣，却是亲近天子的内朝官）外，最初均是迩臣而为内朝官，大官则为外朝官，比较疏远天子。亲近臣而疏远臣，这是人情之常。何况小官尚得随意任用，不受法制的拘束。反之，任用大官，则不能不顾到体制而有所顾忌。

第二项　君　　道

（一）君道无为或守要

子曰，大哉尧之为君也，巍巍乎唯天为大，唯尧则之（则之意义为效，效

天之作风），荡荡乎民无能名焉。(《论语注疏》卷八《泰伯》)

子曰，无为而治者，其舜也与？夫何为哉，恭己正南面而已矣。(《论语注疏》卷十五《卫灵公》)

尧之为君效天之作风。天之作风如何？子曰："天何言哉，四时行焉，百物生焉，天何言哉？"(《论语·阳货》)余读《尚书·尧典》及《史记·五帝本纪》，尧之为政，只做了三件大事。第一件是命羲和治历明时，然羲氏和氏世掌天文，尧不过因二氏世掌是职，而告以"敬授人时"而已。第二件是命鲧疏浚洪水之灾。尧虽知鲧"方命圮族"，只因四岳极力推荐，遂任用之。结果如何？"九载绩用弗成。"到了虞舜摄政，才"殛鲧于羽山"。第三件是求舜于侧陋之处，而委之以政。尧之举舜，可以说是能知人能官人矣。其实，也是四岳所荐。观尧之言，"俞，予闻，如何"，"我其试哉"，可知尧不是知舜而用之，而是因四岳之荐而试用之。因四岳之荐而用鲧，百姓多受九年之灾，因四岳之荐而用舜，天下为之大治，功过相抵，何以说巍巍乎大哉？盖尧不自作主张，不固执己见，深知为君的道理。

舜如何呢？当其摄政之时，确实做了许多大事。柳宗元简单述舜之功绩如下："舜举十六族，去四凶族，使天下咸得其人；命二十二人，兴五教，立礼刑，使天下咸得其理；合时月，正历数，齐律度量权衡，使天下咸得其用。"(《柳河东全集》卷二十《舜禹之事》)据《舜典》及《史记·五帝本纪》，此数种大有为均在摄政之时。及即帝位，最大工作则为设官分职，这是吾国官制的起源。分职既竣，帝舜就委任责成，自己退处于无为的地位，而如孔子所说"恭己正南面而已矣"。兹宜说明者，柳宗元谓"命二十二人"，据《尚书·舜典》引孔安国曰，"禹（为司空）、垂（为共工）、益（作虞，掌山泽之官）、伯夷（作秩宗，典三礼）、夔（典乐）、龙（作纳言，出纳王命）六人，新命有职。四岳十二牧凡二十二人，特敕命之"。《史记·五帝本纪》，"禹、皋陶、契、后稷、伯夷、夔、龙、垂、益、彭祖，自尧时而皆举用，未有分职"。《本纪》又引"马融曰，稷、契、皋陶皆居官久，有成功，但述而美之，无所复敕。禹及垂已下皆初命，凡六人。与上十二牧、四岳凡二十二人"。案禹治洪水，有大功于人民，但在虞舜摄政之时，未有官名，只致力于

"平水土",虞舜即位,才任命之为司空,四岳、十二牧似同羲和一样,世袭其职。意者,四岳、十二牧当系强有力的部落酋长。

先秦学说多主张人主无为,太史公论六家要旨,举阴阳、儒、墨、名、法、道德六家(《史记》卷一百三十《太史公自序》)。阴阳学说创于邹衍,衍书已经失传,汉代董仲舒著《春秋繁露》,借《春秋》的记事,以阐明阴阳学说。《汉书》(卷二十七上)《五行志》谓"董仲舒治《公羊春秋》,始推阴阳,为儒者宗",而《汉书》(卷三十)《艺文志》又列之为儒家,所以《春秋繁露》可以视为儒学与阴阳学说的合流。其能否代表邹衍的思想,吾人不敢乱下判断。因是,《春秋繁露》中君道无为的思想不能述于阴阳家项下。

墨家不但不主张虚君制度,且其思想乃接近于君主独裁。照墨子说,"天下之所以乱者,生于无政长"。乃选天下之贤可者,立以为天子。天子以其力为未足,又选择天下之贤可者,立之为三公。天子三公以天下为太大,又分国立诸侯。诸侯亦以其力为未足,又选择其国之贤可者,立之为正长(乡里之长)。制度既备,天子发政于天下之百姓,告以善恶若难分别,皆以告其上,上之所是必皆是之,上之所非必皆非之。在各层政长之中,与百姓有直接关系的乃是里长。里长者里之仁人也,所以里内百姓须取法于里长,而以里长之是非为是非。苟是非不能确定,必以告乡长。乡长之所是必皆是之,乡长之所非必皆非之,乡长者乡之仁人也。苟是非无法确定,必以告国君,国君之所是必皆是之,国君之所非必皆非之,国君者国之仁人也。苟是非还难判别,必以告天子,天子之所是必皆是之,天子之所非必皆非之,天子者固天下之仁人也(《墨子》第十一篇《尚同上》、第十二篇《尚同中》)。即依墨子之意,居下位者应取法于上位,而最后则以天子为规矩准绳,这称为尚同。由此可知制度之确立是由上而下,而尚同之进行则自下而上。墨子虽说"选天下之贤可者,立以为天子"(《尚同上》),"天子者固天下之仁人也"(《尚同中》),但天子如何选出,却没有一言提到。吾研究墨子《思想》,乃有似于天子独裁制,既不言选举天子的方法,而三公、诸侯又由天子遴选,里长、乡长复由诸侯遴选,倘令天子不贤,何能选任贤可之人为三公、诸侯;诸侯不贤,何能选任贤可之人为里长、乡长?里长不贤,百姓何可尚同于里长;乡长不贤,里长何可尚同于乡长;诸侯不贤,乡长何可尚同于诸侯；天子不贤，诸侯何可尚同于天子？所以墨子的思想能够行之而无弊，最重要的乃是天子的选举。然而墨子对此关键问题，竟然舍而不谈，则以下所述如何遴选，如何尚同，都是空谈。总而言之，墨子反对虚君制度，而主张自上而下的遴选，最先是由天子决定其人是否贤可；自下而上的尚同，最后是由天子判断其事是否善恶。这样，墨子的思想关于政制，不是独裁而为何？

儒家创于孔子，战国时代孟荀二子为儒家的巨擘，孟子关于君主无为，未曾发表任何意见，现在只述荀子，荀子说，"君者论一相"（《荀子》第十一篇《王霸篇》）。"为人主者，莫不欲强而恶弱，欲安而恶危，欲荣而恶辱，是禹桀之所同也。要此三欲，辟此三恶，果何道而便？曰，在慎取相，道莫径（便也）是矣。"（《荀子》第十二篇《君道篇》）人主能够选贤以为相，"则身有何劳而为？垂衣裳而天下定。故汤用伊尹，文王用吕尚，武王用召公，成王用周公旦。卑者五伯，齐桓公……九合诸侯，一匡天下，为五伯长，是亦无他故焉，知一政于管仲也，是君人者之要守也"（《荀子》第十一篇《王霸篇》）。关于荀子主张君主无为，当详论于本书第三章《荀子》第八节之（二）"君道无为"处。

次就法家言之，管子说："无为者帝。"（《管子》第五篇《乘马》及第四十二篇《势》）如何无为？管子说，"明主之举事也，任圣人之虑，用众人之力，而不自与焉，故事成而福生。乱主自智也，而不因圣人之虑；矜奋自功，而不因众人之力；专用己，而不听正谏，故事败而祸生。故曰，伐矜好专，举事之祸也"（《管子》第六十四篇《形势解》）。商鞅说，"故圣人明君者，非能尽其万物也，知万物之要也。故其治国也，察要而已矣"（《商君书》第六篇《农战》）。这不是主张君主无为，而是主张君主只可察要。申子说，"古之王者，其所为少，其所因多。因者君术也，为者臣道也。为则扰矣，因则静矣。因冬为寒，因夏为暑，君奚事哉？故曰，君道尤知尤为，而贤士有知有为，则得之矣"（《申子》）。慎子说，"君臣之道，臣事事而君无事，君逸乐而臣任劳。臣尽智力以善其事，而君无与焉，仰成而已，故事无不治，治之正道然也。人君自任，而务为善以先下，则是代下负任蒙劳也，臣反逸矣……有过，则臣反责君，逆乱之道也。君之智未必最贤于众也，以未最贤而欲以善尽被下，则不赡矣。若使君之智最贤，以一君而尽赡下则劳,劳则有倦,倦则衰,衰则复反于不赡之道也。是以人君自任而躬事,则臣不事事,是君臣易位也,谓之倒逆,倒逆则乱矣。人君苟任臣而勿自躬,则臣皆事事矣,是君臣之顺,治乱之分,不可不察也"(《慎子·民杂》)。韩非集法家之大成,他说,"明君之道,使智者尽其虑,而君因以断事,故君不穷于智。贤者敕其材,君因而任之,故君不穷于能。有功则君有其贤,有过则臣任其罪,故君不穷于名。是故不贤而为贤者师,不智而为智者正,臣有其劳,君有其成功,此之谓贤主之经也"(《韩非子》第五篇《主道》)。"人主之道,静退以为宝。不自操事,而知拙与巧。不自计虑,而知福与咎……故群臣陈其言,君以其主授其事,事以责其功。功当其事,事当其言,则赏。功不当其事,事不当其言,则诛"(《韩非子》同上),故说"下君尽己之能,中君尽人之力,上君尽人之智"(《韩非子》第四十八篇《八经》)。尽己之能者自己操事,尽人之力者自己计虑,尽人之智者不自操事,不自计虑,即不表示自己的才智,而如汉高祖所说:"夫运筹帷幄之中,决胜千里之外,吾不如子房。填国家,抚百姓,给饷馈,不绝粮道,吾不如萧何。连百万之众,战必胜,攻必取,吾不如韩信。三者皆人杰,吾能用之,此吾所以取天下者也。"(《汉书》卷一下《高帝纪》五年)这样,便可达到"事成则君收其功,规败则臣任其罪"(《韩非子》第四十八篇《八经》)。

三就名家言之,邓析说,"为君当若冬日之阳,夏日之阴,万物自归,莫之使也。恬卧而功自成,优游而政自治,岂在振目搤腕,手据鞭扑,而后为治与"(《邓析子·无厚篇》)。又说,"目贵明,耳贵聪,心贵公。以天下之目视,则无不见。以天下之耳听,则无不闻。以天下之智虑,则无不知。得此三术,则存于不为也"(《邓析子·转辞篇》)。不为就是无为。尹文子亦说,"庆赏刑罚君事也,守职效能臣业也。君料功黜陟,故有庆赏刑罚;臣各慎所任,故有守职效能。君不可与臣业,臣不可侵君事,上下不相侵与,谓之名正,名正而法顺也"(《尹文子·大道上》),即依尹文子之意,人主除刑赏外,绝不可察察为明,总揽威柄,权不借下。如斯举措乃有失为君之道。

四就道家言之,老子说,"为无为,则无不治"(《老子》第三章),岂但无为则治,而且有为且将失败。老子说,"为者败之……是以圣人无为,故无败"(《老子》第二十九章)。老子所以主张无为,盖如文子所引老子之言,"欲治之主不世出,可与治之臣不万一,以不出世,求不万一,此至治所以千岁不一也"(《文子》第十九篇《下德》)。即老子是因明君贤臣不可多得,所以希望君臣俱休息乎无为。庄子则谓"夫帝王之德……以无为为常……上无为也,下亦无为也,是下与上同德。下与上同德,则不臣。下有为也,上亦有为也,是上与下同道。上与下同道,则不主。上必无为,而用天下;下必有为,为天下用,此不易之道也。故古之王天下者,知虽落天地,不自虑也;辩虽雕万物,不自说也;能虽穷海内,不自为也"。对此,郭象注云,"夫工人无为于刻木,而有为于用斧;主上无为于亲事,而有为于用臣。臣能亲事,主能用臣;斧能刻木,而工能用斧。各当其能,则天理自然,非有为也。若乃主代臣事,则非主矣。臣秉主用,则非臣矣,故各司其任,则上下咸得,而无为之理至矣"(《庄子》第十三篇《天道》)。

如上所述太史公所举六家,除阴阳家邹衍之书失传,墨家谓"天子固天下之仁人也",希望百姓尚同于天子,其主张接近于天子独裁之外,其余四家虽然理想不尽相同,而对于人主,无不要求垂拱而治。杂家亦然,尸子说:"治水潦者禹也,播五种者后稷也,听狱折衷者皋陶也,舜无为也,而天下以为父母。"(《尸子》卷上《仁意》)又说:"郑简公谓子产曰,饮酒之不乐,钟鼓之不鸣,寡人之任也。国家之不义,朝廷之不治,与诸侯交之不得志,子之任也。子无入寡人之乐,寡人无入子之朝。自是以来,子产治郑,城门不闭,国无盗贼,道无饿人。孔子曰,若郑简公之好乐,虽抱钟而朝可也。"(《尸子》卷上《治天下》)

战国以后,君道无为的思想尚有不少学者主张。《吕氏春秋》说:"大圣无事,而千官尽能……君也者以无当为当,以无得为得者也。当与得不在于君,而在于臣,故善为君者无识,其次无事。有识则有不备矣,有事则有不恢矣。不备不恢,此官之所以疑,而邪之所从来也。"(卷十七《审分览第五》之二《君守》)又说,"古之王者,其所为少,其所因多。因者君术也,为者臣道也……故曰君道无知无为,而贤于有知有为"(同上第五之三《任数》)。《淮南子》说,"人主之术,处无为之事,而行不言之教。清静而不动,一度而不摇,因循而任下,责成而不劳。是故心知规而师傅谕导,口能言而行人称辞,足能行而相者先导,耳能听而执正进谏。是故虑无失策,谋无过(误也)事,言为文章,行为仪表于天下"(《淮南子》卷九《主术训》)。董仲舒说,"故为人主者,法天之行……不自劳于事,所以为尊也……故为人主者,以无为为道,以不私为宝。立无为之位,而乘备具之官,足不自动,而相者导进;口不自言,而摈者赞辞;心不自虑,而群臣效当,故莫见其为之,而功成矣。此人主所以法天之行也"(《春秋繁露》第十八篇《离合根》)。

在吾国历史上,帝王之中,喜欢察察为明者固然不少,而可举隋文帝及明崇祯为例。史谓"上时每旦临朝,日侧不倦。尚希谏曰……愿陛下举大纲,责成宰辅,繁碎之务非人主所宜亲也"(《隋书》卷四十六《杨尚希传》)。皇帝过于察察,百僚畏罪,事无大小,均欲取判于旨,不敢自决,柳彧"见上勤于听受,百僚奏请,多有烦碎。因上疏谏曰……比见四海一家,万机务广,事无大小,咸关圣听。陛下留心治道,无惮疲劳,亦由群官惧罪,不能自决,取判天旨。闻奏过多,乃至营造细小之事,出给轻微之物,一日之内,酬答百司,至乃日旰忘食,夜分未寝,动以文簿忧劳圣躬。伏愿思臣至言,少减烦务……若其经国大事,非臣下裁断者,伏愿详决,自余细务,责成所司"(《隋书》卷六十二《柳彧传》)。以万乘之尊而乃自决庶务,一日万机何能无误?积错既多,威信扫地。管子有言:"有道之君……不言智能聪明。智能聪明者下之职也,所以用智能聪明者上之道也。"(《管子》第三十篇《君臣上》)隋文帝不明此理,事无大小,均欲自决,二世而亡,有来由矣。明崇祯"性多疑而任察"(《明史》卷三百九《流贼传》序),"恃一人之聪明,而使臣下不得尽其忠……凭一人之英断,而使诸大夫国人不得衷其是"(《明史》卷二百五十五《刘宗周传》)。此时清已以高屋建瓴之势,南压区夏。外患日急,而崇祯乃"好察边事,频遣旗尉侦探"(《明史》卷二百五十一《钱龙锡传》)。天子猜疑,于是边臣遇有兵警,不敢自作主张,常"请旨授方略,比下军前,则机宜已变,进止乖违,疆事益坏云"(《明史》卷二百五十二《杨嗣昌传》)。《六韬》云:"军中之事不闻君命,皆由将出。"(第二十一篇《立将》)孙子云:"战道必胜(苟有必胜之道),主曰无战,必战可也。战道不胜,主曰必战,无战可也。"(第十篇《地形》)战事请旨示方略,其不败北,自古以来,实未之闻。此种遥制所以发生,完全因为崇祯喜欢察察为明之故。

总之,自孔子称许尧舜无为而治之后,各派学者多宗孔子之说,以为君主应垂拱无为,君主既然垂拱无为,则他于政治上当然不必负责。这是有助于政局安定的。礼云,"君者立于无过之地也"(《礼记注疏》卷二十二《礼运》),此言与英谚的"King can do no wrong"意义相似。当春秋之末而至战国时代,社会上产生了许多士人。他们不是贵族,而确是才俊之士。他们要实现贤者在位、能者在职的理想,不能不采用强公室、杜私门的政策,协助人主,推翻贵族的特权,又恐贵族推翻之后,变为人主的专制,故一方提高人主的尊严,他方减少人主的权力,而主张人主应高拱于上,无为而治。但如何使人主退处于统而不治的地位,却没有一位学者提出具体的方案。固然有的主张贤人政治,但用人之权属于人主,"燕子哙贤子之而非孙卿,故身死为僇。夫差智太宰嚭而愚子胥,故灭于越"(《韩非子》第三十八篇《难三》)。这样,要用贤人以匡正人主,何能做到?有的主张明主依法而治,但定法之权也属于人主,"先君之令未收,而后君之令又下……故利在故法前令则道之,利在新法后令则道之"(《韩非》第四十三篇《定法》)。这样,要束缚人主于法律之内,实非易事。

政治不过"力"而已。要令人主无为,必须社会上有一种"力"足以对抗人主。尧舜时代所谓天子只是各部落的共主。尧之用人行政常依四岳的建议。班固说,"四岳谓四方诸侯"(《汉书》卷十九上《百官公卿表》),其实只是强有力的部落酋长会议。舜时,洪水既平,中央政权的组织稍具规模,然部落酋长的势力尚甚强大。秦汉以后,国家已臻统一之域,天子的权力随之增大,唯在汉世,"常以列侯为丞相"(《汉书》卷五十八《公孙弘传》),"汉典旧事,丞相所请,靡有不听"(《后汉书》卷四十六《陈忠传》)。此盖列侯尽是功臣,高祖之登帝位,是由列侯拥戴。诸吕作乱所以失败,因为列侯不与外戚合作。文帝由外藩入承大统,也是由列侯迎立。一方天子须于列侯之中选任丞相,同时列侯之力又可以左右政局。景帝母窦太后欲封皇后兄王信为侯,上曰请与丞相计之,丞相周亚夫以为不可,上默然而阻(《汉书》卷四十《周亚夫传》)。武帝以后,列侯没落,而任命为丞相者就不以列侯为限。但丞相若是强项之人,亦常阻止天子的不当处分。例如宣帝欲以年方十八的冯野王守长安令,丞相魏相以为不可,上即作罢(《汉书》卷七十九《冯野王传》)。经元帝而至成帝,内朝官的大司马大将军夺取了丞相之权,于是禄去王室,权归外家,卒酿成王莽之篡。光武中兴,愠数世之失权,忿权臣之窃命,矫枉过正,亲总吏职(参阅《后汉书》卷四十九《仲长统传·法诫篇》),继统的明帝又"总揽威柄,权不借下"(《后汉书》卷二《明帝纪》论引华峤书),自是而后,历代天子除少数能识大体之外,大多数是自命不凡,事无巨细,均欲自裁。然其结果,权力反落于阉宦或奸臣之手。

吾国历史上政制最乱的莫如宋,国势最弱的亦莫如宋。宋代宰相自始就没有宰相之权,不过依圣旨而草诏令,关此,本书已引王曾笔录为证。但天子荒庸,宰相就由办理文书,进而决定军国大计。唯此军国大计必须与天子的意见相同,秦桧、韩侂胄、史弥远、贾似道能够操弄国权,就是因为他们能够迎合天子之意。

又者,宋惩唐末五季方镇之乱,收揽天下之权悉总于天子,而如司马光所说:"臣伏见国家旧制,百司细事,如三司鞭一胥吏,开封府补一厢镇之类,往往皆须奏闻。"(《司马温公文集》卷四《乞简省细务不必尽关圣览上殿札子》,中华版)司马光此奏是在仁宗末年,即嘉祐年间。然吾人观"旧制"二字,可知事无巨细,均听上裁,由来已久。固然陈亮曾述:"臣闻之故老言,仁宗朝有劝仁宗以收揽权柄,凡事皆从中出,勿令人臣弄威福。仁宗曰,卿言固善,然措置天下事,正不欲专从朕出。若自朕出,皆是则可,有一不然,难以遽改。不若付之公议,令宰相行之,行之而天下不以为便,则台谏公言其失,改之为易。"(《龙川文集》卷二《中兴论·论执要之道》)其实仁宗未必守此原则,庞籍言,"平时百官奏事上前,不自批章,止送中书枢密院。近岁玺书内降,浸多于旧,无以防偏请,杜幸门矣"(《宋史》卷三百一十一《庞籍传》)。神宗好小察,又好亲批。富弼言,"陛下好使人伺察外事……又多出亲批,若事事皆中,亦非为君之道;脱十中七八,积日累月,所失亦多……大抵小人惟善生事,愿深烛其然,无使有悔"(《宋史》卷三百一十三《富弼传》)。哲宗亲政,"是时用二三大臣,皆从中出,侍从台谏官亦多不由进拟"(《宋史》卷三百一十四《范纯仁传》)。侍御史丰稷"上疏哲宗曰,陛下明足以察万事之统,而不可用其明;智足以应变曲当,而不可用其智"(《宋史》卷三百二十一《丰稷传》)。此盖如前所引过慎子之言:"君之智未必最贤于众也,以未最贤而欲以善尽被下,则不赡矣。若使君之智最贤,以一君而尽赡下则劳,劳则有倦,倦则衰,衰则复反于不赡之道也。"(《慎子·民杂篇》)徽宗时,陆蕴"尝言御笔一日数下,而前后相违,非所以重命令"(《宋史》卷三百五十四《陆蕴传》)。是以王介才说,"崇宁、大观间,事出御批,遂成北狩之祸"(《宋史》卷四百《王介传》)。到了钦宗即位,外患迫在目睫,靖康初,中书舍人刘珏言,"比者内降数出,三省罕有可否"(《宋史》卷三百七十八《刘珏传》)。案宋承唐制,亦置三省,"中书省出令,而门下省覆之,尚书省但受承事行之耳"(叶梦得《石林燕语》,引自《历代职官表》卷三《内阁中·宋》)。宋太宗说,"中书政本"(《宋史》卷二百八十七《李昌龄传》),盖中书省出纳王命,而为政之枢机。凡天子降敕,大臣上奏,皆须经由中书省,但吾人须知中书省出令不过依圣旨起草诏令。如是,何以刘黻乃说"政事由中书则治,不由中书则乱"(《宋史》卷四百五《刘黻传》),因为中书出令程序并不简单。中书省有中书舍人,天子降敕,由中书起草诏令,"事有失当及除授非其人,则论奏封还词头"(《宋史》卷一百六十一《职官志一》)。此一关也。中书省拟了诏令,又须移送门下省,门下省有给事中,"若政令有失当,除授非其人,则论奏而驳正之"(《宋史》同上),此又另一关也。两省议合,而后还移中书省,中书移尚书,尚书乃下六部郡国(参阅《宋史》卷三百七十三《洪迈传》、《元史》卷一百六十《高鸣传》)。由此可知"政事由中书则治",实因中间曾经过许多审驳。因此,大臣患人阻止,常用御笔手论谕,凡事由御笔决定的,"违者以大不恭论"(《宋史》卷三百五十二《吴敏传》),于是用人行政虽不合法或不合理,而给舍亦莫尽缴驳之任。史谓蔡京当国之时,"患言者议己,故作御笔密进,而丐徽宗亲书以降,谓之御笔手诏,违者以违制坐之。事无巨细,皆托而行,至有不类帝札者,群下皆莫敢言。由是贵戚近臣争相请求,至使中人杨球代书,号曰书杨。京复病之,而亦不能止矣"(《宋史》卷四百七十二《蔡京传》)。南渡以后,此风仍不小戢。高宗常用特旨,破坏成法(参阅《宋史》卷三百八十一《晏敦复传》),而从官多以御笔除拜(《宋史》卷三百七十八《綦崇礼传》)。孝宗嗣位,金安节"请严内降之科"(《宋史》卷三百八十六《金安节传》)。然积弊难革,"廷臣多以中批斥去"。李彦颖言,"臣下有过,宜显逐之,使中外知获罪之由以为戒。今譖毁潜行,斥命中出,在廷莫测其故,将恐阴邪得伸,善类丧气,非盛世事也"(《宋史》卷三百八十六《李彦颖传》)。所以陈亮上《中兴论》于孝宗,关于"论执要之道",说道:"陛下自践祚以来……发一政,用一人,无非出于独断,下至朝廷之小臣,郡县之琐政,一切上劳圣虑……臣恐天下有以妄议陛下之好详也……今朝廷有一政事而多出于御批,有一委任而多出于特旨,使政事而皆善,委任而皆当……而犹不免好详之名。万一不然,而徒使宰辅之避事者,得用以借口……臣愿陛下……不降御批,不出特旨……无代大臣受怨。"(《龙川文集》卷二《中兴论》)孝宗不但好内批而已,且"禁中密旨直下诸军,宰相多不预闻"(《宋史》卷三百八十三《陈俊卿传》)。《三略》云:"出军行师,将在自专;进退内御,则功难成。"(《中略》)案将可自专者是作战计划;至于兵力多少,军资若干,宰相固应预闻。否则诸将将以兵多为贵,既不恤人民能否多服兵役,更不问国家财政能否接济军资。宁宗"即位未三月,策免宰相,迁易台谏,悉出内批"(《宋史》卷四百《王介传》)。结果乃为奸臣利用,"侂胄擅命,凡事取内批特旨"(《宋史》卷三百九十八《倪思传》)。理宗时,"今日内批,明日内批,邸报之间以内批行者居其半"(《宋史》卷四百五《刘黻传》)。度宗时,"内批叠降"(《宋史》卷四百二十五《赵景纬传》)。末世天子不知"察要"之道,亦不知什么是"要",弄到最后,皆为奸臣蒙蔽,而如朱熹对孝宗所说:"陛下之号令黜陟不复出于朝廷,而出于一二人之门,名为陛下独断,而实此一二人者阴执其柄。"(《宋史》卷四百二十九《朱熹传》)此种情况吾人读宋代历史,就可了解。兹引《吕氏春秋》一段文字以作本条结论。"凡奸邪险陂之人必有因也。何因哉?因主之为。人主好以己为,则守职者舍职而阿主之为矣。阿主之为,有过则主无以责之,则人主日侵,而人臣日得,是宜动者静,宜静者动也。尊之为卑,卑之为尊,从此生矣。此国之所以衰,而敌之所以攻之者也。"(卷十七《审分览第五》之二《君守》)

(二)委任责成

仲弓为季氏宰,问政。子曰,先有司。邢昺疏,有司,属吏也。言为政当先委任属吏,各有所司,而后责其成事。(《论语注疏》卷十三《子路》)

子言卫灵公之无道也。康子曰,夫如是,奚而不丧?孔子曰,仲叔圉治宾客,祝鲀治宗庙,王孙贾治军旅,夫如是奚其丧?(《论语注疏》卷十四《宪问》)

子曰,官盛任使,所以劝大臣也。孔颖达疏,官盛谓官之盛大。有属臣者,当令任使属臣,不可以小事专劳大臣。(《礼记注疏》卷五十二《中庸》)

上述三条，仲弓之条据邢昺疏，乃委任责成之意。卫灵公之条是谓人才要依其所长，用于适当之职。《中庸》之条则谓大官不可管小事。总而言之，用意皆在于委任责成。何谓委任责成？国家设官分职。官必有职，职不过官。凡既任用某人为某官了，就宜许其自由行使职权，不得干预，只可察其成败。案委任责成乃以分职为前提。管子说，"同异分官，则安"，唐尹知章注，"同异之职，分官而治"（《管子》第八篇《幼官》）。管子又说，"明主之治也，明于分职，而督其成事。胜其任者处官，不胜其任者废免，故群臣皆竭能尽力以治其事"（《管子》第六十七篇《明法解》）。荀子之言更见显明，"人之百事如耳目鼻口之不可以相借官也，故职分而民不慢，次定而序不乱"（《荀子》第十二篇《君道篇》），又说"能不能兼技（虽能者亦不能兼百工之技），人不能兼官"，唐杨倞注，"皆使专一于分，不二事也，谓若夔典乐、稷播种之类也"（《荀子》第十篇《富国篇》）。荀子之徒韩非亦云，"明君……使士不兼官，故技长"（《韩非子》二十七篇《用人》），"明主之道，一人不兼官，一官不兼事"（《韩非子》第三十六篇《难一》）。此盖如慎子所说："明主之使其臣也，忠不得过职，而职不得过官。"（《慎子·知忠》）又说："古者……士不兼官……士不兼官，则职寡，职寡则易守。"（《慎子·威德》）岂但先秦学说如此，《吕氏春秋》说，"先王之立高官也，必使之方（方谓百官各处其职，治其事），方则分定，分定则下不相隐（互相隐蔽其奸邪）"（卷三《季春纪第三》之四《圜道》）。《淮南子》说："君子不责备于一人。"（《淮南子》卷十三《氾论训》）何以故呢？"士不兼官，各守其职……夫责少者易偿，职寡者易守，任轻者易权（谋也）。上操约省之分，下效易为之功，是以君臣弥久而不相厌（欺也）。"（同上卷九《主术训》）贾谊谓"臣闻圣主言问其臣，而不自造事，故为人臣得毕尽其愚忠"（《新书》卷一《益壤》）。陆贽说，"人之才行，自昔罕全，苟有所长，必有所短。若录长补短，则天下无不用之人；责短舍长，则天下无不弃之士"（《陆宣公奏议》卷七《请许台省长官举荐属吏状》，世界版）。"所谓委任责成者，将立其事，先择其人；既得其人，慎谋其始；既谋其始，详虑其终。终始之间，事必前定。有疑则勿果于用，既用则不复有疑。待终其谋，乃考其事，事愆于素者，革其弊而黜其人；事协于初者，赏其人而成其美；使受赏者无所与让，见黜者莫得为辞。夫如是则苟无其才，孰敢当任；苟当其任，必得竭才。此古之圣王委任责成，无为而理之道也。"（《陆宣公奏议》同上）宋时，陈亮上疏孝宗，说道"疑则勿用，用则勿疑。与其位，勿夺其职；任以事，勿间以言……才不堪此，不以其易制而姑留；才止于止，不以其久次而姑迁，言必责其实，实必要其成"（《龙川文集》卷二《中兴论·论开诚之道》，中华版）。此亦委任责成之意。

关于委任责成，最可引为对比的，莫如西汉与宋，西汉天子之于丞相，本书已有说明，至于丞相对于九卿以及守令，亦不干涉其行使职权。

> 文帝问右丞相勃（周勃）曰，天下一岁决狱几何？勃谢不知。问天下钱谷一岁出入几何？勃又谢不知，汗出沾背，愧不能对。上亦问左丞相平（陈平），平曰，各有主者。上曰，主者为谁乎？平曰，陛下即问决狱，责廷尉；问钱谷，责治粟内史。上曰，苟各有主者，而君所主何事也？平谢曰，主臣，陛下不知其驽下，使待罪宰相。宰相者上佐天子，理阴阳，顺四时，下遂万物之宜，外填抚四夷诸侯，内亲附百姓，使卿大夫各得任其职也。上称善。（《汉书》卷四十《王陵传》，应入《陈平传》）

> 丙吉为丞相，尝出逢清道群斗者，死伤横道，吉过之不问，掾史独怪之。吉前行，逢人逐牛，牛喘吐舌，吉止驻，使骑吏问逐牛行几里矣。掾史独谓丞相前后失问，或以讥吉。吉曰，民斗相杀伤，长安令京兆尹职所当禁备逐捕。岁竟，丞相课其殿最，奏行赏罚而已。宰相不亲小事，非所当于道路问也。方春少阳用事，未可大热，恐牛近行，用暑故喘。此时气失节，恐有所伤害也。三公调和阴阳，职所当忧，是以问之。掾史乃服，以吉知大体。（《汉书》卷七十四《丙吉传》）

文帝听了陈平之言，即称善，可谓知为君之道。曹魏明帝时，陈矫为尚书令，"车驾尝卒至尚书门，矫跪问帝曰，陛下欲何之？帝曰，欲案行文书耳。矫曰，此自臣职分，非陛下所宜临也。若臣不称其职，则请就黜退，陛下宜还。帝惭，回车而反"（《魏志》卷二十二《陈矫传》）。魏明帝不过中庸之主，尚知惭而还宫，这比之后世君主亲总吏职，高明多了。丙吉谓"宰相不亲小事"，盖"官盛任使，所以劝大臣也"（《礼记·中庸》）。对《中庸》之言，已引孔疏，兹再引朱注，朱注云，"官盛任使谓官属众盛，足任使令也，盖大臣不当亲细事，故所以优之者如此"。其所谓"岁竟，丞相课其殿最，奏行赏罚"，当出于荀子："相者论列百官之长，要百事之听，以饰朝廷臣下百吏之分，度其功劳，论其庆赏。岁终，奉其成功，以效于君，当则可，不当则废。"（《荀子》第十一篇《王霸篇》）制度上最重要的乃是职权分明，不但同列的官彼此不得干涉，便是上级的官亦不得屈尊代庖。长安路上死伤横道，丞相不宜过问。丞相所以不宜过问者，乃是因为长安令京兆尹有禁备逐捕的权限，且负禁备逐捕的责任。丞相只可于岁终之时，考其功绩，奏行赏罚。倘令丞相代替他们设计禁备的方法，或代替他们发布逐捕的命令，则此后长安令京兆尹将事事请示，而把一切责任委于宰相了。陈平谓宰相"理阴阳"，丙吉谓宰相"调和阴阳"，这不是玄学之辞，而是讲求具体的政策。阴甚而久雨，须疏导河渠，使雨不成灾；阳极而将旱，须讲求水利，使旱不妨耕。丙吉见牛喘吐舌，驻车询问，盖"方春少阳用事，未可大热，恐牛近行，用暑故喘"。此乃"时气失节"，旱灾之象。中国以农立国，久旱不雨，数千百万的农民失去衣食，势将由流民变为流寇。此比之长安路上死伤横道，更觉可怕。宰相宜未雨绸缪，不可临渴掘井，这是丙吉"识大体"的地方。

按两汉地方官常得便宜行事（参阅《汉书》卷八十九《龚遂传》）。东汉中央政制固然纷乱，而地方政制则多循西汉之旧。马援为陇西太守，"任吏以职，但总大体而已……诸曹时白外事，援辄曰，此丞掾之任，何足相烦……若大姓侵小民，黠羌欲旅距（聚众抗拒），此乃太守事耳"（《后汉书》卷二十四《马援传》）。爰延为乡啬夫，"仁化大行，人但闻啬夫，不知郡县"（《后汉书》卷四十八《爰延传》）。王涣为郡功曹，太守陈宠"入为大司农，和帝问曰，在郡何以为理？宠顿首谢曰，臣任功曹王涣以简贤选能，主簿镡显拾遗补阙，臣奉宣诏书而已"（《后汉书》卷七十六《王涣传》）。由此三例可知地方长官不干涉掾属，掾属亦得自由行使职权。中央政府委任郡守，而责其成功；郡守亦委任掾属，而责其成功。故叶适说，"汉因秦制……丞相、御史虽统摄天下，刺史、司隶虽督察郡国，而守相皆得自为……有进而授首，无退而掣肘，两汉之治所以独过于后世者，岂非其操之简而制之要哉"（《水心集》卷五《纪纲一》，中华版）。

反之,宋代政制自始就无体系,更谈不到委任责成。熙宁二年司马光上疏,谓"陛下好使大臣夺小臣之事,小臣侵大臣之职,是以大臣解体,不肯竭忠,小臣诿上,不肯尽力,此百官所以弛废,而万事所以隳颓者也"(《司马温公文集》卷六《上体要疏》,中华版)。而关于地方制度,更见混乱,所以司马光又言,"凡天下之事,在一县者当委之知县,在一州者当委之知州,在一路者当委之转运使,在边鄙者当委之将帅,然后事乃可集……今每有一事,朝廷辄自京师遣使者往治之,是在外之官皆无所用也。使者既代之治事,而当职之人亦无所刑,无所废,是只使之拱手旁观,偷安窃禄者矣"(《司马温公文集》同上)。其所以如此,盖宋鉴五代方镇之祸,尽收地方官的职权而归属于中央。陈亮说,"五代之际,兵财之柄倒持于下,艺祖皇帝(宋太祖)束之于上,以定祸乱。后世不原其意,束之不已,故郡县空虚,而本末俱弱"(《龙川文集》卷一《上孝宗皇帝第三书》)。兵权固宜归属于中央,至于财权则不宜尽收地方财赋悉送京师。今据苏辙之言,"以天下之大……一钱以上皆籍于三司(三司使掌财用,独立于三省之外),有敢擅用,谓之自盗。而所谓公使钱(留在地方政府使用),多者不过数千缗,百须在焉,而监司又伺其出入,而绳之以法"(《栾城集》卷二十一《熙宁二年上皇帝书》)。所谓监司是指转运使,盖转运使掌一路财赋。但朝廷之于转运使,并不放心,所以苏辙又说:"夫天下之财,下自郡县,而至于转运,转相钩较,足以为不失矣。然世常以转运使为不可独信,故必至于三司而后已。夫苟转运使之不可独信,而必三司之可任,则三司未有不责成于吏者,岂三司之吏则重于转运使欤?"(《栾城集》同上)岂但兵财之柄而已,即民政亦然。宋废郡守县令之名,命京朝官权知州(郡)县之事,所谓"权知"乃暂时摄理其事之意。自是以后,郡守遂更名为知州(或知府),县令更名为知县,历元至明清不变。陈亮说:"艺祖承五代藩镇之祸,能使之拱手以趋约束,故列郡以京官权知,三年一易……而士自一命以上,虽郡县管库之微职,必命于朝廷。"(《龙川文集》卷十一《铨选资格》)知州(知府)不但"权知"而已,复置通判以贰之。通判也不是地方官,而是以京朝官充。一切知州(知府)公事,须经通判连署,才为有效(参阅《宋史》卷一百六十七《职官志七·府州军监》)。即用通判以牵制知州(知府)的行政。叶适说:"艺祖思靖天下,以为不削节度,则其祸不息。于是始置通判以监统刺史(即知州知府),而分其柄;命文臣权知州事,使名若不正、任若不久者,以轻其权。"(《水心集》卷五《纪纲一》)凡事虽经通判同意,而知州(知府)及通判所能决定的,亦只限于微末的事。吾人观司马光所说"臣伏见国家旧制,百司细事……如开封府补一厢镇之类,往往皆须奏闻"(《司马温公文集》卷四《乞简省细务不必尽关圣览上殿札子》),即可知之。所以苏轼说:"郡守之威权可谓素夺(谓先不假之威权也)矣。上有监司伺其过失,下有吏民持其长短,未及按问,而差替之命已下矣。欲督捕盗贼,法外求一钱以使人,且不可得……由此观之,盗贼所以滋炽者,以陛下守臣权太轻故也。"(《苏东坡全集·续集》卷十一《上皇帝书》,世界版)地方官的权限既如此薄弱,而监司之官又多,既有转运使,更有提刑司,复有提举司。此三者均"专举刺官吏之事",而为监司之职(参阅《宋史》卷一百六十七《职官志七》)。今举叶适之言以为证。他说:"朝廷之设官也,必知其所以设官之意;其用是人也,必先知其所以用是人之说。州郡众而监司寡,谓州郡之事难尽察也,故置监司以察之。谓州郡之官难尽择也,故止于择监司,亦足以寄之。自汉以后,所谓监司者亦若是而已,未暇及于岳牧相维之义也。且其若是,则奉行法度者州郡也,治其不奉行法度者监司也。故监司者操制州郡者也;使之操制州郡,则必无又从而操制之,此则今世所以置监司之体统当如是矣。今也,上之操制监司,又甚于监司之操制州郡,紧紧恐其擅权而自用。或非时不得巡历,或巡历不得过三日;所从之吏卒、所批之券食、所受之礼馈者,皆有明禁。然则朝廷防监司之不暇,而监司何足以防州郡哉?……今转运司……提举司……提刑司……之不法不义反甚于州县,故今之为州县者相与聚而嗤笑监司之所为,岂监司之本然哉?"(《水心集》卷三《监司》)总之,宋代中央政府对于地方官不甚放心,选置守令,先求易制,遂令责成之义废,任咎之志衰,一则请示,二则听命,急于处分亦请示,乖于事宜亦听命。既剥夺守令的权力,复设置许多监司以戒备之;又恐监司舞弊,更制定各种法禁以拘束之。这样一来,纵是循吏也不能发挥才智,使政平讼理。何况留在地方使用的财赋,多者不过数千缗,经费无着,良二千石束手无策,何能兴利除害?

第三项　臣　　道

(一) 旷职及越权

　　子曰,事君……处其位,而不履其事,则乱也。(《礼记注疏》卷五十四《表记》)

　　子曰,不在其位,不谋其政。邢昺疏,此章戒人侵官也。言不在此位,则不得谋此位之政,欲使各专一守于其本职也。(《论语注疏》卷八《泰伯》)

　　上述《表记》之条,告人不可旷职。《泰伯》之条告人不可越权。国家设官分职,官必有职,职必有权,凡既受命为某种职官了,就应依诚实信用的原则,行使职权,不得旷职,亦不得越权。何谓旷职? 既居其位,而放弃其权,是为旷职。何谓越权? 不居其位,而干预其事,是为越权。旷职不可,越权亦不可。此乃出于维持官纪之故。昔者"孔子尝为委吏矣,曰会计当而已矣;尝为乘田矣,曰牛羊茁壮长而已矣"(《孟子·万章下》),以孔子之才之德,以委吏乘田之卑,孔子并不自高身价,疏忽职务。在吾国历史上,政治最腐化的莫如晋及南朝四代。腐化的原因则为群公卿士皆厌于安息,以不肯视事为高,甚至以朝廷为隐居之所(参阅《晋书》卷八十二《邓粲传》)。王衍"声名藉甚,倾动当世……虽居宰辅之重,不以经国为念"(《晋书》卷四十三《王衍传》),"当世化之……自台郎以下,皆雅崇拱默,以遗事为高"(《八王故事》)。陵迟而至南朝,朝中大臣尽是汉魏华胄,他们可以平流进取,坐至公卿,故皆风流相尚,优游卒岁,不以政事关怀。王敬弘为尚书仆射,"关署文案,初不省读"(《宋书》卷六十六《王敬弘传》)。柳世隆为尚书令,"在朝不干世务,垂帘鼓琴,风韵清远"(《南齐书》卷二十四《柳世隆传》)。"谢举虽居端揆,未尝肯预时务"(《梁书》卷三十七《谢举传》),"敬容独勤庶务,为世所嗤鄙"(《梁书》卷三十七《何敬容传》)。当时大臣如何旷职,观此可以知道。

在政治清明之时,大臣不但不敢旷职,而在自己职权之内,亦不许人主干涉。凡自己认为合法合理者,必坚持己见,绝不盲从。

> 公族其有死罪……狱成,有司谳于公……公曰,宥之。有司又曰,在辟。公又曰,宥之。有司又曰,在辟。及三宥不对,走出,致刑于甸人(司刑杀之官)。公又使人追之曰,虽然,必赦之。有司对曰,无及也(言已处死刑)。反命于公。(《礼记注疏》卷二十《文王世子》)

由《礼记》所述,我记起赵充国之讨伐西羌。汉宣帝时,西羌作乱,帝命后将军赵充国率师讨之。充国既至羌地,察其地形,知不可以力胜,只可用屯田政策,"贫破其众"。第一次上屯田奏,帝不许。第二次又上奏,谓非屯田不可,帝仍不许。第三次复上奏,谓必用屯田之策。"奏每上,辄下公卿议臣。初是充国计者什三,中什五,最后什八……上于是报充国曰……今听将军,将军计善。"(《汉书》卷六十九《赵充国传》)什三少数,为否决;什五可否同数,依今日表决法,亦为否决;什八绝对多数,为通过。充国坚持自己的主张,绝不妥协。宣帝不是依一己之意,独断可否;而是依公卿议臣的讨论和表决,而后才报曰,"今听将军,将军计善"。此盖依贾谊所说:"圣主言问其臣,而不自造事,故为人臣得毕尽其愚忠。"(《新书》卷一第十篇《益壤》)

孔子又言"不在其位,不谋其政",此两句甚受后人误解,然邢昺之疏,已有解释。"正义曰,此章戒人侵官也。言不在此位,则不得谋此位之政,欲使各专一守于其本职也。"(《论语注疏》卷八《泰伯》)即孔子此两句话是对百官言之,非对庶人言之。官各有职,而须专守其职,不得旷职,也不得越权。至于庶人议政,孔子并不反对。吾人观《左》襄三十一年,子产不毁乡校,听乡人在此论政,孔子称子产为仁,即可知之。所谓侵官就是越权。旷职不可,越权亦不可,这是百官所应守的纪律,而为官纪上法治的基础。倘令孔子为委吏,而关心牛羊是否茁壮肥长,或为乘田,而关心仓廪委积多少,这都是侵官。要是孔子为委吏或为乘田,而竟上僭大司寇之职;及为大司寇,而又下滥委吏或乘田之事,此皆法治所不许。申不害说:"治不逾官,虽知不言。"(《申子》)即依申子之意,治理政事,不得侵官,百司只可治理其职之所掌,若非其职之所掌,虽明知其利弊得失,亦应沉默不言。但《尚书》有"官师相规"之语,孔安国注:"众官更相规阙。"(《尚书注疏》卷七《胤征》。参阅《左》襄十四年师旷曰官师相规之注疏)诸官如有阙失,必须互相规正,哪可"虽知不言"。所以韩非批评申子之言,说道:"治不逾官,谓之守职可也。知而弗言,是谓过也。"(《韩非子》第四十三篇《定法》)盖知而弗言,将令人主不知吏治得失。但人主必不可忘记"子张问明。子曰,浸润之谮,肤受之诉,不行焉,可谓明也已矣。浸润之谮,肤受之诉,不行焉,可谓远也已矣"。邢昺疏,"夫水之浸润,渐以坏物。皮肤受尘,渐成垢秽。谮人之言如水之浸润,皮肤受尘,亦渐以成之,使人不觉知也。若能辨其情伪,使谮诉之言不行,可谓明德也……非但为明其德行,可谓高远矣,人莫能及之也"(《论语注疏》卷十二《颜渊》)。古来人主之受蛊惑的,多出于信任亲近之人。韩非说:"为人主而大信其子,则奸臣得乘于子以成其私……为人主而大信其妻,则奸臣得乘于妻以成其私……夫以妻之近与子之亲而犹不可信,则其余无可信者矣。"(《韩非子》第十七篇《备内》)何况人主长于深宫之中,朝夕所常见者不过后妃以及宫嫔宦官而已。此三者可以单言片语,惑乱人主。关于上引第二条孔子之言"不在其位,不谋其政",我甚赞成邓析所说:"治世,位不可越,职不可乱。"(《邓析子·无厚篇》)亦戒侵官之意。公孙龙说:"出其所位,非位。位其所位焉,正也。"何谓"出其所位,非位"?照宋谢希深注,"或僭于上,或滥于下,皆非其位"。何谓"位其所位焉,正也"?谢希深以为"靖共其位,而不僭滥,正也"(《公孙龙子》第六篇《名实论》)。前曾举过司马光之言:"陛下好使大臣夺小臣之事,小臣侵大臣之职。""大臣夺小臣之事"是为下滥,"小臣侵大臣之职"是为上僭。此皆有悖于为政之道。兹再引韩非之言如次:

昔者韩昭侯醉而寝,典冠者见君之寒也,故加衣于君之上。觉寝而说,问左右曰:谁加衣者?左右对曰,典冠。君因兼罪典衣与典冠。其罪典衣,以为失其事也。其罪典冠,以为越其职也。非不恶寒也,以为侵官

之害甚于寒。(《韩非子》第七篇《二柄》)

典衣不加衣,是为旷职。典冠加衣,是为越权。旷职之弊,世人皆知。越权之弊乃有甚于旷职。旷职不过一部分职事之不理,越权则可引起官纪的紊乱。此而不加禁止,惰者因见有人代庖而旷职,奸邪之人既见越俎之无刑,不免得寸进尺,干涉各种行政,官无纪律,未有不乱。

(二) 对于内乱及外患的态度

内乱不与焉,外患弗辟也。(《礼记注疏》卷四十三《杂记下》)

本条未载是否孔子之言,孔颖达疏,依郑玄之注,谓此一经明卿大夫之礼,国内有同僚为乱,力不能讨,可避之;若力能讨,则当讨之。在外,邻国为我寇患,虽力不能讨,亦不可避,当尽死于难。"子贡曰,管仲非仁者与?桓公杀公子纠,不能死,又相之。子曰,管仲相桓公,霸诸侯,一匡天下,民到于今受其赐。微管仲,吾其被发左衽矣。岂若匹夫匹妇之为谅也,自经于沟渎,而莫之知也。"(《论语·宪问》)公子纠为桓公之兄,兄弟争国,是为内乱(《左》庄九年)。国高二氏世为齐之上卿,此时高傒秉政,在鲁庄公八年至九年之间,齐国不断地发生内乱,公子无知弑襄公,雍廪又杀无知。齐国无君,鲁纳子纠,桓公自莒先入。在此期间,高傒不偏袒任何一方,何以故?"内乱不与焉。"《左》襄二十五年,齐崔杼弑其君庄公,晏平仲不死不亡,说道:"君为社稷死,则死之。君为社稷亡,则亡之。若为己死而为己亡,非其私昵,谁敢任之?"至于外患则不然了。纵是一介庶民,亦应竭智尽力,保卫社稷。《左》庄十年,齐师伐鲁,公将战。曹刿曰,肉食者鄙,未能远谋。入见庄公,请从战,公许之,而卒从其言,大败齐师于长勺。《左》僖三十三年,秦将袭郑,郑商人弦高遇之,以牛十二犒师,且使遽告于郑。郑束载厉兵秣马以待。秦师知郑有备,攻之不克,遂还。《左》哀十一年,齐伐鲁,鲁童子汪锜战而死,鲁欲无殇(不欲以童子之礼葬之)。孔子曰,能执干戈以卫社稷,可无殇也。此皆表示"外患弗避也"。

唐初,玄武门之役,魏徵见秦王(太宗)功高,阴劝太子(建成)早为之计。太子败,徵不死,而仕于太宗,卒佐太宗成就贞观之治(参阅《新唐书》卷九十七《魏徵传》)。明代土木之变,英宗北狩,也先原欲挟此奇货,羁制中国。哪知于谦不顾英宗生死,奉立景帝,表示决心抗战。也先既知拘留英宗,毫无利用价值,旋即放其返京(参阅《明史》卷一百七十《于谦传》)。于谦之事乃本于《公羊》。《公羊传》鲁僖公二十一年,宋公与楚王会于鹿上,楚人执宋公以伐宋。宋公谓公子目夷曰,子归守国矣。公子目夷归,设守械而守国。楚人谓宋人曰,子不与我国,吾将杀子君矣。宋人应之曰,吾赖社稷之神灵,吾国已有君矣。楚人知虽杀宋公,犹不得宋国,于是释宋公。公子目夷迎襄公归。

(三) 谏诤

> 曾子曰……敢问子从父之令,可谓孝乎?子曰,是何言与,是何言与!昔者天子有争臣七人,虽无道不失其天下;诸侯有争臣五人,虽无道不失其国;大夫有争臣三人,虽无道不失其家;士有争友,则身不离于令名;父有争子,则身不陷于不义。则子不可以不争于父,臣不可以不争于君,故当不义则争之,从父之令又焉得为孝乎?(《孝经注疏》第十五章《谏诤篇》)

本条应与《礼记》合阅,礼云,"为人臣之礼不显谏,三谏而不听,则逃之。子之事亲也,三谏而不听,则号泣而随之"(《礼记注疏》卷五《曲礼下》)。礼又云,"事亲有隐而无犯,事君有犯而无隐"(同上卷六《檀弓上》)。《曲礼》之"不显谏"与《檀弓》之"无隐"有否抵触?依郑玄之注《曲礼》,不显谏谓不明言其君之恶。再依郑玄之注《檀弓》,无隐谓扬言其君之过失。一是恶,一是过失,故孔颖达疏《檀弓》云,"亲有寻常之过,故无犯,若有大恶,亦当犯颜"。余意恶是"故意"为不善,"过"是"过失"为不善,故意与过失两者有些微区别,吾人读刑法之规定,即可知之。兹应敷畅的是,臣之谏君与子之谏父绝不相同。"子曰,事父母几谏",邢昺疏,"几,微也。父母有过,当微纳善言以谏于父母也"(《论语注疏》卷四《里仁》)。臣对君,虽云"不显谏",而察之历史记载,无不犯颜直谏,而不为之隐讳。盖父子关系与君臣关系不同,父子关系是天然的,君臣关系是人为的。天然关系无法毁弃,人为关系可以摆脱。子对父犯颜直谏,一或不慎,父子感情将为之破裂,感情上虽然破裂,伦理上父子关系尚应维持,这是难于解决的问题。所以孟子进一步说,"父子之间不责善"(《孟子·离娄上》)。"责善,朋友之道也。"(《孟子·离娄下》)反之,君臣有离合之义,有义则合,无义则离,所以谏诤虽以讽谏(不显谏)为上,而又"有犯而无隐"。倘若"三谏而不听,则逃之",即脱离君臣关系。关于谏诤,孟子及荀子之言值得参考。孟子分别贵戚之卿与异姓之卿。"贵戚之卿……君有大过则谏,反复之而不听,则易位……异姓之卿……君有过则谏,反复之而不听,则去。"(《孟子·万章下》)荀子说:"君有过谋过事,将危国家陨社稷之惧也。大臣父兄有能进言于君,用则可,不用则去,谓之谏。有能进言于君,用则可,不用则死,谓之争。"(《荀子》第十三篇《臣道篇》)荀子所谓"不用则去"即孟子"不听则去"之意,而为异姓之卿对于人主采取的态度。荀子"不用则死"之言似与孟子所说"不听则易位"相同,而为贵戚之卿应采的态度。盖贵戚大臣与君位有休戚关系,他们为自己利害打算,势不能不死谏,或则易君之位。至于异姓之卿可依"内乱不与焉",逃去可也。

第八节
经　济

(一) 庶与富——历代户口垦田及米价——先富后教

> 子适卫,冉有仆。子曰,庶矣哉。冉有曰,既庶矣,又何加焉?曰,富之。曰,既富矣,又何加焉?曰,教之。(《论语注疏》卷十三《子路》)

本条可分为三种问题,一是庶,二是富,三是教。孔子到了卫境,叹美卫人之多。人多何以叹美?这当然因为治国有法,人民不会散而走四方。更重要的是,古者地广人稀,国之强弱乃以民之多寡为标准。而如叶适所说:"为国之要在于得民,民多则田垦而税增,役众而兵强。田垦税增,役众兵强,则所为而必从,所欲而必遂……然则因民之众寡为国之强弱,自古而然矣。"(引自《通考》卷十一《历代户口丁中赋役》)梁惠王以"邻国之民不加少,寡人之民不加多"(《孟子·梁惠王上》)引为深恨。孔子亦言,"地有余,民不足,君子耻之"(《孔子家语》第十篇《好生》)。民多乃是古代为政之要务。管子说,"夫争天下者必先争人"(《管子》第二十三篇《霸言》)。又说,"凡大国之君尊,小国之君卑。大国之君所以尊者何也？曰为之用者众也。小国之君所以卑者何也？曰为之用者寡也。然则为之用者众，则尊；为之用者寡，则卑，则人主安能不欲民之众为己用也"（《管子》第十六篇《法法》）。汉兴，接秦之敝，户口锐减。高祖七年，令"民产子，复勿事二岁"，颜师古注曰，"勿事，不役使也"。补注引何焯曰，"大乱之后，户口减半，优之使生聚日滋"（《汉书》卷一下《高帝纪》）。惠帝六年，令"女子年十五以上至三十不嫁，五算"，注引应劭曰，"《国语》越王勾践令国中女子年十七不嫁者，父母有罪，欲人民繁息也。汉律，人出一算，算百二十钱……使五算，罪谪之也"（《汉书》卷二《惠帝纪》）。隋末大乱，唐兴，高宗永徽三年全国户数不过三百八十万（《唐会要》卷八十四《户口数》），则武德贞观年间户口之寡可以推知。所以太宗下令，"男年二十，女年十五以上，及妻丧达制之后，孀居服纪已除，并须申以媒娉，令其好合……刺史县令以下，官人若能使婚姻及时，鳏寡数少，量准户口增多，以进考第。如其劝导乖方，失于配偶，准户减少，以附殿失"（《全唐文》卷四《令有司劝勉民间嫁娶诏》）。汉唐初年如何讲求民庶，观此略可知道。但民庶而贫，社会更不安定，故孔子于叹美"庶哉"之后，又主张"富之"。禹曰，德惟善政，政在养民（《尚书注疏》卷四《大禹谟》）。《洪范》八政以"食"与"货"为先（同上卷十二《洪范》）。孔子说，"政之急者莫大乎使民富"（《孔子家语》第十三篇《贤君》）。又说，"民之所以生者衣食也……民匮其生，饥寒切于身，而不为非者寡矣"（《孔丛子》第四篇《刑论》）。管子说："凡治国之道必先富民。民富则易治也，民贫则难治也。奚以知其然也？民富，则安乡重家；安乡重家，则敬上畏罪；敬上畏罪，则易治也。民贫，则危乡轻家；危乡轻家，则敢凌上犯禁；凌上犯禁，则难治也。故治国常富，而乱国常贫。是以善为国者，必先富民，然后治之。"（《管子》第四十八篇《治国》）秦汉以后，言治国者亦皆主张富民。晁错说，"民贫则奸邪生，贫生于不足，不足生于不农，不农则不地著，不地著则离乡轻家，民如鸟兽，虽有高城深池，严法重刑，犹不能禁也。夫寒之于衣，不待轻暖；饥之于食，不待甘旨；饥寒至身，不顾廉耻。人情，一日不再食则饥，终岁不制衣则寒。夫腹饥不得食，肤寒不得衣，虽慈父不能保其子，君安能以有其民哉？明主知其然也，故务民于农桑，薄赋敛，广畜积，以实仓廪，备水旱，故民可得而有也。民者，在上所以牧之，趋利如水走下，四方亡择也"（《汉书》卷二十四上《食货志》）。总而言之,人民太过贫穷,虽生无异于死。生死无别,必不会因畏死而不敢犯法。所以管子说,"人之可杀,以其恶死也"（《管子》第三十六篇《心术上》）。"使人不欲生,不恶死,则不可得而制也。"（《管子》第六十七篇《明法解》）慎子亦说,"生不足以使之,利何足以动之?死不足以禁之,害何足以恐之"（《慎子·逸文》）。同样,《吕氏春秋》引夏后启之言曰,"生不足以使之,则利曷足以使之矣?死不足以禁之,则害曷足以禁之矣"（卷二十《恃君览第八》之三《知分》）。此数子之言皆如《淮南子》所说,"知未生之乐,则不可畏以死"（卷七《精神训》）。凡人"知生之乐,必知死之哀"（卷十《缪称训》）。冬暖而儿号寒,年丰而妻啼饥,试问社会安能安定?所以孔子对于为政之道,必以富民为先。孔子主张"足食足兵"（《论语·颜渊》）,盖如前引叶适之言,"民多则田垦而税增,役众而兵强"（《通考》卷十一《历代户口丁中赋役》）。田垦是足食也,税增可使国富,役众而兵强是足兵也。吾国自古就以农立国,农业国家与工商业国家不同,工商业国家可用本国的商品换取外国的粮食。农业国家必须全国土地所生产的粮食能够供给全国人口的消费。所以粮食与人口的比率对于社会的安定,甚有关系。谁都知道粮食生产于土地之上,因之土地问题就成为吾国国家治乱的根本原因,《大学》云,"有德此有人,有人此有土,有土此有财,有财此有用",历来学者对此四句的解释均不明晰。依余之意,此四句盖谓政治清明（有德）则人口蕃息（有人）,人口蕃息则田垦而税增（有财）,田垦而税增则国家的财用充足（有用）,而能达到叶适所说"所为而必从,所欲而必遂"。但是土地须有人耕种,才会生财。据《汉书》（卷二十四上）《食货志》所载李悝及晁错之言,农民生活甚为勤苦,李悝以为"籴甚贵伤民,甚贱伤农。民伤则离散,农伤则国贫,故甚贵与甚贱,其伤一也……今一夫挟五口,治田百亩,岁收亩一石半,为粟百五十石。除十一之税十五石,余百三十五石。食,人月一石半,五人终岁为粟九十石,余有四十五石。石三十,为钱千三百五十。除社闾尝新、春秋之祠用钱三百,余千五十。衣,人率用钱三百,五人终岁用千五百,不足四百五十。不幸疾病死丧之费及上赋敛,又未与此。此农夫所以常困,有不劝耕之心,而令籴至于甚贵者也"。救之法,李悝的设计有似常平。丰年由政府籴入,使谷不甚贱而伤农。凶年由政府籴出,使谷不甚贵而伤民。李悝专就谷贵伤民,谷贱伤农的观点设计,至于农夫所以常困,则无一言说到救济之法。晁错则谓,"今农夫五口之家,其服役者不下二人。其能耕者不过百亩,百亩之收,不过百石。春耕夏耘秋获冬藏,伐薪樵,治官府,给徭役。春不得避风尘,夏不得避暑热,秋不得避阴雨,冬不得避寒冻,四时之间,亡日休息。又私自送往迎来,吊死问疾,养孤长幼在其中。勤苦如此,尚复被水旱之灾,急政暴赋,赋敛不时,朝令而暮改,当具有者半贾而卖,亡者取倍称之息,于是有卖田宅、鬻子孙以偿责者矣。而商贾大者,积贮倍息,小者坐列贩卖,操其奇赢,日游都市。乘上之急,所卖必倍。故其男不耕耘,女不蚕织,衣必文采,食必粱肉,亡农夫之苦,有阡陌之得。因其富厚,交通王侯,力过吏势,以利相倾。千里游遨,冠盖相望,乘坚策肥,履丝曳缟。此商人所以兼并农人,农人所以流亡者也"。救之之法则为贱商贵粟。但据历史所示,李悝的常平、晁错的贱商贵粟纵能收效于一时,最后亦至失败。其所以然者,土地的分配问题、人口的增加问题,古人虽曾提到,而未深入研究。土地问题本难解决,而人口问题在科技未臻发达之时,亦难控制其增加,兹将秦汉以后人口与垦田的比率,简单说明如次。

秦汉以前,史无资料,《帝王世纪》虽载有禹平水土之时,垦田多少,民口多少;周公相成王之时,民口多少;平王东迁,迄于庄王十三年(鲁庄公十年、齐桓公二年),民口多少;秦并六国,统一天下,当时户口,据《帝王世纪》,"推民口数尚当千余万"(《后汉书·郡国志》注引《帝王世纪》)。秦在大乱之后而不予民休息,以致"海内之士力耕不足粮饟,女子纺织不足衣服"(《史记》卷三十《平准书》太史公曰)。农民破产,豪强便乘农民的困穷,兼并土地。"富者田连阡陌,贫者无立锥之地"(《汉书》卷二十四上《食货志》),始皇三十一年米石千六百(《史记》卷六《秦始皇本纪》)。这比之战国时李悝所说"石三十"(《汉书·食货志上》),昂贵多了。"民愁无聊,亡逃山林,转为盗贼,赭衣半道,断狱岁以千万数"(《汉书·食货志上》),始皇一死,天下随着大乱,秦亡。

汉兴,"接秦之敝,诸侯并起,民失作业,而大饥馑,凡米石五千,人相食,死者过半……天下既定,民亡盖臧,自天子不能具醇驷,而将相或乘牛车"(《汉书·食货志上》),自孝惠至文景,与民休息,六十余岁,民众大增。武帝承其资蓄,军征三十余年,地广万里,天下之众亦减半矣。及霍光秉政,乃务省役,至于孝平,六世相承,民户又息。垦田八百二十七万余顷,民户一千二百二十三万余,口五千九百五十九万余,汉极盛矣。现在试来计算全国垦田的生产与全国人口的消费能否相抵。文帝时晁错谓"百亩之收不过百石"(《汉书·食货志上》),据姚鼐说,"古人大抵计米以石权,此志晁错云,百亩之收不过百石是也。计粟以斛量,此志赵过代田一岁之收,常过缦田亩一斛以上是也。惟李悝法,以石计粟,云百亩岁收亩一石半,为粟百五十石,此即晁错之百石也。盖粟百五十石得二百斛,为米百石矣"(《汉书·食货志上》补注)。粟百五十石,量之得二百斛。二百斛之粟得米多少?《九章算术》云:"粟五十,粝率三十,一斛粟得六斗米为粝也。"(《后汉书·伏湛传》注)所以二百斛之粟得米应为一百二十斛$(200 \times \frac{3}{5} = 120)$,一百二十斛之米,权之重若干石,姚鼐以为重百石,这个得数似有问题。据姚鼐自己之言,斛与石之比为200∶150,所以一百二十斛之米应重九十石$(120 \times \frac{150}{200} = 90)$。即直接依《九章算术》,一百五十石之粟亦应为米九十石$(150 \times \frac{3}{5} = 90)$。全国垦田八百二十七万余顷,一亩产米一石,一顷产米百石,所以全国总生产为:

$$8,270,000 \times 100 = 827,000,000 \text{ 石}$$

全国人口共五千九百五十九万余,"食,人月一石半",这是战国时李悝之言。人之食量古今相差无几,所不同者度量衡皆古小今大(参阅《汉书》卷二十一《律历志上》补注引王鸣盛曰),我们以李悝所说,"食,人月一石半"作为汉人的食量,未必不可,因为汉代距离战国不远之故。但李悝所说之一石半是粟而不是米,若折为米,则为"食,人月九斗"$(1.5 \times \frac{3}{5} = 0.9)$,一年为十石八斗$(0.9 \times 12 = 10.8)$。全国总消费为:

$$59,590,000 \times 10.8 = 643,572,000 \text{ 石}$$

由此可知天下若无废田,则全国总生产实可供给全国总消费之用。但是人之消费不单是只有"食"之一项。《通典》谓"据（平帝）元始二年,户一千二百二十三万三千,每户合得田六十七亩百四十六步有奇"(《通典》卷一《田制上》),即一户一年收获的米为六十七石多。元帝时贡禹有田一百三十顷,而妻子糟糠不给,衣褐不完,则农民有田六十七亩,何能维持一家生计？今再观米价如何。宣帝即位,"百姓安土,岁数丰穰,谷至石五钱,农民少利",这就是大司农中丞耿寿昌建议设置常平仓的原因(《汉书·食货志上》)。元帝时代还是国家富裕之时,而永光年间"京师谷石二百余,边郡四百,关东五百,四方饥馑"(《汉书》卷七十九《冯奉世传》),"民父子相弃"(《汉书》卷七十一《于定国传》)。降至成帝,"百姓……流离道路……人至相食"(《汉书》卷八十三《薛宣传》)。哀帝时,"民流亡去城郭,盗贼并起"(《汉书》卷七十二《鲍宣传》)。社会秩序动摇了,王莽遂造作符命,窃取帝位。王莽虽行许多改革,而均不合实际需要。加以奸吏侵渔,"富者不得自保,贫者无以自存"(《汉书·食货志下》),"常若枯旱,亡有平岁,谷贾翔贵"(《汉书·食货志上》),最初一石二千(《汉书·食货志上》),末年黄金一斤易粟一斛(《后汉书》卷一《光武帝纪上》)。"四方皆以饥寒穷愁,起为盗贼"(《汉书》卷九十九《王莽传下》),王莽遂于全国暴动之下,而至灭亡。

光武中兴,承王莽暴政之后,继以绿林、赤眉之乱,百姓虚耗,十有二存。中元二年,户仅四百二十七万余,口仅二千一百余万。明章之际,天下无事,至于孝和,户口滋殖。顺帝末年,户九百九十四万余,口四千九百七十三万余,垦田六百八十九万三千余顷(《后汉书·郡国志五》注引《帝王世纪》),《通典》谓"据建康元年,户九百九十四万六千九百九十,每户合得田七十亩有奇"(《通典》卷一《田制上》)。每亩生产力多少？仲长统说"今通肥饶之率,计稼穑之入,令亩收三斛,斛取一斗,未为甚多"(《后汉书》卷四十九《仲长统传·损益篇》)。即依仲长统之言,一亩可收三斛。斛指粟,折之为米,则为一斛八斗($3 \times \frac{3}{5} = 1.8$),再化为石,则为一石又百分之三十五石($1.8 \times \frac{150}{200} = 1.35$)。一石四钧,一钧三十斤,故一石为一百二十斤。百分之三十五石,应合四十二斤($120 \times \frac{35}{100} = 42$斤)。后汉一亩可产米一石四十二斤,比之前汉之一石增加不少。固然土地总生产的粮食可以供给全国总人口的消费,只因外戚、宦官用政治手段兼并土地(参阅《后汉书》卷二十四《马防传》、卷七十八《侯览传》),富商大贾又乘农民的困穷,收买土地(参阅《后汉书·仲长统传·理乱篇》及《损益篇》),而又加之以胡羌寇边,羌寇尤盛,农民征发从军。"男子疲于战阵,妻女劳于转运。"(《后汉书》卷四十三《何敞传》)"麦多委弃,但有妇女获刈。"(《后汉书·五行志一》)农村劳动力减少,农业生产力降低,而政府好兴土木,为筹划经费,又增加田租(《后汉书》卷七《桓帝纪》延熹八年八月戊辰、卷八《灵帝纪》中平二年二月己亥),滥铸钱币(同上《灵帝纪》中平三年二月)。通货膨胀,物价便随之踊贵。民穷财尽,政府无力顾到水利,因之水旱之灾年年加甚,和帝时代不过"黎民流离,困于道路"(见《后汉书》卷四《和帝纪》永元十二年三月丙申诏),安帝时代则水旱之灾迫到"百姓流亡,盗贼并起"(《后汉书》卷四十六《陈忠传》)。顺帝时代更是"连年灾潦……流亡不绝"(《后汉书》卷六《顺帝纪》永建六年冬十一月辛亥诏),"灭咎屡臻,盗贼多有"(《后汉书》卷六《顺帝纪》阳嘉元年闰十二月辛卯诏)。到了桓帝之世,灾情更见严重,竟然发生"人相食"(《后汉书》卷七《桓帝纪》元嘉元年及永寿元年)及"灭户"(《后汉书》卷七《桓帝纪》延熹九年)的现象。百姓力屈,不复堪命,官商更乘农村凋敝之际收购土地。多数农民被排斥于农村之外,沦为游民,单单洛阳一地,商贾十倍于农夫,游民又十倍于商贾(参阅《潜夫论》第十二篇《浮侈》),相对的贫穷逐渐变为绝对的贫穷,于是就发生黄巾之乱。母不保子,妻失其夫,社会秩序已经破坏,而党锢之祸又加甚宦官与外戚的斗争。何进引董卓以除阉人,董卓引兵而入,封豕长蛇,凭陵宫阙,遂成板荡之祸。中央政权颠覆,州郡牧守割地称雄,于是统一的局面结束,继之出现的则为三国的分立。

三国初期,豪杰并起,攻剽城邑,杀掠民人,农村破坏,城市萧条,往往数百里内不见人烟。而如晋代山简所说,"自初平之元讫于建安之末,三十年中,万姓流散,死亡略尽,斯乱之极也"(《晋书》卷四十三《山简传》)。及至三方鼎立,魏据中原,有户六十六万余,口四百四十三万余,吴据江东之地,亡时,户五十三万,口二百三十万,加上官吏兵卒,共计二百五十六万。蜀据巴蜀,亡时,户二十八万,口九十四万,加上官吏士卒,共计一百八万。(《通典》卷七《历代盛衰户口》)户口锐减,社会消费力固然减少,但同时又因兵乱相承,社会生产力也大大降低。东汉末年,"豪人之室,连栋数百,膏田满野"(《后汉书》卷四十九《仲长统传·理乱篇》)。三国时代,"大族田地有余,而小民无立锥之土"(《魏志》卷十六《仓慈传》)。土地兼并,农民无田可耕者甚众,其所以不会引起暴民作乱者,盖亦有故。东汉自安帝永初年间开始,"羌虏背叛,始自凉并,延及司隶,东祸赵魏,西钞蜀汉"(《潜夫论》第二十二篇《救边》),降至灵帝时代,复有黄巾董卓之乱,强宗大族皆筑坞堡以自卫,平民为保全生命,多投靠于坞堡之中,在坞主保护之下,租借土地,从事耕耘,而以其剩余劳动力贡献给坞主。当时徭役繁重,人民惮役甚于惮税,而依附豪族的人却可由其荫蔽而有免役的权利,所以惮役的人均愿投靠豪族为其奴客(《晋书》卷九十三《王恂传》,参阅《魏志》卷十二《司马芝传》郡主簿刘节云云)。这就是土地虽然集中,而人民乃无叛变的理由。

晋灭蜀平吴,统一天下,大凡户二百四十六万弱,口一千六百一十六万强(《晋书》卷十四《地理志上》),垦田多少,史阙其文。晋初户口比之《通典》所载三方户口,约多一倍。盖吾国古代户口统计未可深信,政治清明,隐户常出现为编户,政治黑暗尤其徭役繁重,编户必逃匿为隐户。晋初,地广人稀,武帝又从杜预之言,讲求水利,不遗余力。"是时,天下无事,赋税平均,人咸安其业而乐其事"(《晋书》卷二十六《食货志》),太康中,"牛马被野,余粮委亩,故于时有天下无穷人之谚"(《晋书》卷五《愍帝纪》史臣曰引干宝《晋纪总论》)。晋初,地广人稀,采用占田之制,处理荒地,以征收较多的赋税,一夫受田一百二十亩,丁女及次丁男又别有田。计一户所受的田当在二百亩以上。固然周代每夫受田百亩,然而由周至秦,均以六尺为步,周以百步为亩,秦汉以后以二百四十步为亩(《晋书》卷四十七《傅玄传》),晋尺长于周尺又复四分有余(《晋书》卷三十五《裴頠传》及卷五十一《挚虞传》)。所以周代百亩,在晋只有三十余亩。何况周代受田的人限于男子,而受田百亩者又限于户主,余夫受田不过二十五亩,到了壮而有室,才再受百亩的田。晋呢?不顾人民能力如何,而乃为取得赋税起见,强迫他们耕垦过大的土地。所以占田制固然保障平民有一定面积的土地,而由平民观之,只是负担,不是权利。人民疲于耕作,生产力日益降低,甚者竟至收获乃不足以偿种(《晋书》卷四十七《傅玄传》)。及惠帝嗣位,政教陵夷,加之以萧墙之祸,因之以天灾流行,米价腾贵,民不聊生。惠帝元康七年,雍凉大旱,关中大饥,米石万钱。怀帝永嘉三年大旱,四年大蝗,食草木牛马毛皆尽。五年饥甚,人相食,米斛万余价。愍帝建兴四年大蝗,斗米金二两,人相食(以上见《晋书》各本纪)。大众流移就谷,卒由流民叛变,引起"五胡乱华",晋室南渡,偏安江左,有一百余年之久。江左土地早在三国时代集中于大姓,一般平民多投靠大姓,或为奴客,或为部曲。据沈约《宋书》所载,"晋自中兴以来,治纲大弛,权门并兼,强弱相凌,百姓流离,不得保其产业","山湖川泽皆为豪强所专,小民薪采渔钓皆责税直"(《宋书》卷二《武帝纪中》),土地如斯集中,其所以不会发生叛变者,"江左初基,法禁宽弛,豪族多挟藏户口以为私附"(《晋书》卷四十三《山遐传》)。一方徭役繁重,"古者使人,岁不过三日,今之劳扰殆无三日休停"(《晋书》卷七十五《范宁传》),他方投靠豪族而为其佃客衣食客之类,皆无课役(《隋书》卷二十四《食货志》),这就是一般平民不愿铤而走险的重要原因。

南北分立,南朝于宋文帝时代,世称元嘉之治比前汉之文景焉。孝武帝大明八年,户九十万余,口四百六十八万余。北朝于后魏孝文帝之世,文化盛极一世,明帝正光以前,时唯全盛,户口之数比夫晋太康倍而余矣。按晋武帝太康元年平吴后,大凡户二百四十六万弱,口千六百一十六万强,今云倍而余者,是其盛时,则户有至五百余万矣(见《通典》卷七《历代盛衰户口》)。但南朝政权不甚安定,一百七十余年之中,易姓四次,每一朝代一家骨肉又自相诛夷。中央政权既不巩固,遂启地方军阀觊觎帝位之心。丧乱相承,人民苦于征敛,或"断截支体,产子不养"(《宋书》卷九十二《徐豁传》),或"斩绝手足,以避徭役"(《南齐书》卷四十《竟陵王子良传》),或"依于大姓",受其荫蔽(《梁书》卷三十八《贺琛传》)。"百姓遭难……流民多庇大姓以为客"(《南齐书》卷十四《州郡志上》),则为最普遍的现象。北朝在拓跋魏统一之下,政局比较安定,孝文太和年间,政治开明,一传而至宣武帝,情况就不同了。"细役烦徭,日月滋甚……至使通原遥畛,田芜罕耘,连村接闾,蚕饥莫食"(《魏书》卷四十七《卢昶传》),生产力完全破坏,人民苦役,"或亡命山薮,渔猎为命;或投仗强豪,寄命衣食"(《北史》卷四十六《孙绍传》)。案"魏初,不立三长,故民多荫附,荫附者皆无官役"(《魏书》卷一百一十《食货志》)。其实,在立三长以后,还是一样,孝明帝时,常璟曾言,"今之三长皆是豪门多丁为之"(《魏书》卷八十二《常景传》)。豪门挟藏户口,以豪门为三长,令其检举荫庇,何异与虎谋皮。其后,魏分东西,东魏禅于齐,西魏禅于周,"周齐分据,暴君慢吏,赋重役勤,人不堪命,多依豪室,禁网寖紊,奸伪尤滋"(《通典》卷七《丁中》)。总而言之,南北朝时期,人民受苦最惨,而历史上罕见暴民作乱,这也许因为佛教盛行,人民迷信三世因果之说,丧失斗争的革命精神,而依附豪族,既可免役,又得衣食,则为重要原因。

隋兴,文帝开皇九年平陈,结束了南北对峙之局。文帝时代全国户口及垦田数,《隋书》没有记载,只云"百姓承平日久,虽数遭水旱,而户口岁增"(《隋书》卷二十四《食货志》)。依《通典》,"开皇九年,任垦田千九百四十万四千二百六十七顷",又注云"隋开皇中户总八百九十万七千五百三十六,按定垦之数,每户合垦田二顷余"(《通典》卷二《田制下》)。这个数字大有疑问,炀帝嗣位,大业二年,户八百九十万七千余,口四千六百一万九千余,垦田五千五百八十五万四千余顷(《隋书》卷二十九《地理志上》)。《通典》谓"每户合得垦田五顷余,恐本史之非实"(《通典》卷二《田制下》)。户口比两汉少,垦田比两汉大(不但顷数多,而顷之面积亦大)。只因骄怒之兵屡动,土木之功不息,单单数年之后,丁男不供,而以妇人从役(《隋书·食货志》,原因为开永济渠,依《通鉴》,时为大业四年)。而又加之以繁敛,因之以饥馑,"每急徭卒赋有所征求,长吏必先贱买之,然后宣下,乃贵卖与人,旦暮之间价盈数倍"(《隋书·食货志》)。百姓"益困,初皆剥树皮以食之,渐及于叶,皮叶皆尽,乃煮土或捣稿为末而食之,其后人乃相食"(《隋书·食货志》)。"百姓困穷,财力俱竭。安居则不胜冻馁,死期交急;剽掠则犹得延生,于是始相聚为群盗"(《通鉴》卷一百八十一隋炀帝大业七年),而炀帝竟谓"天下人不欲多,多则为贼,不尽诛,后无以示劝"(《隋书·食货志》)。百姓没有生路,从盗如市。李勣说,"天下之乱本于饥"(《新唐书》卷九十三《李勣传》),是时"所在仓库犹大充牣,吏皆惧法,莫肯赈救"(《隋书·食货志》)。慢藏诲盗,各地仓库成为群雄进军的目标,又成为他们煽动民众的工具,于是隋的天下就在争仓与开仓的风潮之下,分崩瓦解,而中国又由统一而至分裂。

隋亡之后,唐有天下,高宗永徽三年,户仅三百八十万(《通鉴》卷一百九十九唐高宗永徽三年),则武德(唐高祖)、贞观(唐太宗)之际,户口之寡可想而知。后唐庄宗同光三年吏部尚书李琪疏言,"自贞观至于开元,将及一千九百万户,五千三百万口,垦田一千四百万顷"(《旧五代史》卷五十八《李琪传》)。据《通考》,"按(天宝)十四年有户八百九十余万,计定垦之数,每户合得一顷六十余亩"(《通考》卷三《历代田赋之制》)。今试计算唐在极盛时期,粮食与人口之比率如何。唐时"少壮相均,人食米二升……而衣倍之,吉凶之礼再倍……田以高下肥瘠丰耗为率,一顷出米五十余斛"(《新唐书》卷五十四《食货志四》)。魏晋的度量衡比汉世为大,唐代更大,吾人只看"人日食米二升",即可知之。每人一日食米二升,一年食米七斛二斗。就整个社会说,社会总生产的食粮供给社会全体的消费固然裕裕有余($14,000,000 \times 50 > 53,000,000 \times 7.2$)。就每户说,每户得田一顷六十余亩,获米八十斛($1.60 \times 50 = 80$)。一家以五口计算,一年共食米三十六斛($7.2 \times 5 = 36$)。食的问题可以解决,但若顾到"衣倍之,吉凶之礼再倍",再加租调及庸,则八十斛之米,就难以维持一家生计。安史乱后,继之又有方镇之祸,户口锐减(据《通鉴》卷二百二十三代宗广德二年,户部奏户二百九十余万,口一千六百九十万)。社会消费力固然减少,社会生产力破坏更甚,代宗时刘晏说,"函陕凋残,东周尤甚,过宜阳熊耳,至武牢成皋,五百里中编户千余而已。居无尺椽,人无烟爨,萧条凄惨,兽游鬼哭"(《旧唐书》卷一百二十三《刘晏传》)。破坏如此,政治问题便转变为社会问题,其表现出来的现象则为米价腾贵。太宗贞观"四年米斗四五钱……马牛被野,人行数千里不赍粮,民物蕃息"(《新唐书》卷五十一《食货志一》)。玄宗天宝五载,"米斗之价钱十三,青齐间斗才三钱,绢一匹钱二百。道路列肆,具酒食以待行人,店有驿驴,行千里不持尺兵"(《新唐书·食货志一》)。天宝十四载安禄山反于范阳,此后米价如何?肃宗乾元二年米斗至七千(《旧唐书》卷四十八《食货志上》)。代宗即位,安史之乱已平,而亘代宗一代,斗米均在千钱左右(见《旧唐书》卷十一《代宗纪》)。四传而至文宗,"豪民侵噬,产业不移户,州县不敢徭役,而征税皆出下贫,至于依富室为奴客"(《新唐书·食货志二》)。唐定都关中,而"赋之所出,江淮居多"(《旧唐书》卷一百二十三《第五琦传》),由文宗经武宗而至宣宗,"淮南……旱,道路流亡藉藉,民至漉漕渠遗米自给,呼为圣米,取陂泽菱蒲实皆尽"(《新唐书》卷一百六十六《杜悰传》,据《通鉴》为宣宗大中九年之事)。懿宗即位,"奢侈日甚……赋敛愈急,关东连年水旱,州县不以实闻,上下相蒙,百姓流殍,无所控诉,相聚为盗,所在蜂起"(《通鉴》卷二百五十二僖宗乾符元年,此乃追述往事)。僖宗"乾符中,仍岁凶荒,人饥为盗,河南尤甚"(《旧唐书》卷二百下《黄巢传》),先由王仙芝发难(乾符元年),黄巢聚众数千人以应之(乾符二年)。不但"民之困于重敛者争归之"(《通鉴》卷二百五十二唐僖宗乾符二年),又因其驰檄四方,痛斥朝政,皆当时极敝,所以"人士从而附之"(《旧唐书·黄巢传》)。王(乾符五年王仙芝兵败伏诛)黄(中和四年李克用破黄巢军,黄巢伏诛)之乱方平,秦宗权之乱又起,其破坏更甚于黄巢,宗权"所至,屠残人物,燔烧郡邑,西至关内,东极青齐,南出江淮,北至卫滑,鱼烂鸟散,人烟断绝,荆榛蔽野"(《旧唐书》卷二百下《秦宗权传》,参阅卷二十上《昭宗纪》龙纪元年)。生产力大见锐减,光启二年荆襄大饥,米斗三十千,人相食(《新唐书》卷三十五《五行志二》)。那称为"扬一益二"的扬州,米斗亦至万钱(《新唐书·五行志二》)。故史谓"天下盗贼蜂起,皆出于饥寒"(《通鉴》卷二百五十三唐僖宗广明元年)。天下大乱,大众失业,方镇招募之以为私兵,终由方镇火拼,而令黄巢部下的朱温篡取了帝位。

五代之世,政局变化有似弈棋,经后周世宗的改革奠定了统一的基础。可惜世宗在位只有五年,而即崩殂。陈桥兵变,宋太祖入践帝位,太宗继之,经两代的努力,天下才归统一。然而燕云十六州尚属契丹,不在中国版图之内。太宗至道三年,户四百十三万余(《通考》卷十一《历代户口丁中赋役》),垦田三百一十二万五千余顷(《通考》卷四《历代田赋之制》,但作至道二年),其后稍有增减。案宋代户口及垦田之数,各书所载不同,纵在同一书中,增减数字又不甚合理。今只有舍其小疵,依《通考》(《通考》是依《宋会要》而写的),将户口(《通考》卷十一《户口考二》)及垦田(《通考》卷四《田赋考四》,单位顷),作表如次。《宋史》(卷八十五)《地理一》所注之北宋户口数不引。

年代	户数	口数	垦田数	备考
太宗至道三年	4132576		3125251	
真宗天禧五年	8677677	19930320	5247584	据《宋史》本纪真宗大中祥符七年天下户九百五万五千七百二十九,口二千一百九十七万六千九百六十五,大中祥符在天禧前。

(续表)

年代	户数	口数	垦田数	备考
仁宗天圣七年	10162689	26054238		据《通考·田赋考四》，皇祐中，垦田二百二十八万余顷。
庆历八年	10722695	21830064		
嘉祐八年	12462317	26421651		
英宗治平三年	12917221	29092185	4400000	
神宗熙宁八年	15684529	23807165		
元丰六年	17211713	24969300	4616556	
哲宗元祐六年	18855093	41492311		
元符二年	19715555	43411606		
徽宗崇宁元年	20019050	43820769		
高宗绍兴三十年	11375733	19229008		
孝宗乾道二年	12335450	25378684		
光宗绍熙四年	12302873	27845085		
宁宗嘉定十六年	12670801	28350085		

我们细阅上表，可以发生三种问题：一是口数与户数相比，是否可称为"庶"。二是户数与垦田数相比，是否可称为"富"。三是垦田数与口数相比，是否社会生产力能与社会消费力相称。倘若这三种问题均不合于理想，原因所在乃是社会之不平等。自秦废封建之后，封建贵族虽然消灭，代之而发生的则为强宗大族，魏晋南北朝的士族固不必说，即在隋唐以后，强宗大族的势力仍不可侮，而且年代愈后，他们的势力愈大。他们兼并土地，又能勾结奸吏，免除课役。他们占田无限，而乃免除课役，则国家所需要的课役就必然分摊在平民身上。吾国人口以农民为最多，农民受了课役的压迫，生活极其穷苦。仁宗时，李觏已言，谷"贱则伤农，贵亦伤农"（《李直讲文集》卷十六《富国策第

六》,商务版)。李氏之文当引在《孟子》之章(第七节)。神宗熙宁七年司马光之疏,关于农民生活,意见略似李觏。其言曰,"彼农民之富者不过占田稍广,积谷稍多,室屋修完,耕牛不假而已……其贫者蓝缕不蔽形,糟糠不充腹,秋指夏熟,夏望秋成……农民值丰岁,贱粜其所收之谷以输官,比常岁之价或三分减二,于斗斛之数或十分加二,以求售于人。若值凶年,无谷可粜,吏责其钱不已。欲卖田,则家家卖田。欲卖屋,则家家卖屋。欲卖牛,则家家卖牛。无田可售,不免伐桑枣,撤屋材,卖其薪,或杀牛卖其肉,得钱以输官。一年如此,明年将何以为生乎"(《司马温公文集》卷三十《应诏言朝政阙失状》),于是"民罕土著,或弃田流徙为闲民"(《宋史》卷一百七十三《食货志上一•农田》)。纵令国家许民复业,而蠲其常租,而亦"朝耕尺寸之田,暮入差徭之籍,追胥责问,继踵而来,虽蒙蠲其常租,实无补于捐瘠"(《宋史》同上《农田》)。这是判断上举三种问题的前提。

先就第一问题口数与户数相比言之,西汉唯在平帝时代,东汉唯在桓帝时代,户数才有千万以上,口数均为五千余万;唐代户数均在千万以下,而口数亦比北宋为多。汉唐两代每户平均约有五口,宋自仁宗以后,户数均在千万以上,而平均每户乃不及三口,甚至不及二口,则其人众不可谓庶,事之至明。马端临说,"西汉户口至盛之时,率以十户为四十八口有奇,东汉户口率以十户为五十二口……唐人户口至盛之时,率以十户为五十八口有奇……自本朝元丰至绍兴,户口率以十户为二十一口,以一家止于两口,则无是理,盖诡名子户漏口者众也"(《通考》卷十一《户口考二》)。徽宗时,"蔡攸等计德霸二州户口之数,率三户四口,则户版讹隐,不待校而知"(《宋史》卷一百七十四《赋税》)。隐口太多,则民虽庶,亦不过"流徙为闲民"而已。

次就第二问题户数与垦田数相比言之。宋代垦田之数比前代俱少。田之面积列代均以顷为单位,固然隋唐的顷,面积比秦汉大,宋则更大。但唐在极盛之时,垦田为一千四百三十万八千余顷,至宋元丰五年,减少为四百六十一万六千余顷。相差甚巨。即"富"的问题,宋比唐差得太多。固然马端临说,"按前代混一之时,汉元始定垦田八百二十七万五千余顷,隋开皇时垦田一千九百四十万四千余顷,唐天宝时应受田一千四百三十万八千余顷,其数比之宋朝,或一倍,或三倍,或四倍有余……其故何也？按《治平会计录》谓田数特计其赋租以知其顷亩,而赋租所不加者十居其七,率而言之,则天下垦田无虑三千余万顷。盖祖宗重扰民,未尝穷按,故莫得其实。又按《食货志》,言天下荒田未垦者多,京襄唐邓尤甚。至治平熙宁间,相继开垦,然凡百亩之内,起税止四亩,欲增至二十亩,则言者以为民间苦赋重,再至转徙,遂不增。以是观之,则田之无赋税者又不止于十之七而已。盖田数之在官者虽劣于前代,而遗利之在民多矣。此仁厚之泽所以度汉唐欤"(《通考》卷四《田赋考四》)。马氏最后数句稍嫌溢美,盖隐田不报,利不在民而在豪强。史谓仁宗明道以后,"承平浸久,势官富姓占田无限,兼并冒伪,习以成俗,重禁莫能止焉"(《宋史》卷一百七十三《农田》)。其结果,便如叶适所说,"有田者不自垦,而能垦者非其田"(引自《通考》卷十一《户口考二》水心叶氏曰)。不自垦者田连阡陌,乘坚策肥,履丝曳缟,哪会注意到稼穑之事。非其田者又必滥用地力,而致土壤毁坏,生产力日益降低,这是庶而不富的原因。

三就第三问题垦田数与口数相比言之,这是探讨全国垦田所生产的粮食能否供给全国人口消费之用。对此问题应先知道的有二,一是宋代一顷产谷多少。太宗时,"亩约收三斛"。神宗时,"大约中岁亩一石"(《宋史》卷一百七十六《屯田》)。前曾引过姚鼐之言,"古人大抵计米以石权,计粟以斛量"(《汉书·食货志上》补注引姚鼐曰)。又引过《九章算术》,"粟五十,粝率三十,一斛粟得六斗米为粝也"(《后汉书》卷二十六《伏湛传》注引《九章算术》)。但沈括却说,"钧石之石,五权之名,石重百二十斤。后人以一斛为一石,自汉已如此……今人乃以粳米一斛之重为一石。凡石者以九十二斤半为法,乃汉秤三百四十一斤也"(《梦溪笔谈》卷三《辨证一》第一条)。沈谓"自汉已如此"似有问题。他是宋人,宋人把斛与石同视,以一斛为一石,犹如今人称米之轻重不曰百斤之米,而曰一担之米是也。二是宋代每人一日食量多少。人之食量古今相差不远,汉时一人一日食米六升。唐时,少壮相均,人日食米二升。宋时,据沈括言,"米六斗,人食日二升,二人食之,十八日尽"(《梦溪笔谈》卷十一《官政一》第十七条原注)。"十八日尽"不知如何算出,一人二升,二人四升,六斗之米二人食之,应为十五日尽[60升÷(2×2)=15日]。今即假定一人一日食米二升,则一年为七斛二斗(360×

0.02=7.2)。宋代垦田以神宗元丰中为最大,共 4616566 顷,若以中岁为准,一亩产米一石,即一顷产米一百石,则全国总生产量为 4616566×100=461656600 石。宋代人口以徽宗崇宁元年为最多,共 43820796 人。若依沈括之言,一人一年食米七斛二斗,则全国总消费的米为 43820796×7.2=315509731.2 石。由此可知全国总生产的米足供全国总消费而有余。但有一个前提,即垦田没有废田,而人口没有隐匿。倘若废田太多,则总生产必不如上述那样多。隐口太多,则总消费必不如上述那样少(因隐口也要食米)。何况赋重役繁,人民惮役甚于惮税。宋制,品官之家均免徭役,于是徭役遂转嫁于寒门。仁宗皇祐四年李觏曾说,"古之贵者舍征止其身耳。今之品官及有荫子孙,当户差役例皆免之,何其优也。承平滋久,仕宦实繁,况朝臣之先又在赠典。一人通籍,则旁及兄弟,下至曾孙之子安坐而已。比屋多是衣冠,素门方系繇役。日衰月少,朝替夕差,为今之民盖亦难矣"(《李直讲文集》卷二十八《寄上孙安抚书》,商务版)。"开封府多官户,祥符县至阌乡止有一户应差。"(《宋史》卷一百七十八《役法下》)不但官户,沙门自南北朝以来,均有免除课役的权利,三武灭佛,目的皆在于增加赋役。宋时"民避役者或窜名浮图籍,号为出家"(《宋史》卷一百七十七《役法上》)。于是特许出家遂成为政府财源之一。凡欲出家者须购买政府发行之度牒。度牒发售不已,结果役丁日寡,徭赋日少,只有向小民榨取,人心已不思汉,而又加之以外患,宋祚遂亡。

最后应谈宋代米价。可惜《宋史》对此问题未曾提及(也许由我疏忽)。据岳珂说,太宗时,"人稀米贱,米一斗十余钱……其后人益众,物益贵……熙宁八年八月……吕惠卿曰,臣等有田在苏州,一贯钱典得一亩。田岁收米四五六斗,然常有拖欠,仅如两岁一收,上田得米三斗,斗五十钱,不过直百十五钱……观太平兴国至熙宁,止百余年,熙宁至今(宁宗时)亦止百余年,田价米价乃十倍,倍蓰如此"(《愧郯录》卷十五《祖宗朝田米直》)。岳珂之言不甚明晰,我们应知道的,宋代钱币极其混乱。明人丘濬说,"宋自开宝每更一年号,必铸一钱,故每帝皆有数种钱。最多者仁宗也,在位四十二年,九改年号,而铸十种钱"(《大学衍义补》卷二十七《铜楮之币下》)。这不是改铸,而是增铸。增铸不已,造成通货膨胀,引起米价腾贵,是势之必然。钱币之外,宋代又依唐之飞钱,发行会子。滥发不已,"会子太多,而本钱不足"。徽宗"大观中,(会子)不蓄本钱,而增造无艺,至引一缗当钱十数"(《宋史》卷一百八十一《会子》)。"五铢当复",这是人心思汉的表示。宋呢?钱币既已膨胀,会子更不值钱,米价踊腾,北宋徽宗时有方腊之乱,南宋时,"楮券猥轻,物价腾踊,行都之内,气象萧条。左浙近辅,殍死盈道,流民充斥……剽掠成风"(《宋史》卷四百七《杜范传》),终至亡于蒙古。

元代,"终世祖(忽必烈)之世……天下为户凡一千一百六十三万三千二百八十一,为口凡五千三百六十五万四千三百三十七"(《元史》卷九十三《农桑》),这只就中国一地言之,口数虽少于两汉极盛之时,而比之唐宋二代还是增加不少。这不能不称之为"庶",庶是庶了,而却不"富"。元代自始就感觉财政困难,世祖承祖宗之遗训,依中国传统之观念,要求四裔称臣纳贡,而继续其征讨行为,财政需要极迫切,其设置尚书省,目的皆在于解决财政问题。由世祖一传而至成宗,"岁入之数不支半岁"(《续通鉴》卷一百九十三元成宗大德三年春正月壬辰条),再传而至武宗,中书省奏,仓廪空虚,而用度日广,恐不能支(《续通鉴》卷一百九十六元武宗至大元年十一月)。推原其故,实因收支两方面均有问题。就支出说,"国用日患其不足,盖縻于佛事与诸事戚之赐赉,无岁无之。而滥恩幸赏溢出于岁例之外者为尤甚"(《新元史》卷六十八《食货志序》)。就收入说,元代赋税以丁税及地税为主,世祖平宋之后,诸将强籍新民以为奴隶(《元史》卷一百七十《雷膺传》),国家编户多给官豪隐藏,名义上口数有五千三百余万,事实上大半均是官豪的家奴,丁税的收入已经减少。而官豪又匿田不报,地税的收入恒病逋悬(参阅《元文类》卷六十二姚燧撰《兴元行省夹谷公神道碑》)。支出日增,收入日减,于是遂有括户口、核顷亩之事。然而富民黠吏并缘为奸,民多逃窜流移(《续通鉴》卷一百九十八元仁宗延祐元年十一月条)。且也,元代不用钱币,而用交钞。交钞之弊与宋之会子相同,库中没有本钱,而致不断跌价。世祖时,"至元宝钞一贯当中统宝钞五贯"(《新元史》卷七十四《钞法》),即旧钞只值新钞五分之一。泰定帝时,"斗米值十三缗,民持钞出籴,稍昏,即不用;诣库换易,则豪猾党蔽,易十与五,累日不可得,民大困"(《元史》卷一百七十五《张养浩传》)。到了顺帝至正年间,"京师钞十定易斗粟不可得,所在郡县皆以物货相易,公私之钞积村不行,人视之如为废楮焉"(《新元史·钞法》)。这样,人民不问贫富,皆破产了。国家之乱常由于政府为解决财政困难,不顾通货膨胀,滥发钱币,而致物价腾贵,民不聊生。倘再加之以饥馑,人民必铤而走险,转为盗贼。元自顺帝即位之后,无岁不饥,举其大者,至正十八年莒州蒙阴县大饥,斗米金一斤。十九年正月至五月京师大饥,银一锭得米仅八斗。其他各年饥馑,无不发生"人相食",甚至"莩死盈道,军士掠羼弱以为食"的现象(《元史》卷五十一《五行志二》稼穑不成)。于是遂激起了民变,九土鼎沸,顺帝北归和林,元祚随之而亡。

元亡,明兴。本书仍依户口与垦田之比,讨论"庶"与"富"的问题,再依土地的兼并、天灾的流行、币值与米价,说明人民的生活,进而寻究其对于社会秩序有何影响。明代户口总数,据王世贞说,"有绝不可信者",他举弘治十七年、十八年及正德元年、九年的户口总数,证明其不合理之处(《明会要》卷五十《户口》王世贞曰),但除正德元年之外,其他年代(弘治十七年、十八年及正德九年)的户口总数,各书多未之举。王世贞大约是对《明会典》或《明实录》而言的。兹依《明史》(卷七十七《户口》《田制》)及《明会要》(卷五十《户口》、卷五十三《田制》)所述,将太祖(洪武)、孝宗(弘治)、神宗(万历)年间的户口数及垦田数(单位顷)列表如次:

年代	户数	口数	垦田数	备 考
武洪二十六年	10652870	60545812	8507623	《明史》所载户数:"天下户一千六百五万二千八百六十。"似嫌太多。
孝宗弘治四年	9113446	53281158	4228058	垦田数为弘治十五年之数,《明史》与《会要》同。
神宗万历六年	10621436	60692856	7013976	关于垦田数,《明史》作万历六年,《明会要》作万历八年。垦田所以忽然增加,盖张居正用开方法,测量天下田亩,"有司短缩步弓以求田多,或掊克见田以充虚额"(《明会要·田制》),以求媚张居正。

依上表,明代口数约占户数五倍以上,比之宋代一家止于两口,可谓庶矣。明之顷亩面积与宋相差不远,比秦汉为大。万历年间,汪应蛟言"顷得谷三百石"(《明史》卷二百四十一《汪应蛟传》),即一亩得谷三石。倘天下没有废田,而

编户又均有田可耕,则不但社会总生产可以供给社会总消费之用,而且每户的衣食也无缺乏之虞。而事实并不如此。就户口言,弘治末年,"时承平久,生齿日繁。孝宗览天下户籍数,乃视国初反减"《明史》卷一百八十七《何鉴传》,其减少情形可阅上表)。就垦田说,代宗景泰年间,张凤奏言,"国初,天下田八百四十九万余顷,今数既减半,加以水旱停征,国用何以取给"《明史》卷一百五十七《张凤传》)。此种减半情形,由孝宗弘治而至世宗嘉靖,还是一样。减少的原因,盖如弘治十八年户部尚书韩文等所说,"有因灾伤敛重,逼迫逃移者。有因惧充军匠诸役,贿里长匿报者"《明会要》卷五十《户口》)。即户口减少,原因为税重役繁。案明代役法非以人丁为本,而以田之有无为基础,世宗嘉靖年间葛守礼说,"工匠及富商大贾皆以无田免役,而农夫独受其困"《明史》卷二百十四《葛守礼传》),而"编制徭役里甲者又放大户而勾单小"《明史》卷七十八《赋役》)。明代徭役之不均早已发生于宣宗即位以前,范济说,"无丁之家诛求不已,有丁之户诈称死亡,托故留滞,久而不还。及还,则以所得财物遍贿官吏,朦胧具覆,究其所取之丁十不得一"《明史》卷一百六十四《范济传》)。兼以官吏及沙门又得免役,于是徭役便归于农民负担,终则农民弃田不耕,由浮户沦为豪强的佃客,吾人观万历年间徐贞明说,"天下浮户依富家为佃客者何限"《明史》卷二百二十三《徐贞明传》),即可知之。且也,明代每帝即位,常铸钱币。宣宗时,钱渐薄劣,杂以铅锡(历来都是用铜),"奸伪仿效,盗铸日滋"《明史》卷八十一《钱钞》)。到了崇祯年间,"日以恶薄,大半杂铅砂,百不盈寸,捽掷辄破碎"《明史》同上)。明代固然铸钱,然"商贾沿元之旧习,用钞,多不便用钱"《明史》同上),而钞法纷乱,嘉靖年间,"钞久不行,钱亦大壅,益专用银矣"《明史》同上)。明之米价若以银为标准,永乐年间"每两当米四石"《明史》卷一百五十三《周忱传》)。景泰中,"苏松常镇四府,粮四石折白银一两"《明史》卷一百六十八《王文传》),即银一两籴米四石乃是明代的正常米价。正德以后,米价渐昂,米石值银一两,即增加四倍,后又增至十之五《明史》卷一百八十六《杨守随传》)。崇祯四年斗米四钱《明史》卷二百四十八《李继贞传》),即一石值银四两,比之永乐、景泰年间,米价已增高到十六倍。中年以后,"山东米石二十两,而河南乃至百五十两"《明史》卷二百七十五《左懋第传》)。贫穷已经普遍化了,于是明代遂同过去朝代一样，产生了许多流寇，先则有永乐十九年唐赛儿作乱于山东（参阅《明史》卷一百七十五《卫青传》），此后乘瑕弄兵，不绝于史（见《明史》卷一百六十六《李震传》、卷一百七十二《杨信民传》《张骥传》《白圭传》、卷一百七十八《项忠传》、卷一百八十七《何鉴传》《陆完传》《洪钟传》、卷一百九十四《王廷相传》、卷二百二《赵炳然传》、卷二百六《马录传》、卷二百四十六《满朝荐传》、卷二百五十七《赵彦传》），虽然旋见扑灭，而社会受其破坏，已够苦了。何况群盗剽掠，"官军不敢击，潜蹑贼后，馘良民为功，士兵虐尤甚。时有谣曰，贼如梳，军如篦，士兵如剃"（《明史》卷一百八十七《洪钟传》），"盗贼所至，乡民奉牛酒，甚者为效力"（《明史》卷一百九十四《王廷相传》），可知当时人心已经离开朝廷，最后就有马贼高迎祥之乱，自称闯王。"官兵东西奔击，贼或降或死，旋灭旋炽"（《明史》卷三百九《李自成传》），官军难于应付，米脂人李自成、延安人张献忠亦聚众反，号闯将。崇祯九年高迎祥被擒磔死，贼党又拥自成为闯王，入四川，取成都，又出扰河南，时"河南大旱，斛谷万钱，饥民从自成者数万"（《明史·李自成传》）。自成剽掠十余年，田园破坏，大众失业，朝廷为了讨伐盗匪，不能不集兵增赋。然其结果，"敲扑日峻，道路吞声，小民至卖妻鬻子以应"，弄到"兵闻贼而逃，民见贼而喜"。自成遂犯燕京，崇祯登煤山，自缢身死。"大学士魏藻德率文武百官入贺，皆素服坐殿前……群贼争戏侮……相笑乐，百官慑伏不敢动"（《明史·李自成传》），明亡。

吾所以详述历代户口，盖借此说明"庶"的问题。今再进一步，说明"富"的问题。在昔农业国家，富民之道只有"节用而爱人，使民以时"（《论语·学而》）。如何节用？礼云，"制国用，量入以为出"（《礼记注疏》卷十二《王制》），节用的结果必会"省力役，薄赋敛"（《孔子家语》第十三篇《贤君》）。如何省力役？礼云，"用民之力，岁不过三日"（《礼记·王制》）。如何薄赋敛？礼云，"公田借而不税，市廛而不税，关讥而不征"（《礼记·王制》）。大凡政治家为政之道，本于爱民之心，必知存富于民，有急而后可取而用，所以纵有造为，亦必该种造为有利于大众。子曰，"禹吾无间然矣……卑宫室而尽力乎沟洫"（《论语·泰伯》）。宫室不过供王公之居，最多不过用作朝聘宴会之所。"沟洫，田间通水之道"（邢疏），"备旱潦者也"（朱注）。何谓使民以时？邢昺疏，"作事使民必以其时，不妨夺农务"。《左》隐五年春公将如棠观鱼，"臧僖伯谏曰，春蒐夏苗秋狝冬狩，皆于农隙以讲事也"。这就是说,使民须在农隙。古者没有自由劳动者,纵令国家,也不能用金钱或其他代用品,雇用劳工,而只有征召农民,令其服役。但农民须耕耘自己的田亩,故国家使民须在农隙,否则田亩荒芜,不但农民失去衣食之资,而国家亦不能令其助耕或缴纳田赋。《公羊传》庄公二十九年,"春,新延厩。新延厩者何?修旧也。修旧不书,此何以书?讥。何讥尔?凶年不修"。董仲舒说,"春秋之法,凶年不修旧,意在无苦民尔。苦民尚恶之,况伤民乎?伤民尚痛之,况杀民乎?故曰,凶年修旧则讥,造邑则讳"(《春秋繁露》第三篇《竹林》)。《公羊传》庄公二十八年,"冬,筑微,大无麦禾。冬既见无麦禾矣,曷为先言筑微,而后言无麦禾?讳以凶年造邑也"。故《春秋繁露》云,凶年造邑则讳,这是理之当然。法律上称为"当然解释"。即法令许可重大事件之作为,当然也许可轻微事件之作为。法令禁止轻微事件之作为,当然更禁止重大事件之作为。凶年不可修旧,岂可造邑?关于富民政策,孟荀的意见与孔子相去无几。孟子说,"不违农时,谷不可胜食也;数罟不入洿池,鱼鳖不可胜食也;斧斤以时入山林,材木不可胜用也。谷与鱼鳖不可胜食,材木不可胜用,是使民养生丧死无憾也。养生丧死无憾,王道之始也。五亩之宅树之以桑,五十者可以衣帛矣。鸡豚狗彘之畜无失其时,七十者可以食肉矣。百亩之田勿夺其时,数口之家可以无饥矣"(《孟子·梁惠王上》)。此外,孟子亦主张"薄赋敛"(《孟子·梁惠王下》),"关市讥而不征,泽梁无禁"(《孟子·梁惠王下》),所谓"泽梁无禁",即国君不可封固山泽。盖如《穀梁传》所说:"山林薮泽之利所以与民共也,虞之非正也。"(鲁庄二十八年冬)荀子亦说:"草木荣华滋硕之时,则斧斤不入山林,不夭其生,不绝其长也。鼋鼍鱼鳖鳅鳝孕别之时(别谓生育,与母分别也),罔罟毒药不入泽,不夭其生,不绝其长也。春耕夏耘,秋收冬藏,四者不失时,故五谷不绝而百姓有余食也。污池渊沼川泽,谨其时禁,故鱼鳖优多而百姓有余用也。斩伐养长不失其时,故山林不童而百姓有余材也。"《荀子》第九篇《王制》)又说:"轻田野之赋,平关市之征……罕兴力役,无夺农时,如是则国富矣。"(《荀子》第十篇《富国》)古人皆欲藏富于民,有若云:"百姓足,君孰与不足;百姓不足,君孰与足?"(《论语·颜渊》)此即荀子所说:"下贫则上贫,下富则上富。"(《荀子》第十篇《富国》)是故"足国之道,节用裕民,而善臧其余（虽有余,不耗费而善藏之）……裕民则民富,民富则田肥以易（易谓耕垦平易）,田肥以易,则出实百倍（所出谷实多也）。上以法取焉（法取谓什一也）,而下以礼节用之（谓不妄耗费也）,余若丘山,不时焚烧,无所臧之（言多之极也）,夫君子奚患乎无余……不知节用裕民,则民贫。民贫则田瘠以秽（贫则不能施肥,而致耕耨失时也）。田瘠以秽,则出实不半（所得谷实不得其半）,上虽好取侵夺,犹将寡获也（上虽增加赋敛,而税收仍少）……此无他故焉,不知节用裕民也"（《荀子》第十篇《富国》）。因是,荀子又说:"王者富民,霸者富士,仅存之国富大夫,亡国富筐箧,实府库。筐箧已富,府库已实,而百姓贫,夫是之谓上溢而下漏。入不可以守,出不可以战,则倾覆灭亡可立而待也。"（《荀子》第九篇《王制》）

在本条所举孔子之言之中,尚有"教"字未及说明。关于教的问题当详论于本章第九节《教育》,兹所讨论者则为"先富后教"。案富与教乃为政之本,《淮南子》说,"夫使天下畏刑而不敢盗,岂若能使无有盗心哉"（卷七《精神训》）。又说,"法能杀不孝者,而不能使人为孔曾之行。法能刑窃盗者,而不能使人为伯夷之廉"（卷二十《泰族训》）,这就是既富之又教之的必要。勾践卧薪尝胆,十年生聚,十年教训,生聚是富之,教训是教之。二者之中孰先?观本项第一条所举孔子与冉有的对话,可知孔子是主张先富后教的。管子说,"仓廪实则知礼节,衣食足则知荣辱"（《管子》第一篇《牧民》）,亦主张先富之必要。既已主张富民,则不可不言利。子罕言利,是对自己言之,其对大众绝不如此。孟子虽说"王何必曰利,亦有仁义而已矣"（《孟子·梁惠王上》）,而触到实际问题,还是依孔子之说,先富后教。孟子对梁惠王说王道,先谓"不违农时,谷不可胜食也"云云,而后才说"谨庠序之教,申之以孝悌之义"（《孟子·梁惠王上》）。盖"无恒产而有恒心者惟士为能,若民则无恒产,因无恒心。苟无恒心,放辟邪侈,无不为已……是故明君制民之产,必使仰足以事父母,俯足以畜妻子,乐岁终身饱,凶年免于死亡"（《孟子·梁惠王上》）。荀子说,"不富无以养民情,不教无以理民性。故家五亩宅,百亩田。务其业而勿夺其时,所以富之也。立大学,设庠序,修六礼,明七教,所以道（道之以德）之也"（《荀子》第二十七篇《大略》）,即亦先富后教。

后世学者例如董仲舒亦谓治民之法应先富后教。他说:"孔子谓冉子曰,治民者先富之，而后加教。语樊迟曰，治身者先难后获。以此之谓治身之与治民所先后不同焉矣。《诗》云，饮之食之，教之诲之。先饮食而后教诲，谓治人也。又曰，坎坎伐辐，彼君子兮，不素餐兮。先其事后其食，谓治身也。"(《春秋繁露》第二十九篇《仁义法》)又说："大富则骄，大贫则忧。忧则为盗，骄则为暴，此众人之情也。圣者则于众人之情，见乱之所从生。故其制人道而差上下也，使富者足以示贵而不至于骄，贫者足以养生而不至于忧。以此为度而调均之，是以财不匮，而上下相安，故易治也。"(《春秋繁露》第二十七篇《度制》)宋代李觏不反对人之言利，他说："愚窃观儒者之论，鲜不贵义而贱利，其言非道德教化，则不出诸口矣。然洪范八政，一曰食，二曰货。孔子曰，足食足兵，民信之矣。是则治国之实必本于财用，盖城郭宫室非财不完；羞服车马，非财不具；百官群吏，非财不养；军旅征戍，非财不给；郊社宗庙，非财不事；兄弟婚媾，非财不亲；诸侯四夷，朝觐聘问，非财不接；矜寡孤独，凶荒札瘥，非财不恤。礼以是举，政以是成，爱以是立，威以是行，舍是而克为治者，未之有也。是故贤圣之君、经济之士必先富其国焉。所谓富国者……在乎强本节用，下无不足，而上则有余也。"(《李直讲文集》卷十六《富国策第一》,商务版)王安石也谓"圣人之为道也，人情而已矣"(《王临川全集》卷七十《策问十一道》之五,世界版)。人情所视为最重要的不外生养，而"食货，人之所以相生养也"(同上卷六十五《洪范传》)。政治须以普通人为标准，"夫出中人之上者，虽穷而不失为君子；出中人之下者，虽泰而不失为小人。唯中人不然，穷则为小人，泰则为君子。计天下之士出中人之上下者，千百而无十一。穷而为小人，泰而为君子者，则天下皆是也。先王以为众不可以力胜也。故制行不以己，而以中人为制"(同上卷三十九《上仁宗皇帝言事书》)，故"凡正人之道"，必"富之然后善"(同上卷六十五《洪范传》)。岂但李觏、王安石而已，先哲之论政治，无不以中人为标准，而主张先富而后教。

(二) 大富与大贫

子云，小人贫斯约(约犹穷也)，富斯骄。约斯盗，骄斯乱。礼者因人之情而为之节文,以为民坊者也。故圣人之制富贵也,使民富不足以骄,贫不至于约,贵不慊于上(慊恨不满),故乱益亡(为乱之事渐无)。(《礼记注疏》卷五十一《坊记》)

孔子曰……丘也闻有国有家者,不患寡而患不均,不患贫而患不安。盖均无贫,和无寡,安无倾。(《论语注疏》卷十六《季氏》)

上举第一条孔子之言,就是主张一国人民之中不可有大富及大贫。盖古代技术,民之贫富乃以所有地大小为标准。然而土地面积除对外发展,略取新地之外,不会自然地扩大。国家不能用积极的方法增加生产,只能用消极的方法,减少贫富的差距,使国内没有大富,也没有大贫。管子说"甚富不可使,甚贫不知耻"(《管子》第三十五篇《侈靡》),盖"民富则不可以禄使也,贫则不可以罚威也。法令之不行,万民之不治,贫富之不齐也"(《管子》第七十三篇《国蓄》)。管子此言与孔子之"贫斯约"云云,旨趣似同而实异。儒家有此思想,是为社会安全打算,法家则由刑赏的观点言之。尹文子说"凡人富则不羡爵禄,贫则不畏刑罚。不羡爵禄者,自足于己也。不畏刑罚者,不赖存身也。二者为国之所甚,而不知防之之术,故令不行而禁不止。若使令不行而禁不止,则无以为治。无以为治,是人君虚临其国,徒君其民,危乱可立而待矣。今使由爵禄而后富,则人必争尽力于其君矣。由刑罚而后贫,则人咸畏罪而从善矣。故古之为国者无使民自贫富,贫富皆由于君,则君专所制,民知所归矣"(《尹文子·大道下》)。此亦由刑赏方面立言。子贡曰,"如有博施于民而能济众,何如?可谓仁乎?子曰,何事于仁,必也圣乎,尧舜其犹病诸"(《论语·雍也》)。法家的韩非则攻击人主施惠于民。他说,"惠之为政,无功者受赏,而有罪者免,此法之所以败也。法败而政乱,以乱政治败民,未见其可也"(《韩非子》第三十八篇《难三》)。韩非又说:"今夫与人相若也(犹曰均是人也),无丰年旁入之利,而独以完给者,非力则俭也。与人相若也,无饥馑、疾疚、祸罪之殃,独以贫穷者,非侈则堕也。侈而堕者贫,而力而俭者富。今上征敛于富人,以布施于贫家,是夺力俭而与侈惰也。而欲索民之疾作而节用,不可得也。"(《韩非子》第五十篇《显学》)汉之桑弘羊也是属于法家,他依管子之言,说道:"民大富,则不可以禄使也。大强,则不可以威罚也。"(《盐铁论》第四篇《错币》)又依韩非之言,说道,"共其地居是世也,非有灾害疾疫,独以贫穷,非惰则奢也。无奇业旁入,而犹以富给,非俭则力也。今日施惠悦尔,行刑不乐,则是闵无行之人,而养惰奢之民也。故妄予不为惠,惠恶者不为仁"(《盐铁论》第三十五篇《授时》)。此言与儒家所称道的"博施于人",判然有别。王船山说,"人则未有不自谋其生者也。上之谋之,不如其自谋。上为谋之,且弛其自谋之,而后生计愈盛"(《读通鉴论》卷十九《隋文帝》)。王船山之言接近于法家,而与欧洲近代之自由放任学说相去无几。

上举第二条孔子之言,一般人都以为孔子重视分配的均平,至于生产充足乃在分配均平之次。唯由吾人观之,生产寡少,分配均平不过使全国皆贫而已。此与《大学》所说,"生财有大道,生之者众,食之者寡,为之者疾,用之者舒,则财恒足矣"(《礼记注疏》卷六十《大学》),似有矛盾之处。案孔子此言乃载在季氏将伐颛臾,而对冉有(时为季氏宰)言之。邢昺依孔安国的解释,说道:"'闻有国有家者,不患寡而患不均'者……国谓诸侯,家谓卿大夫。言为诸侯卿大夫者,不患土地人民之寡少,但患政理之不均平也。'不患贫而患不安'者,言不忧国家贫,但忧不能安民耳。民安则国富也。"朱注,"寡谓民少。贫谓财乏。均谓各得其分。安谓上下相安。季氏之欲取颛臾,患寡与贫耳。然是时季氏据国,而鲁公无民,则不均矣。君弱臣强,互生嫌隙,则不安矣。均则不患于贫而和,和则不患于寡而安。安则不相疑忌,而无倾覆之患"。朱注邢疏的解释均承"季氏将伐季孙"之事言之。对于"寡"字,朱子解释为"民少";邢昺解释为土地人民之少。对于"均"字,朱子解释为鲁公与季氏各得其分;邢昺解释为政治之均平,即与经济上的均产毫无关系。我们认为合全章言之,邢昺尤其朱子的解释甚妥。若由本条而认为孔子主张均产即今人所谓共产,则大错特错了。《淮南子》说:"夫饥寒并至,能不犯法干诛者,古今未闻也。"(《淮南子》卷十一《齐俗训》)天下哪有一种学说,不谋财富之多,而只念念不忘分配之平均。此而流行于世,采用于政府,势必造成社会的紊乱。兹引苏轼之言,以作本条结论。他说:"今中民以下,举皆阙食。冒法而为盗则死,畏法而不盗则饥,饥寒之与弃市,均是死亡。而赊死之与忍饥,祸有迟速,相率为盗,正理之常,虽日杀百人,势必不止。"(《东坡全集·奏议集》卷三《论河北京东盗贼状》,世界版)。

(三) 义与利

子曰,君子喻于义,小人喻于利。(《论语注疏》卷四《里仁》)

邢昺疏,"喻,晓也。君子则晓于仁义,小人则晓于财利"。朱注,"喻犹晓也,义者天理之所宜,利者人情之所欲"。我不同意邢朱二氏对于"义"字的解释,而赞成荀子所做的界说。荀子依《中庸》所说"义者宜也"(《礼记注疏》卷五十二《中庸》),又依《乐记》所说"义近于礼"(《礼记注疏》卷三十七《乐记》),而谓"先王……制礼义……使人……各得其宜"(《荀子》第四篇《荣辱》)。用法家之言表示之,就是管子所说:"义者谓各处其宜也。"(《管子》第三十六篇《心术上》)所以"君子喻于义",不是说君子言义,不言利。而是说,君子之于利,只可得其所应得。故孔子又云:"见利思义。"何晏集解引马融曰,"义然后取,不苟得"。邢昺疏,"见财利,思合义然后取之"(《论语·宪问》)。即孔子不反对人情之好利,而只要求各人好利须合于义。后儒不明孔子之意,乃因孔子此言,发生义利之争。董仲舒说,"正其谊(谊即义)不谋其利,明其道不计其功"(《汉书》卷五十六《董仲舒传》)。功利二字从此出矣。董氏说:"天之生人也使人生义与利,利以养其体,义以养其心。心不得义不能乐,体不得利不能安。义者心之养也,利者体之养也。体莫贵于心,故养莫贵于义。义之养生人,大于利。"(《春秋繁露》第三十一篇《身之养重于义》)但是董氏承认人类之有欲,即欲就利避害。故他又说:"民无所好,君无以权也。民无所恶,君无以畏也。无以权,无以畏,则君无以禁制也……故圣人之治国也……务致民令有所好,有所好,然后可得而劝也,故设赏以劝之。有所好,必有所恶;有所恶,然后可得而畏也,故设法(罚)以畏之。既有所劝,又有所畏,然后可得而制。制之者,制其所好,是以劝赏而不可多也;制其所恶,是以畏法(罚)而不可过也……故圣人之制民,使之有欲,不得过

节;使之敦朴,不得无欲。无欲有欲,各得以足,而君道得矣。"(《春秋繁露》第二十篇《保位权》)

　　董仲舒所说"义之养生人,大于利矣",再加上孟子对梁惠王所说"王何必曰利,亦有仁义而已矣"(《梁惠王上》),对于后世学者影响甚大。只唯北宋时李觏曾说:"利可言乎?曰,人非利不生,曷为不可言?欲可言乎?曰,欲者人之情,曷为不可言?言而不以礼,是贪与淫,罪矣。不贪不淫,而曰不可言,无乃贼人之生,反人之情。世俗之不喜儒以此。孟子谓何必曰利,激也,焉有仁义而不利者乎?"(《李直讲文集》卷二十九《原文》)苏洵亦说:"利之所在,天下趋之。"(《嘉祐集》卷十《上皇帝书》)所以徒义必不能动人。"武王以天命诛独夫纣,揭大义而行,夫何恤天下之人,而其发粟散财何如此之汲汲也?意者,虽武王亦不能以徒义加天下也……君子之耻言利,亦耻言夫徒利而已……故君子欲行之(义),必即于利;即于利,则其为力也易;戾于利,则其为力也艰。利在则义存,利亡则义丧……必也天下无小人,而后吾之徒义始行矣。呜呼难哉!"(同上卷九《利者义之和论》)何况《中庸》曾言,"或安而行之,或利而行之,或勉强而行之,及其成功一也"(《礼记注疏》卷五十二《中庸》),则"君子喻于义"是指"或安而行之","小人(指细民,即普通的人)喻于利"是指"或利而行之"。诱之以利,而又不肯奉行,则只有"或勉强而行之"。

第九节
教　育
——历代太学、学生运动、朋党

孔子曰,生而知之者上也,学而知之者次也,困而学之,又其次也。困而不学,民斯为下矣。(《论语注疏》卷十六《季氏》)

除本条所举孔子之言之外,孔子又说,"或生而知之,或学而知之,或困而知之,及其知之,一也"(《礼记注疏》卷五十二《中庸》)。生而知之,不可多得,大部分的人都是因为行事有所困,因困而学,而后知之。所以孔子关于为政之道,于"富之"之后,接着就说"教之"。孔子以为"性相近也,习相远也"(《论语·阳货》)。人性无不相似,只因受到环境的影响,或习于善而为君子,或习于恶而为小人。如何令民控制环境,则有恃于学。故《论语》第一句就说,"学而时习之,不亦说乎"。孟子以为人性都有善端,如何培养善端,使其不至泯灭,而能发扬光大,有恃于教,故他说明王道,终之必曰,"谨庠序之教,申之以孝悌之义"。荀子则谓人性若听其自由发展,必趋于恶。如何使人避恶就善,须用人为之法,即须用学。故在《荀子》一书之中,第一篇即以《劝学》为名。说道:"君子曰,学不可以已……干越夷貉之子,生而同声,长而异俗,教使之然也。"礼云:"玉不琢,不成器,人不学,不知道。是故古之王者建国,君民教学为先……学然后知不足,教然后知困(不教之时,谓已诸事皆通,若其教人,则知已有不通,而事有困弊)。知不足然后能自反也,知困然后能自强也(既知困弊,然后能自强学,不敢懈怠)。故曰,教学相长也(教能知学之不足,学能改正教之过错)。《兑命》曰,学学半(上学为教,下学谓学习,言教人亦能增加自己学习之半)。其此之谓乎?"(《礼记注疏》卷三十六《学记》)教应从两方面解释,一方是授教的人,他方是受教的人。授教就是教化,受教就是学习。古代教化大约是行艺并重,行是操行,即教化人众,借以改善社会风气,《学记》所谓"化民成俗","教也者长善而救其失者也"。艺是技能,《周礼》谓"以世事教能,则民不失职",郑玄注,"世事谓士农工商之事,少而习焉,其心安焉,因教以能,不易其业"(《周礼注疏》卷十《大司徒之职》)。《周礼》谓"不易其业",此乃封建时代的制度。自春秋之末,至于战国,学者常开学招生。孔门四科,"受业身通者七十有七人,皆异能之士也"(《史记》卷六十七《仲尼弟子列传》),鬼谷门下有苏秦及张仪,孟子门下有万章、公孙丑等,荀子门下有李斯、韩非等,尤其孔子"有教无类",其门人有豪富子弟"乘肥马,衣轻裘"的公孙赤,有赤贫人"一箪食,一瓢饮,在陋巷"的颜回,有好勇力而曾陵暴孔子的子路,有善货殖、家累千金的子贡,有优哉游也,"浴乎沂,风乎舞雩,咏而归"的曾皙,有热心仕进而"学干禄"的子张,有不愿出仕而欲逃于汶上的闵子骞。各种人物皆有。古代学校之制,据孟子说,"夏曰校,殷曰序,周曰庠。学则三代共之,皆所以明人伦也"(《孟子·滕文公上》)。然以夏殷文化观之,未必就有学校。"郁郁乎文哉"的周当有学校之设。《左》襄三十一年有"郑人游于乡校"之语,杜预注云,"乡之学校"。乡校设于乡内。《周礼》,"乡之制与遂同"(《周礼注疏》卷十五《遂人》)。礼云,"古之教者,家有塾,党有庠,术(遂)有序,国有学",郑玄注云,"《周礼》五百家为党,万二千五百家为遂。党属于乡,遂在远郊之外"(《礼记注疏》卷三十六《学记》),是则乡之地位与遂相同,在郊内者称为乡,在郊外者称为遂。孔颖达疏,"家有塾者……《周礼》,百里之内,二十五家为闾,同共一巷,巷首有门,门边有塾。谓民在家之时,朝夕出入,恒受教于塾……里中之老有道德者为……师,教里中子弟以道艺、孝悌、仁义也。党(郑玄注,党属于乡)有庠者,党谓《周礼》五百家也。庠,学名也,于党中立学,教间中所升者也。遂（郑玄注，遂在远郊之外）有序者……《周礼》万二千五百家为遂。遂有序亦学名，于遂中立学，教党学所升者也。国有学者，国谓天子所都及诸侯国中也。《周礼》天子立四代学以教世子及群后之子及乡中俊选所升之士也……诸侯于国但立时王之学"（以上均见《学记》孔疏）。周代学校是否如斯完整，吾人不能无疑，但乡必有校，观上举"郑人游于乡校"之句，即可知之。凡为师的，须用启发性的方法，使弟子能够理解，绝不宜用填鸭式的方法，强迫弟子暗记，故云，"记问之学不足以为人师"（《礼记·学记》）。但人之天禀未必相同，弟子能否继续受教，孔子说，"不愤不启，不悱不发，举一隅不以三隅反，则不复也"（《论语·述而》）。"不复"谓不再施教。如斯弟子只有停止修业而令其改就别途。至于学校的课程为何，《礼记·内则》（《礼记注疏》卷二十八）谓"六年教之数与方名"云云，《学记》（同上卷三十六）谓"一年视离经辨志"云云，《周礼》（《周礼注疏》卷十《大司徒之职》）谓"施十有二教焉，一曰以祀礼教敬"云云，未可深信。但学校之有六艺似是事实。六艺即礼乐射御书数（《周礼注疏》卷十四《保氏》）。书与数是学之基础知识。礼乐属于文事，射御属于武事。礼乐除用于祭祀等国内大典之外，又用于国际朝聘会盟（关于礼，可阅《左》僖三十三年齐国庄子来聘及《左》文十四年鲁公使人吊邾文公之丧。关于乐，可阅《左》僖二十三年秦穆公之享晋公子重耳及《左》襄四年晋侯之享鲁穆叔）。射御用于战争。古代战争除短兵相接之外，皆用弓矢，所以男子必须学射。北方平原，交战均用马车，吾人观百乘千乘万乘之言即可知之，因此御马之术亦甚重要，由此可知古人所谓六艺均是实用之学，其后诸夏各国尤其郑晋因与戎狄作战，不能不改车战为步兵之战（参阅《左》隐九年郑伯之言及《左》昭元年晋魏舒之言），六艺之驭渐次失去效用。战国以后，诸侯攻战不休，朝聘会盟所用之乐只供为国内祭祀大典及一般娱乐之用。于是六艺之中，教育上所注重的，便限于礼射书数四者而已。

降至秦汉，秦禁《诗》《书》百家之语，从而又禁止学者自招门徒之事，"若有欲学者，以吏为师"（《史记》卷六《秦始皇本纪》三十四年集解引徐广曰、卷八十七《李斯传》）。至于"以吏为师"之制如何，史阙其文。汉兴，传至武帝，依董仲舒的建议,兴太学①,置五经博士。五经博士依余研究,与博士不同。"博士……掌通古今"(《汉书》卷十九上《百官公卿表》),朝廷每有会议,常令博士参加,文帝时博士有七十余人(《汉旧仪补遗》卷上)。五经博士乃以教弟子,设置于武帝建元五年,宣帝黄龙元年稍增员十二人(《汉书》卷十九上《百官公卿表》)。博士弟子设置于武帝元朔五年,本来只有五十人,昭帝时增满百人,宣帝末倍增之。元帝好儒,更为设员千人。成帝末,或言孔子布衣,养徒三千人,今天子太学弟子少,于是增弟子员三千人,岁余复如故(《汉书》卷八十八《儒林传》序)。由此可知太学所教的乃是五经,固然目标是在"明天道,正人伦,致至治"(《汉书》同上),然吾人观其选择弟子乃以"好文学"为资格之一(参阅《汉书》同上),可知内容偏重于文学,而与古代之六艺注重实用者不同。太学生虽然研究经学,然亦留心政治。哀帝时,鲍宣为司隶,摧辱丞相孔光,下廷尉狱。"博士弟子济南王咸举幡太学下曰,欲救鲍司隶者会此下。诸生会者千余人,朝日遮丞相孔光自言,丞相车不得行。又守阙上书,上遂抵宣罪,减死一等,髡钳。"(《汉书》卷七十二《鲍宣传》)这是历史上吾国学生运动的开始,而学生运动必发生于政治腐化之时,由此亦可知道。

东汉教育甚为发达,光武好儒,修起太学,置五经博士。明章二帝亦重儒术,和帝数幸太学。"自安帝览政,薄于艺文,博士倚席不讲,朋友相视怠散,学舍颓敝,鞠为园蔬,牧儿荛竖,至于薪刈其下。顺帝……更修黉宇……游学增盛至三万余生,然……多以浮华相尚,儒者之风盖衰矣。"(《后汉书》卷七十九上《儒林传》序)东汉自章帝以后,皇统屡绝,外藩入承大统,母后临朝听政,终而发生外戚与宦官的斗争,时而外戚以大将军秉政,时而阉宦以中常侍执权。到了桓灵时代,中常侍权倾海内,宠贵无极,其家人亲戚典州据郡,辟召选举尽是阉党。士大夫既已断绝仕进之路,而教育发达,除太学外,每一宿儒常收门徒数十人至千余人(参阅《后汉书》伏湛、郑玄、马融等数十人之列传),于是社会上就产

---

① 太学设于京师。郡有学舍,置文学掾教导诸生。乡有乡学,置五经百石卒史,教导生徒。此三级学校不相联系,故《通考》云,"乡里学校人不升于太学"(《通考》卷四十《太学考》引先公曰)。学校所习者尽是经书,而属于文史方面,与周代六艺注重实用者不同。关于地方学校,本书只举两汉之制以为例。东汉以后,非必要,皆从略。

生了不少游士,先则月旦人物,次则评论朝政,终则抨击宦官,而引起太学生的共鸣。学生运动于兹又复发生。桓帝时冀州刺史朱穆、中郎将皇甫规因与宦官交恶,坐系廷尉,论输左校。前者有太学生刘陶等数千人,后者有太学生张凤等三百余人(此时已发生党锢之祸,故参加人数较少)诣阙上书,虽蒙赦归家(《后汉书》卷四十三《朱穆传》、卷六十五《皇甫规传》),而宦官的骄恣不法还是如故。灵帝熹平元年宦官捕系太学诸生千余人,一直到中平元年黄巾贼起,才大赦党人。黄巾之后,又有董卓之乱,太学关闭,汉祚亦随之而亡。

三国初期即由初平之元至建安之末,群雄棋跱,攻战不已,庠序之教完全破坏。及至三方分立,魏于黄初五年立太学,用五经训练人才(《魏志》卷二《文帝纪》,其详请阅《通典》卷五十二《太学》)。"太学始开,有弟子数百人。至太和、青龙中,中外多事,人怀避就,虽性非解学,多求诣太学,太学诸生有千数,而诸博士率皆粗疏,无以教弟子。弟子本亦避役,竟无能习学,冬来春去,岁岁如是。"(《魏志》卷十三《王肃传》注引《魏略》)据刘靖说,"自黄初以来,崇立太学,二十余年而寡有成者,盖由博士选轻,诸生避役。高门子弟耻非其伦,故无学者。虽有其名,而无其人;虽设其教,而无其功"(《魏志》卷十五《刘馥传附刘靖传》)。晋受魏禅,初年有太学生三千人(此数各书所载不同);咸宁二年,立国子学(年代各书所载亦不同)。太学之外,又置国子学,这是晋制与汉制不同之点。据南齐曹思文说,"太学生三千人既多猥杂",所以限定为"官品第五以上(指第五品以上子弟)得入国学","斯是晋世殊其士庶,异其贵贱耳"(《南齐书》卷九《礼志上》)。《宋书》亦云,"咸宁二年起国子学,盖《周礼》国之贵游子弟所谓国子受教于师氏者也"(《宋书》卷十四《礼志一》)。五胡乱华,元帝渡江,建武元年立太学。"有晋始自中朝,迄于江左,莫不……祖述虚玄,摈阙里之典经,习正始之余论"(《晋书》卷九十一《儒林传》序),虽置太学,实同虚设。而又如庾亮所说,"学业致苦,而禄答未厚,由捷径者多,故莫肯用心"(《宋书》卷十四《礼志一》)。孝武太元年间又立国子学,"选公卿二千石子弟为生……而品课无章,士君子耻与其列"。学生皆"惮业避役"(《宋书·礼志一》),且"多顽嚚,因风放火,焚房百余间。是后考课不厉,赏黜无章,有育才之名,无收贤之实"(《宋书》卷三十二《五行志三》)。学校如斯,哪能培养人才?南北分立,"江左草创,日不暇给,以迄于宋齐,国学时或开置,而劝课未博……乡里莫或开馆,公卿罕通经术。朝廷大儒独学而弗肯养众。后生孤陋,拥经而无所讲习。三德六艺,其废久矣"(《梁书》卷四十八《儒林传》序)。由梁至陈,"寇贼未宁,既日不暇给,弗遑劝课……生徒成业盖寡"(《陈书》卷三十三《儒林传》序)。反之北朝与南朝不同,国学虽然未必鼎盛,而私塾颇见繁荣。北魏由孝文而至宣武,"经术弥显……学业大盛,故燕齐赵魏之间,横经著录不可胜数,大者千余人,小者犹数百"(《魏书》卷八十四《儒林传》序)。北齐虽在乱离之中,而"横经受业之侣遍于乡邑,负笈从宦之徒不远千里,伏膺无怠,善诱不倦。入间里之内,乞食为资,憩桑梓之阴,动逾千数"(《北齐书》卷四十四《儒林传》序)。北周亦"开黉舍、延学徒者比肩……辞亲戚、甘勤苦者成市"(《周书》卷四十五《儒林传》序)。这虽是言过其实,而南北风气之不同于此可见。唐代经学派多属于北方世族,固有原因。

　　隋文受禅,置国子寺,统国子、太学、四门、书、算五学(《隋书》卷二十八《百官志下》)。太学创于前汉,国子学创于东晋,四门学创于后魏,然无一个机构以统诸学。北齐始置国子寺,而无国子学,则国子寺当是国子学的别名,但太学及四门学隶焉(《隋书》卷二十七《百官志中》)。至隋,国子寺才统国子学、太学、四门学;又置书算二学,共计五学,皆隶属于国子寺。炀帝改国子寺为国子监,仍统五学(《隋书》卷二十八《百官志下》)。现在试问什么是四门学。东汉永平年间,明帝为外戚樊郭阴马诸姓子弟,立四姓小侯之学(《东观汉记》),是为四门学的前身。降至南北朝,士庶缅绝有如天壤,虽有国子学以教华胄,而却无华胄小学。后魏自道武帝任用清河崔玄伯,建国号为魏之后,经明元帝而至太武帝拓跋焘,均倚北方士族如清河崔氏(崔浩,玄伯子)、赵郡李氏(李孝伯)为股肱,而尊重其门第,甚至把自己的种族也向士族门第转化,分别士庶,采用九品官人之法,树立"以贵承贵,以贱袭贱"的制度。道武帝先立太学,次增国子学,孝文帝"迁都洛邑,诏立国子、太学、四门小学"(《魏书》卷八十四《儒林传》序),是则四门学本是四门小学,以教导华胄子弟,起源于东汉"四姓小侯之学"。隋文受禅,虽兴庠序之教,到了仁寿元年,政策变更,"废天下之学,唯存国子一所,弟子七十二人。炀帝即位,复开庠序,国子郡县之学盛于开皇之初……既而外事四夷,戎马不息,师徒怠散,盗贼群起,空有建学之名,而无弘道之实,其风渐坠,以至灭亡"(《隋书》卷七十五《儒林传》序,参阅卷二《文帝纪》仁寿元年)。

隋亡,天下大乱,唐高祖李渊起自太原,数年间削平群雄,混一区宇。太宗嗣位,贞观三年讨伐突厥,突厥称臣。高祖好儒,太宗亦崇儒学。自汉武帝兴太学,置五经博士以教弟子之后,中国文化就以儒学为基础,所以儒学发达就是文化发达。唐时中央有六学二馆,六学均隶于国子监,一曰国子学,二曰太学,三曰四门学,四曰律学,五曰书学,六曰算学。所谓二馆乃门下省置弘文馆,东宫置崇文馆(《旧唐书》卷四十三《职官志二》门下省弘文馆、卷四十四《职官志三》国子监及东宫官属崇文馆)。即比隋代多一律学及弘文、崇文二馆,均置博士助教(二馆置学士、直学士)以教生徒,诸生员至三千二百。文化蔚然勃兴,四夷相继遣子弟入学,诸生员逐渐增加,多至八千余人(《新唐书》卷一百九十八《儒学传》序)。经高宗而至则天,太后雅爱文词,而如杜佑所说,"太后颇涉文史,好雕虫之艺。永隆(高宗年号)中,始以文章选士。及永淳(高宗年号)之后,太后君临天下二十余年,当时公卿百辟无不以文章达,因循邅久,浸以成风"(《通典》卷十五《历代选举制下》原注)。史谓"博士助教唯有学官之名,多非儒雅之实……生徒不复以经学为意,唯苟希侥幸,二十年间学校顿时隳废矣"(《旧唐书》卷一百八十九上《儒学传》序)。及玄宗即位,虽然"数诏州县及百官荐举经通之士"(《旧唐书》同上)。然而则天太后崇尚文词之风仍然存在,"天宝中,海内事干进者注意文词"(《旧唐书》卷一百十一《高适传》)。案隋炀帝始置进士之科,虽云试策,实重文词(《旧唐书》卷一百十九《杨绾传》,参阅《隋书》卷六十六《李谔传》)。即如丘濬所说,"盖专以文辞试士也"(《大学衍义补》卷九《清入仕之路》)。迄至唐代,则天以后,此风仍炽。故唐试士,科目虽多,而"士子所趣向唯明经、进士二科"(《通典》卷十五同上),进士更见矜贵,"搢绅虽位极人臣,而不由进士者终不为美"(《通考》卷二十九《举士》)。进士价值在明经之上,明经引以为恨,于是便发生明经派对进士派的仇视。兼以文化发达,士子增加,苟非升之于朝,任之以职,势必发生朋党之祸。故今儒陈寅恪以为唐代牛李党之争,乃起因于经学派与词章派的斗争(陈寅恪著《唐代政治史述论》中篇《政治革命及党派分野》第五十五页以下,乐天出版社印行)。当朋党争权之际,"阉寺专权,胁君于内,弗能远也。藩镇阻兵,陵慢于外,弗能制也。

士卒杀逐主帅,拒命自立,弗能诘也"(《通鉴》卷二百四十四唐文宗太和六年臣光曰)。阉寺愈横,藩镇愈强。最初,朝士分党,阉寺亦分派。朝士欲倚宦官为内援,宦官也欲倚朝士为外援。后来宦官知朝士之不可恃,就结合起来,对抗朝士。"南北司如水火"(《通鉴》卷二百四十九唐宣宗大中八年),各挟藩镇以自重,宦官与朝士之争变为藩镇与藩镇之争,终则朝士所勾结的藩镇朱温打垮宦官所勾结的藩镇李茂贞,尽诛宦官,唐祚遂和东汉何进之召董卓一样,随之灭亡。最后还要举出三点:(1)自北齐立国子寺,隋改为监。嗣后统诸学的,均以国子为名。其实,诸学并建,其以国子名监,盖"特取其居首者以概其余耳"(《历代职官表》卷三十四《唐国子监》谨案)。(2)唐制,中央有国子、太学、四门,此三者有高低之别,四门是承后魏"四门小学"之意而为初等教育,由四门升太学,由太学升国子,国子才是最高学府。唐代地方学校乃遍设于州县。州县学生成绩优良者,得入四门,而后升太学,再升国子学(《新唐书》卷四十四《选举志一》)。是故庶人之有才学者最后亦得升入国子,这是唐制与过去不同之点。(3)唐制,学校与考选本不相关,凡欲参加各种考试,不必进入学校。天宝十二载"乃敕天下罢乡贡。举人(举送之人,与明清两代之举人成为一种资格者不同)不由国子及郡县学(天宝元年改州为郡,故郡县学就是州县学)者勿举送"(《新唐书》卷四十四《选举志一》)。此种不经学校不得举送的制度似曾停止。文宗"太和七年八月敕节文……来年正月以后,不先入国学习业者,不在应明经进士之限"。武宗"会昌五年正月制,公卿百官子弟及京畿内士人寄客,修明经进士业者,并宜隶于太学。外州县(肃宗乾元元年又改郡为州,故云)寄学及士人,并宜隶各所在官学"(《唐会要》卷三十五《学校》)。这就是宋徽宗崇宁三年"诏天下取士悉由学校升贡"(《宋史》卷一百五十五《选举志一·科目上》),以及明代"科举必由学校"(《明史》卷六十九《选举志一》)的先声。

唐亡之后,经五季而至宋。宋代制度极不确定,尤其学制为然,往往是新制方布,旋即更张。宋置国子监以统国子学、太学、武学、律学、小学。兹依《宋史》"国子监"(《宋史》卷一百六十五《国子监》)所载,并参考"学校试"(《宋史》卷一百五十七《学校试》),将宋代中央学校列表如次,而后再加说明。

宋中央学校表

学名		生徒人数	生徒资格	课程	备考
国子学		初无定额，后以二百人为额。	以京朝官七品以上子孙为之。		国子监所统，虽有国子及太学，而肄习者，实只有太学一所。国子生额不过二百人，而太学生至二千四百人，可知国子徒有虚名，盖当时品官子弟多以荫叙入仕，不借国学为出身之途。
太学	外舍	初无定员，元丰二年才定为二千人。	以八品以下子弟及庶人俊异者为之。所谓庶人之俊异者，是由各州贡举，再由太学加以甄别考试，中者充外舍生。	经学及文学	论策属于文学，固不必说，而宋取士又同唐代一样，注重文词，尤其诗赋，故以文学二字包括之。
	内舍	三百人	外舍生每年考试一次，凡行(操行)艺(经学及论策)俱优者升上舍。	经学及文学	
	上舍	一百人	内舍生每二年考试一次，凡行艺俱优者升上舍。	经学及文学	
武学		一百人		诸家兵法，历代用兵成败。	仁宗时，曾置武学，既而中辍，神宗熙宁五年又置。
律学			凡命官举荐之人皆得入学。	律令	
小学					徽宗政和四年小学生近一千人。
医学				分三科，即方脉科、针科、疡科。	初隶太常寺，徽宗崇宁间改隶国子监。

(附注)唐代之弘文、崇文二馆，至宋已经撤废。唐代之算学，徽宗崇宁三年始置，大观四年以算学生归之太史局。书学亦置于崇宁三年，大观四年并书学生入翰林书艺局。此外尚有画学，大观四年并画学生入翰林图画局。

关于宋代学校，应提出讨论者有三：(1)宋废四门学而不置，盖四门学乃起源于东汉"四姓小侯之学"，后魏孝文帝立"四门小学"，亦用之以教华族幼年子弟。隋唐紧接着南北朝，士庶之别并未消灭，所以四门学亦未撤废。"唐末五代乱，衣冠旧族多离去乡里，或爵命中绝，而世系无所考。"(《宋史》卷二百六十二《刘烨传》)"唐末丧乱，籍谱罕存"(《宋史》卷四百三十九《梁周翰传》)，其存者又不可考。兼以宋太祖出身寒微，其先世只能上溯四代，至高祖赵眺(庙号僖祖)为止(《宋史》卷一《太祖纪一》)。神宗时韩维谓"僖祖虽为高祖，然仰迹功业，未见所因，上寻世系，又不知所以始"(《宋史》卷一百六《礼志九·宗庙之制》)。其功臣如赵普等亦多起微贱，此与唐高祖以家世自夸，复谓功臣多世胄名家(参阅《唐会要》卷三十六《氏族》武德元年及三年)者绝不相同，故宋代自始就无士庶有别的观念。因之四门学遂废而不置。(2)宋制，本来是"科举学校绝不相关"(《明会要》卷四十七《科目》杂录引黄尊素言)。其意盖谓士人应试各种科举，如进士、明经等等，不必悬名学校，即学校自学校，科举自科举，不相关联。但上面所引唐天宝十二载、文宗太和七年八月、武宗会昌五年正月的制诏，已开科举学校相关之端。宋徽宗崇宁三年诏天下取士悉由学校升贡(《宋史》卷一百五十五《选举志一·科目上》)。案宋代州有学，县亦置小学。县学生选考升诸州学，州学生每三年贡太学，至则加甄别考试，成绩分为三等，中上等补充太学上舍，中中等补充内舍，余为外舍生。外舍生在学一年，经考试合格者升内舍。内舍生每隔一年，经考试及格者升上舍。上舍考试与省试(尚书省礼部之试)同，每三年举行一次(英宗即位，诏礼部三岁一贡举，见《宋史》卷一百五十五《选举志一·科目上》)，优者取旨命官，中者以俟殿试(不必再经省试)，下者以俟省试(不必再经乡试)(《宋史》卷一百五十七《选举志三·学校试》、卷一百六十五《职官志五·国子监》，两志所述均不明晰，《通考》及《续通典》亦甚暧昧)。但天下取士悉由学校升贡之制行至宣和三年，又诏各地仍以科举取士(《宋史·科目上》)。又者，大凡士人的趋向均以朝廷之意旨为标准，苏轼说，"上以孝取人，则勇者割股，怯者庐墓。上以廉取人，则弊车羸马，恶衣菲食，凡可以中上意者无所不至"(引自《宋史》卷一百五十五《科目上》)。"自唐以来，所谓明经不过帖书墨义，观其记诵而已，故贱其科。"(《宋史》同上，参阅《通考》卷三十《举士》所述墨义之式)进士最为衿贵，进士所试，科目虽多，而以词赋最为重要，用词赋以甄别人才，当然引起有识之士的反对。仁宗时，范仲淹说，"音韵中一字有差，虽生平苦辛，实时摈逐。如音韵不失，虽末学浅近，俯拾科级……

以此,士之进退多言命运,而不言行业"(《范文正公集·奏议》卷上《答手诏条陈十事》,商务版)。苏洵亦说,"夫人固有才智奇绝,而不能为章句名数声律之学者;又有不幸而不为者。苟一之以进士制策,是使奇才绝智有时而穷也"(《嘉祐集》卷四《广士》)。英宗时,司马光说,"以言取人,固未足以尽人之才。今之科场,格之以辞赋,又不足以观言"(《司马温公文集》卷四《贡院定夺科场不用诗赋状》,中华版)。又说,"国家用人之法,非进士及第者,不得美官。非善为诗赋论策者,不得及第"(同上卷五《贡院乞逐路取人状》)。这样,何能得到卓荦瑰伟之才?但言之最确切的则为仁宗时王安石的万言书,意谓学校所习者多系讲说章句,而学成之后又责以天下国家之事,所学非所用,所用非所学,当然有才难之叹。王安石说,"方今州县虽有学,取墙壁具而已,非有教导之官,长育人才之事也。唯太学有教导之官,而亦未尝严其选……学者之所教,讲说章句而已。讲说章句固非古者教人之道也,近岁乃始教之以课试之文章……非博诵强学,穷日之力,则不能及。其能工也,大则不足以用天下国家,小则不足以为天下国家之用。故虽白首于庠序,穷日之力,以帅上之教,及使之从政,则茫然不知其方者皆是也……今士之所宜学者,天下国家之用也。今悉使置之不教,而教之以课试之文章,使其耗精疲神,穷日之力以从事于此。及其任之以官也,则又悉使置之,而责之以天下国家之事。夫古之人以朝夕专其业于天下国家之事,而犹才有能有不能。今乃移其精神,夺其日力,以朝夕从事于无补之学。及其任之以事,然后卒然责之以为天下国家之用,宜其才之足以有为者少矣"(《王临川全集》卷三十九《上仁宗皇帝言事书》,世界版)。(3)唐时,国子学为最高学府,诸生不问士庶,须先入太学,而后再升国子(《新唐书》卷四十四《选举志上》)。宋则国子徒有虚名,最高学府乃是太学。但宋代学校不问中央或地方,多是有名无实。仁宗庆历四年曾下诏评论太学,认为"有司务先声病章句以拘牵之,则吾豪隽奇伟之士何以奋焉",并"令州若县皆立学"(《宋史》卷一百五十七《选举志三·学校试》)。据王洙说,每次国子监下令考试,单单太学律学学生就有千余人应试,"试已,则生徒散归,讲官倚席。但为游寓之所,殊无肄习之法,居常听讲者一二十人尔"(《宋史》同上)。神宗熙宁二年司马光奏言,"庆历以来,天下诸州虽立学校……不过盛修宫屋……多聚生徒,以采虚名。师长之人自谓能立教者,不过谨其出入,节其游戏,教以钞节经史,剽窃时文,以夜继昼,习赋诗论策,以取科名而已"(《司马温公文集》卷六《议贡举状》,中华版)。熙宁四年苏轼亦说,"庆历固尝立学矣,至于今日,惟有空名仅存"(《宋史》卷三百三十八《苏轼传》)。学校固然废弛,而士子却年年增加。神宗时,苏辙已言:"凡今农工商贾之家未有不舍其旧而为士者也。为士者日多,然而天下益以不治。举今世所谓居家不事生产,仰不养父母,俯不恤妻子,浮游四方,侵扰州县,造作诽谤者,农工商贾不与也。"(《栾城集》卷二十一《熙宁二年上皇帝书》)南宋时,叶适亦说,"今者化天下之人而为士,尽以入官"(《水心集》卷三《法度总论三》,中华版)。士人过多,官数有限。仁宗时,"在京官司有一员阙,则争夺者数人"(《范文正公集·奏议》卷上《答手诏条陈十事》,商务版)。案宋之官数,据曾巩言,真宗景德年间一万余员,仁宗皇祐年间二万余员,英宗治平年间二万四千余员(《元丰类稿》卷三十《议经费》)。到了哲宗时代又增加为二万八千余员(《宋史》卷一百五十八《选举志四·铨法上》)。司马光说,"设官则以冗增冗"(《司马温公文集》卷七《乞罢条例司常平使疏》,中华版)。官既冗了,尚不能容纳大部分的士人。例如太宗"淳化三年,诸道贡士凡万七千余人"(《宋史》卷一百五十五《选举志一·科目上》)。淳化三年(自太平兴国三年始,每隔一年或二年才举行考试,故淳化元年之贡士至三年始考)录取人数,进士三百五十三人,诸科七百七十四人(《通考》卷三十二《宋登科记总目》),共计一千一百二十七人,即十五分取一。徽宗宣和六年礼部试进士万五千人,赐第者八百余人(《宋史》卷一百五十五《科目上》、《通考》卷三十二《宋登科记总目》),即十八分取一,其余皆散在民间。士人人数超过职官之数数倍,他们为开拓前途,何能不集朋结党,设法引起政变?宋代之新旧党与东汉党锢及唐代之牛李党不同:东汉朋党是为反抗宦官而结合起来的。唐代的牛李党似无一定政见。宋则不然,旧党欲墨守祖宗之制,新党则主张变法图强,政见不同,互相排挤,这由政党政治的观点言之,固然未可厚非。唯在古代,没有民意机关,因之哪一种政见可以施行,就由君主决定。而负施行政见之责者则为宰相及其同僚。干禄之徒必须依附宰相,才会飞黄腾达,所以沈与求说,"近世朋党成风,人才不问贤否,皆视宰相出处为进退"(《宋史》卷三百七十二《沈与求传》)。徽宗即位,崇宁以后,蔡京秉政,前后八年。大观三年,"台谏交论其恶,遂政仕……太学生陈朝老追疏京恶十四事……其书出,士人争相传写,以为实录"(《宋史》卷四百七十二《蔡京传》)。此不过事后笔诛而已,不可视为宋代学生运动的开始。到了钦宗嗣位,金人来侵,宰相李邦彦提议和谈,而免主战派李纲(时为亲征行营使)之职。太学生陈东率诸生伏宣德门下,上书请复纲职,诸军民从者数万,喧呼震地。有中人出,众欧而磔之,于是亟诏纲入,复领行营,遗抚谕,乃稍引去(《宋史》卷四百五十五《陈东传》,参阅卷三百五十八《李纲传上》)。这可以视为宋代太学生已由言论发展为爱国运动。自兹而降,亘南宋一代学生运动不绝于史,举其大者,宁宗时代,学生运动的目的在于驱逐韩侂胄而起用赵汝愚(参阅《宋史》卷三百九十二《赵汝愚传》、卷四百《李祥传》、卷四百四《章颖传》、卷四百七十四《韩侂胄传》)。到了理宗时代,学生运动更见增加,然其目标已不纯正。理宗宝祐六年,丁大全拜右丞相兼枢密使。丁大全在《宋史》中,属于《奸臣传》,"奸回险狡,狠毒贪残",太学生伏阙上书讼大全者不过陈宜中等六人(《宋史》卷四百七十四《丁大全传》)。此际学生运动渐近尾音,故以贾似道之奸邪,自理宗朝始,就秉朝政,而太学生竟视若无睹。史谓贾似道"加太学餐钱,宽科场恩例,以小利啖之"(《宋史》卷四百七十四《贾似道传》)。到了度宗,国势危殆,才有"太学诸生亦上书言似道专权固位"之事(《宋史》卷四百十四《叶梦鼎传》)。度宗之后,少帝嗣位,德祐元年王爚、陈宜中为左右丞相。此位陈宜中就是理宗时太学生陈宜中,他同同学六人攻击丁大全,时人称为六君子者。其为人也,"达时务",依附贾似道,故不十数年,即超升为右丞相(《宋史》卷四百十八《陈宜中传》)。他受命于社稷倾危之际,竟与左丞相王爚冲突,京学生上书诋宜中(《宋史》卷四百十八《王爚传》)。据陈宜中传,宜中之受攻击,乃是王爚之子嗾京学生为之。由此可知南宋学生运动到了此时已经受人利用,而与陈东时代大不相同。太学生运动的变质可以证明太学生素质的低落,士无士气,宋祚亦随之而亡。

元代学校也有地方及京师两种,地方学校自始就是有名无实,因为庶民"或自愿招师,或自受家学于父兄者,亦从其便"。而私人尚得出资立书院,书院设山长等员(《元史》卷八十一《选举志一·学校》、《新元史》卷六十四《选举志一·学校》),

这是明清两代书院及山长的起源。京师有国子监,"掌国之教令",似是教育行政机关。国子监之外,另有国子学,"掌教授生徒"(《元史》卷八十七《百官志三·集贤院》,《新元史》卷五十七《百官志三·集贤院》)。两者有无隶属关系,两史均无明文说明。国子学与宋之太学相同,为国家最高学府,宋太学分三舍,元国子学分上中下三斋,各斋又分为二。兹依《元史》(卷八十一)及《新元史》(卷六十四)《学校》所载,列表如次。

等级	名斋	课程
下斋	游艺	凡诵书讲说、小学属对者隶焉。
	依仁	
中斋	据德	讲说《四书》、课肄诗律者隶焉。
	志道	
上斋	时习	讲说《易》《书》《诗》《春秋》科、习明经义等程文者隶焉。
	日新	

国子学依考试之法,成绩优良者,下斋升中斋,中斋升上斋。蒙古、色目人升至中斋,汉人、南人升至上斋,坐斋二岁以上,充贡举,而和乡贡之士子共同参加尚书省礼部之会试。会试中式之后,也同乡贡士子之中式者贡于天子,而举行御试,即所谓廷试或殿试。又中式者,蒙古、色目人作一榜(蒙古尚右,故为右榜),汉人、南人作一榜(左榜),皆授进士。国子学生中式者是否另作一榜,史无明文记载。吾人只知蒙古人从六品出身,色目人正七品出身,汉人、南人从七品出身,亦皆授进士(《元史》及《新元史》《选举志·学校》,《元史》卷九十二《百官志八·选举附录》科目)。最后必须一述者,秦汉以后有不少名儒,到了元代,朱子地位竟驾在前代诸儒之上。此盖有两种原因:(1)朱子的正统观念有利于元。过去学者讨论正统者不少(本章二十页以下),意见莫衷一是。朱子则谓"何必惩地论,只天下为一,诸侯朝觐,狱讼皆归,便是得正统"(《朱子语类》卷一百五《论自注书·通鉴纲目》)。元初学者例如杨奂说道:"中国而用夷礼则夷之,夷而进于中国,则中国之也。"(《元文类》卷三十二杨奂撰《正统八例总序》)杨奂《元史》

（卷一百五十三）及《新元史》（卷二百三十七）皆有传，虽非朱子学派，而其正统说亦有利于元。（2）自汉武帝，兴太学，置五经博士以教弟子之后，经学便成为吾国文化的基础。但元代以前学者可自由解释经书，例如董仲舒以阴阳学说解释《春秋》。元代以后，儒学便定于一宗，即以朱子学说为正宗，而朱子学说最先传于北方，则为赵复。复德安人，太宗窝阔台遣将帅师伐宋，取德安，获赵复，复欲投水殉国。"枸晓以布衣未仕，徒死无益，不如随吾而北，可以传圣教。"赵复本诵法程朱之学，既至北方，遂以理学教众，而朱子之《四书章句集注》及《近思录》遂通行于海内。世祖忽必烈统一南北，立太学，设博士分教太学三斋生员，"凡读书必先《孝经》《小学》《论语》《孟子》《大学》《中庸》，次及《诗》《书》《礼记》《周礼》《春秋》《易》"（《元史》卷八十一、《新元史》卷六十四《学校》）。所指之《语》《孟》《学》《庸》是否朱注《四书》，两史均未明言。但《大学》《中庸》本是《礼记》中两篇之名。后来朱子取出，以与《论语》《孟子》合为《四书》，而为之集注。今国子学既教《学》《庸》，又教《礼记》，故吾怀疑国子学所教之《语》《孟》《学》《庸》也许就是朱注《四书》。仁宗延祐年间开科取士，凡乡试及会试第一场经问，皆由《四书》内出题，用朱子章句集注，终元之世莫之能改（《元史》卷八十一及《新元史》卷六十四《选举志一·学校科举》，及《元史》卷一百八十九、《新元史》卷二百三十四《赵复传》）。不但元代而已，明清两代亦然，朱子地位的提高，盖如韩性所言："今之贡举悉本朱熹私议，为贡举之文，不知朱氏之学，可乎？"（《元史》卷一百九十《韩性传》）即班固所说："盖利禄之路然也。"（《汉书》卷八十八《儒林传》赞）

明初，定都南京，是为京师，京师置国子学，洪武十五年改学为监。永乐元年始设北京国子监。十七年迁都，乃以京师国子监为南京国子监，而太学生有南北监之分（《明史》卷六十九《选举志一》，参阅卷七十三《职官志二·国子监》）。入国学者通谓之监生，厚给廪饩，又有家粮之赐（《明史·选举志一》，参阅卷一百一十三《太祖马皇后传》）。由此可知明代国子监就是过去的国子学，也就是过去的太学。所以《明史》常称监生为太学生。监生的来源，依《明史·选举志一》，可列表如次：

种类		来源
举监		乡试中式者为举人,举人入监称为举监。凡举人会试下第,翰林院得录其优者,使入学,以俟来科。
贡监	岁贡	每岁天下按察使选地方学校生员年二十以上厚重端秀者送监考留。中式者入国子监,不中式者遣归。府学岁二人,州学二岁三人,县学岁一人。明制,原则上府之下为州,州之下为县。
	选贡	于上述岁贡外,令提学(属按察司)对于地方学校生员,通行考选,务求学行兼优、年富力强、累试优等者以充贡。
	恩贡	国家有庆典或登极诏书以当贡者充之。
	纳贡	比下述例监稍优,其实相仿,亦是捐资入监。
荫监	官生	在京三品以上,方得请荫,令其子一人入监,谓之官生。
	恩生	出自特恩者,不限官品,谓之恩生。
例监		始于代宗景泰元年,因抵抗也先,令天下纳粟或纳马者,入监读书,其后或遇岁荒,或因边警,或大兴工作,率援例行之,讫不能止。

国子监分六堂以馆诸生,其实还是宋之三舍、元之三斋,不过下舍分为三堂,中舍分为二堂,上舍只有一堂。

明国子监六堂表(据《明史》卷六十九《选举志一》)

堂名	年限	程度	备　考
正义	一年半	凡通《四书》未通经者	每年分四季,每季分孟月、仲月、季月三个月。孟月试经义一道。仲月试论一道,诏诰表内选一道。季月试经史策一道、判语二条。每试文理俱优者与一分;理优文劣者与半分;纰缪者无分。岁内积八分者为及格,与出身,有任官的资格,不及格者仍坐堂肄业。如有才学超异者,奏请上裁。
崇志			
广业			
修道	一年半	文理条畅者	
诚心			
率性		经学兼通、文理俱优者	

关于明代学校,可以提出批评者有三点。(1)明制,"科举必由学校,而学

校起家可不由科举"(《明史》卷六十九《选举志一》)。即唯府州县学诸生,科试(因府州县学之生员专治一经,以礼乐射御书数,设科分教,故云科试,见《选举志一》)名列一、二等者才得应乡试,中式者称为举人。举人解到礼部会试,纵不中式,不但来科可以不经乡试,而得直接参加会试,并且举人尚有任官的资格,此为与宋代制度不同之点。宋时乡试中式之人只得到参加会试的资格;会试下第,来科仍须参加乡试。宋代初年御试尚有黜落,"下第之人,来科仍复乡试,中格然后得上省试",即"宋初于御试特重,苟不中格,则省试(及御试)皆虚也"(《明会要》卷四十七《科目》杂录引黄尊素言)。仁宗嘉祐二年,张元摈弃于御试,积忿降赵元昊(夏国),为中国患,从此以后,御试遂无黜落之事(《宋史》卷一百五十五《选举志一·科目上》)。元之御试有黜落,至明,"御试不过名次升降,无有黜落"(《明会要》卷四十七引黄尊素言)。(2)宋仍唐旧,以诗赋取人,虽然未曾放弃经义,但总不如诗赋那样,受到朝廷及社会重视。明制,"主司(指考官)所重,士子所习,惟有经义"(《明会要·科目》杂录),经义专考四书五经,而四书则以朱子集注为本(《明史》卷七十《选举志二》)。但明代考试之经义又与宋代之经义不同,文有一定格式,俗称之为八股。《明史》谓八股乃太祖与刘基所定(《明史·选举志二》),顾炎武则谓"起于成化以后"(《日知录》卷十六《试文格式》)。所谓八股,其格式为发端二句或三四句,谓之破题。下申其义,作成四股。中间过接二句,复作四股。再收二句,而后自摅所见。或数十字,或百余字写成大结。每四股之中,一正一反,一虚一实(参阅《日知录》卷十六《试文格式》),体用排偶,配以音韵。考卷能否录取,先看破题,破题拙劣,考卷常弃去不阅。所以文章虽长,而考官先注意的不过破题数句而已。这也是因为考生太多,而如唐宋以诗赋取士,"诗赋声病易考,而策论汗漫难知"(见《宋史》卷一百五十五《选举志一·科目上》),故用八股之法,一谋阅卷的方便,二谋评分的公平。(3)明代学校不问中央或地方早就有名无实。以地方学校言,天顺三年建安老人贺炀上书言,"师儒鲜积学,草野小夫夤缘津要……受职泮林……授业解惑莫措一词,生徒亦往往玩愒岁月,佻达城阙,待次循资,滥升太学"(《明史》卷一百六十四《贺炀传》)。以中央学校言之,国子监为全国最高学府,置祭酒一人(犹如今日大学校长)、司业一人(犹如今日大学副校长或教务长),此外尚有许多教职员。成化七年二月祭酒司业缺,礼部尚书姚夔言,"近年人不以此官为重,居是官者亦不知所以自重,以致监规废弛,放肆无忌"(《明会要》卷三十七《国子监》杂录)。兼以朝廷偏重进士,而发生了"进士日益重""监生益轻"的现象(《明史·选举志一》)。监生见轻,于是入监的人日益减少。洪永间(洪谓仁宗洪熙,永谓成祖永乐,应作永洪间)国子生以数千计,弘治中止六百人,嘉靖十年监生在监者不及四百人(《明史·选举志一》,同卷又有"嘉靖中南北国学皆空虚"之语)。反之书院自英宗正统后,日益兴盛(详《明会要》卷二十六《书院》)。书院得自由讲学,由讲学而评论时政,是免不了的。万历七年,张居正恶之,毁天下书院。十年居正卒,二十二年顾宪成修建东林书院,"讲习之余,往往讽议朝政,裁量人物。朝士慕其风者多遥相应和。由是东林名大著,而忌者亦多"(《明史》卷二百三十一《顾宪成传》),按明自成化年间开始,已经是"人多缺少,计其资次,乃有老死不能得一官者"(《大学衍义补》卷十《公铨选之法》,是书成于弘治元年,故知为成化年间之事)。降至神宗时代,士人愈积愈多,遂由生存竞争,分朋结党,互相排挤,而以东林一派声势最大。泰昌、天启之初,东林党人渐次登用。此时攻击东林者有齐楚浙三党,他们"与相倡和,务以攻东林、排异己为事"。其后汪文言用法破三党(《明史》卷二百三十六《夏嘉遇传》、卷二百四十四《魏大中传》),三党的联合瓦解,乃相率归附于魏忠贤,而东林、阉党的斗争便开始了。魏阉擅权,东林党人如赵南星、左光斗、杨涟等人均是朝中大臣,攻击魏阉甚为激昂。而过去反对东林的三党以及不满意东林的人,遂嗾使魏阉,以梃击、红丸、移宫三案为东林离间天子之骨肉。东林党人相继去位,多下狱而死。经崇祯而至福王南下,东林(刘宗周、黄道周等)与反东林(马士英、阮大铖等)的交恶仍同水火。明祚遂在党争之中,归于灭亡。

以上是就中国历代学校制度及其结果述其大要。兹尚有几个问题值得讨论,试简单说明之。

(一)学校与政治的关系如何?对此,黄梨洲曾说:"学校所以养士也。然古之圣王,其意不仅此也……天子之所是未必是,天子之所非未必非,天子亦遂不敢自为非是,而公其非是于学校。是故养士为学校之一事,而学校不仅为养士而设也。三代以下,天下之是非一出于朝廷,天子荣之,则群趋以为是;天子辱之,则群摘以为非……而其所谓学校者,科举嚣争,富贵熏心,亦遂以朝廷之势利一变其本领;而士之有才能学术者且往往自拔于草野之间,于学校初无与也,究竟养士一事亦失之矣。于是学校变而为书院,有所非也,则朝廷必以为是而荣之;有所是也,则朝廷必以为非而辱之。伪学之禁,书院之毁,必欲以朝廷之权与之争胜……其始也,学校与朝廷无与;其继也,朝廷与学校相反。不特不能养士,且至于害士,犹然循其名而立之,何与?"(《明夷待访录·学校》)梨洲第一段话当有所本,《左》襄三十一年"郑人游于乡校以论执政。然明谓子产曰,毁乡校何如? 子产曰,何为? 夫人朝夕退而游焉,以议执政之善否,其所善者吾则行之,其所恶者吾则改之,是吾师也,若之何毁之"。关于"游"字,《论语·述而》章有"游于艺"之言,邢疏、朱注均谓"艺"指六艺,只因上文有"志于道,据于德,依于仁"之语,遂谓六艺劣于道德与仁,不足依据,故但曰游。如是"游"可解释为"学"。游与学通,古人常称离家求学为"游学"。所以郑人非指郑国闲散的人,而是指游学于乡校的郑人。否则然明提议禁止闲人入乡校可也,何必要毁废乡校? 梨洲第二段话是对汉代以后的太学尤其明代国子监言之。汉代太学未必如此。第三段话是说明明代反对书院之故。

(二)学官的地位如何? 汉制,三老"掌教化"(《汉书·百官公卿表》),其秩虽仅百石,而地位却甚崇高。高帝二年二月令,"举民年五十以上,有修行,能帅众为善,置以为三老,乡一人。择乡三老一人为县三老,与县令、丞、尉以事相教,复勿徭戍"(《汉书·高帝纪上》)。即三老无异于县之顾问。顾炎武说,"汉世之于三老,命之以秩,颁之以禄……当日为三老者多忠信老成之士也。上之人所以礼之者甚优,是以人知自好……新城三老董公遮说汉王为义帝发丧,而遂以收天下。壶关三老茂上书明戾太子之冤,史册炳然,为万世所称道"(《日知录》卷八《乡亭之职》)。此犹可以说,高祖时天下未定,而武帝与戾太子又有父子关系。下举两例尤可以证明汉朝天子尊重三老之意。"延寿字赣……补小黄令……举最,当迁,三老官属上书愿留赣,有诏许增秩留。"(《汉书》卷七十五《京房传》)"王尊……守京兆尹,后为真……免,吏民多称惜之。湖三老公乘兴等上书讼尊治京兆,功效日著……书奏,天子复以尊为徐州刺史,迁东郡太守。久之,河水盛溢……吏民嘉壮尊之勇节。白马三老朱英等奏其状……于是制诏御史……秩尊中二千石,加赐黄金二十斤。"(《汉书》卷七十六《王尊传》)

（三）学校的课程如何？汉武帝兴太学，置五经博士以教弟子以后，历代太学均以讲经为主要课程。但汉儒讲经，均能发挥其独特的见解，前已说过董仲舒以阴阳学说解释《春秋》，东汉何休对于《公羊传》亦能发表其宝贵意见，如《春秋》三世之说。且也，经书之中确实有许多格言可供政治家参考，如《论语·子路》章"无欲速，无见小利"，《礼记·杂记》篇"一张一弛，文武之道也"，《左》成二年"唯器与名不可以假人"等等，凡是政治家均须引以为铭。世谓赵普以半部《论语》治天下，盖普善读《鲁论》（《宋史》卷二百五十六《赵普传》论），而不拘泥于章句。可惜多数学者多拘泥于经书章句的探讨，而不能明其大义，这实犯"记问之学不足以为人师"（《礼记·学记》）的大戒。叶适说，"空设学校未足以得人……汉以后，传经师章句而已。材者由于学，则枉以坏；不材者由于学，则揠以成"（引自《通考》卷四十一《学校考》，水心叶氏曰）。学者所以埋首于经书章句，盖朝廷以记问之学为取士之法之故。朱子说，"古之太学主于教人，而因以取士，故士来者为义不为利"。明代丘濬曾加反驳，丘濬说，"彼果何所为而来哉？固将以希禄食，干爵位，以为父母之养、乡里之荣，以行己之所志也，其心未尝无所利。苟无所利，孰肯去乡井，捐亲戚，以从事于客游哉"（《大学衍义补》卷七十《设学校以立教下》）。又有进者，教育与刑狱必须兼顾。荀悦说，"性虽善，待教而成；性虽恶，待法而消……教扶其善，法抑其恶"（《申鉴》第五篇《杂言下》，世界版）。是则"政之大经，法教而已矣"（同上第一篇《政体》）。但"教初必简，刑始必略……设必违之教，不量民力之未能，是招民于恶也，故谓之伤化。设必犯之法，不度民情之不堪，是陷民于罪也，故谓之害民"（同上第二篇《时事》）。

（四）学与仕的关系如何？叶适说，"古者化天下之人而为士，使之知义。今者化天下之人而为士，尽以入官"（《水心集》卷三《法度总论三》，中华版），叶适此语与上述朱子之言大约相同，叶适是反对道学派的，吾不知他何以有此言论。丘濬反驳朱子之言已举于上，亦可用以反驳叶适。孟子说，"古之人未尝不欲仕也"（《孟子·滕文公下》）。说到这里，不能不稍述学与仕的关系，春秋时代，政治渐次复杂，已经不能单靠父祖口传的常识以处理国之大事。子夏说，"仕而优则学，学而优则仕"（《论语·子张》）。吾意此两句当为后人所颠倒，在理应作"学而优则仕，仕而优则学"。盖人无才识而即出仕，由仕而得到才识，是直以人民为磨练自己才识的工具,这哪里是圣人门人之言。在社会比较进步之时,出仕应有该官职应有的才识,而才识是由学得之。仕而有成就,则可退而进修,若能得到更进一步的才识,又可出就更高的官职。学而仕,仕而学,这样,政界就有新陈代谢的现象,而使政治日益进步。《左》襄三十一年"子皮欲使尹何为邑(为邑大夫)。子产曰,少,未知可否?子皮曰,愿(愿,谦善也),吾爱之,不吾叛也。使夫往而学焉,夫亦愈知治矣。子产曰,不可,人之爱人,求利之也。今吾子爱人则以政,犹未能操刀而使割也,其伤实多。子之爱人,伤之而已……子有美锦,不使人学制焉。大官大邑,身之所庇也,而使学者制焉,其为美锦不亦多乎?侨闻学而后入政,未闻以政学者也。若果行此,必有所害。譬如田猎,射御贯则能获禽,若未尝登车射御,则败绩厌覆是惧,何暇思获?子皮曰,善哉……微子之言,吾不知也"。这是说明学而后才可从政。"子路使子羔为费宰。子曰,贼夫人之子。子路曰,有民人焉,有社稷焉,何必读书,然后为学?子曰,是故恶夫佞者。"(《论语·先进》)这是说明从政不可视为为学。

第十节
狱讼及军事

（一）狱讼

子曰，听讼吾犹人也，必也使无讼乎？（《论语注疏》卷十二《颜渊》）

《大学》亦载此文，下尚有两句，"无情者不得尽其辞，大畏民志"，依郑注、孔疏，情犹实也。凡无实情之人必作虚伪之辞，畏惧听讼人穷追下去，而不能自圆其说，故不敢提起诉讼（《礼记注疏》卷六十《大学》）。礼云，"分争辨讼，非礼不决"（《礼记注疏》卷一《曲礼上》），关此已说明于本章第三节"礼治"之处。凡听讼尤其察狱，必须慎重其事，盖与人民的财产及生命有很大的关系。礼云："司寇正刑明辟，以听狱讼，必三刺。"何谓三刺？孔疏，"按《周礼》（《周礼注疏》卷三十六）《司刺》云，壹刺曰讯群臣，再刺曰讯群吏，三刺曰讯万民。刺，杀也。谓欲杀犯罪之人，其一问可杀与否于群臣，群臣谓公卿大夫士。其二问可杀与否于群吏，群吏谓庶人在官者。其三问可杀与否于庶人，庶人谓万姓众来观者。此三刺虽以杀为本，其被刑不杀者，亦当问之"（《礼记注疏》卷十三《王制》）。凡大辟之罪必须三讯而后决定，此乃出于慎刑之意。罪人非不可杀，但杀之须能发生效果,而能阻止其他人之犯罪。"王曰……辟以止辟,乃辟。"(《尚书注疏》卷十八《君陈》)此即商鞅所说,"以刑去刑,国治。以刑致刑,国乱"(《商君书》第四篇《去强》)。但商鞅由此主张重刑,这是法家的共同思想。"王曰……要囚服念五六日,至于旬时,丕蔽要囚。"注疏文字不甚通俗,以今日语文解之,是谓欲囚禁一个人,必须考虑五六天乃至十天,然后才得决定可否囚禁其人。注谓"反覆思念,重刑之至也"。疏谓"言必反覆,重之如此,乃得无滥"(《尚书注疏》卷十四《康诰》)。皋陶说,"罪疑惟轻,功疑惟重,与其杀不辜,宁失不经"。阅者请注意"疑"字,罪疑者从轻刑之,功疑者从重赏之,故孔安国注,"刑疑附轻,赏疑从重,忠厚之至"。孔颖达疏,"枉杀无罪,妄免有罪,二者皆失,必不得民心;宁妄免大罪,不枉杀无罪,以好生之心故也"(《尚书注疏》卷四《大禹谟》)。贾谊更进一步,说道,"狱疑则从去,赏疑则从予"(《新书》卷五《连语》)。

听讼察狱不但要慎重,且要公平,不问贵贱贫富,均宜平等处理。礼云,"公族之罪,虽亲不以犯有司,正术也,所以体百姓也"。孔颖达疏,"犯,干也。有司,狱官也。术,法也。公族之亲有罪,公应宜放赦之,而犹在五刑者,国立有司之官,以法齐治一切。今不可以私亲之罪,而干坏有司之正法也。所谓体百姓也者……法无二制,故虽公族之亲,犹治之与百姓为一体,不得独有私也"(《礼记注疏》卷二十《文王世子》)。此种法律上平等主义乃先秦诸子的共同意见。管子说,"禁不胜于亲贵,罚不行于便辟,法禁不诛于严重,而害于疏远……而求令之必行,不可得也"(《管子》第十五篇《重令》)。又说,"夫施功而不钧,位虽高,为用者少。赦罪而不一,德虽厚,不誉者多……刑赏不当,断斩虽多,其暴不禁。夫公之所加,罪虽重,下无怨气。私之所加,赏虽多,士不为欢"(《管子》第五十三篇《禁藏》)。韩非曾借晋文公与狐偃的对话,以证明法令之施行不可因贵贱亲疏而有区别。"(晋文)公曰,刑罚之极安在?(狐偃)对曰,不辟亲贵,法行所爱。"(《韩非子》第三十四篇《外储说右上》)名家邓析子说,"夫治之法莫大于使私不行……今也立法而行私,与法争,其乱也甚于无法"(《邓析子·转辞篇》)。法家的慎子亦说,"法之功莫大使私不行……今立法而行私,是私与法争,其乱甚于无法"(《慎子·逸文》)。善哉《淮南子》之言,"法者天下之度量,而人主之准绳也……法定之后,中程者赏,缺绳者诛。尊贵者不轻其罚,而卑贱者不重其刑。犯法者虽贤必诛,中度者虽不肖必无罪,是故公道通而私道塞矣。古之置有司也,所以禁民,使不得自恣也;其立君也,所以制有司,使无专行也;法籍礼义者所以禁君,使无擅断也。人莫得自恣,则道胜,道胜而理达矣"(《淮南子》卷九《主术训》)。李觏亦说:"先王之制,虽同族,虽有爵,其犯法当刑,与庶民无以异也。法者天子所与天下共也,如使同族犯之而不刑杀,是为君者私其亲也。有爵者犯之,而不刑杀,是为臣者私其身也。君私其亲,臣私其身,君臣皆自私,则五刑之属三千,止谓民也。赏庆则贵者先得,刑罚则贱者独当,上不愧于下,下不平于上,岂适治之道邪?故王者不辨亲疏,不异贵贱,一致于法。"(《李直讲文集》卷十《刑禁第四》,商务版)。法要公平,岂但不避亲贵,岂但不可以私公族而已,纵是天子本身,也应守法。廷尉张释之说,"法者天子所与天下公共也",可惜下面又加一句,"且方其时上使立诛之则已"。对此杨时有所批评,他说,"释之论犯跸,其意善矣。然曰,方其时上使人诛之则已,是则开人主妄杀人之端也。既曰,法者天子所与天下公共,则犯法者天子必付之有司,以法论之,安得越法而擅诛乎"(引自丘濬撰《大学衍义补》卷一百十一《简典狱之官》)。但吾人须知古者天子有制杀生之权,吾人观唐时大理少卿戴胄对太宗之言,即知张释之的意见已经成为公认的法理。

> 于时朝廷盛开选举,或有诈伪资荫者,帝令其自首,不首者罪至于死。俄有诈伪者,事泄,胄(时为大理少卿)据法断流以奏之。帝曰,朕下敕不首者死,今断从流,是示天下以不信。卿欲卖狱乎?胄曰,陛下当即杀之,非臣所及;既付所司,臣不敢亏法。帝曰,卿自守法,而令我失信邪?胄曰,法者国家所以布大信于天下,言者当时喜怒之所发耳。陛下发一朝之忿而许杀之,既知不可而置之于法,此乃忍小忿而存大信也。若顺忿违信,臣窃为陛下惜之。帝曰,法有所失,公能正之,朕何忧也?(《旧唐书》卷七十《戴胄传》)

戴胄之言与张释之同,一方主张天子不得废法而行私,同时又承认天子有生杀予夺之权,而如后汉顺帝谓樊英曰,"朕能生君,能杀君;能贵君,能贱君;能富君,能贫君。君何以慢朕命"(《后汉书》卷八十二上《樊英传》)。是故张释之及戴胄只能退一步,而谓天子不将犯人交与有司(廷尉、大理),杀之可也。既交与有司了,有司就可依法裁判,天子不得干涉。如是,法能否公平,就看有司听讼察狱能否公平了。固然《尚书·吕刑》篇言,尧时"典狱非讫于威,惟讫于富",注疏的解释不甚明显(《尚书注疏》卷十九《吕刑》),蔡沈解释云,"当时典狱之官非惟得尽法于权势之家,亦惟得尽法于贿赂之人,言不为威屈,不为利诱也"(引自《大学衍义补》卷一百十一《简典狱之官》)。《君陈》篇又言,周成王时,"王曰……殷民在辟,予曰辟,尔惟勿辟;予曰宥,尔惟勿宥,惟厥中",注疏固然不错(《尚书注疏》卷十八《君陈》),但不如蔡沈的解释简单。"蔡沈曰,言殷民之在刑辟者,不可徇君以为生杀,惟当审其轻重之中也。"(引自《大学衍义补·简典狱之官》)丘濬补充说,"按成王以是告君陈……后世人主惟恐其臣之不徇己,有不徇己者或怒或斥。其视成王之告君陈,惟恐其臣之或徇乎己,其人之贤不肖何如也"(《大学衍义补》同上)。丘氏的按语盖谓只唯明君贤主才希望有司从法不从君。又者,明君在位,有司既已判决罪人应处死刑,纵令该罪人属于公族,而人主又希望赦宥其死,有司若认判决为合法,可以拒绝人主的命令。《礼记》:"公族其有死罪,则磬于甸人(郑玄注,甸人掌郊野之官,县缢杀之曰磬)……狱成,有司谳于公,其死罪则曰某之罪在大辟,其刑罪则曰某之罪在小辟。公曰,宥之。有司又曰,在辟。公又曰,宥之。有司又曰,在辟。及三宥不对,走出,致刑于甸人,公又使人追之曰,虽然,必赦之。有司对曰,无及也。反命于公。"(《礼记注疏》卷二十《文王世子》)以上所举三则均是明君在位之时,否则从法不从君,将如丘濬所说,"或怒或斥",甚者且有杀身之祸。何以至此?孟德斯鸠说,"依吾人日常经验,凡有权力的人往往滥用其权力。要防止权力的滥用,只有用权力以制止权力"①。如何用权力制止权力,其法则为分权。美国制定宪法之时,权力分立成为一般政治家的信条,他们对于人性也同孟德斯鸠一样,均有不信任之心。哲斐孙②(T. Jefferson)说:"信任我们的代表,忘

---

① 引自 F.W. Coker, *Readings in Political Philosophy*, 1938, p.618。
② 通常译作"杰斐逊"。——编者

记了我们权利的安全问题,这是危险的事。信任(confidence)是专制之母。自由政府不是建设于信任之上,而是建设于猜疑(jealousy)之上。我们用限制政体(limited constitution)以拘束我们托其行使权力的人,这不是由于信任,而是由于猜疑。我们宪法不过确定我们信任的限界,是故关于权力之行使,我们对人不要表示信任。我们须用宪法之锁,拘束有权的人,使其不能做出违法的事。"①马底逊②(J. Madison)说:"人类若是天使,不需要政府。天使若统治人类,没有控制政府的必要。组织政府是令人类统治人类,一方需要政府能够统治人民,他方需要政府能够控制自己,困难就在这里。政府隶属于人民,这是控制政府的初步方法。但经验告诉吾人,除此之外,尚有再加警戒的必要。吾人分配权力之时,须使各权力机关互相牵制。"③他又说:"立法、行政、司法三权集中于一人手上,这简直可以定义为暴政(tyranny),固不问权力集中于一人,集中于少数人,或集中于多数人;也不问其人取得权力,是由于世袭,由于任命,或由于选举。"④吾国古代没有分权观念,司法官(如汉之廷尉、唐之大理)的地位没有保障,而在地方,行政官常兼为司法官。汉宣帝说,"庶民所以安其田里而亡叹息愁恨之心者,政平讼理也。与我共此者其唯良二千石乎"(《汉书》卷八十九《循吏传》序)。"政平"是行政的事,"讼理"是司法的事,而均由二千石——郡守负其责,这有反于孟德斯鸠的分权原理,而不能达到听讼决狱的公平,是必然的。管子虽说,"先王之治国也,不淫意于法之外,不为惠于法之内也。动无非法"(《管子》第四十六篇《明法》),但他又知"夫凡私之所起,必生于主"(《管子》第五十二篇《七臣七主》),故只寄望于人主的"自禁"。管子说,"法不平……是亦夺柄失位之道也……此圣君之所以自禁也"(《管子》第四十五篇《任法》)。用明显之言表达之,法不平,则人主的权柄及地位不可得而保,所以人主必须自己限制君权的滥用。然"自禁"并非易事,盖如孟德斯鸠所说"凡有权力的人往往滥用其权力",孟氏主张"用权力以制止权力",管子

---

① 引自 B. F. Wright, *A Source Book of American Political Theory*, 1929, p. 227.
② 通常译作"麦迪逊"。——编者
③ *The Federalist* (Modern Library, 1937), No. 51, p. 337.
④ Ibid, No. 47, p. 313.

则希望人主自己限制,这是吾国法家思想的缺点。

听讼决狱固当公平,但不可因公平而失之宽大。王符说,"一人伏正罪,而万家蒙乎福者,圣主行之不疑"(《潜夫论》第十九篇《断讼》)。《周礼》述大司寇之职,谓"一曰刑新国用轻典,二曰刑平国用中典,三曰刑乱国用重典"(《周礼注疏》卷三十四《秋官·司寇》)。刑不怕重,只怕滥。希望刑狱不滥,审判必须公平;希望审判公平,司法必须独立。李觏说,"天讨有罪,王者奉之,以作五刑。刑者非王之意,天之意也;非天之意,天下之人之意也。杀人者死,而民犹有相杀;伤人者刑,而民犹有相伤,苟有以不忍而赦之,则杀人者不死,伤人者不刑。杀伤之者无以惩其恶,被杀伤者无以伸其冤,此不近于帅贼而攻人者乎"(《李直讲文集》卷十《刑禁第三》)。

(二)军事——宋向戌的弭兵、足食与足兵

  定公与齐侯会于夹谷,孔子摄相事,曰臣闻有文事者必有武备,有武事者必有文备。(《孔子家语》第一篇《相鲁》)

  子贡问政。子曰,足食足兵,民信之矣。子贡曰,必不得已而去,于斯三者,何先?曰,去兵。子贡曰,必不得已而去,于斯二者,何先?曰,去食。自古皆有死,民无信不立。(《论语注疏》卷十二《颜渊》)

由上举第一条,可知孔子重视军备。春秋之世列国日寻干戈,孔子哪会弃军事而不谈。"卫灵公问陈于孔子。孔子对曰,俎豆之事则尝闻之矣,军旅之事未之学也。"邢昺疏,"《左传》哀十一年,孔文子之将攻大叔也,访于仲尼。仲尼曰,胡簋之事则尝学之矣,甲兵之事未之闻也。其意亦与此同。军旅甲兵亦治国之具也。彼以文子非礼,欲国内用兵,此以灵公空问军陈,故并不答,非轻甲兵也"(《论语注疏》卷十五《卫灵公》)。所以鲁与齐战,汪锜战死,锜童子,鲁以殇礼葬之。"孔子曰,能执干戈,以卫社稷,可无殇也。冉有用矛于齐师,故能入其军。孔子曰,义也。"(《左》哀十一年)孔子深知"有文事者必有武备,

有武事者必有文备"。"冉有为季氏将师与齐战于郎,克之。季康子曰,子之于军旅,学之乎,性之乎?冉有曰,学之于孔子。"(《史记》卷四十七《孔子世家》)孔子哪会空谈仁政而鄙弃武备。不过治国之道,政事乃比军事重要,政事不理,虽有锐甲壮兵,亦无用处,孔子不答卫灵公之问军陈,理由实在于此。

春秋后期即鲁襄公时代,各国均有厌战之心。襄公二十七年,就由宋右师向戌提议弭兵。弭兵是休战之意。宋与郑均立国于中原之地。宋在今日河南归德府①以东,东以曹莒为缓冲,与齐为邻;南以陈蔡为缓冲,与楚为邻;西及西北以卫郑及许为缓冲,与晋为邻。更西则为秦地。宋都商丘,其险要为睢阳,自古争中原者必争其地。郑在河南开封府以西,都新郑,其险要为荥阳,春秋时为中原重镇,晋楚于此争霸。就地理说,郑欲弭兵应比宋为切。但郑南接楚地,其北境与西境又与晋接壤。晋楚争霸,均欲略取荥阳,则郑虽欲弭兵,亦难以说服晋楚。宋与晋楚齐秦均有缓冲之国,由宋提议弭兵,大国不会疑宋之有私意,小国尤其缓冲国更愿意接受。鲁襄公二十七年,向戌先说晋,晋许之;次说楚,楚又许之;次说齐,齐初难之,后恐引起民怨,不得不赞成之;最后说秦,秦亦许之。乃告于小国,而于七月盟于宋蒙门之外(参阅《左》襄二十七年)。弭兵之盟固然有利于小国,而如郑子大叔(游吉)之告楚人,"宋之盟,君命将利小国,而亦使安定其社稷,镇抚其民人"(《左》襄二十八年)。但是列国未必相信其能实行,纵是提倡弭兵的宋,其臣司马子罕亦告向戌曰,"谁能去兵,兵之设久矣,所以威不轨而昭文德也。圣人以兴,乱人以废,废兴存亡,昏明之术,皆兵之由也。而子求去之,不亦诬乎"(《左》襄二十七年)。观"谁能去兵"及"而子求去之"二语,则弭兵不但是休战,而且是撤废军备,这更是难之又难。何况列国无不尔虞我诈,虽然休战,而暗中还是秣马厉兵,盖如管子所说,"我能毋攻人可也,不能令人毋攻我。彼求地而予之,非吾所欲也,不予而与战,必不胜也"(《管子》第六十五篇《立政九败解》)。列国互相猜疑,自不免扩充军备;既然竞争扩充军备,必感觉维持军备的艰难,而欲有所发展。谁愿长养军队,坐待敌人来攻,然后御之。所以扩充军备,势必引起互相攻战。《吕氏春

---

① 古代归德府治所位于今商丘市。民国二年(1913)中华民国政府撤销归德府。——编者

秋》云,"古圣王有义兵而无有偃兵(偃,止也)。兵之所自来者上矣……夫兵不可偃也,譬之若水火然,善用之则为福,不能用之则为祸。若用药者然,得良药则活人,得恶药则杀人。义兵之为天下良药也亦大矣"(卷七《孟秋纪第七》之二《荡兵》)。

又有进者,诸侯割地争雄,攻战是免不了的。要避免攻战之灾,统一是必要的前提。而统一又须利用兵力,盖诸侯之能互相攻战,由于他们之有兵力。打倒兵力,只有利用兵力,所谓和平会议都是欺人之语。汤以百里王,文王以七十里兴,然汤固曾征诸侯,伐葛伯,伐昆吾,伐三朡;文王亦曾伐犬戎,败耆国,伐邘,伐崇侯虎,何曾放弃兵力?管子说,"不能强其兵,而能必胜敌国者未之有也"(《管子》第六篇《七法》)。盖"兵虽非备道至德也,然而所以辅王成霸"(《管子》第十七篇《兵法》)。管子又说,"君之所以卑尊,国之所以安危者,莫要于兵。故诛暴国必以兵,禁辟民必以刑,然则兵者外以诛暴,内以禁邪。故兵者尊主安国之经也,不可废也"(《管子》第二十八篇《参患》)。复说,"主之所以为功者,富强也。故国富兵强,则诸侯服其政,邻敌畏其威,虽不用宝币事诸侯,诸侯不敢犯也。主之所以为罪者,贫弱也,故国贫兵弱,战则不胜,守则不固,虽出名器重宝,以事邻敌,不免于死亡之患"(《管子》第六十四篇《形势解》)。荀子说,"彼仁者爱人,爱人故恶人之害之也;义者循理,循理故恶人之乱之也。彼兵者所以禁暴除害也,非争夺也"(《荀子》第十五篇《议兵》)。《吕氏春秋》云:"强大未必王也,而王必强大。王者之所借以成也何?借其威与其利。非强大则其威不威,其利不利。其威不威,则不足以禁也。其利不利,则不足以劝也。故贤主必使其威利无敌。"(卷二十二《慎行论第二》之四《壹行》)管子属于法家,他说明兵之必要,重点在于辅王成霸。荀子属于儒家,重点在于禁暴除害。杂家《吕氏春秋》以为"王必强大",既欲强大,势只有富国强兵。荀子亦知立国之道必须富强。孟子所说,"以小事大者畏天者也……畏天者保其国",荀子认为痴人说梦。他谓"事强暴之国难……事之以货宝,则货宝单(单,尽也)而交不结。约信盟誓,则约定而畔无日。割国之锱铢以赂之,则割定而欲无厌。事之弥烦,其侵人愈甚,必至于资单国举(国举谓尽举其国与人也)然后已。虽左尧而右舜,未有能以此道得免焉者也"(《荀子》第十篇《富国》),以上所举诸子之言,除孟子外,皆有似于鬼谷子所说,"事贵制人,而不贵见制于人。制人者握权也,见制于人者制命也(谓命为人所制)"(《鬼谷子》卷中第十篇《谋》)。尤有近于韩非所说,"力多则人朝,力寡则朝于人,故明君务力"(《韩非子》第五十篇《显学》)。观本条所述,可知孔子不忘武备的原因。孔子不尚空谈,一切均依实际需要而立言,这是孔子伟大之处。

上举第二条孔子与子贡的对话,俗儒误解之者甚多。邢昺疏,"此答为政之事也。足食则人知礼节,足兵则不轨畏威。民信之,则服命从化。……夫食者人命所须,去之,则人死。而去食不去信者,言死者古今常道,人皆有之。治国不可失信,失信则国不立也"。朱注,"民无食必死,然死者人之所必不免。无信,则虽生而无以自立,不若死之为安。故宁死而不失信于民,使民亦宁死而不失信于我也"。吾意孔子此一段话是谓食足,兵足,则民有安全感,对于政府则有信心。即"信"乃说明足食足兵的结果。子贡误以为三事,足食一也,足兵二也,民信之三也,子贡乍聆之后,不加思索,发生误解,孔子依其误解,进而说明信之必要。后代学者读先哲的解释,便以为信比食重要,只要政府有信,人民亦愿枵腹从军,抵抗敌国。此言未免太过乐观,东汉王充曾批评说:"子贡问政。子曰,足食足兵,民信之矣。曰,必不得已而去,于斯三者何先?曰,去兵。曰,必不得已而去,于斯二者何先?曰,去食,自古皆有死,民无信不立。信最重也。问,使治国无食,民饿,弃礼义,礼义弃,信安所立?传曰,仓廪实知礼节,衣食足知荣辱。让生于有余,争生于不足。今言去食,信安得成?春秋之时,战国饥饿,易子而食,析骸而炊,口饥不食,不暇顾恩义也。夫父子之恩信矣,饥饿弃信,以子为食。孔子教子贡去食存信,如何?夫去信存食,虽不欲信,信自生矣。去食存信,虽欲为信,信不立矣。"(《论衡》第二十八篇《问孔》)顾炎武对于"去兵"之兵字有特别解释。他说:"古之言兵,非今日之兵,谓五兵也。故曰,天生五材,谁能去兵?《世本》,蚩尤以金作兵,一弓二殳三矛四戈五戟……秦汉以下,始谓执兵之人为兵。"(《日知录》卷七《去兵去食》)即去兵是谓停止兵器之铸造,非谓撤废兵备。苟能停止铸造兵器,用其经费以发展民食,同时政府又能令出如山,使民信而必从,如是,则社会安定,内乱不会发生,纵有外寇,人民亦可制梃以挞秦楚之兵。

第二章 孟子

孔子殁后,依韩非说,儒家分为八派(《韩非子》第五十篇《显学》),其中对于后世最有影响的,为孟氏之儒及孙氏之儒。孟氏之儒指孟轲一派,孙氏之儒指荀卿一派。孟轲有《孟子》一书,亦只有《孟子》一书,轲之思想尽在是书之中,所以研究轲之思想比较容易。

第一节
人　性

（一）性善

　　人皆有不忍人之心……所以谓人皆有不忍人之心者,今人乍见孺子将入于井,皆有怵惕恻隐之心,非所以内交于孺子之父母也,非所以要誉于乡党朋友也,非恶其声而然也。由是观之,无恻隐之心,非人也;无羞恶之心,非人也;无辞让之心,非人也;无是非之心,非人也。恻隐之心,仁之端也。羞恶之心,义之端也。辞让之心,礼之端也。是非之心,智之端也。人之有是四端也,犹其有四体也（朱注,四体,四肢,人之所必有者也）。……凡有四端于我者,知皆扩而充之矣,若火之始然,泉之始达。（《孟子注疏》卷三下《公孙丑上》）

　　恻隐之心,人皆有之。羞恶之心,人皆有之。恭敬之心,人皆有之。是非之心,人皆有之。恻隐之心,仁也。羞恶之心,义也。恭敬之心,礼也。是非之心,智也。仁义礼智非由外铄我也,我固有之也,弗思耳矣。（《孟子注疏》卷十一上《告子上》）

　　口之于味也,有同耆焉。耳之于声也,有同听焉。目之于色也,有同美焉。至于心,独无所同然乎？心之所同然者何也？谓理也，义也。圣人先得我心之所同然耳。故理义之悦我心，犹刍豢之悦我口。（《孟子》卷十一上《告子上》）

生亦我所欲，所欲有甚于生者，故不为苟得也。死亦我所恶，所恶有甚于死者，故患有所不辟也。如使人之所欲莫甚于生，则凡可以得生者何不用也？使人之所恶莫甚于死者，则凡可以辟患者何不为也？由是则生而有不用也，由是则可以辟患而有不为也。是故所欲有甚于生者，所恶有甚于死者，非独贤者有是心也，人皆有之，贤者能勿丧耳。（《孟子》卷十一下《告子上》）

第一条孟子谓"人皆有不忍人之心"，引"今人乍见孺子将入于井，皆有怵惕恻隐之心"以为证。此种心就是伦理学上所谓良心。关于良心的起源有两种学说，一是天赋说，以良心出于人之本性，与生俱来。孟子的看法属于天赋说。人类所以失去良心，孟子以牛山之木为喻。牛山之木尝美矣，其所以濯濯者是因斧斤伐之，牛羊又从而牧之。人之所以失其良心，是由后天的摧残，亦犹斧斤之伐牛山之木（《孟子·告子上》）。但是人类果有天赋的良心，在理，道德观念应该是时不论古今，地不论东西，都是一样的。而察之实际，每个民族均有其特殊的道德观念，纵在同一民族之中，各人的良心亦未必相同。例如男女间贞操问题、父子间慈孝问题，常因民族不同而异其见解：这是一种事实，吾不知天赋说如何解释。又者，良心果是天赋，应该是固定的，不会变更。但吾人读史，又常看到人类道德于实践方面常有一张一弛的现象。按人类的感情思想常随时代的进展，渐次进步，渐次复杂，从而道德观念也不是固定不变。世人常叹"人心不古"，这是一种悲观论，而发生于人类怀古之念。今人罪恶也许比古人为多，然而罪恶之多并不是由于道德心的萎缩。一种行为古人不认为恶，今人乃痛心疾首，斥之为邪僻，所以罪恶的增加只是由于人类道德心的进步。二是经验说，以为良心不是吾心所本有，而是人类由于经验而渐次生长出来；人心犹如白纸，不知何善何恶，何是何非，本来没有道德观念。但人类必有苦乐的感情，人类因自己的苦乐，由推理而知别人亦有苦乐。自己在某一种情况下感觉快乐，便知别人在该种情况下亦必感觉快乐。自己在某一种情况下感觉苦痛，便知别人在该种情况下亦必感觉苦痛。由于别人的苦乐，刺激吾心，而令吾心发生反应，不知不觉之中引起同情，而与别人分担苦乐。久而久之，这种推理与同情合为一体，变为心理上的习惯，这就是良心。今人乍见孺子将入于井，皆有怵惕恻隐之心，盖由经验而知入井的危险。孺子本身不知入井的危险，他看到别人入井，还认为是有趣的事。即此一端，可知良心不是与生俱来，而是积了许多经验而后才发生的。即依经验说，良心是人类的智慧（由经验得来）与同情（由推理发生）的混合物。人类因有智慧，才会知道孺子入井所能发生的各种危险；因有同情，故会引起吾心对于别人危险所必发生的苦痛。没有智慧，不会引起同情。没有同情，不会发动良心。在原始社会，人类的智慧有限，同情只限于小群之内，所以良心的发动不但迟缓，而且狭隘。社会生活逐渐展拓其范围，智慧随之进步，同情亦随之扩大，不但对其家人朋友乡党，即对于全体民族，亦常由良心的作用，做出道德的行为。良心虽由经验而发生，但吾人一生的经验极其有限。赤子之心一无所知，以宇宙之大、人事的复杂，任谁都不能以其一生而能得到一切经验。不过人类除经验外，尚有推理的能力。例如儿童毁坏书籍，受了老师的责骂，而知其为恶的行为，便由类推而知毁坏椅桌也是恶的行为。固然人类尚有毫无经验，也未加推理，遇到一种行为，就能判别其善恶的情况，这又如何解释呢？关此，经验说以为人类不但依自己的经验，而且累代祖宗由经验而发生的良心，也会遗传给其子孙。所以良心乃是集积无数代的经验而成。赤子之心一无所知，然其心理已有判别善恶的美质。不过这个美质乃浑浑焉，沌沌焉，存在于赤子之心，苟无外力加以启发，则良心无从发动，犹如璞玉永久不能为玉一样。所以赤子离开人群，而与禽兽相处，到了壮大之后，其心情也与禽兽相去无几。

上举第二条是孟子答公都子之言。"公都子曰，告子曰性无善无不善也。或曰，性可以为善，可以为不善。是故文武兴，则民好善。幽厉兴，则民好暴。或曰，有性善，有性不善。是故以尧为君而有象，以瞽瞍为父而有舜，以纣为兄之子且以为君，而有微子启、王子比干。今曰性善，然则彼皆非与？"孟子的答辩如本条所述。上条曾提到良心问题，本条文中"人皆有之"是指良心的普遍性,"我固有之"是指良心的先天性。对于良心这两种性质,经验说曾批评其错误,本书已述于上条,兹不重复。我赞成苏轼之言,他说,"恻隐足以为仁,而仁不止于恻隐。羞恶足以为义,而义不止于羞恶"(《苏东坡全集·应诏集》卷八《子思论》,世界版)。今孟子关于仁,用恻隐涵盖之;关于义,用羞恶涵盖之,又用此言以作性善的根据,实有问题。

关于性善,"孟子"书中有许多反驳告子之言,"告子曰,性犹湍水也,决诸东方则东流,决诸西方则西流。人性之无分于善不善也,犹水之无分于东西也。孟子曰,水信无分于东西,无分于上下乎?人性之善也,犹水之就下也。人无有不善,水无有不下"(《孟子·告子上》)。告子及孟子均用比喻之语(水),说明人性,这由逻辑学观之,似不合于说理之法。推告子之意,人性本无善不善,其后或善或不善,完全由于后天因素所造成。子路是一位粗人,勇猛无礼,因入孔子之门,卒能政事,序在四科。孟子幼孤,童稚之时行为如何,史无记载。但观孟母有断机之事,可知他也是一位天真的顽童,到了孟母三迁其家,才渐渍磨砺,竟令后人尊之为亚圣。由此可知告子之言固有相当理由。孟子不直接评论告子见解的错误,只就告子以水为喻,而亦取喻于水,谓"人无有不善,水无有不下"。如斯反驳,何能令人心服?

告子又说,"性犹杞柳也,义犹桮棬也。以人性为仁义,犹以杞柳为桮棬"(《孟子·告子上》)。即告子以为杞柳不是生来就可以成为桮棬,必待人为的矫揉,而后才变成桮棬之器,以供人用。这有似荀子所说"人之性恶,其善者伪也……故枸木必将待檃栝烝矫然后直,钝金必将待砻厉然后利。今人之性恶,必将待师法然后正,得礼义然后治"(《荀子》第二十三篇《性恶》)。孟子反对告子的见解,说道:"子能顺杞柳之性,而以为桮棬乎?将戕贼杞柳,而后以为桮棬也?如将戕贼杞柳而以为桮棬,则亦将戕贼人以为仁义与?率天下之人而祸仁义者必子之言夫。"(《孟子·告子上》)推告子之言,人性只是未制成器的杞柳,如荀子谓"性者本始材朴也"(《荀子》第十九篇《礼论》),若任其自然发展,势将避善而就恶,所以须用人为之法以矫正之。孟子则谓人性本来是善,顺其自然,就能发扬善的美质。若必用人为之法加以矫揉,"则天下之人皆以仁义为害性而不肯为"(《孟子》此章朱注)。本条告子只谓"义犹桮棬",舍"仁"字而未提,盖告子以为仁内义外,"告子曰,食色性也。仁内也,非外也;义外也,非内也"(《孟子·告子上》)。仁内义外,《礼记》亦有此说:礼云"乐由中出,礼自外作","仁近于乐,义近于礼"(《礼记注疏》卷三十七《乐记》)。即《乐记》亦谓仁虽在内,而义却在外。何以说义是在外?"义者宜也"(《礼记注疏》卷五十二《中庸》),此即荀子所说,"先王……制礼义……使人……各得其宜"(《荀子》第四篇《荣辱》),用法家之言表示之,就是管子所说,"义者谓各处其宜也"(《管子》第三十六篇《心术上》)。荀子用"礼义"二字,管子只用"义"字,盖荀子属于儒家,儒家将"礼"与"法"同视,荀子云,"礼者法之大分"(《荀子》第一篇《劝学》)。而法家管子亦有"礼出乎义"(《管子》第三十六篇《心术上》)、"法出于礼"(《管子》第十二篇《枢言》)之言。但是要令人众"各得其宜","各处其宜",事所难能。因之,就需要一种社会规范。社会规范最初不过习惯而已,自饮食男女,至待人接物,均依当时社会环境的需要和许可,依一定模式而为之。这个一定模式对于吾人可发生一种权威,使吾人不敢反抗,亦不愿改变,且认其为社会公认的行为规则。这个模式就是习惯,习惯行之既久,不但拘束吾人的行为,亦常拘束吾人的心意。吾人违反习惯,纵无外界的制裁,心理上亦觉不安。到了这个时候,习惯变成风俗。尹文子说,"世之所贵,同而贵之,谓之俗……苟违于人,俗所不与;苟忮(逆也)于众,俗所共去"(《尹文子·大道上》)。于是风俗对于人众更有权威,然而人众肯否遵守习惯与风俗,若完全放任各人自己决定,则不足以维持社会秩序。先贤知其然也,复于习惯与风俗之中,选择其最需要的,强制人众遵守,这就是儒家所谓礼、法家所谓法。孟子反对义外之言,乃规避论点,只用比喻之语以反驳告子。一则曰"耆秦人之炙无以异于耆吾炙,夫物则亦有然者也,然则耆炙亦有外与"。再则借公都子之口,说道,"冬日则饮汤,夏日则饮水,然则饮食亦在外也"(《孟子·告子上》)。用比喻之语以证明义亦在内,这在逻辑上不甚妥当。

第三条孟子之言大有问题,姑不问心之所欲,必形之于四肢,而孟子竟谓心之所欲乃是义理。此种说法是将人性之善恶与人情之好恶混为一谈。人类的行为过程可分为内外两大部分,内部过程乃是先有欲望,次又考虑这个欲望可否求其满足,再次则选择一个满足欲望的方法,最后才决心实行这个方法。此四者(欲望、考虑、选择、决心)皆存在吾人的心意之中。外部过程是将内部过程,用身体的动作,表现于外部,使欲望得以实现。欲望必有目的,而后才会令人发生兴趣,努力求其成为事实。例如求富是一种欲望,但是人类绝不会为求富而求富,或为宫室之美、妻妾之奉,或欲夸示其乡党友朋,或欲以之兴办各种慈善事业。由此可知同一欲望,其中乃有许多目的,这个目的叫作动机。然而财富绝不会从空而来,求富必有方法,或依勤俭,或用投机,或借贪墨,只有目的而无方法,不过空想,目的有了方法,用身体的动作以实现之,则为行为。我们须知人类的行为不是有了方法,而后发生目的;而是有了目的,而后才想出方法。方法与目的背驰,无异于南辕北辙,不但目的不能达到,有时且可破坏目的。目的与方法有不可分离的关系,这不是说,善的目的必须采取善的方法,善的方法必出于善的目的。世上固有目的善而方法恶者,也有目的恶而方法善者。善的目的若用恶的方法以实行之,也许结果也会善,然其价值比之善的目的用善的方法以实行之者为低,故其在道德上难免受人责难。但是今日社会复杂,人们有为境遇所迫,万不得已而采用恶的方法者,例如孝子窃取邻家之鸡,奉养其母,目的可嘉,而方法则为窃盗。身为不义之事,使父母蒙羞,这由养志看来,乃有悖于孝道。但世人对此,常会寄予同情,而不加以苛责。盖今日社会并不是圆满而无缺陷,所以道德上虽有问题,情理上尚可宽恕,法院一方判决犯人为有罪,同时又做缓刑的宣告,即其最明显的例子。至于目的恶而方法善者,法律上虽然未必有罪,道德上及情理上均难令人宽容。世上有许多伪善的人,专谋私利,因为不便出之于口,现之于行为,乃假借公益名义以济其取得私利之实。表面上其人不愧为君子,而察其内情,则为言行不一致的小人。比方募捐修桥,以便行走,不可谓非。然其本意乃欲取得工程费的回扣,即其目的在于敛财,这就是方法善而目的恶之一例。目的就是动机,行为必有结果。一位普通的善人不但有善的动机,又考虑行为之后所可能发生的结果。故在动机之中已经预想到行为的结果,而在结果之中,亦必包含动机所决定的方法,并推测其影响如何。换言之,行为的结果必早已存在于行为者的心意之中,行为者亦必早已知道结果之善恶,所以上述目的善而方法恶,及目的恶而方法善,两种情况事实上很少有的。

由于孟氏本条之言,宋代道学家又唱心内物外之说,教人乐内而忘外。程颐谓"人于外物奉身者事事要好,只有自家一个身与心却不要好。苟得外面物好时,却不知道自家身与心却已先不好了"(《近思录》卷十二)。陈亮极力抨击心内物外之说,他谓"万物皆备于我,而一人之身,百工之所为具,天下岂有身外之事,而性外之物哉？百骸九窍具而为人,然而不可以赤立也,必有衣焉以衣之,则衣非外事也；必有食焉以食之,则食非外物也。衣食足矣,然而不可以露处也,必有室庐以居之,则室庐非外物也；必有门户藩篱以卫之,则门户藩篱非外物也。至是宜可已矣,然而非高明爽垲之地,则不可以久也；非弓矢刀刃之防,则不可以安也,若是者皆非外物也。有一不具,则人道为有阙,是举吾身而弃之也。然而高卑小大则各有分也,可否难易则各有辨也。徇其侈心,而忘其分,不度其力,无财而欲以为悦,不得而欲以为悦,使天下冒冒焉惟美好之是趋,惟争夺之是务,以至于丧其身而不悔。然后从而省之曰,身与心内也,夫物皆外也,徇外而忘内,不若乐其内而不愿乎其外也。是教人以反本,而非本末具举之论也。……且谚有之,衣则成人,水则成田,此岂有内外轻重之异哉"(《龙川文集》卷四《问答九》,中华版)。吾人以为程氏之言,只可解释为人士若只知追求个人的享受,不依正义观念,各得其宜,则个人为满足一己无厌之欲,势将牺牲别人的利益,做出放僻邪侈之事。如是,社会风气将随之腐化,世人不知廉耻为何物。每朝末叶,官僚无不贪邪,卒至政风败坏,民生凋敝,而发生了大乱,读吾国历史,即可知之。所以程氏之言只可如斯解释,若更进一步,说到物外心内,人士应乐内而忘外,吾人不敢同意。陈亮之言,瑕疵更多,固然人非衣食不能生存,非室庐不能安居,非弓矢刀刃不能自卫,此数者若谓其非外物,吾不知其理由何在。礼云,"物至知,知然后好恶形焉"。郑玄注,"言见物多,则欲益众"(《礼记注疏》卷三十七《乐记》)。故老子谓"不见可欲,使心不乱"(《老子》第三章),何以故呢？荀子说:"欲多而物寡,寡则必争矣。"《荀子》第十篇《富国》)礼又云:"夫物之感人无穷,而人之好恶无节,则是物至而人化物也。人化物也者灭天理而穷人欲者也。于是有悖逆诈伪之心,有淫泆作乱之事。是故强者胁弱,众者暴寡,知者诈愚,勇者苦怯,疾病不养,老幼孤独不得其所,此大乱之道也。"(《礼记》同上《乐记》)所以要防止大乱的发生,在生产技术尚不进步之时,绝不可用消费以刺激生产的增加,只有减少消费,使生产与消费保持平衡。而要减少消费,必须节制欲望;要节制欲望,孔子所说"克己复礼"之言可供参考。克,约束也;己,己身也。心有许多欲望,能以礼约束之,那就不会穷人欲而灭天理。克己复礼之法,依孔子告颜渊之言,则为"非礼勿视,非礼勿听,非礼勿言,非礼勿动"(《论语·颜渊》)。人士能够行此四勿,则"外物不接,内欲不萌"(《近思录》卷四程颐之说),但四勿只是消极的道德,道德限于消极,最多只能独善其身,绝不能兼善天下。我们以为人类的欲望乃随时变更,社会愈进步,人类的欲望就其量说,愈益复杂;就其质说,愈益提高。因为欲望的量复杂,遂要求更多的外物以满足复杂的欲望,但是满足了之后,又往往发生更复杂的欲望,而要求更多种的外物。因为欲望的质提高,遂要求更优美的外物以满足提高的欲望,但是满足了之后,又往往发生更高的欲望,而要求更美的外物。总之,外物促使欲望发生,欲望又促使外物增加及改良,这是社会进化的原因,所以欲望可以说是社会进化的动力。宋代道学家由孟子主张寡欲,进而主张惩忿窒欲。如果人家均唯窒欲是务,物质文明何能进步?物质文明若不进步,精神文化将随之萎靡不振。梁启超于民国元年曾说,"宋明诸哲之训所以教人为圣贤也,尽国人而圣贤之,岂非大善?而无如事实上万不可致……故穷理尽性之谭,正谊明道之旨,君子以之自律,而不以责人也"(《饮冰室文集》之二十八《中国道德之大原》,中华版)。其实,梁氏此种思想吾国先哲早已有之。王符说:"德者所以修己也,威者所以治人也。上智与下愚之民少,而中庸之民多。"(《潜夫论》第三十三篇《德化》)又说:"凡人所以肯赴死亡而不辞者,非为趋利,则因以避害也,无贤鄙愚智皆然。顾其所利害有异尔,不利显名,则利厚赏也;不避耻辱,则避祸乱也。非此四者,虽圣王不能以要其臣,慈父不能以必其子。明主深知之,故崇利显害以与下市,使亲疏贵贱、贤鄙愚智,皆必顺我令,乃得其欲。"(同上第二十一篇《劝将》)此谓政治不能依靠道德,最有效力的则为刑赏。荀悦谓教化对于中人,效用甚大。无教化,可推中人堕于小人之域;有教化,可引中人纳于君子之途。但天下之人贤者少,不肖者亦不多,中人只用教化,亦难有功,必须佐之以刑赏。所以刑赏乃为政之要道,他说"君子以情用,小人以刑用。荣辱者,赏罚之精华也,故礼教荣辱以加君子,化其情也。桎梏鞭朴以加小人,治其刑也。君子不犯辱,况于刑乎?小人不忌刑,况于辱乎?若夫中人之伦,则刑礼兼焉。教化之废,推中人而坠于小人之域。教化之行,引中人而纳于君子之途。……赏罚,政之柄也。明赏必罚,审信慎令,赏以劝善,罚以惩恶。人主不妄赏,非徒爱其财也,赏妄行则善不劝矣。不妄罚,非徒慎其刑也,罚妄行则恶不惩矣。赏不劝,谓之止善。罚不惩,谓之纵恶。在上者能不止下为善,不纵下为恶,则治国矣"(《申鉴》第一篇《政体》)。

上举第四条孟子之言与荀子所说"人之所欲生甚矣,人之恶死甚矣。然而人有从生成死者,非不欲生而欲死也,不可以生而可以死也"(《荀子》第二十二篇《正名》),意义相似。但荀子谓"将以为利邪?则大刑加焉……将以为害邪?则高爵丰禄以持养之"(《荀子》第十五篇《议兵》),即用刑赏使人弃生就死。孟子既知所欲有甚于生者,而未曾说出用哪一种方法,使其不求生;所恶有甚于死者,亦未曾说出用哪一种方法,使其不避死。荀子尤其法家用刑赏,孟子乃用仁义观念,以抽象的仁义观念,使人无求生以害义,宁杀身以成仁,这只唯贤人能之,众人恐难做到。大众都是普通的人,不求生,不避死,必定生而有大害,死而有大利。仁义只能对上人言之,中人以下应依孔子所说,"或利而行之,或勉强而行之"(《礼记注疏》卷五十二《中庸》),就是要用刑赏。《左》昭二十五年子大叔(郑国大夫)对赵简子说,"赏罚以制死生",所以我谓孟子之言只可供个人修养之用,不能供政治家治国之用。孟子尚有下述一段话:"乡为身死而不受,今为宫室之美为之;乡为身死而不受,今为妻妾之奉为之;乡为身死而不受,今为所识穷乏者得我而为之,是亦不可以已乎?此之谓失其本心。"(《孟子·告子上》)区区以"失其本心"四字了之,吾人实难满意。吾人以为这是出于虚荣心的作用,也就是出于野心与私欲的作用。野心及私欲固然可诱人入于邪途,但亦可使人奋斗,而纳于正路。美国脱离英国而独立之时,许多名流及政治家大率不唱高调,均承认人情,且利用人情,使人众能够奋斗。例如哈密尔顿[①]

[①] 今译作"汉密尔顿"。——编者

(A. Hamilton)说:"我们人类最强烈的情性乃是野心(ambition)与私欲(interest),但这两种情性每能刺激吾人活动,所以贤明政府应利用此两种情性,使其有助于公共福利。"①佛兰克林②(B. Franklin)说:"对于人事最能给予影响的,有两种性情,即野心(ambition)与贪婪(avarice)。换言之,就是爱权力及爱金钱。它们各有伟大的力量,促使人类工作。两者若集中于同一个目的,每可发生强大的效果。只要我们安排得法,使人士能够为名(honor)而努力,同时又是为利(profit)而奋斗,则人士为要取得名利,必将做出惊天动地的事。"③泰西自文艺复兴之后,学说常将道德与政治分开。道德改造人性,政治利用人性。吾国法家亦知利用人性,后儒受了孟子的影响,抹杀人性,政治上儒家势力不及法家,理由在此。

(二) 性与命

> 口之于味也,目之于色也,耳之于声也,鼻之于臭也,四肢之于安佚也,性也;有命焉,君子不谓性也。仁之于父子也,义之于君臣也,礼之于宾主也,智之于贤者也,圣人之于天道也,命也;有性焉,君子不谓命也。
> (《孟子注疏》卷十四上《尽心下》)

孟子之言不易理解,赵注孙疏以及朱注又欠明晰。朱注乃依《中庸》第一句"天命之谓性",并根据程伊川所说"天所赋为命,物所受为性"(《近思录》卷一)说得玄之又玄。尤其关于"圣人之于天道也"一句,两书解释均牵强虚构,若引之以告读者,徒增加读者的困惑,故均从略。余意,"口之于味也"云云,乃是人情,最多亦只可称之为人性,若由得之有命,命吉可以得到,命凶不能得到,而即称之为命,似有问题。至于"仁之于父子也"云云,仁义礼智属于道德,不宜谓性,更不能称之为命。"圣人之于天道也",天道二字意义不明,赵

---

① J. Elliot, *The Debates*, Vol. I, 1937, p. 439.
② 今译作"富兰克林"。——编者
③ J. Elliot, *The Debates*, Vol. V, 1937, p. 145.

注孙疏以为"圣人得以天道王于天下",王或不王乃看命运,何能视之为性?孟子不是说过,"居下位而不获于上,民不可得而治矣"(《孟子·离娄上》),"匹夫而有天下者,德必若舜禹,而又有天子荐之者,故仲尼不有天下"(《孟子·万章上》)?《吕氏春秋》云:"有汤武之贤,而无桀纣之时,不成(不成其王)。有桀纣之时,而无汤武之贤,亦不成……故圣人之所贵唯时也。"(卷十四《孝行览第二》之三《首时》)又说:"凡治乱存亡,安危强弱,必有其遇,然后可成。各一则不设(言各有其同者,则不能行。卷十七《审分览第五》之六《慎势》谓"权钧则不能相使,势等则不能相并,治乱齐则不能相正"最足解释"各一则不设"之意),故桀纣虽不肖,其亡,遇汤武也。遇汤武天也,非桀纣之不肖也。汤武虽贤,其王,遇桀纣也。遇桀纣天也,非汤武之贤也。若桀纣不遇汤武,未必亡也。桀纣不亡,虽不肖,辱未至于此(谓灭亡也)。若使汤武不遇桀纣……虽贤,显未至于此(谓王天下也)。"(同上《孝行览》之五《长攻》)。《淮南子》说明性与命较接近于普通观念。它说:"性者所受于天也,命者所遭于时也。有其材,不遇其世,天也。太公何力,比干何罪,循性而行止,或害或利,求之有道,得之在命。故君子能为善,而不能必其得福;不忍为非,而未能必免其祸。"(卷十《缪称训》)王充亦言:"操行善恶者性也,祸福吉凶者命也。或行善而得祸,是性善而命凶;或行恶而得福,是性恶而命吉也。性自有善恶,命自有吉凶。使命吉之人虽不行善,未必无福。凶命之人虽勉操行,未必无祸。"(《论衡》第六篇《命义》)此言甚易知,而宋代道学家乃依本条孟子之言,大做性命文章,说得玄之又玄。韩非有言:"微妙之言,上智之所难知也。今为众人法,而以上智之所难知,则民无从识之矣。"(《韩非子》第四十九篇《五蠹》)神宗熙宁二年司马光已经反对性命之说,他谓"且性者子贡之所不及,命者孔子之所罕言。今之举人发口秉笔,先论性命,乃至流荡忘返,遂入老庄"(《司马温公集》卷六《论风俗札子》,中华版)。苏轼亦说:"仕者莫不谈王道,述礼乐,皆欲复三代,追尧舜,终于不可行,而世务因以不举。学者莫不论天人,推性命,终于不可究,而世教因以不明。自许太高,而措意太广。太高则无用,太广则无功。"(《苏东坡全集·前集》卷二十八《应制举上两制书》,世界版)降至南宋,陈亮、叶适攻击性命之说,不遗余力。陈亮曾叹,"二十年来,道德性命之学一兴,而文章政事几于尽废"(《龙川文集》卷十一《廷对》,中华版)。他谓"自道德性命之说一兴,而寻常烂熟无所能解之人自托于其间,以端悫静深为体,以徐行缓语为用,务为不可穷测以盖其所无。一艺一能皆以为不足自通于圣人之道也。于是天下之士始丧其所有,而不知适从矣。为士者耻言文章行义,而曰尽心知性。居官者耻言政事书判,而曰学道爱人,相蒙相欺,以尽废天下之实,则亦终于百事不理而已"(同上卷十四《送吴允成运干序》)。叶适亦说,"高谈者远述性命,而以功业为可略。精论者妄推天意,而以夷夏为无辨"(《水心集》卷一《上孝宗皇帝札子》,中华版)。性与命之说创自孟子,故他又进而批评孟子"一正君而国定"及"反手而治"之语,以为言过其实。说道,"孟子自谓……惟大人为能格君心之非,君仁莫不仁,君义莫不义,君正莫不正,一正君而国定。夫指心术之公私于一二语之近,而能判王霸之是非于千百年之远,迷复得路,涣然昭苏,宜若不待尧舜禹汤而可以致唐虞三代之治矣……当是时……天下尽变,不啻如夷狄,孟子亦不暇顾。但言以齐王由反手也。若宣王果因孟子得警发,岂遂破长夜之幽昏哉……后之儒者无不益加讨论,而格心之功既终不验,反手之治亦复艰兴,可为永叹"(引自《宋元学案》卷五十四《水心学案上》,商务版)。

(三) 寡欲

> 养心莫善于寡欲,其为人也寡欲,虽有不存焉者寡矣;其为人也多欲,虽有存焉者寡矣。(《孟子注疏》卷十四下《尽心下》)

"颜渊问仁。子曰,克己复礼为仁。"克,约束也;己,己身也。身有嗜好,而能以礼约束之,亦可以视为仁的行为。颜渊又问克己复礼之法如何?孔子曰,"非礼勿视,非礼勿听,非礼勿言,非礼勿动"(《论语注疏》卷十二《颜渊》)。这样,仁只是独善其身,而为消极的道德;而与孔子另外所说"夫仁者,己欲立而立人,己欲达而达人"(《论语注疏》卷六《雍也》)志在兼善天下,而为积极的道德不同。案克己复礼可以视为寡欲。孟子谓"养心莫善于寡欲"。寡欲则不"蔽于物"(《孟子·告子上》)。凡蔽于物者,往往"灭天理而穷人欲"(《礼记注疏》卷三十七

《乐记》)。如何使人不灭天理？孟子以为人类皆有"本心"(《孟子·告子上》)，"本心"就是"良心"(同上)，也就是今人所谓理性。人类能依其良心，行动循礼，就不会为物欲所蔽，而能做出善的行为。但我们须知社会愈进步，人欲愈增加，这是事实，不能否认。孟子寡欲之说传至宋代，理学家一派竟然创造"惩忿窒欲"之说(《近思录》卷五)，窒欲之极，遂由寡欲，进而希望无欲。周濂溪说，"孟子曰，养心莫善于寡欲。予谓养心不止于寡而存耳。盖寡焉以至于无，无则诚立明通，诚立贤也，明通圣也"(《近思录》卷五)，这是理学家"克己"的工夫。如何使欲"寡焉以至于无"？他们主张主静。"或问，圣可学乎？濂溪先生曰，可。有要乎？曰，有。请问焉。曰，一为要。一者无欲也，无欲则静虚动直。静虚则明，明则通。动直则公，公则溥。明通公溥，庶几乎！"(同上卷四)主静之法，理学家似受释氏的影响，主张静坐。"程子见人静坐，便叹为善学，朱子教人半日静坐。"(引自梁启超著《中国近三百年学术史》，中华版一一四页)盖静坐而能"止于所不见"，则"外物不接，内欲不萌"(《近思录》卷四，程伊川之言)，然而因此"喜静恶烦，而心板滞迂腐矣"(李恕谷语，引自梁著上揭书一一一页)。这何能视为道德行为？案节欲乃希望"节"，无欲则希望"无"，此两者皆出于欲望，离开欲望，吾不知其如何"节"而至于"无"。理学家不知人类的心理作用，硬要人士无欲。哪知人类没有欲望，不但邪恶的行为，就是道德的行为，亦无从由动机之作用，而表现为身体的动作，势只有学小乘佛教那样，闭室静坐，以求涅槃圆寂而已。罗整庵说，"七情之中，欲较重，盖惟天生民有欲，顺之则喜，逆之则怒，得之则乐，失之则哀，故《乐记》独以性之欲为言。欲未可谓之恶，其为善为恶系于有节与无节尔"(《困学记》卷上，引自黄建中编著《比较伦理学》，正中版二四〇页)。戴震说，"天理者节其欲而不穷人欲也。是故欲不可穷，非不可有；有而节之，使无过情，无不及情，可谓之非天理乎"(《孟子字义疏证》，引自黄建中编著上揭书二四一页)。理学家以主静为修身之道，难怪颜习斋批评说，"三皇五帝三王周孔皆教天下以动之圣人也。皆以动造成世道之圣人也……汉唐袭其动之一二以造其世也。晋宋之苟安、佛之空、老之无、周程朱邵之静坐，徒事口笔，总之皆不动也，而人才尽矣，圣道亡矣"(《言行录》卷下《学须篇》，引自梁著前揭书一一六页)。

在太史公所提六家之中，最反对人欲的则为道家。道家不但主张寡欲，而且主张绝欲,老子说,"圣人之治,常使民无知无欲"(《老子》第三章)。庄子说,"古之畜天下者,无欲而天下足"(《庄子》第十二篇《天地》)。但人之有欲乃其天性,如何使民无欲?道家以为人之多欲因其多智,老子说,"民之难治,以其智多"(《老子》第六十五章)。庄子说,"天下每每大乱,罪在于好知"(《庄子》第十篇《胠箧》)。他们由此遂作偏激之说,对于人民要"塞其兑,闭其门"(《老子》第五十六章),意谓杜民之耳目口鼻,使之无识无知,由绝欲而主张愚民政策,可见社会不进化则已,如其进化,人欲是无法使之绝的。反之,法家不但不反对人之有欲,且由人欲进而说明为政之道。他们以为人类均有利己之心,而欲就利避害。政治必须利用人类的利害观念,使各人均愿努力奋斗。这就是法家所谓"因"。慎子说,"天道因则大,化则细。因也者,因人之情也。人莫不自为也,化而使之为我,则莫可得而用矣……故用人之自为,不用人之为我,则莫不可得而用矣,此之谓因"(《慎子·因循》)。"因"是因民之情,而不反对人之有欲。对于人欲,说得最彻底的,莫如孔子七世孙子顺。他说,"人之可使,以有欲也。故欲多者,其所得用亦多。欲少者,其所得用亦少。夫夷齐无欲,虽文武不能制,君安得而臣之"(《孔丛子》第十五篇《陈士义》)。但是我们须知法家不是由道德观点讨论人欲,而是由政治观点利用人欲。人欲既可利用,当然要如子顺之言,欲不必节。《吕氏春秋》说,"天使人有欲,人弗得不求。天使人有恶(憎也),人弗得不辟。欲与恶所受于天也,人不得兴焉"(卷五《仲夏纪第五》之二《大乐》)。又说,"民之用也有故,得其故,民无所不用。用民有纪有纲……为民纪纲者何也?欲也,恶也。何欲何恶?欲荣利,恶辱害。辱害所以为罚充也,荣利所以为赏实也。赏罚皆有充实,则民无不用矣"(卷十九《离俗览第七》之四《用民》)。复说,"使民无欲,上虽贤,犹不能用。夫无欲者,其视为天子也,与为舆隶同;其视有天下也,与无立锥之地同;其视为彭祖也,与为殇子同。天子至贵也,天下至富也,彭祖至寿也,诚无欲,则是三者不足以劝。舆隶至贱也,无立锥之地至贫也,殇子至夭也,诚无欲,则是三者不足以禁……故人之欲多者,其得用亦多。人之欲少者,其得用亦少。无欲者,不可得用也……善为上者能令人得欲无穷,故人之可得用亦无穷也"(卷十九《离俗览第四》之六《为欲》)。董仲舒一方同法家一样,以为人欲可以利用,他方又反对多欲之说。他谓"民无所好,君无以权也。民无所恶,君无以畏也。无以权,无以畏,则君无以禁制也……故圣人之治国也……务致民令有所好,有所好,然后可得而劝也,故设赏以劝之。有所好,必有所恶,有所恶,然后可得而畏也,故设法(罚)以畏之。既有所劝,又有所畏,然后可得而制。制之者,制其所好,是以劝赏而不得多也;制其所恶,是以畏法(罚)而不可过也……故圣人之制民,使之有欲,不得过节;使之敦朴,不得无欲;无欲有欲各得以足,而君道得矣"(《春秋繁露》第二十篇《保位权》)。《淮南子》说,"圣人之治天下,非易民性也,拊循其所有而涤荡之,故因则大,化则细矣……故能因,则无敌于天下矣……故先王之教也,因其所喜以劝善,因其所恶以禁奸,故刑罚不用,而威行如流。政令约省,而化耀如神。故因其性,则天下听从。拂其性,则法县而不用"(卷二十《泰族训》)。人皆有欲,而后刑赏才会奏效。但世上亦有富贵不能淫、威武不能屈的大丈夫。但此种人乃少之又少,故韩非说,"天下太上之士不可以赏劝也,天下太下之士不可以刑禁也。然为太上士不设赏,为太下士不设刑,则治国用民之道失矣"(《韩非子》第五十一篇《忠孝》)。

既承认人欲了,就不能不承认人类之有私心。只因人类均有私心,故肯努力于生产事业,以求财富。这是社会进化的原因。不但是欧洲功利主义者(Utilitarian)如边沁(J. Bentham)等人的主张,就在吾国,先哲亦有此种思想。明代末期李卓吾曾说,"夫私者人之心也。人必有私,而后其心乃见,若无私则无心矣。如服田者私有秋之获,而后治田也必力。居家者私积仓之获,而后治家也必力。为学者私进取之获,而后举业之治也必力。故官人而不私以禄,则虽召之,必不来矣。苟无高爵,则虽劝之,必不至矣。虽有孔子之圣,苟无司寇之任、相事之摄,其不能一日安其身于鲁也决矣。此自然之理,必至之符,非可以架空而臆说也。然则为无私之说者皆画饼之谈、观场之见,但令隔壁好听,不管脚跟虚实,无益于事,只乱道耳,不足采也"(《李氏藏书》卷二十四《德业儒臣》)。要之,人必有私,因此,人人均有好利避害的观念。但是同时人人由于私心的作用,均欲争取最多的利益,势又不免于争。于是有礼法使各人得遂其欲,而又不妨害别人的欲。简单言之,即令各人均能各得其宜。"义者宜也"(《中庸》),"义近于礼"(《乐记》),"礼者法之大分"(《荀子》第一篇

《劝学》)。而法能够发生效力,又由于人类的好恶感情。所以我的结论是,言法治者不可轻视人欲,更不可反对人之私心。德国法学权威耶林(R. V. Jhering)有言:个人坚决主张自己的权利,这是法治能够发生效果的条件。少数人若有勇气督促法律的实行,借以保护自己的权利,虽然受到迫害,也无异于信徒为护教而殉难。自己的权利受到侵害,而不敢起来反抗,坐听加害人的横行,毫无忌惮,如是,法律将为之毁灭。故凡劝告被害人忍受侵害,无异于助长加害人破坏法律。不法行为遇到权利人坚决反抗,往往会因之停止。是则法律的毁灭,责任不在于侵犯法律的人,而在于被害人缺乏反抗的勇气。我敢大胆主张"勿为不法"(thue kein unrecht)固然可嘉,"不宽容不法"(dulde kein unrecht)尤为可贵。盖不法行为不问是出之于个人,或是出之于官署,被害人若能不挠不屈,与其抗争,则加害人有所顾忌,必不敢轻举妄动。由此可知我的权利受到侵害,受到蔑视,就是人人权利受到侵害,受到蔑视。反之,我能保护权利,主张权利,讨还权利,就是人人权利均受保护,均有主张,均能讨还,故凡为一己的权利而奋斗,乃有极崇高的意义。①

本条是说明"欲"字,有位研究生问我,孟子曾说"可欲之谓善",老师之意如何?据《孟子》书中所载,孟子称乐正子为善人,浩生不害曰,何谓善?孟子曰,可欲之谓善(《孟子·尽心下》)。朱注,"天下之理,其善者必可欲,其恶者必可恶,其为人也可欲而不可恶,则可谓善人矣",朱子的解释乃犯了"同语反覆"(tautology)之病,而且善恶观念除时代思潮及社会环境之外,常依各人见解而不同,未必有绝对的标准。所以朱子之注吾人不能同意。赵岐注谓"己之可欲,乃使人欲之……己所不欲,勿施于人",赵注未曾离开"欲"字,比之朱注似胜一筹。案古人所谓"欲"大半是今人所谓欲望。人类对于日常生活一方感觉不足,同时又要求满足。感觉不足谓之欲,要求满足谓之望。凡人感觉不足,求之而能满足者,必生快乐之感。反是则发生苦痛感情。苦乐感情每可指示吾人何者当为,并警戒何者不当为。但各人的苦乐感情未必相同,所以由欲望而发生善恶观念亦往往随人而异。更进一步观之,吾人时时刻刻

---

① R. V. Jhering, *Der Kampf ums Recht*,余节译是书,收在《孟武自选文集》之中。

都可以看到外界现象。现象愈多,吾人的反应亦随之增加。在外界现象之中,其能适合吾人的心意者,吾人常觉得快乐而欲取得之;其不适合吾人的心意者,吾人心理又觉厌烦,由厌烦引起苦痛,而欲排除之。案苦乐在己,不在于外。《吕氏春秋》云:"耳之情欲声,心不乐,五音在前弗听。……欲之者耳……也,乐之弗乐者心也。"(卷五《仲夏纪第五》之四《适音》)是则外界现象给予吾人以刺激,而能引起吾人的快乐情绪者,乃视其是否与吾人的心意一致。吾人心意与外界现象的刺激不能一致,既无苦感,又无快感,则必视若无睹,听而不闻,从而不会发生取舍的欲望。因此,"己之可欲",别人未必也认为可欲。"己所不欲",别人未必就是不欲,以自己的欲不欲,来决定别人的欲望,这在心理学上颇有问题。不过自己既认为"不欲"了,就不能强迫别人欲之,这就是道德上所谓"恕"。

(四) 环境与人性

> 孟子谓戴不胜曰……有楚大夫于此,欲其子之齐语也,则使齐人傅诸,使楚人傅诸?曰,使齐人傅之。曰,一齐人傅之,众楚人咻之,虽日挞而求其齐也,不可得矣。引而置之庄岳之间数年,虽日挞而求其楚,亦不可得矣。(《孟子注疏》卷六《滕文公下》)
>
> 富岁子弟多赖,凶岁子弟多暴,非天之降才尔殊也,其所以陷溺其心者然也。(《孟子注疏》卷十一《告子上》)

上举第一条孟子之言与荀子所说,"居楚而楚,居越而越,居夏而夏,是非天性也,积靡使然也"(《荀子》第八篇《儒效》),完全相同。"靡"是顺从,习而成性,即习而成为品性之意。于此,我们对于品性是什么,不能不稍加说明。品性可以说是吾人心意活动的习惯,其与普通习惯不同者,普通习惯是指表现于行为的外部过程的习惯动作,品性则指作用于行为的内部过程的习惯心意。换言之,品性乃是个人心意之习惯的趋向。此种习惯的心意有两种来源,一是先天的，即由遗传而得到的心意习惯。二是后天的，即各人的境遇、环境、教育所铸成的心意习惯。先天的心意习惯在品性方面所占的地位未必比后天的心意习惯为大。因此，先天虽劣，可由后天以改良之。先天虽优，后天亦可变之为恶。孟子主张性善，但他却说，"居移气，养移体，大哉居乎"（《孟子·尽心上》），此言起居饮食对于人性的影响。荀子说，"夫人……得贤师而事之，则所闻者尧舜禹汤之道也；得良友而友之，则所见者忠信敬让之行也。身日进于仁义而不自知也者，靡使然也。今与不善人处，则所闻者欺诬诈伪也，所见者污漫淫邪贪利之行也，身且加于刑戮而不自知者，靡使然也"（《荀子》第二十三篇《性恶》）。靡之意义已述于上，各人的行为常与其人的品性有密切的关系，在普通情形之下，良善的行为多出于品性良善的人，邪恶的行为亦多出于品性邪恶的人。我们常依各人的品性批评该人的行为。我们知道某甲本来狡猾，就可推知其人必定奸邪。我们知道某乙本来正直，亦可推知其人必定诚信。故在选举制度之下，选民投票给哪一位候选人，可由各位候选人平素为人，推测他们会不会食言背约，舍公益而谋私利。

品性的优劣可以决定人格的高低。别人人格如何，知之已经不易，自己人格如何，更无自知之明。而人类常有一种幻想，以自己所幻想的价值当作自己实有的价值。由这幻想作用，就发生了名誉心，希望别人给予尊敬。名誉是由自己人格而来，尊敬则出于别人之心。一在于己，一在于人，两者本来不是同一的物。而察之实际情形，孔子所说"不患人之不己知"（《论语·学而》），实在不易。例如某甲人格本来高尚，苟他不能得到世人尊敬，心理必将发生苦闷，而感觉受了侮辱，终则一反常态，由善行而趋向于恶行。桓温谓"大丈夫不能流芳百世，亦当遗臭万年"，就是基于此种心理。又如某乙人格本来卑劣，而竟受到世人尊敬，也许其人因世人之尊敬，折节而为善人。不然，便由自欺作用，将更沽名钓誉，用世人的尊敬以填塞自己人格的空虚。其尤劣者，乃发生嫉妒之心，听到别人受了毁谤，虽不形之于色，而心中却有愉快之感。为什么感觉愉快？人非圣人，往往不欲别人名望高出于自己之上。愉快之感盖由别人名望之大，引起自己感觉自己名望之小，遂由嫉妒发生憎恶，更由憎恶而爱听别人受到毁谤。其实，他所憎恶者不是憎恶该人，而是憎恶该人名望之大。彼我本来是平等的,而彼我名望对比之后,竟然发见彼大而我小,于是就由嫉妒而厌恶其人。所以我们又可以说,他所憎恶者不是憎恶该人名望之大,而是憎恶自己名望之小,今既听到该人受了毁谤,便由该人名望的降低,而感觉自己名望未必不如该人。即把测量自己名望的尺度短缩一下,以增大自己的价值。这犹如兔子走在牛马之傍,自觉甚小,走在老鼠之傍,又自觉甚大,这是一种错觉。但在上述彼此名望的对比,不是错觉,而是妄想。要之,人士对于优秀的人所以有嫉妒憎恶之念,听到世人毁谤该人所以有喜悦之情,乃是一方承认优秀者的价值,同时又欲提高自己的价值,两种感情混合起来,而后才发生此种心境。

上举第二条就是韩非所说,"饥岁之春,幼弟不饷;穰岁之秋,疏客必食。非疏骨肉,爱过客也,多少之实异也"(《韩非子》第四十九篇《五蠹》)。《左》成六年韩献子谓晋公曰:"国饶则民骄佚。"《淮南子》说:"夫瘠地之民多有心力者,劳也。沃地之民多不才者,饶也。"(《淮南子》卷十九《修务训》)这都是说明环境可以改变人之情性。刘勰谓"饥馑之春,不赈朋戚。多稔之秋,飨及四邻。不赈朋戚,人之恶;惠及四邻,人之善。盖善恶之行出于性情,而系于饥穰也。以此观之,太丰则恩情生,窭乏则仁惠废也"(刘子《新论》第三十七篇《辩施》)。

第二节
政　治

（一）国家的要素

> 孟子曰,诸侯之宝三,土地、人民、政事。(《孟子注疏》卷十四下《尽心下》)

国家必有土地人民,无须说明。何谓政事?政事多端,简洁言之,不过内保治安,外御敌人。但要达成此两种任务,须有武力为后盾;运用武力之时,须有制度。武力就是权力,而为主权的渊源。制度就是统治组织,一方有命令的人,他方有服从的人,而对于命令的服从,又是出于强制,所以统治乃是命令与服从的强制关系。如何维持这种强制关系,孔子以之为礼,法家以之为法。管子说"法出于礼"(《管子》第十二篇《枢言》),荀子说"礼者法之大分"(《荀子》第一篇《劝学》)。即礼法一也,故荀子又谓"非礼是无法也"(《荀子》第二篇《修身》)。在吾国古代统治区域有天下、国、家三种。子曰,"天下国家可均也",孔颖达疏,"天下谓天子,国谓诸侯,家谓卿大夫也"(《礼记注疏》卷五十二《中庸》);本条孟子谓"诸侯之宝三",则统治区域当然只指诸侯所统治的国,非指天子所统治的天下。因之,近代所谓主权不属于诸侯及其所统治的国,而属于天子及其所统治的天下。礼云,"非天子不议礼、不制度、不考文"(《礼记注疏》卷五十三《中庸》),此言制定一切法制的权专属于天子。《公羊传》云:有天子存,诸侯不得专地(桓五年),不得专封(僖二年),不得专讨(宣十一年)。由此三者之不得专,可知诸侯国没有最高统治权,即所谓主权。

但是孟子时代,封建残滓尚未完全消灭。孟子生于周烈王四年(?),三十二年以前即周威烈王二十三年,王命晋大夫魏斯、赵籍、韩虔为诸侯。十五年以前即周安王十六年,王命齐大夫田和为诸侯。周室虽然早就不能控制诸侯,然诸侯易姓之时,须经天子任命,才真正列为诸侯。这犹如欧洲中世,各国虽然独立,而又互相攻战,但名义上各国仍隶属于神圣罗马帝国。必须受到神圣罗马帝国皇帝的册封,而后方能领有其土地而统治其臣民。唐自安史乱后,方镇在其领地,治兵缮垒,夺取署吏的权、征税的权、世袭领地的权,俨然成为独立的国家。然旧帅一死,或由子继承,或由将士选择新帅,均称为"留后"而邀命于朝廷,由朝廷正式任命为节度使。是则唐代天子自代宗以后,虽同周天子一样,对于地方徒拥虚位,而方镇名义上还是由天子除拜。案主权一语倡自法国学者布丹①(J. Bodin)。他于1577年发表《国家论》(*Six livres de la republique*)一书,提出"主权"观念,后来虽有许多学说,如"多元论"等等以为国家没有主权,但是到了最近,主权二字还见于各国宪法之上。我现在不谈现今学者的主权学说,而只谈类似封建国家的联邦国的主权。何以故?我们不宜以二千多年以前的孟子思想批评现今学说,同样,我们也不宜以现今学说批评二千多年以前的孟子思想。只因本条有"政事"二字,谈到主权,故不能不借联邦国的主权加以解释。近代联邦国家最著名的为美国、瑞士及德国。它们三个国家都是先有邦而后有国。从前学者及政治家都谓主权可分割于中央及地方之间。美国麦第逊②(J. Madison)说,"主权可分割于各邦与联邦之间,所以整个主权(the whole sovereignty)是部分主权(partial sovereignty)集合而成"③。1793年美国最高法院对于 Chisholm v.

---

① 今译作"博丹"。——编者
② 今译作"麦迪逊"。——编者
③ J.W. Garner, *Introduction to Political Science*, 1910, p. 259, n. 2.

Georgia (2 Dallas 419)的案件,曾判决云,"联邦对于各邦所让与的权力有主权,同时各邦关于其所保留的权力也有主权"①。就是在美国,不但私人学说,就是公家解释,均认主权可以分割。瑞士现行宪法制定于 1874 年,其第三条明文规定,"各邦在其主权未受联邦宪法限制的范围内,是主权国"。德国学者威兹②(G. Waitz)亦谓主权可分割于联邦与各邦之间③,我为什么举出美瑞德三国之例,盖欲借此说明孟子所谓"政事"若可解释为主权,则诸侯国亦有主权。

(二) 政治的起源

> (孟子)曰,或劳心,或劳力。劳心者治人,劳力者治于人。治于人者食人,治人者食于人,天下之通义也。(《孟子注疏》卷五《滕文公上》)

本条可以视为孟子说明统治关系的起源,余阅读社会学名著,许多学者的见解大约与孟子相差无几。劳心与劳力的区别由来已久,《左》襄九年晋知武子(荀䓨)说"君子劳心,小人劳力,先王之制也",即其一例。案政治现象复杂异常,但吾人稍加分析,亦可知道古往今来,政治现象均有一个共同的特质,这个特质就是统治,一方有劳心而发命令的人,他方有劳力而须服从命令的人。而对于命令的服从乃出于强制,所以统治不外命令与服从的强制关系。此种强制关系何以发生?人类不能离群索居,而如荀子所说"能不能兼技"(虽能者亦不能兼百工之技),"离居不相待则穷"(《荀子》第十篇《富国》),必须互相倚赖而有连带关系,但是同时又互相对立,又如荀子所说,"欲恶同物,欲多而物寡,寡则必争矣"(《荀子》同上)。由于连带关系,便发生了"众人的事"。由于互相对立,又使人众对于"众人的事"发生了各种不同的意见。怎样综合各种

---

① Ibid, p. 259, n. 3.
② 今译作"魏茨"。——编者
③ S. Brie, *Der Bundesstaat*, 1874, S. 105 ff.

不同的意见而统一之,乃是维持群居——社会和平的前提。这个统一的意见就是国家的意见,而可以强制人民服从,由此可知政治虽是管理众人的事,唯其管理却必须利用国家的统治权。管理而不必利用国家统治权者,不能称之为政治。说到这里,似与劳心劳力没有关系,其实不然。综合各种意见有恃于人,此人必有极高的智力。人类天分本来不同,纵在原始社会,各人的智力亦有差别。而群居生活又可由各人互相接触,而比较彼此智力的高低。凡有特别智力的人常受社会的尊敬,登上崇高的地位。他们无须工作,以取得生活资料,人众可供给他们以衣食之资。他们是有闲阶级,常将有闲时间去做别的工作,此种别的工作必是有利于大众的,而为大众所希望。为谋农作的方便,他们发明了天文学;为谋御敌的方便,他们发明了干戈矛盾;洪水为灾,他们发明了舟楫,建造了桥梁,又改良了房屋的构造。总而言之,此种人不是闲居无所事事,其智力常超过于众人之上,平时为君长,排难解忿,战时为元帅,指挥作战。荀子说,"君者善群也"(《荀子》第九篇《王制》),所谓君即指智力高超的人。从而孟子所说劳心与劳力的区别也随之发生了。《易》云,"备物致用立成器以为天下利,莫大乎圣人"(《周易》卷七《系辞上》)。又云,"古者包牺氏之王天下也……作结绳而为罔罟,以佃以渔……包牺氏没,神农氏作,斫木为耜,揉木为耒,耒耨之利,以教天下"(《周易》卷八《系辞下》)。《周易·系辞》之言可以补吾言之未尽。这是社会进化到某种阶段必有的现象,而又为社会继续进化的原因。

上文说到,凡利用国家统治权以管理众人的事,才可以称之为政治。所以政治的起源就是国家的发生,因此,本书不能不简单说明国家如何产生。孔子说,"饮食男女,人之大欲存焉"(《礼记注疏》卷二十二《礼运》)。饮食就是食欲,男女就是性欲;由于食欲,人类需要货财,由于性欲,人类需要婚姻。这两种需要乃是人之大欲,必然迫使人类要求解决,而成为社会进化的动力。

食欲就是人类的生存欲望,凡土地环境有利于人类的生存,人类必群趋而愿栖息于其地。所以人类自始就有群居的习惯。群居的人,社会学者称之为群(horde)。

人类既然群居于同一地域，则彼此之间必有往来交际。而为了觅食及防卫，又须共同协力，所以人类不但自始就有群居的习惯，并且自始由于协力，就有连带关系。这样，人类为维持各自的生存而发生连带关系之时，就构成为社会。人类不但有食欲，又有性欲。人类由于性欲，就有男女的结合。最初人类的两性生活是自由的、无纪律的，而为一种乱婚（promiscuity）。而既有婚配，则生育子女之后，同群的人必有同类意识。人类最初只因食欲，群居于同一地区，现在则有血缘关系以作他们结合的基础。于是"群"的关系更见密切，而进化为氏族（gens）。

氏族内婚（endogamy）经过若干年代之后，变为外婚（exogamy），其改变的原因大率由于经验，古人早已知道"男女同姓，其生不蕃"（《左》僖二十三年）。盖近亲结婚，所生子女或孱弱，或愚钝；而人类关于两性关系，也许自始就有嫌恶近亲结婚的性癖①。同一氏族的人既然禁止婚嫁，则男女要满足其性欲，不能不求对象于别个氏族。每个氏族均有一个图腾（totem），以表示其血缘关系，用自然界的物，如禽兽山川之类以作该氏族的标帜②。最初婚姻大率于黄昏之际，劫掠近邻的妇女，吾国古礼，结婚必举行于黄昏，而"婚"字从女又从昏，职此之故，学者称之为抢劫婚姻（robbery marriage）。不久，进化为团体婚姻（group marriage），这一群的姊妹与别一群的兄弟结婚，妻是兄弟所共有的，夫也是姊妹所共有的。人知有母，不知有父。父子之间没有亲睦的感情，而哺乳关系又令子女必须隶属于母，于是母对其子女便有一种权威，而使

---

① H. Cunow, *Die Marxsche Geschichts-, Gesellschafts-und Staatstheorie*, Bd II. 4 Aufl, 1923, S. 117.
② 吾国远古有伏羲氏及神农氏。伏羲与神农不是人名，而是两个氏族的名称。《易》称包牺氏"作结绳而为罔罟，以佃以渔"。神农氏"斫木为耜，揉木为耒，耒耨之利，以教天下"（《周易》卷八《系辞下》）。班固说：太昊"作罔罟，以田渔，取牺牲，故天下号曰炮牺氏"。炎帝"教民耕农，故天下号曰神农氏"（《汉书》卷二十一下《律历志》）。这可以证明伏羲氏为游牧民之集团、神农氏为农耕民之集团。据《帝王世纪》所说，伏羲蛇身人首，神农人身牛首（引自《周易》卷八《系辞下》孔颖达疏），世上当然不会有这样的人。没有而记载于历史之上，必有所本。我们以为蛇身人首乃伏羲氏之图腾，人身牛首则为神农氏的图腾。即中国在伏羲神农时代，已经脱离蒙昧阶段，而进化为图腾社会。吾人由这图腾，更可知其所代表的氏族的生活状态。蛇多潜匿于山岳森林之中，而以猎食禽兔为生。牛则生存于草原之地，而以嚼食刍草为生。由两个氏族之图腾，可以推测两个氏族的生活状态。

氏族呈现为母系形式(matronymics)①,男人须入赘于女家。

人类经济生活最初不过猎取禽兔,采撷果实,学者称之狩撷经济。人口增加,天然的产物不能供给人类的需要,人类就依居住地的环境,过去猎取禽兔者现在则饲养家畜,前此撷取果实者现在栽培谷物,而发生游牧经济或农耕经济。这个时代,社会情况大大改变。狩撷时代,一人一天的收获只能维持一人一天的生活。既无贮蓄,自无财产,不问男女,均须自食其力。反之,牧畜可以饲养,谷物可以保藏,既有贮蓄,便有财产,而游牧与农耕又需要强壮的体力,从而男人因体力较强及对于财产的贡献较大,遂成为财产的主人,母系氏族因之进化为父系氏族(partonymics)。从前男人入赘母家,儿童隶属于母系。现在男人成为一家之主,妇女入居男家,儿童隶属于父系。同时氏族之内亦因各人对于财产的贡献不同,乃以私有财产为中心,分裂为许多家族(family)。然而氏族本身并未破坏,而且组织更见严密。何以故呢?牧民需要牧场,农民需要耕地,他们为确保其牧场或耕地,更宜协力与合作。然而牧民逐水草而居,容易分散;农民散居于乡村,不易团结,并且分家之后,难免发生争端,故更需要组织,结合他们。这个组织还是氏族。氏族以血缘为基础,而礼拜同一祖宗之灵,又为解决纷争起见,乃于家长之中,推举一位辈分最高而经验最丰富的人为族长。族长一方为祭司而主祭,同时为士师而司审判,祭政一致,这是统治组织的原始形态。

食色,性也。由于食,发生经济问题。由于色,增加了人口。人口增加,两个以上的氏族就由接触而发生交换行为,最初是妇女交换,其次为货物交换。由于妇女交换,就融和了它们的血统。由于货物交换,又使它们在经济上有互相倚赖的关系,从而氏族与氏族之间就发生了亲睦感情,而结合为一个氏族联盟(phratry)。这个时期,若再因人口增加,而须向外发展,或遇外敌来侵,而须协力御侮,则氏族联盟必发展为部落(tribe)。万一战争之际,尚感觉人力不足,也许又同别个氏族联盟合组为一个部落。

---

① 古代之姓,如妫、姒、姬、姜等均从女旁。而"姓"字又从女,从生,这都可以表示吾国古代曾经过一度母系社会,为其代表者则为女娲氏。

部落只是军事团体，目的在于侵略别个部落，或抵抗别个部落的侵略。部落之内每个氏族还保全其独立的地位，除军事之外，一切事务仍由氏族处理。部落的组织本来是短暂的，只因作战之时，胜败完全看团结是否巩固，行动是否统一。要使团结巩固，行动统一，必须推举一位智勇之士指挥部落的人。战争愈长久，指挥愈必要，因之指挥者遂逐渐成为部落的酋长。人众对于酋长必须绝对服从，而后指挥方能灵敏，不然，战事失败是无疑的。酋长及其左右既然致力于指挥，自难从事觅食工作，于是人众因为希望部落得到胜利，不能不保障酋长及其左右的生活，而供给他们以生活资料。到了这个时期，部落之中就发生高级的分工，一方有治人的，他方有治于人的；治人者食于人，治于人者食人。统治形态又见进步，而国家组织亦在发生过程之中。兹宜附带一提者，部落是以氏族为基础（例如周之部落最少必包括姬姜两个氏族），氏族之间互通婚姻，所以部落仍不失为血统团体。酋长平时主祭，战时主军，而对于两个氏族的纠纷，则司裁判。古人谓"国之大事唯祀与戎"，祀及戎是原始时代的重要政治。

国家发生的过程可分别为两种：一种是一个部落征服别个部落而后组织起来的。此种建国过程在中外历史上不乏其例。征服的原因常出于生存上的必要。一个部落居于贫瘠之地，人口增加，食粮缺乏，势必出来侵略。战争虽然是一种牺牲，但是战胜之后，可以占领其土地，劫取其货财，奴役其人民。幸而获胜，战胜者为了预防战败者的反抗，不能不监视战败者，又为了监视便利起见，不能不和战败者同住于一个地方，组织中央机关，借以统治他们。历时既久，两个部落渐次同化，不但奉同一的宗教，用同一的语言，有同一的习惯，并且因为互相通婚，而发生共同的血统，又因为生活在同一环境之下，铸成了同一的感情。于是部落偏见渐次消灭，代之而发生者则为同种的观念，而国家形态也随之渐次具备。

另一种国家是由一个部落受了敌人攻击，乃集合近邻许多部落，结为攻守同盟，而后组织起来的。汉时诸羌因受汉族压迫，乃解仇诅盟而立国（《汉书・赵充国传》《后汉书・西羌传》）；唐时回纥因受突厥压迫，乃结合十五部落而立国（《新唐书・回纥传》），都是其例。部落的同盟是由军事上的必要，因之同盟的职务也以军事为主。各部落的酋长固然集合起来,组织一个会议,借以处理同盟的事务,但是军事上的指挥需要统一,所以同盟之中也产生了一个领袖。这个领袖最初只是战时的元帅。不过战事与政事不能绝对分开,战争既久,便变成平时的君长,不但管理军事,且又管理政事。职务既然增加,则不能不设置中央机关,把从前部落独立管理的许多政事,宣告为共同政事,而由中央机关管理之。到了这个时候,前此为了生存竞争暂时结合的同盟,便进化为永久组织的国家。

国家的发生固然有两种形式,一种由于征服,另一种由于防御。然而我们由此亦可知道国家是人类要解决自己的生存,乃用合群之力,即用协力而造成的一种组织。所以人类不受生存的胁迫,不会组织国家;生存虽受胁迫,倘人类不知协力,国家也不会发生。所谓国家是武力造成的团体,由社会学的眼光观之,的确不错。

(三) 一治一乱

天下之生久矣,一治一乱。当尧之时,水逆行,泛滥于中国,蛇龙居之,民无所定,下者为巢,上者为营窟。《书》曰,洚水警余。洚水者,洪水也。(乱)使禹治之,禹掘地而注之海,驱蛇龙而放之菹。水由地中行,江淮河汉是也。险阻既远,鸟兽之害人者消,然后人得平土而居之。(治)尧舜既没,圣人之道衰,暴君代作。坏宫室以为污池,民无所安息;弃田以为园囿,使民不得衣食;邪说暴行又作。园囿污池,沛泽多而禽兽至。及纣之身,天下又大乱。(乱)周公相武王,诛纣伐奄,三年讨其君,驱飞廉于海隅而戮之,灭国者五十,驱虎豹犀象而远之,天下大悦(治)……世衰道微,邪说暴行有作,臣弑其君者有之,子弑其父者有之……圣王不作,诸侯放恣,处士横议……天下之言不归杨则归墨……杨墨之道不息,孔子之道不著,是邪说诬民,充塞仁义也。仁义充塞,则率兽食人,人将相食。(乱)(《孟子注疏》卷六下《滕文公下》)

孟子只谓一治一乱，到了东汉之末，仲长统又进一步，以为"乱世长而化世短"，且世愈下而乱愈烈。他说，"昔春秋之时，周氏之乱世也，逮乎战国则又甚矣。秦政乘并兼之势，放虎狼之心，屠裂天下，吞食生人，暴虐不已，以招楚汉用兵之苦，甚于战国之时也。汉二百年而遭王莽之乱，计其残夷灭亡之数，又复倍乎秦、项矣。以及今日，名都空而不居，百里绝而无民者，不可胜数，此则又甚于亡新之时也。悲夫，不及五百年大难三起，中间之乱尚不数焉。变而弥猜，下而加酷，推此以往，可及于尽矣。嗟乎，不知来世圣人救此之道将何用也？又不知天若穷此之数，欲何至邪"（《后汉书》卷四十九《仲长统传·理乱篇》）。宋司马光依仲长统之说，以为天下一分一合，合短而分长，"自周室东迁以来，王政不行，诸侯并僭，分崩离析，不可胜纪，凡五百有五十年而合于秦。秦虐用其民，十有一年而天下乱，又八年而合于汉。汉为天子二百有六年而失其柄。王莽盗之，十有七年而复为汉。更始不能自保，光武诛除僭伪，凡十有四年然后能一之。又一百五十有三年，董卓擅朝，州郡瓦解，更相吞噬。至于魏氏，海内三分，凡九十有一年而合于晋。晋得天下才二十年，惠帝昏愚，宗室构难，群胡乘衅，混乱中原，散为六七，聚为二三，凡二百八十有八年而合于隋。隋得天下，才二十有八年，炀帝无道，九州幅裂，八年而天下合于唐。唐得天下一百有三十年，明皇恃其承平，荒于酒色，养其疽囊，以为子孙不治之疾，于是渔阳祸发，而四海横流矣。肃、代以降，方镇跋扈，号令不从，朝贡不至，名为君臣，实为仇敌。陵夷衰微，至于五代，三纲颓绝，五常殄灭；怀玺未暖，处宫未安，朝成夕败，有如逆旅；祸乱相寻，战争不息，流血成川泽，聚骸成丘陵，生民之类，其不尽者无几矣。于是太祖皇帝受命于上帝，起而拯之，躬擐甲冑，栉风沐雨，东征西伐，扫除海内。当是之时，食不暇饱，寝不遑安，以为子孙建太平之基。大勋未集，太宗皇帝嗣而成之，凡二百二十有五年，然后大禹之迹复混而为一，黎民遗种始有所息肩矣。由是观之，上下一千七百余年，天下一统者五百余年而已"（《司马温公文集》卷三《进五规状·保业》，中华版）。在司马光之前，李觏曾谓人之情，治极思乱，乱极思治，而未说出治乱的根本原因。他说："治之民思乱，乱之民思治，何也？生无事之时，身安而意侈。刑弛矣，急之则惊；敛轻矣，加之则怨。力未尝斗，自谓勇；心未尝谋，自谓智。知兵之利而未见兵之害,小不得意,则欲翼而飞矣。故曰,治之民思乱也。处多难之世,城者不肆,野者不稼,强者僵于战,弱者毙于饿,父母妻子,劫束屠脍,然后见兵之害,而不获兵之利,幸而有主,则将雨其槁矣。故曰,乱之民思治也。思治矣,虽中才可得其欢;思乱矣,非圣人不能弭其渐。"(《李直讲文集》卷二十一《备乱》,商务版)依吾人之意,中国为农业国家,当时交通不便,且无国际通商,不能运输外国的粮食以供国人之用。所以农业的生产力若不能供给社会的需要,或土地集中于少数人,而致多数农民被排斥于农村之外,变为流民,则必发生大乱。乱极之时,老弱者填于沟壑,壮者散而之四方,死于刀兵,社会的消费力减少了,而地主流亡,土地变为无主的土地,任人横领而耕种之,于是天下又归于治。吾国一部二十五史无非说明一治一乱的现象,明代李贽对此亦有说明。照他说,"一治一乱若循环。自战国以来不知凡几治几乱矣。方其乱也,得保首领已为幸矣。幸而治,则一饱而足,更不佑其为粗粝也。一睡而安,更不知其非广厦也。此其极质极野无文之时也。非好野也,其势不得不野,虽至于质野之极而不自知也。迨子若孙,则异是矣。耳不闻金鼓之声,足不履行阵之险,惟知安饱自适而已,则其势不极文固不止也。所谓其作始也简,其将毕也必巨,虽神圣在上,不能反之于质与野也。然文极而天下之乱复起矣"(《李氏藏书》卷一《世纪总论》)。李氏之所谓"质"似指大乱刚平,一切均归破坏,但人口锐减,大众均有粗食以充饥,陋室以蔽风雨。"文"似指乱后小康,复兴工作渐次完成,大众已经忘记前此之艰苦,而要求珍食美衣。然而人口蕃庶,又暗示了乱事之将发生,社会反复一治一乱,而现出弱肉强食的现象,这是天演的公理,虽圣君亦莫如之何。李氏说,"强者弱之归,不归必并之;众者寡之附,不附即吞之。此天道也,虽圣人其能违天乎哉"(《温陵集》卷十九《答人难无为》《道古录》)。一方弱肉强食,他方人类均有生存欲望,太平时代道德观念可以控制人类的行为,丧乱之世道德有时反成为人类生存的障碍,所以乱世之人往往没有道德观念。道德观念一旦消灭,求生便成为人类的最高目的。一切活动既然集中于求生,则求生又变为乱世道德的最高标准。一个方法可以使人达到求生的目的,纵令违反道德,人众也视之为道德。一个方法不能使人达到求生的目的,纵令合于道德,人众也视之为罪恶。此即孟子所说"邪说诬民,充塞仁义也"。我赞成《淮南子》之言,"世治则愚者不能独乱,世乱则智者不能独治"(《淮南子》卷二《俶真训》)。王符亦有同一言论,他说:"凡为人上,法术明而赏罚必者,虽无言语而势自治。治势一成,君自不能乱也,况臣下乎?法术不明而赏罚不必者,虽日号令,然势自乱。乱势一成,君自不能治也,况臣下乎?是故势治者虽委之不乱,势乱者虽勤之不治也。"(《潜夫论》第三十一篇《明忠》)

然则一治一乱的原因何在?简单言之,是由经济问题而发生,即由人民生活问题而发生。吾国古代以农立国,在农业国家,必须全国粮食的生产能够供给全国消费之用,所以土地问题就成为一治一乱的原因。土地问题可分两种:一是土地的生产不能供给全国人口的需要,这可谓社会之绝对的贫穷;二是土地的生产固然可以供给全国人口的需要,只因税重役繁加在农民身上,而官僚资本及商业资本又乘机兼并土地。土地集中于少数人,多数农民被排斥于农村之外,失去衣食之道,这可谓社会之相对的贫穷。相对的贫穷可用社会政策,如救贫、公有地的颁发等等,以挽救危机的爆发。绝对的贫穷除向外发展,以取得新土地,或改良农业技术,以增加粮食的生产之外,办法殊少。两种贫穷都可以促使农民离开农村,先为流民,转为流寇,初则盗匪遍地,次则群雄割据,终则中央政权颠覆。中央政权既已颠覆,群雄为争夺帝位,更从事于交战。一般民众受了兵灾之祸,老弱者填于沟壑,壮者投身于群雄的军队之中,互相残杀,于是人口锐减,社会的消费力随之减少。这个时候若有一位雄才大略的人出来收拾残局,便可扫荡群雄,统一全国,出现小康的局面。小康既久,人口又复增加,土地又发生问题,于是复循着此前的路线,发生大乱,这是一治一乱的原因。在一治一乱之时,我们不要忽视士人阶级及商业资本的作用。

先就士人阶级言之,吾国过去士人与今日知识阶级不同。士人以治国平天下为己任,而欲治国平天下,须先夺取政权。换言之,必须出仕为宦。所以士人人数须与职官额数保持一定的比例。士人过剩,若有大部分士人不能吸收于政界之内,而变为游士,社会必现出杌陧不安的现象。这已说明于《孔子》之章,当再讨论于《荀子》之章。兹举苏轼之言以供读者参考。苏轼说,

"春秋之末至于战国,诸侯卿相皆争养士……度其余当倍官吏而半农夫也……夫智勇辨力此四者皆天民之秀杰者也,类不能恶衣食以养人,皆役人以自养者也。故先王分天下之贵富于此四者共之。此四者不失职,则民靖矣。四者虽异,先王因俗设法,使出于一。三代以上出于学,战国至秦出于客,汉以后出于郡县吏,魏晋以来出于九品中正,隋唐至今出于科举,虽不尽然,取其多者论之。六国之君虐用其民,不减始皇、二世。然当是时,百姓无一人叛者,以凡民之秀杰者多以客养之,不失职也。其力耕以奉上,皆椎鲁无能为者,虽欲怨叛而莫为之先,此其所以少安而不即亡也。始皇初欲逐客,用李斯之言而止;既并天下,则以客为无用……堕名城,杀豪杰,民之秀异者散而归田亩,向之食于四公子、吕不韦之徒者,皆安归哉?不知其能槁项黄馘以老死于布褐乎,抑将辍耕太息以俟时也"(《苏东坡全集·后集》卷十一《志林》,世界版)。

次就商业资本言之,社会呈出小康现象之时,不但社会安定而已,农业生产物亦随之增加。农产物生产的增加可以发生剩余农产物的贩卖,而剩余农产物的贩卖有恃于商人者甚多。商人虽然蓄积财富,但社会的贫穷、消费力的低落,又令商人不愿投资于工业,使农业社会进展为工商业社会,而依"以末得之,以本守之"的方法,将资本投于土地之上。于是农村之内发生了兼并的现象。再加上官僚资本侵入农村,农民失去土地者更多。又者,吾国古代赋税以田赋为主,农民要缴纳赋税,还要吃盐,并以铁耕,此数者都是要用货币的。但是农民所有的是米谷,不是货币。农民要取得货币,须将米谷卖给商人,商人则乘农民的穷急,贱价以购米谷;又乘农民的需要,高价以贩盐铁。农民受了商人的剥削,单单耕田,不能维持一家的生计。结果,健壮的男子均出外做工,土地的耕耘则委于老弱的妇女。农业渐渐离开商品生产的领域而变为家计的一部。换言之,农业不以贩卖为目的,而以生产一家所需要的食粮为使命,于是农业生产力愈降低,而农村也渐次破坏。在这种情况之下,农民的生活当然困苦,万一凶年歉收,一家的生计就无法维持,只有向财主借债,等到丰年之时,再把债务还清。但是财主所有的不是货物,而是货币;农民所借的也不是货物,而是货币。即农民将借来的货币购买生活必需品,以维持一家的生计。这样一来,则是农民于货币的价值最低廉的时候借了货币,而于货物的价格最昂贵的时候买了货物;更于货币的价值最昂贵的时候还了货币,而于货物的价格最低廉的时候卖了货物。所以农民愈益贫穷,弄到结果,竟然不能偿清债务,而须"卖田宅,鬻子孙,以偿债者矣"。农民卖田宅以偿债,由是商人及官僚更兼并了土地。固然吾国古代常施行重农轻商政策,其实乃如汉文帝时晁错之言,"今法律贱商人,商人已富贵矣。尊农夫,农夫已贫贱矣"(《汉书》卷二十四上《食货志》)。这不但汉代如此,任何朝代莫不皆然。宋代学者李觏曾说明商人如何控制农民,兹抄录其言如下,以供读者参考。觏之言曰,"愚以为贱则伤农,贵亦伤农。贱则利末,贵亦利末。盖农不常籴,有时而籴也。末不常籴,有时而籴也。以一岁之中论之,大抵敛时多贱,而种时多贵矣。夫农劳于作,剧于病也,爱其谷甚于生也。不得已而籴者则有由焉,小则具服器,大则营婚丧,公有赋役之令,私有称贷之责,故一谷始熟,腰镰未解,而日输于市焉。籴者既多,其价不得不贱,贱则贾人乘势而罔之,轻其币而大其量,不然,则不售矣。故曰敛时多贱,贱则伤农而利末也。农人仓廪既不盈,窦窖既不实,多或数月,少或旬时而用度竭矣。土将生而或无种也,末将执而或无食也,于是乎日取于市焉。籴者既多,其价不得不贵,贵则贾人乘势而闭之,重其币而小其量,不然,则不予矣。故曰种时多贵,贵亦伤农而利末也。农之籴也,或阖顷而收,连车而出,不能以足用。及其籴也,或倍称贱卖,毁室伐树,不能以足食。而坐贾常规人之余,幸人之不足,所为甚逸,而所得甚饶,此农所以困穷,而末所以兼恣也"。然则常平之法如何?李觏以为"一郡之籴不过数千万,其余毕入于贾人。至春当籴,寡出之,则不足于饥也;多出之,则可计日而尽也。于是贾人深藏而待其尽,尽则权归于贾人矣"(《李直讲文集》卷十六《富国策第六》,商务版)。李觏之言不易了解,其意盖谓大熟之年,一郡收获何止千万,常平仓自难全部收购,只有坐听巨商大贾籴去最大部分,囤积起来。大饥之年常平仓虽用贱价籴谷,而囤积最大分量的商人若袖手旁观,不肯放籴,坐待仓谷将尽之时,乘机抬价,则常平仓虽然设置,亦复无补于事。

(四) 统一——统一与武力、统一与革命的区别

孟子见梁襄王,出语人曰……(王)卒然问曰,天下恶乎定? 吾对曰,定于一。孰能一之? 对曰,不嗜杀人者能一之。孰能与之? 对曰,天下莫不与也。王知夫苗乎? 七八月之间旱,则苗槁矣。天油然作云,沛然下雨,则苗浡然兴之矣。其如是,孰能御之? 今夫天下之人牧未有不嗜杀人者也,如有不嗜杀人者,则天下之民皆引领而望之矣。诚如是也,民归之由水之就下,沛然谁能御之。《孟子注疏》卷一下《梁惠王上》)

孟子以为天下必须"定于一",而后人民方能脱离战争之祸,其法则为施行仁政,仁政亦即王政。照孟子说"苟行王政,四海之内皆举首而望之,欲以为君"(《孟子·滕文公下》),"国君好仁,天下无敌"(《孟子·离娄上》《尽心下》)。孟子此言未免太过乐观。案国家之乱或由于政治腐化,或由于地方割据。前者用革命,后者用统一。革命与统一不同,统一是结束割据的局面,革命是推翻腐化的政府。推翻腐化的政府,武力固然必要,有时亦可不用武力,而用和平政策渐次改良。结束割据的局面,武力则为万不可缺的工具。因为割据完全依靠武力,打倒武力只有利用武力,这是中外历史所共同的。周代以前,国家组织极其松懈,所谓天子不过是最强部落的酋长,力足以屈服其他部落,各部落尊之为共主。凡权力能够控制各部落,均是天子。权力不能控制各部落,则各部落独立,霸权或又移于别一个部落酋长。王船山说,"三代以上,诸侯有道,天下归之,则为天子。天子无道,天下叛之,退为诸侯"(《读通鉴论》卷六《光武》)。诸侯亦与后代的藩国不同,"古之诸侯受之始祖,天子易位,而国自如。汉之列侯(《汉书·百官公卿表》云,列侯所食县曰国)受之天子,天子失天下,则不得复有其封国,非己所得私也"(《读通鉴论》卷七《明帝》)。即古代先有诸侯,而后才有天子,天子只是天下之共主。吾人观夏时太康盘游无度,而为有穷氏后羿所篡;后羿不修民事,又为伯明氏寒浞所杀;寒浞无道,少康复即帝位。由太康至

少康,中间尚有两帝(帝仲康及帝相)嗣位(《史记》卷二《夏本纪》)。由此可知所谓太康"失邦"(《尚书·五子之歌》),不过失去霸权,并未失去部落酋长之位。岂但夏而已,舜代尧,禹代舜,而"尧子丹朱、舜子商均皆有疆土"(《史记》卷一《五帝本纪》),即尧舜之后仍为部落酋长。史载禹会诸侯于涂山,执玉帛者万国,殷初尚有三千,武王伐纣,诸侯不期而会孟津者还有八百,此皆可以证明三代诸侯的领地均不是受之于天子。王船山说,"古之诸侯皆自有兵,周弗能夺,而非予之也"(《读通鉴论》卷十一《晋武帝》)。形势如斯,所以柳宗元说,"封建非圣人意,然而历尧舜三王莫能去之,非不欲去之,势不可也"(《柳河东全集》卷三《封建论》,世界版)。

夏殷两代传祚甚久,共主遂有权威,而令汤武革命不能不用武力,推翻腐化的政府。即殷之代夏,周之代殷,乃是革命与统一合而为一。周兴,原始国家由周公的经营,改造为封建国家。东迁以后,天子不能控制诸侯,诸侯反而侵陵天子。陵迟而至战国,即在孟子时代,封建国家早已破坏,而变为割据的局面,所以战国以后只有统一问题,而无革命问题。王安石说,"古之人欲有所为,未尝不先之以征诛,而后得其意"。"孟子虽贤,其仁智足以一天下,亦安能毋劫之以兵革,而使数百千里之强国,一旦肯损其地之十八九,比于先王之诸侯?"(《王临川全集》卷三十九《上仁宗皇帝言事书》,世界版)善哉斯言!孟子生于战国初期,列国力征,攻战不已,而却没有一个国家,力足以统一天下。孟子看到了此种情况,故认为天下定于一的理想不是武力所能达成的。荀子生长于战国末期,秦的国力已经超过各国,而秦的地理形势又便于征服山东诸侯,荀子不反对武力统一,固有理由。《吕氏春秋》著作于秦始皇初年,天下大势由秦统一,比之荀子时代,更见显明。故它说:"争斗之所自来者久矣,不可禁,不可止……国无刑罚,则百姓之相侵也立见;天下无诛伐,则诸侯之相暴也立见。故怒笞不可偃于家,刑罚不可偃于国,诛伐不可偃于天下,有巧有拙而已矣。"(卷七《孟秋纪第七》之二《荡兵》)又说,"夫攻伐之事未有不攻无道而伐不义也。攻无道而伐不义,则福莫大焉,黔首利莫厚焉。禁之者是息有道而伐有义也。是穷汤武之事,而遂桀纣之过也。凡人之所以恶为无道不义者,为其罚也;所以蕲有道行有义者,为其赏也。今无道不义存,存者赏之也;而有道行义穷,穷者罚之也。赏不善而罚善,欲民之治也,不亦难乎"(同上《孟秋纪》

之三《振乱》）。汉初，《淮南子》亦说："兵之所由来者远矣。黄帝尝与炎帝战矣，颛顼尝与共工争矣。故黄帝战于涿鹿之野，尧战于丹水之浦，舜伐有苗，启攻有扈，自五帝而弗能偃也，又况衰世乎？夫兵者，所以禁暴讨乱也。炎帝为火灾，故黄帝禽之；共工为水害，故颛顼诛之。教之以道，导之以德而不听，则临之以威武。临之威武而不从，则制之以兵革。故圣人之用兵也，若栉发耨苗，所去者少，而所利者多。杀无辜之民，而养无义之君，害莫大焉；殚天下之财，而澹一人之欲，祸莫深焉。使夏桀、殷纣，有害于民而立被其患，不至于为炮烙；晋厉、宋康，行一不义而身死国亡，不至于侵夺为暴。此四君者，皆有小过而莫之讨也。故至于攘天下，害百姓，肆一人之邪，而长海内之祸，此大伦之所不取也。所为立君者，以禁暴讨乱也。今乘万民之力，而反为残贼，是为虎傅翼，曷为弗除？夫畜池鱼者必去猵獭，养禽兽者必去豺狼，又况治人乎？"（《淮南子》卷十五《兵略训》）晋代葛洪说，"莫不贵仁，而无能纯仁以致治也。莫不贱刑，而无能废刑以整民也。或云，明后御世，风向草偃，道洽化醇，安所用刑？余乃论之曰，夫德教者黼黻之祭服也，刑罚者捍刃之甲胄也。若德教治狡暴，犹以黼黻御剡锋也。以刑罚施平世，是以甲升庙堂也。故仁者养物之器，刑者惩非之具。我欲利之，而彼欲害之，加仁无悛，非刑不止，刑为仁佐，于是可知也"（《抱朴子外篇》卷十四《用刑》）。又说："俗儒徒闻周以仁兴，秦以严亡，而未觉周所以得之不纯仁，而秦所以失之不独严也。昔周用肉刑，刖足劓鼻，盟津之令，后至者斩，毕力赏罚，誓有孥戮，考其所为，未尽仁也。及其叔世，罔法玩文……礼乐征伐，不复由己，群下力竞，还为长蛇……失柄之败，由于不严也。秦之初兴，官人得才……兼弱攻昧，取威定霸，吞噬四邻，咀嚼群雄，拓地攘戎，龙变虎视，实赖明赏必罚，以基帝业。降至杪季，骄于得意，穷奢极泰……天下有生离之哀，家户怀怨旷之叹……天下欲反，十室九空。其所以亡，岂由严刑？此为秦以严得之，非以严失之也。"（同上《用刑》）

宋代李觏依孔子"唯仁人为能爱人，能恶人"（《大学》）之说，谓"术于仁者皆知爱人矣，而或不得爱之说。彼仁者爱善不爱恶，爱众不爱寡。不爱恶，恐其害善也。不爱寡，恐其妨众也。如使爱恶而害善，爱寡而妨众，则是仁者天下之贼也，安得圣贤之号哉"（《李直讲文集》卷二十一《本仁》，商务版）。进而主张兵之必要。他说:"兵之作尚矣,黄帝尧舜以来,未之有改也。故国之于兵,犹鹰隼之于羽翼,虎豹之于爪牙也。羽翼不劲,鸷鸟不能以死尺鹢。爪牙不锐,猛兽不能以肉食。兵不强,圣人不能以制褐夫矣。"(同上卷十七《强兵策第一》)我所以历举先哲之言,盖欲证实孟子反对武力统一之说,纵是古人亦不赞成。

(五) 思想的统一

圣王不作,诸侯放恣,处士横议,杨朱、墨翟之言盈天下,天下之言不归杨则归墨。杨氏为我,是无君也。墨氏兼爱,是无父也。无父无君,是禽兽也……杨墨之道不息,孔子之道不著,是邪说诬民,充塞仁义也。仁义充塞,则率兽食人,人将相食。(《孟子注疏》卷六下《滕文公下》)

本条是孟子主张统一的国家需要人民于精神上能够统一。简单言之,即要求思想的统一。观"孔子之道不著"一语,可知孟子欲用孔子之道以统一思想。孔子曾言:"攻乎异端,斯害也已。"(《论语·为政》)邢昺疏,"正义曰,此章禁人杂学。攻,治也。异端谓诸子百家之书也。言人不学正经善道,而治乎异端之书,斯则为害之深也"。朱注引"范氏曰,攻,专治也……异端非圣人之道,而别为一端如杨墨是也。其率天下至于无父无君,专治而欲精之,为害甚矣"。即邢昺以异端为"诸子百家之书",朱熹以异端为"非圣人之道"。"攻"训为"治","治"解释为精细研究,此果是孔子之意么? 由余观之,攻之意义为攻击,孔子盖谓攻击异端,只有害而无益。案"异端"二字本来没有贬损之意。今儒陈大齐先生谓"通读《论语》全书,未见有用'端'字以称呼学说或思想的,其表示学说或思想都用'道'"字……《论语》用"异"字有多次,均表示事实上的不同,不含有贬义。《孟子》一书亦何莫不然。本条"杨墨之道不息",也是用"道"字表示杨墨的学说或思想。孟子排斥杨墨,只称呼之为"邪说",并未称呼之为"异端"。然则异端是什么? 我同意陈大齐先生的解释。他谓"异端为两端中的另一端,两端互为异端,自甲端望乙端,则乙端为异端,改自乙端望甲端,则甲端为异端。故异端不是固定的,而是随时变动的"(陈著《两端、异端、过与不及、中》,收在《孔子言论贯通集》)。但陈先生举《论语·子罕》"有鄙夫问于我……我叩其两端而竭焉"为证,我则欲举《礼记》(注疏卷五十二《中庸》)《中庸》"子曰,舜其大知也与?舜好问而好察迩言,隐恶而扬善,执其两端,用其中于民,其斯以为舜乎"。文中有"两端"及"中"字。两端依陈大齐先生的解释,则黑格尔(G. Hegel)的辩证法"正反合",可说是创自孔子。

孟子要求思想的统一,荀子亦然[本书第三章第五节之(一)统一]。荀子属于儒家,其政治思想多依孔子之道,但他未曾明白说出用哪一种学说以统一思想,其门人李斯、韩非也是一方知道思想有统一的必要,他方未曾积极地提出用哪一种思想以统一思想。汉代董仲舒则向武帝建议,表彰六经而罢黜百家。董仲舒之言如次:"《春秋》大一统者,天地之常经,古今之通谊也。今师异道,人异论,百家殊方,指意不同。是以上亡以持一统,法制数变,下不知所守。臣愚以为诸不在六艺之科、孔子之术者,皆绝其道,勿使并进。邪辟之说灭息,然后统纪可一,而法度可明,民知所从矣。"(《汉书》卷五十六《董仲舒传》)要之,秦皇汉武均知统一的国家需要思想的统一。但始皇从李斯之议,只知禁私学,"无先王之语,以吏为师",而不能拿出一种中心思想以作准绳。所以我们在历史上只见始皇摧残思想,未见始皇指导思想。武帝从董仲舒之言,其做法比之始皇高明多了。用儒家以罢黜百家,就是用仁义以推翻纵横权诈之说,试问谁能反对?其实武帝何曾实行孔子之说,更何曾重视儒生?武帝元封五年下诏征求跅弛之士,待以不次之位(《汉书·武帝纪》)。儒生不过董仲舒(治《春秋》,位至国相)、公孙弘(治《春秋》杂说,位至丞相)、兒宽(治《尚书》,位至御史大夫)三人,而此三人又皆"明习文法,以经术润饰吏事"(《汉书》卷八十九《循吏传》序)。汉宣帝说:"汉家自有制度,本以霸王道杂之,奈何纯任德教,用周政乎?"(《汉书》卷九《元帝纪》)古人均以霸道为刑,王道为仁,但是周政哪里是纯仁。宋李觏对于宣帝之言,有诗云:"孝宣应是不知书,便谓先王似竖儒。若使周家纯任德,亲如管蔡忍行诛。"吾引此诗,盖证明周政亦尝用刑。元帝"少而好儒,及即位,征用儒生,委之以政"(《汉书·元帝纪》赞)。降至成哀,丞相由儒出身者甚多,他们"服儒衣冠,传先王语……然皆持禄保位,被阿谀之讥"(《汉书》卷八十一

《匡衡等传》赞)。李觏曾谓自古以来,"用儒而治者有之矣,用儒而乱者有之矣,故儒得其人则为福,不得其人则为贼。以小人之质而被圣贤之文,如虎斯翼,固攫人于都市耳"(《李直讲文集》卷二十一《辨儒》)。匡衡"经学绝伦",他于元帝建昭三年为相,时宦者石显用事,衡不敢失其意。成帝建始三年有司奏衡专地盗土,坐免。张禹"经学精明",他于成帝河平四年为相,内殖货财,买田至四百顷,皆泾渭溉灌,极膏腴上价。鸿嘉元年以老病乞骸骨,虽罢相就第,而天子敬厚不衰,有大政,车驾常自临问之。时外戚王氏专政,灾异数见,禹以年老子孙衰,谓上曰,圣人不语怪神,俗儒之见,不足信也。上由此不疑王氏。孔光"经学尤明",成帝绥和二年为相,哀帝即位,王莽辅政,以光名儒,天下所信,备礼事光。莽所欲搏击,辄为草,讽光令上之。光屡仆屡起,历成哀平三世,居公辅位,前后十七年,平帝元始五年薨。(《汉书》卷八十一各本传)以上所举三人均足以证明俗儒虽读孔子之书,而行为乃有悖于孔子之道。身跻宰辅之位,而皆令色足恭,外厉内荏,以虚事上,无佐国之实,甚至于谄事廷臣,假官权用贪墨以致富。案孔子之道莫贵乎《春秋》大义,《春秋》有权有经。"权者何?权者反于经,然后有善者也。"(《公羊传》桓公十一年九月)即守经有害于国,行权有利于国,此际可以行权。试举一例言之,大夫在其国内,重要政事不得自专,自专可以破坏官纪,而引起纠纷。至在国外则不然了。"大夫……出竟,有可以安社稷,利国家者,则专之可也。"(《公羊传》庄公十九年秋)但俗儒只知守经,不敢行权。宣帝末,莎车叛汉,欲以国属匈奴,冯奉世矫制发诸国兵,击莎车,杀其王,威震西域。少府萧望之"经明"(见《萧望之传》)而为明儒(见《匡衡传》)。乃谓奉世擅矫制违命,虽有功效,不可以为后法,奉世遂不受封侯之赏(详《汉书》卷七十九《冯奉世传》)。元帝时,匈奴郅支单于杀汉使,反叛于西域,西域副都尉陈汤矫制发兵诛杀郅支,平定西域。丞相匡衡"经学绝伦"(《匡衡传》),竟斥陈汤擅兴师矫制,生事于蛮夷,渐不可开。及至成帝即位,匡衡又奏汤颛命蛮夷,不宜处位,汤遂以此免官(详《汉书》卷七十《陈汤传》)。俗儒不识《春秋》大义,孔子之道竟堕落为保守、退却、畏缩,终至于愚昧,已开始于西汉末期。

光武中兴,每朝罢,"数引公卿郎将,讲论经理,夜分乃寐"(《后汉书·光武帝纪》中元二年），功臣亦多近儒（参阅《廿二史札记》卷四《东汉功臣多近儒》），道墨名法纵横杂家之说渐次失传。学术上及政治上只见儒生横行，儒家没有竞争的敌人，固然退化，违离道本，而中国人才也一天一天地减少。吾人须知孔子虽然主张礼治——德治，而却不反对法治——刑治。东汉儒家因孔子曾说，"其身正，不令而行；其身不正，虽令不从"（《论语·子张》），其举士遂以贤为主，以能为辅。政府所征辟之士均以经明行修为主，但贤者未必有才，单单尚贤，任用的人常是循常习故之徒，致令政界缺乏奋发进取之气。商鞅有言，"凡人臣之事君也，多以主所好事君"（《商君书》第十四篇《修权》）。韩非亦说，"人主好贤，则群臣饰行以要君欲"（《韩非子》第七篇《二柄》），所以东汉士大夫多矫饰其行，而沽名钓誉遂成为一代风气。降至三国，曹操于建安年间曾三次下令征求跅弛之士（见《魏志》卷一《武帝纪》），而表示反抗东汉时代的士风。

魏晋之时，儒学渐次式微，其势力远不及老庄学说之大。陵迟而至"五胡乱华"，南北分立，佛教大见流行。孟子时代，天下之言不归杨则归墨。魏晋以后，天下之言不归老则归释。隋末有文中子王通者，著《中说》，宣扬孔子之道，但其影响不大。至唐，韩愈又排斥异端，推崇孔孟之道，反对释老，甚至主张"火其书，庐其居"（《韩昌黎文集》卷一《原道》，世界版）。宋兴，儒学大盛，多数人士均认孔孟之言为万古不灭的圣典。陆象山虽知其非，亦不敢明白言之。他只说"昔人之书不可以不信，亦不可以必信，顾于理如何耳……使书而皆合于理，虽非圣人之经，尽取之可也，况夫圣人之经，又安得不信哉？如皆不合于理，则虽二三策之寡，亦不可得而取之也，又可必信之乎？盖非不信之也，理之所在，不得而必信之也"（《陆象山全集》卷三十二《取二三策而已矣》，中华版）。象山又进而谓孟子批评杨墨，斥之为无父无君，未必太过幼稚。他说："夫杨朱墨翟皆当时贤者，自孟子视之，则为先进。孟子之后人犹曰孔曾墨子之贤，墨子之贤盖比于孔曾。杨朱之道能使舍者避席，炀者避灶，犹以为未也，进而至于争席争灶，则其所得岂浅浅者哉？而孟子辟之，至曰无父无君，是禽兽也。又曰，天下之言不归杨，则归墨。夫兼爱之无父，为我之无君，由孟子之言而辨释之，虽五尺童子粗习书数者，立谈之顷，亦可解了，岂有以大贤如杨朱墨翟，其操履言论足以倾天下之士，而曾不知此，必待孟子之深言力辟，贻好辨之

讯,而犹未得以尽白于天下,而熄其说,何耶?"(同上卷二十四《策问》)

由宋至元,孔孟学说依程朱之学而大畅,这有恃于赵复者甚大。元太宗窝阔台之时,出师伐宋,取德安,获赵复。复欲投水殉国。姚枢"晓以布衣未仕,徒死无益,不如随吾而北,可以传圣教"。赵复本诵法程朱之学,既至北方,遂以理学教众,而朱子之《四书章句集注》及《近思录》遂通行于海内。世祖忽必烈统一南北,立太学,亦用朱注四书,教授生徒。仁宗延祐年间开科取士,凡乡试及会试第一场经问,皆由四书内出题,用朱子《章句集注》,终元之世莫之能改(《新元史》卷六十四《选举志一》、卷二百三十四《儒林传》序及《赵复传》)。许谦"谓学者曰,学以圣人为准的,然必得圣人之心,而后可学圣人之事。圣贤之心具在四书,而四书之义备于朱子"(《元史》卷一百八十九《许谦传》)。韩性说:"四书六经千载不传之学,自程氏至朱氏,发明无余蕴矣。"(《元史》卷一百九十《韩性传》)《元史·儒学传》共二十八人(附传不计),而属于朱熹学派者乃有十六人之多。其所以如此,盖如韩性之言:"今之贡举悉本朱熹私议。为贡举之文,不知朱氏之学,可乎?"(《元史·韩性传》)即班固所说,"盖利禄之路然也"(《汉书》卷八十八《儒林传》赞)。

明代用八股取士,而命题则限于朱注四书,朱子的地位愈益提高,只唯王阳明不以孔孟尤其朱子为偶像。他同陆象山一样,反对孟子排斥杨墨,以为"孟子辟杨墨,至于无父无君。二子亦当时之贤者,使与孟子并世而生,未必不以之为贤。墨子兼爱,行仁而过耳;杨子为我,行义而过耳。此其为说亦岂灭理乱常之甚,而足以眩天下哉?而其流之弊,孟子至比于禽兽夷狄,所谓'以学术杀天下后世'也。今世学术之弊,其谓之学仁而过者乎,谓之学义而过者乎,抑谓之学不仁不义而过者乎,吾不知其于洪水猛兽何如也"(《阳明全书》卷二《答罗整庵少宰书》,中华版)。又说:"今世学者皆知宗孔孟,贱杨墨,摈释老,圣人之道若大明于世。然吾从而求之,圣人不得而见之矣,其能有若墨氏之兼爱者乎,其能有若杨氏之为我者乎,其能有若老氏之清静自守、释氏之究心性命者乎?吾何以杨墨老释之思哉,彼于圣人之道异,然犹有自得也。"(同上卷七《别湛甘泉序》)阳明由这见解,进而主张孔子之言未可全信,而吾心之善未必在孔子之下。他说:"夫学贵得之心,求之于心而非也,虽其言之出于孔子,不敢以为是也,而况其未及孔子者乎?求之于心而是也,虽其言之出于庸常,不敢以为非也,而况其出于孔子者乎……夫道天下之公道也,学天下之公学也,非朱子可得而私也,非孔子可得而私也。天下之公也,公言之而已矣。故言之而是,虽异于己,乃益于己也。言之而非,虽同于己,适损于己也。"(同上卷二《答罗整庵少宰书》)这种不以孔子为偶像,不以孔孟之言为绝对的真理,中国思想到了王阳明,已经发生革命,可惜继起无人,遂致中国思想不能进步,孔子思想亦无从发扬光大。这是吾国思想的损失,也是孔子思想的损失。《淮南子》曾说,"天下是非无所定,世各是其所是,而非其所非。所谓是与非各异,皆自是而非人。由此观之,事有合于己者,而未始有是也;有忤于心者,而未始有非也。故求是者,非求道理也,求合于己者也。去非者,非批邪施也,去忤于心者也。忤于我,未必不合于人也。合于我,未必不非于俗也。至是之是无非,至非之非无是,此真是非也。若夫是于此而非于彼,非于此而是于彼者,此之谓一是一非也。此一是非,隅曲也。夫一是非,宇宙也。今吾欲择是而居之,择非而去之,不知世之所谓是非者,不知孰是孰非"(卷十一《齐俗训》)。推此言也,孟子辟杨墨,推崇孔子,亦不过"是其所是,而非其所非"而已。

自汉武帝表章六经以后,士人学者皆以通经为高,"经者取其事常也,可常则为经矣"(《孔丛子》第十七篇《执节》)。但是天下事千变万化,哪里可常?明代王阳明对于六经已采怀疑态度(参阅《阳明全书》卷一《传习录上》徐爱记,中华版)。前清末季何启与胡翼南合著《新政真诠》一书,书中有一段话,"外洋诸国惟不用经义,故能为所当为,亦犹尧舜三代时无经义,故能日新其德。今欲取二千余年以前一国自为之事,施诸二千余年以后五洲交涉之时,吾知其必扞格而不相合矣。中国之不能变,盖经义累之也……王莽……(王)安石……矫世反古,方自托于周公之不我欺(案两王之变法多依《周礼》),不知事若可行,何必古人先我;势有不可,奚取经典明文?……夫事也,物也,理也,固有为古之所有,今之所无者;亦有为古之所无,今之所有者。执今之有无以定古之有无,不可也。执古之有无以定今之有无,亦不可也"(《新政真诠》卷十四《康说书后》),对于六经已开始攻击了。梁启超又进一步,说道,"凡一国之进步必以学术思想为之母,而风俗政治皆其子孙也。中国惟战国时代九流杂兴,道术最广。自有史以来，黄族之名誉未有盛于彼时者也。秦汉而还，孔教统一。夫孔教之良，固也。虽然，必强一国人之思想使出于一途，其害于进化也莫大。自汉武表章六艺，罢黜百家，凡非在六艺之科者绝勿进，尔后束缚驰骤，日甚一日。虎皮羊质，霸者假之以为护符；社鼠城狐，贱儒缘之以谋口腹。变本加厉，而全国之思想界消沉极矣。叙欧洲史者，莫不以中世史为黑暗时代。夫中世史则罗马教权最盛之时也。举全欧人民，其躯壳界则糜烂于专制君主之暴威，其灵魂界则匍伏于专制教主之缚轭。故非惟不进，而以较希腊罗马之盛时已一落千丈矣。今试读吾中国秦汉以后之历史，其视欧洲中世史何如？吾不敢怨孔教，而不得不深恶痛绝夫缘饰孔教、利用孔教、诬罔孔教者之自贼而贼国民也"（《饮冰室全集》第二册《新民说·论进步》，文光版，中华版无是篇）。即梁氏不是反对孔子之道，而只反对那些利用孔教，使中国思想定于一尊之辈。梁氏又说，"而所称颂法孔子者，又往往遗其大体，摭其偏言，取其狷主义（有所不为），而弃其狂主义（进取）；取其勿主义（惩忿窒欲之学），而弃其为主义（开物成务之学）；取其坤主义（地道妻道臣道），而弃其乾主义（自强不息）；取其命主义，而弃其力主义……于是进取冒险之精神澌灭以尽"（《饮冰室全集》第一册《论进取冒险》，文化版，中华版无是篇）。我同意梁氏的意见，孔子之道所以阻碍中国的进步，不在于孔子之道本身，而在于俗儒拘泥于孔子一言一语，不能冲破章句之外，以研究孔学的本质。

（六）王与霸

孟子曰，以力假仁者霸，霸必有大国。以德行仁者王，王不待大。汤以七十里，文王以百里。以力服人者，非心服也，力不赡也。以德服人者，中心悦而诚服也，如七十子之服孔子也。诗云，自西自东，自南自北，无思不服。此之谓也。（《孟子注疏》卷三下《公孙丑上》）

自孟子发表斯言之后，王霸之争亘千余年，其说犹未定。宋代有两位学者反对孟子之言，一是李觏，一是苏洵。兹为行文方便起见，先述苏洵。苏洵之言曰,"或者又曰,王者任德不任刑。任刑,霸者之事,非所宜言。此又非所谓知理者也。夫汤武皆王也,桓文皆霸也,武王乘纣之暴,出民于炮烙斩刖之地,苟又遂多杀人,多刑人以为治,则民之心去矣。故其治一出于礼义。彼汤则不然,桀之恶固无以异纣,然其刑不若纣暴之甚也,而天下之民化其风,淫惰不事法度。《书》曰,有众率怠弗协。而又诸侯昆吾氏首为乱,于是诛锄其强梗怠惰不法之人,以定纷乱。故记曰,商人先罚而后赏。至于桓文之事,则又非皆任刑也。桓公用管仲,仲之书好言刑,故桓公之治常任刑。文公长者,其佐狐赵先魏皆不说以刑法,其治亦未尝以刑为本,而号亦为霸。而谓汤非王而文非霸也,得乎?故用刑不必霸,而用德不必王,各观其势之何所宜用而已。然则今之势何为不可用刑,用刑何为不曰王道?彼不先审天下之势,而欲应天下之务,难矣"(《嘉祐集》卷一《审势》,中华版)。李觏谓"或问自汉迄唐,孰王孰霸?曰天子也,安得霸哉?皇帝王霸者,其人之号,非其道之目也。自王以上,天子号也……霸,诸侯号也。霸之为言,伯也,所以长诸侯也,岂天子之所得为哉?道有粹有驳,其人之号不可以易之也。世俗见古之王者粹,则诸侯而粹者,亦曰行王道。见古之霸者驳,则天子而驳者,亦曰行霸道,悖矣……所谓王道则有之矣,安天下也。所谓霸道则有之矣,尊京师也,非粹与驳之谓也"(《李直讲文集》卷三十四《常语下》,商务版)。李觏又说,"儒生之论但恨不及王道耳,而不知霸者强国也,岂易可及哉?管仲之相齐桓公,是霸也,外攘戎狄,内尊京师,较之于今何如?商鞅之相秦孝公,是强国也,明法术耕战,国以富而兵以强,较之于今何如"(同上卷二十七《寄上范参政书》)。李觏见宋室之弱,历受辽夏压迫,遂由民族意识,一反俗儒之论,赞成霸道。其实,王未必纯用德,亦常佐之以力;霸未必纯用力,亦常辅之以德。两者兼用,其为王或为霸,则由时势定之。《书》云,"我文考文王克成厥勋,诞膺天命,以抚方夏,大邦畏其力,小邦怀其德"(《尚书注疏》卷十一《武成》)。"畏其力"是用力也,"怀其德"是用德也。即文王三分天下有其二,不是单单以德服人。《吕氏春秋》说,"强大者未必王也,而王必强大。王者之所借以成也何?借其威与其利。非强大,则其威不威,其利不利。其威不威,则不足以禁也。其利不利,则不足以劝也。故贤主必使其威利无敌,故以禁则必止,以劝则必为"(卷二十二《慎行论第二》之四《壹行》,世界版)。《吕氏春秋》由"王必强大"说到刑赏,以为欲王天下,刑赏亦为必要。王者标榜仁政,以伐暴吊民。仁政岂可徒托空言?"子曰,口惠而实不至,怨菑及其身。"(《礼记注疏》卷五十四《表记》)所以武王伐纣,纣虽已自焚而死,武王尚射之三发,以轻剑击之,以黄钺斩纣头,悬于太白之旗。纣之嬖妾二女亦皆自经而死,武王亦射三发,击以剑,斩以玄钺,悬其头于小白之旗,借此以示威。最重要的还是散鹿台之财,发钜桥之粟,以赈贫弱萌隶,借此以示利(参阅《史记》卷四《周本纪》)。总而言之,王霸的区别不在于德与力。霸只实行于封建社会,由一位强大的诸侯,尊奉旧王室,以维持苟安的局面。王除封建社会之外,尚可实行于分裂的国家,推翻旧王室,而造成一统的局面。今试取例于周秦之间的形势。周自平王东迁以后,王畿狭小,周于武力上及经济上都已丧失优越的地位,不但不能称为诸侯之中最大的诸侯,而且比之齐晋等国,只可视为诸侯之中最弱的诸侯。王室式微,不能控制诸侯,内则列国攻战,外则蛮夷猾夏。庄王以后,人心已经希望实力较大的诸侯出来领导。只因王室的尊严尚在,任谁都不敢公然反对,于是人士便退一步,要求强有力的诸侯兴利除害,诛暴禁邪,匡正海内,以尊天子。这样,便发生了霸的观念。霸有两个条件,一是尊王,二是攘夷。五霸齐桓晋文为盛。齐桓之霸以其伐戎救燕(《左》庄三十年),伐狄救卫(《左》僖二年),伐楚责苞茅不入贡于周(《左》闵四年)。晋文之霸以其伐戎救周,迎纳襄王(《左》僖二十五年),伐楚救宋,而献楚俘于周(《左》僖二十八年)。霸须尊崇王室,而又不兼并诸侯,所以只可视为割据与统一的过渡办法。但列国争霸又不是只求虚名而已。"晋主夏盟……范宣子为政,诸侯之币重,郑人病之。"(《左》襄二十四年)到了"赵文子为政,令薄诸侯之币,而重其礼"(《左》襄二十五年)。又晋与诸侯盟于平丘之时,子产争承(杜预注,承贡赋之次)曰,"郑伯男也,而使从公侯之贡,惧弗给也"(《左》昭十三年)。由此可知霸固有实利,但不知此制始于何时。由春秋之末而至战国,强凌弱,大并小,诸侯存者不过十余,而强大者只有七国。当时周室式微已久,天子的尊严扫地无存,于是霸的观念又变为王的观念。霸欲利用周室,维持苟安的政局。王欲吞并诸侯,建设一统的国家。要之,封建制度渐已没落,人心均希望定于一。其法在春秋时代为霸天下,在战国时代为王天下。

第三节
复古思想

第一项　贵族政治

（一）不得罪于巨室——历史上豪宗大族的势力

孟子曰，为政不难，不得罪于巨室。巨室之所慕，一国慕之；一国之所慕，天下慕之。(《孟子注疏》卷七上《离娄上》)

邢昺疏，"巨室喻卿大夫之家也"。朱注，"巨室，世臣大家也"。即邢疏朱注均以巨室为贵族——封建贵族。大小贵族莫不世守其职，大者平时为卿而主政，战时为将而主军，我们只看《左》僖二十七年晋文公搜于被庐而作三军，《左》哀十一年吴伐齐，齐与吴战于艾陵，就可知道晋齐两国均是以卿为将。《公羊传》说，"世卿非礼也"(隐公三年及宣公三年)。然此不过理想而已，周召二公后裔永辅王室，宋的鱼氏世为左师以听政(《左》僖九年)，齐的国高亦世为上卿(《左》僖十二年杜预注)，此外如鲁的三桓、晋的六卿、郑的七穆，皆世袭其职。但是时代转变，贵族渐次失权。在古代，谁有兵权，谁就有政权。兵权谁属，则以战术为标准。春秋时代,一方诸侯兼并,军旅之事未尝一刻停止。贵族养尊处优,大部分光阴消耗于田猎及宴会,无遑研究战术。鲁与齐战于长勺,曹刿曰,肉食者鄙,未能远谋。入见庄公,庄公用刿之策,果败齐师(《左》庄十年)。他方周自平王受犬戎之迫,东迁洛邑之后,戎狄知中国之不足畏,开始侵凌。戎狄居于深山,其军队以步卒为主,以马队为副。中原贵族均坐车以战。车之进退不如步卒敏捷,路厄,车不能行;战胜,车不能登山穷追。《左》隐九年北戎侵郑,郑伯患戎师,曰"彼徒我车,惧其侵轶我也"。《左》昭元年晋与群狄战于太原,"魏舒曰,彼徒我车,所遇又厄……请皆卒(去车为步卒),自我始。乃毁车以为行",卒大败之。观此二事,可知车战已经落伍。贵族皆高车驷马,令其乘马作战,已觉艰苦,令其步行作战,又何能堪?于是贵族在军事上渐被淘汰,代之出来领率军队的则为平民出身的武官,如孙武、吴起等是。他们最初只是人主的军事参谋,居则侍卫左右,出则从征作战。当时武官均称为尉。人主一方欲抑制贵族(例如《左》宣十八年传,"公欲去三桓,以张公室"),他方贵族又耽于享乐,不能为国干城,于是讨伐征战之事逐渐委托于尉,而尉就由侍从的武官变为国家的军官。其地位最高的,秦称之为国尉,汉改称之为太尉。又者春秋时代常有朝聘会盟,礼仪周到可以促进两国的亲善。"齐国庄子来聘,自郊劳至于赠贿,礼成而加之以敏。臧文仲言于公曰,国子为政,齐犹有礼,君其朝焉。臣闻之,服于有礼,社稷之卫也。"(《左》僖三十三年)反之,礼仪错误,又常引起纠纷,甚且化玉帛为干戈。"邾文公之卒也,公使吊焉,不敬,邾人来讨,伐我南鄙。"(《左》文十四年)而朝聘之时,双方往往奏乐赋诗以言志,此际若不明诗之意义,便无从作答。晋公子重耳(文公)返国,由楚之秦,秦穆公享之。"子犯曰,吾不如衰(赵衰)之文也,请便衰从。公子赋《河水》,公赋《六月》。赵衰曰,重耳拜赐。公子降拜稽首,公降一级而辞焉。衰曰,君称所以佐天子者命重耳,重耳敢不拜。"(《左》僖二十三年)更不知何者可以接受,何者应该拒绝。"穆叔如晋,报知武子之聘也。晋侯享之,金奏《肆夏》之三,不拜;工歌《文王》之三,又不拜;歌《鹿鸣》之三,三拜。韩献子使行人子员问之……对曰,三《夏》天子所以享元侯也,使臣弗敢与闻。《文王》两君相见之乐也,臣不敢及。《鹿鸣》君所以嘉寡君也,敢不拜嘉?《四牡》君所以劳使臣也,敢不重拜?《皇皇者华》……臣获五善,敢不重拜?"(《左》襄四年)而会盟之时,言辞尤为重要。郑子产就是以善于辞令而见称于列国的。叔向曾说:"辞之不可以已也如是夫,子产有辞,诸侯赖之,若之何其释辞也?"(《左》襄三十一年)晋会诸侯于平丘,子产子大叔相郑伯以会,"及盟,子产争承,曰……郑伯男也,而使从公侯之贡,惧弗给也,敢以为请……自日中以争,至于昏,晋人许之。既盟,子大叔咎之曰,诸侯若讨,其可渎乎?子产曰,晋政多门,贰偷之不暇,何暇讨?国不竞亦陵,何国之为"(《左》昭十三年)。是则言辞之外,尚须知道列国的国情,而后才敢坚决提出自己的主张。所以当时国君常以习礼仪、善辞令、长交际、有学识的人为相。相乃宾赞之官,常在人主左右,凡遇重大问题发生之时,人主不免与其商量,令其贡献意见。这样,相就由辅导行礼之官,进而参知政事,渐变而总理国政了。然其地位尚非百官之长。齐桓公以管仲为相,管仲固然总理齐之国政,而其官品只是下卿,齐之上卿仍是国高二氏。"齐侯使管夷吾平戎于王,使隰朋平戎于晋,王以上卿之礼飨管仲。管仲辞曰,臣贱有司也,有天子之二守国、高在……管仲受下卿之礼而还。"杜预注云:"国子、高子……皆上卿也。"(《左》僖十二年)降至战国,君权日益增大,贵族日益没落,人主常任用士人,以抑制贵族,于是相之地位渐高,不但实质上,而且名义上均是一国最高行政长官。其正式以丞相名官者,似以秦为首。

现在试问此辈文武人才从何而来?他们可总称为士,最初士人大约产生于士农工商的士之中,即产生于公卿大夫士的士之中。士人与封建贵族不同,封建贵族是依靠土地的收获维持生计,又依靠门荫取得政权。士人则依靠知识,取得束修,以维持生计;又依靠知识取得政权。孔子开学招生,有教无类,这可以说是历史上一个创举,即开办私塾,培养人才——士人的创举。吾国尊孔子为至圣先师,不是没有原因的。在这时期,井田开始破坏,土地可以自由买卖,没落的贵族常将土地卖给别人,购买土地的人或为农村的殷户(自由农民之富有者),或为都市的商人(例如《左》僖三十三年所载之郑商人弦高能以牛十二犒师,可知其富有)。他们不必耕耘,也不必监督耕耘,可将土地租给佃农,按期收租,自己则携带田租换来的货币,离开农村,遨游都市。他们的生活已经解决,他们便致力于学术的研究。同时,交通的频繁、人口的移动,一方打破了传统制度，使传统思想失去势力，他方发生了各种社会问题，使人们不能不设法解决。其结果，有识之士遂改变研究的对象。过去研究自然现象，而以天文学为主；现在则研究社会现象，尤其政治现象。因为人们都想利用国家权力，以解决社会问题之故，于是在春秋末叶而至战国时代，便发生了许多学派。举其要者即太史公所述之阴阳、儒、墨、名、法、道德六家（《史记》卷一百三十《自序》），除此之外，尚有农家、兵家、杂家、纵横家等等。他们或徒步而为将，或白身而为相。申不害郑之贱臣，韩昭侯用之以为相（《史记》卷六十三《申不害传》）。孙武齐之平民，吴王阖庐用之以为将（《史记》卷六十五《孙武传》）。苏秦家贫，欲求负郭田二顷而不可得，至佩六国相印（《史记》卷六十九《苏秦传》）。乐毅乃魏之白丁，燕昭王先拜之为亚卿，次拜之为上将军（《史记》卷八十《乐毅传》）。此外尚有不少例子，不胜枚举。总之，战国时代是一个内政外交极复杂的时代，内政如何革新，外交如何处理，贵族未必知道。军备如何整顿，作战如何设计，贵族也一概不知。前者须依靠新兴的官僚，后者须依靠新兴的军人，而供给这两种人才的则为士人。此种变迁多发生于孟子未死以前，孟子何以不知，而竟反对时代潮流，去拥护巨室的权利，这是吾人所不能了解的。但孟子所说"不得罪于巨室"自亦有故，楚悼王以吴起为将，起"废公族疏远者，以抚养战斗之士"。"楚之贵戚尽欲害吴起，及悼王死，宗室大臣作乱而攻吴起"，射杀之（《史记》卷六十五《吴起传》）。秦孝公以商鞅为相，商鞅变法，令"宗室非有军功，论不得为属籍"，"宗室贵戚多怨望者"。秦孝公卒，商鞅竟遭车裂之刑（《史记》卷六十八《商君传》）。越六十余年，秦昭王四十一年范雎为相，尚谓"臣闻善治国者乃内固其威，而外重其权"，于是废穰侯（外戚），逐华阳（宗室），强公室，杜私门（《史记》卷七十九《范雎传》）。秦本西北方游牧种族，周孝王时还是以牧畜为业，其成立国家乃在周平王东迁之后。建国既晚，文化又低，而且建国适在诸侯开始兼并之时，秦为应付国际环境，常常任用客卿管理政事。既然任用客卿，当然唯才是视，不尚门第。所以自始巨室的势力就没有中原诸侯强大。

孟子齐人，孟子时代，田氏已经代齐，国公易姓，巨室即宗室贵戚便随之变更。此时巨室是以诸田为主。秦灭六国，统一中华，但田氏势力尚存，项羽割裂天下以王诸侯，在十八王之中，田氏竟占其三，均王齐地（参阅《史记》卷七

《项羽本纪》、卷九十四《田儋传》)。汉兴,刘敬尚劝高祖徙齐诸田、楚昭屈景以实关中,为强本弱末之术(《汉书》卷四十三《刘敬传》),然而强宗大族的势力并不少衰。吾人观汉代刺史以六条问事,其中一条是察"强宗豪右田宅逾制,以强陵弱,以众暴寡",另一条又察"二千石……阿附豪强,通行货赂,割损政令"(《汉书》卷十九上《百官公卿表》注引《汉官·典职仪》),即可知之,然此压制未必就有效果。宣帝时代,涿郡"大姓西高氏东高氏,自郡吏以下皆畏避之,莫敢与忤。咸曰,宁负二千石,无负豪大家"(《汉书》卷九十《严延年传》)。元帝时代,颍川"郡大姓原褚(师古注,原褚二姓也)宗族横恣,宾客犯为盗贼,前二千石莫能禽制"(《汉书》卷七十六《赵广汉传》)。降至东汉,豪宗大族的势力还甚强大。马援为陇西太守,"任吏以职,但总大体而已……诸曹时白外事,援辄曰,此丞掾之任,何足相烦……若大姓侵小民,黠羌欲旅距(聚众相抗拒),此乃太守事耳"(《后汉书》卷二十四《马援传》),由此可知汉世郡守乃以压制豪强为其主要任务之一。然而郡守对于贵戚还是莫如之何。光武南阳人,"前后二千石逼惧帝乡贵戚,多不称职"(《后汉书》卷五十六《王畅传》)。末年,豪强兼并,土地大见集中,有如仲长统所说,"豪人之室,连栋数百,膏田满野,奴婢千群,徒附万计"(《后汉书》卷四十九《仲长统传·理乱篇》)。而勋臣外戚金绍相继,政治上渐次发生世官之制,所以撰著《南齐书》的萧子显说,"自金张世族(前汉之金日磾及张汤之子孙多为巨官),袁杨鼎贵(后汉之袁安、杨震子孙皆四世三公),委质服义,皆由汉氏,膏腴见重,事起于斯"(《南齐书》卷二十三《褚渊王俭传》论)。自是而后,膏粱世家更见重于世。

东汉之末,有黄巾之乱,继之又有董卓之祸,此时土地兼并似比过去为甚,"大族田地有余,而小民无立锥之土"(《魏志》卷十六《仓慈传》)。大族多筑坞堡以自卫,小民为保全自己的生命,常投靠于坞堡之中,在坞主保护之下,租借田地,从事耕种,而以其剩余劳动力贡献给坞主。这样,坞主便成为拥有人民和土地的领主,而小民亦变成坞主的领民,受其统治。领主不单是地主而已,对于领民乃握有生杀予夺之权,即已由荫庇关系变为主奴关系。周代的封建虽然泯灭,而封建制度的实质——阶级差别又重新发生于魏晋南北朝之世。在许多制度之中最有利于士族的则为魏文帝黄初五年依陈群建议而设置的九品中正之法。案九品中正之法是因"三方鼎立,士流播迁,四人错杂,详核无所"(《通典》卷十四《选举二·历代制中》),汉代乡举里选无法实行,故不能不立此权宜之制。所谓九品中正是谓州置大中正,郡县置中正,令其品第管内人物,分为九等。凡言行修著则升进之,倘若道义亏缺,则降下之(《通考》卷二十八《举士》)。大小中正是"各取本处人在诸府公卿及台省郎吏有德充才盛者为之"(《通考》同上),即"择州郡之贤有识鉴者",各在本籍,"区别人物,第其高下"(《通典》同上)。此后公府辟除,郡国贡举,吏部选任,必以中正所品第者为标准。这个制度本来是用以品藻人之德行,非用以品第门第高低,问题所在乃是任命为中正的均是著姓士族(参阅《新唐书》卷一百九十九《柳冲传》)。人类均有利己之心,今以著姓士族为中正,那么,中正免不了党同伐异,"计官资以定品格,天下惟以居位者为贵"(《通典》同上)。而衣冠子弟亦得以九品中正为猎官的工具,朝有世及之荣,下无寸进之路。此种流弊,由晋而至南北朝,日益严重,士族虽碌碌无能,亦得平流进取,坐至公卿。寒门虽才过管乐,亦必为门资所限,沉于下僚,孟子所谓"巨室"又发生于魏晋。"五胡乱华",晋室南渡,洎至南北分立,九品中正仍为朝廷取士之法,因之,士族在政治上尚有特权,其与魏晋不同者,魏晋士族有家兵——部曲,南朝士族不乐武职,北朝政府因系鲜卑种族,不欲汉人握有兵权,故南北士族均不掌兵,至士庶缅绝,不相参知,则比魏晋为甚。在南朝,"士庶之际实自天隔"(《宋书》卷四十二《王弘传》),两个阶级不相交际(《宋书》卷五十七《蔡兴宗传》),甚者同僚也不能同坐(《宋书》卷四十六《张邵传》),至于通婚更不可能了(《南史》卷八十《侯景传》,梁武帝对侯景说,王谢门高非偶)。纵是天子,亦不能用权力以改变士庶之别(参阅《南史》卷二十三《王球传》、三十六《江敩传》)。在北朝,后魏起自阴山,到了入主中原,欲将游牧经济改变为农业经济,部落组织改造为国家组织,不能不采用中华的文物制度,遂和五胡一样,从当时强宗大族所建筑的坞堡之中,学习了中华的生产方法,并组织了与这个生产方法相适应的国家。强宗大族既是后魏的宗师,后魏就不能不任用他们而尊重其门第,甚至把自己的种族也向士族门第转化。于是北朝就用法令规定士庶之间,不得杂居(《魏书》卷六十《韩显宗传》,太祖道武帝时),职业有别(《魏书》卷四下《世祖太武帝纪》太平真君五年正月庚戌诏),不得通婚(《魏书》卷五《高宗文成帝纪》和平四年十二月壬寅诏)。及至孝文帝迁都洛邑,更显明地主张"以贵承贵,以贱承贱"的政治,这样,三代以贵役贱,秦汉改之为以智役愚,到了魏晋南北朝,又恢复为以贵役贱。①

隋文起自关中,既即帝位,统一南北,他要建立巩固的政权,对于豪宗大族即孟子所谓巨室,不能不设法打击。他为杨震之后,系关中世族之一,故除压迫南朝世族之外,北方世族于政治上尚有雄厚的势力。不过隋唐以后,所谓世族只是经济上的阶级,而非法律上的身份。阶级与身份不同,阶级是经济上的差别,身份是法律上的制度。身份是固定的,阶级可以转变。转变有许多原因,其最重要的则为财产,而在古代,尚须加上举官方法的变更。马端临说,"南朝至于梁陈,北朝至于周隋,选举之法虽互相损益,而九品及中正至开皇中方罢"(《通考》卷二十八《举士》),是则九品中正之罢是在开皇年间,自是而后,便代以科举制度。"炀帝时,始置进士之科,当时犹试策而已"(《旧唐书》卷一百十九《杨绾传》),这是唐代以后举士的重要制度,故不可不提。总之,孟子所谓巨室已经变质。

隋亡唐兴,仍循隋旧,采用均田、府兵、租庸调以及科举之制。对于世族再加以打击。唐太宗嫉山东士族自矜门地,嫁娶必多取资,世人谓之卖婚,乃诏令高俭、韦挺等,收集天下谱牒,参考史传,检正真伪,合二百九十三姓、千六百五十一家,分为九等,号曰《氏族志》,而崔干仍居第一。帝抑之,以崔干为第三姓,班其书于天下。但数百年来,山东崔卢均是膏粱世家,社会上的名望固非政治力一击就可以打垮的,所以朝廷虽加压制,而当时大臣如魏徵、房玄龄、李勣等皆盛与为婚,常左右之,由是旧望不减(参阅《资治通鉴》卷二百唐高宗永徽四年、《新唐书》卷九十五《高俭传》)。高宗时,许敬宗以《氏族志》不叙武后世,又李义府耻其家无名,更以孔志约等十二人刊定《氏族志》,裁广类例,合二百三

---

① 在此时期,北周有一番改革,实行于宇文泰秉政之时,为其佐者则为苏绰。其改革可分三种:一是罢门资之制,诏各地选举贤能,"选举者当不限资荫,唯在得人"(《周书》卷二十三《苏绰传》,参阅《通典》卷十四《历代选举制》),这是对付九品官人之法。然九品中正之制,北周没有明文废止。二是采府兵之制,兵士附着于畎亩,将帅任命于朝廷,这不但用以消灭魏晋的部曲制,且用以防止孝明帝神龟二年羽林叛变之复生,而使军队成为国家的军队(《通考》卷一百五十一《兵制》)。三是继承后魏之制,实行均田,受田的人对于国家则须供给租庸调(《隋书》卷二十四《食货志》)。朱子谓"租庸调府兵之类皆是苏绰之制"。又说,"苏绰立租庸等法,亦是天下人杀得少了,故行得易"(《朱子语类》卷一百三十六《历代三》)。盖府兵及租庸调皆以均田制度为基础,而均田能够实行,则因地广人稀,而关中之地本来就是地有余而人不足。

十五姓,二千二百八十七家,称为《姓氏录》,索《氏族志》烧之(《新唐书》卷九十五《高俭传》,参阅卷二百二十三上《李义府传》)。然人士还是推崇旧门第,经过六十余年而至玄宗时代,世人仍愿意与"山东著姓为婚姻……以大其门"(《旧唐书》卷九十《李怀远传》),到了"唐末五代乱,衣冠旧族多离去乡里,或爵命中绝,而世系无所考"(《宋史》卷二百六十二《刘烨传》)。尤重要的乃是"唐末丧乱,籍谱罕存"(《宋史》卷四百三十九《梁周翰传》)。自兹以降,孟子所谓巨室,制度上归于消灭。前已说过,巨室之势力乃以土地兼并为基础,隋唐两代均用均田以防止豪宗大族的兼并,然而均田自始就有利于豪宗大族。何以说呢?平民有永业田,亲贵的永业田更多(《隋书》卷二十四《食货志》、《新唐书》卷五十一《食货志一》)。凡身死王事者,隋制,"子不退田"(此田是指露田)(《隋书》卷六十六《郎茂传》);唐制,子孙虽未成丁,勿追口分田(即露田),战伤废疾,不追减终身(《通考》卷二《历代田赋之制》)。此种制度只能行于大乱之后,地广人稀之时。年代愈久,人口增加,平民及亲贵的永业田日益扩大,弄到最后,必至于没有余田分配给人民,所以到了玄宗开元年间,便不能计口授田,均田制度完全破坏,"富者万亩,贫者无容足之居,依托强家,为其私属,终岁服劳,常患不充"(《新唐书》卷五十二《食货志二》)。开元十一年改征为募,称之为彍骑(《新唐书》卷五十《兵志》)。自是而后,中国就没有征兵,而只有募兵。国民党来到台湾之后,改募为征,盖工业发达,非用强制征召,兵源必至缺乏之故。案国家兵制为征或为募,乃以社会上有否过剩劳动力为标准,在吾国古代则取决于人口与田地的比例。地广人稀,任谁都可取得土地而耕耘之,试问谁人愿意当兵,所以国家要组织军队,只有强制征调之法。反之,人口蕃庶,而产业又不发达,则社会上必有许多闲民。此际政府若不收编闲民,组织之为军队,反而征召有职业的人从军,势必酿成纷乱。所以我说,古代兵制之为征或为募,完全看社会上有否过剩劳动力。

(二)贵戚之卿有易君位之权

齐宣王问卿,孟子曰,王何卿之问也?王曰,卿不同乎?曰,不同,有

贵卿之戚,有异姓之卿。王曰,请问贵戚之卿。曰,君有大过则谏,反复之而不听,则易位。(《孟子注疏》卷十下《万章下》)

"则易位"之下尚有数句,"王勃然变乎色。曰,王勿异也。王问臣,臣不敢不以正对。王色定,然后请问异姓之卿。曰,君有过则谏,反复之而不听,则去"。此言乃出于《曲礼》,"为人臣之礼不显谏,三谏而不听,则逃之"(《礼记注疏》卷五《曲礼下》)。贵戚之卿与异姓之卿不同,他们与人主有密切关系,国君易位,贵戚常随之更迭,贵族为自己利益打算,在万不得已时,不能不行使易位之权。所谓贵戚之卿在当时均是贵族。司马光曾批评孟子之言,说道:"为卿者无贵戚异姓,皆人臣也。人臣之义,谏于君而不听,去之可也,死之可也。若之何其以贵戚之故,敢易位而处也?孟子之言过矣。君有大过无如纣,纣之卿士莫若王子比干、箕子、微子之亲且贵也。微子去之,箕子为之奴,比干谏而死。孔子曰,商有三仁焉。夫以纣之过大,而三子之贤犹且不敢易位也,况过不及纣,而贤不及三子者乎?必也使后世有贵戚之臣,谏其君而不听,遂废而代之,曰吾用孟子之言也,非篡也,义也,其可乎?"(《司马文正公传家集》卷七十三《疑孟·齐宣王问卿》,商务万有文库版,此版最详)司马光何以有此言论?魏晋以后,朝代更易有甚弈棋,而一般大臣纵是当朝姻亲,或著勋庸,深寄肺腑,亦皆宴安宠禄,曾无释位之心,报使献诚,但务随时之谊。其尤甚者,或率兵犯阙,欲移九鼎。晋室南渡,内乱相承,举其荦荦大者,先有王敦,敦尚武帝女襄城公主;次又有桓温,温尚明帝女南康公主;稍后复有王恭及庾楷之乱,王恭乃孝武帝后之兄,庾楷明帝后之侄。经南北朝而至隋唐,隋取北周帝位,而隋文帝杨坚之女则嫁北周宣帝为后。唐取隋之帝位,而唐高祖李渊之母则与隋文帝独孤皇后为同胞姐妹。此数人者都是外戚之卿,而皆不问天子有否大过,即生易位之心。降至五代,帝位变易更甚于南北朝,朝为天子,暮为囚徒,《宋史》云:"五季为国,不四三传,辄易姓,其臣子视事君犹佣者焉。主易则他役,习以为常,故唐方灭,即北面于晋,汉甫称禅,已相率下拜于周矣。"(《宋史》卷二百六十二《李毂传》论)司马光见此情形,恐帝位不安定,祸延于百姓,故有上述议论。

第二项　封建制度

井田制度——历代田制及唐代反对封建的意见

王(齐宣王)曰,王政可得闻与?对曰,昔者文王之治岐也,耕者九一,仕者世禄①……(《孟子注疏》卷二上《梁惠王下》)

滕文公问为国。孟子曰……夏后氏五十而贡,殷人七十而助,周人百亩而彻,其实皆什一也。彻者彻也,助者藉也②……夫世禄滕固行之矣。《诗》云,雨我公田,遂及我私。惟助为有公田,由此观之,虽周亦助也……夫仁政必自经界始,经界不正,井地不均,谷禄不平,是故暴君污吏必慢其经界。经界既正,分田制禄,可坐而定也……请野九一而助,国中什一使自赋……死徙无出乡……方里而井,井九百亩,其中为公田,八

---

① "耕者九一"是井田,"仕者世禄"是世官,二者均是封建的基础制度。滕文公问为国,孟子答辞之中有"夫世禄滕固行之矣"(《孟子·滕文公上》)。朱注,"孟子尝言文王治岐,耕者九一,仕者世禄,二者王政之本也"。"耕者九一"本文已有详细说明。何谓"仕者世禄"?朱注,"先王之世,仕者之子孙皆教之,教之而成材,则官之。如不足用,亦使之不失其禄,盖其先世尝有功德于民,故报之如此,忠厚之至也"。赵岐注,"古者诸侯卿大夫士有功德……其子虽未任居官,得世食其父禄。贤者子孙必有土之义也"。孙奭疏,"世禄者以其有功德之臣则世禄之,赐其土地也。谓其子虽未任居官,得食其父之禄,亦必有土地,禄之也"。余意"仕者世禄"必以世官为基础,世禄而不世官,国家财政将为世禄而至破产,若尽予以土地,则全国土地将尽为功臣子孙所占有。世禄而又世官,何能达到选贤与能的理想?隐公三年夏四月辛卯尹氏卒,《公羊传》云,"尹氏者何,天子之大夫也。其称尹氏何?贬。曷为贬?讥世卿,世卿非礼也"。世卿尚不可,何况大夫士岂可令其子孙世守其职?

② 上举第二条"夏后氏五十而贡……彻者彻也,助者藉也"。朱注,"夏时一夫受田五十亩,而每夫计其五亩之人以为贡。商人始为井田之制,以六百三十亩之地画为九区,区七十亩,中为公田,其外八家各授一区,但借其力以耕公田,而不复税其私田。周时一夫授田百亩,乡遂用贡法,十夫有沟;都鄙用助法,八家同井,耕则通力而作,收则计亩而分,故谓之彻。其实皆什一者,贡法固以十分之一为常数,惟助法乃是九一,而商制不可考。周制则公田百亩,中以二十亩为庐舍,一夫所耕公田实计十亩,通私田百亩,为十一分而取其一,盖又轻于什一矣。窃料商制亦当似此,以十四亩为庐舍,一夫实耕公田七亩,是亦不过什一也。彻,通也,均也。藉,借也"。关于彻与助,孙奭疏,"彻犹彻取,助但借民力而耕之矣,故藉借也"。

家皆私百亩,同养公田。公事毕,然后敢治私事,所以别野人也。(《孟子注疏》卷五上《滕文公上》)

吾国与欧洲均有封建,但其起源未必相同。周代封建是将许多独立的部落改造为比较统一的局面,欧洲封建则建立于查理曼帝国(Charlemagne's Empire)瓦解之时。换言之,吾国先分裂,由封建而后结合。欧洲先统一,由封建而后分裂。所以吾国封建之后就成立大一统的国家,欧洲封建之后便发生各自独立的民族国家。然其中亦有类似之点:土地尽归属于大小领主,一也。人民分裂为许多阶级,二也。各阶级之间有主仆关系,下层阶级须尽忠其直接上层阶级,上层阶级须保护其直接下层阶级,三也。最重要的还是下层阶级的农民,农民束缚于土地之上,孟子说明井田之制,而谓"死徙无出乡"(《孟子·滕文公上》)。《左传》亦有"在礼……民不迁,农不移"(《左》昭二十六年)之语,这都可以证明农民没有迁徙的自由。《王制》有"田里不粥"(《礼记注疏》卷十二《王制》)之语,即农民对于土地只有使用收益权而无处分权。农民的土地乃受之于领主,其报偿则为共耕公田,《诗》云"雨我公田,遂及我私"(《诗经·小雅·大田》)。孟子解释井田之制,亦谓"方里而井,井九百亩,其中为公田,八家皆私百亩,同养公田。公事毕,然后敢治私事"(《孟子·滕文公上》)。所谓"公事毕,然后敢治私事",就是先耕公田,而后才耕私田之意,吾国度量衡皆古小今大,周一亩之地只合晋代三分之一。若与现代的亩比较,更见其小。故以八家之力共耕百亩之公田,就劳力说,尚不艰苦,而且井田之制,私宅均在近邻公田之傍,由私宅走到公田,费时不多。井田是否方里而井,成为方形,此与所用之犁有关。犁乃掘土以绝草根,故非深耕不可。古代农器重而且钝,最初非用牛耕,而掘土必须纵横耕耨,而顾到人之体力,纵耕与横耕所用人力须能相等。于是划分土地就以方形为适当①。有些学者反对方形之说,我们以为周代初期的犁若未见,不宜对井田形式,随便怀疑。兹宜知道的,在人口稀少,土地过剩,而钱币尚未发生以前,划分土地,小部分为公田,大部分为私

---

① 请阅张汉裕先生著《经济发展与经济思想》一四九页以下。

田,强迫人民耕作公田,而将公田的收获,奉献领主,以代田赋,似为一种事实,并非古人脑中构想的事。农民除用劳力,共耕公田之外,还须进献裳、裘、貉、酒、羔羊等等,又须"入执宫功",而后"始播百谷"(《诗经·国风·豳风·七月》)。依上举第一条及第二条孟子之言观之,孟子欲恢复井田制度是很显明的。井田制度为封建之经济的基础,哪知井田制度,到了春秋,日在破坏之中,鲁宣公十五年"初税亩",《公羊传》何休解诂,"民不肯尽力于公田,故履践案行,择其善亩谷最好者税取之"。《左传》杜预注,"公田之法,十取其一,今又履其余亩,复十收其一,故哀公曰,二吾犹不足"。合这两注观之,大率鲁在宣公时代,公田制度尚未完全破坏,人民既耕公田,又税私田,即须纳什二之税。哀公十二年"用田赋",大率此时豪强兼并,人民失去私田者甚多,而又不肯尽力于公田,遂改用赋法,而废除助耕之制,这可以证明井田老早就破坏了。案井田只能实行于野,孟子谓"野九一而助",朱注"野,郊外都鄙之地也",郊外有田,"九一而助,为公田而行助法也"。郊内多系住宅,纵令有田,面积亦小,苟只令郊外有税,则不公平。故孟子又谓"国中什一使自赋",朱注"国中,郊门之内,乡遂之地也。田不井授,但为沟洫,使什而自赋其一,盖用贡法也"。岂但鲁国的井田已经破坏,郑国亦然。《左》襄十年,"初子驷为田洫,司氏、堵氏、侯氏、子师氏皆丧田焉"。杜预注,"洫,田畔沟也,子驷为田洫,以正封疆,而侵四族田"。孔颖达疏,"此四族皆是富家,占田过制,子驷为此田洫,正其封疆,于分有剩,则减给他人,故正封疆而侵四族田也"。四族占田过制,子驷当国,正其封疆,而竟引起他们作乱,杀子驷等三人(当国子驷、司马子国、司空子耳)。由此可知郑国井田亦已破坏,而子驷"以正封疆"就是孟子所谓"夫仁政必自经界始,经界不正,井田不均,谷禄不平",然而言之甚易,行之实难。井田制度为封建之经济的基础。井田制度的破坏就是封建制度的没落,古代学者均以封建为公天下,郡县为私天下,其实,封建所公者,何曾公诸天下,不过公诸亲戚。郡县所私者,不是郡县制度,而是君主专制。荀子说:"武王崩,成王幼,周公……兼制天下,立七十一国,姬姓独居五十三人焉。周之子孙苟不狂惑者,莫不为天下之显诸侯。"(《荀子》第八篇《儒效》)若是,孰谓封建是公天下? 以公私论封建与郡县,根本错误。唐代政治家关于封建制度的见解甚为进步。有谓封建侯王，人民对其王侯须多给力役，劳百姓以养皇家子弟，是以天下为私，封德彝之论即其例也（《唐会要》卷四十六《封建》）。有谓封建采世官之制，数传之后，纵令骄愚，天子不能易其君。郡县取选任之法，有罪得以黜，有功得以赏，李百药之论即其例也（《唐会要》卷四十六《封建杂录上》）。有谓封建之敝，鼎峙力争，陵迟而后已，其为患长。列郡之敝，土崩瓦解，然而戡定者易为功，其为患短。故曰封建利一宗，列郡利百姓。杜佑之论即其例也（《新唐书》卷七十八《宗室传》赞曰）。最有创见的莫如柳宗元，他谓"封建非圣人意，然而历尧舜三王莫能去之，非不欲去之，势不可也。秦破六国，列都会，置守宰，据天下之图，摄制四海，此其得也。二世而亡，有由矣。暴威刑，竭人力，天下相合，劫令杀守，圜视而并起，时则有叛民无叛吏。汉矫秦枉，剖海内，立宗子功臣，数十年间，奔命扶伤不给，时则有叛国无叛郡。唐兴，制州县，而桀黠时起，失不在州，而在于兵。时则有叛将无叛州……汤之兴，诸侯归者三千，资以胜夏。武王之兴，会者八百，资以灭商。徇之为安，故仍以为俗，是汤武之不得已也，不得已非公之大也，私其力于己也。秦革之者，其为制，公之大者也，其情私也。然而公天下之端，自秦始云"（《新唐书》卷七十八《宗室传》赞曰，全文见《柳河东全集》卷三《封建论》，世界版）。其实，唐人反对封建之说所以得到胜利，乃另有一个原因。吾国古代，经济中心在于三辅三河之地。周定都镐京，而以洛阳为东都。汉定都关中，而以三河为畿辅。两地的收入可以维持中央的开支。东汉以后，关中荒残。唐既定都于长安，而经济中心却在江淮，倘令施行封建，则江淮之地不能不以之封人，如是，王畿所入何能维持中央经费之用？魏徵说："王畿千里，地税不多，至于贡赋所资，在于侯甸之外。今并分为国邑，京师府藏必虚，诸侯朝宗，无所取给。"（《唐会要》卷四十六《封建杂录上》）理论是随事实而发生的，不是先有理论而后有事实，而是先有事实而后发生理论。秦汉以前，封建实如柳宗元所说，"非圣人之意也，势也"。有了封建的事实，而后产生许多拥护封建的理论。秦汉以后，天下定于一的事实，甚为明显。降至隋唐，一方交通发达，中央的命令容易达到地方，他方人士不忘七国之变与八王之乱，深知封建弊多利少。有了这个事实，所以唐人大率赞成罢侯置守。自是而后，吾国除明初有分封宗藩之外，不但事实上成为统一的国家，而理论上亦拥护国家的统一。

明末清初有两位学者持反对之论,一是黄梨洲,一是顾炎武。他们两人均由人类之有私心出发,主张封建。黄梨洲以为沿边各地牧守,"务令其钱粮兵马,内足自立,外足捍患,田赋商税听其征收,以充战守之用;一切政教张弛,不从中制;属下官员亦听其自行辟召,然后名闻。每年一贡,三年一朝,终其世兵民辑睦,疆场宁谧者,许以嗣世"。如是,则他们"思虑自周,战守自固,以各为长子孙之计"(《明夷待访录·方镇》)。顾炎武以为:"天下之人各怀其家,各私其子,其常情也。为天子为百姓之心,必不如其自为,此在三代以上已然矣。圣人者因而用之,用天下之私,以成一人之公,而天下治。夫使县令得私其百里之地,则县之人民皆其子姓,县之土地皆其田畴,县之城郭皆其藩垣,县之仓廪皆其囷窌。为子姓,则必爱之而勿伤。为田畴,则必治之而勿弃。为藩垣囷窌,则必缮之而勿损。自令言之私也,自天子言之,所求乎治天下者如是焉止矣,一旦有不虞之变……于是有效死勿去之守……非为天子也,为其私也,为其私,所以为天子也。"(《顾亭林遗书汇辑·亭林文集》卷一《郡县论五》,中华文献出版社影印)此种说法似是而实非,周末的诸侯、晋初的藩国、唐末的方镇,对外则争地以战,杀人盈野,争城以战,杀人盈城;对内又肆行虐政,百姓罹杼轴之困,黎民罢无已求,哪有因世守其地而爱其子民之事?

吾国以农立国,田地乃是吾国经济的基础,不但最大多数的农民借田地的收获,维持生计,就是政府的税收亦以田赋为主。所以本书不能不说明井田制度破坏之后,历代政府的田地政策。

如上所言,井田制度在春秋中期以后,已经开始破坏,其破坏不但由于富家占田过制,抑又由于经济上有其必然破坏的原因。何以说呢?井田之制,土地属于领主,农民不得买卖,即农民对于土地没有处分权,也就是没有所有权。既然没有所有权,就有不爱惜土地之心,滥用地力,而致生产力日益降低,何况土地面积是一定的,人口蕃息则无止境,人口增加到一定程度,土地便不够分配,于是农村之中便分裂为有田与无田两种人。有田者未必勤,无田者未必惰。勤者欲耕而无田,惰者有田而不勤于稼穑,这是有反于经济原则的。农村之中既有一部分人民无田可耕,领主只有坐听他们离开农村。此辈离开农村的人民大率投身于诸侯的军队之中,以求衣食之道。这就是春秋末期而至战国攻战不已的原因之一。秦孝公用商鞅,商鞅变法,"除井田,民得卖买"(《汉书》卷二十四《食货志上》)。这样,农民就不必束缚于土地之上,既得自由迁徙,又有处分土地之权,井田制度完全破坏,汉兴,循而未革。然而土地私有也有弊端,汉时,谚有"以贫求富,农不如工,工不如商,刺绣文不如倚市门"(《汉书》卷九十一《货殖传》)之语,何以有此现象?农民生活依靠天时,而岁必有丰凶。丰年,农民有剩余农产物,不能不整批卖给商人,商人运到市场,零售出去。年岁愈丰,谷价愈廉,商人观望情势,贱买而贵卖,以牟大利。凶年,除大农外,小农亦难维持一家生计,而中国农民由于遗产均分之制,大多数均是小农。凶荒之年,也要缴纳田赋,也要养生送死,也要购买其他生活必需品,如衣服、釜甑、铁等等。小农没有余粮,哪有余力供给上述各种之用,势只有向债主借债,等到丰年之时,再卖出谷物以偿债务。此辈财主大多数为大商巨贾,其次则为卸任的官僚。但是财主所有的,不是货物,而是货币;农民所借的,也不是货物,而是货币。但是谷之贵贱乃与岁之丰凶成反比例,丰年谷贱即货币价跌,凶年谷贵即货币价涨。这样一来,则是农民于货币的价值最低廉的时候借了货币,而于货物的价格最昂贵的时候买了货物;更于货币的价值最昂贵的时候还了货币,而于货物的价格最低廉的时候卖了货物。所以农民愈益贫穷,弄到最后,竟然不能偿清债务,而如晁错所说,"卖田宅,鬻子孙以偿责者矣"(《汉书·食货志上》)。农民卖田宅以偿债,由是商人及官僚就兼并了土地,富者田连阡陌,贫者无立锥之地,土地问题成为政治家注意的对象。武帝时董仲舒提议限田,以为"古井田法虽难卒行,宜……限民名田……塞并兼之路"(《汉书·食货志上》),议不果行。一直到了哀帝即位,师丹辅政,又建言限田,诏令群臣讨论,丞相孔光、大司空何武联名拟了一个草案,限民名田皆毋过三十顷。但贵戚宠臣极力反对,限田之事遂寝不行(《汉书》同上)。农民失去土地,被排斥于农村之外,而土地则集中于豪富之家。贾谊谓"民不足而可治者,自古及今未之尝闻"(《汉书》同上),晁错亦说:"民贫则奸邪生。贫生于不足,不足生于不农,不农则不地著,不地著则离乡轻家,民如鸟兽,虽有高城深池,严法重刑,犹不能禁也……夫腹饥不得食,肤寒不得衣,虽慈父不能保其子,君安能以有其民哉？"（《汉书》同上）由成帝而至哀帝，"盗贼并起，或攻官寺，杀长吏"（《汉书》卷八十一《孔光传》），人心动摇，而发生许多图谶，宣告汉运将终，新朝当起（《汉书》卷十一《哀帝纪》建平二年）。王莽遂乘人心浮动之际，造作符命，窃取帝位。

王莽代汉，施行各种改革，其中与土地有关者为王田制度。即没收人民的田称为王田，凡一家男子不满八人而有田九百亩以上者，须将余田分给九族乡邻，而无田者每夫受田百亩（《汉书》卷九十九《王莽传》中）。王莽强夺豪富之田，平均颁给平民，豪富怨恨，固不必说。而得田地的贫民既不能补救穷苦，而在急需之际，又不得买卖，以资周转，他们不感莽德，理之当然，所以结果就受许多打击，宣告失败。

莽亡，继以更始赤眉之乱，百姓虚耗，十有二存。光武中兴，务用安静，予民休息。经明章之治，而至和帝，天下户口已经增加到将近西汉极盛之时。然而同时土地又开始兼并，复加之以戎祸，因之以饥馑，农民征发从军，农村劳动力减少，"麦多委弃，但有妇女获刈"（《后汉书·五行志一》）。社会经济开始破坏，而政治腐化又促成社会经济的加速崩溃。当时政治人物乃如王符所说，"官益大者罪益重，位益高者罪益深"（《潜夫论》第九篇《本政》）。在吾国古代，社会问题均由土地兼并而发生。耕者没有土地，有土地者不耕，劳力与所有已经脱节。耕者贫穷，不耕者富裕，劳力与收入又无关系。此种情况在土地尚未充分集中以前，还不会发生问题。一旦土地集中，少数人富裕，多数人贫穷，当然可以引起人众不满，于是如何解决土地问题，又成为学者研究的对象。仲长统及崔寔虽赞成井田之制，但又知井田不易恢复。是故仲长统主张人民领取垦荒地，应加限制，以防兼并（《后汉书》卷四十九《仲长统传·损益篇》）。崔寔主张移民于宽地，使土广人稀之处不至草莱不辟，土狭人稠之处不至欲耕无田（《后汉书》卷五十二《崔寔传》、《全后汉文》卷四十六崔寔《政论》）。荀悦主张限田，他谓"且夫井田之制不宜于人众之时，田广人寡苟为可也。然欲废之于寡，立之于众，土地布列在豪强，卒而革之，并有怨心，则生纷乱，制度难行……宜以口数占田，为之立限，人得耕种，不得卖买，以赡贫弱，以防兼并，且为制度张本，不亦善乎"（引自《通考》卷一《历代田赋之制》）。井田制度不能恢复于人众之时，固如荀悦所言，而限田制度在兼并开始之后，亦不容易采用。何以故呢？经济上的强者往往是政治上的强者。他们既有权力,他们何肯自限?土地问题无法解决,贫穷成为普遍的现象,而又加以阉宦的乱政,继之复有黄巾之乱、董卓的肆凶,东汉政权完全颠覆,州郡牧守各务攻战,终则发生三国分立的局面。

三国初期,豪杰并起,攻剽城邑,杀略民人,农村破坏,城市萧条,往往数百里内不见人烟。土业无主,多为政府没收,充为公田(《魏志》卷十五《司马朗传》)。如何利用公田,以解决粮食尤其军粮,就成为问题。建安元年曹操用枣祗、韩浩等议,始兴屯田(《魏志》卷一《武帝纪》)。魏的屯田分为两种,一是军屯,二是民屯。军屯乃选择军事险要之地或进军必经之路,使兵士且田且守。屯田在西汉时,武帝用之以与匈奴作长期抗战(《汉书》卷九十四上《匈奴传》、卷九十六《西域传》)。宣帝时赵充国又用之以对付西羌,"贫破其众"(《汉书》卷六十九《赵充国传》)。魏之屯田最重要的乃是民屯。民屯是选择灌溉容易而土壤肥沃之地,雇用农民,耕作公田。政府是地主,农民是佃户。最初是征召农民,强迫他们迁到屯田所在地。但农民安土重迁,时时逃亡,所以后来改为招募,招募贫民佃作。每人所受的田没有一定亩数,凡能耕多少田,就可以受多少田。此盖地广人稀,一方要处分荒地,同时又顾到人力之故。至其所纳赋税则和一般农民不同,农民所纳者为田赋,他们所纳者为佃租。佃租多少,是看他们所用的牛是官牛或是私牛。持官牛者须将六成收获物缴于政府,持私牛者须将五成收获物缴于政府(《晋书》卷四十七《傅玄传》)。魏用屯田政策,北方经济遂见复兴,终则由晋统一全国。

晋承曹魏之后,灭蜀并吴,使天下复归于统一。然户口减耗殊甚,计其极盛时代尚不及东汉初年之数(参阅《晋书》卷十四《地理志上》、《后汉书》卷一百九《郡国志一》注引《帝王世纪》)。户口锐减,待垦之田甚多,晋为处理荒地以增加国家的税收,就参考曹魏的屯田及前汉末年的限田,而公布占田之制。汉魏以来,豪宗大族常利用特权兼并土地,这有害君主的集权。所以晋的政府不能不限制他们所有的土地。同时他们自东汉始,已经膏田满野,而晋受魏禅,有恃于他们拥戴者甚多,自不能铲除他们,而须与他们妥协,于是遂依官品高低,许他们各以贵贱占田,占田制为北朝隋代及唐初均田制的先声,值得吾人注意,兹依《晋书》(卷二十六《食货志》)所载,列表如次:

晋代平民受田表

丁别	年龄	性别	占田数	课田数	受田总数	备考
正丁	十六以上至六十	男	七〇亩	五〇亩	一二〇亩	又制户调之式，丁男之户岁输绢三匹绵三斤，女及次丁男为户者半输。按两汉之制，三十而税一者田赋也。二十始傅，人出一算者户口之赋也。今晋法如此，则似合二赋而为一焉。（《文献通考》卷二《历代田赋之制》）
		女	三〇亩	二〇亩	五〇亩	
次丁	十五以下至十三六十一以上至六十五	男	七〇亩	二五亩	九五亩	
		女	三〇亩		三〇亩	
老小	十二以下六十六以上					

上表除"占田"外，尚有"课田"一语，二者之区别何在？农民于前者可将田之生产物，收为己有，但须缴纳户调；于后者须将田之生产物献给政府。即农民对于占田有使用收益的权利，对于课田有耕作的义务。前者（户调）有似于税亩，后者有似于助耕。即吾国到了晋代，法律上已经同时采用税亩与助耕之制。占田制有两个缺点，一是平民所耕之田太广，占田本来是鼓励耕垦，政府当局唯知扩大耕垦面积，而忘记了农民的耕垦能力。固然周代每夫受田百亩，然而由周至秦，均以六尺为步，周以百步为亩，秦汉以后则以二百四十步为亩（《晋书》卷四十七《傅玄传》）。晋尺长于周尺又复四分有余（《晋书》卷三十五《裴颜传》及卷五十一《挚虞传》），所以周代百亩在晋只有三十余亩。何况周代受田的人限于男子，而受田百亩者又限于户主，余夫受田不过二十五亩。到了壮而有室，才受百亩的田。晋呢？据《晋书·食货志》所载，一夫受田一百二十亩，丁女及次丁男女又别有田，则一户所得的田，至少当在二百亩以上。晋代政府不问人民能力如何，而乃为要取得赋税，强迫他们耕垦过大的土地。所以占田制度固然保障平民有一定面积的土地，而由平民观之，只是负荷，不是权利。人民疲于耕作，生产力日益降低，甚者竟至收获不足以偿种（参阅《晋书》卷四十七《傅玄传》）。二是田之分配极不平等，一般平民所受的田已列表于上。至于官吏——士族，则以贵贱占田，第一品五十顷，每降一品，减田五顷，至第九项则为十顷（《晋书》卷二十六《食货志》）。士族占田既广，劳动力自感缺乏，而当

时人民均得受田于国家,当然不必再为别人佃作。士族欲取得劳动力,除自动要求荫庇的衣食客及佃客(参阅《晋书》卷二十六《食货志》)之外,尚有被动强制留用的奴隶。奴隶人数之多,单单洛阳一地就有一万人以上(参阅《晋书》卷六十《张方传》)。永嘉大乱,占田制度随中央政权的瓦解而消灭。

永嘉大乱,人民奔进流移,士族一部分渡江,一部分残留北方。陵迟而至南北分立,渡江者忙于争夺政权及兼并土地,有如《宋书》所说,"晋纲宽弛,威禁不行,盛族豪右,负势陵纵,小民穷蹙,自立无所"(《宋书》卷四十二《刘穆之传》)。土地集中已经根深蒂固,所以南朝四代均放弃占田之制,坐听土地继续集中。北朝情形稍与南朝不同,永嘉丧乱,百姓流亡,中原萧条,千里无烟,土地无主,或由政府没收,或由豪强霸占。其由政府没收者,如何处置,已经成为问题。而由豪强霸占者,一旦业主返乡,不免发生争讼,事涉数世,取证无凭,争讼迁延,不能判决,良畴委而不开,柔桑枯而不采(参阅《魏书》卷五十三《李安世传》)。这当然有害于国民经济,从而减少政府的税收,于是后魏孝文帝遂于太和九年颁均田之制(参阅《魏书》卷一百十《食货志》)。到了后魏分为周齐,北齐北周亦采均田之制,皆取法于后魏,经隋代而至初唐,方才消灭。故本书对于后魏的均田,认为有简单说明的必要。兹依《魏书》(卷一百十《食货志》)所载,作表如次:

后魏均田制表

丁法		均田制		备考
小	十岁以下			
中	十一以上,十四以下			
丁	十五以上,七十以下	男	每夫受露田四十亩,地广人稀,加倍田四十亩,共八十亩。桑田二十亩。	后魏依晋制,立户调之法,民年十五受田,输户调,一夫一妇帛一匹,粟二石。未娶者输四分之一,奴婢输八分之一,耕牛输二十分之一。七十归田,免户调。
		女	每妇二十亩,加倍田共四十亩。妇女不受桑田。	
老	七十一以上			
	其他	奴各依良,有耕牛者,每匹受露田三十亩,加倍田,共六十亩。牛以四匹为限。		

露田及桑田之别创自后魏，北齐因之，北周无。露田种谷，谷是一年生的植物，年年播种，年年收获，收获之后，田地转移于别人，新旧地主均无损失。所以诸民身老或死，须还露田。后魏明文规定田之还受皆在每岁正月，北齐则在十月（《通典》卷一《田制上》及卷二《田制下》）。这个时期，旧谷已收，新谷未种，还田既无特殊损失，受田亦无特殊利益。桑田种树，后魏北齐均明文规定，至少应种桑五十株、枣五株、榆三株。凡土不宜种桑者，则给麻田。树是多年生的植物，由栽培而至收获，须经过相当岁月。而既有收获之后，一旦转给别人，原主必受损失，所以桑田不必退还政府，而可传于子孙，北齐特称之为永业田。桑田可以传于子孙，这样，经过数代之后，不是愈积愈多么？关此，后魏明文规定，多者无受无还，少者补其不足；多者得卖其盈，但不得卖过其分，少者得买其亏，但不得买过所足。

有受田资格者共三种：一是良民，魏制，诸男年十五以上，受露田四十亩，妇人二十亩。露田率倍常额，谓之倍田。所以实际上一夫可得露田八十亩，一妇可得露田四十亩，而男夫又另受桑田二十亩，即一家夫妇受田共一百四十亩。北齐没有倍田之制，民年十八以上，一夫受露田八十亩，妇四十亩，而男夫又另受桑田二十亩，合计亦为一百四十亩（无妇只受田百亩）。周制，民之有室者，受田一百四十亩，单丁受田百亩。二是奴婢，除北周没有明文规定外，奴婢依良丁受田，他们只受露田，不受桑田。三是牛，后魏牛一头受田三十亩，连同倍田，共六十亩。北齐一牛受田六十亩。后魏及齐受田的牛均限四头，北周没有明文规定。良民年老或死，须还露田，后魏以七十一，北齐以六十六，北周以六十五为老，奴婢及牛均于卖出后，退还所受的田。桑田有受无还，但诸民因罪流于远方或无子绝嗣者，其桑田悉没收为公田，此其大略也。后魏周齐的均田和晋之占田一样，目的在于处理荒地，以增加政府的税收，名义上是均田，事实上田之分配并不平均。奴婢可以受田，耕牛也可以受田，资产愈丰，则奴婢愈多，耕牛也愈多。奴婢愈多，耕牛愈多，则其受田也愈广。受田愈广，获利愈厚，其奴婢及耕牛又因之加多，所以均田制度自始就有利于豪强。何况均田只将公田分配给人民耕种，至于豪强霸占的土地，例如后魏则因"事久难明，悉属今主"（《魏书》卷五十三《李安世传》),因此之故,仅仅数年之后,京师就无田可分(《魏书》卷六十《韩麒麟传》)。地方细民所得者又只是瘠土荒畴(《北齐书》卷十八《高隆之传》)。贫富的差隔加深了贵贱之别,由贵贱之别发生了门第观念,一方有士族,他方有寒门,贵族政治又发生于中古社会。

隋承丧乱之后,文帝受禅之初,有户三百六十万,平陈所得,又五十万(《通典》卷七《历代盛衰户口》)。隋亡唐兴,贞观年间户不满三百万,高宗永徽元年户三百八十万(《通典》同上)。隋初户口已寡,唐初户口更寡,地大人稀,故隋唐二代皆采用均田制度。兹依《隋书》(卷二十四《食货志》)、《唐六典》(卷三《尚书户部》),并参考《新唐书》(卷五十一《食货志一》),将隋唐二代的均田制作表如次:

隋均田表

丁法		均田			赋役	
黄	三岁以下					
小	四岁至十岁					
中	十一岁至十七岁					
丁	十八岁(开皇三年改为二十一岁,炀帝即位,又改为二十二岁)至五十九岁。	男	露田八十亩永业二十亩	亲贵永业田多者至一百顷,少者至四十亩。	租	丁男一床,粟三石,单丁及仆隶各半之。
					调	丁男一床,绢一匹绵三两,或布一端麻三斤,单丁及仆隶各半之,开皇三年减绢一匹为二丈。
		女	露田四十亩		役	每岁三十日,开皇三年减为二十日。
老	六十岁以上					

唐均田表

丁法		授田	赋役
黄	始生至满三岁		
小	四岁至满十五岁		
中	十六岁至满二十岁	男年十八以上,亦照丁男受田。	

			租	课户每丁岁输粟二石。
丁	二十一岁至满五十九岁	(1) 平民口分田八十亩,永业田二十亩。(2) 笃疾废疾者四十亩,寡妻妾三十亩,当户者增永业田二十亩。	调	岁输绢或绫或绝二丈,加绵三两,或输布二丈四尺,加麻三斤。
			庸	每岁二十日,无事则收其庸,每日三尺,布加五分之一。
老	六十岁以上	老者四十亩,当户者增永业田二十亩。		

（官户男有永业田,多者一百顷,少者亦有二顷。）

由上列两表观之,可知后魏的桑田,北齐改称为永业田,隋因之,唐亦因之。后魏的露田至唐改称为口分田。此不过名称的改变,其实一也。其重要的是,后魏、北齐奴婢及耕牛可以受田,北周无文稽考,似已撤销,隋唐亦撤销之,这不是说隋唐的均田比较平等,而是因为隋唐亲贵均有广大的永业田之故。隋唐田制有何差别？古人均谓租庸调创自北周的苏绰,唐兴,仍用其制。其实,隋时人民对于国家的义务,何尝不别为此三种,不过关于力役未折为实物,不称为庸而已。其真正差别,隋代男女均得受田,除力役外,又均须缴纳租调。唐则受田的人限于男丁,故租调庸三者均由男丁负之。又,隋代租庸以夫妇即所谓"一床"为单位,唐则以户即所谓"课户"为单位,所以户无丁男之时,寡妻妾亦得受田而纳租调。

隋唐的均田和北朝一样,有两大缺点,一是于贵贱之间,分配田地极不平等；二是平民所受的田,面积过大,超过于他们的耕作能力。更宜注意的是,最初地广人稀乃是因为赋重役繁,人不堪命,多依豪室,或浮游四方,而致编户之数为之锐减。到了天下统一,而无刀兵之祸,逃户常渐次改成国家的编户,一方编户增加,他方过去多余的田地又皆分配给亲贵,于是均田制度便难施行。例如隋代,开皇十二年京辅及三河之地就有人满之患,文帝发使四出,均天下之田。狭乡每丁所得,不过二十亩,老小又少焉（《隋书》卷二十四《食货志》）。何况户口有自然蕃息的趋势,炀帝时代,户八百九十万多,口四千六百余万（《隋书》卷二十九《地理志上》）,而田地面积不能随之扩大,这样,均田制度当然非破坏不可。

唐有贞观开元之治，户口年年增加，开元二十年户七百八十六万多，口四千五百四十三万多。天宝十四载，户八百九十一万多，口五千二百九十一万多（《通典》卷七《历代盛衰户口》）。前此地广人稀，现在人众地狭，均田制度已难维持。安史作乱，"诸州百姓多有流亡，或官吏侵渔，或盗贼驱逼，或赋敛不一，或征发过多"（《唐会要》卷八十五《逃户》，肃宗至德二载二月敕）。"近日已来，百姓逃散，至于户口十不半存。""百姓田地，比者多被殷富之家官吏吞并，所以逃散，莫不由兹。"（《唐会要》同上德宗宝应元年四月敕）大盗虽平，继之又有方镇之乱，农桑荒废，纵在畿甸之内，亦赤地不能耕种（参阅《新唐书》卷一百二十六《张仲方传》、卷一百六十五《权德舆传》）。社会生产力大见萎缩，经济凋残，政治又极腐化。刘蕡说，"居上无清惠之政，而有饕餮之害；居下无忠诚之节，而有奸欺之罪……贪臣聚敛以固宠，奸吏因缘而弄法，冤痛之声上达于九天，下流于九泉"（《旧唐书》卷一百九十下《刘蕡传》）。复又加以"师旅亟兴，官司所储唯给军食，凶荒不遑赈救。人小乏则取息利，大乏则鬻田庐，敛获始毕，执契行贷，饥岁室家相弃，乞为奴仆，犹莫之售，或缢死道途"（《新唐书》卷五十二《食货志二》）。境况如斯，百姓安得不铤而走险？德宗时，泾原兵变，贫民反与叛兵相从（《旧唐书》卷一百三十五《裴延龄传》）。陵迟而至懿宗末年，情势更坏。"自懿宗以来，奢侈日甚，用兵不息，赋敛愈急，关东连年水旱，州县不以实闻。上下相蒙，百姓流殍，无所控诉，相聚为盗，所在蜂起。"（《资治通鉴》卷二百五十二唐僖宗乾符元年）到了僖宗之世，百姓更见贫匮，京师首善之地，竟然是褴褛满路，希望宰相之行小惠。举一例说，"时宰相有好施者，常使人以布囊贮钱自随，行施丐者。每出，褴褛盈路。有朝士以书规之曰，今百姓疲弊，寇盗充斥，相公宜举贤任能，纪纲庶务，捐不急之费，杜私谒之门，使万物各得其所，则家给人足，自无贫者，何必如此行小惠乎！宰相大怒"（《资治通鉴》卷二百五十三唐僖宗乾符五年）。大众受了生活的压迫，社会秩序已经动摇，所以王仙芝、黄巢一旦起事，就可蔓延天下，于是唐亡而继以五代之乱。

我由孟子"耕者九一"之言，历举列朝田制，以证明井田之不可行。在吾国古代，各种各样的土地改革均曾实行，周代的井田是绝对公有也，秦汉改之为绝对私有,然皆失败矣。前汉末年曾试办限田之制,是相对私有也,然亦失败矣。继之有曹魏的民屯、西晋的占田、北朝及隋唐的均田,此数者皆依照当时环境,而谋改革土地,然而均归失败,故王船山批评隋文帝之均田,说道:"人则未有不自谋其生者也。上之谋之,不如其自谋。上为谋之,且弛其自谋之,而后生计愈盛。故勿忧人之无以自给也,藉其终不可给,抑必将改图,而求所以生,其依恋先畴而不舍,则固无自毙之理矣。"(《读通鉴论》卷十九《隋文帝》)船山之言近似于西洋近代自由放任学说,姑举之以供读者参考。

宋承五代之敝,"天下田税不均"(《宋史》卷二百九十四《王洙传》),而如丁谓所说,"二十而税一者有之,三十而税一者有之"(《宋史》卷一百七十四《食货志上二·赋税》)。丁谓之言不是说明宋代田赋之轻,而是说明地主纳税之不均。至于小农则如司马光所说:"农民值丰岁,贱粜其所收之谷以输官,比常岁之价或三分减二,于斗斛之数或十分加二,以求售于人。若值凶年,无谷可粜,吏责其钱已。欲卖田则家家卖田,欲卖屋则家家卖屋,欲卖牛则家家卖牛。无由可售,不免伐桑枣,撤屋材,卖其薪,或杀牛卖肉,得钱以输官。一年如此,明年将何以为生乎?"(《司马温公文集》卷七《应诏言朝政阙失状》,中华版)终至于"民罕土著,或弃田流徙为闲民"(《宋史》卷一百七十三《食货志上一·农田》)。太宗至道二年,陈靖已言:"今京畿周环二十三州,幅员数千里,地之垦者十才二三,税之入者又十无五六。"(《宋史》同上《农田》)景德(真宗)中,垦田共一百八十六万余顷。皇祐(仁宗)中,垦田二百二十八万余顷。(《宋史》同上《农田》)"皇祐中天下垦田视景德增四十一万七千余顷,而岁入九谷乃减七十一万八千余石,盖田赋不均,其弊如此。"(《宋史》卷一百七十四《食货志上二·赋税》)案田赋不均,乃由于"田制不立,圳亩转易,丁口隐漏,兼并冒伪,未尝考按,故赋入之利视前代为薄"(《宋史》同上《赋税》)。当时"契丹增币,夏国增赐,养兵两陲,费累百万"(《宋史》卷一百七十三《食货志上一·农田》)。财政问题迫令政府不能不整理税制。在各种赋税之中,田赋乃最大的税收,而欲改革田赋,须先测量田地,这就是王安石变法而欲方田的理由。方田是依田之大小、土之肥瘠,而定赋税等第(参阅《宋史》卷三百二十七《王安石传》、卷一百七十四《食货志上二·方田》),甚合于公平原则。但实行之时,人事若不健全,官吏就有舞弊的机会,一方方田使者希得功赏,只求赋税之多，不求赋税之平（参阅《宋史》卷三百四十七《龚鼎臣传》）。"妄增田税，又兼不食之山方之，俾出刍草之直。"（《宋史》同上《方田》）他方方田之责一付之胥吏，胥吏便上下其手，从中渔利，"有二百余亩方为二十亩者，有二顷九十六亩方为一十七亩者，虔之瑞金县是也。有租税十有三钱而增至二贯二百者，有租税二十七钱则增至一贯四百五十者，虔之会昌县者是也"（《宋史》同上《方田》）。利民之政反而扰民，方田归于失败。

由宋经元至明，明代田地不但集中于官绅之家，而且自始田赋就不公平，盖大户可与官吏勾结，以多报少，甚至匿田不报。但一地田赋乃以供中央及地方之用，田赋减少，经费必然支绌，所以大户所不纳的田赋不能不摊在细民身上。细民受了重税的压迫，只有逃亡。逃户日多，见在户日少，政府又将耗额分摊于见在户。分摊之时，大户不肯加耗，耗额复落在细民身上（参阅《明史》卷一百五十三《周忱传》）。宣德（宣宗）中，周忱言，"忱尝以太仓一城之户口考之，洪武……二十四年黄册，原额……八千九百八十六户。今宣德七年造册，止有……一千五百六十九户。核实又止有见户七百三十八户，其余又皆逃绝虚报之数。户虽耗，而原授之田俱在。夫以七百三十八户而当洪武年间八千九百八十六户之税粮，欲望其输纳足备而不逃去，其可得乎？忱恐数岁之后，见户皆去而渐至于无征矣"（《皇明经世文编》卷二十二周忱《与行在户部诸公书》）。其结果也，民或匿田不报，或弃田不耕，田日以少，赋日以减。景泰（代宗）年间张凤奏言，"国初，天下田八百四十九万余顷，今数既减半，加以水旱停征，国用何以取给"（《明史》卷一百五十七《张凤传》）。今依《明史》所载，"弘治十五年，天下土田止四百二十二万八千五十八顷，官田视民田得七之一。嘉靖八年，霍韬奉命修会典，言自洪武迄弘治百四十年，天下额田已减强半，而湖广、河南、广东失额尤多，非拨给于王府，则欺隐于猾民。广东无藩府，非欺隐，即委弃于寇贼矣"（《明史》卷七十七《食货志一·田制》）。明代田赋不均，王士性说之甚详。他谓"天下赋税有土地肥瘠不甚相远，而征科乃至悬绝者。当是国初草草，未定画一之制，而其后相沿，不敢议耳。如真定之辖五州二十七县，苏州之辖一州七县，无论所辖，即其广轮之数，真定已当苏之五，而苏州粮二百三万八千石，真定止一十万六千石。然犹南北异也，若同一北方也，河间之繁富，二州十六县,登州之贫寡,一州七县,相去殆若楚楹,而河间粮止六万一千,登州乃二十三万六千,然犹直隶山东异也。若在同省,汉中二州十四县之殷庶,视临洮二州三县之冲疲易知也。而汉中粮止三万,临洮乃四万四千,然犹各道异也。若在同道,顺庆不大于保宁,其辖二州八县均也,而顺庆粮七万五千,保宁止二万,然犹两郡异也。若在一邑,则同一西南充也,而负郭十里,田以步计,赋以田起。二十里外,则田以缰量,不步矣。五十里外,田以约计,不缰矣。官赋无定数,私价亦无定估,何其悬绝也!惟是太平日久,累世相传,民皆安之,以为固然,不自觉耳"(《日知录》卷八《州县赋税》引王士性《广志绎》)。降至神宗时代,张居正为首辅,万历六年(《本纪》作七年十一月),帝采居正议,用开方法测量天下田亩,"总计田数七百一万三千九百七十六顷,视弘治时,赢三百万顷"(《明史》卷七十七《食货志一·田制》)。然究其实,所谓增加田亩之数不过自欺欺人。盖"有司争改小弓,以求田多,或掊克见田,以充虚额"(《明史》同上《田制》)。万历九年行一条鞭法,将田赋、丁役之税以及土贡方物悉为一条,皆计亩征银,折办于官,故谓之一条鞭。此制早在嘉靖(世宗)年间数行数止,至万历九年乃尽行之(《明史》卷七十八《食货志二·赋役》)。一条鞭是计亩征银,即以田赋为基础,所以无田之人就不必负担赋役。此对于贫农固然有害,即对于大户亦极不利。于是"民户殷足者,则十减其五"(《明史》卷二百十六《冯琦传》)。细民"流移日众,弃地猥多。留者输去者之粮,生者承死者之役"(《明史》卷二百二十六《吕坤传》)。崇祯即位,国事已不可为。"流寇日炽,缘墨吏朘民,民益走为盗,盗日多,民生日蹙。"(《明史》卷二百六十五《王家彦传》)盖当时吏治乃如王家彦所说,"不肖而墨者以束湿济其饕餮,一二贤明吏束于文法,展布莫由"(《明史·王家彦传》)。朝廷为了讨伐盗匪,不能不集兵增赋。崇祯曾言,"不集兵无以平寇,不增赋无以饷兵"(《明史》卷二百五十二《杨嗣昌传》)。而其结果乃如卢象升之言:"贼横而后调兵,贼多而后增兵,是为后局。兵至而后议饷,兵集而后请饷,是为危形。况请饷未敷,兵将从贼而为寇,是八年来所请之兵皆贼党,所用之饷皆盗粮也。"(《明史》卷二百六十一《卢象升传》)何况"司农告匮,一时所讲求者皆掊克聚敛之政。正供不足,继以杂派;科罚不足,加以火耗。水旱灾伤,一切不问,敲扑日峻,道路吞声,小民至卖妻鬻子以应。有司以掊克为循良,而抚字之政绝;

上官以催征为考课,而黜陟之法亡。欲求国家有府库之财,不可得已"(《明史》卷二百五十五《刘宗周传》)。所以吴甘来才说,"臣所虑者,兵闻贼而逃,民见贼而喜,恐非无饷之患,而无民之患。宜急轻赋税,收人心"(《明史》卷二百六十六《吴甘来传》)。帝虽颔之,而不能行。到了崇祯之末,熊汝霖还谓,"比者外县难民纷纷入都,皆云避兵,不云避敌。霸州之破,敌犹不多杀掠,官军继至,始无孑遗"(《明史》卷二百七十六《熊汝霖传》)。军纪如斯,明已大失民心,安得不亡?

第四节
人　治

第一项　民　本

　　孟子曰，民为贵，社稷次之，君为轻。（《孟子注疏》卷十四上《尽心下》）

　　孟子曰，桀纣之失天下也，失其民也；失其民者，失其心也。得天下有道，得其民斯得天下矣。得其民有道，得其心斯得民矣。得其心有道，所欲与之聚之，所恶勿施尔也。民之归仁也，犹水之就下，兽之走圹也。故为渊驱鱼者獭也，为丛驱雀者鹯也，为汤武驱民者桀与纣也。今天下之君有好仁者，则诸侯皆为之驱。（《孟子注疏》卷七下《离娄上》）

　　民本思想散见于《尚书》之中甚多，其明白说出"民本"二字，则为《夏书·五子之歌》"民惟邦本，本固邦宁"之句（《尚书注疏》卷七《五子之歌》）。民本与民主的区别，本书已有说明（孔子章三五页以下），不再重复。本书已经引过管子之言，"夫争天下者必先争人"（《管子》第二十三篇《霸言》）。何以要争人？管子说，"凡大国之君尊，小国之君卑。大国之君所以尊者何也？曰，为之用者众也。小国之君所以卑者何也？曰，为之用者寡也。然则为之用者众则尊，为之用者寡则卑，则人主安能不欲民之众为己用也"（《管子》第十六篇《法法》）。争人之法为何？管子说，"政之所兴，在顺民心。政之所废，在逆民心。民恶忧劳，我佚乐之。民恶贫贱，我富贵之。民恶危坠，我存安之。民恶灭绝，我生育之。能佚乐之，则民为之忧劳。能富贵之，则民为之贫贱。能存安之，则民为之危坠。能生育之，则民为之灭绝……故知予之为取者，政之宝也"（《管子》第一篇《牧民》）。此即晁错所说，"人情莫不欲寿，三王生而不伤也。人情莫不欲富，三王厚而不困也。人情莫不欲安，三王扶而不危也。人情莫不欲逸，三王节其力而不尽也……情之所恶，不以强人。情之所欲，不以禁民。是以天下乐其政，归其德，望之若父母，从之若流水"（《汉书》卷四十九《晁错传》）。可惜在吾国历史上，贤君少而暴君多。唐甄说，"自秦以来，凡为帝王者皆贼也……今也有负数匹布或担数斗粟而行于涂者，或杀之而有其布粟，是贼乎，非贼乎……杀一人而取其匹布斗粟，犹谓之贼，杀天下之人而尽有其布粟之富，乃反不谓之贼乎？三代以后，有天下之善者莫如汉，然高祖屠城阳，屠颖阳；光武帝屠城三百……古之王者有不得已而杀者二，有罪不得不杀，临战不得不杀……非是奚以杀为？若过里而墟其里，过市而窜其市，入城而屠其城，此何为者？大将（偏将、卒伍）杀人，非大将（偏将、卒伍）杀之，天子实杀之。官吏杀人，非官吏杀之，天子实杀之。杀人者众手，实天子为之大手……百姓死于兵与因兵而死者十五六，暴骨未收，哭声未绝……于是乃服衮冕，乘法驾，坐前殿，受朝贺，高宫室，广苑囿，以贵其妻妾，以肥其子孙，彼诚何心而忍享之？若上帝使我治杀人之狱，我则有以处之矣"（《潜书·室语》，引自梁启超著《中国近三百年学术史》，中华版一六三页）。他又谓国之治乱，责任在君，即"治天下者惟君，乱天下者惟君，治乱非他人所能为也，君也。小人乱天下，用小人者谁也？女子寺人乱天下，宠女子寺人者谁也？奸雄盗贼乱天下，致奸雄盗贼之乱者谁也"（《潜书·鲜君》）。察之吾国历史，治世少而乱世多，是则贤君少而暗或懦之君多。此盖与君位之世袭有关。唐甄说，"天之生贤也实难，博征都邑世族贵家，其子孙鲜有贤者，何况帝室富贵，生习骄恣，岂能成贤？是故一代之中十数世，有二三贤君，不为不多矣。其余非暴即暗,非暗即辟,非辟即懦,此亦生人之常,不足为异。惟是懦君蓄乱,辟君生乱,暗君召乱,暴君激乱,君罔救矣,其如斯民何哉"(《潜书·鲜君》,引自萧公权著《中国政治思想史》第三编第十八章《明末清初之反专制思想》第三节《唐甄》,台湾版六〇九页)。

第二项 仁 政

(一) 仁政的本质

> 孟子见梁惠王。王曰,叟不远千里而来,亦将有以利吾国乎?孟子对曰,王何必曰利,亦有仁义而已矣。王曰何以利吾国,大夫曰何以利吾家,士庶人曰何以利吾身,上下交征利,而国危矣……未有仁而遗其亲者也,未有义而后其君者也。王亦曰,仁义而已矣,何必曰利?(《孟子注疏》卷一上《梁惠王上》)

这是《孟子》书中第一章,也是孟子主张仁政的第一课。对于孟子此言,王充曾批评云,"夫利有二,有货财之利,有安吉之利。惠王曰何以利吾国,何以知不欲安吉之利,而孟子径难以货财之利也?《易》曰,利见大人,利涉大川,乾元亨利贞;《尚书》曰,黎民亦尚有利哉?皆安吉之利也。行仁义得安吉之利,孟子必且诘问惠王,何谓利吾国?惠王言货财之利,乃可答若设。今惠王之问未知何趣……如问安吉之利,而孟子答以货财之利,失对上之指,违道理之实也"(《论衡》卷十《刺孟篇》)。案古人所谓仁政乃是人民希望人主施我以恩惠,不是强迫人主给我以福利。严复说"夫制之所以仁者,必其民自为之。使其民而不自为,徒坐待他人之仁我,不必蕲之而不可得也。就令得之,顾其君则诚仁矣,而制则犹未仁也。使暴者得而用之,向之所以为吾慈母者,乃今为之豺狼可也。呜呼,国之所以常处于安,民之所以常免于暴者,亦恃制而已,非待其人之仁也。恃其欲为不仁而不可得也,权在我者也。使彼而能吾仁,即亦可以吾不仁,权在彼者也……(权)必在我,无在彼,此之谓民权"(《法意》第十一卷第十九章,复案,商务版)。此种民权思想,吾国先哲脑中绝未想到,韩非虽说,"夫圣人之治国,不恃人之为吾善也,而用其不得为非也。恃人之为吾善也,境内不什数;用人不得为非,一国可使齐。为治者用众而舍寡,故不务德而务法。……故有术之君不随适然之善(适然谓偶然也),而行必然之道"(《韩非子》第五十篇《显学》),法亦制也,然他们所谓法乃以驭御臣民,非驭御人主。固然法家常说,"先王之治国也,不淫意于法之外,不为惠于法之内"(《管子》第四十六篇《明法》,《韩非子》第六篇《有度》亦有是言,但上面为"明主使其群臣"一句),但人民没有权力以控制人主,故与严复所谓民权不同,只有希望人主之能自己限制而已。梁启超亦说,"儒教之政治思想有自相矛盾者一事,则君民权限不分明是也……儒教之所最缺点者,在专为君说法,而不为民说法。其为君说法者奈何?若曰汝宜行仁政也……若有君于此而不行仁政……则当由何道以使之不得不如是乎?此儒教所未明答之问题也。夫有权之人之好滥用其权也,犹虎狼之嗜人肉。向虎狼谆谆说法,而劝其勿食人,此必不可得之数也……二千年来,孔教极盛于中国,而历代君主能服从孔子之明训,以行仁政而事民事者,几何人也?然则其道当若何?曰不可不钳制之以民权。当其暴威之未行也,则有权以监督之;当其暴威之方行也,则有权以屏除之;当其暴威之既革也,且有权以永绝之。如是,然后当权者有所惮,有所缚,而仁政之实乃得行"(《饮冰室文集》之七《论中国学术思想变迁之大势·儒学统一时代》第四节《其结果》,中华版)。即梁氏也是主张民权,以为民权实行之后,暴政方得永绝,仁政方得实现。然而事实上果然如此顺利么?今日各国实行民权者,而秉权之人果能服从民意以行仁政么?不是革命而又革命么?民权政治言之非难,行之实难,英国自1642年发生清教徒革命,经过半世纪之久,而于1688年发生光荣革命,政治才纳上轨道。法国自1789年发生大革命,经过80年,而于1870年成立第三共和,政局才见安定。盖民权政治必须教育普及,人民有参与政治的兴趣,又须生活安定,不依靠政府的施惠,才克成功。否则民权政治往往是徒有其名,只供少数人舞弄国权以求私利而已。

但孟子所说"上下交征利,而国危矣",确有相当理由。一方秉钧当轴之士于物质生活方面,享有特殊享受,免不了引起别人觊觎;他方人众又有得陇望蜀之心,而如谭峭所说:"服布素者,爱士之簪组;服士之簪组者,爱公卿之剑佩;服公卿之剑佩者,爱王者之旒冕。"(《化书》卷六《俭化·君民》,收在大通书局印行之《墨海金壶》中)如何限禁人类"交征利"之事?孟子欲用抽象的仁义观念,使人不去征利,即一方依恻隐之心(仁),哀怜别人损失利益;他方依羞恶之心(义),制止自己争夺利益。此种自动的"克己"行为,恐非普通人能够做到。荀子的思想比较实际而又可行。他依"义者宜也"(《礼记注疏》卷五十二《中庸》),而谓"夫义者所以限禁人之为恶与奸者"(《荀子》第十六篇《强国》)。即荀子之所谓义与孟子见解不同,在外而不在内。圣王依义制礼,依礼定分,使人人各守其分而"各得其宜"(《荀子》第四篇《荣辱》)。故荀子说,"人之所以为人者何已也?曰,以其有辨也(辨,别也)……辨莫大于分,分莫大于礼,礼莫大于圣王(圣王制礼明分)"(《荀子》第五篇《非相》)。"人之生不能无群,群而无分则争,争则乱,乱则穷矣。故无分者人之大害也,有分者天下之本利也。"(《荀子》第十篇《富国》)尸子云:"君臣、父子、上下、长幼、贵贱、亲疏皆得其分,曰治。"(《尸子》卷上《分》)由此可知荀子欲禁止"上下交征利",不是倚靠于内在的道德观念,而是依靠于外在的法制,即倚靠外在的义、礼、分。

(二) 仁政之政策

> 不违农时,谷不可胜食也。数罟不入洿池,鱼鳖不可胜食也。斧斤以时入山林,材木不可胜用也。谷与鱼鳖不可胜食,材木不可胜用,是使民养生丧死无憾也。养生丧死无憾,王道之始也。五亩之宅,树之以桑,五十者可以衣帛矣。鸡豚狗彘之畜,无失其时,七十者可以食肉矣。百亩之田,勿夺其时,数口之家可以无饥矣。谨庠序之教,申之以孝悌之养,颁白者不负戴于道路矣。七十者衣帛食肉,黎民不饥不寒,然而不王者,未之有也。(《孟子注疏》卷一上《梁惠王上》)

> 今王发政施仁,使天下仕者皆欲立于王之朝,耕者皆欲耕于王之野,

商贾皆欲藏于王之市,行旅皆欲出于王之涂,天下之欲疾其君者皆欲赴诉于王。其若是,孰能御之?(《孟子注疏》卷一下《梁惠王上》)

　　尊贤使能,俊杰在位,则天下之士皆悦而愿立于其朝矣。市廛而不征,法而不廛,则天下之商皆悦而愿藏于其市矣。关讥而不征,则天下之旅皆悦而愿出于其路矣。耕者助而不税,则天下之农皆悦而愿耕于其野矣。廛无夫里之布,则天下之民皆悦而愿为之氓矣。信能行此五者,则邻国之民仰之若父母矣。率其子弟,攻其父母,自生民以来,未有能济者也。如此,则无敌于天下。无敌于天下者天吏也,然而不王者未之有也。(《孟子注疏》卷三下《公孙丑上》)

　　以上三条,第一条是言仁政——王政之内容,即经济与教育并重,但须先富后教,才有效用。孟子对齐宣王说明王政,也谓"五亩之宅,树之以桑,五十者可以衣帛矣。鸡豚狗彘之畜无失其时,七十者可以食肉矣。百亩之田,勿夺其时,数口之家可以无饥矣。谨庠序之教,申之以孝悌之养,颁白者不负戴于道路矣。七十者衣帛食肉,黎民不饥不寒,然而不王者,未之有也"(同上卷一上《梁惠王上》)。孟子又以文王为例,说道"五亩之宅树墙下以桑,匹妇蚕之,则老者足以衣帛矣。五母鸡,二母彘,无失其时,老者足以无失肉矣。百亩之田,匹夫耕之,八口之家足以无饥矣……五十非帛不暖,七十非肉不饱。不暖不饱谓之冻馁。文王之民无冻馁之老者,此之谓也"(同上卷十三下《尽心上》)。孟子之言平淡而易行,唯在列国争雄之时,能否行之而无阻,则有问题。何以知之?"万章问曰,宋小国也,今将行王政,齐楚恶而伐之,则如之何?孟子曰,汤居亳,与葛为邻"云云,最后则谓"不行王政云尔,苟行王政,四海之内,皆举首而望之,欲以为君。齐楚虽大,何畏焉"(同上卷六上《滕文公下》)。上举第二条及第三条是说明施行仁政,何以不用武力而能成就天下定于一的理由。孟子生在三家分晋、田氏代齐之后,秦用商鞅变法之前。此时已入战国时代,列强攻战比之春秋时代更见剧烈。最初七雄之中,魏最强盛。魏文侯"贤人是礼,国人称仁"(《史记》卷四十四《魏世家》),以卜子夏、田子方为师,每过段干木之门必轼,四方贤士多归之。任西门豹守邺,而河内称治;李克守中山(由乐羊攻取之),中山亦治;吴起守西河,秦兵不敢东向(《史记·魏世家》、《史记》卷六十五《吴起传》)。文侯确已做到"尊贤使能,俊杰在位"了。然吾未见其因"国人称仁"而能王于天下。盖统一不能不用兵力之故。《淮南子》虽说,"兵者所以讨暴,非所以为暴也"(《淮南子》卷八《本经训》)。但必要之时,兵又非用不可。他说:"兵之所由来者远矣。黄帝尝与炎帝战矣,颛顼尝与共工争矣。故黄帝战于涿鹿之野,尧战于丹水之浦,舜伐有苗,启攻有扈,自五帝而弗能偃也,又况衰世乎?夫兵者所以禁暴讨乱也。炎帝为火灾,故黄帝禽之;共工为水害,故颛顼诛之。教之以道,导之以德而不听,则临之以威武。临之威武而不从,则制之以兵革。故圣人之用兵也,若栉发耨苗,所去者少,而所利者多。杀无辜之民,而养无义之君,害莫大焉;殚天下之财,而澹一人之欲,祸莫深焉。使夏桀、殷纣,有害于民而立被其患,不至于为炮烙;晋厉、宋康,行一不义而身死国亡,不至侵夺为暴。此四君者,皆有小过而莫之讨也。故至于攘天下,害百姓,肆一人之邪,而长海内之祸,此大伦之所不取也。所为立君者,以禁暴讨乱也。今乘万民之力,而反为残贼,是为虎傅翼,曷为弗除!夫畜池鱼者必去猵獭,养禽兽者必去豺狼,又况治人乎?"(《淮南子》卷十五《兵略训》)

(三) 仁政与小惠

子产听郑国之政,以其乘舆济人于溱洧。孟子曰,惠而不知为政。岁十一月徒杠成(杠,方桥也,徒杠可通徒行者),十二月舆梁成(梁亦桥也,舆梁可通车舆者),民未病涉也(民不患于徒涉)。君子平其政,行辟人可也(辟,辟除也,言能平其政,则出行之际,辟除行人,使之避己,亦不为过),焉得人人而济之?故为政者,每人而悦之,日亦不足矣(言每人皆欲致私恩以悦其意,则人多日少,亦不足于用矣)。(《孟子注疏》卷八上《离娄下》,但改用朱注。)

朱注谓"诸葛武侯尝言治世以大德,不以小惠,得孟子之意矣"。子产之作为亦本于仁政观念。孟子的批评与韩非批评子产另一事,同出一辙。"郑子产晨出……闻妇人之哭……知其有奸也。或曰,子产之治不亦多事乎? 奸必待耳目之所及而后知之,则郑国之得奸者寡矣……不明度量,恃尽聪明……而以知奸,不亦无术乎? 且夫物众而智寡,寡不胜众,智不足以遍知物,故则因物以治物……是以形体不劳而事治,智虑不用而奸得。"(《韩非子》第三十八篇《难三》)。韩非之言乃批评子产不识大体,而非批评子产"惠而不知为政"。案政府施惠于民,人民对其反感,其故有三,一是"口惠而实不至",口口声声言人民福利,事实上一点福利都没有给到。又如政府下令减少田租十分之一,同时却增加力役十分之一,古代力役均归农民负担,农民忙于服役,无暇致力于耕耘,当然引起农民反感,这也是"口惠而实不至"。结果如何?"怨菑及其身。"(《礼记注疏》卷五十四《表记》)。二是知施惠于民,而不知施惠之法,而致仁政变为虐政。举例言之,王安石变法所实行的青苗,本来是用以救济小农青黄不接之时的困境,这是一种社会政策。哪知执行之时,竟然变质而为财政政策,即将青苗供为增加税收之具。据韩琦说,"今放青苗钱,凡春贷十千,半年之内,便令纳利二千。秋再放十千,至岁终又令纳利二千,则是贷万钱者……岁令出息四千"(《宋史》卷一百七十六《食货志上四·常平义仓》)。甚至市城之内没有青苗,官吏为要多放,亦强迫人民借用而取其息(《宋史》同上)。其结果也,人民"因欠青苗,至卖田宅,雇妻女,投水自缢者不可胜数"(《苏东坡全集·奏议集》卷三《乞不给散青苗钱斛状》)。三是施惠于小部分的人民而牺牲大部分人民的福利。举例言之,吾国古代以农立国,在全体人口之中,农民约占百分之八十左右。农民的财产为耕地,而田租则为古代赋税的主干。汉代田租最初是什五税一,其后为三十税一。倘令单单征收田租,则豪富若不购置田地,便可以逃税,这是极不公平的税制。所以汉代又有訾算,"訾万钱,算百二十七也"(《汉书》卷五《景帝纪》后二年注引服虔曰)。即每万钱纳税一百二十七。汉时,"岁万息二千"(《汉书》卷九十一《货殖传》)。万钱一年生息二千,二千之中纳税一百二十七,约合十五而税一。在田租十五税一之时,訾算与田租大体一致。到了田租三十税一,訾算比之田租高约一倍,此盖訾算大率课税于商贾,而汉代又采轻商重农政策之故。倘若政府为鼓励人民贮蓄,减免訾算,又为弥补财政上的损失,而提高盐铁专卖的独占价格,则对于农民,损失甚大。盖农民要吃盐（劳力的人吃盐必多），要以铁耕。而政府经商，又须设官置吏，簿书廪禄为费已多，所以盐铁不能不委托商人代售。代售无利，谁愿代售；代售有利，争求代售。商人为取得代售权，非贿不行。如是，商人代售之价比之国家规定之价增加将倍，乃是势之必然，也是理所当然。所以政府为减免訾算而提高专卖价格，无异于牺牲多数人的福利，而施惠于少数的富豪。

第三项　贤能政治

（一）贤与能的区别

> 孟子曰，仁则荣，不仁则辱……如恶之（不仁则辱），莫如贵德而尊士，贤者在位，能者在职。（《孟子注疏》卷三下《公孙丑上》）
>
> 孟子曰，尊贤使能，俊杰在位，则天下之士皆悦而愿立于其朝矣。（《孟子》同上）
>
> 孟子曰……惟仁者宜在高位，不仁而在高位，是播其恶于众也。（《孟子注疏》卷七上《离娄上》）

上举第一条及第二条均有"贤"及"能"两字。第一条对于贤用"位"字，对于能用"职"字。第二条对于贤用"尊"字，对于能用"使"字。然则贤与能有何区别？孟子注疏及朱注孟子均只对第一条有所说明。今先举注疏，赵岐注，"使贤者居位，官得其人。能者居职，人任其事也"。孙奭疏，"贤者居其官位，能者任其官职也……能为人所不能为；贤，长于德行者也。能为人之所能为；能，长于道艺者也"。朱注，"贤，有德者，使之在位，则足以正君而善俗。能，有才者，使之在职，则足以修政而立事"。不问哪一种说明均如隔靴搔痒，不甚明晰。依余之意，贤与能有别，位与职也有别，第二条之尊与使即由这个区别而来。贤者在位有似于古代的三公。《周官》云，"兹惟三公，论道经邦，燮理阴阳。官不必备，惟其人"（《尚书注疏》卷十八《周官》）。论道之道不是指道德之道，而是指治国之道，即与《论语·学而》"道千乘之国"之道相同，何晏集解引"包曰，道，治也"。故《汉书》云，"三公盖参天子，坐而议政，无不总统，故不以一职为官名……记曰，三公无官，言有其人，然后充之，舜之于尧，伊尹于汤，周公、召公于周是也"（《汉书》卷十九上《百官公卿表》）。用"议政"以代"论道"，通俗而易了解。周代以太师、太傅、太保为三公。秦不置三太，也无三公的名称。汉循秦制，又因丞相"掌丞天子，助理万机"（《百官公卿表》），就称之为三公。太尉不常设（秦为国尉，亦不常设），御史大夫只是上卿（《百官公卿表》）。学者多以丞相、太尉、御史大夫为三公，这是错误的见解。总之，汉世三公只有丞相一人，一人而称为三公，盖三公不是指三种职官，凡坐而论道，燮理阴阳的，均称为三公。何谓论道，本文已有说明。何谓燮理阴阳，这不是玄学之辞，而是讲求具体的政策。阴甚而久雨，须疏浚河渠，使雨不成灾。阳极而将旱，须讲求水利，使旱不妨耕。丙吉见牛喘吐舌，驻车询问，盖"方春少阳用事，未可大热，恐牛近行，用暑故喘"（《汉书》卷七十四《丙吉传》）。此乃时气失节，旱灾之象，宰相宜未雨绸缪，不可临渴掘井，而至于束手无策。三公助理万机，不以一职为官名，有位而无一定之职，所谓"贤者在位"盖此之谓。不过政治上所谓贤者，不是指清悫谨慎、循规蹈矩之徒，而是谓识大体，知权经，而有佐国之才之人。至于"能者在职"，则如九卿，在丞相所定大政方针之内，各尽其能，管其所司之事，而不妨害别人之所司。宋采民政、军政、财政分立之制。据范镇说，"古者宰相制国用，今中书主民，枢密院主兵，三司主财，各不相知。故财已匮，而枢密院益兵不已；民已困，而三司取财不已；中书视民之困，而不知使枢密减兵，三司宽财者，制国用之职不在中书也"（引自《通考》卷二十四《历代国用》）。用明显之语来说，各主管部门均依本位主义，不顾别部门之困难。管经济者只求经济的成长，而不顾财政之困难。管财政者只求税收的增加，而不顾民力之疲敝。而统行政之人又不作全盘计划，只知敷衍各部门的要求，不欲加以节制。此何可者？综上所言，"贤者在位"之贤者是指"君子不器"之君子，"能者在职"之能者则指"不求备于一人"之人。对此问题当重论于《荀子》之章［《通才与专才》，《荀子》章第九节第一项之（二）］。

由上所述，可知上举第二条之"尊"与"使"之意义。孟子说，"大有为之君必有所不召之臣，欲有谋焉则就之，其尊德乐道，不如是，不足以有为也。故汤之于伊尹，学焉而后臣之，故不劳而王；桓公之于管仲，学焉而后臣之，故不劳而霸"（《孟子·公孙丑下》）。这是尊贤之意。能者虽然可使，但又须"君使臣以礼"（《论语·八佾》）。孔子谓治天下国家有九经，而以敬大臣、体群臣为九经中之二经（《中庸》）。"敬大臣"无须说明。何谓"体群臣"？朱注，"体谓设以身处其地而察其心也"。郑玄注，"体犹接纳也"。孔颖达疏，"体谓接纳，言接纳群臣，与之同体也"。与臣同体即"君之视臣如手足，则臣视君如腹心"（《孟子·离娄下》）。所以《中庸》于"体群臣也"之下，又加一句，"体群臣，则士之报礼重"。朱注对于"体"字，似解释为体恤，即设身处地为臣着想。郑注则解释为接触，言君与臣不可太过隔离。合两种解释言之，君之使臣须体恤臣之自尊心，常与接近，而采纳其意见。不可同明代天子一样，视群臣如奴婢，赐以爵，呼尔而与之；给以禄，蹴尔而与之；或廷杖，或镣足治事（参阅《明史》卷一百三十九《茹太素传》）。若是，臣将自居为奴婢，准备卖给出价最高的人。一旦有变，孰愿"事君以忠"？

上举第三条是说明贤人政治之必要。唐玄宗开元年间用姚崇、宋璟、张说、张九龄为相，天下因之大治。天宝年间初用李林甫，次用杨国忠为相，天下因之大乱。这是读史者共知的事。可怜得很，在吾国历史上，天子知用贤相者却是寡之又寡，所以丧乱相承，治世短而乱世长。由此可知仁者未必能居高位，仁者能否居于高位，一唯天子之意是视，这是贤人政治最大的缺点。孟子不是说过，"居下位而不获于上，民不可得而治也"（《孟子·离娄上》）。《中庸》亦曾两次提到"在下位不获乎上，民不可得而治矣"。孟子深知仁者要居高位，须先通过天子第一关。天子未必皆贤，他能否擢用仁者，大有问题。难怪每个朝代都只看到播其恶于众的高官大吏，这是专制政治不如民主政治的地方。且也，有圣君而后才能用贤相。孟子说，"由尧舜至于汤，五百有余岁……由汤至于文王，五百有余岁……由文王至于孔子，五百有余岁"（《孟子·尽心下》）。五百有余岁才出现一位圣人，可知人治之难实现。孟子又说，"匹夫而有天下者，德必若舜、禹，而又有天子荐之者，故仲尼不有天下。继世而有天下,天之所废必若桀、纣者也,故益、伊尹、周公不有天下"(《孟子·万章上》)。一方五百有余岁才产生一位圣君,同时"居下位而不获乎上,民不可得而治也"。如是,亘中国一部历史,乱世多而治世少,自有理由。

(二) 贤明与多数

> (孟子)曰……左右皆曰贤,未可也;诸大夫皆曰贤,未可也;国人皆曰贤,然后察之。见贤焉,然后用之。左右皆曰不可,勿听。诸大夫皆曰不可,勿听。国人皆曰不可,然后察之。见不可焉,然后去之。左右皆曰可杀,勿听。诸大夫皆曰可杀,勿听。国人皆曰可杀,然后察之。见可杀焉,然后杀之,故曰国人杀之也。如此然后可以为民父母。(《孟子注疏》卷二下《梁惠王下》)

这条所举孟子之言大有问题,何以说呢?左右皆曰贤,而即用之,左右皆曰不可,而即去之,这是宫廷政治。诸大夫皆曰贤,而即用之,诸大夫皆曰不可,而即去之,这是官僚政治。国人皆曰贤,而即用之,国人皆曰不可,而即去之,这是民主政治。但孟子的结论并不如此,而乃说,"国人皆曰贤,然后察之。见贤焉,然后用之","国人皆曰不可,然后察之,见不可焉,然后去之"。现在试问由谁去察,由谁决定用之或去之?据孟子之意,也许以为详察与决定之权应属于贤人。但是谁真是贤人,又由谁决定呢?汤武以自己为贤,桀纣亦何曾自居为不肖,这样,只有诉诸武力,凡得胜利的就是贤人,而失败的就是不肖了。丹第①(A. Dante)说,"用战争以判定功罪乃是上帝判定功罪的最后方法。罗马帝国由战争得到胜利,就是天命在兹,得到上帝的承认"②。五季大乱,当此之时,为国长者不过十余年,短者三四年至一二年。安重荣"睹累朝自节镇遽升大位,每谓人曰,天子,兵强马壮者当为之,宁有种耶"。

---

① 通常译作"但丁"。——编者
② 可参看《论世界帝国》卷二。——编者

自谓天下可以一箭而定也。(《旧五代史》卷九十八《安重荣传》)孟子之言最后必将达到此种唯力主义的境地。案吾国先哲只有民本思想,而无民主思想。民主与民本不同,民主不但要 for the people,还要 by the people,而民本则只有 for the people。民主以两种制度为基础,一是多数决,二是代表(参阅本书《孔子》章三五页以下)。代表制度,吾国先哲绝对未曾想到;多数人决定的方法,有时亦曾采用,但未曾确定为制度。西汉有廷议之制,国有大事大疑,常召集群臣博议,这不是依民主思想,而是依法家学说。申子曾言,"一臣专君,群臣皆蔽"(《申子》)。韩非亦云,"观听不参(不参谓偏听一人),则诚不闻(谓诚实人莫告);听有门户,则臣壅塞"(《韩非子》第三十篇《内储说上·七术》)。亦即刘向所谓"兼听独断"(《说苑》卷十三《权谋》)。兼听可以塞臣下之蒙蔽,独断可以防臣下之弄权。然此只能于明君时代发生作用。廷议之时,各人意见不同,是免不了的。解决之法如何?固然有时也以多数人的意见为标准,例如:

> 成帝初即位,丞相衡(匡衡)、御史大夫谭(张谭)奏言……甘泉、泰畤、河东后土之祠宜可徙置长安……愿与群臣议定。奏可。大司马车骑将军许嘉等八人以为……宜如故。右将军王商、博士师丹、议郎翟方进等五十人以为……宜徙……于是衡、谭奏议曰……今议者五十八人,其五十人言当徙……八人……以为不宜……宜于长安定南北郊……天子从之。(《汉书》卷二十五下《郊祀志》)

> (赵充国)上屯田奏……奏每上,辄下公卿议臣(议)。初是充国计者什三,中什五,最后什八……上于是报充国曰……今听将军,将军计善。(《汉书》卷六十九《赵充国传》)

> 永光四年……下诏曰,盖闻明主制礼,立亲庙,四祖宗之庙,万世不毁,所以明尊祖敬宗,著亲亲也。朕获承祖宗之重,惟大礼未备,战栗恐惧,不敢自颛,其与将军、列侯、中二千石、二千石、诸大夫、博士议。玄成等四十四人奏议曰……高帝受命定天下,宜为帝者太祖之庙,世世不毁……太上皇、孝惠、孝文、孝景庙皆亲尽宜毁,皇考庙亲未尽,如故。大司农车骑将军许嘉等二十九人以为,孝文皇帝……宜为帝者太宗之庙。

廷尉忠(尹忠)以为,孝武皇帝……宜为世宗之庙。谏大夫尹更始等十八人以为,皇考庙上序于昭穆,非正礼,宜毁。于是上重其事,依违者一年。(《汉书》卷七十三《韦玄成传》)

博士申咸……毁宣(薛宣)……宣子况……数闻其语……令明(杨明)遮斫咸宫门外,断鼻唇,身八创。事下有司,御史中丞众(人名)等奏……当……弃市。廷尉直(庞直)以为……完为城旦。上以问公卿议臣,丞相孔光、大司空师丹以中丞议是,自将军以下至博士、议郎皆是廷尉。况竟减罪一等,徙敦煌。(《汉书》卷八十三《薛宣传》)

但是多数人的意见未必就是贤明的意见,所以一种问题提交廷议,虽然多数人都赞成某一种意见,倘有一人提出反对的意见,而又持之有故,言之成理,则这个反对的意见可以推翻多数人的意见,例如:

(中大夫主父)偃盛言,朔方地肥饶,外阻河,蒙恬城以逐匈奴,内省转输戍漕广,中国灭胡之本也。上览其说,下公卿议,皆言不便。公孙弘曰,秦时尝发三十万众筑北河,终不可就,已而弃之。朱买臣难诎弘,遂置朔方,本偃计也。(《汉书》卷六十四上《主父偃传》)

(呼韩邪)单于……上书,愿保塞上谷以西至敦煌……请罢边备塞吏卒,以休天子人民。天子令下有司议,议者皆以为便。郎中侯应习边事,以为不可许。上问状,应曰……对奏,天子有诏,勿议罢边塞事。(《汉书》卷九十四下《匈奴传》)

意见的采择不依多数,而以贤明为标准,盖如孔子所说,"众恶之,必察焉;众好之,必察焉"(《论语·卫灵公》)。这样,就发生了谁"察",察了之后谁"决定"的问题。众人的意见不足为凭,因之决定之权便归属于天子,所谓"兼听独断"即指这个制度而言。然而帝权旁落,最后决定权又归属于权臣。数千年来,吾国政治不能由专制进化为民主,贤明二字实为之梗。但是多数决并不是可以实行于任何社会的。一个社会能够实行多数决之制,必须社会的人一方有同一性，他方有个别性。换言之，必须各人均有独立自主的见解，同时又有共同一致的思想。就逻辑说，凡有多数，必有少数，而既分化为多数与少数，那又必有全体。只有全体（同一性）而无分化（个别性），则各人的见解自始就已统一，何至发生多数与少数的对立？在此种社会，往往是长老之辈或巫祝之流决定一切。反之，只有分化（个别性）而无全体（同一性），则各人的见解始终不能统一，何能形成多数人的意思，更何能以多数人的意思强制少数人服从？此种社会只有孤立的个人，往往瓦解为无政府的状态。只唯社会的人一方因为个别性而分化，他方由于同一性而结合为全体，而后多数决之制才会存在。不过多数决能够发生效用，又须以自由平等两个观念为基础。各人没有发表意见的自由，换言之，各人没有讨论和投票的自由，试问何必准许各人参加表决？各人的意见没有平等的价值，那又何必依数之多寡决定一切？中世意大利北部采用多数决之时，据乌尔逊（A. M. Wolfson）说，往往是少数人武装起来，胁迫大众，使大众不敢反抗①。后来各国虽然也采用多数决之制，但最初所谓多数乃包括两个要件，一是数多，二是质良。因此少数人往往自称贤明，而欲取消多数人的决议②。此种不自由不平等的状态当然有反多数决的原理。又有进者，多数决又不是漫无限制地可以应用。要用多数决之法以解决政治问题，须有两个条件，一是正反双方在质的方面须有相同性，例如宗教不同，若令两种教徒对信教问题，举行投票，而以多数人信仰的宗教，推翻少数人的宗教，则这不是民主，而只可视为横暴。德国于三十年战争之后，对于宗教问题，就排斥多数决主义。联邦议会（Reichstag）遇到宗教问题，不用讨论方法，而由两个教派的协商（amicabillis compositio）解决之。纵令不关宗教之事，倘两派之一认为属于协商事项者，联邦议会亦分为旧教徒（Corpus Catholicorum）及新教徒（Corpus Evangelicorum）两个团体，一切决议均以两个团体之同意为之。所以新教徒人数虽少，而他们议决的价值乃与旧教徒相等。二是参加投票的人，正反双方在量的方面须有变化性，即多数与少数须

---

① 引自 J. G. Heinberg, *History of the Majority Principle*, in the American Political Science Review, Vol. 20, No. I, Feb. 1926, p. 58。
② Ibid, p. 50 – 60.

能变动而不可固定。今日之多数明日可以变成少数,今日之少数明日可以变成多数,倘令多数与少数自始就已确定,永不变动,则多数决制度将失去存在的价值。例如民族不同,少数民族不管如何努力,亦必无法变成多数民族。这个时候若依多数决之法,决定民族上一切问题,少数民族必斥之为暴虐无道。奥匈帝国于第一次世界大战以前,中央议会(Reichsrat)有日耳曼民族及斯拉夫民族的代表。民族恩怨对于任何政治政策都可给予影响,于是政党遂分裂为二,一是少数派的日耳曼民族与其同情者所组织的日耳曼党(Corpus Germanorum),二是多数派的斯拉夫民族与其同情者所组织的斯拉夫党(Corpus Slavorum),二者互相对抗而不相让,一切纷争大率因为日耳曼党要打击斯拉夫党恃其多数而恣行的专制。所以当时有人提议,要使中央议会工作纳上正轨,只有给予日耳曼党以一种多数决所不能剥夺的权利[①]。兹宜特别注意者,今日民主政治不但要服从多数人的意思,且要尊重少数人的意思,斯密特[②](C. Schmitt)说,"在立法,意见不同,党派对立,也许可以妨害正当的决议,但是同时少数人的主张往往可以预防多数人的专横。因此之故,不同的意见也是有用的,也是必要的"[③]。托揆菲里[④](A. de Tocqueville)早就说过,"今日民主国的舆论常常压迫反对的意见。反抗舆论比之反抗帝王的命令,更需要很大的勇气"[⑤]。并且历史上一切革新最初皆由少数人提倡,倘令个人在团体之内必须屈服于多数,则社会将永远不能进步。"事业的创造无一不由于个人的自由活动。任何强制,纵是多数人的强制,也只能用以维持社会秩序,而不能创造一个崭新的事业。"[⑥]所以主张民主的人

---

① G. Jellinek, *Das Recht der Minoritäten*, 1898, SS. 27 – 30. 据 O. V. Gierke (*Political Theories of the Middle Age*, p. 166, n. 228)说,中世的教会法(canon law),凡事有关于宗教者,不用多数决之法决定之。H. Kelsen 亦说:"多数决原理的应用乃有一种限界,即多数与少数双方意思须能交流,而互相融和,但是要谋双方意见的交流,又须有一个前提,即他们文化相同,尤其言语相同。"见他所著 *Vom Wesen und Wert der Demokratie*, 2Aufl, 1929, S. 65f。

② 通常译作"施密特"。——编者

③ C. Schmitt, *Die geistesgeschichtliche Lage des heutigen Parlamentarismus*, 2 Aufl, 1926, S. 56f.

④ 通常译作"托克维尔"。——编者

⑤ 引自 G. Jellinek, a. a. O. S. 41。

⑥ a. a. O. S. 42.

固宜服从多数,而对于少数人的意见自由即言论出版讲学的自由,万不可加以压制。

再进一步言之,国人言民主者多借用美国林肯之言,其实,近代民主政治乃如秦麦伦①(A. Zimmern)之言,已经不若林肯所说"Government of the people, for the people, by the people"②,而是若林肯另外所说"Government of all the people some of the time and of some of the people all the time"③④了。何况贤人政治很容易变成独裁政治? 何以说呢? 在西洋学者之中,最先致力于说明公意的莫如卢梭(卢梭对于公意用 volonte generale)。卢梭立论是以社会契约说为根据,照他说,社会契约的目的在谋增进共同福利,所以人类的意志均欲增进共同福利,借此以增进自己的福利。人类的意志果然是先顾到共同福利,而后才顾自己福利么? 如果如是,则人性可以信任,此与孟德斯鸠不信人性而主张权力分立者大不相同。但是人性既可信任,则民主政治自可实行而无障碍,而在国家紧急危难之际,将最高权力委托一人或少数人行使,似亦未必不可。卢梭基此见解,一方主张民主,他方不反对罗马的独裁官制度,理由在此。卢梭说:"法律的刚性往往不能适应社会环境的需要,而致引起危机。在国家危急存亡之秋,更可使国家陷入灭亡之境。凡事太过拘泥形式者,纵令环境不许吾人踌躇,而吾人亦将浪费时日。世上常发生立法者所不能预料的事,所以预先想象不能预料的事,实属必要……遵守法律而竟成为防止危险的障碍,似可停止法律的继续执行。即暂时停止主权的活动,将最高权力委托于一人……这就是罗马于两位执政官(Consuls)之中,推举一人为独裁官(Dictator)的理由。"⑤德国法律权威斯密特(C. Schmitt)说,"在今日,由于各种原因,要令一切的人同时集合于一个场所,不是可能的事。对于每个问题,欲与一切的人商量,也是不可

---

① 通常译作"齐默恩"。——编者
② "民有,民享,民治。"——编者
③ A. Zimmern, *The Prospects of Democracy*, 1929, p.368.
④ "一段时间里所有人的和长时间里某一些人的政府"。——编者
⑤ 《民约论》第四章第六节《独裁官》。《民约论》通常译作《社会契约论》。——编者

能的事。于是委托人民所信任的人,组织委员会,决定国家大事,可以说是明智之举"。"既由实际上和技术上的必要,不能不承认人民可以信任的少数人有代替人民决定问题之权,何以不许人民可以信任的唯一的人代替人民决定一切?"①即人性如可信也,人民所选举的少数人若可信任,则人民所选举的一人也可信任。反之,人性如不可信,人民所选的一人固然不可信任,人民所选举的少数人也不可信任。换句话说,人性可否信任是由人性善恶决定之。人性若恶,只唯自己利益是视,则应依孟德斯鸠的学说以限制他们的权力,并使各权力互相制衡。人性是善,则卢梭及斯密特之言,亦不可盲目反对。

  本条后半段"左右皆曰可杀""国人皆曰可杀"云云,有似陪审制度。礼有"必三刺"之语(《礼记注疏》卷十三《王制》),《周礼》说明云,"一刺曰讯群臣,再刺曰讯群吏,三刺曰讯万民",郑玄注,"刺,杀也。讯而有罪,则杀之"(《周礼注疏》卷三十六《司刺》)。这本来出于慎刑之意,但三刺之"讯万民"有似于群众审判。多数人集合一地,容易受到暗示,而又容易互相暗示,所谓互相暗示就是一种刺激由一小撮人传染于别一批人,再由别一批人传染于小撮人。暗示传染不已,纵是世上绝无的事,也会令人轻信不疑。这叫作群众心理。"市有虎",闹市之中哪会有虎,然而一传十,十传百,百传千之后,个人就失去推理的能力,而轻信市内果然有虎。这不但人类如此,就是其他动物也是一样的。例如马厩之中,一马嘶鸣,群马也跟着嘶鸣。羊槛之中,一羊惊慌,群羊也跟着惊慌。所谓"一犬吠影,百犬吠声",就是说明一切动物易受暗示的传染,而发生同一的动作。在平时,个人常能冷静地判别事之真伪是非,而在群众,每个人的心理都是紧张兴奋而又激昂的,不能冷静思考事实,只能附和群众。群众之所是,亦从而是之;群众之所非,亦从而非之。故在群众心理,一种刺激犹如滚雪球一样,滚来滚去,愈滚愈大,终至改变其原形。群众不能区别客观的事实与主观的想象,常以主观的想象当作客观的事实。至于主观的想象是否与客观的事实相符,他们绝不之顾。案群众之中,多数人皆是平凡之辈,平凡之辈

---

① C. Schmitt, *Die geistesgeschichtliche Lage des heutigen Parlamentarismus*, 2 Aufl, 1926, S. 42.

控制了群众的绝大多数，群众的智力已经接近于凡人，若再加以互相暗示，引起激昂的情绪，则群众的智力又降在凡人以下，他们不能于讨论是非曲直之后，做一判断。所以"讯万民"绝不能证明嫌疑犯是否有罪，"万民"只能依一时冲动，做出残酷狂暴的决断。法国在恐怖时代，罗伯斯庇尔（Robespierre）常用群众审判之法，将一批一批无辜的人送上断头台，甚至对革命初期称为"同志"的丹敦①（Danton）也不惜处以死刑。由此可知国人皆曰可杀，而即杀之，乃是危险的制度。苟非孟子尚有"然后察之"云云之言，则其为祸之烈将不堪言。

（三）徒善与徒法

孟子曰……徒善不足以为政，徒法不能以自行。（《孟子注疏》卷七上《离娄上》）

孟子此言与荀子所说，"法不能独立，类（类谓例）不能自行；得其人则存，失其人则亡"（《荀子》第十二篇《君道》），意义相同。但本条孟子所谓法是指先王之道，与荀子所言之法不同，故其上文谓"今有仁心仁闻，而民不被其泽，不可法于后世者，不行先王之道也"，下文又谓"《诗》云，不愆不忘，率由旧章。遵先王之法而过者，未之有也"，由此可知孟子思想乃是一种复古运动。案儒家有"礼，时为大"之言（《礼记注疏》卷二十三《礼器》）。在孟子十二三岁之时，秦用商鞅为相，定变法之令。商鞅以为"三代不同礼而王，五伯不同法而霸……治世不一道，便国不法古。故汤武不循古而王，夏殷不易礼而亡。反古者不可非，而循礼者不足多"（《史记》卷六十八《商君传》，参阅《商君书》第一篇《更法》），他又说："圣人之为国也，不法古，不修今，因世而为之治，度俗而为之法。"（《商君书》第八篇《壹言》）慎子说，"治国无其法则乱，守法而不变则衰"（《慎子·逸文》）。《吕氏春秋》云，"先王之法胡可得而法……故择先王之成法，而法其所以为法"（卷十五《慎

---

① 通常译作"丹东"。——编者

大览第三》之八《察今》)。《淮南子》之言更见明了，他说，"世异则事变，时移则俗易，故圣人论世而立法，随时而举事。尚古之王封于泰山，禅于梁父，七十余圣，法度不同，非务相反也，时事异也。是故不法其已成之法，而法其所以为法。所以为法者，与化推移者也"(卷十一《齐俗训》)。今孟子乃欲"率由旧章。遵先王之法"，可以说是食古不化。

对于本条孟子之言，赵岐注，"但有善心而不行之，不足以为政。但有善法度而不施之，法度亦不能独自行也"(《孟子注疏》卷七上《离娄上》)。朱子注，"有其心无其政，是谓徒善；有其政无其心，是为徒法"(《四书集注·孟子》卷四《离娄上》)。两注均有问题，徒善是谓只有善人，徒法是谓只有良法，即人治与法治应该同时兼顾之意。方孝孺说，"欲天下之治，而不修为治之法，治不可致也。欲行为治之法，而不得行法之人，法不可行也"(《逊志斋集》卷三《官政》，中华版)。如斯解释方与上文"离娄之明"云云贯通。离娄是比喻善人，规矩是比喻良法，有离娄而无规矩，或有规矩而无离娄，均不能正方圆。方氏继着就说，"法为要，人次之"(《逊志斋集》同上)。然而"率由旧章"固然不可，而不察法之体系，于今法之中杂以一二古法，其弊尤大。王安石固谓，"当今之失患在不法先王之政者，以谓当法其意而已。夫五帝三王相去，盖千有余岁，一治一乱，盛衰之时具矣。其所遭之变、所遇之势不同，其施设之方亦皆殊，而其为国家之意，本末先后，未尝不同也。臣故曰，当法其意而已"(《王临川全集》卷四十二《拟上殿札子》，世界版)。王安石又说，"古之人以是为礼，而吾今必由之，是未必合于古之礼也。古之人以是为义，而吾今必由之，是未必合于古之义也。夫天下之事，其为变岂一乎哉？固有迹同而实异者矣。今之人愳愳然求合于其迹，而不知权时之变，是则所同者古人之迹而所异者其实也。事同于古人之迹而异于其实，则其为天下之害莫大矣。此圣人所以贵乎权时之变者也"(同上卷六十七《非礼之礼》)。然据王船山之言，安石并不严守这个原则，船山说，"一代之治各因其时，建一代之规模，以相扶而成治，故三王相袭，小有损益，而大略皆同。未有慕古人一事之当，独举一事，杂古于今之中，足以成章者也。王安石惟不知此，故偏举周礼一节，杂之宋法之中，而天下大乱"(《读通鉴论》卷二十一《唐高宗》，中华版)，是故"汉以后之天下，以汉以后之法治之"(同上卷五《汉成帝》)。

绝不可胶柱鼓瑟。船山说,"一人之身,老少异状,况天下乎?刚柔异人也,不及者不可强,有余者不可裁,清任各有当,而欲执其中,则交困也。南北异地也,以北之役役南人,而南人之脆者死;以南之赋赋北土,而北土之瘠也尽;以南之文责北士,则学校日劳鞭扑;以北之武任南兵,则边疆不救,危亡其间"(同上卷四《汉元帝》)。船山之言不但道破王安石变法失败的要害,又足唤醒今人事事要学美国者的迷梦。但是孟子之言若舍先王之法而不谈,他谓"徒法不能以自行"确是至理名言。盖法制定之后,苟无人执行,则法徒挂墙壁耳,纵令有人执行,苟其人不是善人,则良法亦可变质为恶法。管子说:"明主之治天下也,必用圣人,而后天下治……治天下而不用圣人,则天下乖乱而民不亲也。"(《管子》第六十四篇《形势解》)法家之言如此,杂家《淮南子》亦说,"故法虽在,必待圣而后治……故国之所以存者,非以有法也,以有贤人也。其所以亡者,非以无法也,以无贤人也"(《淮南子》卷二十《泰族训》)。我最赞成苏轼之言:"法者本以存其大纲,而其出入变化固将付之于人。"(《东坡全集·应诏集》卷二《策别七》,世界本)盖任何法律均不能网罗一切而规定之,其留给有关机关做自由裁量者甚多。立法太密,则人必困于绳墨之间,官吏不敢用其私意而惟法之知,"虽贤者所为,要以如法而止,不敢于法律之外,有所措意"(同上《前集》卷二十八《应制举上两制书》)。而且法令滋彰,不免有彼此矛盾之处,于是贪官污吏就可因之为邪。"凡贿赂先至者,朝请而夕得;徒手而来者,终年而不获……举天下一毫之事,非金钱无以行之……小人以无法为奸……所欲排者,有小不如法,而可指以为瑕。所欲与者,虽有所乖戾,而可借法以为解。"(同上《应诏集》卷二《策别三》)弄到结果,又发生了疑人疑法之事。因法之不行,而疑用人之失;因人之有失,而疑法之不善。法日变,国家无一定的政策;人日易,政府的基础不能安定。苏轼说,"夫天下有二患,有立法之弊,有任人之失。二者疑似而难明,此天下之所以乱也。当立法之弊也,其君必曰,吾用某也,而天下不治,是某不可用也。又从而易之。不知法之弊,而移咎于其人。及其用人之失也,又从而尤其法,法之变未有已也。如此,则虽至于覆败,死亡相继而不悟,岂足怪哉"(同上《应诏集》卷一《策略第三》)。

第四项　放伐暴君

　　孟子告齐宣王曰，君之视臣如手足，则臣视君如腹心。君之视臣如犬马，则臣视君如国人。君之视臣如土芥，则臣视君如寇仇。（《孟子注疏》卷八上《离娄下》）

　　齐宣王问卿，孟子曰，王何卿之问也？王曰，卿不同乎？曰，不同，有贵戚之卿，有异姓之卿。王曰，请问贵戚之卿。曰，君有大过则谏，反覆之而不听，则易位。（《孟子注疏》卷十下《万章下》）

　　孟子曰……诸侯危社稷，则变置。（《孟子注疏》卷十四上《尽心下》）

　　齐宣王问曰，汤放桀，武王伐纣，有诸？孟对曰，于传有之。曰，臣弒其君可乎？曰，贼仁者谓之贼，贼义者谓之残，残贼之人谓之一夫。闻诛一夫纣矣，未闻弒君也。（《孟子注疏》卷二下《梁惠王下》）

　　孟子曰……伊尹相汤以王于天下。汤崩，太丁未立，外丙二年，仲壬四年。太甲颠覆汤之典刑，伊尹放之于桐。三年，太甲悔过，自怨自艾，于桐处仁迁义。三年，以听伊尹之训己也，复归于亳。（《孟子注疏》卷九下《万章上》）

　　上举第一条是根据《泰誓》，"古人有言曰，抚我则后，虐我则仇"（《尚书注疏》卷十一《泰誓下》）。这固然是武王伐纣，引古言，一方煽动殷民，使殷民反抗纣王；同时又怀柔殷民，使殷民奉戴周王为天子。然而君民关系是相对的，已萌芽于此八字之中。明太祖"尝览《孟子》，至草芥、寇仇之语，谓非臣子所宜言，议罢其配享。诏有谏者以大不敬论。唐抗疏入谏……廷臣无不为唐危。帝鉴其诚恳，不之罪。孟子配享亦旋复，然卒命儒臣修《孟子节文》云"（《明史》卷一百三十九《钱唐传》）。古人之中最反对孟子之革命思想的，莫如司马光，他固以为君臣之位犹天地之不可易也。"文王序《易》"，以乾坤为首。孔子系之曰，天尊地卑，乾坤定矣；卑高以陈，贵贱位矣。言君臣之位犹天地之不可易也。

《春秋》抑诸侯,尊周室,王人虽微,序于诸侯之上,以是见圣人于君臣之际,未尝不惓惓也。非有桀纣之暴,汤武之仁,人归之,天命之,君臣之分,当守节伏死而已矣。"(《通鉴》卷一周威烈王二十三年臣光曰)司马光为宋代的人,宋承五代之后,五代之世朝代更易有甚弈棋,朝为伊吕,夕为莽操,因皇室不断兴废,造成政局的纷乱,生民随之陷于涂炭之中。文中子王通曾言,"无定主而责之以忠……虽曰能之,末由也已"(《中说·事君篇》)。五代丧乱相承,其故在此。司马光所著《资治通鉴》始于周威烈王二十三年"初命晋大夫魏斯、赵籍、韩虔为诸侯",批评之曰"三晋之列于诸侯,非三晋之坏礼,乃天子自坏之也。呜呼,君臣之礼既坏矣,则天下以智力相雄长,遂使圣贤之后为诸侯者,社稷无不泯绝,生民之类糜灭几尽,岂不哀哉"(《通鉴》卷一周威烈王二十三年臣光曰)。观此言论,可知司马光之尊君,乃希望社会安定,并不是盲目地主张尊君。

第二条已引在本章二五四页,重点在于说明贵族政治,并举出"则易位"之下尚有"王勃然变乎色。曰,王勿异也,王问臣,臣不敢不以正对。王色定,然后请问异姓之卿。曰,君有过则谏,反覆之而不听,则去"。依孟子之言,贵戚之卿与异姓之卿关于谏诤有两点不同。其一,贵戚之卿唯于君有大过之时,才出来谏诤。异姓之卿不问君之过失大小,均得规谏。其二,贵戚之卿反复谏诤,君如不听,则易君之位。异姓之卿反复规谏,君如不听,则辞职而去。盖贵戚之卿与人主休戚是同,而有易位之权,苟每过必谏,则君臣不免发生冲突。不易位耶,势将引起人民反感;易位耶,君位不能安定,国基必至动摇。故为防微杜渐,不令君过危及社稷,乃使异姓之卿出来规谏。吾研究中外历史,在原始社会,凡智力或腕力出类拔萃之人常成为群(horde)——氏族——氏族联盟——部落的领袖。原始国家的权力乃属于强有力的部落酋长。尧舜时代,四岳之权甚大,班固说"四岳谓四方诸侯"(《汉书》卷十九上《百官公卿表》),实即强有力的部落酋长。尧禅位于舜,舜禅位于禹,这个禅让只是后世学者的美辞。若究其实,皆由四岳推戴,即由于强有力的部落酋长推戴,而成为天下的共主。犹如欧洲中世神圣罗马帝国皇帝由选举侯①(Kurfürst)选举

---

① 通常译作"造帝侯"。——编者

一样。前已提过,尧子丹朱、舜子商均虽不得为天子(共主),而仍保有其疆土。夏时太康失邦,亦仍退为夏部落的酋长。总之,所谓共主是由强有力的部落酋长拥戴的。共主无道,强有力的部落酋长又起而推翻之,改奉另一个部落酋长为共主。但在夏商二代,天子无道,不过诸侯不朝而已(参阅《史记》卷三《殷本纪》)。周时,厉王暴虐,民不堪命,引起民众暴动,厉王出奔于彘,此可视为人民革命。但周祚并不中断,周召二公行政,号曰共和(《史记》卷四《周本纪》)。这个共和当然与今日之共和不同。自周以后,实行放伐暴君的,只有霍光废昌邑王,迎立宣帝一事,这是读史者所共知的。明代土木之变,英宗北狩,于谦奉立景帝,这不是易位,而是表示决心抗战。然而亦有所本,《公羊传》鲁僖公二十一年,宋襄公与楚子会于鹿上,楚人伏兵执宋公以伐宋。宋公谓公子目夷曰,子归守国矣。目夷归,设守械。"楚人谓宋人曰,子不与我国,吾将杀子君矣。宋人应之曰,吾赖社稷之神灵,吾国已有君矣。楚人知虽杀宋公,犹不得宋国,于是释宋公",目夷迎襄公归。由霍光之废立,旁涉到于谦奉立景帝,又旁涉到公子目夷之守国,非余喜欢离题,盖欲借历史以证明古人学说是息息相关的。

第三条上文为"民为贵,社稷次之,君为轻,是故得乎丘民而为天子,得乎天子为诸侯,得乎诸侯为大夫"。则变置诸侯之权应属于天子,变置大夫之权应属于诸侯。人民的意见即所谓街巷清议不过供天子或诸侯参考而已。天子或诸侯能够参考街巷清议,而变置诸侯或大夫,比之明武宗信任刘瑾,竟对朝臣说,"汝谓贤,吾故不用。汝谓不贤,今用之……任瑾益专"(《明史纪事本末》卷四十三《刘瑾用事》,正德三年六月),当然贤明多了。

第四条可以视为孟子主张放伐暴君最明显的主张。礼云,"尧授舜,舜授禹,汤放桀,武王伐纣,时也"。孔颖达疏,"尧舜所以相授者,尧舜知子不贤,自能逊退而授人,此时使之然也。桀纣凶虐,不能传立与人,汤武救民之灾,不可不伐,亦时使之然也"(《礼记注疏》卷二十三《礼器》)。孟子之言乃阐明革命的意义。写到这里,我记起苏洵的文章来了,文长,摘要之,"当尧之时,举天下而授之舜,舜得尧之天下,而又授之禹"。这是破天荒的事,人民虽以为大怪,而舜与禹"受而居之,安然若天下固其所有","未尝与其民道其所以当得天下之故也,又未尝悦之以利,而开之以丹朱、商均之不肖也"。更不必假托神意,以固自己的帝位。到了汤之伐桀,则"嚣嚣然数其罪而以告人","既又惧天下之民不已悦也,则又嚣嚣然以言柔之曰,万方有罪,在予一人。予一人有罪,无以尔万方"。至于武王,"又自言其先祖父皆有显功",大业未成,我今继承其志,举兵东伐。东土之民皆箪食壶浆以迎我,纣之兵又倒戈以纳我,"吾家之当为天子久矣"。"伊尹摄位三年,而无一言以自解",周公则急于自疏,谓我不是要篡位。(《嘉祐集》卷六《书论》,中华版)一代不如一代,此盖风俗已变,不能不用其权之故。方孝孺说,"后世人君知民之职在乎奉上,而不知君之职在乎养民,是以求于民者致其详,而尽于己者怠而不修。赋税之不时,力役之不共,则诛责必加焉。政教之不举,礼乐之不修,强弱贫富之不得其所,则若罔闻知。呜呼,其亦不思其职甚矣。夫天之立君者何也?亦以不能自安其生而明其性,故使君治之也。民之奉乎君者何也?亦以不能自治与自明而有资乎君也。如使立君而无益于民,则于君也何取哉?自公卿大夫至于百执事莫不有职,而不能修其职,小则削,大则诛。君之职重于公卿大夫百执事远矣,怠而不自修,又从侵乱之,虽诛削之典莫之加,其曷不畏乎天邪?受命于天者君也,受命于君者臣也。臣不供其职,则君以为不臣。君不修其职,天其谓之何"(《逊志斋集》卷三《君职》,中华版)。方氏之言尚受宋儒尊君思想的拘束,唯最后数句可以达到革命的理论。孟子称许汤武革命,不过许"巨室"起而易代,方孝孺则赞成秦汉以后,百姓起而推翻皇朝。他说,"斯民至于秦而后兴乱。后世亡人之国者大率皆民也……视其君如仇雠,岂民之过哉?无法以维之,无教以淑之,而不知道故也"(同上卷三《民政》)。"无法以维之"云云是指君么,指民么,意义不甚明白。

第五条孟子特别举出"放"之一例。放有两种意义,一是放逐,如"放驩兜于崇山"(《尚书·舜典》);二是放置,如舜封象于有庳,"象不得有为于其国,天子使吏治其国,而纳其贡税焉,故谓之放"(《孟子·万章上》)。伊尹之放太甲属于放置,故太甲改过迁善,即使之复位。"公孙丑曰,伊尹……放太甲于桐,民大悦。太甲贤,又反之,民大悦。贤者之为人臣也,其君不贤,则固可放与?孟子曰,有伊尹之志则可,无伊尹之志则篡也。"(《孟子·尽心上》)伊尹之志在当时谁能知道？"孟子谓齐宣王曰，王之臣有托其妻子于其友，而之楚游者。比其反也，则冻馁其妻子，则如之何？王曰，弃之。曰，士师不能治士，则如之何？王曰，已之。曰，四境之内不治，则如之何？王顾左右而言他。"(《孟子注疏》卷二下《梁惠王下》)赵岐注及朱注对此，解说均不中肯。推孟子之意，此际应该易位。关于伊尹放太甲，龙逢、比干不放桀纣，林慎思说明如下："知道先生曰，吾闻伊尹放太甲于桐宫，有诸？伸蒙子曰，于书有之。曰，臣放君，忠乎？曰，太甲始立不肖，伊尹放之，可也。曰，桀纣不肖，龙逢、比干恶不放欤？曰，桀纣大不肖也，安能放哉？曰，吾闻狸能捕鼠，不能捕狗，则伊尹其捕鼠邪？伸蒙子莞尔而笑曰，先生闻良马有害人者乎？良御必能维萦以驯伏其性也。闻猛虎有啖人者乎，武士安能因拘以驯伏其性邪？太甲不肖，犹良马也，伊尹则可维萦以迁于善。桀纣不肖，犹猛虎也，龙逢、比干岂可囚拘以迁于善乎？知道先生释然曰，诚哉，吾子可谓知言矣。"(《伸蒙子》卷上中篇之四《迁善》，世界版，与《素履子》《续孟子》合刊)吾不赞成林慎思之言。盖桀纣之时，夏殷天子握权已久，人臣固不易处天子以流放之刑。伊尹佐汤以王天下，汤崩，太甲即位未久，权力在于伊尹，所以伊尹流放太甲比较容易。除唐代林慎思外，东晋初年葛洪的意见值得参考。他谓"世人诚谓汤武为是，而伊霍为贤，此乃相劝为逆者也。又见废之君未必悉非也，或辅翼少主，作威作福，罪大恶积，虑于为后患。及尚持势，因而易之，以延近局之祸，规定策之功，计在自利，未必为国也。取威既重，杀生决口，见废之主，神器去矣，下流之罪，莫不归焉。虽知其然，孰敢形言？无东牟朱虚以致其计，无南史董狐以证其罪，将来今日，谁又理之？独见者乃能追觉桀纣之恶不若是其恶，汤武之事不若是其美也。方策所载，莫不尊君卑臣，强干弱枝，《春秋》之义，天不可仇，大圣著经，资父事君。民生在三，奉之如一，而许废立之事，开不道之端，下陵上替，难以训矣……而属笔者皆共褒之，以为美谈，以不容诛之罪为知变，使人悒而永慨者也"(《抱朴子外篇》卷七《良规》，世界版)。葛洪既见八王作乱，惠帝废了又立，立了又废；洪避难南土，复见王敦欲废明帝而帝制自为。他有此言固不足怪。他谓当今之世无董狐之笔，则作史者当然写废君之罪唯重，记新君之美唯恐不足。故我常谓争天下者不但争为天子，且争编纂历史之权。

第五节
人　君

（一）君权与天

孟子曰……天与贤，则与贤。天与子，则与子。（《孟子注疏》卷九上《万章上》）

万章曰，尧以天下与舜，有诸？孟子曰，否，天子不能以天下与人。然则舜有天下也，孰与之？曰，天与之。天与之者，谆谆然命之乎？曰，否，天不言，以行与事示之而已矣。曰，以行与事示之者，如之何？曰……昔者尧荐舜于天而天受之，暴之于民而民受之。故曰，天不言，以行与事示之而已矣。曰，敢问荐之于天而天受之，暴之于民而民受之，如何？曰，使之主祭，而百神享之，是天受之。使之主事而事治，百姓安之，是民受之也。天与之，人与之，故曰天子不能以天下与人。（《孟子注疏》卷九下《万章上》）

第一条原文为："万章问曰，人有言，至于禹而德衰，不传于贤而传于子，有诸？孟子曰，否，不然也。天与贤，则与贤；天与子，则与子。昔者舜荐禹于天，十有七年，舜崩。三年之丧毕，禹避舜之子于阳城，天下之民从之，若尧崩之后，不从尧之子而从舜也。禹荐益于天，七年，禹崩。三年之丧毕,益避禹之子于箕山之阴。朝觐讼狱者不之益而之启曰,吾君之子也。讴歌者不讴歌益而讴歌启曰,吾君之子也。丹朱之不肖,舜之子亦不肖。舜之相尧,禹之相舜也,历年多,施泽于民久。启贤,能敬承继禹之道。益之相禹也,历年少,施泽于民未久。舜、禹、益相去久远,其子之贤不肖,皆天也,非人之所能为也。莫之为而为者天也,莫之致而至者命也。匹夫而有天下者,德必若舜禹,而又有天子荐之者,故仲尼不有天下。继世以有天下,天之所废必若桀纣者也,故益、伊尹、周公不有天下。"(《孟子·万章上》)《淮南子》说,"汤武之王也,遇桀纣之暴也。桀纣非以汤武之贤暴也,汤武遭桀纣之暴而王也。故虽贤王必待遇,遇者能遭于时而得之也,非智能所求而成也"(卷十四《诠言训》)。关于禹不传贤而传子,唐代韩愈及柳宗元均有说明,其说明皆有创见,足供吾人参考。韩愈说,"或问曰,尧舜传诸贤,禹传诸子,信乎?曰,然。然则禹之贤不及于尧与舜也欤?曰,不然。尧舜之传贤也,欲天下之得其所也;禹之传子也,忧后世争之之乱也。尧舜之利民也大,禹之虑民也深。曰,然则尧舜何以不忧后世?曰,舜如尧,尧传之;禹如舜,舜传之。得其人而传之,尧舜也。无其人,虑其患而不传者,禹也。舜不能以传禹,尧为不知人;禹不能以传子,舜为不知人。尧以传舜,为忧后世;禹以传子,为虑后世。曰,禹之虑也则深矣,传之子而当不淑,则奈何?曰,时益以难理。传之人则争,未前定也;传之子则不争,前定也。前定虽不当贤,犹可以守法;不前定而不遇贤,则争且乱,天之生大圣也不数,其生大恶也亦不数。传诸人,得大圣,然后人莫敢争;传诸子,得大恶,然后人受其乱。禹之后四百年,然后得桀;亦四百年,然后得汤与伊尹。汤与伊尹不可待而传也,与其传不得圣人而争且乱;孰若传诸子,虽不得贤,犹可守法。曰,孟子之所谓'天与贤,则与贤;天与子,则与子'者,何也?曰,孟子之心,以为圣人不苟私于其子以害天下;求其说而不得,从而为之辞"(《韩昌黎文集》卷一《对禹问》,世界版)。柳宗元说,"凡易姓授位,公与私,仁与强,其道不同。而前者忘,后者系,其事同。使以尧之圣,一日得舜而与之天下,能乎?吾见小争于朝,大争于野,其为乱,尧无以已之。何也?尧未忘于人,舜未系于人也。尧之得于舜也以圣,舜之得于尧也以圣,两圣独得于天下之上,奈愚人何?其立于朝者,放齐犹曰朱启明,而况在野者乎？尧知其道不可，退而自忘；舜知尧之忘己而系舜于人也，进而自系。舜举十六族，去四凶族，使天下咸得其人。命二十二人，兴五教，立礼刑，使天下咸得其理。合时月，正历数，齐律、度量、权衡，使天下咸得其用。积十余年，人曰，明我者，舜也；齐我者，舜也；资我者，舜也。天下之在位者，皆舜之人也。而尧隤然，聋其聪，昏其明，愚其圣。人曰，往之所谓尧者，果乌在哉？或曰耄矣，曰匿矣。又十余年，其思而问者加少矣。至于尧死，天下曰，久矣，舜之君我也。夫然后能揖让，受终于文祖。舜之与禹也亦然。禹旁行天下，功系于人者多，而自忘也晚。益之自系，犹是也；而启贤闻于人，故不能。夫其始系于人也厚，则其忘之也迟。不然，反是。汉之失德久矣，其不系而忘也甚矣……丕之父攘祸以立强，积三十余年，天下之主，曹氏而已，无汉之思也。丕嗣而禅，天下得之以为晚，何以异夫舜禹之事耶？然则汉非能自忘也，其事自忘也；曹氏非能自系也，其事自系也。公与私，仁与强，其道不同；其忘而系者，无以异也"（《柳河东集》卷二十《舜禹之事》，世界版）。

  第一条及第二条孟子之言均主张君权由于天授，与荀子的思想大不相同。荀子说，"唯圣人为不求知天"，"君子敬其在己者，而不慕其在天者"（《荀子》第十七篇《天论》）。即荀子信人力而不言天。吾研究孟子思想，似与欧洲中世"暴君放伐论"（Monarchomachos）相差无几。

  一是暴君放伐论主张"王权神授"，孟子则谓"天与贤则与贤，天与子则与子"。天不能言，如何测知天意？孟子谓"使之主祭，而百神享之，是天受之"。但谁能看到"百神享之"？侥幸下句有"使之主事，而事治，百姓安之，是民受之也"。否则孟子学说直与奥古斯丁（A. Augustinus）的神权说完全一样，连暴君放伐论都谈不上。

  二是暴君放伐论主张放伐暴君，孟子赞成汤放桀，武王伐桀，且说"闻诛一夫纣矣，未闻弑君也"。在这一点，两者均与民主主义有别。民主主义是用法治制度防患于未然，使暴君无从发生。反之，孟子也好，西洋的暴君放伐论也好，未曾想出方法，使暴君不能发生；唯于暴君发生之后，用放伐之法除旧君而立新君。然而新君即位之后，谁能保证其不会以暴易暴？

  三是暴君放伐论谓反抗暴君不宜由人民直接执行，而须由代表人民的合法机关执行。所谓代表人民的合法机关就是当时的三级会议,也就是当时特权阶级的代议机关,而与孟子所说的"贵戚之卿"性质相似。孟子曾言,"为政不难,不得罪于巨室",又谓贵戚之卿,"君有大过则谏,反复之而不听,则易位"。合上举三项言之,吾人不以孟子为民主主义者,而以孟子为暴君放伐论派,谁谓不宜?

(二) 君道

《书》曰,天降下民,作之君,作之师。(《孟子注疏》卷二上《梁惠王上》)

孟子曰……欲为君,尽君道。欲为臣,尽臣道。(《孟子注疏》卷七上《离娄上》)

孟子曰……上有好者,下必有甚焉者矣。君子之德风也,小人之德草也。草上之风必偃。(《孟子注疏》卷五上《滕文公上》)

孟子曰,君仁莫不仁,君义莫不义。(《孟子注疏》卷八上《离娄下》)

第一条之《书》曰为《尚书》逸篇,孟子引之以告梁惠王,盖欲增加人主的责任。据传说,远古君主均是贤智雄勇强有力之人,故能为人君,又为人师。三代之时,天子能尽君职,已经难能可贵,希望其尽师职,谈何容易?何况作之君,已有权力,更作之师,则是用其荒荒而欲使人昭昭。唐时武则天当国,自制《臣范》两卷,令贡举人习业。(《唐会要》卷七十五《贡举上》仁寿二年,世界版)宋时王安石为相,训释《诗》《书》《周礼》既成,颁之学官,天下号曰新义。一时学者无敢不传习,主司纯用以取士,士莫得自名一说。(《宋史》卷三百二十七《王安石传》)士之莫得自名一说者,盖宋依唐制,以诗赋取士。王安石秉政,罢诗赋,依策论以定等第。策论能否录取,非视论议优劣,乃以策论能否迎合权贵之意为标准。苏轼"见一时举人所试策多阿谀顺旨,乃拟一道以进。大略谓科场之文,风俗所系,所收者天下莫不以为法,所弃者天下莫不以为戒。今始以策取士,而士之在甲科者,多以谄谀得之。天下观望,谁敢不然?风俗一变,不可复返,正人衰微,则国随之。噫"(引自《大学衍义补》卷九《清入仕之路》)。吾文离题了,现在言归正传。严复对于"作之君,作之师",曾加抨击,他说:"西国之王者,其事专于作君而已。而中国帝王,作君而外,兼以作师。且其社会固宗法之社会也,故又曰元后作民父母。夫彼专为君,故所重在兵刑,而礼乐、宗教、营造、树畜、工商,乃至教育、文字之事,皆可放任其民,使自为之。中国帝王,下至守宰,皆以其身兼天地君亲师之众责,兵刑二者不足以尽之也。于是乎有教民之政,而司徒之五品设矣。有鬼神郊禘之事,而秩宗之五祀修矣。有司空之营作,则道理梁杠皆其事也。有虞衡之掌山泽,则草木禽兽皆所咸若者也。卒之君上之责任无穷,而民之能事无由以发达。使后而仁,其视民也犹儿子耳。使后而暴,其遇民也犹奴虏矣。为儿子奴虏异,而其于国也,无尺寸之治柄,无丝毫应有必不可夺之权利,则同。"(《社会通诠·国家之行政权分第十三》,严复曰,商务版一二五页以下)

第二条即孔子所说"君君,臣臣"之意。《淮南子》云"是故臣不得其所欲于君者,君亦不能得其所求于臣也。君臣之施者,相报之势也。是故臣尽力死节以与君,君计功垂爵以与臣。是故君不能赏无功之臣,臣亦不能死无德之君。君德不下流于民而欲用之,如鞭蹄马矣,是犹不待雨而熟稼,必不可之数也"(《淮南子》卷九《主术训》)。自唐太宗谓"君虽不君,臣不可以不臣"(《旧唐书》卷二《太宗纪》贞观二年),宋司马光言"君臣之位犹天地之不可易也"(《资治通鉴》卷一周威烈王二十三年臣光曰)之后,孔孟关于君臣之间的见解,就不为俗儒所接受。降至明清,明初有方孝孺,清初有黄梨洲,此二人者皆抨击君权。再加以前清末季西洋民主思想传入吾国,于是君权思想便一蹶而不复振。

第三条"君子之德风"云云乃孔子之言(《论语·颜渊》),而孟子引之。礼云,"子曰,下之事上也,不从其所令,从其所行。上好是物,下必有甚者矣。故上之所好恶不可不慎也,是民之表也"(《礼记注疏》卷五十五《缁衣》)。《左》襄二十一年,"邾庶其(庶其邾大夫)以漆、闾丘(邾邑)来奔,季武子以公姑姊妻之,皆有赐于其从者,于是鲁多盗。季孙谓臧武仲曰,子盍诘盗?武仲曰,不可诘也……庶其窃邑于邾以来,子以姬氏妻之,而与之邑(使食漆、闾丘),其从者皆有赐焉……是赏盗也……纥(武仲名纥)也闻之……夫上之所为,民之归也。上所不为,而民或为之,是以加刑罚焉,而莫敢不惩。若上之所为,而民亦为之,乃其所也,又可禁乎"。管子谓"一国之存亡在其主,天下得失,道(从)一人出。主好本,则民好垦草莱;主好货,则人贾市;主好宫室,则工匠巧;主好文采,则女工靡。夫楚王好小腰,而美人省食;吴王好剑,而国士轻死。死与不食者,天下之所共恶也。然而为之者何也?从主之所欲也,而况愉乐音声之化乎"(《管子》第五十二篇《七臣七主》)。凡人主所希望于民的,是"令行禁止",但发令之时,设禁之时,除考虑令是否能行,禁是否能止之外,最重要的还是考虑自己是否能行,是否能止。荀悦说,"善禁者先禁其身而后人,不善禁者先禁人而后身。善禁之至于不禁,令亦如之。若乃肆情于身而绳欲于众,行诈于官而矜实于民;求己之所有余,夺下之所不足;舍己之所易,责人之所难,怨之本也"(《申鉴》第一篇《政体》,世界版),为政者必须考虑斯言。

第四条即礼云,"子曰,上好仁,则下之为仁争先人,故长民者章志、贞教、尊仁,以子爱百姓,民致行己,以说其上矣"。郑玄注,"章,明也。贞,正也。民致行己者,民之行皆尽己心"。孔颖达疏,"上若好仁,则下皆为仁,争欲先他人。故为民之君长者,当须章明己志,为贞正之教,尊敬仁道,以子爱百姓。如此,则在下之人必皆尽己之心,以悦乐其上矣"(《礼记注疏》卷五十五《缁衣》,孔疏文字稍加修改)。本条所举孟子之言与《缁衣》所述孔子之言皆希望人主以身作则,自己先行仁道,使百姓跟着也行仁道。单单口说仁道,是没有效用的。管子说,"上之所好,民必甚焉。是故明君知民之必以上为心也,故置法以自治,立仪以自正也……是以有道之君行法修制,先民服也"(服,行也。先自行法以率人。)(管子第十六篇《法法》)。董仲舒言,"为人君者正心以正朝廷,正朝廷以正百官,正百官以正万民,正万民以正四方。四方正,远近莫敢不壹于正,而亡有邪气奸(犯也)其间者"(《汉书》卷五十六《董仲舒传》)。管子之言注重在人主自己守法,董氏之言注重在人主先正其心。心之正不正,谁能看到?法之守不守,则有客观的现象。人主所应警戒的莫大于自谓吾心已正。明崇祯自谓"朕非亡国之君","皆诸臣误朕"(《明史》卷二百五十三《魏藻德传》、卷二十四《庄烈帝纪》崇祯十七年),即帝自信吾已正心,大可以用之以正四方。《吕氏春秋》曾述魏武侯之言:"人主之患也,不在于自少,而在于自多。自多则辞受(当受言而不受),辞受则原竭。"(不受谋臣之言而自谋之,则忠言竭矣。)(卷二十《恃君览第八》之七《骄恣》)愚而好自用,这是偾事误国的最大原因。故《吕氏春秋》又云,"败莫大于愚,愚之患在必自用"(卷二十六《士容论第六》之二《务大》)。《淮南子》说,"法者非天堕,非地生,发于人间而反以自正。是故有诸己不非诸人,无诸己不求诸人。所立于下者不废于上,所禁于民者不行于身。所谓亡国,非无君也,无法也。变法者,非无法也,有法者而不用,与无法等。是故人主之立法,先自为检式仪表,故令行于天下。孔子曰,其身正,不令而行。其身不正,虽令不从。故禁胜于身(不敢自犯令也),则令行于民矣"(卷九《主术训》)。

第六节
人 臣

(一) 士之品格

　　孟子曰……富贵不能淫,贫贱不能移,威武不能屈,此之谓大丈夫。(《孟子注疏》卷六上《滕文公下》)

　　(孟子)曰……天下有达尊三,爵一,齿一,德一。朝廷莫如爵,乡党莫如齿,辅世长民莫如德,恶得有其一(谓人君只有爵)以慢其二哉?(《孟子注疏》卷四上《公孙丑下》)

　　孟子曰,古之贤王好善而忘势,古之贤士何独不然?乐其道而忘人之势,故王公不致敬尽礼,则不得亟见之。见且由不得亟,而况得而臣之乎?(《孟子注疏》卷十三上《尽心上》)

　　孟子曰,昔齐景公田,招虞人以旌,不至,将杀之。志士不忘在沟壑,勇士不忘丧其元,孔子奚取焉?取非其招不往也。如不待其招而往,何哉?(《孟子注疏》卷六上《滕文公下》)

　　由春秋之末而至战国时代,社会上产生一种知识分子,总称为士。这个士与大夫士之士不同,大夫士之士是指一种身份,位在大夫之下,庶人之上。他们有此身份非依知识，而是依其门第。两种士本来不同，但很容易混同为一。最先提高知识分子之士的身价，称之为大丈夫，谓他们应有特殊品格者则为孟子。

上举第一条是孟子说明大丈夫对己的态度，下引韩非之言是说明统治者对人的态度。韩非说，"夫见利不喜，上虽厚赏，无以劝之。临难不恐，上虽严刑，无以威之。此之谓不令之民也"（《韩非子》第四十四篇《说疑》）。富贵不能淫是不好利也，威武不能屈是不畏死也。既不好利，又不畏死，人主将何法以使之？管子说，"明主之治也，县爵禄以劝其民，民有利于上，故主有以使之。立刑罚以威其下，下有畏于上，故主有以牧之。故无爵禄，则主无以劝民。无刑罚，则主无以威众。故人臣之行理奉命者，非以爱主也，且以就利而避害也。百官之奉法无奸者，非以爱主也，欲以爱爵禄而避罚也"（《管子》第六十七篇《明法解》）。尹文子亦谓"今天地之间不肖实众，仁贤实寡。趋利之情，不肖特厚。廉耻之情，仁贤偏多。今以礼义招仁贤，所得仁贤者万不一焉。以名利招不肖，所得不肖者触地是焉。故曰，礼义成君子，君子未必须礼义。名利治小人，小人不可无名利"（《尹文子·大道上》）。盖人类之肯努力向上，不是为名，就是为利。这是人情，政治家不可不顾人情。

上举第二条是说明人君虽然有爵，但不可恃其爵而慢有德之士。古来学者最反对孟子此种思想的莫如司马光。司马光为北宋的人，本书常常说及宋承五代之后，五代之世君臣名分未曾确定，谁有兵权，谁就可驱君弑君而篡其位。司马光著《资治通鉴》，开章明义就提出名分问题，他说，"天子之职莫大于礼，礼莫大于分，分莫大于名。何谓礼？纪纲是也。何谓分？君臣是也。何谓名？公侯卿大夫是也。夫以四海之广，兆民之众，受制于一人，虽有绝伦之力、高世之智，莫敢不奔走而服役者，岂非以礼为纲纪哉？是故天子统三公，三公率诸侯，诸侯制卿大夫，卿大夫治士庶人。贵以临贱，贱以承贵。上之使下，犹心腹之运手足，根本之制支叶。下之事上，犹手足之卫心腹，支叶之庇本根。然后能上下相保，而国家治安。故曰，天子之职莫大于礼也"（《资治通鉴》卷一周威烈王二十三年臣光曰）。而对于上举第二条孟子之言，则反驳说，"夫君臣之义，人之大伦也。孟子之德孰与周公？其齿之长，孰与周公之于成王？成王幼，周公负之以朝诸侯。及长而归政，北面稽首畏事之，与事文武无异也。岂得云彼有爵,我有德齿,可慢彼哉"(《司马文正公传家集》卷七十三《疑孟》,"孟子将朝王",商务万有文库版)。更进而谓,"天者万物之父也,父之命,子不敢逆;君之言,臣不敢违。父曰前,子不敢不前;父曰止,子不敢不止。臣之于君亦然。故违君之言,臣不顺也;逆父之命,子不孝也。不顺不孝者,人得而刑之;顺且孝者,人得而赏之。违天之命者,天得而刑之;顺天之命者,天得而赏之"(同上卷七十四《迂书·士则》)。严复曾谓,"孟子曰,孔子作《春秋》,而乱臣贼子惧。虽然,《春秋》虽成,乱臣贼子未尝惧也……必逮赵宋,而道学兴,自兹以还,乱臣贼子乃真惧也。然而由是中国之亡也,多亡于外国。何则?非其乱臣贼子故也"(《法意》第五卷第十四章,复案)。其实,乱臣贼子所以惧是受名分的拘束,而最主张名分的,并不是道学家,而是司马光。不过司马光重视名分,乃希望社会安定,此又吾人不可不察者。

上举第三条孟子之言盖谓君若不致敬尽礼,贤士不可屈身而为之臣。此言固然不错,但贤士出仕是求实行自己的抱负。尸子说,"夫高显尊贵利天下之径也,非仁者之所以轻也……今诸侯之君,广其土地之富,而奋其兵革之强以骄士;士亦务其德行、美其道术以轻上,此仁者之所非也。曾子曰,取人者必畏,与人者必骄。今说者怀畏,而听者怀骄,以此行义不亦难乎……夫士不可妄致也……待士不敬,举士不信,则善士不往焉……夫求士不遵其道而能致士者,未之尝见也"(《尸子》卷上《明堂》)。《吕氏春秋》云,"有道之士固骄人主,人主之不肖者亦骄有道之士,日以相骄,奚时相得"(卷十五《慎大览第三》之三《下贤》)。即依《尸子》及《吕氏春秋》之言,人主固不可恃其势以骄士,士亦不必因其德以骄人主。人主与士互相骄,则贤能不见用于世,世运将日益凋敝而不可收拾。"齐宣王见颜斶曰,斶前。斶亦曰,王前。宣王不说。左右曰,王人君也。斶人臣也,王曰斶前,斶亦曰王前,可乎?斶对曰,夫斶前为慕势,王前为趋士。与使斶为慕势,不如使王为趋士。"(《战国策·齐策》)王曰斶前,这是宣王不知礼贤之道。斶亦曰王前,这是颜斶报复宣王恃势之语。然而,慕势无益于王,只可长社会奔竞之风;趋士无害于王,尚可增政府尊贤之誉。"公行子(齐大夫)有子之丧,右师(齐之贵臣王驩字子敖)往吊,入门,有进而与右师言者,有就右师之位而与右师言者。"(《孟子·离娄下》)这是一幕绝好的官场现形记,只唯孟子不与右师言。"先主(刘备)屯新野,徐庶见先主,先主器之。谓先主曰,诸葛孔明者卧龙也,将军岂愿见之乎?先主曰,君与俱来。庶曰,此人可就见,不可屈致也。将军宜枉驾顾之。由是先主遂诣亮,凡三往乃见。"(《蜀志》卷五《诸葛亮传》)此时先主兵败下邳,几无立足之地,倘令先主获胜,声势浩大,吾不知先主肯否三次枉驾往见孔明。兹引贾谊之言,以作本条结论。贾谊说,"故夫士者弗敬则弗至……欲求士必至……惟恭与敬……自古而至于今,泽有无水,国无无士。故士易得而难求也,易致而难留也。故求士而不以道,周遍境内,不能得一人焉。故求士而以道,则国中多有之,此之谓士易得而难求也。故待士而以敬,则士必居矣;待士而不以道,则士必去矣,此之谓士易致而难留也"(《新书》卷九《大政下》)。

上举第四条孟子用意注重在"不待其招而往"六字。虞人小吏,与景公有君臣之分,招之不以其礼,虞人死不肯往,要是一介平民乃不待其招而往,伺候于公卿之门,奔走于形势之途,足将进而赵趄,口将言而嗫嚅,世人不以为耻,且认为做官的秘诀,则奔竞之风长,社会将不以名节为高,廉耻相尚。"江陵项氏曰,风俗之弊至唐极矣。王公大人巍然于上,以先达自居,不复求士。天下之士什什伍伍,戴破帽,骑蹇驴,未到门百步,辄下马,奉币刺,再拜以谒于典客者,投其所为之文,名之曰求知己。如是而不问,则再如前所为者,名之曰温卷。如是而又不问,则有执贽于马前,自赞曰,某人上谒者。嗟乎,风俗之弊至此极矣!此不独为士者可鄙,其时之治乱盖可知矣。"(《通考》卷二十九《举士》)宋代学者虽然提倡名教,而士风颓敝却不逊于唐。倪思说,"士大夫寡廉鲜耻,列拜于势要之门,其甚者匍匐门窦,称门生不足,称恩坐恩主甚至于恩父者,谀文丰赂,又在所不论也"(《宋史》卷三百九十八《倪思传》)。明代士风之劣又比唐宋为甚。严嵩当国,"士大夫辐辏附嵩"(《明史》卷三百八《严嵩传》)。魏忠贤操弄国权,"监生(国子监学生,犹如前代之太学生)陆万龄至请以忠贤配孔子,以忠贤父配启圣公",忠贤"所过,士大夫遮道拜伏,至呼九千岁"(《明史》卷三百五《魏忠贤传》)。此辈不以名节为高,廉耻相尚,即顾炎武所谓"亡天下",非仅亡国(《日知录》卷十三《正始》)。朱注对于本条云,"虞人,守苑囿之吏也,招大夫以旌,招虞人以皮冠……夫虞人招之不以其物,尚守死而不往,况君子岂可不待其招而自往见之耶"。对本条所云,《孟子》书中尚有一则,"齐景公田,招虞人以旌,不至,将杀之。志士不忘在沟壑,勇士不忘丧其元,孔子奚取焉?取非其招不往也。曰,敢问招虞人何以(万章问)?曰,以皮冠,庶人以旃,士以旂,大夫以旌。以大夫之招招虞人,虞人死不敢往;以士之招招庶人,庶人岂敢往哉?况乎以不贤人之招招贤人乎"。赵岐注,"以贵者之招招贱人,贱人尚不敢往,况以不贤人之招招贤人乎?不贤之招是不礼者也"(《孟子注疏》卷十下《万章下》)。孔子说,"唯器与名不可以假人"(《左》成二年),人君自毁其名器,今日宠爱贱人,以贵者之招招贱人,他日必将憎恶贵人,以贱者之招招贵人。这样,礼法亡矣。礼法亡,国将随之。在《孟子》此段话的上文尚有另一段告诉万章之言,更足以证明孟子主张士之品格。"万章曰,庶人召之役,则往役;君欲见之,召之则不往见之,何也?曰,往役义也,往见不义也。且君之欲见之也者,何为也哉?曰,为其多闻也,为其贤也。曰,为其多闻也,则天子不召师,而况诸侯乎?为其贤也,则吾未闻欲见贤而召之也。"(《万章下》)古代庶人均须服役,往役是庶人的义务,人主召庶人服役,庶人不能不往。故赵岐注,"庶人法当给役,故往役义也"。朱注谓"往役者,庶人之职"。庶人在服役期间之外,人主欲见庶人,虽有召令,亦可不往。赵岐注,"庶人非臣也,不当见君,故往见不义也"。朱注谓"不往见者,士之礼"。赵注所以必谓"庶人非臣也",盖《论语·乡党》章曾载孔子"君命召,不俟驾行矣"。孔子此时必仕于鲁,而且地位不低,其身份与庶人不同。鲁公有命,当有要事商讨,故不俟驾而即往见。何以知孔子此时必仕于鲁?在此句之前,有"厩焚,子退朝"云云,又有"君赐食""君赐腥""君赐生""侍食于君"等句。在此句之后者,又有"入太庙"云云,邢昺疏,"孔子因助祭入太庙",苟孔子只是庶人身份,哪有资格助祭?所谓"故吏"乃萌芽于东汉,而成立于三国,孔子时代未必有之。

(二) 入官——历代考选制度

周霄问曰,古之君子仕乎?孟子曰,仕。传曰,孔子三月无君,则皇皇如也,出疆必载质……士之失位也,犹诸侯之失国家也……出疆必载质,何也？曰,士之仕也犹农夫之耕也。农夫岂为出疆,舍其耒耜哉……古之人未尝不欲仕也,又恶不由其道。不由其道而往者,与钻穴隙之类也。(《孟子注疏》卷六上《滕文公下》)

周为封建国家,采世官之制,除发生重大政变,贵族得平流进取,坐至父兄之位。纵有重大政变,亦不过政权由甲派贵族转移于乙派贵族。如在鲁国,桓公弑隐公而自立,桓公生庄公,庄子有三弟,即庆父(孟孙氏)、叔牙(叔孙氏)、季友(季孙氏),是为三桓,其后裔均为鲁卿。关于政权渐由贵族转移于士,我在第一章第九节《教育》及本章第三节第一项《贵族政治》,已有简单说明,不再重复。要之自春秋之末而至于战国时期,社会上产生许多学派,各学派的宗师多出身于士,其由没落的贵族出身者亦有之。例如创办私塾的孔子乃是孔父嘉之后(《史记》卷四十七《孔子世家》索隐),孔父嘉则为宋之司马(《左》桓二年)。一方贵族下沉,他方平民(自由农民及富商)上升,两者相向而走,中途相会,终则融和起来,成为新兴的士人阶级。士人阶级均以治国平天下为己任,而要实行治国平天下的抱负,必须取得政权。换言之,必须出仕。春秋时代,士人人数尚少,故《论语》书中,孔子门人未曾问仕。到了战国,士人渐多,而令士人注意到仕的问题,故《孟子》书中,其门人喜欢问仕,而孟子且以仕为君子(此君子似指有学识的士人)的职业。

与仕有关系的则为选举制度,古人所谓选举与今日选举不同。今日选举是令人民投票选出代表,参与政务,古代选举是由有司遴选贤能以执行国务。秦既统一天下,世官之制归于消灭,而代以遴选制度,分为三种:一是特征,凡士之有盛名者,天子可征召而用之,如叔孙通以文学征,待诏博士(《史记》卷九十九《叔孙通传》)是也。二是辟除,内而公卿,外而守令,其属僚皆自辟除,如吕不韦辟李斯为郎(《史记》卷八十七《李斯传》)是也。三是荐举,如范雎荐郑安平为将(《史记》卷七十九《范雎传》)是也。辟除与荐举有两种限制,一是被举人的资格,凡无资产又无操行者不得举之,如韩信贫无行,不得推择为吏(《史记》卷九十二《淮阴侯传》)是也。二是任举人的责任,凡任人或举人而所任所举不善者,各以其罪罪之(参阅《史记》卷八十七《范雎传》)。

汉承秦之制,选举亦有特征、辟除、荐举三种。但汉世尚有考试以济选举之穷。此制创始于汉文帝时代,"十五年……九月,诏诸侯王、公卿、郡守举贤良能直言极谏者,上亲策之,傅纳以言"。补注引周寿昌曰,"此汉廷策士之始。前此即位二年诏举贤良方正能直言极谏者,未闻举何人,至是始以三道策士,而晁错以高第由太子家令迁中大夫"(《汉书》卷四《文帝纪》)。此种考试称为对策,即后世所谓制举——制科,皆用之以求天下豪杰特起之士。对策有三种特质,一是由天子随时下诏令公卿郡国守相推举人选,而以守相之推举为主。但守相之推举乃察毁誉于众多之论,而含有乡举里选之意。守相推举之后,再由天子加以考试,吾人读《公孙弘传》(《汉书》卷五十八),即可知之。二是对策非观其文词,乃取其忠言嘉谟足以佐国,崇论弘议足以康时。昭帝始元六年二月诏有司问郡国所举贤良文学民所疾苦,而所问者盐铁均输榷酤,皆当时大事,与后世制科专尚文词者不同(参阅《通考》卷三十三《贤良方正》)。三是对策由天子亲阅,且由天子亲定优劣,优者待以不次之位,劣者亦不罢归。盖唯如是,而后人士批评时政,天子才不会为权贵所蒙蔽(因由天子亲阅),而士也无患得患失之心(因为劣者亦不罢归),而敢畅所欲言。吾人读桓宽所撰《盐铁论》,即可知之。案唐代以前,举士与举官没有区别,不是先依举士之法,使中式者得到任官的资格,而后再行举官,及第者授之以适当的官职。汉代举士就是举官。又者西汉之世,儒与吏未曾别为二途,胥吏有升迁的机会,汉世名臣由吏出身者甚多,这是重要的制度。孟子说,"仕非为贫也,而有时乎为贫",为贫而仕,应"辞尊居卑",若孔子之为委吏之为乘田(《孟子·万章下》)。唯由人情言之,人士屈身于胥吏,只是暂时的事,其最后目标必是显贵。倘令胥吏当终身为胥吏,我敢断言无人愿意。苏轼说,"夫人出身而仕者,将以求贵也。贵不可得而至矣,则将惟富之求,此其势然也"(《苏东坡全集·应诏集》卷三《策别六》,世界版)。苏氏又说,"汉法,郡县秀民推择为吏,考行察廉,以次迁补,或至二千石,入为公卿……黄霸起于卒史,薛宣奋于书佐,朱邑选于啬夫……其余名臣循吏由此而进者不可胜数"(《通考》卷三十五《吏道》)。要之,汉世用人不讲资格,儒与吏未曾别为二途,纵是郡县小吏,只要守身清廉(汉有宗廉之制),

又敢勇于作为(汉有察能之制)，亦得升迁，终至公卿之位。

东汉时儒与吏渐次别为二途，照马端临说，"秦弃儒崇吏，西都因之，萧曹以刀笔吏佐命为元勋，故终西都之世，公卿多出胥吏，而儒雅贤厚之人亦多借径于吏以发身。其时儒与吏未甚分别，故以博士弟子之明经者补太守卒史，而不以为恶。元成以来，至东汉之初，流品渐分，儒渐鄙吏，故以孝廉补尚书郎、令史，而深以为耻(参阅《后汉书·百官志三·令史》注引《决录注》，丁邯不愿为尚书郎)，盖亦习俗使然"(《通考》卷三十五《吏道》)。东汉崇尚儒学，五经成为士人猎官的工具，而要测定人士的经学程度，只有应用考试，于是考试就成甄别人才的唯一方法。比方孝廉(西汉分为二科，东汉以后合为一科)，西汉只取其人履行，东汉自顺帝以后，因左雄建议，又观其人的经学，即"诸生试家法，文吏课笺奏"。所谓"家法"，章怀注云，"儒有一家之法，故称家法"(《后汉书》卷六十一《左雄传》)。《胡广传》(《后汉书》卷四十四)亦有"儒者试经学，文吏试章奏"之言，可知家法就是经学。孝廉而有考试，是直以文词观人之履行。幸而考试尚开两途，即儒生与文吏两途。所最失策者，迁官亦多以考试定之。马端临说，"按东汉用人多以试取之。诸科之中，孝廉、贤良、有道皆有试，迁官则如博士，如尚书皆先试，至于辟举、征召无不试者……然所试率文墨小技，固未足以知其贤否也"(《通考》卷三十九《辟举》)。到了末世，各种选举科目，如秀才、孝廉等等皆只有其名，而无其实。故《抱朴子》云，"举秀才，不知书。察孝廉，父别居。寒素清白浊如泥，高第良将怯如鸡"(《抱朴子外篇》卷十五《审举》)。

降至三国，选举又复变更。魏初，亦同东汉一样，开两途以取士，"郡国选举，勿拘老幼，儒通经术，吏达文法，到皆试用"(《魏志》卷二《文帝纪》黄初三年)。到了后来，依华歆建议，孝廉无不试经(《魏志》卷十三《华歆传》)。孝廉不取其人履行，而乃试以文墨，已经错了，何况又限以经学，安能得到人才？兼以魏文好文学，其所选用尽是儒雅之士；明帝崇儒学，郡国贡士，郎吏补官，均以通经为限。自是而后，经学成为万能。倜傥之士不愿埋首经学，而文墨小技又未能精通者，就无法表现其才识而见用于世。魏晋以后，人才常少，此不失为原因之一。且也，两汉择才方法固然不尽相同，而人才之由郡国选举者，皆有乡举里选之意。三国初期，兵难日起，州郡鼎沸，一方人士播迁，离开故乡，乡举里选无法实行,他方乡党组织完全破坏,人士履行无法知悉。在此种情形之下,魏要吸收人才,不能不立权宜之制,遂于汉献帝延康元年,即魏文帝黄初元年,由陈群建议,设置九品中正之制(《通典》卷十四《选举二·历代制中》)。所谓九品中正是谓州郡置大小中正,令其品第管内人物,分为九等。此后,公府辟除,郡国贡举,必以中正所品第者为标准(参阅《通考》卷二十八《举士》)。这个制度本来是用以品藻人才优劣,不是用以品第门阀高低,只因任命为大小中正的人皆系著姓士族,他们不免党同伐异,计官资以定品格,天下唯以居位为贵,终而发生"上品无寒门,下品无势族"的现象(《晋书》卷四十五《刘毅传》)。

由两晋至南北朝,选举均用九品中正之法,"公门有公,卿门有卿",考试制度完全破坏,寒素之士不但不能以事功,且亦不能以文词——经学,见用于世,朝有世及之荣,下无寸进之路,而以贵役贱的贵族政治又见发生。然而考试制度并未尽废。晋武帝时尚诏公卿牧守选举贤良方正,令其对策(参阅《晋书》卷五十二《郤诜传》及《阮种传》)。后因八王作乱,朝廷姑息,远方秀孝,到不策试,普加除署(参阅《晋书》卷七十八《孔坦传》)。元帝渡江,申明旧制,皆令试经,各地所举秀孝莫敢应命,其有送至京师者,皆以疾辞(参阅《晋书》卷七十《甘卓传》、卷七十八《孔坦传》)。马端临说,"按孝廉诸科,自东汉以来,皆有策试之事。夫以文墨小技而定其优劣,已不足以称其科名矣。今观东晋之事,则应举者皆不能试之人"。盖"上下相蒙,姑息具文,其来久矣,宜其皆欲侥幸于不试也"(《通考》卷二十八《举士》)。南北分立,干戈云扰,考试制度,如贤良、秀才、孝廉等之考试皆若存若亡。但魏晋以来,选举法虽互相损益,而九品官人之法至开皇中方罢。

隋兴,开皇年间废九品中正之制而代以科举制度。文帝时有秀才之科,例如杜正玄开皇末,举秀才,尚书试方略,正玄下笔成章(《隋书》卷七十六《杜正玄传》),由此可知隋时秀才是有试的。炀帝时又置进士科,唐杨绾说,"炀帝始置进士之科,当时犹试策而已"(《旧唐书》卷一百十九《杨绾传》)。是则隋代科举是同东汉一样,举了之后,必加以试。考试为甄别人才的唯一方法,渐次确立。然而流品之别愈益显明,而如马端临所说,"令史之任,文案烦屑,渐为卑冗,不参官品"(《通考》卷三十五《吏道》)。

至唐,考试制度又复变更,唐代以前,举士与举官没有区别。唐则举士与举官别为二途,举士由礼部为之,凡士人之欲应试者,可怀牒自列于县,县考试定其可举者,升之于州或府。州或府总其属之所升,又考试之如县,定其可举者,贡于朝廷(以上总称为乡贡),而升之于尚书省的礼部。礼部总州府之所升而考试之,第其可进者,以名上于天子(参阅《韩昌黎文集》卷四《赠张童子序》,世界版)。由此可知唐代举士须经过三次考试,一是县试,二是州(府)试,三是礼部之试(礼部属于尚书省,故简称为省试,又称为会试)。在礼部之试之后,天子偶尔又令宰相举行复考。此乃预防考官舞弊,而为宋元明于礼部之试之后,又有殿试的来源。礼部之试,科目甚多,而士人所趋向唯明经、进士二科(《通典》卷十五《选举三·历代制下》),进士更见矜贵,缙绅虽位极人臣,不由进士者终不为美(《通考》卷二十九《举士》)。进士所试者虽有帖经、诗赋及时务策,而主司褒贬乃以诗赋为标准。盖唐代应试之人甚众,策论冗长,不若诗赋之简短;策论污漫难知,不若诗赋之声病易考。为谋考官阅卷方便,并求考官评分公平,用诗赋以取士,在决定及第标准方面,比之策论似胜一筹。苏轼曾言,"自文章言之,则策论为有用,诗赋为无益。自政事言之,则诗赋论策均为无用"(《宋史》卷一百五十五《选举志一》)。盖诗赋与策论均与文学有关,而文学政事本自异科,长于文学者固然未必不长于政事,而长于政事者也未必长于文学。黄巢举进士不第,终而为盗(《通鉴》卷二百五十二唐僖宗乾符二年);敬翔有经世之才,举进士不第,发愤投朱温,温用为谋主,卒能成就帝业(《旧五代史》卷十八《敬翔传》注引《五代史补》)。此两人之事都值得后人注意。以上所述是就唐代常科考试言之。常科考试之外,尚有特种考试,称为制科。制科乃以待天下豪杰特起之士,然其结果并不理想。盖唐代制科与汉世对策有两点大不相同,一是对策由天子亲自评阅,制科则委于朝臣阅之。二是对策劣者亦不罢归,制科则有黜落之事。有此两大区别,士人遂不敢畅所欲言,恐得罪权贵。例如文宗太和二年,刘蕡以贤良方正对策,指陈时事,不避贵近。时登科者二十三人,所言皆冗龊常务,考官见蕡对嗟服,以为过古董晁,而畏中官眦睚,不敢取,物议喧然。唯登科人李郃谓人曰,刘蕡下第,我辈登科,实厚颜矣(《新唐书》卷一百七十八、《旧唐书》卷一百九十下《刘蕡传》)。唐制,凡试于礼部及第者,只得任官的资格,尚须再由吏部或兵部铨选（文选归吏部，武选归兵部。文选重要，故本书只谈吏部，而略兵部），及格者才得解褐入仕。吏部择人有四种标准，一视其身，取其体貌丰伟；二观其言，取其言辞辩正；三观其书，取其楷法遒美；四观其判，取其文理优良。入第者经过门下省审核，始授之以官（参阅《新唐书》卷四十五《选举志下》）。韩愈三试于吏部不成，十年犹布衣，以韩愈之文才而乃三试不第，可知吏部之试，也是不容易的。兹应特别一言者，吏部择人虽有身言书判四法，而考官所注意者乃是书判，"而判语必骈俪……非读书善文不可也"（《容斋随笔》卷十《唐书判》）。于是倜傥之士不愿埋首寒窗，而致文墨小技不能精通者，将无法表现其才智而见用于世。固然玄宗天宝九载曾敕，"比来选司取人必限书判。且文学政事本是异科，求备一人，百中无一"（《唐会要》卷六十九《县令》），而选人例如刘迺亦反对书判（《唐会要》卷七十四《论选事》，天宝十载）。但积重难返，书判之试竟永久成为吏部择人的重要标准。同时流品愈分，换言之，凡由科举进者与由吏道进者，判然有别。张玄素仕隋，为大理令史，其后出为县之户曹。贞观中，太宗对朝问玄素历官所由，玄素至为惭耻，出不能移步，颜若死灰，精爽顿尽，见者咸共惊怪（《旧唐书》卷七十五及《新唐书》卷一百三《张玄素传》）。唐代鄙视胥吏，由此可见。到了末季，朝纲紊乱，方牧皆自选列校，四方豪杰不能以科举自达者皆争为之，名臣贤将出于其中者为数不少。苏轼说，"汉法，郡县秀民推择为吏，考行察廉，以次迁补，或至二千石，入为公卿。古者不专以文词取人，故得士为多……唐自中叶以后，方镇皆选列校，以掌牙兵。是时四方豪杰不能以科举自达者，皆争为之，往往积功以取旌钺。虽老奸巨盗或出其中，而名卿贤将如高仙芝、封常清、李光弼、来瑱、李抱玉、段秀实之流，所得亦已多矣"（引自《通考》卷三十五《吏道》）。固然"老奸巨盗或出其中"，然科举出身之人难道没有老奸巨盗？

五代之世纷乱极了，考试制度名义上虽然存在，但礼部举士，每次发榜，必有喧哗，或云有司不公，或云考官受贿（参阅《旧五代史》卷一百四十八《选举志》晋天福三年）。其实，当时考官确曾受贿，而考生亦有倩人代作文章之事。后周世宗即位，于显德二年及五年，用复试之法以禁制科场舞弊（参阅《旧五代史》卷一百十五及卷一百十八《周世宗纪》），而对于监试官之受贿及进士之倩人代笔者，许人告发,一查得实,永不得仕进(《通考》卷三十《举士》)。世宗虽然注意考试,但又知考试未必能够选拔真才。魏仁浦由小吏出身,而"有宰相之器","世宗命仁浦为禁止,议者以其不由科第。世宗曰,古人为宰禁止者岂尽由科第耶?遂决意用之"(《宋史》卷二百四十九《魏仁浦传》)。盖在非常时代。国家非破格用人,参赞翊佐以成大业,鲜克有功。考试只能于平时得中庸之才以共治,不能于乱世得卓荦瑰伟之士以创业。所以世宗多不次用人(《宋史》卷二百六十三《张昭传》)。而一旦发见所用之人并非人才,又即行罢免(参阅《旧五代史》卷一百三十一《李知损传》)。

宋代考试与唐代大同小异,举士之法分为乡试、会试与殿试三个阶段。(1)乡试,每次朝廷下令贡举之时,各县令察各该县士人之行谊,保选至州,由州先行甄别考试,而将中式之人(称为举人)贡于朝廷。(2)会试,各州将其所举之人,解送礼部会试(故乡试亦称为解试),因礼部属于尚书省,故会试又称为省试。省试不第,来科仍须乡试。盖"举人者,举到之人"(《日知录》卷十六《举人》),不若明代以举人为一定任官资格之名称。(3)殿试,凡省试中式之人由天子亲策于廷(事实上由朝臣策之),故又称为廷试。最初廷试尚有黜落,下第之人"虽曾中省试,来科仍复解试,中格然后得上省试",即"宋初于御试特重,苟不中格,则省试皆虚也"(参阅《明会要》卷四十七《科目》杂录引黄尊素言)。其后,张元因殿试不第,积忿降元昊,为中国患,群臣归咎于殿试,仁宗嘉祐二年诏进士参加殿试者皆不黜落,唯升降其名次(参阅《日知录》卷十七《御试黜落》)。宋代考试,科目甚多,其最矜贵者莫如进士。进士所试亦以诗赋为最重要,所以司马光才说,"国家用人之法,非进士及第者不得美官,非善为诗赋论策者,不得及第"(《通考》卷三十一《举士》)。然"以言取人,固未足以尽人之才,今之科场格之以辞赋,又不足以观言"(《司马温公文集》卷四《贡院定夺科场不用诗赋状》)。所以王安石秉政之后,就于熙宁二年罢诗赋,依策论以定等第,限以千字。但王安石所谓策论也是经义,而与汉世对策不同。且又依王安石所训释之"新义"以取士,士莫得自名一说,卒因"诗赋声病易考,而策论汗漫难知",最后就决定"分经义、诗赋以取进士,其后遵行,未之有改"(《宋史》卷一百五十五《选举志一》)。又者,宋制最初凡殿试中式之人即命以官,这是与唐代不同之点,其后选人渐多,殿试中式的人尚有待于吏部的铨选。吏部掌文武二选(《宋史》卷一百六十三《职官志三·吏部》),这又是与唐代文选归吏部、武选归兵部之制不同之处。吏部择人之法也依身言书判,尤重书判。仁宗景祐年间"议者以身言书判为无益",而欲代以铨试。神宗熙宁四年定铨试之制(《宋史》卷一百五十八《铨法上》),铨试本来只试断按律令或论议,后又增加经义,是亦不能离开文词尤其经义。宋代注重资格。仁宗时苏绅已言,"不问官职之闲剧,才能之长短,惟以资历深浅为先后,有司但主簿籍而已,欲贤不肖有别,不可得也"(《宋史》卷二百九十四《苏绅传》)。继着王安石又言,"至于任之,又不问其德之所宜,而问其出身之后先,不论其才之称否,而论其历任之多少……朝廷明知其贤能足以任事,苟非其资序,则不以任事而辄进之,虽进之,士犹不服也。明知其无能而不肖,苟非有罪,为在事者所劾,不敢以其不胜任而辄退之,虽退之,士犹不服也。彼诚不肖无能,然而士不服者何也?以所谓贤能者任其事与不肖而无能者,亦无以异故也"(《王荆公全集》卷三十九《上仁宗皇帝言事书》,世界版)。南渡之后,国步艰难,非用不世出之才,不能建中兴之业。哪知计日月、累资考以决定迁官之制,竟比北宋为甚。陈亮说,"士以尺度而取官,以资格而进,不求度外之奇才,不慕绝世之隽功……举天下皆蹜于规矩准绳之中……然敌遂得与中国抗衡,俨然为南北两朝,而头目手足混然无别,微澶渊之战,则我国之势浸微,根本虽厚而不可立矣"(《龙川文集》卷一《上孝宗皇帝第一书》,中华版)。又说,"庆历间范富诸公……欲去旧例,以不次用人,而……天下方病资格之未详……事虽随废,而论者惜之……神宗皇帝思立法度……循名责实……然而资格尚仍祖宗之旧而加详焉。及夫循名责实之意既衰,而资格之弊如故。凡其大臣之所讲画,议臣之所论奏,往往因弊变法,而未必尽究其立法之初意。法愈详而弊愈极,积而至于今日,而铨曹资格之法,其弊不可胜言矣"(同上卷十一《铨选资格》)。于是"才者以跅弛而弃,不才者以平稳而用"(同上卷一《戊申再上孝宗皇帝书》)。叶适亦说,"资格者生于世之不治,贤否混并,而无可别,故以此限之耳。而本朝遂以治世而行衰世之法。艺祖太宗所用犹未有定式,惟上所拔,间得魁磊之士。至咸平景德初,资格始稍严一,寇準欲出意取天下士,而上下群攻之。故李沆、王旦在真宗时,王曾、吕夷简、富弼、韩琦在仁宗、英宗时,司马光、吕公著在哲宗时,数人以谨守资格为贤,名重当世"(《水心集》卷三《资格》,中华版)。固然政局安静,而外患乃因人才的缺乏日益猖獗,宋祚遂因外患而至颠覆。

元制介在宋明之间,宋时,科举、学校绝不相关,士人应试不必系名学校,其后三舍法行,太学分为外舍、中舍及上舍。上舍考试分为三等,上等命以官,中等免礼部试,下等免乡试(《通考》卷四十二《太学》)。宋虽以学校代替科举,"其不由学校而为科举者如故也"(参阅《明会要》卷四十七《科目》杂录引黄尊素言)。明代,"科举必由学校,而学校起家可不由科举"(《明史》卷六十九《选举志一》)。即只唯府州县学诸生名列一二等者,才得应乡试,中式之后,再参加会试及廷试。元则学校科举同时并行。就学校说,国子学依宋三舍之法,分上中下三斋。在斋三年,升至上斋者,每岁取考试及格生员四十名,即蒙古、色目各十名,汉人(南人在内)二十名(《元史》卷八十一《选举志一·学校》),三年共一百二十名,参加中书省礼部之会试。而将会试中式者(不限定若干名)贡于天子,参加廷试,取其中式者十八名(蒙古人六名,色目人六名,汉人南人共六名),皆授进士(《元史》卷九十二《百官志八·选举附录·科目》)。其不由太学者,则应参加乡试。乡试每三年举行一次,先由本贯官司于诸色户内,保举经明行修之士,送于各该路府,参加乡试。乡试中式之人,全国共三百名,即蒙古、色目、汉人、南人各七十五名。次将此三百名送至京师,与上述太学生员之一百二十名,合并参加会试。最后于会试后,又就乡试出身者三百人之中,取一百名,即蒙古、色目、汉人、南人各二十五名,而贡于天子,参加廷试,其中式者(不限定若干名)亦授进士。由此可知元代考试对于国内各种族,有失偏颇。盖汉人、南人多,蒙古、色目人少,而乡试中式之人均为七十五名,会试中式之人均为三十五名,而且在乡试及会试,蒙古、色目人只有二场,汉人、南人则有三场。其所试经义虽均由四书内设问,用朱子《章句集注》。而所试时务策,则蒙古、色目人限五百字以上,汉人、南人限一千字以上。于廷试,对蒙古、色目人,以时务出题,限五百字以上;对汉人、南人,于经史时务内出题,限一千字以上(《元史》卷八十一《选举志一·科目》)。凡廷试及格,尚须由吏部铨选。元依宋制,吏部掌文武二选(《元史》卷八十五《百官志一·吏部》),铨选及格,才授之以官。铨法如何,《元史》及《新元史》所述失之冗长,《续通志》及《续通考》亦然。应注意的是,元以异族入主中夏,既见儒生之迂,不能莅政临民,遂变前代作风,重吏而轻儒。元虽重吏,而在制度上与汉又有不同之处。西汉时,郡县吏胥之有功绩者往往五六迁之后,即可跻身于公卿之位。唯自唐宋以后,建官渐多,列级逾密。元承其制,固然是"大凡今仕惟三涂,一由宿卫,一由儒,一由吏……由吏者……十九有半焉"(《元文类》卷三十四姚燧《送李茂卿序》)。据姚燧之言,"吏部病其自九品以上,宜得者绳绳来无穷,而吾应者员有尽,故为格以扼之,必历月九十始许入品,犹以为未也,再下令后是增多至百有廿月。呜呼,积十年矣,劳乎哉"(《元文类》同上)。因此,《新元史》(卷六十一《选举志一》)有士之进者多由掾吏之言,其实,既有岁月之限制,掾吏之能登高位者,人数甚少。盖元代自始,公卿多系蒙古世家子弟,而掾吏多出身于寒门,何能与世家竞争公卿之位?世家子弟位高权重,而乃不知为政之道。掾吏未达以前,簿书期会占去大半功夫;既达之后,往往不识大体,只务因循,而无修政立事之心,元代政治的腐化,原因在此。成宗大德七年郑介夫曾上太平策,主张内外互调之制,因其意见足供吾人参考,故特抄录如次。郑介夫之言曰:"吏之与儒可相有而不可相无者也。儒不通吏,则为腐儒。吏不通儒,则为俗吏。必儒吏兼通,而后可以莅政临民,《汉书》称以儒术饰吏治,正此谓也。今吟一篇诗,习半行字,即名为儒。检举式例,会计出入,即名为吏。吏则指儒为不识时务之书生,儒则诋吏为不通古今之俗子。儒吏本出一途,析而为二,遂致人员之冗,莫甚此时。久任于内者,但求速化,未知民瘼之艰难。久任于外者,惟务苟禄,不谙中朝之体统。今朝廷既未定取人之科,当思所以救弊之策。百官自三品以下,九品以上,并内外互相注授。历外一任,则升之朝。随朝一任,则补之外。凡任于外者必由内发,任于内者必从外取,庶使儒通于吏,吏出于儒,儒吏不相扞格,内外无分重轻矣。"(《新元史》卷一百九十三《郑介夫传》)

明代科举犹如宋元一样,分乡试、会试、廷试。乡试由两直隶之京府及各省之布政司主办,会试由礼部主办,廷试又称殿试,由天子亲策(事实上由朝臣评阅)。乡试中式者称为举人,而后贡于中央,经会试中式后,再举行廷试,中式者授以进士之衔。各种考试皆分三场,"始以经义,继以论表,终以策问"(《明会要》卷四十七《科目》龙文彬案），"而百年之间，主司所重，士子所习，惟有经义"（《明会要》同上）。经义专考四书，以朱子《章句集注》为本。其所谓经义又与前代之经义不同，文有一定格式，称为八股（参阅《日知录》卷十六《试文格式》）。考卷能否录取，先看破题。破题恶劣，考卷常弃去不阅。所以文章虽长，而最初所注意者不过破题二三句而已。关于明代考试，吾人应注意者有三点。（1）明代乡试中式者称为举人，解送礼部会试，纵不中式，不但来科可以不经乡试，得直接参加会试，并且举人尚有任官的资格，此为与宋制不同之点。（2）宋代乡试虽然是"诸州各自为试，各自发解，与路分无与"（《明会要》卷四十七《选举》杂录引黄尊素语），而会试及廷试的录取名额并不受地方的限制，吾人观神宗时苏轼之言："今陛下以经术用人……考其所得多吴楚闽蜀之人。至于京东西、河北、河东、陕西五路……得人常少。"（《苏东坡全集·奏议集》卷二《元丰元年上皇帝书》）即可知之。至元，录取人数虽与地方无大关系，而又依蒙古、色目、汉人、南人之别，各取一定名额。明之乡试是在各省首府举行，各省贡额有一定人数（其详见《明史》卷七十《选举志二》）。会试初不分地而取，洪熙以后，才分南北中三区，以百人为率，则南取五十五名，北取三十五名，中取十名（其详见《明史》同上）。（3）宋初，会试中式者，殿试可以黜落，仁宗嘉祐二年以后，殿试无黜落之事。元制，会试中式者一百名（除太学生上斋外），而廷试中式人数，据《续通考》（卷三十四《举士》）所载"元登科总目"，少者五十人（元仁宗延祐五年），只唯顺帝元统元年才有百人及第。即元之廷试有黜落之事。至明，"殿试不过名次升降，无有黜落"（《明会要》卷四十七《科目》杂录引黄尊素言），即会试中式，虽然还有廷试，而名存实亡，最劣者亦不罢归。案明祖性多疑，不欲权归一个机关，故恢复唐制，"任官之事，文归吏部，武归兵部，而吏部职掌尤重"（《明史》卷七十一《选举志三》）。初年依宋初之制，"进士释褐，不试吏部"（《日知录》卷十七《出身授官》）。到了员多缺少，才有吏部铨选。铨法如何，史阙其文，但吾人须知最初吏部之权甚大，不但初任官由其拟注，就是大僚如堂官（尚书侍郎等）、方面官（如巡抚布政司等）亦由吏部会推人选，呈请天子点用。后来吏部会推扩大为朝臣廷推，然尚由吏部主之。凡遇员缺，由吏部提名，但吏部并不开列名单，只由尚书宣布人选，正推一名，陪推一名，众议佥同，便由吏部尚书请旨简用。然究其实，吏部所拟人选不过依首辅意旨所向,廷推之时群臣附和之而已。到了内阁侵夺部权,参加廷推之人更多,意见不能一致,是势之必至。被推的人就由二人增加为五六人,最后且在十人以上。吏部不能做主,而为敷衍各方意见,只有将廷推的人选,列单类奏,听天子简用。会推是由吏部单独为之,廷推是由九卿共同为之,类推是由九卿及科道之长各举所知。唯在专制时代,天子用人不受任何拘束,不但可以简用陪推的人,而且正推陪推若不获简帝心,尚可下诏再推,而至于三推四推,推至天子所拟用之人为止。万历二十二年孙丕扬为吏部尚书,"丕扬挺劲不挠,百僚无敢以私干者,独患中贵请谒,乃创为掣签法",书官名及空签于纸而卷之,听选人自掣,以凭取舍。后虽有讥其失者,终明世不复改(《明史》卷二百二十四《孙丕扬传》,参阅《续通考》卷三十六《举官》)。顾炎武说,"人才长短各有所宜,资格高下各有所便,地方繁简各有所合,道里远近各有所准,乃一付之于签,是掩镜可以索照,而折衡可以坐揣也。从古以来,不闻此法"(《日知录》卷八《选补》)。然"一时选人盛称无私"(《明史·孙丕扬传》),盖犹后魏崔亮之创"停年格",唐代裴光庭之创"循资格",比之吏部用人或凭一己的爱恶,或仰承宰辅的鼻息,而致寒人之无背境者只有嗟乎白首,还觉得公平。

清代选举全依明制,甚至掣签之法亦用而不革。光绪末年,兴办学校,废八股,科举制度随之终结。北伐成功,训政时期中央置考试院考选人才,吾国特有的考试制度又见恢复。

(三)为贫而仕——历代禄俸制度

> 孟子曰,仕非为贫也,而有时乎为贫。……为贫者辞尊居卑,辞富居贫。辞尊居卑,辞富居贫,恶乎宜乎?抱关击柝。孔子尝为委吏矣,曰会计当而已矣。尝为乘田矣,曰牛羊茁壮长而已矣。位卑而言高,罪也。立乎人之本朝,而道不行,耻也。(《孟子注疏》卷十下《万章下》)

礼云,"子云,君子辞贵不辞贱,辞富不辞贫"(《礼记注疏》卷五十一《坊记》)。

所以士若为贫而仕，必须辞尊居卑，辞富居贱，然对其职事亦应同孔子一样，为委吏则求会计当，为乘田则求牛羊茁壮长。但如斯不耻下位而又负责的人不可多得。汉有"察能"之别，郡县小吏若能勤其职事而有所成就，常被拔擢，最后且登公卿之位。对于本条后二句，朱注引"尹氏曰，言为贫者不可以居尊，居尊者必欲以行道"。所谓"行道"，用现代话来说，就是实行自己认为适当的政策，自己没有政策而属高位，这只是尸位素餐。

说到这里，不能不稍述禄俸制度。三代如何制禄，夏殷二代文献不足，不可得而详知。关于周制，《王制》（《礼记注疏》卷十一《王制》）及《孟子》（《孟子注疏》卷十上《万章下》）两书均有所述。据《孟子》孙奭疏，"《孟子》所言则周制，而《王制》所言则夏商之制也"。又据《王制》孔颖达疏，"《王制》之作盖在秦汉之际……孟子当赧王之际，《王制》之作复在其后"。《孟子》之言曰："天子一位，公一位，侯一位，伯一位，子男同一位，凡五等也。君一位，卿一位，大夫一位，上士一位，中士一位，下士一位，凡六等……大国……君十卿禄，卿禄四大夫，大夫倍上士，上士倍中士，中士倍下士，下士与庶人在官者同禄，禄足以代其耕也。次国……君十卿禄，卿禄三大夫，大夫倍上士，上士倍中士，中士倍下士，下士与庶人在官者同禄，禄足以代其耕也。小国……君十卿禄，卿禄二大夫，大夫倍上士，上士倍中士，中士倍下士，下士与庶人在官者同禄，禄足以代其耕也。耕者之所获，一夫百亩，百亩之粪，上农夫食九人，上次食八人，中食七人，中次食六人，下食五人，庶人在官者，其禄以是为差。"朱注，"愚按君以下所食之禄皆助法之公田，借农夫之力以耕，而收其租。士之无田与庶人在官者，则但受禄于官，如田之入而已"。禄以代耕，下士之禄当与上农夫同，能食九人，故朱注又云，中士可食十八人，上士可食三十六人。周初地广人稀，故禄俸甚丰，实际如何，孟子也谓"轲也尝闻其略也"（《孟子·万章下》）。

秦既统一天下，废封建，百官之禄如何，史无详文。汉制多依秦制，汉之官阶以石为名，此种制度由来已久，例如燕王子哙属国于子之，"收印自三百石吏已上，而效之子之"（《史记》卷三十四《燕召公世家》）。则官阶以若干石为名，必非始于秦国。始皇"十二年，文信侯不韦死，窃葬，其舍人临者，晋人也，逐出之。秦人六百石以上，夺爵，迁。五百石以下，不临，迁，勿夺爵"（《史记》卷六

《秦始皇本纪》），可知秦禄以石计算，乃在始皇未统一列国以前。秦代禄俸甚薄，最低者未必能够代耕，较高者也不是同周一样，逐级倍进。仲长统说，"夫薄吏禄以丰军用，缘于秦征诸侯，续以四夷"（《后汉书》卷四十九《仲长统传·损益篇》）。秦禄俸之薄，由仲长统之言，可以知道。

汉世，官阶以石为名，分十五级。官禄依阶而殊，丞相万石，谷月三百五十斛。御史大夫及九卿中二千石，谷月百八十斛。郡守二千石，谷月百二十斛。下至百石之吏，谷月十六斛。"百石以下有斗食、佐史之秩"，师古曰，"斗食月奉十一斛，佐史月奉八斛"（《汉书》卷十九上《百官公卿表》，县令长条）。姚鼐谓"古人大抵计米以石权，计粟（即谷）以斛量"（《汉书》卷二十四《食货志上》补注引姚鼐曰），然则一斛之粟，可得若干石的米？《九章算术》云"粟五十，粝（粗米）率三百，一斛粟得六斗米为粝也"（《后汉书》卷二十六《伏湛传》注引《九章算术》）。一斛的粟化之为米，权之得若干石？姚鼐谓"粟百五十石得二百斛，为米百石矣"（《汉书·食货志上》姚鼐曰）。即斛与石为二〇〇与一五〇之比，所以一斛之粟，即六斗之米，权之当为零点四五石。依此算法，百吏之吏（谷月十六斛）每年可得谷一百九十二斛，化之为米，权之为八十七石（$16 \times 12 \times 0.45 = 87$）。此种禄俸可否维持生计？文帝时，晁错谓"百亩之收不过百石"（《汉书·食货志上》），这是指米言之（补注引姚鼐曰）。元帝时贡禹言臣有田百三十亩，"妻子糠豆不赡，裋褐不完"（《汉书》卷七十二《贡禹传》）。如是，百石之吏自难维持生计。宣帝神爵三年秋八月益吏百石以下奉十五，注引韦昭曰，若食一斛，则益五斗（《汉书》卷八《宣帝纪》）。哀帝即位，又"益吏三百石以下奉"（《汉书》卷十一《哀帝纪》）。这是西汉官禄的大概情况。

光武中兴，建武二十六年"诏有司增百官奉，其千石已上减于西京旧制，六百石已下增于旧秩"（《后汉书》卷一下《光武帝纪》）。吾人依《后汉书》（卷一百十八《百官志五》）及《通典》（卷三十六《秩品》）所载，千石以上只唯千石减于西京旧制（西京旧制，千石谷月九十斛，东汉为八十斛）。六百石以下，即由比六百石至比四百石，据《后汉书》所载，且比西京为少。据《通典》所述，一说与西京同，另一说比西京低。到底错在哪一本书，我们不欲考证。但东汉官禄甚低，则无疑问。"凡诸受奉，皆半钱半谷。"（《后汉书》卷一百十八《百官志五》）谷价常随物价之涨而高，币值则随物价之升而跌。这是经济学的常识。崔寔谓"百里长吏……一月之禄得粟二十斛,钱二千",尚不能添衣服,供祠祀,"仰不足以养父母,俯不足以活妻子"(《全后汉文》卷四十六崔寔《政论》,世界版)。百里长吏月俸,半谷为粟二十斛,则全谷必为粟四十斛,这是秩三百石县长之禄,然仍不能维持一家生计。仲长统说,"夫选用必取善士,善士富者少而贫者多,禄不足以供养,安得不少营私门乎"(《后汉书》卷四十九《仲长统传·损益篇》)。东汉吏治之坏,可以归咎于官禄太低。

三国分立,魏之官禄史无记述。魏明帝景初年间,高堂隆疏言"将吏奉禄稍见折减,方之于昔,五分居一,诸受休者又绝廪赐"(《魏志》卷二十五《高堂隆传》),则魏之官禄又比东汉为低。兹宜告知读者的,两汉官秩以石为名,官品与官禄均寓于官秩之中。魏创九品之制,由第一品始,下至第九品止(《通典》卷三十六《秩品》)。马端临说,"此所谓九品者官品也,以别官之崇庳。陈群所谓九品者人品也,以定人之优劣。二者皆出于曹魏之初,皆名以九品,然人品自为人品,官品自为官品……固难因其同时同名,而遂指此为彼也"(《通考》卷六十七《官品》)。魏虽改官阶为九品,同时又不废汉世的官秩,此盖十五级之官秩用之已久。而魏之公卿多系汉之华胄,他们观念未曾改变,授禄若依九等之官品,如何换算,不是容易解决的问题,因此,官品与官秩就听其同时存在。于是同是第三品,九卿中二千石,将作大匠二千石,司隶校尉亦二千石(参阅《通典》卷三十六《魏官品》、《通考》卷六十六《官品》)。

魏世官阶分为九品,后世多依其法,兹先抄录《通典》(卷十九《官品》)所载,而后再逐朝简单说明之。《通典》云:"魏……置九品。晋宋齐并因之。梁因之,更置十八班,班多为贵。陈并因之。后魏置九品,品各置从,凡十八品。自四品以下,每品分为上下阶,凡三十阶……后周制九命,每命分为二,以正为上,凡十八命。"官阶愈多,迁升愈难,这是理之至明。何况汉世官阶虽有十五级,而迁官并不是依级渐升,而是越级而进。举一例说,魏相不过郡之卒史(百石)而已,一迁而为茂陵令(千石),再迁而为河南太守(二千石),三迁而为大司农(中二千石),四迁而为御史大夫(上卿,亦中二千石),五迁而为丞相(万石)(《汉书》卷七十四《魏相传》)。唐德宗时陆贽奏言"汉制,部刺史秩六百石,郡守秩二千石。刺史高第者即迁为郡守；郡守高第者即入为九卿；从九卿即迁为亚相、相国。是乃从六百石史而至台辅，其间所历者三四转耳"(《陆宣公奏议》卷十一《论朝官阙员及刺史等改转伦序状》，世界版)。但魏晋以后，乃采用九品官人之法，"据上品者非公侯之子孙，则当涂之昆弟也"(《晋书》卷四十八《段灼传》)，公卿大臣尽是汉魏华胄，而"世族贵戚之子弟陵迈超越，不拘资次"(《晋书》卷五《孝愍帝纪》史臣曰引干宝《晋纪总论》)。所以官阶虽多，世族不受其限制，所苦者寒素之人而已。

晋之官阶乃品秩并用(《通典》卷三十七《晋官品》)，每级禄俸多少，史阙其文。《晋书》(卷二十四)《职官志》所载，只举诸公(晋有八公)等五类，有的只言官品，而缺其官秩(例如诸公只言其为第一品，而未载其官秩)；有的只言其官秩，而缺其官品(例如光禄大夫只言中二千石，而不载其官品)。每阶禄俸不及汉世远甚。汉世丞相万石，谷月三百五十斛；而晋诸公每日五斛，一月一百五十斛。光禄大夫比二千石，谷月百斛；而晋每日三斛，一月九十斛。尚书令千石，谷月九十斛(东汉千石，谷月八十斛)；而晋每月五十斛。太子二傅二千石，谷月百二十斛(东汉太子太傅中二千石，太子少傅二千石)；而晋每日三斛，一月九十斛。固然魏晋之斛比汉斛大，即汉之一斛等于魏晋九斗七升四合有奇(《晋书》卷十六《律历志上》)，而晋代又有春秋两季绢绵之赐，惠帝太康二年以后，复有菜田及田驺之给。但惠帝即位不久，就发生八王之乱。南渡以后，财政困难，因之，百官禄俸常就有减而无增。举一例说，孝武帝太元四年三月诏曰，"年谷不登，百姓多匮……众官廪俸，权可减半"(《晋书》卷九《孝武帝纪》)。安帝初年，"自司徒已下，日廪七升"(《晋书》卷六十四《会稽王道子传》)。禄不代耕，贪污遂成为普遍现象。其实，晋承汉魏之敝，建国之初，百官就已贪邪成风，杜预为晋初名臣，有灭吴之功，当其镇戍荆州之时，"数饷遗洛中贵要，或问其故。预曰，吾但恐为害，不求益也"(《晋书》卷三十四《杜预传》)。南宋时张栻曾言，"夫欲复中原之地，先有以得中原之心；欲得中原之心，先有以得吾民之心"(《宋史》卷四百二十九《张栻传》)。哪知晋室偏安江左，官僚贪墨乃更甚于西晋。《晋书》(卷四十九)《阮裕传》，"或问裕曰，子屡辞征聘，而宰二郡(临海太守及东阳太守)何邪？裕曰……既不能躬耕自活，必有所资，故曲躬二郡，岂以聘能，私计故耳"。阮裕"以德业知名"，尚且如此，其他的人更不必说。王述"安贫守约"，当其为宛陵令，"颇受赠遗而修家具,为州司所检,有一千三百条"。王导使人让之,"述答曰,足自当止"。足而能止,实系罕见之事。此后,述居州郡,固然"清洁绝伦"(《晋书》卷七十五《王述传》),然而吾人由此亦可知道晋代官吏固以贪邪为致富之道。

南北分立,南朝宋齐两代废官秩(万石、中二千石等),单用官品(第一品、第二品等)。梁天监九年改九品为十八班,以班多者为贵(十八班最高,一班最低),陈循梁制(宋制参阅《宋书》卷四十《百官志下》,齐制阅《南齐书》卷十六《百官志》,梁陈之制阅《隋书》卷二十六《百官志上》)。即官阶至梁,由汉世之十五级增加为十八级。至于禄俸,一因版图小而职官多;二因本弱支强,地方税收不贡献于朝廷;三因预防北军南下,各种军需因之增加。有此三种原因,所以百官禄薄,不能代耕,而地方官的禄俸,"宋氏以来……多随土所出,无有定准"(《南齐书》卷二十二《豫章王嶷传》)。降至梁陈,经侯景之乱,"国用常褊,京官文武……多遥带一郡县官,而取其禄秩焉"(《通典》卷三十五《禄秩》)。总之,南朝承东晋之弊,百官无不贪邪,而地方官尤易聚敛。在地方官之中,致富最易者莫若梁益广三州刺史。世云,"广州刺史但经城门一过,便得三千万也"(《南齐书》卷三十二《王琨传》,参阅《宋书》卷八十一《刘秀之传》)。

北朝情形与南朝相去无几,抑且加甚。后魏百官本来无禄,洁身自爱者"常使诸子樵采自给"(《魏书》卷四十八《高允传》)。不肯安贫者则交结盗魁,为受纳之地(《魏书》卷二十四《崔宽传》)。孝文帝太和八年始班官禄(《魏书》卷七上《高祖纪》),禄俸多少,史阙其文。不久就因"军国多事,高祖以用度不足,百官之禄四分减一"(《魏书》卷三十一《于忠传》)。孝庄以后,百官竟然绝禄(《北史》卷七《齐本纪中》)。魏亡之后,分为周齐,周齐均曾厘定官禄。北齐官禄以帛计算,官一品每岁禄八百匹,至于从九品为二十四匹。"禄率一分以帛,一分以粟,一分以钱。"(《隋书》卷二十七《百官志中》)北周官禄以石计算,最低的禄即下士一年亦有一百二十五石(《隋书》同上)。魏晋以后,度量衡均比汉世为大,然此不甚重要,其重要的乃是禄俸能否按期如法颁发。北齐在武成帝时代,已诏减各官食禀(《北齐书》卷七《武成帝纪》河清四年)。北周在武帝时代,"兴造无度,征发不已,加以频岁师旅,农亩废业"(《北史》卷十《周本纪》武帝建德元年)。官禄往往不能如法发给。案后魏"自正光已后……在任群官,廉洁者寡"(《北史》卷六《齐本纪上》)，胡"太后复临朝……朝政疏缓，威恩不立，天下牧守所在贪婪"（《北史》卷十三《宣武灵皇后传》）。及至周齐分割，两方均欲招徕人士，以张声势，对于贪官污吏更不敢加以惩治（参阅《北齐书》卷二十四《杜弼传》）。

隋文践祚，废周官（北周官制），还依汉魏，正一品禄九百石，以下递减，至从八品为五十石，九品不给禄（《隋书》卷二十八《百官志下》）。炀帝嗣位，内兴土木，外事四夷，国民经济因之崩坏，而影响到国家财政，不能如法发给官禄。百官贫穷，只有营私舞弊。"所在皆以征敛供帐军旅所资为务……每急徭卒赋有所征求，长吏必先贱买之，然后宣下，乃贵卖与人，旦暮之间价盈数倍。"（《隋书》卷二十四《食货志》）兼以"征税百端，猾吏侵渔，人不堪命……自是海内骚然，无聊生矣"（《隋书》卷四《炀帝纪》史臣曰），盗贼群起，隋祚以亡。

唐兴，官制多循隋旧，其与隋不同者，唐之官制有职有阶，有职者必有阶，这称为职事官；有阶而无职者称为散官。阶又与品不同，品分三十等，即"凡文官九品，有正有从，自正四品以下有上下，为三十等"（《新唐书》卷四十六《百官志一·吏部郎中》）。阶由从一品始，只有二十九阶，从一品曰开府仪同三司，正二品曰特进，从二品曰光禄大夫，正三品曰金紫光禄大夫，由此而至于从九品上曰文林郎，从九品下曰将仕郎（《唐六典》卷二《吏部郎中》）。官与阶未必一致，有官高而阶低者，例如卢坦为户部侍郎（正四品下），时阶朝议大夫（正五品下）（《新唐书》卷一百五十九《卢坦传》）。又有官低而阶高者，《唐会要》（卷八十一《阶》）云"其中或官是九品，阶称朝议郎（正六品下），或官是六品，阶称正议大夫（正四品）"是也。至于官禄，只有十八级，武德元年制，一品七百石，从一品六百石，二品五百石，从二品四百六十石。由此递减，至从九品则为三十石，皆以岁给之，外官无禄。（《新唐书》卷五十五《食货志》）外官无禄，无异于默许外官侵渔百姓。贞观中，始班外官的禄，然犹降京官一等。无粟则以盐为禄（《新唐书》同上）。开元二十四年又厘定岁禄，禄米则岁冉给之（据《通典》卷三十五《禄秩》，大唐禄米之制，其春夏二季春给，秋冬二季秋给）。一品七百斛，从一品六百斛，递减至从九品，则为五十二斛，外官降一等（《新唐书》同上）。由此可知唐代制禄与汉相比，大官不逊于汉，小吏则比汉少。汉时百石之吏，谷月十六斛，一年为一百九十二斛。唐则从九品只有五十二斛。本书常常提到后代的度量衡均比秦汉为大，诸葛亮曰食米三四升,司马懿犹谓食少事多,其能久乎?《晋书》卷一《宣帝纪》青龙二年)而唐"少壮相均,人食米二升"《新唐书》卷五十四《食货志》)。人之食量,古今相差无几,所以唐代权衡比之汉世约多二倍,而且唐代尚有俸钱,分九级,一品共三万一千钱,二品二万五千钱,至九品为一千九百十七钱《新唐书》同上,《唐会要》卷九十一《内外官料钱上》)。然吾计算之后,小吏的禄仍难维持一家生计(参阅拙著《中国社会政治史》第三册三三五页以下,三民版)。安史作乱,人民奔迸流移,粮食的生产发生问题,从而禄米之制随之破坏,渐次代之以钱。唐代官禄本是外官降京官一等。天宝以前,天下久平,朝廷尊荣,人皆重内任。外官如都督者,官品虽高,却不易入参朝政。安史乱后,情形变更,"厚外官而薄京官,京官不能自给,常从外官乞贷"《资治通鉴》卷二百二十五唐代宗大历十二年)。因之,一般士君子遂一反过去的观念,喜外任而厌内职。"是时州刺史月奉至千缗,方镇所取无艺,而京官禄寡薄,自方镇入八座,至谓罢权。薛邕由左丞贬歙州刺史,家人恨降之晚。崔祐甫任吏部员外,求为洪州别驾。使府宾佐有所忤者,荐为郎官。其当选台阁者,皆以不赴取罪去。"《新唐书》卷一百三十九《李泌传》)各地方镇便趁这个机会,"竞引豪英,士之喜利者多趋之,用为谋主,故藩镇日横,天子为旰食"《新唐书》卷一百三十一《李石传》)。这就是唐及五代方镇大乱的原因之一。由此可知厘定官禄不是容易的事,内官禄太高,人才将集中于中央,而致地方呈现空虚的现象。外官禄太高,人才将分散于地方,中央空虚,现出尾大不掉的现象。如何调和两者,值得研究。

五代之世丧乱相乘,除后周外,官禄多少,迄无定制。全国官吏"罕有廉白者,率皆掊敛剥下,以事权门"《旧五代史》卷五十九《袁象先传》)。又"官吏犯赃,皆递相蒙蔽,不肯发明,纵有申闻,百无一二"《五代会要》卷二十《县令下》,晋天福五年六月条)。欧阳修说,"功臣大将不幸而死,则其子孙率以家赀求刺史,其物多者得大州善地,盖自天子皆以贿赂为事矣,则为其民者何以堪之哉"《新五代史》卷四十六《郭延鲁传》论)。此种恶风到了后周,渐次改善。周太祖已经以身作则,不受赂遗(参阅《资治通鉴》卷二百九十一《后周纪》太祖广顺二年、《宋史》卷二百五十二《侯章传》)。世宗嗣位,复用严刑以戒贪墨之臣(参阅《资治通鉴》卷二百九十二周太祖显德元年、《旧五代史》卷一百十八《周世宗纪》显德五年十二月)。但是单单惩戒贪污,苟禄俸菲薄，不能养生送死，官吏为生存起见，亦必冒险舞弊。周太祖对于牧守，世宗对于县令，均定其月俸（参阅《五代会要》卷二十八《诸色料钱下》，周广顺元年及显德五年）。周世宗是中国历史上大有为的天子之一，志在统一天下，而恢复燕云十六州。惜乎在位只有五年，当其大举以取幽州之时，所在城垒皆望风而下，车驾至瓦桥关，竟然得疾崩殂，壮志未酬，而统一的基础已经打成了。

宋兴，百官禄俸因官阶之复杂而杂乱。西汉官阶就是官秩，以石为名，禄之多少则在官秩之中。吾人观其官秩，即知官阶高低，官禄多少。曹魏以后，既有官秩，又有官品，官秩与官品并不一致。官禄多寡则以官品为标准。隋唐废官秩而留官品，禄之多寡随品而异。唯唐之官制有职有阶，有职者必有阶，有阶者未必有职。阶又与品不同，品分三十等，阶由从一品始，共二十九级。宋初，仍沿唐制，文官九品，有正有从。自四品以下，有上下，共三十等。阶由从一品始，共二十九级。其与唐代不同者，唐代官即是职，同时又加以阶官的名称，如开府仪同三司、特进、光禄大夫等是。宋保留阶官之名称，而又将官与职分开，有官必有阶，但未必有职，必须别为差遣，而后才任其事。宋在"元丰未改官制之先，大率以职为阶官，以宰执言之，如吏部尚书（阶官）同中书门下平章事（职）、尚书礼部侍郎（阶官）参知政事（职）之数是也。然所谓吏部尚书、礼部侍郎者未尝专有所系属，治其事（有差遣）则以为职，不治其事（无差遣）则以为阶官"（《通考》卷六十四《文散官》）。最初，宋尚沿用唐代二十九阶之制，而禄则寄于官。元丰改制，以阶易官（依开府特进等阶以定禄），自开府仪同三司至将仕郎，减少为二十五阶。崇宁以后，渐次增加，迄于政和，自开府至迪功（将仕郎之改称），凡三十七阶（《宋史》卷一百六十九《职官志九》），于是阶官事实上就成为寄禄官。宋代同唐一样，兵多官冗为财政的负荷，只就官冗言之，"开宝中，设官至少"（《宋史》卷二百九十三《王禹偁传》）。据曾巩说，"景德（真宗）员数已十倍于初"（《元丰类稿》卷三十一《再议经费札子》），"景德户七百二十万，皇祐（仁宗）户一千九十万，治平（英宗）户一千二百九十万。景德官一万余员，皇祐二万余员，治平二万四千员"（《元丰类稿》卷三十《议经费》）。神宗熙宁三年司马光疏言"设官则以冗增冗"（《司马温公集》卷七《乞罢条例司常平使疏》，中华版）。到了哲宗时代，又增加为二万八千余员（《宋史》卷一百五十八《选举志四·铨法上》）。然尚不能容纳大部分的士人。盖宋代入仕之途太广，尤因恩荫太滥(参阅《廿二史札记》卷二十五《宋恩荫之滥》)。幸进之门阻塞了正途出身之士之出路。仁宗初年范仲淹已言，"在京官司有一员阙，则争夺者数人"(《范文正公集·奏议卷上·答手诏条陈十事》)，"贪者益砺其爪牙，廉者悉困于寒饿"(《范文正公集》卷七《天圣三年奏上时务书》)。苏轼亦言，"国家自近岁以来……率一官而三人共之，居者一人，去者一人，而伺之者又一人(伺之者何止一人)，是一官而有二人者无事而食也。且其莅官之日浅，而闲居之日长，以其莅官之所得，而为闲居仰给之资，是以贪吏常多而不可禁"(《苏东坡全集·应诏集》卷二《策别二》，世界版)。神宗时苏辙疏言，"近世以来……士之来者无穷，而官有限极……布衣之士多方以求官，已仕之吏多方以求进……不愧诈伪，不耻争奋，礼义消亡，风俗败坏，势之穷极遂至于此"(《栾城集》卷二十一《熙宁二年上皇帝书》)。降至徽宗，蔡京当国，"倡为丰亨豫大之说，视官爵财物如粪土"(《宋史》卷四百七十二《蔡京传》)，"员既滥冗，名且紊杂"(《宋史》卷一百六十一《职官志一》)。大观中，据"御史中丞张克公……言，今官较之元祐已多十倍，国用安得不乏"(《宋史》卷一百七十九《食货志下一·会计》)。兹再进一步，说明宋代禄俸能否代耕。真宗初年杨亿已言"窃见今之结发登朝，陈力就列，其奉也不能致九人之饱，不及周之上农。其禄也未尝有百石之入，不及汉之小吏。若乃左右仆射百僚之师长，位莫崇焉，月奉所入不及军中千夫之帅，岂稽古之意哉"(《宋史》卷一百六十八《职官志八》)。仁宗时王安石亦力陈薄俸之弊，他说，"方今制禄大抵皆薄，自非朝廷侍从之列，食口稍众，未有不兼农商之利，而能充其养者也。其下州县之吏……计一月所得乃实不能四五千，少者乃实不能及三四千而已。虽厮养之给亦窘于此矣，而其养生丧死、婚姻葬送之事皆当于此……故今官大者往往交赂遗，营赀产，以负贪污之毁。官小者贩鬻乞丐，无所不为。夫士已尝毁廉耻以负累于世矣，则其偷惰取容之意起，而矜奋自强之心息，则职业安得而不弛，治道何从而兴乎"(《王临川全集》卷三十九《上仁宗皇帝言事书》，世界版)。而且徽宗时代兼官兼薪之风甚盛，宋《志》云，"又三省、密院吏员猥杂，有官至中大夫，一身而兼十余俸。故当时议者有'俸入超越从班，品秩几于执政'之言"(《宋史》卷一百七十九《食货志下一·会计》)。南渡以后，此风仍炽，大凡避寇而徙都，其能复振者为数甚少。何况南宋君臣上下皆宴安江左一隅之地,文恬武嬉,歌舞太平,而又借辞于"乘机""待时"(参阅《水心集》卷一《上孝宗皇帝札子》《上光宗皇帝札子》)。察之吾国历史,皇室数传之后,往往失去蓬勃之气,而耽于安乐,求其守成已经不易,更何能于艰难之际,奋发有为？皇室如斯,一般官僚上焉者持禄固位,多务因循；下焉者知国运之不长,又急急于营私舞弊,为身后之计。理宗时,袁甫曾言"人民所以愁苦者,由贪冒之风炽"(《宋史》卷四百五《袁甫传》)。政治腐化是南宋的普遍现象,何能振作民气,恢复中原？

宋亡元兴,"方天下未定,军旅方兴,介胄之士莫先焉……簿书期会金谷营造之事供给应对,惟习于刀笔者为适用于当时,故自宰相百执事皆由此起,而一时号称人才者亦出于其间,而政治系之矣"(《元文类》卷四十《经世大典序录·入官》)。天下已定,终元之世,还是"国朝入官之制,自吏业进者为多,卿相守令于此焉出"(同上《补吏》)。故俗有一官二吏九儒十丐之言,即儒之地位去吏甚远,而比丐只高一级。固然西汉之世,贤相名臣由吏出身者极多,然当时儒与吏没有区别,故贤士大夫不惜借径于吏以发身。隋唐而后,儒与吏别为二途,流品渐分,至宋弥甚。吏胥之贤者不过奉行历年之文书,其不肖者且舞文弄法,借以渔利,不惜残害良民。元兴,不知唐宋以后的吏与汉世之吏不同。"自至元以下……虽执政大臣亦以吏为之……小民粗识字,能治文书者,得入台阁共笔札。累日积月,皆可以致通显。"(《续通典》卷二十二《选举六·杂议论下》)此辈不识大体,每欲生事,以表示自己的能力。朝发一令,夕发一令,"号令不常,初降随没,遂致民间有一紧二慢三休之谣"(《新元史》卷一百九十三《郑介夫传》)。国家的威信已经扫地,其尤弊者,"元初,无禄秩之制,世祖即位,乃命给之。自中统元年至至元十八年屡定其制,未有成规,至至元二十二年始定百官奉给"(《续通典》卷三十九《禄秩》)。最初江南官吏无禄,至元二十一年江南行省诸官司才有禄俸,其数尚减腹里(中书省直辖之地)一半(《元史》卷九十六《俸秩》)。元代禄俸用钞,不是用谷或帛,而钞自始就不断跌价,所以内外群官无不困穷,只有营私舞弊,以维持生计。且也封疆大吏有保人为官之权,"以所保之品级定价值之轻重,多者百锭,少者三之二……街市富子闻一帅臣至,则争先营求"(《新元史》卷一百九十三《郑介夫传》)。职官视为商品,商品要大量生产,而后方能大量贩卖,因是,职官之数便增加不已(参阅《续资治通鉴》卷一百九十六元武宗至大元年)。既用金钱以买官,何能不用官权以求偿？世祖崩后,一传而至成宗,奸官脏吏便充斥全国(参阅《新元史》卷十四《成宗纪》大德七年)。程矩夫说,"贪污狼藉者往往而是,何也？盖……今日斥罢于东,明日擢用于西,随仆随起,此弃彼用,多方计置,反得美官,相师成风,愈无忌惮"(《新元史》卷一百八十九《程钜夫传》)。且也,一个机关之内,职官太多,尚可发生流弊,虽然事非官莫办,亦有事因官多而停顿。所以机关也好,职员也好,皆贵寡,不贵多。寡则易于委任责成,多则难免互相推诿。赵天麟谓"官吏人数既多,有当决之事而不决,有当行之事而不行,问其职,则曰我职也。问其施,则曰僚属非一,岂我所能独主"(《新元史》卷一百九十三《赵天麟传》)。此言不但当时,就是今人,也有参考的价值。

元亡,明兴。明承元制,废阶官(寄禄官),只留官品。品分为九,有正从而无上下(唐宋官品自正四品始,有上下,如正四品上,正四品下),即共十八级。官禄依品而殊。洪武初年曾定百官禄俸,正一品月米八十七石,一年共一千四十四石,由此不规则地递减,至从九品,则为月米五石,一年共六十石,苟能依法发给,没有扣折,没有延滞,明代官禄尚不能谓为太低。顾明志乃云"自古官俸之薄未有若此者"(《明史》卷八十二《食货志六·俸饷》),何也？明有钱有钞,钱不断地滥铸,钞不断地滥发,其价值不断地跌落,从而米价便随之不断地腾贵。洪武时,官俸全给米,间或兼用钱钞,此时给钱一千,钞一贯抵米一石,即一石米值钞一贯。换言之,钞一贯可买米一石。永乐以后,百官禄俸不是用米,而是代之以钞。倘政府肯随时依米之市价,将官俸折之以钞,犹可说也。但政府不依米之市价,而依政府单方任意决定的米价,折官俸为米,发给百官。因是,百官所得的俸常比实质上的俸低得太多。成祖以后,钞价大跌,官俸折钞,一石米折钞十贯,即米价与钞价之比,已由洪武年间一贯一石,提高为十贯一石。仁宗立,官俸折钞,每石至二十五贯,即又由成祖时代十贯一石,提高为二十五贯一石。然此乃就官价言之,至于市场价格何止此数。正统中忽然减为十五贯,成化二年再减少五贯而为十贯(即恢复永乐年间所定米之官价)。钞法大乱,乃以布估给,布一匹当钞二百贯。"是时钞法不行,一贯仅直钱二三文,米一石折钞十贯,仅直二三十钱。而布直仅二三百钱。布一匹折米二十石,则米一石仅直十四五钱。自古官俸之薄未有若此者"(《明史》卷八十二《俸饷》)。但士人要进入政界亦非易事。这不是因为职官之数太少。世宗嘉靖中年,刘体乾曾谓"历代官制,汉七千五百员,唐万八千员,宋极冗,至三万四千员。本朝自成化五年,武职已逾八万,合文职盖十万余……岁增月益,不可悉举,多一官则多一官之费……供亿日增,余藏顿尽"(《明史》卷二百十四《刘体乾传》)。而是因为士人入仕之途太广,有进士、举人、监生、杂流数种,进士为殿试及第之人,举人为乡试合格之人,监生为国子监学生之总称,杂流是由吏道出身之人。合此数途,干禄之人必超过职官之数,单单监生一途,弘治八年听选于吏部,至万余人,有十余年不得官者(《明史》卷六十九《选举志一》)。而考选又不公平,达官子弟往往名列前茅。例如成化弘治之间,万安"在政府二十年,每遇考,必令其门生为考官,子孙甥婿多登第者"(《明史》卷一百六十八《万安传》)。正德三年"太监刘瑾录五十人姓名,以示主司,因广五十名之额"(《明史》卷七十《选举志二》)。纵令考试合格,而能否得官,又非倚仗权贵汲引不可。于是"无耻之徒但知自结于执政,所得爵禄直以为执政与之"(《明史》卷二百三十《汤显祖传》)。但是执政更迭,他们又须下野。各种官吏不能久任,功过属谁,便无法考核。万历时张养蒙曾举治河一事为证。他说:"二十年来,河几告患矣。当其决;随议塞;当其淤,随议浚,事竣轧论功。夫淤决则委之天灾,而不任其咎;浚塞则归之人事,而共蒙其赏。及报成未久,惧有后虞,急求谢事,而继者复告患矣。其故皆由不久任也。"(《明史》卷二百三十五《张养蒙传》)而且建官既多,官俸就成为国家财政的负荷。政府为筹划经费,只有增加赋税。朝廷苛敛,天下守令又缘之为奸。武宗时,张原说道:"比年军需杂输十倍前制,皆取办守令。守令假以自殖,又十倍于上供。民既困矣,而贡献者复巧立名目,争新竞异,号曰孝顺。取于民者十百,进于上者一二。"(《明史》卷一百九十二《张原传》)。守令之敢贪污盖由中央大僚之好货。嘉靖年间王廷相说:"今廉隅不立,贿赂盛行。先朝犹暮夜之私,而今则白日之攫。大臣污则小臣悉效,京官贪则外臣无畏。"(《明史》卷一百九十四《王廷相传》)张原所谓"取于民者十百,进于上者一二",民穷而国不富,只予官僚以侵渔的机会,所以邱橓乃说"方今国与民俱贫,而官独富,既以官而得富,还以富而市官"(《明史》卷二百二十六《邱橓传》)。末世政治无不如此,而皆引起农民暴动,盗匪遍地,朝代易姓,为政者其有鉴诸。

(四) 臣道

孟子曰……欲为臣,尽臣道。(《孟子注疏》卷七上《离娄上》)

(孟子)曰,吾闻之也,有官守者不得其职则去,有言责者不得其言则去。(《孟子注疏》卷四上《公孙丑下》)

孟子曰……女子之嫁也,母命之。往送之门,戒之曰,往之女家,必敬必戒,无违夫子。以顺为正者,妾妇之道也。(《孟子注疏》卷六上《滕文公下》)

上举第一条上一句为"欲为君,尽君道"。请问君臣之道如何?孟子说,"君臣有义"(《孟子·滕文公上》)。何谓义?用孟子的界说似难阐明君臣之道。因为孟子对于义字,界说为"羞恶之心",故云,"羞恶之心,义之端也"(《孟子·公孙丑上》)。又云,"羞恶之心,义也"(《孟子·告子上》)。以羞恶之心说明君臣之道,实难令人了解。《中庸》云,"义者宜也"(《礼记注疏》卷五十二《中庸》)。《乐记》云,"义近于礼"(《礼记注疏》卷三十七《乐记》)。合此二者盖如荀子所说,"先王……制礼义……使人……各得其宜"(《荀子》第四篇《荣辱》),亦即管子所说,"义者谓各处其宜也"(《管子》第三十六篇《心术上》)。案孟子之"欲为君,尽君道。欲为臣,尽臣道",就是孔子之言"君君,臣臣"(《论语·颜渊》),皆说明君臣要各处其宜。然则各处其宜之道如何?孔子说,"君使臣以礼,臣事君以忠"(《论语·八佾》),是故君不以礼使臣,臣就无须事君以忠。孟子曾谓"君之视臣如手足,则臣视君如腹心。君之视臣如犬马,则臣视君如国人。君之视臣如土芥,则臣视君如寇仇"(《孟子·离娄下》)。君臣关系如此,所以汤武革命,孔孟均不反对,即孔孟不以忠为绝对的义务,而以忠为相对的义务。此无他,君臣之制是人为的,不是自然发生的,其目的在于保护社会的安全。"孟子谓齐宣王曰……士师不能治士,则如之何?王曰,已之。曰,四境之内不治,则如之何?王顾左右而言他。"(《孟子·梁惠王下》)推孟子之意,四境之事,王所当理,不胜其任,只有革命。故云:"闻诛一夫纣矣,未闻弑君也。"(同上)此种相对义务的忠,唐太宗变之为绝对义务,他谓"君虽不君,臣不可以不臣"(《旧唐书》卷二太宗贞观二年)。由唐至宋,司马光更宣扬忠为绝对义务,以为"君臣之位犹天地之不可易也"(《资治通鉴》卷一周烈王二十三年臣光曰)。他著有《疑孟》一文,反对人臣以德而慢其君之爵,又反对君有大过,人臣可以易君之位,更立别人之说(见《司马文正公传家集》卷七十三《疑孟》,商务万有文库版)。此盖唐承南北朝之后,南北朝时,朝代更易有甚弈棋,其视帝位禅代无异"将一家物与一家"(《南史》卷二十八《褚炤传》)。而所谓忠臣也者亦尽"如失主犬,后主饲之,便复为用"(《梁书》卷十七《马仙琕传》)。宋承五代之后,五代之乱有甚于南北朝,兵骄将悍,天子受制于藩臣,藩臣受制于将校,将校受制于士兵,逐君立君,有同儿戏。欧阳修说:"当此之时,为国长者不过十余年,短者三四年至一二年。天下之人视其上易君代国,如更戍长无异,盖其轻如此,况其下者乎?"(《新五代史》卷四十九《王进传》论)《宋史》亦说,"五季为国,不四三传,辄易姓,其臣子视事君,犹佣者焉。主易则他役,习以为常。故唐方灭,即北面于晋;汉甫称禅,已相率下拜于周矣"(《宋史》卷二百六十二《李穀传》论)。在此种政局之下,不能不改变忠的观念,唐太宗、司马光的忠君思想是由此种环境产生的。

上举第二条孟子之言,不是单说有官守者自己不能尽职,有言责者自己不能尽言,而且还说,有官守者及有言责者受到人主或权贵威胁,不能尽职或不敢尽言。在如斯情形之下,只要其人稍有气魄,必会挂冠下野,绝不肯耽禄尸位。有官守而不能尽职,原因甚多,或因天子总揽威柄,权不借下。隋文帝性至察而多疑,不肯信任百司,每事皆自决断,群臣惧罪,事无大小,均取判于旨,宰相以下,唯即承顺而已。范祖禹说:隋文"务察而多疑……故其臣下事无大小,皆归之君,政有得失,不任其患。贤者不得行其志,而持禄之士得以保其位,此天下所以不治也"(《贞观政要》卷一《政体第二》贞观四年条)。又有因外戚颛国者,东汉顺帝时,梁冀"专擅威柄,凶恣日积,机事大小,莫不咨决之"。驯致"百寮侧目,莫敢违命,天子恭己而不得有所亲豫"(《后汉书》卷三十四《梁冀传》)。复有因阉宦弄权者,东汉、唐、明均有宦官之祸。这是读史者所共知。兹只述西汉元帝时宦者石显。"显代为中书令,是时元帝被疾,不亲政事……以显久典事,中人无外党,精专可信任,遂委以政。事无小大,因显白决,贵幸倾朝,百僚皆敬事显。"(《汉书》卷九十三《石显传》)卒至丞相匡衡及御史大夫张谭皆阿附畏事显,不敢失其意(《汉书》卷七十六《王尊传》、卷八十一《匡衡传》)。此皆有官守者不得其职之例。至于有言责者不能尽言,可举南宋及明代为例。宋室南渡之后,"台谏观望意指,毛举细务。至国家大事,坐视不言"(《宋史》卷三百八十二《张焘传》)。举数例说,"秦桧当国,谏官多桧门下,争弹劾以媚桧"(《宋史》卷四百三十三《洪兴祖传》)。韩侂胄"势焰熏灼……言路厄塞,每月举论二三常事而已,谓之月课"(《宋史》卷四百七十四《韩侂胄传》)。贾似道秉政之时,"台谏皆阘茸,台中相承,凡有所建白,皆呈稿似道始行"(《宋史》卷四百五十一《陈文龙传》)。言官附属于宰相,"且甘为鹰犬,而听其指嗾焉,宰相所不乐者,外若示以优容,而阴实颐指台谏以去之。台谏所弹击者外若不相为谋,而阴实奉承宰相以行之"(《宋史》卷四百五《刘黻传》),这真是有言责者不得其言了。明代钳制言官更甚于南宋,我们不谈孝宗时阉人刘瑾、世宗时奸臣严嵩如何压迫台谏,我们只谈神宗时张居正之事。张居正当国,慨然以天下为己任,但性褊衷多忌,刚愎自用,信任奸佞,好谀成风,"谏官言事必先请"(《明史》卷二百十五《陈吾德传》)。"台谏习为脂韦,以希世取宠,事关军国,卷舌无声,徒摭不急之务,姑塞言责。"(《明史》卷二百二十《赵世卿传》)"至若辅臣(张居正)意之所向,不论是否,无敢一言,以正其非,且有先意结其欢,望风张其焰者。"(《明史》卷二百二十九《王用汲传》)北宋曾巩说,"御史责人者也,将相大臣非其人,百官有司失其职,天下之有败法乱纪、服谗搜慝者,御史皆得以责之。然则御史独无责乎?居其位有所不知,知之有所不言,言之有所不行,行之而君子病焉,小人幸焉,御史之责也"(引自《大学衍义补》卷八《重台谏之任》)。本书常常引商鞅之言,"夫置丞立监者,且以禁人之为利也,而丞监亦欲为利,则何以相禁?故恃丞监而治者,仅存之治也"(《商君书》第二十四篇《禁使》)。此言与西谚所说"谁监察监察人"(Who will oversee the overseers?)相似。

上举第三条是孟子批评公孙衍、张仪之非大丈夫,但吾人亦可借此以说明为臣之道不能以顺为正。唐时陆贽对德宗说,"古语有之,顺旨者爱所由来,逆意者恶所从至。故人臣皆争顺旨而避逆意。非忘家为国、捐身成君者,谁能犯颜色,触忌讳,建一言,开一说哉"(引自《大学衍义补》卷四《广陈言之路》)。宋时苏轼对神宗说,"为国者,平居必常有忘躯犯颜之士,则临难庶几有徇义守死之臣。苟平居尚不能一言,则临难何以责其死节"(《苏东坡全集·续集》卷十一《上神宗皇帝书》,世界版)。王安石当国,司马光谓其"好人同己,而恶人异己……群臣有与之同者,则擢用不次;与之异者,则祸辱随之。人之情谁肯弃福而取祸,去荣而就辱,于是天下之士躁于富贵者,翕然附之……夫不察事之是非,而悦人赞己,暗莫甚焉;不度理之所在,而阿谀求容,谄莫甚焉……子思言于卫侯曰,君之国事将日非矣。君出言,自以为是,而卿大夫莫敢矫其非。卿大夫出言,自以为是,而士庶人莫敢矫其非。君臣既自贤矣,而群下同声贤之;贤之则顺而有福,矫之则逆而有祸。如此,则善安从生"(《司马温公文集》卷七《应诏言朝政阙失状》,中华版)。

(五) 谏诤及格君心之非

> 齐宣王问卿。孟子曰……异姓之卿……君有过则谏,反覆之而不听,则去。(《孟子注疏》卷十下《万章下》)
>
> 惟大人为能格君心之非,君仁莫不仁,君义莫不义,君正莫不正,一正君而国定矣。(《孟子注疏》卷七下《离娄上》)

上举两条皆可以归类于臣道之中,因其有特殊的含义,故特取出,另为一项。

第一条孟子分卿为两种,本条是说明异姓之卿的谏诤。至于贵戚之卿,"君有过则谏,反覆之而不听,则去",已说明本章"暴君放伐"之处。过去常君父并称,此二字合为一语不知始于何时,但父子之情固与君臣之义有别。父子关系是天然的,君臣关系是人为的。天然关系不能毁,亦不宜毁,人为关系在必要时,能毁,亦宜毁。就谏诤言之,礼云:"为人臣之礼不显谏,三谏而不听,则逃之。子之事亲也,三谏而不听,则号泣而随之。"(《礼记注疏》卷五《曲礼下》)明代大臣以事亲之礼事君,或廷杖,或下狱而死,这岂可称之为忠?谓之痴臣可也。李贽说:"夫暴虐之君淫刑以逞,谏又乌能入也?早知其不可谏,即引身而退者上也。不可谏而必谏,谏之而不听乃去者次也。若夫不听复谏,谏而以死继之,痴也。何也?君臣以义交也,士为知己死,彼无道之主曷尝以国士遇我也。然此直云痴耳,未甚害也,犹可以为世鉴也。若乃其君非暴,而故诬之为暴,无所用谏,而故欲以强谏,此非以君父为要名之资,为吾他日终南之捷径乎?若而人者,设遇龙逢、比干之主,虽赏之使谏,吾知其决不敢谏矣,故吾因是而有感于当今之世也。"(《初潭集》卷二十四《君臣四·痴臣》)再进一步观之,乱臣与贼子绝不相同,贼子之可杀,乃无可逃于天地之间。乱臣是否可杀,则要看人主之行为。孟子说:"君之视臣如土芥,则臣视君如寇仇。"臣既视君如寇仇,则君有大过,何必谏?而为保护人民的安全,革命可也。礼云,"礼时为大,顺次之……尧授舜,舜授禹,汤放桀,武王伐纣,时也"(《礼记注疏》卷二十三《礼器》)。即古人虽称许尧舜之禅让,亦甚赞成汤武之革命。柳宗元说:"汉之失德久矣……丕之父攘祸以立强,积三十余年,天下之主曹氏而已,无汉之思也。丕嗣而禅,天下得之以为晚,何以异夫舜禹之事耶?"(《柳河东集》卷二十《舜禹之事》,世界版)即由柳宗元观之,禅让与篡夺相去无几。曹丕之得帝位,与舜受尧禅,禹受舜禅,殆无不同。何况汤武之伐桀纣,动师十万,血流漂杵,而后人美称之为革命,顺乎天而应乎人。魏之代汉却无用兵动武之事。到底孰有利于百姓?王船山说:"天下者非一姓之私也,兴亡之修短有恒数,苟易姓而无原野流血之惨,则轻授他人而民不病,魏之授晋,上虽逆而下固安,无乃不可乎?"(《读通鉴论》卷十一《晋泰始元年》,中华版)吾国经五代大乱而至于宋,自兹以降,乱臣贼子可以说是几乎绝迹。严复认为此乃受了名教的影响,而名教之说则大倡于道学家,殊不知最主张名教的,厥是反对道学的司马光。严复说,"孟子曰,孔子作《春秋》,而乱臣贼子惧。(见《孟子·滕文公下》)虽然,《春秋》虽成,乱臣贼子未尝惧也……必逮赵宋而道学兴,自兹以还,乱臣贼子乃真惧尔。然而由是中国之亡也,多亡于外国。何则?非其乱臣贼子故也。

王夫之之为《读通鉴论》也，吾之所谓然，二三策而已。顾其中有独造之言焉。其论东晋蔡谟驳止庾亮经略中原之议也，谓谟(蔡谟)、绰(孙绰)、羲之(王羲之)诸子无异南宋之汪(汪伯彦)、黄(黄潜善)、秦(秦桧)、汤(汤思退)诸奸，以其屈庾亮，伸王导，恶桓温功成，而行其篡夺。不知天下有大防，夷夏有大辨，五帝三王有大统，即令温功成而篡，犹贤于戴异族以为中国主。此所以驳亮者，宜与汪、黄、秦、汤辈同受名教之诛也。此其言烈矣。然不知异族之得为中国主者，其事即兴于名教。嗟乎，虑其患而防之，而患或起于所防之外，甚者乃即出于所防之中，此专制之制所以百无一可者也"(《法意》第五卷第十四章，复案)。严复之言吾虽不敢完全同意，但其谓"由是中国之亡也，多亡于外国。何则？非其乱臣贼子故也"，"即令温功成而篡，犹愈于戴异族以为中国主"，生在列强侵略之下，严复有此见解，亦时势使然。

第一条是说明谏诤，谏诤的目的在于正君，即格君心之非，故吾将两条孟子之言合并讨论之。第二条的重点在于"格君心之非"，"一正君而国定矣"。《孟子》书中尚有"孟子曰，君仁莫不仁，君义莫不义"(《孟子·离娄下》)之文句，其用意与上引第二条不同，重点在于上行下效，故朱注引"张氏曰，此章重出。然上篇主言人臣当以正君为急，此篇直戒人君，义亦小异耳"。上引第二条孟子之言未免太过乐观，但对于宋代道学家却有极大的影响，道学家毫不思索，全盘接受孟子思想，程明道说，"治道，亦有从本而言，亦有从事而言。从本而言，惟从格君心之非。正心以正朝廷，正朝廷以正百官"(《近思录》卷八《治国平天下之道》，中华版)。朱子说，"天下事有大根本，有小根本。正君心是大本。其余万事各有一根本，如理财以养民为本，治兵以择将为本"(《朱子语类》卷一百八《论治道》，正中版)。但是，既云"惟大人为能格君心之非"，孰是大人，由谁决定？天子有用人之权，则决定权当然属于天子。天子之位是世袭的，必传于太子。太子长养深宫，沉沦富贵，入则在宫人之手，出则唯武官小人，一旦嗣位，当然非荒即暴。如斯天子，安知"大人"而用之？若进一步观之，君心已"正"，何必再格？君心若"非"，则他何能任用"大人"？吾恐其所任用的，十中八九尽是小人。希望小人能格君心之非，无异于缘木求鱼。董仲舒依《离娄下》之章之言，希望人君自正其心。他说，"为人君者正心以正朝廷，正朝廷以正百官，正百官以正万民,正万民以正四方。四方正,远近莫敢不壹于正,而亡有邪气奸其间者。是以阴阳调而风雨时,群生和而万民殖,五谷孰而草木茂,天地之间被润泽而大丰美,四海之内闻盛德而皆徕臣。诸福之物,可致之祥,莫不毕至,而王道终矣"(《汉书》卷五十六《董仲舒传》)。这是董仲舒对策(第一策)警戒武帝之语。但希望人君自正其心,难乎哉!

第七节
经 济

（一）分工

　　陈相见孟子,道许行之言曰……贤者与民并耕而食,饔飧而治……孟子曰,许子必种粟而后食乎? 曰,然。许子必织布而后衣乎? 曰,否,许子衣褐。许子冠乎? 曰,冠。曰,奚冠? 曰,冠素。曰,自织之与? 曰,否,以粟易之。曰,许子奚为不自织? 曰,害于耕。曰,许子以釜甑爨,以铁耕乎? 曰,然。自为之与? 曰,否,以粟易之。以粟易械器者不为厉陶冶,陶冶亦以其械器易粟者,岂为厉农夫哉? 且许子……何为纷纷然,与百工交易? 何许子之不惮烦? 曰,百工之事固不可耕且为也。然则治天下独可耕且为与? 有大人之事,有小人之事,且一人之身,而百工之所为备。如必自为而后用之,是率天下而路也。故曰,或劳心,或劳力。劳心者治人,劳力者治于人。治于人者食人,治人者食于人,天下之通义也。（《孟子注疏》卷五下《滕文公上》）

　　读孟子与陈相的对话可以证明社会进化到某一阶

段,必有分工。据社会学者研究,分工是由男女分工开始。人类自从知道尖锐的石头可以剖割兽皮,而聪明的人又知利用石头敲打石头,可使石头变为石刀石锥,于是工具发明了。人类又见落雷或两石磨擦,引起枯叶燃烧,烧死野兽,取其肉而食之,觉得其味甘美,由是生食进化为熟食。从前所不食的物,现在可以用火烤熟而食之,而火之作用也知道了。过去一人一天的收获只能维持一人一天的生活,所以男女双方均要出外觅食。现在呢?一方因有工具,生产力为之提高,同时有火之作用,食品为之增加,一人一天之所得可以维持两人以上的需要,从而觅食无须妇女协助。妇女可在家里看守火种,不让火至灭熄,使男人出外觅食无后顾之忧,男女分工于兹开始。且也,人类幼年时期乃比较其他动物为长,妇女由哺乳而看护子女,由母爱作用,亦不愿远离其家。兼以男女生理不同,体力自有差别,妇女在家既久,复由自然淘汰,体力渐渐不如男人,从而家内工作、轻便的工作多由妇女为之;室外工作、需要体力的工作多由男人为之。古人谓"男子居外,女子居内"《礼记注疏》卷二十八《内则》,就是指此而言。其次则为职业的分工,如耕田的有一批人,缝绽衣冠的另有一批人,制造釜甑的又有一批人,铸造铁器的复有一批人。吾人读上举孟子与陈相的对话,即可知之。但分工是以交换为基础,交换则以我之所有易我之所无,所以必须各人均有剩余生产物而后可。例如农民以粟易布,织工以布易粟,粟与布乃所以满足人类衣食的需要。倘令农民没有剩余的粟或织工没有剩余的布,则职业的分工必难存在。由于职业的分工,社会的分化更复杂了。农民以粟易布,织工以布易粟,然织工不能用他所织的布直接与农民所产的粟交换。因为农民也许不需要布,而需要釜甑,故为交换方便起见,就需要一种中间的人,任何货物都交给中间的人,由中间的人觅求买主,这个中间的人就是商人。商人又为交换方便起见,需要一种中间的物,这个中间的物就是货币。详细言之,农民运了一车谷物,欲与耕牛交换,幸而遇到一位牧人,而这位牧人乃不需要谷物,而需要布匹或铁器。这个时候要完成交换行为,至少须经过十数次的中间交换。若有一种各人都爱好的物,以作交换的媒介,则许多麻烦可以避免。这个各人共同爱好的物就是货币。吾国原始货币大约用贝壳充之,例如"财"字、"货"字皆从贝。出物曰卖,入物曰买,卖买两字亦从贝。又贾、价(價)、资、贷、赏、赐、赠、贵、贱等字莫不从贝。到了金属被发现,货币或铸成刀形(用以割物),称之为刀,或铸成梭形(用以织布),称之为布。王莽秉政,其所铸货币就有契刀、错刀(身形如刀)、大布、次布(身形如梭)等等。但吾人须知职业分工之最重要的乃是劳心与劳力的分工。人类天分本来不同,纵是同群的人,各人的智力亦有差别。而群居生活又可由各人互相接触而比较彼此智力的高低,凡有特别智力的人常受社会的尊敬,登上崇高的地位。他们无须亲自劳力以取得生活资料,可由民众供给他们以衣食的物资。他们常将有闲时间去做劳心的工作。此种劳心工作必有利于大众而为大众所希望。包牺氏"作结绳而为罔罟,以佃以渔",神农氏"斫木为耜,揉木为耒,耒耨之利以教天下"(《周易注疏》卷八《系辞下》)。总之,他们的智力超出于大众之上,大众遂奉之为君长,于是社会又发生了孟子所说"或劳心,或劳力。劳心者治人,劳力者治于人。治于人者食人,治人者食于人"的现象。这样,社会又一天一天地进化。如斯"治人"与"治于人",即"食于人"与"食人"的分工,不但吾国有之,任何国家都是一样的。严复说:"夫赋税贡助所以为国民之公职者,其义盖本于分工。民生而有群,徒群不足以相保,于是乎有国家君吏之设。国家君吏者,所以治此群也。治人者势不能以自养,于是乎养于治于人之人。而凡一群所资之公利,若守圉,若讼狱,若道涂,若学校,身家之所以保,人道之所以尊,胥匡以生,皆必待财力而后举。故曰,赋税贡助者国民之公职也。"(《原富》部戊篇二《论国家度支之源》,复案,商务版八四五页)社会之有分工,荀子亦有说明。他谓"百技所成,所以养一人也,而能不能兼技"(《荀子》第十篇《富国》)。其意以为一人一身的需要,须赖百工供给。虽能力极强的人也不能以一人兼百工之技,如是,分工当然必要。

(二) 富民之必要

孟子曰,无恒产而有恒心者,惟士为能。若民则无恒产,因无恒心。苟无恒心,放辟邪侈,无不为已。及陷于罪,然后从而刑之,是罔民也。

焉有仁人在位，罔民而可为也？（《孟子注疏》卷一下《梁惠王上》）

不违农时，谷不可胜食也。数罟不入洿池，鱼鳖不可胜食也。斧斤以时入山林，材木不可胜用也。谷与鱼鳖不可胜食，材木不可胜用，是使民养生丧死无憾也。养生丧死无憾，王道之始也。五亩之宅，树之以桑，五十者可以衣帛矣。鸡豚狗彘之畜无失其时，七十者可以食肉矣。百亩之田，勿夺其时，数口之家可以无饥矣。谨庠序之教，申之以孝悌之义，颁白者不负戴于道路矣。七十者衣帛食肉，黎民不饥不寒，然而不王者未之有也。（《孟子注疏》卷一上《梁惠王上》）

上举第一条孟子之言是谓普通人民必先富之，而后方能使其就善。在《孟子》书中（《滕文公上》）尚有同一文句，"民之为道也，有恒产者有恒心，无恒产者无恒心。苟无恒心，放辟邪侈无不为己。及陷乎罪，然后从而刑之，是罔民也。焉有仁人在位，罔民而可为也"。此即管子所说"仓廪实则知礼节，衣食足则知荣辱"（《管子》第一篇《牧民》）之意。仓廪实、衣食足是为恒产。知礼节、知荣辱是为恒心。孔子说，"政之急者莫大乎使民富"（《孔子家语》第十三篇《贤君》）。又说，"民之所以生者衣食也……民匮其生，饥寒切于身，不为非者寡矣"（《孔丛子》第四篇《刑论》）。所以古人善为政者莫不以富民为先务。王安石变法所以失败，就是因为他只求富国，而不知富国须以国民经济的健全为基础，即以富民为基础。有若曰，"百姓足，君孰与不足；百姓不足，君孰与足"（《论语·颜渊》）。《大学》说，"财聚则民散，财散则民聚"。此两句是什么意义呢？盖如荀子所说，"王者富民，霸者富士（士，卒伍也），仅存之国富大夫。亡国富筐箧，实府库。筐箧已富，府库已实，而百姓贫。夫是之谓上溢而下漏，入不可以守，出不可以战，则倾覆灭亡，可立而待也"（《荀子》第九篇《王制》）。一个国家在一定期间之内，财货止于此数，不在君，则在民。不但君好而欲取之，而民亦恶君之取之而不欲与也。然而善理财者必存富于民，叶适说，"理财与聚敛异，今之言理财者聚敛而已矣"（《水心集》卷四《财计上》，中华版）。《大学》引孟献子之言曰，"与其有聚敛之臣，宁有盗臣"，盖聚敛之臣剥民之脂膏以奉上，而民被其殃。盗臣窃君之府库以自私，而祸不及下。末世，窃君之府库者为监守自盗，其刑至重,而掊克于民者则称为善于理财,哪知此种理财虽有小利于目前,而必发生大害于将来。唐自安史乱后,天下户口十亡八九,州县多为藩镇所据,贡赋不入朝廷。代宗时刘晏为相,兼江淮转运使,晏以为户口滋多,则赋税自广,故其理财以爱民为先,而尽力于培养税源,且谓"论大计者固不可惜小费,凡事必为永久之虑"。又"以为官多则民扰",故尽量减少职官之数(《通鉴》卷二百二十六唐代宗建中元年)。果然,在晏秉政之时国家用度毫不支绌。及德宗时卢杞为相,用苛捐繁敛以赡国用,僦柜(商店保管金钱及贵重物品之所)有税,间架有税(凡屋二架为一间,每间均有税,税额分为三等),除陌有税(公私贸易每一贯钱纳税五十)。但税金多入市牙奸吏,公家所入百不得半。怨黩之声嚣然,满于天下。及泾师犯阙,乱兵呼于市曰,不夺汝商户僦质矣,不税汝间架除陌矣。是时人心愁怨,泾师乘间谋乱,职杞之由,故天下无贤不肖,视杞如仇(《旧唐书》卷一百三十五《卢杞传》)。

  上引第二条孟子之言,先"不违农时"云云,而后才"谨庠序之教,申之以孝悌之义",这是依孔子先富后教的道理。李觏说:"愚窃观儒者之论,鲜不贵义而贱利,其言非道德教化,则不出诸口矣。然《洪范》八政,一曰食,二曰货。孔子曰,足食足兵,民信之矣。是则治国之实必本于财用,盖城郭宫室,非财不完;羞服车马,非财不具;百官群吏,非财不养;军旅征戍,非财不给;郊社宗庙,非财不事;兄弟婚媾,非财不亲;诸侯四夷,朝觐聘问,非财不接;矜寡孤独,凶荒札瘥,非财不恤。礼以是举,政以是成,爱以是立,威以是行,舍是而克为治者未之有也。是故贤圣之君、经济之士必先富其国焉。所谓富国者……在乎强本节用,下无不足,而上则有余也。"(《李直讲文集》卷十六《富国策第一》,商务版)李觏是由财用进而主张富民之必要。严复以为富民之道,绝不可加赋于母财。严复说:"盖财之所生,皆缘民力……且生财以力矣,则力必有所养而后财生。向使无以养力役者,则力役事穷,而财源以绝。故欲财生,必不宜于母财而加之赋税,加赋税于母财者,无异司汽机者欲汽力之长,而夺其薪炭也。"(《原富》部戊篇二《论国家度支之源》,复案,商务版八四七页)而赋税必须公平。严复以为:"利专在士,则赋之于农为已苛。使所治之工,惠止于舟,则责之于车为无当。君主之国每言一视同仁,虽有南北胡越之不相及,而自朝廷视之,均为赤子。故往往民出甚重之赋,而不知己利之所在,则曰民之公职在出租税以供其上而已,至于用之如何,不当问也。于是国家加一赋税,虽出于甚正之途、甚亟之政,而民亦睊睊然以为厉己,此上下交相失之道也。"(《原富》部戊篇一《论君主及合众国家之度支》,复案,商务版八三二页)汉武帝讨伐匈奴,财用不足,曾征收新税,元光六年初算商车,元狩四年初算缗钱(《汉书》卷六《武帝纪》)。此二者皆以豪富尤其商贾为课税对象。此在"商贾滋众,贫者畜积无有,皆仰县官",而"豪富皆争匿财"(《汉书》卷二十四下《食货志》),不失为一种公平的赋税。但赋税有转嫁的作用,课税于豪富商贾,行之不得其法,往往结果与预期相反,而转嫁于贫穷的消费者。尤其"算缗钱"流弊最大。所谓缗钱"是储钱也"(《汉书》卷六《武帝纪》元狩四年注引臣瓒曰)。当时没有银行制度,也没有经济调查,何知人民储钱多少,只有令民自占,然而人民争匿其缗。元鼎二年十一月,"令民告缗者","以其半与之"(《汉书》卷六《武帝纪》,参阅卷二十四下《食货志》),固然政府得民财物以亿计,奴婢以千万数,田大县数百顷,小县百余顷,宅亦如之。然而"商贾中家以上"大抵破产了(《汉书》卷二十四下《食货志》)。而民储钱有税,他们何肯勤劳,更何肯储蓄勤劳所得的金钱?"民偷,甘食好衣,不事畜臧之业。"(《汉书》卷二十四下《食货志》)于是错误的财政政策破坏了国民经济,而国民经济的破坏更加甚了国家财政的穷匮。苟非武帝末年悔征伐之事,封丞相为富民侯,用赵过代田之法以增加农业生产力(《汉书》卷二十四上《食货志》),而继统的昭帝又"委任霍光,光知时务之要……轻徭薄赋,与民休息"(《汉书》卷七《昭帝纪》赞曰),宣帝五凤三年减天下口钱,地节三年诏流民还乡者,且勿算事(师古曰,不出算赋及给徭役),甘露二年减民算三十(师古曰,一算减钱三十也。见《汉书》卷八《宣帝纪》),则不待王莽之乱政,汉祚早已颠覆。

与上举第二条孟子对梁惠王之言相类似者,有下列两则,兹举之以供读者参考。孟子对齐宣王说明王道,也说:"是故明君制民之产,必使仰足以事父母,俯足以畜妻子,乐岁终身饱,凶年免于死亡。然后驱而之善,故民之从之也轻。今也制民之产,仰不足以事父母,俯不足以畜妻子,乐岁终身苦,凶年不免于死亡。此惟救死而恐不赡,奚暇治礼义哉?""五亩之宅,树之以桑,五十者可以衣帛矣。鸡豚狗彘之畜,无失其时,七十者可以食肉矣。百亩之田,勿夺其时,数口之家可以无饥矣。谨庠序之教,申之以孝悌之义,颁白者不负戴于道路矣。七十者衣帛食肉，黎民不饥不寒，然而不王者未之有也。"《孟子·梁惠王上》)孟子说明文王善养老，又谓"五亩之宅树墙下以桑，匹妇蚕之，则老者足以衣帛矣。五母鸡，二母彘，无失其时，老者足以无失肉矣。百亩之田，匹夫耕之，八口之家足以无饥矣。所谓西伯善养老者，制其田里，教之树畜，导其妻子使养其老。五十非帛不暖，七十非肉不饱。不暖不饱，谓之冻馁。文王之民无冻馁之老者，此之谓也"(《孟子·尽心上》)。孟子论政尤其对于经济问题，都很实际，后儒只依孟子的单言片语，如性与命等等，大做文章，由实际政治趋向于空洞的玄学，这是吾人所最反对的。

（三）富民的政策

> 春省耕而补不足，秋省敛而助不给。(《孟子注疏》卷二上《梁惠王下》)
> 关市讥而不征，泽梁无禁。(《孟子注疏》卷二上《梁惠王下》)
> 易其田畴，薄其税敛，民可使富也。食之以时，用之以礼，财不可胜用也。(《孟子注疏》卷十三下《尽心上》)
> 齐宣王问曰，文王之囿方七十里，有诸？孟子对曰，于传有之。曰，若是其大乎？曰，民犹以为小也。曰，寡人之囿方四十里，民犹以为大，何也？曰，文王之囿方七十里，刍荛者往焉，雉兔者往焉，与民同之。民以为小，不亦宜乎？臣始至于境，问国之大禁，然后敢入。臣闻郊关之内有囿方四十里，杀其麋鹿者如杀人之罪，则是方四十里为阱于国中，民以为大，不亦宜乎？(《孟子注疏》卷二上《梁惠王下》)

上举第一条是晏子对齐景公之言，而孟子引之。全文为"昔者齐景公问于晏子曰，吾欲观于转附朝儛，遵海而南，放于琅邪。吾何修而可以比于先王观也？晏子对曰，善哉问也。天子适诸侯曰巡狩，巡狩者巡所守也。诸侯朝于天子曰述职，述职者述所职也。无非事者，春省耕而补不足，秋省敛而助不给。夏谚曰，吾王不游，吾何以休？吾王不豫（豫亦游也），吾何以助？一游一豫,为诸侯度"(《孟子·梁惠王下》)。赵岐注,"春省耕,补未耕之不足。秋省敛,助其力不给也"。孙奭疏,"春则省察民之耕,而食不足者则补之,如《周礼·旅师》,春颁其粟是也。秋则省察民之收,而有力不足者则助之,如《遂师》巡其稼穑而移用其民以救时事是也"。旅师见《周礼注疏》卷十六《旅师》,遂师见《周礼注疏》卷十五《遂师》。远古制度是否如此,抑只是儒家的理想,余不欲考证。总之,推孟子之意,古代天子对于人民的经济生活,不但希望其能成长,且又补助其所不足。这是巡狩的目的,后世天子不过假巡狩之名,肆其荒游之实,千骑万乘,百姓骚驿,哪有补不足、助不给之善政?结果常如陆贽所说:"常赋不充,乃令促限。促限才毕,复命加征。加征既殚,又使别配。别配不足,于是榷算之科设,率贷之法兴。禁防滋章,条目纤碎,吏不堪命,人无聊生。农桑废于征呼,膏血竭于笞挞,市井愁苦,室家怨咨,兆庶嗷然,而郡邑不宁矣。"(《陆宣公奏议》卷二《论叙迁幸之由状》,世界版)陆象山曾说明国家助补百姓,不是容易的事,兹抄录其言如次,以供读者参考。陆氏说:"民有余而取,国有余而予,此夫人而能知之者也。至于国之匮,方有待乎吾之取而济;民之困,方有待乎吾之予而苏。当是时,顾国之匮而取之乎,必不恤民焉,而后可也。顾民之困而予之乎,必不恤国焉,而后可也,事之不两得孰有甚于此哉?使终于不两得,则终无一得焉尔矣。故取予之说不可谓易知也。取而伤民,非知取者也。予而伤国,非知予者也。操开阖敛散之权,总多寡盈缩之数,振弊举废,挹盈注虚,索之于人之所不见,图之于人之所不虑,取焉而不伤民,予焉而不伤国,岂夫人而能知之者哉?必有其才而后知其说也。非唐之刘晏,吾谁与归?史氏以知取予许之,真知晏者哉!"(《象山全集》卷三十《刘晏知取予论》,中华版)

上举第二条据朱注,"关谓道路之关,市谓都邑之市。讥,察也。征,税也。关市之吏察异服异言之人,而不征商贾之税也。泽谓潴水,梁谓鱼梁,与民同利,不设禁也"。关于"泽梁无禁"当讨论于下举第四条"文王之囿"处,兹只说明关市讥而不征。《孟子》书尚有数句:"古之为关也,将以御暴。今之为关也,将以为暴。"赵岐注,"古之为关将以御暴乱。讥,闭非常也。今之为关,反以征税出入之人,将以为暴虐之道也"(《孟子·尽心下》)。关市之征就是关税及市税。国家不应有市税,固不待言,盖市税可以妨害货物的流通,而增加人民的负担。纵令市税是课税于商贾,亦必转嫁于作为一般消费者的人民。至于关税,统一的国家应只有单一的关税,这就是现代所谓海关。海关的作用在于防御外国商品的输入,而保护本国产业的发达。孟子时代虽然封建制度渐次崩坏,而政治上还是列强割据。各国皆有关征,倘令各国均以关征为武器,一方提高外国货物的入口税,同时又增加本国特产而为外国必需货物的出口税,则各国便不能在外国市场自由贩卖货物,也不能用廉价购买外国的特产,这有害于天下定于一的理想。各国为了开拓市场及取得原料,势不能不扩大关税领域。但是关税领域与国家领土一致,因此,各国皆用战争方法侵略别国的土地,争地以战,杀人盈城,争城以战,杀人盈野,这是孟子时代的国际现象。《公羊传》僖公三年,齐桓公会诸侯于阳谷,以"无贮粟"为盟约之一,何休解诂,"有无当相通",即禁止不合理的关征。且也,列国之能独立,成为政治上一个单位,最重要的就是它们财政之能自给。而财政之能自给,又因它们经济多多少少还能独立。赵宋的统一政策,据叶适说,"太祖之制诸镇,以执其财用之权为最急,既而僭伪次第平一,诸节度伸缩惟命,遂强主威,以去其尾大之患者,财在上也"(《水心集》卷四《财总论二》,中华版)。天下粟帛钱币悉送阙下,毋或占留(参阅《宋史》卷一百七十三《食货志上一·农田》、卷一百七十九《食货志下一·会计》)。其留供地方政府使用者,"多者不过数千缗,百须在焉。而监司又伺其出入,而绳之以法"(苏辙《栾城集》卷二十一《熙宁二年上皇帝书》),又恐监司之不足恃,虽铢分之微,亦须报告于三司(参阅《栾城集》同上),此种措施可以说是矫枉过正。前清咸丰三年,太平军攻陷金陵,清廷大惧,而饷源枯竭。时雷以诚治军扬州,倡收厘金助饷。后各省相继仿行,于水陆交通要隘之处,设卡征税,名目繁多,税率随地而异。厘金只是地方税,收入甚丰,不必贡献于朝廷。于是各省财政逐渐脱离中央而独立。各省既有独立的财政权,从而行政权也渐次不受中央的节制。八国联军,南方各省能够宣布中立;辛亥革命,各省能够纷纷脱离清廷;民国初年各省督军的跋扈不让于唐末五代的方镇,他们所靠的是什么?是靠独立的财政权(征收厘金的权)。西汉初年诸侯王在其领地之内,得赋敛,一切税收均归诸侯王所有,无须缴于中央的府库。有野心的诸侯王且得铸钱煮盐,收其利以供王国之用(参阅《汉书》卷一下《高祖纪》十二年三月诏、卷三十五《吴王濞传》）。这就是七国胆敢叛变的最大原因。以上是借历史的记载以说明"关市讥而不征"的理由。

上举第三条"易其田畴"之易字，赵岐注及朱注皆解释为治，吾意易其田畴就是汉武帝时赵过所为的"代田"（《汉书》卷二十四上《食货志》）。周礼，"不易之地，家百亩。一易之地，家二百亩。再易之地，家三百亩"。郑玄注引郑司农云，"不易之地，岁种之，地美，故家百亩。一易之地，休一岁，乃复种，地薄，故家二百亩。再易之地，休二岁，乃复种，故家三百亩"（《周礼注疏》卷十《大司徒》）。即上地年年种之，故只给百亩。中地年年休百亩，种百亩，故给二百亩。下地年年休二百亩，种百亩，故给三百亩。地力既得休息，每亩生产量自会增加。所谓"薄其税敛"，盖国家赋税乃取之于民，所以一宜培养税源，而不可伤及母财，前已引过严复之言："故欲财生，必不宜于母财而加之赋税，加赋税于母财者，无异司汽机者欲汽力之长，而夺其薪炭也。"（《原富》部戊篇二《论国家度支之源》，复案，商务版八四七页）二宜使民岁入之利，足用以仰事俯畜而有余。严复说："国家责赋于民，必有道矣。国中富民少而食力者多，必其一岁之入，有以资口体供事畜而有余，而后有以应国课。使劳力者之所得，倮然仅足以赡生，则虽桑孔之心计，秦隋之刑威，适足启乱而已矣。故曰民不畏赋，在使之出重而轻。"（《原富》部乙篇三《论人功有生利有不生利》，复案，商务版三三二页）在吾国历史上最知培养税源的莫如西汉政府，这在本书当已说过，所以述之而不厌者，盖欲现今博士学者知道吾国古人理财之大道。汉兴，接秦之弊，"民亡盖臧，自天子不能具醇驷，而将相或乘牛车"（《汉书》卷二十四《食货志上》）。在如斯府库贫穷之下，政府仍不忘培养税源。古代以农立国，人口以农民为最多，赋税以田租为主。高祖时，"轻田租，十五而税一"（《汉书·食货志上》）。其后似有改变，惠帝即位，"减田租，复十五税一"（《汉书》卷二《惠帝纪》，注引邓展曰，中间废，今复之也）。文帝十二年，"赐农民今年租税之半"，即三十税一。十三年"除田之租税"（《汉书》卷四《文帝纪》）。自是而后，人民不纳田租有十三年之久。景帝二年才"令民半出田租，三十而税一也"（《汉书》卷二十四《食货志上》）。这个三十税一，通西汉一代，纵在武帝财匮之时，亦未变更。盖有鉴于晁错之言："民贫则奸邪生，贫生于不足，不足生于不农。不农则不地著，不地著则离乡轻家，民如鸟兽，虽有高城深池，严法重刑，犹不能禁也。"(《汉书》同上《食货志》)其他各代多不知"百姓足，君孰与不足"的道理。汉高帝虽说，"今某业所就，孰与仲多"，但高帝未曾敲诈天下之骨髓，以为其产业之花息。武帝讨伐四夷，师出三十余年，赤地千里，天下户口减半。然其目的乃欲后代子孙不受外敌欺凌。武帝末年，谓大将军卫青曰，"四夷侵陵中国，朕……不出师讨伐，天下不安。为此者不得不劳民，若后世又如朕所为，是袭亡秦之迹也"(《资治通鉴》卷二十二汉武帝征和二年)。其他朝代则不同了，罗隐说："古先暴主，志在奢淫……厚赋敛，烦徭役，益一人之爱好，损万人之性命，故使天下困穷，不畏其死矣。夫死且不畏，岂可畏其乱乎？生且是悦，岂不悦其安乎？故人安者，天子所以得其安也。人乱者，天子所以罹其乱也。人主欲其己安，而不念其人安；恐其人乱，而不思其己乱，此不可谓其智也。"(《两同书》卷上第三篇《损益》，世界版)

第四条"文王之囿"章与第二条"泽梁无禁"之言，用意相同。鲁庄公二十八年筑微，《穀梁传》云，"山林薮泽之利所以与民共也，虞之非正也"。鲁成公十八年筑鹿囿，《穀梁传》又云，"山林薮泽之利所以与民共也，虞之非正也"。盖园囿及山林对于农民有很大的用处，农民家畜的食料既取给于园囿，而其所用的木柴及枯草又取给于山林。所以园囿及山林一旦变成领主的私有财产，不许农民共享其利，农民愈益贫穷。吾国自井田破坏之后，土地渐次集中。东汉末年，"豪人之室，连栋数百，膏田满野"(《后汉书》卷四十九《仲长统传·理乱篇》)。三国时代"大族田地有余，而小民无立锥之土"(《魏志》卷十六《仓慈传》)。晋初虽有占田之制，依贵贱之别，分配土地。而经五胡乱华，八王作乱之后，"中兴以来(指南渡，元帝中兴)，治纲大弛紊，权门兼并，强弱相凌，百姓流离，不得保其产业"。"山湖川泽皆为豪强所专，小民薪采渔钓皆责税直。"(《宋书》卷二《武帝纪中》)此种豪强兼并亘南朝数代均未改善，我们只看江左各朝累次下令，禁止封固山泽，可知山泽的封固迄未少休，更何论乎土地的兼并？北朝虽于后魏孝文帝太和九年颁布均田之制，然而贵势皆占良美，贫弱咸受瘠薄。民愁无奈，只有竞弃本土，逃窜他方。"至使通原遥畛，田芜罕耘；连村接闾，蚕饥莫食。"(参阅《魏书》卷四十七《卢昶传》、《北齐书》卷十八《高隆之传》)由此可知封固山泽对于细民生活，影响极大。

第八节
外交及反战

(一) 外交

孟子曰……出则无敌国外患者,国恒亡。(《孟子注疏》卷十二下《告子下》)

孟子对曰……惟仁者为能以大事小……惟智者为能以小事大……以大事小者乐天者也,以小事大者畏天者也。乐天者保天下,畏天者保其国。(《孟子注疏》卷二下《梁惠王下》)

滕文公问曰,滕小国也,竭力以事大国,则不得免焉,如之何则可?孟子对曰,昔者大王居邠,狄人侵之。事之以皮币,不得免焉;事之以犬马,不得免焉;事之以珠玉,不得免焉。乃属其耆老而告之曰,狄人之所欲者吾土地也。吾闻之也,君子不以其所以养人者害人,二三子何患乎无君?我将去之。去邠,逾梁山,邑于岐山之下居焉。邠人曰,仁人也,不可失也。从之者如归市。或曰,世守也,非身之所能为也,效死勿去。君请择于斯二者。(《孟子注疏》卷二下《梁惠王下》)

上举第一条孟子之言乃本于《左传》。《左》成十六年晋范文子不欲与楚战,曰:"唯圣人能内外无患,自非圣人,外宁必有内忧,盍释楚以为外惧乎?"凡欲团结民心,莫良于防御外患,所以现代国家常选择一个外国,作其想象中的敌人——我们试称之为想象敌——一切国防、经济、教育等等均以想象敌为目标,决定对付的政策。最重要的是,教育方面须增加国人的自信力,而无畏惧敌人的心理,《三略》云"无使辩士谈说敌美,为其惑众"(《中略》)。《尉缭子》云,"夫民无两畏也,畏我侮敌,畏敌侮我,见侮者败,立威者胜"(第五篇《攻权》)。以西汉为例言之,当时为中国之患者乃是匈奴。文帝时,贾谊已说:"臣窃料匈奴之众不过汉一大县。"(《汉书》卷四十八《贾谊传》)此言匈奴民少,不足畏也。晁错则谓"匈奴之长技三,中国之长技五"(《汉书》卷四十九《晁错传》),此言匈奴战术不足畏也。武帝时,桑弘羊也说,"匈奴不当汉家之巨郡"(《盐铁论》第五十二篇《论功》),中国若肯举兵讨伐,必易成功。此三子之言皆所以增加国人的自信力。所以"释楚以为外惧",可也;释楚而长楚人意气,不可也。但是想象敌只宜有一,不可太多,多则国人将丧失斗志,而不能奋发有为。抗战前后民间有一种口号:"打倒一切赤白帝国主义!"这样,将令列强与我为敌,而我便没有一个友邦了。

说到这里,不能不旁涉数语,自古以来,人臣欲用禅让之法,夺取帝位,必须树立武功,苟能树奇功于异域,则人望已归,篡夺之事更见容易。司马昭必于平蜀之后,才敢接受九锡。桓温兵屈灞上,战衂枋头,而回国之后,竟然欲移晋鼎,其归失败,理之当然。因为政治不过"力"而已,最能表示政治之力者莫如军事,军事失败,人众将怀疑其力。罗马的恺撒,树大威于西班牙,归而秉政。法国的拿破仑立奇功于意大利,进而略取埃及,归而为独裁官。中外历史初无二致,此种论调非我作始,古人已先我言之。刘裕与桓温不同,伐齐,平定齐地;伐蜀,谯纵授首;伐秦,观兵函渭。其武功大略不但可以震主,抑亦可以威民。沈约云,"高祖(刘裕)崛起布衣,非藉民誉,义无曹公英杰之响,又阙晋氏辅魏之基。一旦驱乌合,不崇朝而制国命,功虽有余,而德未足也……若非树奇功于难立,震大威于四海,则不能承配天之业,一异同之心"(《宋书》卷四十五《王镇恶等传》史臣曰)。又云:"桓温一世英人,志移晋鼎,自非兵屈霸上,战衂枋头,则光宅之运中年允集。高祖无周世累仁之基,欲力征以君四

海,实须外积武功,以收天下人望……然后可以变国情,惬民志,抚归运而膺宝策。"(《宋书》卷四十八《朱龄石等传》史臣曰)

第二条亦本于《左传》,《左》昭三十年,郑游吉曰,"礼也者,小事大、大字小之谓。事大在共其时命(杜注,随时共所求。余意应解释为随时恭行其所命),字小在恤其所无"。《左》哀七年,鲁子服景伯曰,"小所以事大,信也。大所以保小,仁也。背大国不信,伐小国不仁"。这是孟子本条之言的来源。《老子》(第六十一章)云:"大国以下小国,则取小国(王弼注,小国则附之)。小国以下大国,则取大国(大国纳之也)。……大国不过欲兼畜人,小国不过欲入事人(小国修下,自全而已,不能令天下归之。大国修下,则天下归之)。"此种大事小、小事大的做法,春秋时代似甚风行。所谓霸可以视为大国以下小国,亦即孟子所谓"以大事小乐天者也"。例如齐桓伐戎救燕(《左》庄三十年),晋文伐楚救宋(《左》僖二十八年)。小国以下大国,亦即孟子所谓"以小事大畏天者也"。当时小国尝贡赋于大国,例如"晋主夏盟……范宣子为政,诸侯之币重"(《左》襄二十四年),晋与诸侯"盟于平丘……子产争承",杜注"承,贡赋之次"(《左》昭十三年)。依吾人之意,大事小、小事大只能行于春秋时代,降至战国,封建社会并为七雄,它们均欲攻弱兼昧,何肯以大事小？而且春秋之时固然是列国攻战不休,然大小国家均是民族相同、文化相同,所以事大事小,都无所谓。至对外族,春秋时尚斥之为"戎禽兽也"(《左》襄四年)。《左》定十年孔子对于莱夷,仍谓"裔不谋夏,夷不乱华"。岂但莱夷,就是吴楚两国,亦视之为夷。"公(鲁成公)……欲求成于楚而叛晋。季文子曰,不可……史佚之志有之,曰非我族类,其心必异。楚虽大,非吾族也,其肯字我乎？公乃止。"(《左》成四年)"吴伐郯,郯成。季文子曰,中国不振旅,蛮夷入伐,而莫之或恤,无吊者也夫……吾亡无日矣。"(《左》成七年)今日列国争雄,彼此民族不同,大国哪肯事小,小亦不可事大。小而事大,只有受其剥削,终至灭亡。

上举第三条,孟子言之甚易,滕文公行之甚难,而且事实上亦不可行。孟子未曾考虑滕文公与周太王两个时代之不同。太王居邠,迁于岐山之下,春秋时,邠与岐山均为秦地。秦地到了战国,还是地广人稀,所以商鞅变法,必诱三晋之人来耕秦地。如是,在一千年以前,秦地居民必寡之又寡。换言之,秦地必有许多地方尚未开发而成立国家。所以由邠迁岐,重新组织小国,固非难事。滕与齐鲁均在今日的山东,而尤接近于齐,故齐人将筑薛,滕文公甚恐。齐地人口稠密,苏秦谓"临菑之涂,车毂击,人肩摩"。河南地方也为列国所占据,则滕将何所迁?孟子的设计,刘勰曾有批评。他说,"昔秦攻梁,梁惠王谓孟轲曰,先生不远千里,辱幸弊邑。今秦攻梁,先生何以御乎?孟轲对曰,昔太王居邠,狄人攻之,事以玉帛,不可。太王不欲伤其民,乃去邠之岐。今王奚不去梁乎?惠王不悦。夫梁所宝者国也,今使去梁,非不能去也(此句有问题,去梁,梁便亡了),非今日之所宜行也,故其言虽仁义,非惠王所须也。亦何异救饿而与之珠,拯溺而投之玉乎"(刘勰《新论》第四十五篇《随时》,世界版),故我认为滕文公只有采用孟子所建议的第二策"效死勿去"。上举刘勰文章误以滕文公为梁惠王。

(二) 反战

孟子曰……争地以战,杀人盈野,争城以战,杀人盈城。此所谓率土地而食人肉,罪不容于死。故善战者服上刑,连诸侯者次之,辟草莱、任土地者次之。(《孟子注疏》卷七下《离娄上》)

孟子曰,有人曰,我善为陈,我善为战,大罪也。(《孟子注疏》卷十四上《尽心下》)

宋牼将之楚,孟子遇于石丘。曰,先生将何之?曰,吾闻秦楚构兵,我将见楚王,说而罢之。楚王不悦,我将见秦王,说而罢之。二王我将有所遇焉。曰,轲也请无问其详,愿闻其指,说之将何如?曰,我将言其不利也。曰,先生之志则大矣,先生之号则不可。先生以利说秦楚之王,秦楚之王悦于利,以罢三军之师,是三军之士乐罢而悦于利也。为人臣者怀利以事其君,为人子者怀利以事其父,为人弟者怀利以事其兄,是君臣、父子、兄弟终去仁义,怀利以相接,然而不亡者未之有也。先生以仁义说秦楚之王,秦楚之王悦于仁义,而罢三军之师,是三军之士乐罢而悦于仁义也。为人臣者怀仁义以事其君,为人子者怀仁义以事其父,为人弟者怀仁义以事其兄,是君臣、父子、兄弟去利,怀仁义以相接也。然而不王者未之有也,何必曰利?《《孟子注疏》卷十二上《告子下》》

上举第一条孟子之言,赵注孙疏不如朱注明晰。朱注云,"善战,如孙膑、吴起之徒。连结诸侯,如苏秦、张仪之类。辟,开垦也。任土地谓分土授民,使任耕稼之责,如李悝尽地力,商鞅开阡陌之类也"。在先秦诸子之中,最反对战争的为道墨两家。老子说,"以道佐人主者,不以兵强天下……师之所处,荆棘生焉。大军之后,必有凶年"《《老子》第三十章》,"兵者不祥之器,非君子之器,不得已而用之……而美之者是乐杀人。夫乐杀人者,则不可以得志于天下矣"《《老子》第三十一章》。《墨子》书中有《非攻》三篇。他说,"杀一人谓之不义,必有一死罪矣。若以此说,往杀十人,十重不义,必有十死罪矣。杀百人,百重不义,必有百死罪矣。当此天下之君子皆知而非之,谓之不义。今至大为不义,攻国则弗知非,从而誉之,谓之义,情不知其不义也"《《墨子》第十七篇《非攻上》》。用义不义的道德观念以批评攻与非攻,这何能说服当时国君?因此,墨子不能不退一步,说到利不利,而谓两国交战,攻守双方的经济必受损害。即对双方都是不利的,他说,"今大国之攻小国也,攻者农夫不得耕,妇人不得织,以守为事。攻人者亦农夫不得耕,妇人不得织,以攻为事"《《墨子》第四十六篇《耕柱》》。双方人民一忙于守,一忙于攻,弃耕织于不顾,当然对于双方都有害。兵家说,"夫兵者不祥之器,天道恶之。不得已而用之,是天道也"《《三略·下略》》。即兵家以为兵虽是不祥之器,但不得不用之时,又合于天道。《司马法》云,"国虽大,好战必亡。天下虽安,忘战必危"《《仁本第一》》。隋炀帝以好战而亡,宋自澶渊议和之后,全国苟且偷安,以忘战而危,终至于亡。案国家对付外寇,必须动静得宜,"动谓用兵,静谓持重。应动而静,则养寇以生奸。应静而动,则失时以败事。动静中节,乃得其宜"《《宋史》卷二百九十三《田锡传》》。我们认为国家之有兵,乃如《淮南子》所说,"兵者所以讨暴,非所以为暴也"《《淮南子》卷八《本经训》》。《淮南子》又说,"兵之所由来者远矣……教之以道,导之以德而不听,则临之以威武。临之威武而不从,则制之以兵革。故圣人之用兵也,若栉发耨苗,所去者少,而所利者多"《《淮南子》卷十五《兵略训》》。何况战国时代七雄日事攻战，黎民陷于涂炭，欲求和平，非统一不可，欲求统一，非用兵力不可。自古迄今，地不论东西，要统一，未有不用兵力。开一种会议，议决统一，而国家即能统一者，吾未之闻。关于善战，当说明于第二条，所谓"连诸侯"，依朱注，是指合纵连横。合纵是弱国用以抵抗强国，连横是强国借以略取弱国。孟子固曾主张"定于一"，合纵徒使强弱对抗，不能统一，何况六国利害不同，齐楚自恃其强，有并包燕赵韩魏之志，而缓秦之祸；燕赵韩魏自惩其弱，有疑恶齐楚之心，而胁秦之威。所以合纵只是暂时的现象，不能永久存在。连横则用远交近攻之策，攻弱兼昧，造成统一的局面。故凡反对合纵者就不宜反对连横，反对连横者亦不宜反对合纵。反对二者便是反对割据，又复反对统一，这是吾人难于了解的。所谓"辟草莱，任土地"，朱注引李悝尽地力，商鞅开阡陌。尽地力是谋农业生产力的增加。开阡陌是促成井田制度破坏，亦不宜谓其有罪。春秋时代已有豪强兼并之事。《左》襄十年"初子驷为田洫，司氏、堵氏、侯氏、子师氏皆丧田焉"。杜预注，"洫，田畔沟也。子驷为田洫，以正封疆，而侵四族田"。孔颖达疏，"此四族皆是富家，占田过制。子驷为此田洫，正其封疆，于分有剩，则减给他人，故正封疆而侵四族田也"。四族占田过制，子驷正其封疆，而引起他们作乱，井田制度早已破坏，商鞅不过承认既成的事实，利用权力，促成其早日破坏而已。这是时势所趋，不宜斥为有罪。

孟子既说"善战者服上刑"，本条又说"我善为陈，我善为战，大罪也"。孟子时代，列国日事干戈，吾不知孟子若为一国之主，用何方法，避免兵灾之祸。早在春秋初期，管子就说"我能毋攻人可也，不能令人毋攻我。彼求地而予之，非吾所欲也，不予则与战，必不胜也"（《管子》第六十五篇《立政九败解》）。又说"不能强其兵，而能必胜敌国者，未之有也"（《管子》第六篇《七法》）。《六韬》云："兵者国之大事，存亡之道，命在于将。将者国之辅，先王之所重也，故置将不可不察也。"（《六韬·论将第十九》）吴起为魏将，守西河，秦兵不敢东向，及起罢将，秦兵渐入魏境，河西之地竟没于秦。燕用乐毅为将，攻齐，下七十余城，皆以为郡县。及燕以骑劫代将，齐田单尽复齐地。将之重要如此，则善战之人何能谓其犯大罪，应服上刑？汉在武帝以前，匈奴侵凌中国，边境受祸尤惨。

文帝时晁错上书言兵事,谓"兵法曰,有必胜之将,无必胜之民。繇此观之,安边境,立功名,在于良将,不可不择也"(《汉书》卷四十九《晁错传》)。若如孟子之言,则汉当诛卫青、霍去病,坐听匈奴之寇边。唐当诛李靖、李勣,坐视突厥的侵略。而岳飞之抗金反不如秦桧之议和矣。

第三条孟子告宋牼之言,真是腐迂之至。秦楚构兵,胜败对于任何一方均有极大的利害关系。游说之道须先揣摩听者的心理。依当时地理形势言之,汉中尚属于楚,然楚不能由蜀进兵汉中以窥秦地。秦亦不易出武关,浮夏水,而取楚国之郢。所以秦楚构兵乃是长期战争,其结果也,单单消耗两国的国力,而使山东诸国有乘机蠢动的机会。孟子不此之言,乃告宋牼以空洞的仁义,何能成功?鬼谷子说,"言其有利者,从其所长也。言其有害者,避其所短也"(《鬼谷子》卷中《权篇第九》)。即游说须从利害方面,以打动听者之心,空言仁义道德毫无用处。

第三章 荀子

荀子名况,时人称之为荀卿,汉人避宣帝讳,称之为孙卿。生在孟子之后,时当战国末季,百家杂兴,唯荀子阐明儒学,其思想尽在《荀子》一书之中,故研究荀况的政治思想,亦犹研究孟轲的政治思想,比之研究孔子思想,方便多了。《荀子》之书与《孟子》之书相较,有四点不同:一是《荀子》之书文字艰涩,读之不易;《孟子》之书文字通顺,易于了解。二是《荀子》之书说理谨严,文字不免重复;《孟子》之书富于感情,有时反见浮夸而流于独断。三是荀子重礼义,并不忘仁;孟子重仁义,亦不忘礼。但二子对于礼义及仁,解释完全不同,因其不同,遂发生了二子政治思想的歧异。四是荀子的名声不及孟子,但其政治思想影响于后世,似在孟子之上。即后人阅读《孟子》之书比之阅读《荀子》之书为多,而一旦从政或论政,又往往不知不识之中,接受荀子的思想。读者如果问我,对于孟荀二子的评价如何?我要答复的是,古人思想尽是政治思想,不但吾国如此,就是西洋也不例外。固然孟荀二子均崇孔子之道,而传孔子的政治思想者不是孟子,而是荀子,尤其造成中华国家的统一者,荀子之功亦比孟子为大。处今日之世,谈古人之思想,绝不可囿于成见,人云亦云,抑荀而崇孟。

第一节
人性及人情

(一) 性之本质及其与情的区别

　　生之所以然者谓之性……性之好恶喜怒哀乐谓之情。(《荀子》第二十二篇《正名》)

　　性也者吾所不能为也,然而可化也。积也者非吾所有也,然而可为也。(《荀子》第八篇《儒效》)

　　凡性者天之就也,不可学,不可事(为也)。礼义者圣人之所生也,人之所学而能,所事而成者也。不可学,不可事,而在人者,谓之性。可学而能,可事而成之在人者,谓之伪,是性伪之分也。(《荀子》第二十三篇《性恶》)

　　性者天之就也,情者性之质也,欲者情之应也。以所欲为可得而求之,情之所必不免也……故虽为守门,欲不可去……虽为天子,欲不可尽。欲虽不可尽,可以近尽也。欲虽不可去,求可节也。(《荀子》第二十二篇《正名》)

　　上举第一条荀子之所谓"情"与《左》昭二十五年郑子大叔所说六情完全相同,而皆是心理学所谓六情。心理学者常将感情归纳为两种,一是快感,二是不快之感。吾人受到外物刺激，不但感觉其存在，且会发生快或不快的感情。此种快或不快的感情如何发生出来？大凡外物刺激吾心，常会引起吾心的反应，吾心欣然而愿接受之者，必其刺激可以发生快感；反之，吾心凄然而欲拒绝之者，必其刺激可以发生不快之感。但是各人心理对于同一刺激所引起的反应未必相同，良辰美景，花香鸟语，正是赏心乐事之时；而由忧国志士观之，又不禁感时花溅泪，恨别鸟惊心了。荀子及子大叔所举六情，属于快感的为喜、乐、好（爱）三者，属于不快之感的为怒、哀、恶三者。此六种感情都是受了外物刺激，由心理反应而引起的。其实，快感的发生，必须刺激于量的方面及时的方面，均能保持适中的程度。以音乐为例言之，低音适中，可使听者觉得清爽，但清爽太久，又往往觉得沉闷，沉闷之极，情绪不免沮丧。高音适中，可使听者觉得兴奋，但兴奋太久，又往往觉得烦躁，烦躁之极，情绪不免仓皇。《吕氏春秋》云，"音亦有适……太钜、太小、太清、太浊皆非适也"（卷五《仲夏纪第五》之四《适音》）。古人主张中庸之道即由此理而来。

情已说明于上了。何谓性？性指人之性格，亦即人之品性。品性可以说是吾人心意活动的习惯，其与普通习惯不同者，普通习惯是指表现于行为的外部过程的习惯动作，品性则指作用于行为的内部过程的习惯心意。此种习惯的心意有两个来源，一是先天的，即由累代遗传而得到的心意习惯，荀子谓"生之所以然者谓之性"，"性者天之就也"，"性也者吾所不能为也"，就是指先天的习惯心意。二是后天的，即各人的境遇、环境、教育所铸成的心意习惯。先天的及后天的心意习惯二者相合，就成为其人的性格或品性。性急躁者易动怒，性谨慎者多顾虑，性勇敢者能临危不乱，性懦弱者常踌躇不决，这是吾人常见的事。但是先天的心意习惯在品性方面所占的地位未必比后天的心意习惯为大。因此，先天虽劣，可用后天以改良之；先天虽优，后天亦可变之为劣。荀子虽说，"性也者吾所不能为也"，继着就说，"然而可化也"，职此之故。

上引第二条荀子之言，本书虽于上文，稍加说明，但由第二条荀子之言，可知荀子是将人性与人情分开。孟子之所谓性，令人难于了解。"口之于味也，目之于色也"云云，明明是人情，纵退一步，称之为人性，而孟子既认为人性了，又解释为命。"仁之于父子也，义之于君臣也"云云，明明是道德行为，而孟子称之为命，已经错了，又解释为性(参阅《孟子·尽心下》)。这样颠倒名称，后人何能领会？荀子则谓"夫人之情，目欲綦色，耳欲綦声，口欲綦味，鼻欲綦臭，心欲綦佚，此五綦者人情之所必不免也"(《荀子》第十一篇《王霸》)。即孟子所谓性，由荀子观之，不过人情而已。荀子说："性也者吾所不能为也，然而可化也。"然则如何化之？荀子主张用人为之礼义以化之。《乐记》云，"礼自外作"，"义近于礼"(《礼记注疏》卷三十七《乐记》)。《中庸》云，"义者宜也"。合这三句言之，即如荀子所说，"先王……制礼义……使人……各得其宜"(《荀子》第四篇《荣辱》)。性既然可化，则孟子之性善说及荀子之性恶说，均不甚妥。而应如告子之言："性犹湍水也，决诸东方则东流，决诸西方则西流，人性之无分于善不善也，犹水之无分于东西也。"(《孟子·告子上》)"伊尹曰，兹乃不义，习与性成。"孔安国注，"言习行不义，将成其性"。孔颖达疏，"言为之不已，将以不义为性也"(《尚书注疏》卷八《太甲上》)。《吕氏春秋》亦将性与情分开。关于性，他说，"性者所受于天也，非人之所能为也"(卷七《孟秋纪第七》之二《荡兵》)。关于情，则谓"耳之欲五声，目之欲五色，口之欲五味，情也。此三者贵贱、愚智、贤不肖欲之若一，虽神农、黄帝，其与桀纣同。圣人之所以异者，得其情也"。所谓"得其情"，据高诱注，谓"圣人得其不过节之情"(卷二《仲春纪第二》之三《情欲》)。观上所述，可知《吕氏春秋》分别性与情，见解完全与荀子相同。其所不同的，荀子谓性"可化也"。《吕氏春秋》以为性者"不可长，不可短，因其固然而然之，此天地之数也"(卷二十四《不苟论第四》之六《贵当》)。性既受之于天，不可长，不可短，那就不可得而化。

上举第三条荀子之言，重点在"伪"字，而为荀子性恶论的基本观念。伪乃人为之意，荀子说，"性者本始材朴也，伪者文理隆盛也"。补注引郝懿行曰，"朴当作樸，樸者素也，言性本质素，礼乃加之文饰，所谓繢以为绚也"(《荀子》第十九篇《礼论》)。即董仲舒所说，"质朴之谓性……人欲之谓情"(《汉书》卷五十六《董仲舒传》)。由余观之，依荀子之言，人性本是一张白纸，涂以朱则朱，涂以黑则黑，可为善，可为不善。其能就善而避恶，则由于人为之力，即由于环境及积习。荀子说，"注错习俗(注错犹措置也)，所以化性也……习俗移志，安久移质(习以为俗,则移其志。安之既久,则移本质)"(《荀子》第八篇《儒效》)。前已举过荀子之言,"生之所以然者谓之性……性之好恶喜怒哀乐谓之情"。继着又说:"情然而心为之择谓之虑。心虑而能为之动谓之伪。虑积焉,能习焉而后成,谓之伪。"(《荀子》第二十二篇《正名》)文中之"虑"字当依《大学》所说,"安而后能虑",孔颖达疏为"思虑"(《礼记注疏》卷六十《大学》)。朱注为"处事精详"(朱注《四书·大学》)。用荀子自己的话来解释,"礼之中焉,能思索,谓之能虑"(《荀子》第十九篇《礼论》),即亦思虑之意。大凡人类受到外物的刺激,必引起神经的反应,而发生感觉。感觉传到中枢神经,而发生快不快之情,是为感情。凡刺激之能引起愉快的感情者,必爱之、喜之、乐之,而愿接受之。刺激之会引起不快的感情者,必恶之、怒之、哀之,而欲畏避之。这样,情绪就发生了。但是情绪绝不会停止于情绪的阶段,人类常细加思虑,用身体的动作采取行动,这就是行为。一种行为常有许多动机,然则如何选择行为?大率是"于利之中,争取大焉"(《淮南子》卷十《缪称训》),"于害之中,争取小焉"(同上)。倘若一种行为有利又有害,则将如何是好?则应如荀子所说:当事人应计虑前后利害之大小。大凡有利于今,而有大害于后;或有害于今,而有大利于后,人士若能计虑前后利害的大小,必愿舍目前之小利或取目前之小害(参阅《荀子》第三篇《不苟》)。管子说:"人主之所以令则行,禁则止者,必令于民之所好,而禁于民之所恶也。民之情莫不欲生而恶死,莫不欲利而恶害。故上令于生利人,则令行;禁于杀害人,则禁止。令之所以行者,必民乐其政也。"(《管子》第六十四篇《形势解》)贪而处死,当然是人之所恶;廉而拔擢,又是人之所好。禁之以其所恶,令之以其所好,人臣权轻重,计利害之后,当然愿忍小害以求大利,不为小利而蒙大害。

上引第四条荀子之言,重点在"欲"字,吾国古人所谓"欲"就是经济学所谓欲望。人类对其日常生活,一方常感觉不足,同时又要求满足。感觉不足谓之欲,要求满足谓之望。外界的财货若取之无禁,用之不竭,则吾人不会感觉不足,因之"欲"无从发生。外界的财货虽然数量甚多,苟吾人能力薄弱,绝无取得该种财货之可能,则吾人不会要求满足,因之"望"无从发生。所以欲望的成立乃有两个条件:一是客观上该财货是有限的;二是主观上人们对该财货有取得之意,且有取得的可能。因此之故,守门不能去欲,而顾到自己的财力,只有节欲。天子不能尽欲,而顾到能力有限,只有近尽而止。案人类欲望常随时随人而异,技术进步,古人认为绝对不能取得者,今人却可以取得,于是对这财货,古人不会发生欲望者,今人则发生欲望。资产不同,贫人视为绝对不能取得者,富人却可以取得,于是对这财货,贫者不会发生欲望者,富人则发生欲望。欲望依人而异,荀子认为"欲者情之应也,以所欲为可得而求之,情之所必不免也",故他不要求各人去欲,而只要求各人依"义"(《中庸》,义者宜也)字,"各得其宜"(《荀子》第四篇《荣辱》),即依各人的能力,满足其宜满足的欲望。同样,欲望依时而变更,社会愈发达,人类的欲望,就量说,愈益复杂;就质说,愈益进化。因为欲望的量复杂,遂要求更多的财货以满足复杂的欲望。但是满足了之后,又往往发生更复杂的欲望,而要求更多种的财货。因为欲望的质进步,遂要求精美的财货以满足进步的欲望。但是满足了之后,又往往发生更进步的欲望,而要求更精美的财货。总之,财货促使欲望发生,欲望又促使财货增加及改良。社会进步由于财货之多与良,而财货之多与良却是欲望所促使,所以欲望可以说是社会进步的动力。荀子对于欲不若孟子那样主张"养心莫善于寡欲"(《孟子·尽心下》),而且还说,"欲者情之应也,以所欲为可得而求之,情之所必不免也"。

(二)人情

> 好荣恶辱,好利恶害,是君子小人之所同也。(《荀子》第四篇《荣辱》)
>
> 凡人有所一同,饥而欲食,寒而欲暖,劳而欲息,好利而恶害,是人之所生而有也,是无待而然者也,是禹桀之所同也。(《荀子》第四篇《荣辱》)
>
> 夫人之情,目欲綦色,耳欲綦声,口欲綦味,鼻欲綦臭,心欲綦佚,此五綦者人情之所必不免也。(《荀子》第十一篇《王霸》)
>
> 若夫目好色,耳好听,口好味,心好利,骨体肤理好愉佚,是皆生于人之情性者也。感而自然,不待事而后生之者也。(《荀子》第二十三篇《性恶》)

人之情,食欲有刍豢,衣欲有文绣,行欲有舆马,又欲夫余财蓄积之富也。然而穷年累世不知不足,是人之情也……然而食不敢有酒肉……衣不敢有丝帛……行不敢有舆马,是何也?非不欲也,几不长虑顾后,而恐无以继之故也。(《荀子》第四篇《荣辱》)

人之生固小人,无师无法,则唯利之见耳。(《荀子》第四篇《荣辱》)

上举最先三条荀子之言皆是说明人情好利而恶害。孔子曾言"饮食男女,人之大欲存焉"(《礼记注疏》卷二十二《礼运》)。饮食男女就是食色,食色性也,孔子未曾轻视,而且还谓"夫礼之初,始诸饮食"(《礼记注疏》卷二十一《礼运》),"君子之道造端乎夫妇"(同上卷五十二《中庸》)。为政之道当如晁错所说,"情之所恶不以强人,情之所欲不以禁民"(《汉书》卷四十九《晁错传》)。人类既有大欲,其反面必有大恶。什么是人类的大恶?孔子说,"死亡贫苦,人之大恶存焉"(《礼记注疏》卷二十二《礼运》)。为了防止各人争夺大欲,而造成别人的贫苦甚至死亡,换言之,为了保障各人均能得其所宜得,而不妨害别人也能得其所宜得,于是人群就依当地环境以及历代传来的习惯,制礼立法,以拘束各人的行为,使人人各守其分,而不侵害别人之分,这是孔子政论的要旨,而发扬光大孔子这个意见者则为荀子。吾国先哲不谈政治则已,一旦谈到政治,往往不知不识之中,承认孔荀所承认的人情。此无他,政治是国家用其统治权以治理众人的事,所治理的既是众人的事,何能不顾人情的好恶?孔子云,"君子莅民,不可不知民之性,而达诸民之情"(《孔子家语》第二十一篇《入官》),职此之故。在荀子之前者,如管子、商君、慎子(以上法家)、尹文子(名家)、尸子、(杂家),在荀子之后者,如《吕氏春秋》、《淮南子》(以上杂家)、晁错、桑弘羊(以上法家)以及董仲舒(儒家)等等无不强调人民之有好恶,诸子之言,或已述于《孔子》之章(第五节《刑赏》,六四页以下),或散见于其他各节者不再重复举之,而只举前所未举之言,尤其管商韩三子之意见以供读者参考。管子说:"凡人之情,得所欲则乐,逢所恶则忧,此贵贱之所同有也。"(《管子》第五十三篇《禁藏》)"民予则喜,夺则怒,民情皆然。"(《管子》第七十三篇《国蓄》)商君说:"民之性,饥而求食,劳而求佚,苦则索乐,辱则求荣,此民之情也……羞辱劳苦者民之所恶也,显荣佚乐者民之所务也。"（《商君书》第六篇《算地》）人情不但好利，且又好名，"民生则计利，死则虑名，名利之所出，不可不审也"（《商君书》同上）。韩非的思想与商鞅相同，以为人情无不好名利。他说："夫安利者就之，危害者去之，此人之情也。"（《韩非子》第十四篇《奸劫弑臣》）"好利恶害，夫人之所有也……喜利畏罪，人莫不然。"（同上第三十七篇《难二》）"利之所在，民归之。名之所彰，士死之。"（同上第三十二篇《外储说左上》）此乃举其彰明较著之言。经西汉而至东汉，阴阳学说大行于世，孔荀所谓人有好恶之情，人士多不之言。人士所谈者不是谴告，就是宿命。洎至魏晋南北朝，人士又醉心于清谈而尚玄虚。自以为恬淡名利，以"人生处世，如白驹过隙"（《梁书》卷二十八《鱼弘传》、卷四十四《忠壮世子方传》）。然在西晋尚有傅玄，在东晋亦有葛洪，在南梁复有刘勰（未出家前）等人不忘人类均有好恶之情，因此，他们论政还接近于荀子，此已叙述于六六页以下及二三七页以下，又当述于四六六页。唐代以后，孟子性善之说取代了荀子的性恶论。贞观之治上比汉之成康，君臣上下均注重"仁"字而少谈刑赏，此与荀子注重"礼"字而不忘刑赏者大异其趣。告子说，"仁内也……义外也"（《孟子·告子上》），告子之言实有所本。《乐记》云："仁近于乐，义近于礼"（《礼记注疏》卷三十七《乐记》），"乐由中出，礼自外作。"（《礼记》同上）荀子见解近似于告子，以礼义均作之于外，故荀子说，"先王恶其乱也，故制礼义以分之"（《荀子》第十九篇《礼论》）。即依荀子之意，礼义均作之于外，非如孟子所说，"礼义礼智非由外铄我也，我固有之也"（《孟子·告子上》）。大凡言礼义自外作者，常将礼与法同视。"义者宜也。"（《礼记注疏》卷五十二《中庸》）即先王依义制礼，使人人各得其宜。从而荀子结论便如管子所说，"礼出乎义"（《管子》第三十六篇《心术上》），"法出于礼"（《管子》第十二篇《枢言》）。荀子谓"非礼是无法也"（《荀子》第二篇《修身》），即此意也。礼既是法，则刑赏实为必要。此中理由乃基于人情之有好恶。孟派学者往往离开人情，从而就弃刑赏而不谈。开元末年为唐代治乱的转变期，然人士之讨论政治者在开元初年已经开始改变，赵蕤谓刑德二者不可偏用。照他说，"理国之本，刑与德也。二者相须而行，相待而成也。天以阴阳成岁，人以刑德成治。故虽圣人为政，不能偏用也。故任德多，用刑少者，五帝也。刑德相半者，三王也。仗刑多，任德少者，五霸也。纯用刑，强而亡者，秦也"（《长短经》第九篇《君德》）。

唐末(懿僖年间)林慎思则谓刑比赏重要,他说:"求已先生曰,治民之用恩刑,恩刑之利孰最? 伸蒙子曰,刑最。曰,刑施而民怨,其利邪? 恩施而民悦,其不利邪? 曰,恩施于民,民既民矣;刑施于民,民不民矣。且民既民,恩不加民,自化也;民不民,刑不加民,谁御哉? 譬处家而治群下焉。下之良者,虽恩赏不至,且未失于良矣。下之恶者,苟刑责不及,孰可制其恶哉? 是知治民,用刑为最。"(《伸蒙子》卷上,下篇之五《利用》)前者生于唐之盛世,后者生于唐代由盛而衰之时,所以主张不同。由此可知人士的思想乃与时之治乱有关。此一段赵蕤及林慎思之言本应述于本章第七节《刑赏》之处,所以提前述之,乃以明人情有否好恶,或重仁,或重义,乃受环境的影响,不能不改变之故。

上举第二条荀子第五篇《非相》有同一文句,然此皆出于本能作用,本能达到一定程度,则如第三条及第四条所言,目好色,耳好声,口好味,鼻好芳香,体好愉佚;又如第五条之言,食必刍豢,衣必文绣,知所选择了。然物资有限,尤其美食美衣不是人人皆得而有之。这样,社会就免不了斗争。古圣王恐其争也,故制礼立法以分之。但第五条文中之言又足以说明贮蓄及资本发生的原因。资本是由贮蓄而来,贮蓄最初不过如荀子所说"长虑顾后,而恐无以继之故"。贮蓄本来是以备来日意外的需要。原始人类一人一天之收获只能供给一人一天的需要。苟令幸运突然到来,人类一天采撷大量果实或猎取大量动物,食其一部,留其余以作翌日及后日的食品。这个时候人类就有贮蓄了,然尚不能谓为有资本。苟令食品已多,到了翌日以至后日,能把觅取食品的光阴去寻求材料以做斧斤或网罟,当然可以得到更多的食品,这样,斧斤网罟便成为资本。由此可知资本所以必要,乃是因为它们能加强人力,增加生产。倘若没有斧斤以伐山林,没有网罟以捞鱼鳖,则劳力多而收获少,欲求材木不可胜用,鱼鳖不可胜食,何能做到? 资本如斯重要,而其来源则为贮蓄。但是单单贮蓄,尚不能成为资本。蜂蚁均知贮蓄,但蜂蚁没有资本。今试假定鲁滨孙漂流于孤岛之上,赤手空拳,身无长物,只能采野果以充饥,而仅免于死亡。这个时候,他救死而恐不赡,不但没有资本,且亦没有贮蓄。倘若一天他采撷了大量果实,食其一部,留其余以作翌日及后日的食粮,那么,这个时候,他是有贮蓄了,然尚不能谓其已有资本。若因食粮已备,到了翌日后日,能够把觅取食粮的光阴采取各种材料以做弓矢,而自有弓矢之后,就能够生产更多的食粮,那么,弓矢便成为他的资本。由此可知资本的成立须有两个条件,一是贮蓄,没有贮蓄,人们须耗费其全部劳力于食粮的生产,哪里尚有余暇致力于生产资本?二是劳力,不用劳力,其所贮蓄者不过天然的食粮,何能变食粮而为资本?贮蓄加上劳力,使贮蓄能够发生新的效用,即新的价值,这是资本的来源。

第六条虽谓"人之生固小人",倘令"无师无法,则唯利之见耳",无师是谓没有教育以矫正之,无法是谓没有刑赏以劝惩之,如是,人将唯利是图,永为小人。何以故呢?荀子说,"故人无师无法,而知则必为盗,勇则必为贼,云能则必为乱,察则必为怪,辩则必为诞。人有师有法,而知则速通,勇则速畏,云能则速成,察则速尽(谓有聪察之性,则能速尽物理),辩则速论(言辩事则速决也)。故有师法者人之大宝也,无师法者人之大殃也"(《荀子》第八篇《儒效》)。周人所谓法多指刑律,孔子说,"五刑所以佐教也"(《孔丛子》第二篇《论书》)。即尸子所说,"为刑者,刑以辅教,服不听也"(《尸子》卷下)。用荀子自己之言表示之,"不教而诛,则刑繁而邪不胜;教而不诛,则奸民不惩"(《荀子》第十篇《富国》)。师与法相辅而行,然后人性才会就善。荀悦说,"凡政之大经,法教而已矣……君子以情用,小人以刑用。荣辱者,赏罚之精华也,故礼教荣辱以加君子,化其情也。桎梏鞭朴以加小人,治其刑也。君子不犯辱,况于刑乎?小人不忌刑,况于辱乎?若夫中人之伦,则刑礼兼焉。教化之废,推中人而坠于小人之域。教化之行,引中人而纳于君子之途。……赏罚,政之柄也。明赏必罚,审信慎令,赏以劝善,罚以惩恶。人主不妄赏,非徒爱其财也,赏妄行则善不劝矣。不妄罚,非徒慎其刑也,罚妄行则恶不惩矣。赏不劝,谓之止善。罚不惩,谓之纵恶。在上者能不止下为善,不纵下为恶,则治国矣"(《申鉴》第一篇《政体》)。总之,"性虽善,待教而成。性虽恶,待法而消。唯上智下愚不移,其次善恶交争,于是教扶其善,法抑其恶……从教者半,畏刑者四分之三,其不移大数,九分之一也。一分之中又有微移者矣。然则法教之于化民也,几尽之矣。及法教之失也,其为乱亦如之"(《申鉴》第五篇《杂言下》)。荀子虽注重刑赏,而亦不忘教化,此荀子所以为儒家,而与其徒韩非之纯为法家者不同。

(三) 人欲——先哲对于人欲的看法及理学派惩忿窒欲的主张

子宋子曰，人之情欲寡，而皆以己之情为欲多(此两句意义不明，杨倞注："宋子以凡人之情所欲在少不在多也。"补注王念孙："谓人皆以己之情为欲多不欲寡也。"杨注不能符合原文之所言，王补注又与荀子下文矛盾)，是过也……应之曰，然则亦以人之情为目不欲綦色，耳不欲綦声，口不欲綦味，鼻不欲綦臭，心不欲綦佚，此五綦者亦以人之情为不欲乎？曰，人之情欲是已(欲是者欲上五綦)。曰，若是，则说必不行矣。以人之情为欲此五綦者而不欲多，譬之是犹以人之情为欲富贵而不欲货也，好美而恶西施也。古之人为之不然，以人之情为欲多而不欲寡，故赏以富厚，而罚以杀损也。……今子宋子以是之情为欲寡而不欲多也，然则先王以人之所不欲者赏，而以人之欲者罚邪？乱莫大焉。(《荀子》第十八篇《正论》)

凡语治而待去欲者，无以道欲(无法引导人欲入于正途)，而困于有欲者也(反为有欲者所困)。凡语治而待寡欲者，无以节欲(无节欲之术)，而困于多欲者也(反为多欲者所困)……人之所欲生甚矣，人之所恶死甚矣。然而人有从生成死者，非不欲生而欲死也，不可以生而可以死也。故欲过之而动不及，心止之也(动谓作为，言欲过多，而所作为不及其欲，由心制止之也)。心之所可中理，则欲虽多，奚伤于治(所可谓心以为可也，言若心止之而中理，则欲虽多，无害于治也)？欲不及而动过之，心使之也。心之所可失理，则欲虽寡，奚止于乱(心使之失理，则欲虽寡，亦不能止乱)？故治乱在于心之所可，亡于情之所欲(谓治乱在心之所思是否中理，与情欲无关)。(《荀子》第二十二篇《正名》)

荀子承认人类均有好恶之情。"欲者情之应也……欲虽不可尽，可以近尽也。欲虽不可去，求可节也。"(《荀子·正名篇》)荀子对于社会规范，最重视的为义。《中庸》云，"义者宜也"。荀子谓"夫义者，内节于人而外节于万物者也"(《荀子》第十六篇《强国》)。下文《中庸》之"节"字与上文荀子之"宜"字互相呼应。各人能否得其所欲，内当适应于各人的能力，外当适应于万物的状况。

当然能不能乃随时代进化而异,古人认为不可能者,今人已以之为可能,其例之多不胜枚举。总之,荀子不反对人之有欲,而且攻击墨子之太过节欲而节用。说道,"墨子之节用也,则使天下贫"(《荀子》第十篇《富国》)。而管子且进一步,奖励侈靡以刺激生产,使大众有就业机会。管子说,"巨瘗培所以使贫民也(贫民无财而有力,令其掘造巨圹以役其力),美垄墓所以文明也,巨棺椁所以起木工也。多衣衾所以起女工也(多制衣衾,则妇女有工作)"(《管子》第三十五篇《侈靡》)。盖国富并不是说"富筐箧,实府库"。富筐箧,实府库,只是亡国的现象(《荀子》第九篇《王制》)。国富是谓生产充裕,民不失业,人人均有余财,购买消费品。但生产充裕须用消费以刺激之。固然刺激太过,多数人民也许因为缺乏购买力,不惜铤而走险。但国家政策若如墨子所说那样,过分勉励人民节用,则国民经济必因消费减少而致生产无法进步。荀子虽说,"欲虽不可去,求可节也"(《荀子》第二十二篇《正名》),但要是因为节欲而强迫人民过分节用,则消费减少,生产将不会增加,更不会改良。如是,社会何能进化而至繁荣?

战国时代关于人欲有两派相反的学说,即杨朱与墨翟。孟子云,"杨朱墨翟之言盈天下,天下之言不归杨则归墨"(《孟子·滕文公下》),可见当时两派学说如何盛行。杨朱由快乐而主张纵欲,墨翟由刻苦而主张节欲,这与欧洲上古末期的伊壁鸠鲁学派(Epicureanism)及斯多亚学派(Stoicism)约略相似。杨朱说,"人之生也,奚为哉,奚乐哉?为美厚尔,为声色尔"。"恣耳之所欲听,恣目之所欲视,恣鼻之所欲向,恣口之所欲言,恣体之所欲安,恣意之所欲行",乃是养生之道(《列子》第七篇《杨朱》)。反之,墨翟以为圣王为政,其为衣裳只求冬可以御寒,夏可以御暑;其为饮食只求充虚继气,以强股肱;其为宫室只求冬以御风寒,夏以御暑雨;其为舟车只求车行陵陆,舟行川谷;其为百工,不过奉给民用。凡用费多而不加利于民者,圣人弗为(《墨子》第二十篇《节用上》及第二十一篇《节用中》)。其为丧葬,只求桐棺三寸足以朽体,衣衾三领足以覆恶。及其葬也,下毋及泉,上毋通臭,坟墓三尺,如斯而已(《墨子》第二十五篇《节葬下》)。杨朱只知纵欲,墨翟只知节欲,不问他们主纵或主节,而必有一个共同的前提,即承认人类皆有欲。

道家的见解又另有一套,他们不但主张寡欲,且又主张绝欲。老子说,

"圣人之治……常使民无知无欲"(《老子》第三章)。庄子说,"古之畜天下者,无欲而天下足"(《庄子》第十二篇《天地》)。但人之有欲出于天性,如何使民无欲?道家以为人之多欲因其多智。上引老子之言,于"无欲"之上,加以"无知",即其明证。老子又说,"民之难治,以其智多"(《老子》第六十五章)。庄子亦说,"天下每每大乱,罪在于好知"(《庄子》第十篇《胠箧》)。他们由此遂作偏激之说,对于人民要"塞其兑,闭其门"(《老子》第五十六章),意谓杜民之耳目口鼻,使之无识无知。由绝欲而主张愚民政策,可知社会不进化则已,如其进化,人欲是无法使之绝的。

儒家于杨朱思想与道家思想两极之间,主张克己复礼(《论语·颜渊》)。克,约束也;己,己身也。身有不合于义的欲,而能以礼约束之,就是善的行为。孔子主张复礼,遂由礼之解释,而发生孟荀二子不同的学说。孟子谓"养心莫善于寡欲"(《孟子·尽心下》)。寡欲则不"蔽于物"(《孟子·告子上》)。礼云,"夫物之感人无穷,而人之好恶无节,则是物至而人化物也。人化物也者,灭天理而穷人欲者也。于是有悖逆诈伪之心,有淫泆作乱之事。是故强者胁弱,众者暴寡,知者诈愚,勇者苦怯,疾病不养,老幼孤独不得其所,此大乱之道也"(《礼记注疏》卷三十七《乐记》)。如何使人不灭天理?孟子以为人类皆有"本心"(《孟子·告子上》),"本心"就是良心(同上),也就是今人所谓理性。人类能依良心,行动循礼,就不会为物欲所蔽,而能做出善的行为。孟子说:"紾兄之臂而夺之食则得食,不紾则不得食,则将紾之乎?逾东家墙而搂其处子则得妻,不搂则不得妻,则将搂之乎?"(《孟子注疏》卷十二上《告子下》)食色乃人类的基本欲望,其所以不紾不搂者,盖人皆有羞恶之心,又有恭敬之心,"羞恶之心义也,恭敬之心礼也",礼义"非由外铄我也,我固有之也"(同上卷十一上《告子上》)。即孟子所谓礼义是由内发。荀子也主张以礼义制欲,前已举过荀子关于礼义之言,兹为读者容易理解起见,再重复举之。"夫义者所以限禁人之为恶与奸者。"(《荀子》第十六篇《强国》)"礼起于何也?曰,人生而有欲,欲而不得则不能无求,求而无度量分界则不能不争。争则乱,乱则穷。先王恶其乱也,故制礼义以分之,以养人之欲,给人之求,使欲必不穷于物,物必不屈于欲。两者相持而长,是礼之所起也。"(同上第十九篇《礼论》)由此可知荀子所谓礼义与孟子之礼义不同，非由内发，而如《礼记》所谓"礼自外作"（《礼记注疏》卷三十七《乐记》），"义近于礼"（《礼记》同上）。盖人情无不"好利而恶害"（《荀子》第五《非相》）。"目欲綦色，耳欲綦声，口欲綦味，鼻欲綦臭，心欲綦佚，此五綦者人情之所必不免也。"（《荀子》第十一篇《王霸》）故非自外制之以礼义，不免发生争夺之事。总之，儒家知人情之必有欲，既不可使之纵欲，又不能使之绝欲，只有用礼义使其节欲。

只唯法家不但不反对人情之有欲，且由人情之有欲，进而说明为政之道。人欲常伴以利己心，慎子说，"天道因则大，化则细。因也者，因人之情也。人莫不自为也，化而使之为我，则莫可得而用矣……故用人之自为，不用人之为我，则莫不可得而用矣。此之谓因"（《慎子》卷一《因循》）。慎子之言可以说是法家欲利用人情的理由。法家关此之言已散见于本书各节，兹只举管子之言以为证（本书尚未引过）。管子说，"君子不休乎好，不迫乎恶"，唐尹知章注，"君子不止人好利之情，不禁人恶死之意"（《管子》第三十六篇《心术上》）。盖如《吕氏春秋》所说，"使民无欲，上虽贤，犹不能用（民无欲，不为物动，虽有贤君，不能得用之也）……故人之欲多者，其可得用亦多。人之欲少者，其得用亦少。无欲者，不可得用也……善为上者，能令人得欲无穷，故人之可得用亦无穷也"（卷十九《离俗览第七》之六《为欲》）。前已引过董仲舒之言，兹不妨再简单引之。他说，"故圣人之治国也……务致民令有所好，有所好，然后可得而劝也……有所恶，然后可得而畏也"云云（《春秋繁露》第二十篇《保位权》）。这都可证明言政治者不可蔑视人情之有欲。

在许多人欲之中，最强烈的莫如贪生怕死，孔子曾言，"爱之欲其生，恶之欲其死"（《论语·颜渊》）。所以要拘束人民于礼法之中，最后手段就是死生。《左》昭二十五年子大叔说明六情，中有一句"赏罚以制死生"，盖人类遵守礼法，出于自律者少，由于他律者多。而在他律之中，最有效力的莫如生或死。慎子说，"生不足以使之，利何足以动之？死不足以禁之，害何足以恐之"（《慎子·逸文》）。子思之言与慎子相差无几。子思说，"生不足以喜之，利何足以动之？死不足以禁之，害何足以怨之"（《孔丛子》第十篇《抗志》）。尹文子说，"民畏死……由生之可乐也。知生之可乐，故可以死惧之"（《尹文子·大道下》）。《淮南子》说，"知生之乐，必知死之哀"（《淮南子》卷十《缪称训》）。《尚书·吕刑》云，

"伯夷降典,折民惟刑"。丘濬引苏轼言,"失礼则入刑,礼刑一物也",又说明云,"礼与刑二者,出此则入彼。立典(典,礼也)于此,而示民以礼节之所当然;而又象刑于彼,而示民以法禁之所必然……降下其典于民,使其知必如此,则为合于礼;不如此,则为犯于刑。启其善端,遏其邪念,折而转之,使不入于刑而入于礼焉"(《大学衍义补》卷一百一《总论制刑之义下》)。

《曲礼》谓"欲不可从",孔颖达疏,"心所贪爱为欲"(《礼记注疏》卷一《曲礼》)。欲是指贪欲,即今日经济学所谓"欲望"。《吕氏春秋》(卷二《仲春纪第二》之三《情欲》)云:"不可得之为欲,不可足之为求。"诸家对此两句,解释均不明晰。由余观之,可以得而尚未能得到,就发生欲的情绪,如果真是不可得,那就不会发生贪欲。可以足而尚未能满足,就发生求的情绪,如果真是不可足,那就不会发生希求。这与经济学上的"欲望"相去无几。欲望是人类一切活动的动机,也是社会进化的动力。唯在生产技术幼稚的社会,各人均纵其欲,而不肯守其应得之分,又将引起混乱。故荀子又说:"人生而有欲,欲而不得,则不能无求。求而无度量分界,则不能不争,争则乱,乱则穷。先王恶其乱也,故制礼义以分之,以养人之欲,给人之求,使欲必不穷于物,物必不屈于欲,两者相持而长,是礼之所起也。"(《荀子》第十九篇《礼论》)我常常引用《乐记》中"礼自外作","义近于礼",而暗示荀子以义为礼之基础。何谓义?"义者宜也。"(《中庸》)荀子说:"夫义者所以限禁人之为恶与奸者。"(《荀子》第十六篇《强国》)故凡人众不守各自分所应得,政府可用礼义以禁止之,使人人"各得其宜"(《荀子》第四篇《荣辱》)。由此可知荀子固然赞成人之多欲,而又反对人之纵欲。董仲舒的思想接近于荀子。他说:"民无所好,君无以权也。民无所恶,君无以畏也。无以权,无以畏,则君无以禁制也。无以禁制,则比肩齐势而无以为贵矣。故圣人之治国也……务致民令有所好,有所好,然后可得而劝也,故设赏以劝之。有所好,必有所恶,有所恶,然后可得而畏也,故设罚以畏之。既有所劝,又有所畏,然后可得而制。制之者,制其所好,是以劝赏而不得多也;制其所恶,是以畏罚而不可过也。所好多,则作福;所恶多,则作威。作威则君亡权,天下相怨;作福则君亡德,天下相贼。故圣人之制民,使之有欲,不得过节;使之敦朴,不得无欲。无欲有欲,各得以足,而君道得矣。"(《春秋繁露》第二十篇《保位权》)

又有进者,人欲的作用是由人类之有私心。只因人类有私心,而后才肯努力工作,以求财富,这是社会进化的原因。明代李贽说:"夫私者人之心也,人必有私,而后其心乃见,若无私则无心矣。如服田者私有秋之获,而后治田必力。居家者私积仓之获,而后治家必力。为学者私进取之获,而后举业之治也必力。故官人而不私以禄,则虽召之,必不来矣。苟无高爵,则虽劝之,必不至矣。虽有孔子之圣,苟无司寇之任、相事之摄,必不能一日安其身于鲁也决矣。此自然之理、必至之符,非可以架空而臆说也。然则为无私之说者皆画饼之谈、观场之见,但令隔壁好听,不管脚跟虚实,无益于事,只乱聪耳,不足采也。"(《李氏藏书》卷二十四《德业儒臣后论》)但是各人均欲争取最多的财富,其势不免于争,于是先王制礼法,使各人得遂其欲,而又不妨害别人的欲。简单言之,即令各人的欲均能各得其宜。"义者宜也",即各人均依正义的观念,满足其宜满足的欲。

政治与人欲有密切的关系,在美国独立战争之时许多政治家亦有此种思想。例如哈弥尔顿①(A. Hamilton)说,"我们人类最强烈的情性乃是野心(ambition)与私欲(interest)。但这两种情性每能刺激吾人活动,所以贤明政府应利用此两种情性,使其有助于公共福利"②。佛兰克林③(B. Franklin)亦说,"对于人事最能给予影响的,有两种性情,即野心(ambition)与贪婪(avarice)。换言之,就是爱权力及爱金钱。它们各有伟大的力量,促使人类工作。两者若集中于同一目的,每可发生强大的效果。只要我们安排得法,使人士能够为名(honor)而努力,同时又是为利(profit)而奋斗,则人士为要取得名利,必将做出惊天动地的事"④。

反之,与上述各派言论相反的,则为宋代理学家。理学家宗周濂溪"惩忿窒欲"(《近思录》卷五)之说,盖恐世人"灭天理而穷人欲"(《礼记·乐记》)。《乐记》所以有此言论,是因古代技术不甚发达,物资的生产有限,而人口的增加无穷,人人皆穷人欲,其势必至于争,故希望各人对其欲望,各处其宜。周濂溪

---

① 通常译作"汉密尔顿"。——编者
②④ J. Elliot, *The Debates*, Vol. I, 1937, p.439; Vol. V, 1937, p.145.
③ 通常译作"富兰克林"。——编者

更进一步,主张窒欲。窒欲之极,遂由寡欲,进而希望无欲。前已简单举过周氏之言(《孟子》章第一节之三《寡欲》,二一五页)。兹再详敷其义。周氏说,"孟子曰,养心莫善于寡欲。予谓养心不止于寡而存耳。盖寡焉以至于无"。江永集注,"濂溪言寡欲以至于无,盖恐人以寡欲为便得了,故言不止于寡欲而已,必至于无而后可耳"(《近思录》卷五)。如何使欲"寡焉以至于无"?濂溪主张主静。"或问,圣可学乎?濂溪先生曰,可。有要乎?曰,有。请问焉。曰,一为要,一者无欲也。无欲则静虚动直。静虚则明,明则通。动直则公,公则溥。明通公溥,庶矣乎!"(《近思录》卷四)主静之法,理学家似受释氏的影响,主张静坐。程子见人静坐,便叹为善学,朱子"教人半日静坐"(梁启超著《中国近三百年学术史》,中华版一一四页)。盖静坐而能"止于所不见",则"外物不接,内欲不萌"(程伊川语,《近思录》卷四)。然而因此"喜静恶烦,而心板滞迂腐矣"(李恕谷语,引自梁著上揭书一一一页)。这何能视为道德行为?善哉颜习斋诘问理学家,"你教人半日静坐,半日读书,是半日当和尚,半日当汉儒,试问十二个时辰那一刻是尧舜周孔"(引自梁著上揭书一一四页)。吾已说过,节欲是希望"节",无欲是希望"无",此两者皆由欲望的作用。离开欲望,吾不知他们如何节而至于无。理学家不知人类的心理作用,硬要人士无欲,哪知人类若无欲望,不但邪恶的行为,就是道德的行为,亦无从由动机之作用,而表现为身体的动作,势只有学小乘佛教那样,闭室静坐,以求涅槃圆寂而已。然而释氏静坐,离群以求治心,亦有所不能,故挂数珠以寄念。罗整庵说,"七情之中,欲较重,盖惟天生民有欲,顺之则喜,逆之则怒,得之则乐,失之则哀,故《乐记》独以性之欲为言。欲未可谓之恶,其为善为恶,系于有节与无节尔"(《困学记》卷上,引自黄建中著《比较伦理学》,正中版二四〇页)。戴震说,"天理者,节其欲而不穷人欲也。是故欲不可穷,非不可有;有而节之,使无过情,无不及情,可谓之非天理乎"(《孟子字义疏证》,引自黄建中著上揭书二四一页)。但人类既有欲了,非自外制之以礼法,使人人被动地各处其宜,鲜克有济。理学家以主静为修身之本,这安能进而齐家以至治国平天下?颜习斋谓"五帝、三王、周孔皆教天下以动之圣人也,皆以动造成世道之圣人也……晋宋之苟安、佛之空、老之无、周程朱邵之静坐,徒事口笔,总之皆不动也,而人才尽矣,圣道亡矣"(《言行录》卷下《学须篇》,引自梁启超著上揭书,中华版一一六页)。固然动是由人欲之作用,人欲必有私心,只因人有私心,而后普通民众才肯努力于耕稼以求富。有知之士才肯埋首于研究以求名。这是社会进化不已的动力。要之,人必有私,人人皆有好利恶害的观念。政治就是利用人类的私心,用强行性的法,使各人的私心即各人的生活利益均能"得其宜",由制裁性的法以实现正义的观念。德国法学权威耶林(R. V. Jhering)有言,"正义之神一手执衡器以权正义,一手执宝剑以实现正义。宝剑而无衡器,不过暴力;衡器而无宝剑,只是有名无实的权利。二者相依相辅,运用宝剑的威力与运用衡器的技巧能够协调,而后法律才算是完全实行"①。即法律须有制裁力以辅之,否则法律不过具文而已。《尚书·吕刑》:"伯夷降典,折民惟刑。"典,礼也,也就是法。即主张礼法须有刑辟以佐之,案"七情之中,欲较重"。因人有欲,故能争取权利。各人均欲争取最多的权利,其势不免于争,于是有法律使各人得遂其欲,而不妨害别人的欲。简单言之,即令各人的欲均能各得其宜。"义者宜也"(《中庸》),"义近于礼"(《乐记》),"法出于礼"(《管子》第十二篇《枢言》)。而法能够发生效力,又由于人欲,即由于人类的好恶感情,所以我的结论是,言政治者不可轻视人欲。

(四) 性恶

> 人之性恶,其善者伪也。今人之性,生而有好利焉,顺是,故争夺生而辞让亡焉。生而有疾恶焉,顺是,故残贼生而忠信亡焉。生而有耳目之欲,有好声色焉,顺是,故淫乱生而礼义文理亡焉。然则从人之性,顺人之情,必出于争夺;合于犯分乱理,而归于暴。故必将有师法之化,礼义之道,然后出于辞让,合于文理,而归于治。用此观之,人之性恶明矣,其善者伪也。(《荀子》第二十三篇《性恶》)

今人之性,饥而欲饱,寒而欲暖,劳而欲休,此人之情性也。今人见长(应作粻,粮也)而不敢先食者,将有所让也。劳而不敢求息者,将有所代

---

① R. V. Jhering, *Der Kampf ums Recht*, 12 Aufl, 1925 (Wien), S. 61f. 译意。

也。夫子之让乎父,弟之让乎兄,子之代乎父,弟之代乎兄,此二行者皆反于性而悖于情也……故顺情性,则不辞让矣。辞让,则悖于情性矣。用此观之,人之性恶明矣,其善者伪也。(《荀子》第二十三篇《性恶》)

问者曰,人之性恶,则礼义恶生?应之曰,凡礼义者,是生于圣人之伪,非故生于人之性也。故陶人埏埴而为器,然则器生于陶人之伪,非故生于人之性也。故工人斫木而成器,然则器生于工人之伪,非故生于人之性也。圣人积思虑,习伪故,以生礼义而起法度,然则礼义法度者,是生于圣人之伪,非故生于人之性也。若夫目好色,耳好声,口好味,心好利,骨体肤理好愉佚,是皆生于人之情性者也。感而自然,不待事而后生之者也。(《荀子》第二十三篇《性恶》)

孟子曰,人之性善。曰,是不然,凡古今天下之所谓善者,正理平治也。所谓恶者,偏险悖乱也,是善恶之分也矣。今诚以人之性固正理平治邪,则有(有读作又)恶用圣王,恶用礼义哉?虽有圣王礼义,将曷加于正理平治也哉?……古者圣人以人之性恶……故为之立君上之势以临之,明礼义以化之,起法正以治之,重刑罚以禁之,使天下皆出于治,合于善也……故性善,则去圣王息礼义矣(性善则不需要圣王礼义也),性恶则与(与,从也)圣王贵礼义矣。故檃栝之生,为枸木也。绳墨之起,为不直也。立君上,明礼义,为性恶也。用此观之,然则人之性恶明矣,其善者伪也。(《荀子》第二十三篇《性恶》)

凡人之性者,尧舜之与桀跖,其性一也。君子之与小人,其性一也。今将以礼义积伪为人之性邪?然则有曷贵尧禹,曷贵君子矣哉?凡贵尧禹君子者,能化性,能起伪,伪起而生礼义,然则圣人之于礼义积伪也,亦犹陶埏而为之也(上文有"夫陶人埏埴而生瓦,然则瓦埴岂陶人之性也哉",故云)。用此观之,然则礼义积伪者岂人之性也哉?所贱于桀跖小人者,从其性,顺其情,安恣孳以出乎贪利争夺,故人之性恶明矣,其善者伪也。(《荀子》第二十三篇《性恶》)

性者本始材朴也,伪者文理隆盛也。无性则伪之无所加,无伪则性不能自美。性伪合,然后成圣人之名(言性伪合,然后成圣人之名也),一天下

之功于是就也。(《荀子》第十九篇《礼论》)

荀子言性恶之时,多不用"性"之一字,而合情与性两字言之。例如第一条谓"然则从人之性,顺人之情,必出于争夺"云云,第二条谓"故顺情性,则不辞让矣"云云,第三条谓"目好色……是皆生于人之情性者也"云云,皆是。盖依第六条,"性者本始材朴也"。补注引郝懿行曰,"朴当作樸,樸者素也,言性本质素,礼乃加之文饰,所谓素以为绚也"。郝氏之注出于《论语》,"子夏问曰,巧笑倩兮,美目盼兮,素以为绚兮。何谓也?子曰,绘事后素。曰,礼后乎?子曰,起予者商也,始可与言诗已矣"。集解引郑玄曰,"绘,画文也。凡绘画先布众色,然后以素分布其间,以成其文,喻美女虽有倩盼美质,亦须礼以成之"。邢昺疏,"正义曰,此章言成人须礼也……素喻礼也"(《论语注疏》卷三《八佾》)。即荀子以为性本朴质,犹如一张白纸,纵有美质,若不加之以人为的礼法,坐听其自然发展,必归于恶。由此可知荀子所谓性恶,非谓人之本性是恶,只唯不加以伪——人为的礼法节之,必趋于恶之一途。王安石说,"性情一也。世有论者曰,性善情恶,是徒识性情之名而不知性情之实也。喜怒哀乐好恶欲未发于外而存于心,性也。喜怒哀乐好恶欲发于外而见于行,情也。性者情之本,情者性之用,故吾曰性情一也"(《王临川全集》卷六十七《性情》,世界版)。又说:"性生乎情,有情然后善恶形焉,而性不可以善恶言也……孟子以恻隐之心,人皆有之,因以谓人之性无不仁。就所谓性者如其说,必也怨毒忿戾之心人皆无之,然后可以言人之性无不善,而人果皆无之乎?"(同上卷六十八《原性》)案古人论性,单单说到人性的本质是善或是恶,而未研究人性就善或就恶,到底哪一方面容易。依我个人之意,社会愈进化,人际关系愈复杂,外物引诱愈增加,任谁都难保全其赤子之心。孟子必待其母断机,而三迁其家,然后才志于学,一心向善。这不但可以证明就善比之就恶艰难,而又可以证明荀子所谓性恶,是有充分理由的。

关于人性,孔子只云:"性相近也,习相远也。"(《论语·阳货》)即人性本来相去无几,其后受了环境影响,习而成性,才渐渐有善恶之别。孔子殁后,儒家分为许多派系,其中最有名的则为孟荀二子。孟子主性善,性既善了,所以一切行为规范——一切道德观念均发生于人类的内心,而为自律。孟子说:"恻隐之心,人皆有之。羞恶之心,人皆有之。恭敬之心,人皆有之。是非之心,人皆有之。恻隐之心,仁也。羞恶之心,义也。恭敬之心,礼也。是非之心,智也。仁义礼智非由外铄我也,我固有之也,弗思耳矣。"(《孟子·告子上》)即仁义礼智不是自外而来,而是内在于吾人之心的。荀子主张性恶,他谓"人之生固小人"(《荀子》第四篇《荣辱》),"好荣恶辱,好利恶害,是君子小人之所同也"(《荀子》同上)。人情既有所好,又有所恶,非自外制之以礼义,不免发生争夺之事。上文已引过荀子之言:"人生而有欲,欲而不得,则不能无求,求而无度量分界,则不能不争,争则乱,乱则穷。先王恶其乱也,故制礼义以分之。"(《荀子·礼论》)即荀子不以礼义为发自吾人之内心,而以礼义为先王所制定,因之,人民守礼行义不是由于自律,而是由于他律。

现在试来研究孟荀思想的渊源。对此问题,本书言之屡矣,其所以不厌重复者,盖欲引起读者注意。关于社会规范,孟子所注重者为仁义,尤其"仁"字。荀子所注重者为礼义,尤其"礼"字。孔子关于仁字,"樊迟问仁,子曰爱人"(《论语·颜渊》),而又不以爱人为限。"子曰,唯仁者能好人,能恶人。"(《论语·里仁》)《大学》亦有"唯仁人为能爱人,能恶人"之句。爱恶是以什么为标准?郑玄注引舜放四凶为"能恶人"之例。孔颖达依郑注而谓"仁人能爱善人,恶不善之人"(《礼记注疏》卷六十《大学》)。仁人既恶不善之人了,自应加以制裁。孟子只知仁者爱人,荀子又知仁者能恶人,于是两子的思想产生分歧了。孟子以羞恶之心为义。荀子则依《乐记》"义近于礼",又依《中庸》"义者宜也",而谓"夫义者,所以限禁人之为恶与奸者"(《荀子》第十六篇《强国》)。孟子以恭敬之心为礼。荀子则依《乐记》"礼自外作",又依《中庸》"非天子不议礼",而谓礼为先王所制定。即孟子以礼义为自律的道德行为,荀子以礼义为他律的社会规范。

(五) 计算利害大小

见其可欲也,则必前后虑其可恶也者。见其可利也,则必前后虑其可害也者,而兼权之,孰计之,然后定其欲恶取舍。如是则常不失陷矣。凡人之患,偏(偏谓见其一隅)伤之也。见其可欲也,则不虑其可恶也者;见其可利也,则不虑其可害也者。是以动则必陷,为则必辱,是偏伤之患也。(《荀子》第三篇《不苟》)

  将以为利邪,则大刑加焉。身苟不狂惑戆陋,谁睹是而不改也哉……将以为害邪,则高爵丰禄以持养之,生民之属孰不愿也?雕雕焉县贵爵重赏于其前,县明刑大辱于其后,虽欲无化,能乎哉?(《荀子》第十五篇《议兵》)

  荀子不但谓人类有利害观念,且又谓人类能辨别利害之大小。《淮南子》说,"人之情,于害之中争取小焉,于利之中争取大焉"(《淮南子》卷十《缪称训》)。《淮南子》之言似本于墨子,"利之中取大,害之中取小……利之中取大,非不得已也。害之中取小,不得已也。所未有而取焉,是利之中取大也。于所既有而弃焉,是害之中取小也"(《墨子》第四十四篇《大取》)。墨子之言又与尸子所说"圣人权福则取重,权祸则取轻"(《尸子》卷下)相同。所以为政之道莫若利用人类之有辨,使人不为小利而受大害,能忍小害而得大利,如是,人民必能暂时忍小害以求大利,舍小利以避大害。第一条所引荀子文中,用两个"虑"字,虑是思虑周到,不只虑目前的利害,且复虑未来的利害,而如《吕氏春秋》所说,"利虽倍于今,而不便于后,弗为也"(卷二十《恃君览第八》之二《长利》)。贪目前之利,而贻祸于十数年或数十年之后,圣王必不肯为。韩非说:"法有立而有难,权其难而事成,则立之。事成而有害,权其害而功多,则为之。无难之法,无害之功,天下无有也。"(《韩非子》第四十七篇《八说》)此言亦值得参考。

  为政之道须本于人情。人情莫不爱利而恶害。利虽会使人为恶,若能加之以大害,亦得制止人之趋利。害虽会阻人为善,若能与之以重利,亦得引诱人之就善。富贵是利,贫贱是害,人情莫不爱富贵而恶贫贱,于是在政界便发生了贪邪之风。管子有言:"人臣之行理奉命者,非以爱主也,且以就利而避害也。百官之奉法无奸者,非以爱主也,欲以受爵禄而避罚也。"(《管子》第六十七篇《明法解》)故欲政治清明,不是依靠长官的训话,而须利用人情就利避害的心理。汉世在元成以前,政治是极清明的,何以至此?一方奖励清廉,依管子"人主之所以令则行禁则止者,必令于民之所好而禁于民之所恶也"(《管子》第六十四篇《形势解》)之言,定下"察廉之制",为吏清廉者可以迁官,廉吏而有才干者常被拔擢。同时惩戒贪污,依管子之言,凡"赃直十金,则至重罪"(《汉书》卷八十三《薛宣传》补注引周寿昌曰),"解臧吏三世禁锢"(《后汉书》卷四十六《陈忠传》,似是前汉之制)。荀子说,"好利恶害,是君子小人之所同也"(《荀子》第四篇《荣辱》)。政治制度能够使人不为小利而受大害,能忍小害而得大利,则全国官吏都可清廉。廉者生活贫苦,若有察廉之制,则暂时忍小害,最后必可得到大利。贪者生活优乐,若有严刑之制,则暂时求小利,最后必将受到大害。韩非说,"相为则责望,自为则事行"(《韩非子》第三十二篇《外储说左上》)。李觏云,"诱之以赏,利有厚于赏者。胁之以罚,祸有大于罚者。利厚于赏,则去赏。祸大于罚,则就罚"(《李直讲文集》卷二十二《懋节》,商务版)。李觏之言,反过来说,赏重于利,则民重赏。刑重于祸,则民畏刑。诱之以民之大利,吓之以民之大畏,天下何患不治?固然有人以为民主时代,天下为公,自有民意机关监察官员之贪墨,何必严刑重赏?吾国古人常谓"天下者天下人之天下也",这是多么动听之言。西洋有一句话:"What is every body's business is nobody's business."①天下是天下人的天下,反过来说,便是天下不是任何人的天下。种种问题就由这里发生。何以故呢?天下不是任何人的天下,则人人对于天下之害均不关心,对于天下之利均欲争取。人人争取天下之利,政治运动变为企业,而所谓参政权也者就变质了,它不是参政的权,而是参加发财的权。列官千百无廉洁之风,悠悠风尘尽冒货之士,朝纲解纽,奸伪萌生。国步艰难,他们更未雨绸缪,汲汲于掊克;国势危急,遂只见求生以害义,不闻见危而授命。天下者天下人之天下也,我在天下之中不过万万分之一。利在天下,所得者微;利在一己,所得者大,剥削天下之脂膏,以利自己的一家。天下既非任何人的财产,上同其利者官官相护,在下受其害者敢怒而不敢言。政风如此,此仁人志士所以痛哭也。

---

① 引自 J. Bryce, *Modern Democracies*, Vol. II, 1931, p.489。

说到这里，我不能不离题，旁涉数百言。研究中国历史，常常发见创业之主虽然望治之心甚切，而对于贪墨之臣，又往往认为可靠，而愿寄以腹心之任。为什么呢？问舍求田，原无大志，古来匹夫而登九五之尊者大率是不事生产的人，以二汉为例言之，高祖刘邦"不事家人生产作业"（《汉书》卷一上《高帝纪》），其父太公尝责高祖"亡赖……不如仲力"（同上高帝九年）。然而我们须知只唯此种的人才肯不顾生死，做出惊天动地的事。反之，光武则不然了，"性勤于稼穑，而兄伯升……常非笑光武事田业，比之高祖兄仲"（《后汉书》卷一《光武帝纪》）。光武"重慎畏事"（《后汉书》同上注引《东观记》），而无大志，其最高希望不过做执金吾（见《后汉书》卷十上《光烈阴皇后传》）。其能身登帝位，乃得力于兄伯升首创大业。伯升同高祖一样，"不事家人居业，倾身破产，交结天下雄俊"（《后汉书》卷十四《齐武王缜传》）。倘令伯升不为更始所害，则帝位是否属于光武大有问题。东汉时，北海王睦"性谦恭好士，千里交结，自名儒宿德，莫不造门，由是声价益广。永平（明帝年号）中，法宪颇峻，睦乃谢绝宾客，放心音乐……岁终，遣中大夫奉璧朝贺，召而谓之曰，朝廷设廷问寡人，大夫将何辞以对？使者曰，大王忠孝慈仁，敬贤乐士，臣虽蝼蚁，敢不以实？睦曰，吁，子危我哉……大夫其对以孤袭爵以来，志意衰惰，声色是娱，犬马是好。使者受命而行"（《后汉书》卷十四《北海敬王睦传》）。聪明哉北海王，明帝察察为慧，谦恭好士，千里交结，何能不引起明帝怀疑？声色是娱，犬马是好，其无大志，可想而知。北海王的生命保全了。

在吾国历史上，大臣恐天子见疑，而以好货自污者不乏其例。"王翦将兵六十万人，始皇自送至灞上。王翦行，请美田宅园池甚众。始皇曰，将军行矣，何忧贫乎？王翦曰，为大王将，有功终不得封侯，故及大王之乡臣，臣亦及时以请园池，为子孙业耳。始皇大笑。王翦既至关，使使还请善田者五辈。或曰，将军之乞贷亦已甚矣。王翦曰，不然，夫秦王怚而不信人，今空秦国甲士而专委于我，我不多请田宅，为子孙业以自坚，顾令秦王坐而疑我邪？"（《史记》卷七十三《王翦传》）与此相似的尚有萧何。"黥布反，上自将击之，数使使问相国（萧何）何为……客又说何曰，君灭族不久矣……君初入关，本得百姓心，十余年矣，皆附君，尚复孳孳得民和。上所谓数问君，畏君倾动关中。今君胡不多买田地,贱贳贷以自污,上心必安。于是何从其计,上乃大说。"(《汉书》卷三十九《萧何传》)秦始皇、汉高祖都是创业之主,始皇见王翦求田而大慰,高祖闻萧何贪墨而大悦。此无他,古来有大志的往往不事家人生产作业,好货便是没有大志的表现。何况大臣贪浊,百姓受了剥削,当然不会拥戴其人为天子。政局愈混乱,人主愈喜用贪墨之臣,不是没有原因的。宋太祖由将士拥戴,黄袍加身,而登帝位。"乾德初,帝因晚朝,与守信等饮酒。酒酣……帝曰,人生驹过隙尔,不如多积金、市田宅以遗子孙,歌儿舞女以终天年……明日,皆称病乞解兵权,帝从之,皆以散官就第,赏赉甚厚。"守信"专务聚敛,积财钜万。尤信奉释氏,在西京建崇德寺,募民輦瓦木,驱迫甚急,而佣直不给,人多苦之",史家谓其以此自晦,不无理由(《宋史》卷二百五十《石守信传》)。岂但守信,赵普"以隙地私易尚食蔬圃,以广其居,又营邸店规利",这亦必出于自晦(《宋史》卷二百五十六《赵普传》)。但是吾人须知王翦、萧何、石守信、赵普都是以好货为手段,匿迹晦光,不是以好货为目的,多积货宝以遗子孙。后世人主不察轻重,坐听左右勒索金钱,卒至贿赂公行,苞苴塞路,大臣虽然不会反戈,而小民怨声载道,亦甚可怕。

(六) 环境与人之情性

  居楚而楚,居越而越,居夏而夏,是非天性也,积靡使然也。(《荀子》第八篇《儒效》)

  夫人虽有性质美而心辩知,必将求贤师而事之,择良友而友之。得贤师而事之,则所闻者尧舜禹汤之道也。得良友而友之,则所见者忠信敬让之行也。身日进于仁义而不自知也者,靡使然也。今与不善人处,则所闻者欺诬诈伪也,所见者污漫淫邪贪利之行也。身且加于刑戮而不自知者,靡使然也。(《荀子》第二十三篇《性恶》)

  文中之靡是顺从之意,顺从积习,久而成性。孔子说:"性相近也,习相远也。"(《论语·阳货》)即此之谓。吾国先哲无不重视环境。孟子主张性善,然其母必三迁其家，而后孟子才趋向于正善。墨子说："时年岁善，则民仁且良。时年岁凶，则民吝且恶。"（《墨子》第五篇《七患》）此与孟子所说，"富岁子弟多赖，凶岁子弟多暴"（《孟子·告子上》），及韩非所说，"饥岁之春，幼弟不饷。穰岁之秋，疏客必食。非疏骨肉爱过客也，多少之心异也"（《韩非子》第四十九篇《五蠹》），意义相同。《淮南子》说："夫瘠地之民多有心者，劳也。沃地之民多不才者，饶也。"（《淮南子》卷十九《修务训》）又说"羌氏僰翟，婴儿生皆同声，及其长也，虽重象狄鞮（象狄鞮为译之意，重象狄鞮即重译），不能通其言，教俗殊也。今三月婴儿，生而徙国，则不能知其故俗。由此观之，衣服礼俗者，非人之性也，所受于外也"（《淮南子》卷十一《齐俗训》）。此皆说明环境可以产生风俗，风俗可以改变人性。然则什么叫作风俗？一群人聚居于一个地区，该地的环境，如山川形势、气候寒暖、动植物的种类，对于人类心理都可给予刺激，人类受到刺激而发生反应，必将讲求应付之法。这个应付之法不断地使用，就成为该地住民的习惯。一种习惯行之既久，常于不知不识之间，传于后代，而变成风俗。风俗有强制该地住民遵守的力量，倘若有人违反风俗，必受大众的指斥。故尹文子说，"世之所贵，同而贵之，谓之俗……苟违于人，俗所不与；苟忮于众，俗所共去"（《尹文子·大道上》）。风俗对于人性的影响力如此之大，所以为政者要施行一种新制度，不可不顾风俗。风俗只能渐进地改善，不能突然地变易。

第二条之"靡"字，意义已述于上。子墨子见染丝者而叹曰，"染于苍则苍，染于黄则黄，所入者变，其色亦变。五入必而已则为五色矣，故染不可不慎也。非独染丝然也，国亦有染……（中举舜、禹、汤及武王）此四王者所染当，故王天下，立为天子，功名蔽天地。举天下之仁义显人，必称此四王者……（中举夏桀、殷纣、周厉王、幽王）此四王者所染不当，故国残身死，为天下僇。举天下不义辱人，必称此四王者……（中举齐桓、晋文、楚庄、吴阖闾、越勾践）此五君者所染当，故霸诸侯，功名传于后世……[中举范吉射（晋范献子鞅之子昭子）、中行寅（晋大夫中行穆子之子荀子）、吴夫差、智伯摇（寅子申之子襄子）、中山尚（魏公子牟之后，魏文侯灭中山，而封其少子挚，其后为赵灵王所灭）、宋康（宋王偃为齐湣王所灭）]此六君者所染不当，故国家残亡，身为刑戮，宗庙破灭，绝无后类，君臣离散，民人流亡，举天下之贪暴苛扰者，必称此六君也……非独国有染也，士亦有染。其友皆好仁义，淳谨畏令,则家日益,身日安,名日荣,处官得其理矣……其友皆好矜奋,创作比周,则家日损,身日危,名日辱,处官失其理矣"(《墨子》第三篇《所染》)。《吕氏春秋》抄录上述《墨子》原文,继续说道:"子贡、子夏、曾子学于孔子,田子方学于子贡,段干木学于子夏,吴起学于曾子,禽滑厘学于墨子,许犯学于禽滑厘,田系学于许犯。孔墨之后学显荣于天下者众矣,不可胜数,皆所染者得当也。"(《仲春纪第二》之四《当染》)《淮南子》说:"夫素之质白,染之以涅则黑。缣之性黄,染之以丹则赤。人之性无邪,久湛于俗则易,易而忘本,合于若性(谓变成本性也)。"(《淮南子》卷十一《齐俗训》)上举第一条言社会环境可以改变人之情性,上举第二条言人际环境对于人之情性的改变其力亦大。

第二节 社　会

> 凡生天地之间者,有血气之属必有知。有知之属莫不爱其类。(《荀子》第十九篇《礼论》)
>
> 人……力不若牛,走不若马,而牛马为用何也?曰,人能群,彼不能群也。人何以能群?曰分。分何以能行?曰义……故人生不能无群,群而无分则争。争则乱,乱则离,离则弱,弱则不能胜物……君者,善群也。(《荀子》第九篇《王制》)
>
> 欲恶同物,欲多而物寡,寡则必争矣。故百技所成,所以养一人也(一身的需要须待百工供给),而能不能兼技(虽能者亦不能兼百工之技),人不能兼官。离居不相待则穷,群居而无分则争。穷者患也,争者祸也,救患除祸,则莫若明分使群矣。(《荀子》第十篇《富国》)
>
> 人之生不能无群,群而无分则争,争则乱,乱则穷矣。故无分者人之大害也,有分者天下之本利也,而人君者所以管分之枢要也。(《荀子》第十篇《富国》)

上述四条虽散见于《荀子》各篇,若综合言之,先则谓一切动物均爱其类;次又谓唯人方能合群;更次而谓人类合群,目的在于协力;复进而谓协力之时应守分,各处其宜。最后则谓人君为管分的枢要。

第一条荀子之言与《礼记》所说如合符节。礼云："凡生天地之间者,有血气之属必有知,有知之属莫不知爱其类。"(《礼记注疏》卷五十八《三年问》)按任何动物均不能离开土地而生存,更须优良的环境以作栖息之地。凡气候、地势、水流、物产不利于人类的生存,人类必不愿栖息于其地。同一动物的欲望大体相同,他们由相同的欲望,而择居于同一地区,是势所必然的。由此可知任何动物不但栖息于土地之上,且要栖息于环境优良的土地之上。人类尤见其然。在原始时,环境的优良不是人工造成的,而是天然存在的,所以此种地区甚见狭小。人人都觉此地环境优良,人人遂群趋而居其地。一群人既然聚居于一地,由环境相同,外界所给予的刺激亦必相同。外界的刺激既然相同,该群人所发生的反应亦必相同。反应相同,他们的行动必渐趋于一致。原始人类只有迁就环境,换言之,人类由于生活的必要,只有适应环境,而不能改造环境。适应可使身体发生变化,身体的变化既与环境适应,一旦离开该地,必定感觉苦痛。因为离开旧地,就要移住新地。新地的环境与旧地不同,人类对于旧地环境适应已久,一旦迁到新地,必感觉新环境无法应付,甚至且谓新环境可以成为生活的障碍。山居的人一旦移住河流之区,近水的人一旦移住于山岳之上,必不知如何应付,而无法生存下去。人类多安土重迁,职此之故。

群居的动机有二,一是由于觅取食物,二是由于满足性欲。此两者必以身体接近为前提,而身体接近,又以体型相同为条件。体型相同多是同类。同类动物往往成群而居,牛与牛,马与马,无不聚居一地。盖同类相聚,彼此之间不会发生残杀之事。但体型相同,又未必均能群居,例如肉食兽大率离群索居。因为它们的食物不甚丰富,而它们捕取食物之时,又只能隐匿于森林草莽之中,合群而往觅食,必为对方所发见,而不能达到目的。而且肉食兽所捕食的,多系体力比它们弱小的动物,并不需要同类的协力。但是食物缺乏,而对方又是强大的动物,一兽之力不能独自捕获,亦常有结群协力之事,豺狼就是其例。反之,草食兽则不然了,在原始时代,野草丛生,觅食不难,所以同一种类的草食兽无不成群而居。由此可知动物所食的物是哪一种类,其种类是否丰富,对于动物的群居有极大的影响。

动物虽有群居之事,而人类群居除接近外,尚有交际的原因。交际必以心理类似为条件。所谓心理类似是指气质性格见解相同,使彼此感情思想容易沟通。最重要的是,别种动物只能发出简单的喊声,人类尚有复杂的言语。言语的发生是人类先用单纯的音调,表示喜怒哀乐爱恶,过了许多年代,由各种需要,音调由单纯变为复杂,并配合以身体的适当动作,将自己的心意传达于对方。言语既已发生,任何心意都可用言语表达。言语是人类所特有的,又是人类与其他动物区别的标准。

固然任何动物均能表示恐怖或欢乐,而发出喊声。群居的草食兽如羊,其中一只见到虎豹,发生恐怖之声而逃亡,全群的羊未见虎豹,受了暗示,引起反应,亦必发出恐怖的喊声而逃亡。群居的肉食兽如狼,其中一匹看到羊群,发出欢乐之声而追逐,全群的狼受了暗示,引起反应,亦必发出欢乐的叫声而追逐。未见其物,听到恐怖的喊声而逃亡,听到欢乐的叫声而追逐,此种同一动作从何而来呢?它们群居一地,听惯了各种叫声,由经验得到"暗示",而引起反应,所以未见外界之物,一闻同群之声,即知其意义何在,或因恐怖而逃亡,或因欢乐而追逐。逃亡乃所以保全生命,追逐则欲捕取食物,此对于每只羊或狼都有利害关系。动物如此,人类亦然。同群的人必有共同利害,一种动作发于别人,若对于己身亦有利害,必会引起反应而"模仿"之。但是人类又常对于自己没有利害而做模仿之事,见别人之苦恼,自己亦随之苦恼,见别人之欢乐,自己亦随之欢乐,所谓"一人向隅,合座不欢",即指此种情形。这个时候,别人的苦恼或欢乐自有其利害关系,而别人竟然跟着苦恼或欢乐者,这不是单单模仿,而是出于同情心的作用。人类有同情之心,故能以别人的苦恼为自己的苦恼,以别人之欢乐为自己的欢乐。这样,人与人之间就不会视若路人,一旦有了患难,就会相救,有了喜庆,就会相贺,彼此之间成为一体。人群苟无同情之心,则将如一盘散沙,而不能结成为社会。兹宜告知读者的是,模仿由暗示的反复作用而发生。反复作用只能发生于群居而身体有接近的机会。所以同是人类,苟隔离太远,则彼此之间绝不会由暗示而做模仿之事。地理上的隔离可造成人类心理的隔离。群居是暗示与模仿的基础,也就是社会构成的原因。依荀子之言,人之能群最初不过由本能的作用,故说："有知之属莫不爱其类。"次则由于认识合群之有利，故说，"人之所以为人者，非特以二足而无毛也，以其有辨也"（《荀子》第五篇《非相》）。人类既然有辨，辨别利害，遂为防止争斗，而发生"分"的观念，故曰"辨莫大于分"（《非相》）。何谓分？"分者有上下亲疏之分。"（《非相》杨惊注）尸子云，"君臣、父子、上下、长幼、贵贱、亲疏皆得其分，曰治"（《尸子》卷上《分》）。《吕氏春秋》说，"凡为治必先定分，君臣父子夫妇。君臣父子夫妇六者当位，则下不逾节，而上不苟为矣。少不悍辟，而长不简慢矣"（卷二十五《似顺论第五》之五《处方》）。分如斯重要，圣王就制礼以确保各人之分，使其不至破坏。故曰"分莫大于礼"（《荀子·非相篇》）。"义近于礼"（《乐记》），"义者宜也"（《中庸》）。故曰"先王恶其乱也，故制礼义以分之"（《荀子》第十九篇《礼论》）。尸子说："天下之可治，分成也；是非之可辨，名定也……故陈绳则木之枉者有罪，措准则地之险者有罪，审名分则群臣之不审者有罪矣。"（《尸子》卷上《发蒙》）尹文子亦说："名定则物不竞，分明则私不行。物不竞，非无心，由名定，故无所措其心。私不行，非无欲，由分明，故无所措其欲……雄兔在野，众人逐之，分未定也。鸡豕满市，莫有志者，分定故也。"（《尹文子·大道上》）。

上举第三条荀子之言，"百技所成，所以养一人也"。人类一身的需要既有恃于百工供给，"而能不能兼技"，于是就有分工的必要。原始社会尚无分工，而只有协力。何谓协力？协力是指多数为达到一定目标，而做活动。各人的活动又能互相配合，由此遂能得到个人单独活动所不能得到的效果。在原始社会，人类协力的原因，第一为防御，最初是防御毒蛇猛兽的侵袭。此时人与兽杂居，人类的体力不及毒蛇猛兽，一旦遇到它们，往往不期然而然地联合起来，各尽其力，驱之，杀之，以保存各自的生命。多数人的抵抗既集中于一个目标，对方纵是凶猛的虎狼，亦不难以群力击败之。其次人类必须防御的，则为外敌的侵略。一个地区食品丰富，必引起别群人的觊觎。人类都是利己的，既占有食物丰富的地区，必欲永久占有该地。凡遇外敌来侵，平时天天接近、心理类似的人可不待召集即能团结起来，予敌人以打击，使敌人知难而退。此两种防御皆是出于保全生命。协力的第二原因为觅食。觅食本是群居的原因，同时亦会促成人类的协力。假令一群人聚居一地，以猎取野兽为生，纵令猎取的对象是弱小的动物，例如兔子，它们善于逃遁，苟非集合群力，共同捕之，必难成功。又如野猪，其牙锐，其爪利，其力又大过人类，人类绝不能以一人之力，捕获之以供食用。倘令各人同时均有捕获野猪以作食品的欲望，而能互相协助，用合群之力，追逐之，攻击之，捕获亦可成功。由此可知协力有两种条件，一是目标相同，目标不同，纵在今日文明社会，各人亦将我行我素，绝不会发生协力之事。二是动作的配合，协力的人不但时间地点相同，即动作的趋向亦宜相同。趋向不同，则南辕北辙，协力必无效果。协力乃共同合作，其能历久而不隳，荀子以为是受君之拘束。《吕氏春秋》云，"群之可聚也，相与利之也。利之出于群也，君道立也"（卷二十《恃君览第八》之一）。故荀子谓"人君者，所以管分之枢要也"。即吾国先哲不问其属于哪一学派，最后必将权力归属于君主。盖人类群居而成社会，社会能够维持而安定，乃是各人受了礼法的拘束。吾国古代没有民意机关，"子曰……非天子不议礼，不制度，不考文"（《礼记注疏》卷五十三《中庸》）。管子说，"有生法……夫生法者君也"（《管子》第四十五篇《任法》）。生法是制定法令。礼法既由人主制定，吾国先哲当然重视君主，而以君主为社会安定的基础。

第三节
礼治及法治

（一）礼之基础

先王之道，人之隆也，比中而行之。曷谓中？曰，礼义是也。道者非天之道，非地之道，人之所以道也，君子之所道也。(《荀子》第八篇《儒效》)

本条所引荀子之文，最初数句前人解释均难理解。依余之意，荀子是谓先王之道本来以仁为本，仁者爱人(《论语·颜渊》)。但爱人太过，常流于姑息养奸，所以爱人虽是道德行为，尚须得其中道。《论语》，"子曰，唯仁者能好人，能恶人"(《里仁》)。《大学》，"唯仁人为能爱人，能恶人"。孔颖达疏，"仁人能爱善人，恶不善之人"(《礼记注疏》卷六十《大学》)。仁道之至隆不偏于爱，亦不偏于恶，唯求其中，而合于礼义。今儒陈大齐先生以为"义与礼是异名同实"，他举《阳货篇》云，"君子有勇而无义，为乱"，《泰伯篇》云，"勇而无礼，则乱"，一云无义，一云无礼，用名虽异，所说实为一理。义与礼仅有诚诸内与形诸外之分，此外别无他异。不过形诸外的较易为人所看见，亦较易为人所理解，诚诸内的则较难。故欲兼举表里二层时，与其用义字来兼括礼,不如用礼字来兼括义。"义与礼,表里相依,故有礼处,必有其义。不过在日常生活中,人们所重视与所实行的,是其形诸外的表层,不是其诚诸内的里层。对方所能看到与所能感受的,亦是表层,不是里层。例如熟人相遇,握手言欢……通常称之为礼,不称为义。礼为大众所遵行,及行之既广且久,逐渐凝固,便酿成一定的形态,个人交际的仪节、社会的风俗、国家的制度,大抵经此途所形成,故各得称之为礼。孔子言论中所用礼字,颇多此例。"(《义与礼的同异》,收在《孔子言论贯通集》,一八页以下)陈氏之言甚有创见,可惜我不能全部同意。盖礼乃以义为基础,并不是礼即义而义即礼。陈氏谓"有礼处,必有其义"。"义者宜也",孔颖达疏,"宜谓于事得宜,即是其义"(《礼记注疏》卷五十二《中庸》)。但于事得宜者并不能尽定为礼,故云,"礼虽先王未之有,可以义起也"。孔颖达疏,"起,作也。礼既与义合,若应行礼,而先王未有旧礼之制,则便可以义作之……庾云,谓先王制礼,虽所未有,而此事亦合于义,则可行之"(《礼记注疏》卷二十二《礼运》)。换句话说,礼乃以义为基础。凡事适合于当时当地之所宜,而并不能一一网罗而定之为礼。不过"义近于礼"(《礼记注疏》卷三十七《乐记》)而已。故云,"治国不以礼,犹无耜而耕也,为礼不本于义,犹耕而弗种也"。孔颖达疏,"治虽用礼,不本其所宜(义者宜也),如农夫徒耕而不下种子也"(《礼记注疏》卷二十二《礼运》)。管子说,"法出于礼"(《管子》第十二篇《枢言》)。又说,"义者谓各处其宜也。礼者因人之情,缘义之理,而为之节文者也。故礼者谓有理也。理也者,明分以谕义之意也。故礼出乎义,义出乎理,理因乎宜者也。法者所以同出,不得不然者也(有礼则有法,故曰同出也)"(《管子》第三十六篇《心术上》)。荀子亦谓"礼者法之大分"(《荀子》第一篇《劝学》)。仁道之能适中,是由于礼义的节制,故说,"曷谓中?曰,礼义是也"。以下所说"道者非天之道"云云与慎子所说"法非从天下,非从地出,发于人间,合于人心而已"(《慎子·逸文》)完全相同。如是,孔子的礼治思想到了荀子已接近于法治。《淮南子》亦曾说过:"法者非天堕,非地生,发于人间,而反以自正。是故有诸己不非诸人,无诸己不求诸人。所立于下者,不废于上。所禁于民者,不行于身。所谓亡国,非无君也,无法也。变法者,非无法也,有法者而不用,与无法等。是故人主之立法,先自为检式仪表,故令行于天下。孔子曰,其身正,不

令而行。其身不正,虽令不从。故禁胜于身,则令行于民矣。"(《淮南子》卷九《主术训》)

(二) 礼之起源

礼起于何也?曰,人生而有欲,欲而不得则不能无求,求而无度量分界,则不能不争,争则乱,乱则穷。先王恶其乱也,故制礼义以分之,以养人之欲,给人之求,使欲必不穷于物,物必不屈于欲。两者相持而长,是礼之所起也。(《荀子》第十九篇《礼论》)

夫贵为天子,富有天下,是人情之所同欲也。然而从人之欲,则势不能容,物不能赡也。故先王案为之制礼义以分之,使有贵贱之等、长幼之差、知愚能不能之分,皆使人载(载,行也,任之也)其事而各得其宜。(《荀子》第四篇《荣辱》)

人之所以为人者,非特以二足而无毛也,以其有辨也……辨莫大于分,分莫大于礼,礼莫大于圣王(因礼由圣王制定,故云)。(《荀子》第五篇《非相》)

上举荀子之言三条,第一条谓"先王恶其乱也,故制礼义以分之"。第二条谓"先王为之制礼义以分之"。第三条谓"礼莫大于圣王"。荀子法后王,所谓先王,所谓圣王,依荀子整个思想推测之,当指周之文武。尧舜久远难信,尧时法制未备,舜时稍具规模,然又不可深信。夏殷二代还是原始国家,其法制如何,孔子说,"夏礼吾能言之,杞不足征也。殷礼吾能言之,宋不足征也。文献不足故也,足则吾能征之矣"(《论语·八佾》)。夏商之礼(典章制度),孔子时代尚不足征,尧舜的礼到了荀子时代,又有什么文献可供参考?固然"仲尼祖述尧舜,宪章文武",孔颖达疏,"仲尼祖述尧舜者,祖,始也。言仲尼祖述始行尧舜之道也。宪章文武者,宪,法也;章,明也。言夫子发明文武之德"(《礼记注疏》卷五十三《中庸》)。我不同意孔疏,既然祖训为始,宪训为法,章训为明,则全文应解释为,孔子始述尧舜为君之道,而申传表扬文武的法度。于兹就有两个问题值得研究,一是夏殷文献尚不可征,何况久远的尧舜?此乃托古勉今之意。用现代话来说，就是引起人民自信力，使人民不至丧失志气。二是文王忙于征服近邻部落，故能三分天下有其二。武王忙于伐纣，既代殷而有天下，不数年即行崩殂。周之法度实创造于周公。周公改制甚多，其最大贡献则为改造原始国家而为封建国家。封建是将部落酋长改封为诸侯，即将不统一的原始国家改造为比较统一的封建国家。其法是大迁殷之遗民于各地，当然大多数应受周法的拘束。苟其地殷之遗民较多，则因其风俗，仍用殷政，而疆以周索（索，法也）。夏之遗民较多，而其地又近戎狄者，亦因其风俗，仍用夏政，而疆以戎索（参阅《左》定四年卫祝佗——子鱼之言）。此皆因地制宜，使原始国家的部落渐渐接受周的法度。自此以后，经春秋而至战国，夏殷遗民以及戎狄均融化为中华民族。这是周公的大功。

上举第一条荀子之言是谓礼之起源由于人皆有欲，有欲不能不求，求而没有限界，势必引起争乱。礼就是为防止争乱而制定的。但人之大欲莫重于贵为天子，富有天下，荀子第二条之言可以补充第一条之所未言。人人皆争为天子，这是吾国历史上政变不断发生的根本原因。岂但专制国有此现象，即今日民主国亦何莫不然？但一个皇室贤君辈出，深得百姓爱戴，则该皇室就有尊严，由尊严发生权威，别人莫敢与之争。孟子说："由汤至于武丁，贤圣之君六七作，天下归殷久矣，久则难变也。"《孟子·公孙丑上》）在如斯政情之下，雄才大略的人纵有野心，亦不敢同项羽一样，说道"彼可取而代也"《史记》卷七《项羽本纪》），同刘邦所说，"大丈夫当如此也"《史记》卷八《高祖本纪》）。贾谊谓"人皆争为宰相，而不奸为世子，非宰相尊而世子卑也，不可以智求，不可以力争也"《新书》卷十《立后义》），贾谊之言当出于尹文子，尹文子引田骈之言，"天下之士……游于诸侯之朝，皆志为卿大夫，而不拟于诸侯者，名限之也"《尹文子·大道上》）。在民主思想尚未发生以前，要维持国家的统一，不能不依靠人主的权威，人主所以能永保其权威，则有恃于礼义，使贵贱长幼智愚能不能"各得其宜"。"义近于礼"《礼记注疏》卷三十七《乐记》），即管子所说，"礼出乎义"《管子》第三十六篇《心术上》）。"义者宜也"《礼记注疏》卷五十二《中庸》），即管子所说，"义者谓各处其宜也"《管子》同上）。法呢？"法出于礼。"《管子》第十二篇《枢言》）荀子谓"礼者法之大分"《荀子》第一篇《劝学》），"先王制礼义，使人各得其宜"

《荀子》第四篇《荣辱》)。古人之所谓礼,到了荀子,已接近于法,故说,"非礼是无法也"(《荀子》第二篇《修身》)。

第三条荀子之言有四个重要概念,一是辨,二是分,三是礼,四是圣王。由礼定分,而分则发生于人类之有辨。辨不但谓辨别各种事物,又谓辨别上下轻重,复谓辨别利害是非,人类有辨,故能认识各人有各人的分,彼此不得侵犯。只唯各人能守自己的分,而后社会才会安定,不至于引起争端。要令各人守分,则有恃于礼。故荀子说,"礼者贵贱有等,长幼有差,贫富轻重皆有称者也"(《荀子》第十篇《富国》),"人之生不能无群,群而无分则争,争则乱,乱则穷矣……人君者所以管分之枢要也"(《荀子》同上)。

(三) 礼之作用

> 礼者贵贱有等,长幼有差,贫富轻重皆有称者也。(《荀子》第十篇《富国》)

> 程(度量之总名)者物之准也,礼者节(君臣父子之差等)之准也。程以立数(有程可以立一尺二斗之数),礼以定伦(有礼可以定君臣父子之伦)。(《荀子》第十四篇《致士》)

> 国无礼则不正,礼之所以正国也,譬之犹衡之于轻重也,犹绳墨之于曲直也,犹规矩之于方圆也,既错之而人莫之能诬也。(《荀子》第十一篇《王霸》)

上举第一条及第二条可合并讨论,第二条有"礼以为伦"之句,第一条之"礼者贵贱有等"云云,即与此句相呼应。伦字可以解释为分,君臣父子各有其分,各人的行为均应适合其分之所宜。第一条之"称"字乃各当其宜之意。"义者宜也",荀子说,"凡奸人之所以起者,以上之不贵义,不敬义也。夫义者,所以限禁人之为恶与奸者也……夫义者,内节于人而外节于万物者也"(《荀子》第十六篇《强国》)。所谓"内节于人"者谓礼应适合于各人的身份、能力等等。举最显著的例子来说,礼云,"贫者不以货财为礼,老者不以筋力为礼"

（《礼记注疏》卷二《曲礼上》）是也。所谓"外节于万物"者谓礼应适合于外界万物的有无、廉贵等等，举最显著的例子来说，礼云，"天不生，地不养，君子不以为礼……居山以鱼鳖为礼，居泽以鹿豕为礼，君子谓之不知礼"（《礼记注疏》卷二十三《礼器》）。总之，礼须适合于各人的分之所宜。用荀子之言表示之，"礼者以财物为用，以贵贱为文，以多少为异，以隆杀为要（隆，丰厚；杀，减降也；要，当也。礼或厚或薄，唯其所当，才为贵也）。文理繁，情用省，是礼之隆也。文理省，情用繁，是礼之杀也。文理情用相为内外表里，并行而杂，是礼之中流也。故君子上致其隆，下尽其杀，而中处其中"（《荀子》第十九篇《礼论》）。《荀子》此段之言，似出于《礼记》所说，"礼有以多为贵者……有以少为贵者……有以大为贵者……有以小为贵者……有以高为贵者……有以下为贵者……有以文为贵者……有以素为贵者。……孔子曰，礼不可不省也，礼不同，不丰，不杀。此之谓也，盖言称也……是故先王之制礼也，不可多也，不可寡也，唯其称也"（《礼记注疏》卷二十三《礼器》）。

至于礼之内容，照荀子说，"凡礼，事生饰欢也，送死饰哀也，祭祝饰敬也，师旅饰威也。是百王之所同，古今之所一也"（《荀子》第十九篇《礼论》）。孔子曾言，"生事之以礼，死葬之以礼，祭之以礼"（《论语·为政》），即比本条荀子之言少师旅一项。荀子重视军旅，亦有所本。《左》成十三年周刘康公说，"国之大事在祀与戎"，祀是祭祀，戎是战争。春秋时代人士尚有神权观念，他们重视祭祀，而战争乃与祭祀并举，可见战争在当时也极重要。孔子说，"足食足兵，民信之矣"（《论语·颜渊》），足兵与足食并举，可以证明孔子重视师旅。

单就第二条言之，礼云，"礼者因人之情而为之节文，以为民坊者也"（《礼记注疏》卷五十一《坊记》）。文子述老子之言曰，"先王之制法，因民之性而为之节文……因其性，即天下听从；怫其性，即法度张而不用"（《文子》第十八篇《自然》）。管子亦谓，"礼者因人之情，缘义之理，而为之节文者也。故礼者谓有理也，理也者明分以谕义之意也。故礼出乎义，义出乎理，理因乎宜者也"（《管子》第三十六篇《心术上》）。本书常常引《礼记》之言，"义近于礼"（《礼记·乐记》），"义者宜也"（《礼记·中庸》）。合本条《荀子》原文及上面所引《礼记》及文子、管子之言观之，礼是谓人际关系应依一定规范，使每人各得其宜。上引《荀子》之文，中有一句："夫义者，所以限禁人之为恶与奸者也。"（《荀子》第十篇《强国》）用限禁二字，则以义为基础的礼，其维持不能不假手于国家的权力。如是荀子所谓礼，实即是法。又者，上引第三条荀子之言，在第二十七篇《大略》有类似文句，"礼之于正国家也，如权衡之于轻重也，如绳墨之于曲直也，故人无礼不生，事无礼不成，国家无礼不宁"。《礼记》亦云，"礼之于正国也，犹衡之于轻重也，绳墨之于曲直也，规矩之于方圆也。故衡诚县，不可欺以轻重。绳墨诚陈，不可欺以曲直。规矩诚设，不可欺以方圆。君子审礼，不可诬以奸诈……孔子曰，安上治民，莫善于礼。此之谓也"（《礼记注疏》卷五十《经解》）。管子谓"规矩者方圜之正也，虽巧目利手，不如拙规矩之正方圜也。故巧者能生规矩，不能废规矩而正方圜。虽圣人能生法，不能废法而治国。故虽有明智高行，倍法而治，是废规矩而正方圜也"（《管子》第十六篇《法法》）。慎子说，"有权衡者不可欺以轻重，有尺寸者不可差以长短，有法度者不可巧以诈伪"（《慎子·逸文》）。《淮南子》又进一步，而谓"规矩钩绳者，此巧之具也，而非所以巧也"（《淮南子》卷十一《齐俗训》）。"故法者治之具也，而非所以为治也；而犹弓矢中之具，而非所以为中也。"（《淮南子》卷二十《泰族训》）如斯一说，人治又重要了。

（四）礼治

> 礼者政之挽也，为政不以礼，政不行矣。（《荀子》第二十七篇《大略》）
> 国之命在礼。（《荀子》第十六篇《强国》）
> 先王……制礼义，使人……各其得宜。（《荀子》第四篇《荣辱》）
> 故礼之生为贤人以下至庶民也，非为成圣也。然而亦所以成圣也，不学不成。（《荀子》第二十七篇《大略》）

荀子所谓礼接近于法，故谓"礼者法之大分"（《荀子》第一篇《劝学》），"非礼是无法也"（《荀子》第二篇《修身》）。所以第一条之"为政不以礼"就是说"为政不以法"。政自政，法自法，政与法由脱离而冲突，人民从政令，则违反法令；从法令,则违反政令,民无适从,何以为国?慎子谓"君人者舍法而以身治,则诛赏予夺从君心出矣。然则受赏者虽当,望多无穷。受罚者虽当,望轻无已。君舍法而以心裁轻重,则同功殊赏,同罪殊罚矣,怨之所由生也。是以分马者之用策,分田者之用钩,非以策钩为过人智也,所以去私塞怨也"(《慎子》卷一《君人》)。又说,"法之功莫大使私不行……今立法而行私,是私与法争,其乱甚于无法"(《慎子·逸文》)。荀子既以礼与法同视,故云,"为政不以礼,政不行矣"。

上举第二条荀子之言,重见于第十四篇《天论》。吾国先哲多以制礼——立法之权属于人主。此盖吾国古代没有分权制度,因之也没有分权思想,这是与古代希腊不同的。于是立法权及行政权便归属于同一机关。而为安定社会秩序起见,又提高人主的地位。许多学派均主张人主要"参听独断"。参听者人主多听众人之言,独断者人主听了之后,就由他独自决定。这不但不合于今日民主思想,亦不合于古代君主无为之说。不过国家所以有君主,乃谋国家的统一,使内部不至于发生纷乱。因此,吾国古代不但学说上,就是事实上,制礼即立法权乃属于人主。礼及法是令贵贱有等,长幼有差,知愚能不能有分,使人人各得其宜。这样,国家的兴废存亡不能不说在于礼法。由社会安定想到国家统一,由国家统一想到礼法之重要,由礼法之重要想到制礼立法的人主。人主者所以制礼立法也。礼与法者所以使人人均能各得其宜也。商鞅说,"今有主而无法,其害与无主同"(《商君书》第七篇《开塞》)。尹文子引彭蒙之言曰,"圣人之治独治者也,圣法之治则无不治矣"(《尹文子·大道下》)。既有礼法了,纵令礼法有些偏差,而社会既然有所遵守,亦不至于棼乱相承。慎子有言:"法虽不善,犹愈于无法,所以一人心也。"(《慎子·威德》)此言与过去英国法学者所谓"恶法也是法"(Dura lex, sed lex.)完全相同。何况任何礼法,有利者亦必有害,善为政者当察时势的需要,权利害之大小,而定取舍。故韩非说,"法有立而有难,权其难而事成,则立之。事成而有害,权其害而功多,则为之。无难之法,无害之功,天下无有也"(《韩非子》第四十七篇《八说》)。

上举第三条荀子之言乃本书常常引用的,似无说明的必要。第四条所谓"贤人以下至庶民"是指中人。前已说过儒家的礼,到了荀子,已经接近于法,即礼不是若孟子所说,"辞让之心"(《孟子·公孙丑上》)、"恭敬之心"(《孟子·告子上》）深存于吾人的内心，而是若《礼记》所说，"礼自外出"（《礼记注疏》卷三十七《乐记》），"礼也者动于外者也"（同上卷三十九《乐记》），即礼乃是外部权力察社会的需要，择习惯风俗之合于义者，定之为礼，故孔子云，"非天子不议礼"。荀子依《礼记》所述，说道："先王……制礼义，使人……各得其宜。"（《荀子》第四篇《荣辱》）礼何以须以中人为准呢？人类之中，中人最多，孔子说："君子莅民，不临以高，不导以远，不责民之所不为，不强民之所不能。"（《孔子家语》第二十一篇《入官》）故《乐记》于"礼也者动于外者也"之下，继着就说，"礼主其减"，言礼不可繁碎，即不可太过理想，而致庶民不能遵行。荀子云："夫义者，所以限禁人之为恶与奸者也。"（《荀子》第十六篇《强国》）"义近于礼"（《乐记》），所以礼亦限禁人之为恶与奸者。限禁之法为何？这有恃于刑赏，而如孔子所说，"示之以好恶，而民知禁"（《孝经》第七章《三才》）。对此问题，本章已详论于本书第一章《孔子》第五节《刑赏》，不再赘言。

（五）由礼治而主张法治

> 非礼是无法也。（《荀子》第二篇《修身》）
>
> 礼者法之大分。（《荀子》第一篇《劝学》）

上举第一条荀子之言，本书常常引用于前述诸条之中。再举之，乃表示其重要性，若合第二条荀子之言观之，可知荀子已将礼改之为法，即由礼治渐次改为法治。但依荀子第二条之言，礼不完全是法，礼只是法之大分。礼与法均是社会规范，社会规范种类甚多，其表现出来的形式，最先是习惯（习惯行之既久，又变为风俗）。习惯内容极其复杂，古人于习惯之中，择其合于当时环境需要的，定之为礼。礼之内容亦甚杂碎，吾人单读《礼记》，即可知之。礼既杂碎，古人又于礼之中，择其最重要的部分，制之为法。由习惯发展为礼，由礼发展为法，此三者均可以拘束人类的行为。案人类的行为过程有内外两大部分，内部过程深存于人类的心意之中，外部过程则表现于人类的动作之上。

在人类的行为之中,对于社会秩序最有影响的,乃是外部过程的动作,换言之,只唯人类的心意由动作而表现于外部之时,国家才得用法律加以规制。内部过程的心意若未表现于外部,国家既无从推测,又因其对于社会秩序不会发生影响,所以只能成为道德上或宗教上的问题,而不能成为法律上的问题。这不是说,法律完全不顾人类的心意,盖人类必先有心意的作用,而后才发为外部的动作。所以法律要维持社会秩序,除察其人言语及行动之外,亦常察其人的心理状态。刑法上所谓"故意"或"过失"就是兼顾行为者的心意。

任何社会规范不但礼与法,就是习惯、宗教、道德都可以拘束人类的行为。习惯的拘束力发生于行为者畏惧社会的责难,宗教的拘束力发生于行为者畏惧神祇的谴罚,道德的拘束力发生于行为者畏惧良心的苛责。此三者均出于人类的自律。反之,法律的拘束力则发生于人类畏惧国家的制裁,而为他律。礼呢?礼之内容,其繁杂性不及习惯,而又远过法律,或属于道德,或属于宗教。《礼记》中单单《曲礼》,属于当时习惯与道德者甚多,至于《祭法》《祭义》《祭统》又多与当时宗教观念有关。三礼之书乃后人追述周代之礼,最初没有文书,没有罚则。因为没有文书,所以缺乏客观性;因为没有罚则,所以缺乏强行性。法则不然,铸之于书,附以罚则,所以有客观性,又有强行性。客观性及强制性之有无可以说是礼与法最大的区别。但是吾人须知违礼就是违反习惯,也可受到社会的责难,所以礼不是绝对没有制裁力,唯其制裁只是社会的制裁,而非国家的制裁,以是而有区别而已。人士多谓周代是用礼治,其实周代何曾废刑?周初就有五刑,吾人读《尚书·吕刑》之篇(《尚书注疏》卷十九《吕刑》)、《周礼》司刑之职(《周礼注疏》卷三十六《司刑》),即可知之。所以若谓礼治不用制裁力而无强行性,法治用制裁力而有强行性,未必合于实际情形。

(六)由法生"类"——后世沿类创例,吏胥缘例操纵国权

礼者法之大分,类之纲纪也。(《荀子》第一篇《劝学》)

其有法者以法行,无法者以类举。(《荀子》第九篇《王制》)

上举荀子之言两条均有"类"字,特别举以说明类之意义及其重要性。何谓类?凡法欠缺某一种条文,而有补充之必要者,可于习惯之中,择其用意相似而又合于正义者,以补法之欠缺。礼云,"礼虽先王未之有,可以义起也",孔颖达疏引庾曰,"谓先王制礼,虽所未有,而此事亦合于义则可行之,以义与礼合也……义者裁断合宜也"(《礼记注疏》卷二十二《礼运》)。汉时国家有大疑,常依《春秋》断事,例如昭帝"始元五年有一男子……自谓卫太子……诏使公卿、将军、中二千石杂识视,长安中吏民聚观者数万人……丞相、御史、中二千石至者并莫敢发言。京兆尹不疑后到,叱从吏收缚。或曰,是非未可知,且安之。不疑曰,诸君何患于卫太子!昔蒯聩(卫灵公太子)违命出奔,辄(蒯聩子,嗣位)距而不纳,《春秋》是之。卫太子得罪先帝,亡不即死,今来自诣,此罪人也。遂送诏狱"。经廷尉验治,知是夏阳人成方遂冒充,腰斩于东市(《汉书》卷七十一《隽不疑传》)。"依《春秋》断事"乃以补法令之不足。苏轼说:"法者本以存其大纲,而其出入变化固将付之于人。"(《苏东坡全集·应诏集》卷二《策别七》)所谓出入变化付之于人,就是今日法律所谓"自由心证"①。若举其最极端之例言之,有司对于具体案件,势不能不裁决,而又缺乏法律条文可资遵循,此际只有依其自由心证,而做类比推理。此种类比推理在荀子时代是依正义观念而做的。后世不依正义,而又成为法外的"例",流弊极大,于宋为甚。汉世的比论只能对该项案件发生效力,不能用以规律此后发生的同一或类似的案件。简单言之,即不能成"例"。西汉公卿多"识大体",虽依《春秋》断事,又知《春秋》有权有经。"权者何?权者反于经,然后有善者也。权之所设,舍死亡无所设。行权有道,自贬损以行权,不害人以行权。杀人以自生,亡人以自存,君子不为也。"(《公羊传》桓公十一年)依《春秋》以断事,本来是出于权,"权者反于经",理应依时而异,依事而异,绝不可视为一定的成例,不问何时何事均须遵循。后世的例一旦成立,就变为不可更改,形式虽与法有别,实质则与法相差不远。但是法只定大纲,尚有伸缩性,例则不然。盖同一法律条文,乃有许多不同的例,因之,法的伸缩性往往因例而消灭。贤者只有兢兢守例,以求无过,不能

---

① 在我国称为"内心确信",是对法官自由裁量权的呼应。——编者

效尺寸于例之外。叶适说,"国家以法为本,以例为要。其官虽贵也,其人虽贤也,然而非法无决也,非例无行也。骤而问之,不若吏之素也。暂而居之,不若吏之久也。知其一不知其二,不若吏之悉也,故不得不举而归之吏。官举而归之吏,则朝廷之纲目,其在吏也何疑"(《水心集》卷一《上孝宗皇帝札子》,中华版)。这样,吏胥便操纵了国权,所谓科员政治于兹发生。吏胥往往缘例上下其手,"所欲与,则陈与例;欲夺,则陈夺例,与夺在其牙颊"(《宋史》卷三百七十八《刘一止传》)。叶适说,"自崇宁极于宣和,士大夫之职业,虽皮肤蹇浅者,亦不复修治,而专从事于奔走进取,其簿书期会一切惟吏胥之听。而吏人根固窟穴,权势熏炙,滥恩横赐,自占优比……故今世号为公人世界,又以为官无封建,而吏有封建者,皆指实而言也"(《水心集》卷三《吏胥》)。我由荀子之"类"字,说到西汉依《春秋》议事,又说到后世发生的例,复说到吏胥操纵国权,读者疑吾言太过离题么?案法不能网罗一切,故必要时必须用类,由类产生了例,而为吏胥所利用,过程如此,非吾爱用旁涉之法,增长文章。王船山说,"夫法之立也有限,而人之犯也无方。以有限之法,尽无方之慝,是诚有所不能该矣。于是而律外有例,例外有奏准之令,皆求以尽无方之慝,而胜天下之残。于是律之旁出也日增,而犹患其未备"。结果如何?"律令繁,而狱吏得所缘饰以文其滥,虽天子日清问之,而民固受罔以死。律之设也多门,于彼于此而皆可坐。意为重轻,贿为出入,坚执其一说,而固不可夺。于是吏与有司争法,有司与廷尉争法,廷尉与天子争法,辨莫能折,威莫能制也。巧而强者持之,天子虽明,廷尉虽慎,卒无以胜一狱吏之奸,而脱无辜于阱。即令遣使岁省而钦恤之,抑惟大凶巨猾因缘请属以逃于法,于贫弱之冤民亡益也。"(《读通鉴论》卷四《汉宣帝》,中华版)

因法生例,以补条文之不足,犹可言也。要是因人而作例,因例而立法,则其流弊之大不可堪言。顾炎武说:"叔向与子产书曰,国将亡,必多制。(《左》昭六年郑人铸刑书,叔向告子产以此语)夫法制繁,则巧猾之徒皆得以法为市;而虽有贤者,不能自用。此国事之所以日非也。善乎杜元凯之解《左氏》也,曰法行则人从法,法败则法从人。"(原注,宣公十二年传解。此解是在"知庄子曰,此师殆哉……有律以如己也"之下)(《日知录》卷八《法制》)由法生例,还可以勉强谓为"人从法",要是因人作例,又由例立法,则简直是"法从人"了。宋孝宗时,龚茂贞尝言:"昔之患在于用例破法,今之患在于因例立法。谚称吏部为例部……用例破法其害小,因例立法其害大……今法令繁多,官曹冗滥,盖由此也。"(《宋史》卷一百五十八《选举志四》)案叔向所谓"多制"就是法令繁多之意,而法令所以繁多,则如顾炎武所说,"前人立法之初,不能详究事势,豫为变通之地。后人承其已弊,拘于旧章,不能更革,而复立一法以救之。于是法愈繁而弊愈多,天下之事日至于丛脞,其究也眊而不行。上下相蒙,以为无失祖制而已。此莫甚于有明之世,如勾军、行钞二事,立法以救法,而终不善者也"(《日知录》卷八《法制》)。多制何以误国?顾炎武说,"昔天下之网尝密矣。然奸伪萌起,其极也,上下相遁,至于不振。然则法禁之多乃所以为趣亡之具,而愚暗之君犹以为未至也。杜子美诗曰……君看灯烛张,转使飞蛾密。其切中近朝之事乎"(《日知录》同上)。这就是《老子》(第五十七章)所说"法令滋章,盗贼多有"之意。顾炎武曾引杨万里所作《选法论》,以说明法例之多适足以供吏胥的弄权。杨氏之言如次:"士大夫之有求于吏部,有持牒而请曰,我应夫法之所可行。而吏部之长贰亦曰,可。宜其为可,无疑也。退而吏出寸纸以告之曰,不可。既曰不可矣,宜其为不可,无改也。未几而又出寸纸以告之曰,可。且夫可不可者,有一定之法,而用可不可之法者,无一定之论。何为其然也?吏也。士大夫之始至也,恃法之所可,亦恃吏部长贰之贤,而不谒之吏。故与长贰面可之,退而问之吏,吏曰,法不可也。长贰无以诘,则亦曰然。士大夫于是不决之法,不请之长贰,而市于吏。吏曰可也,而勿亟也,伺长贰之遗忘,而画取其诺。昨夺而今与,朝然而夕不然,长贰不知也,朝廷不诃也。吏部之权不归之吏而谁归?"(《日知录》卷八《铨选之害》)吏胥弄法而舞弊,若更有例以佐之,当然流弊更大。

(七) 礼用于士以上,法用于众庶百姓

由士以上则必以礼乐节之,众庶百姓则必以法数制之。(《荀子》第十篇《富国》)

关于上述荀子之言,梁启超曾有说明,他谓"《荀子》此文实《曲礼》彼文("礼不下庶人,刑不上大夫")之注脚也。刑不上大夫者,刑即广义之刑,谓法也,荀子所谓法数是也。吾国古代亦有等族制度,士以上即贵族,众庶即平民也。其权利义务沟然悬殊,于是以礼治刑治(原注法治)严区别之。其所以生此区别者,盖在古代宗法社会,莫不有贱彼贵我之观念,此各国所同,非独我也……吾古代所谓礼者,以治同气类之贵族;所谓刑法者,以治归化之贱族。《书·吕刑》曰,苗民弗用灵,制以刑,惟作五虐之刑,曰法。此刑法之起源最可信据者。由此观之,则所谓礼者即治本族之法律,所谓刑者即治异族之法律。其最初之区别实如是,洎夫春秋以降,渐由宗法社会以入军国社会,固有之贵族孳乳浸多,特别权利有所不给,而畴昔所谓异族久经同化,殆不可识别,于是社会大变革之机迫于眉睫。治道术之士咸思所以救其敝,而儒家则欲以畴昔专适用于贵族之法律(原注,即礼)扩其范围,使适用于一般之平民。法家则欲以畴昔专适用于平民之法律(原注,即刑与法)扩其范围,使适用于一般之贵族。此实礼治法治之最大争点,而中国进化史上一大关键也"(《中国法理学发达史论》第三节《礼治主义与法治主义》,中华版《饮冰室文集》之十五、八三页)。梁氏之言值得吾人参考。吾人以为周起西方,灭殷而有天下,将前代遗民分配给同姓诸侯,鲁封于少皞之墟,分配以殷民六族;卫封于殷墟,分配以殷民七族;晋封于夏墟,分配以怀姓九宗。杜预注云:怀姓唐之余民(《左》定四年)。此种原住民与来自西方的周人,权利义务大不相同。诗云:"凡周之士,不显亦世。"(《诗经注疏》卷十六之一《大雅·文王》)又云:"东人之子,职劳不来。西人之子,粲粲衣服。"(《诗经注疏》卷十三之一《小雅·大东》)西人就是周人,也就是征服族。东人多系原住民,即被征服民,而以殷民为最多,盖前代余民经六百余年而至于周代初年,多已同化于殷民。周人与前代遗民,权利义务大不相同。其可引起前代遗民的反抗,势所难免。礼是治周人的法,刑是治前代遗民的法。周代之刑比之前代为重,宰我说:"周人以栗,曰使民战栗。"(《论语注疏》卷三《八佾》)宰我之言,必有根据,邢昺疏,"孔子……知其非妄,无如之何"。周有五刑,本来是"墨罪五百,劓罪五百,宫罪五百,刖罪五百,杀罪五百"(《周礼注疏》卷三十六《司刑》)。经过一百余年之后,天下已定,穆王又命吕侯,依夏代之制,改定刑法。"墨罚之属千,劓罚之属千,剕罚之属五百,宫罚之属三百,大辟之罚其属二百。五刑之属三千。"关此孔颖达疏,"《周礼》……五刑惟有二千五百。此经(《吕刑》),'五刑之属三千'。案刑数乃多于《周礼》……《周礼》……轻刑少而重刑多,此经……轻刑多而重刑少。变周用夏,是改重从轻也"。贾公彦疏《周礼》谓"夏刑三千,墨劓俱千,至周,减轻刑入重刑,俱五百,是夏刑轻,周刑重"(《周礼注疏》卷三十六《司刑》)。班固说:"周秦之敝,罔密文峻。"(《汉书》卷五《景帝纪》赞)其所以如此,盖欲"使人战栗",而不敢反抗。降至春秋战国,西人的征服民与东人的原住民渐次同化。三晋居天下之中,怀姓九宗久经同化,殆不能识别其祖先是周人或是东人。韩非为韩人,既见各族已经混而为一,故主张法要平等,欲以畴昔专适用于平民之刑,扩其范围,使适用于一般的贵族。鲁卫的殷民与周人虽已同化,而有的尚知其祖先之为殷民。孔子将卒,谓子贡曰,予殆殷人也(《史记》卷四十七《孔子世家》)。为提高殷民的地位,以与周人平等,故儒家欲以畴昔专适用于贵族之礼,扩其范围,使适用于一般平民。故梁氏云:"所谓礼者即治本族(周人)之法律,所谓刑者即治异族之法律。"

但吾人关于礼治,应注意的有三点。一是礼中亦有刑,《曲礼》谓"分争辨讼,非礼不决"。孔颖达疏,"《周礼·司寇》'以两造禁民讼',又云'以两剂禁民狱',故郑(郑玄)云'争罪曰狱,争财曰讼'"(《礼记注疏》卷一《曲礼》)。吾再追踪《周礼》"以两造禁民讼……以两剂禁民狱",细阅郑玄之注及贾公彦之疏,即知"讼"属于民事案件,"狱"属于刑事案件(参阅《周礼注疏》卷三十四《大司寇之职》),是则礼之中固有刑也。二是周代初年所定刑法是因蚩尤作乱,乱事既平,就制定刑法以治苗民。其刑实比夏刑为重,经过一百余年,天下大定,苗民或已同化,或逃避于南疆,穆王乃令吕侯,参考夏刑而作《吕刑》。据孔颖达疏,《周礼》轻刑少,重刑多。《吕刑》轻刑多而重刑少。"变周用夏是改重为轻也。"(《尚书注疏》卷十九《吕刑》)三是反对"以族论罪"(《荀子》第二十四篇《君子》),而主张"无罪不罚"(《荀子》第九篇《王制》)。当然反对"刑不上大夫"之制。其实,"刑不上大夫者……非谓都不刑其身也……古周礼说,士尸肆诸市,大夫尸肆诸朝。是大夫有刑……故《檀弓》云,君之臣不免于罪,则将肆诸市朝。郑(郑玄)云,大夫于朝,士于市是也"(《礼记注疏》卷三《曲礼》)。举实例说,礼云"公族之罪,虽亲不以犯有司,正术也"。孔颖达疏,"有司狱官也,术法也,公族之亲有罪……而犹在五刑者,国立有司之官,以法齐治一切,今不可以私亲之罪而干坏有司之正法也……法无二制,故虽公族之亲犹治之,与百姓为一体,不得独有私也"(《礼记注疏》卷二十《文王世子》)。余意刑不上大夫当如《孔子家语》所说:"冉有问于孔子曰,先王制法,使刑不上于大夫,礼不下于庶人,然则大夫犯罪,不可以加刑;庶人之行事,不可以治于礼乎?孔子曰,不然,凡治君子以礼御其心,所以属之以廉耻之节也。故古之大夫,其有坐不廉污秽而退放之者,不谓之不廉污秽而退放,则曰簠簋不饬。有坐淫乱男女无别者,不谓之淫乱男女无别,则曰帷幕不修也。有坐罔上不忠者,不谓之罔上不忠,则曰臣节未著。有坐罢软不胜任者,不谓之罢软不胜任,则曰下官不职。有坐干国之纪者,不谓之干国之纪,则曰行事不请。此五者,大夫既自定有罪名矣,而犹不忍斥……既而为之讳,所以愧耻之。是故大夫之罪,其在五刑之域者……造乎阙而自请罪,君不使有司执缚牵掣而加之也。其有大罪者,闻命则北面再拜,跪而自裁,君不使人捽引而刑杀。曰,子大夫自取之耳,吾遇子有礼矣,以刑不上大夫而大夫亦不失其罪者,教使然也。所谓礼不下庶人者,以庶人遽其事而不能充礼,故不责之以备礼也。"(《孔子家语》第三十篇《五刑解》)

第四节
势与术

(一) 势

处胜人之势,行胜人之道,天下莫忿,汤武是也。处胜人之势,不以胜人之道,厚于有天下之势,索为匹夫,不可得也,桀纣是也。然则得胜人之势者,其不如胜人之道远矣。(《荀子》第十六篇《强国》)

在古代思想之中,喜欢言"势"的,首推名法二家,杂家亦不落后。慎子(法家)说:"腾蛇游雾,飞龙乘云。云罢雾霁,与蚯蚓同,则失其所乘也。故贤而屈于不肖者,权轻也。不肖而服于贤者,位尊也。尧为匹夫,不能使其邻家;至南面而王,则令行禁止。由此观之,贤不足以服不肖,而势位足以屈贤矣。"(《慎子·威德》)邓析子(名家)说:"势者君之舆,威者君之策……势固则舆安,威定则策劲……为国失此,必有覆车奔马折轮败载之患,安得不危!"(《邓析子·无厚篇》)尸子(杂家)说:"夫高显尊贵,利天下之径也,非仁者之所以轻也。何以知其然邪?日之能烛远,势高也;使日在井中,则不能烛十步矣。舜之方陶也,不能利其巷下;南面而君天下,蛮夷戎狄皆被其福。"(《尸子》卷上《明堂》）由此可知"势"是指权力，也是指权威。凡居高位的常有大权，而有大权的常有威严，足以吓服众人。权力不过表示其人事实上高显尊贵而握权柄。到了其人有了威严，则权力变成制度上的权威，令人畏敬而不敢反叛。管子说："人主之所以制臣下者威势也，故威势在下，则主制于臣；威势在上，则臣制于主。"（《管子》第六十七篇《明法解》，第十六篇《法法》亦有类似文字）商鞅说："今夫飞蓬遇飘风而行千里，乘风之势也……故托其势者虽远必至。"（《商君书》第二十四篇《禁使》）"权者君之所独制也……权制独断于君，则威。"（《商君书》第十四篇《修权》）"主之所以尊者力也。"（《商君书》第二十五篇《慎法》）即管子已提到威，商鞅则顾及"权"与"力"。威、权、力三者都是"势"之所由生者也。荀子之徒韩非一方承认势之重要，说道："且民者固服于势，寡能怀于义。仲尼天下圣人也，修行明道，以游海内，海内说其仁，美其义，而为服役者七十人。盖贵仁者寡，能义者难也。故以天下之大，而为服役者七十人，而仁义者一人。鲁哀公下主也，南面君国，境内之民，莫敢不臣。民者固服于势，诚易以服人，故仲尼反为臣，而哀公顾为君。仲尼非怀其义，服其势也。故以义则仲尼不服于哀公，乘势则哀公臣仲尼。今学者之说人主也，不乘必胜之势，而务行仁义，则可以王。是求人主之必及仲尼，而以世之凡民皆如列徒（谓七十子），此必不得之数也。"（《韩非子》第四十九篇《五蠹》）同时又受荀子的影响，以为势可以助人主为善，也可以长人主为恶。他说："夫势者……贤者用之，则天下治；不肖者用之，则天下乱。人之情性贤者寡而不肖者众，而以威势之利济乱世之不肖人，则是以势乱天下者多矣，以势治天下者寡矣。夫势者，便治而利乱者也……夫乘不肖人于势，是为虎傅翼也。桀纣为高台深池以尽民力，为炮烙以伤民性，桀纣得成肆行者，南面之威为之翼也。使桀纣为匹夫，未始行一（言匹夫未一行桀纣之暴乱），而身在刑戮矣。势者养虎狼之心，而成暴乱之事者也。此天下之大患也。势之于治乱本末有位也，而语专言势之足以治大卜者，则其智之所至者浅矣。"（《韩非子》第四十篇《难势》）秦汉以后《吕氏春秋》（卷十七《审分览第五》之六《慎势》）虽有一篇《慎势》之文，但文中对于"势"字解释欠明。还是《淮南子》之言，简单而得要点。《淮南子》说，"尧为匹夫，不能仁化一里；桀在上位，令行禁止。由此观之，贤不足以为治，而势可以易俗，明矣"（《淮南子》卷九《主术训》）。

但"势"之能控制群臣,乃依靠于刑赏。兹举刘向之言以为证。刘向说:"五帝三王教以仁义,而天下变也。孔子亦教以仁义而天下不从者,何也?昔明王有绂冕以尊贤,有斧钺以诛恶,故其赏至重而刑至深,而天下变。孔子贤颜渊,无以赏之;贱孺悲,无以罚之,故天下不从。是故道非权不立,非势不行,是道尊(谓有权势)然后行。"(《说苑》卷十五《指武》)唐代陆贽没有专文论"势",但其奏议之中近似于言势者亦有之。他说:"夫君之大柄在惠与威,二者兼行,废一不可。惠而罔威则不畏,威而罔惠则不怀。苟知夫惠之可怀,而废其取威之具,则所敷之惠适足以示弱也,其何怀之有焉?苟知夫威之可畏,而遗其施惠之德,则所作之威适足以召敌也,其何畏之有焉?故善为国者,宣惠以养威,蓄威以尊惠。威而能养则不挫,惠而见尊则有恩,是以惠与威交相畜也,威与惠互相行也。"(《陆宣公奏议》卷六《收河中后请罢兵状》,世界版《翰苑集注》)凡言势者多注意于威,陆氏则谓威与惠应同时并重。北宋苏洵依此见解,以为周"以弱政济弱势,故周之天下卒毙于弱"。秦"以强政济强势,故秦之天下卒毙于强"。宋有可强之势(谓中央控制地方甚严),而"反陷于弱者何也?习于惠而怯于威也,惠太甚而威不胜也。夫其所以习于惠而惠太甚者,赏数而加于无功也。怯于威而威不胜者,刑弛而兵不振也。由赏与刑与兵之不得其道,是以有弱之实著于外焉"。这是苏氏的结论。他谓"天下之势有强弱,圣人审其势而应之以权。势强矣,强甚而不已则折。势弱矣,弱甚而不已则屈。圣人权之,而使其甚不至于折与屈者,威与惠也。夫强甚者威竭而不振,弱甚者惠亵而下不以为德。故处弱者利用威,而处强者利用惠。乘强之威以行惠,则惠尊;乘弱之惠以养威,则威发而天下震栗。故威与惠者,所以裁节天下强弱之势也"(《嘉祐集》卷一《审势》,中华版)。陆苏二氏之言势可补前人言势之不足,故余不惮烦详细引之,以供读者参考。南宋叶适也曾论势,他反对陆苏二氏之见解,虽知势之重要,而却未曾积极地提出势之界说。叶适之言曰:"欲治天下而不见其势,天下不可治矣。昔之论治天下者,以为……周之失弱,秦之失强……弱之失在于惠也,则莫若济之以威。强之失在于威也,则莫若反之以惠。惠止于赏,威止于刑……其意以为治天下之势无出于此矣。夫一弛一张者弓也,而羿之能不与焉。虚而欹,满而覆者器也,而倕之巧不与焉。故……周秦无强弱之失……古之人君若尧舜禹汤文武、汉之高祖光武、唐之太宗,此其人皆能以一身为天下之势。虽其功德有厚薄,治效有浅深,而要以为天下之势在己不在物。夫在己不在物,则天下之事,惟其所为而莫或制。……及其后世……天下之势在物而不在己……国家随之以亡。夫不能以一身为天下之势,而用区区之刑赏,以就天下之势,而求安其身者,臣未见其可也。盖天下之势有在于外戚者矣,吕霍上官非不可以监也,而王氏卒以亡汉。有在于权臣者矣,汉之曹氏、魏之司马氏,至于江南之齐梁,皆亲见其篡夺之祸,习以其天下与人而不怪。而其甚也,宦官之微、匹夫之奋呼、士卒之擅命,而天下之势无不在焉。若夫五胡之乱、西晋之倾覆,此其患特起于公卿子弟、里巷书生游谈聚论,沉湎淫佚而已,而天地为之分裂者数十世。呜呼,势在天下,而人君以其身求容焉,犹豫反侧,而不能以自定,其或在于宦官,或在于士卒,而举威福之柄以尽寄之者,此甚可叹也。……且均是人也,而何以相使?均是好恶利欲也,而何以相治?智者岂不能自谋,勇者岂不能自卫?一人刑而天下何必畏,一人赏而天下何必慕?而刑赏生杀,岂以吾能为之,而足以制天下者?……诚以势之所在也。"(《水心集》卷四《治势》,中华版)叶适之言固然可供参考,但其中亦有不甚合理之处。夫势之所以为势,在于人主遇到最后关头,能用刑赏以挽救危机。危机迫在目前,而刑赏失去效用,如是,人主之势可以说是完全失掉了。周自平王东迁以后,周郑由交质而交恶(《左》隐三年),祝聃射王中肩(《左》桓五年),这不是因为太弱而失势乎?秦自始皇统一天下之后,虐用其民,单单建筑阿房之宫,就动工七十余万人,人民受了赋税及力役的压迫,不敢反抗,而只希望秦亡或始皇死(参阅《史记·秦本纪》)。卒至始皇崩后,一夫夜呼,乱者四应,此岂有他哉?恶用其势而招天下之怨也。

(二) 术

君子位尊而志恭,心小而道大,所听视者近,而所闻见者远,是何耶?则操术然也。……故君子不下室堂,而海内之情举积此者(犹老子言不出

户,知天下事也),则操术然也。(《荀子》第三篇《不苟》)

　　法家喜欢言术,术又称为数,术数两字常合并用之。何谓术?是指权谋策略,但法家均不下以定义。管子只说,"古者武王地方不过百里,战卒之众不过万人,然能战胜攻取,立为天子,而世谓之圣王者,知为之之术也。桀纣贵为天子,富有海内,地方甚大,战卒甚众,而身死国亡,为天下僇者,不知为之之术也。故能为之,则小可为大,贱可为贵。不能为之,则虽天子,人犹夺之也"(《管子》第六十四篇《形势解》)。商鞅只说,"主操名利之柄,而能致功名者数也。圣人审权以操柄,审数以使民。数者臣主之术而国之要也。故万乘失数而不危,臣主失术而不乱者,未之有也"(《商君书》第六篇《算地》)。韩非与商鞅不同,商鞅以术为君臣所共执,韩非以术为人主所独有,故说"凡术也者,主之所以执也"(《韩非子》第四十四篇《说疑》)。"术者藏之于胸中,以偶众端而潜御群臣者也……术不欲见……用术则亲爱近习莫之得闻也。"(《韩非子》第三十八篇《难三》)此盖商鞅之言是在相秦之时,故希望孝公与他自己共同用术。韩非只是布衣之士,故希望人主单独用术,而不为重臣所左右。尹文子的见解有似韩非,他说,"术者人君之所密用,群下不可妄窥……人君有术而使群下得窥,非术之奥者……大要在乎先正名分,使不相侵杂,然后术可秘"(《尹文子·大道上》)。然则韩非所谓术,其定义为何?他曾说道,"术者因任而授官,循名而责实,操杀生之柄,课群臣之能者也。此人主之所执也"(《韩非子》第四十三篇《定法》)。这何能视为术之定义?韩非又说,"君以计畜臣,臣以计事君,君臣之交计也。害身而利国,臣弗为也。害国而利臣,君不为也。臣之情害身无利,君之情害国无亲,君臣也者,以计合者也"(《韩非子》第十九篇《饰邪》)。这样,人君对于群臣,何能不用术?所以韩非的结论为"人主者不操术,则威势轻,而臣擅名"(《韩非子》第三十五篇《外储说右下》)。这只能说明人主必须用术的原因及人主不用术的结果。韩非复说:"人主者非目若离娄,乃为明也。非耳若师旷,乃为聪也。不任其数,而待目以为明,所见者少矣,非不弊之术也。不因其势,而待耳以为聪,所闻者寡矣,非不欺之道也。明主者,使天下不得不为己视,天下不得不为己听。故身在深宫之中,而明照四海之内,而天下弗能蔽弗能欺者，何也？暗乱之道废，而聪明之势兴也。"（《韩非子》第十四篇《奸劫弑臣》）这就是慎子所说："昔者，天子手能衣而宰夫设服，足能行而相者导进，口能言而行人称辞，故无失言失礼也。"（《慎子·逸文》）也就是申不害所说："古之王者，其所为少，其所因多。因者君术也，为者臣道也。为则扰矣，因则静矣。因冬为寒，因夏为暑，君奚事哉？故曰君道无知无为，而贤于有知有为，则得之矣。"（《申子》）总之，韩非之术大率与申子之因相差不远。韩非曾列举人主所用共有七术，"主之所用也七术……七术：一曰众端参观，二曰必罚明威，三曰信赏尽能，四曰一听责下，五曰疑诏诡使，六曰挟知而问，七曰倒言反事，此七者主之所用也"（《韩非子》第三十篇《内储说上·七术》）。对此七术，韩非虽举例解释，但其中有的与非术之文重复。案法家无不言势、术及法，荀子亦然。韩非集法家的大成，他是荀子门人，本项所以多引韩非之言者，盖荀子关于术，言论太过简单，本欲借韩非之言以推测荀子之意，然而我失败了。势、术、法三者均与人主有关，居势者君也，用术者君也，制法者亦君也，一切关键均在人主，人主"所任者得其人则国家治，上下和，群臣亲，百姓附。所任非其人，则国家危，上下乖，群臣怨，百姓乱"（《淮南子》卷九《主术训》），即君是政治良窳的根本，于是法治最后又归于人治了。

第五节
政　治

（一）统一——思想的统一

夫两贵之不能相事，两贱之不能相使，是天数也。势位齐而欲恶同，物不能澹则必争，争则必乱，乱则穷矣。(《荀子》第九篇《王制》)

君者国之隆也，父者家之隆也。隆一而治，二而乱，自古及今，未有二隆争重而能长久者。(《荀子》第十四篇《致士》)

权出一者强，权出二者弱，是强弱之常也。(《荀子》第十五篇《议兵》)

天下无二道，圣人无两心。今诸侯异政，百家异说，则必或是或非，或治或乱。(《荀子》第二十一篇《解蔽》)

关于第一条，申子谓"智均不相使，力均不相胜"。尸子谓"两智不能相救，两贵不能相临，两辨不能相屈，力均势敌故也"(《尸子》卷下)。尹文子亦有同一文句，唯改"两智不能相救"而为"两智不能相使"(《尹文子·逸文》)。改救为使，意义较明。管子说，"邻国之君俱不贤，然后得王"，尹知章注，"若俱贤，则不可得而制，难以王矣"(《管子》第三十五篇《侈靡》)。所以真正大有为之君而欲大有为于天下，必先晦迹韬光。《六韬》云,"鸷鸟将击,卑飞敛翼;猛兽将搏,弭耳俯伏;圣人将动,必有愚色"(《武韬·发启第十三》)。昔者徐偃王行仁义而亡,行仁义何至亡国?据历史所述,徐偃王本为子爵诸侯,治国以仁义著闻于世,自称为王,江淮诸侯从之者三十六国。周穆王令楚伐之,徐亡。即徐偃王不肯敛迹,而乃大事宣扬,遂招周楚之忌。当时周室尚未中衰,穆王命吕侯依夏刑而作吕刑,减轻周之刑罚,可知当时社会甚为安定。楚立国于江南,江南地大而未开发,楚有扩张领土的可能,然乃迟至周室东迁之后,即于周平王三十一年,鲁隐公即位前十八年,楚子熊通方敢称王。徐呢?立国于江淮之间,距周虽远,于楚为近。称王,周认为犯上。归之者三十六国,楚认为一大威胁。周令楚伐之,楚即奉命往讨,可知吾言之非臆测。战国时,"万章问曰,宋小国也,今将行王政,齐楚恶而伐之,则如之何"。孟子不做正面答覆,举葛伯仇饷之事,终则曰,"苟行王政,四海之内皆举首而望之,欲以为君,齐楚虽大,何畏焉"(《孟子·滕文公下》)。这真是书生之见,在吾国历史上又可举汉宋二代为例,汉受匈奴压迫,忍辱含垢,有七十年之久,经济既已复兴,军备也已整顿,遂于武帝之世,马邑开衅,命将讨伐匈奴,匈奴远遁,武帝遂筑受降城(太初元年),以待匈奴来降。赵宋南渡之后,孝宗不失为有为之君,史谓孝宗"锐意北伐,示天下以所向"(《宋史》卷三百八十九《袁枢传》)。此种姿态是错误的。孙子说,"兵者诡道也,故能而示之不能,用而示之不用"(第一篇《始计》)。所以袁枢谏曰,"古之谋人国者,必示之以弱,苟陛下志复金仇,臣愿蓄威养锐,勿示其形"(《宋史》同上《袁枢传》)。孝宗岂不明此理,吾恐他也同高宗一样,无意北伐耳。所以陈亮才说,"方南渡之初,君臣上下痛心疾首,誓不与敌俱生……三十年之余,虽西北流寓,皆抱孙长息于东南,而君父之大仇一切不复关念……风俗固已华靡,士大夫又从而治园囿台榭,以乐其生于干戈之余,上下宴安,而钱塘为乐国矣"(《龙川集》卷一《上孝宗皇帝第一书》,中华版)。汉宋之例可供今人参考。最后必须一言者,群雄割据,力丑德齐,乃是吾国古代分裂的原因,春秋战国之乱,固不必说,晋代八王五胡之乱以至南北朝的分立、唐末五代方镇之乱,无一不是由于"智均不相使,力均不相胜"(《申子》),即荀子所说,"两贵之不能相事,两贱之不能相使,是天数也"。

上举第二条荀子之言也是说明统一之必要。此乃根据《礼记》,"天无二曰,土无二王,国无二君,家无二尊,以一治之也"(《礼记注疏》卷六十三《丧服四制》)。管子说,"使天下两天子,天下不可理也。一国而两君,一国不可理也。一家而两父,一家不可理也"(《管子》第二十三篇《霸言》)。慎子说,"立天子者不使诸侯疑焉,立诸侯者不使大夫疑焉,立正妻者不使嬖妾疑焉,立嫡子者不使庶孽疑焉,疑则动,两则争……故臣有两位者,国必乱。臣两位而国不乱者,君在也。恃君而不乱矣,失君必乱。子有两位者,家必乱。子两位而家不乱者,父在也。恃父而不乱矣,失父必乱"(《慎子》卷一《德立》)。又说,"多贤不可以多君,无贤不可以无君"(《慎子·逸文》)。韩非说,"一家二贵,事乃无功。夫妻持政,子无适从"(《韩非子》第八篇《扬权》)。《吕氏春秋》云,"乱莫大于无天子。无天子,则强者胜弱,众者暴寡,以兵相划,不得休息,今之世当之矣"(卷十六《先识览第二》之二《观世》)。又依慎子之言,说道,"先王之法,立天子不使诸侯疑焉,立诸侯不使大夫疑焉,立适子不使庶孽疑焉,疑生争,争生乱"(《吕氏春秋》卷十七《审分览第五》之六《慎势》)。复说,"军必有将,所以一之也。国必有君,所以一之也。天下必有天子,所以一之也……一则治,两则乱。今御骊马者,使四人,人操一策,则不可以出于门闾者,不一也"(卷十七《审分览第五》之八《执一》)。《左》哀六年齐悼公"使朱毛(齐大夫)告于陈子(陈僖子)曰,君异于器,不可以二。器二不匮,君二多难"。这也是说明统一之必要。

第三条不待说明,读上举二条,就可以了解。仲长统说,"《周礼》六典,冢宰贰王而理天下。春秋之时,诸侯明德者皆一卿为政,爰及战国亦皆然也。秦兼天下,则置丞相,而贰之以御史大夫。自高帝逮于孝成,因而不改,多终其身,汉之隆盛,是惟在焉。夫任一人则政专,任数人则相倚。政专则和谐,相倚则违戾。和谐则太平之所兴也,违戾则荒乱之所起也"(《后汉书》卷四十九《仲长统传·法诫篇》)。仲长统之言可为本条荀子之言之注脚。他继着就说明东汉祸乱相承,原因就在于"任数人"。光武不识荀子所说"权出一者强,权出二者弱"的道理。仲长统批评云:"光武皇帝愠数世之失权,忿强臣之窃命(章怀注,数世谓元成哀平,强臣谓王莽)。矫枉过直,政不任下,虽置三公,事归台阁。自此以来,三公之职备员而已。然政有不理,犹加遣责。而权移外戚之家,宠被近习之竖,亲其党类,用其私人,内充京师,外布列郡,颠倒贤愚,贸易选举,疲驾守境,贪残牧民,挠扰百姓,忿怒四夷,招致乖叛,乱离斯瘼,怨气并作,阴阳失和,三光亏缺,怪异数至,虫螟食稼,水旱为灾。此皆戚宦之臣所致然也,反以策让三公,至于死免,乃足为叫呼苍天,号咷泣血者也。"(同上《法诫篇》)即依仲长统之意,东汉外戚颛国,阉宦弄权,而致引起许多乱离,都是因为"任数人"而"权出二"。此种制度上的缺点,后世不但未曾改善,且又加甚。南北朝时,王华曾说,"宰相顿有数人,天下何由得治"(《宋书》卷六十三《王华传》)。唐代宰相甚多,"先天末,宰相至十七人"(《新唐书》卷一百二十四《姚崇传》)。文宗时每"议政之际,是非锋起,上不能决也"(《资治通鉴》卷二百四十六唐文宗开成三年)经五代而至于宋,叶适曾言,"昔人之所以得天下也,必有以得之。其失天下也,亦必有以失之。得失不相待而行,是故不矫失以为得,何也?盖必有真得天下之理,不俟乎矫其失而后得之也。矫失以为得,则必丧其得"(《水心集》卷三《法度总论二》)。宋鉴唐代朋党之祸,真宗"尝语及唐人树党难制,遂使王室微弱"(《宋史》卷二百八十二《李沆传》)。这不是真宗个人的意见,自太祖开始,就不欲大臣互相结托(参阅《宋史》卷二百五十六《赵普传》、卷二百五十七《李崇矩传》)。故宋代政制注重在制衡作用,最初是权力制衡,其后是大臣制衡,终则对于群臣均有不信任之心。神宗既任用王安石了,又拜司马光为御史大夫,意"欲新旧人两用之"(《宋史》卷三百一十二《王珪传》)。冯京抨击变法失当,"安石指为邪说,请黜之。帝……擢枢密副使……进参知政事,数与安石论辩"(《宋史》卷三百十七《冯京传》)。岂但神宗,徽宗信任蔡京,同时又令郑居中、张康国、侯蒙等掣肘之(《宋史》卷三百五十一各本传)。此种作风到了南宋快要亡国之时,还是一样。所以文天祥说,"朝廷姑息牵制之意多,奋发刚断之义少"(《宋史》卷四百十八《文天祥传》)。明兴,革去中书省,陞六部,直属于天子,盖不欲权专属于一司。成祖以后渐次成立内阁,阁员人数多者七人,少亦三四人。内阁无内阁总理,英宗复位,虽置首辅,首辅不但与今日内阁总理不同,且又与汉世丞相不同。丞相所请,靡有不听。首辅呢?凡事皆须取旨,由首辅票拟,待天子批朱而后施行。首辅勇于任事如张居正者,往往不顾其他阁臣,而独抒己见。首辅不肯负责,凡事均推于天子,"平时养威自重,遇天下有事,辄曰,昭代本无相名,吾侪止供票拟。上委之圣裁,下委之六部"(《明史》卷二百五十七《冯元飙传》)。以上所述均是引中国历史,证明权不可以出二。权之出二者,本来目的盖防强臣之窃命。善哉严复之言:"专制之国家,其立法也,塞奸之事九,而善国利民之事一。此可即吾国一切之法度,而征此言之不诬。顾用如是之法度,其国必不进也。不进而与进者邻,殆矣。"(严译《法意》第十一卷第六章,复案)

　　权不可以出二,不但吾国,就是外国也是相同的。今日各国政制不外总统制、内阁制、委员制三者而已。总统制行于美国,行政权属于总统,各部首长只是总统的属僚,辅佐总统,执行其专管的职务。内阁制肇始于英国,而英国自有政党以来,多系两党对立,而组织一党内阁。内阁总理必是议会内(众议院内)多数党的领袖,各部首长须受内阁总理的指挥和监督,而执行内阁总理所决定的政策。这样,内阁总理便成为政治上的领袖。所以英国同美国一样,而如仲长统所说,"任一人则政专,政专则和谐,和谐则太平之所兴也"。反之,欧洲大陆国家都是小党分立,而只能组织联合内阁。内阁总理不能控制友党的各部首长,所以议政之时,议论百出,内阁倒了又倒,政策改了又改。此即仲长统所说,"任数人则相倚,相倚则违戾,违戾则荒乱之所起也"。委员制行之最久,成绩最优的莫如瑞士,固然行政权不像总统制那样属于总统,也不像内阁制那样操于内阁总理,而是属于地位平等、权限相同的许多委员共同组织的行政委员会。唯在瑞士,重大问题多由议会议决。行政委员会不是决定政策的机关,只是执行政策的机关,所以流弊较少,其他国家的委员制往往成为专制或独裁的过渡形态。罗马共和时代曾两次采用三头政治(Triumvirate),第一次变成恺撒(Julius Caesar)的独裁,第二次变成屋大维(Octavius)的专制。法国于1793年置公安委员会(Comite de salut public),由11名委员组织之。司掌一切行政,终而发生恐怖政治。恐怖时期告终,行政权归属于三名执政官所组织的执政府(Consulat),结果又发生拿破仑的帝制。苏联革命之后,上自中央机关,下至地方政府无不采用委员制,其实,苏联形式上为委员制,事实上乃是独裁制。

　　第四条是说明统一的国家,必有统一的思想。孟子亦有此种观念,本书第二章第二节之(五)已经说过了。墨子曾言,"古者民始生,未有正长之时,盖其语曰,天下之人异义。是以一人则一义,二人则二义,十人则十义。其人兹众,其所谓义者亦兹众。是以人是其义,以非人之义,故交相非也……天下之乱若禽兽然"(《墨子》第十一篇《尚同上》,首句依《尚同中》改)。即墨子主张思想必须统一。荀子亦然,其两位门人亦宗荀子之说,韩非云:"海内之士,言无定术,行无常议。夫冰炭不同器而久,寒暑不兼时而至,杂反之学不两立而治。今兼听杂学缪行同异之辞,安得无乱乎?"(《韩非子》第五十篇《显学》)李斯亦说:"五帝不相复,三代不相袭,各以治,非其相反,时变异也……古者天下散乱,莫之能一,是以诸侯并作,语皆道古以害今,饰虚言以乱实,人善其所私学,以非上之所建立。今皇帝并有天下,别黑白而定一尊。私学而相与非法教,人闻令下,则各以其学议之,入则心非,出则巷议,夸主以为名,异取以为高,率群下以造谤。如此弗禁,则主势降乎上,党与成乎下。禁之便。臣请史官非秦记皆烧之,非博士官所职,天下敢有藏诗书百家语者,悉诣守尉杂烧之。有敢偶语诗书者弃市,以古非今者族。吏见知不举者与同罪。令下三十日不烧,黥为城旦。所不去者,医药卜筮种树之书。若有欲学法令(徐广曰,一无法令二字),以吏为师。制曰,可。"(《史记》卷六《秦始皇本纪》三十四年,参阅卷八十七《李斯传》)读吾书者不要以为单单荀子师徒要控制思想,孟子之排斥杨墨,斥之为无君无父,亦何莫不然?汉代董仲舒于对策(三策)时,也向武帝提议,罢黜百家,而表章六经,他说:"《春秋》大一统者,天地之常经,古今之通谊也。今师异道,人异论,百家殊方,指意不同,是以上亡以持一统;法制数变,下不知所守。臣愚以为诸不在六艺之科、孔子之术者,皆绝其道,勿使并进。邪辟之说灭息,然后统纪可一,而法度可明,民知所从矣。"(《汉书》卷五十六《董仲舒传》)董仲舒之后,士人无敢反儒抑孔。其实,孔子之名早已传播于先秦学界之中。太史公述六家要旨,举阴阳、儒、墨、名、法、道德。阴阳家邹衍之书失传,儒家开宗于孔子,其尊孔固不必说。墨家,《墨子》第三十九篇《非儒》有"齐景公问晏子曰,孔子为人何如"云云。名家,《尹文子·大道下》有"孔丘摄鲁相,七日而诛少正卯"云云。法家,《韩非子》第二十三篇《说林下》有"孔子谓弟子曰,孰能导子西之钓名也"云云。道家,《庄子》第四篇《人间世》有"颜回见仲尼,请行"云云。杂家,《尸子》卷上《劝学篇》有"子路卞之野人,子贡卫之贾人……孔子教之,皆为显士"云云。由此可知孔子在春秋之末而至战国时代,已经名闻诸国，固不待汉高祖以太牢祀孔子，汉武帝表章六经，而后孔子才有令闻。

此种崇儒尊孔的思想，到了魏晋南北朝稍受道家及释氏的打击，降至唐宋，士人崇儒尊孔更见明显，此无他，利禄使之然也。而反动思想亦渐次萌芽。宋陆象山说，"昔人之书不可以不信，亦不可以必信，顾于理如何耳……使书而皆合于理，虽非圣人之经，尽取之可也，况乎圣人之经，又安得而不信哉？如皆不合于理，则虽二三策之寡，亦不可得而取之也，又何必信之乎？盖非不信也，理之所在，不得而必信之也"（《陆象山全集》卷三十二《取二三策而已矣》，中华版）。上半段明白写出"圣人之经"，下半段因有"如皆不合于理，又何必信之乎"，故为避免冒渎圣人（孔圣），乃不用"圣人之经"四字。由此可以推测陆象山尚有不敢言的顾忌。经元至明，朱子所编《四书章句集注》通行于海内，朝廷取士，第一场经义必由朱子《章句集注》内出题，朱子的地位大见提高。明代王阳明先要求学问解放于章句之外，希望学者勿"章绘句琢……相饰以伪"。次则怀疑经书，至谓始皇焚书若非"出于私意"，"亦正暗合删述之意"（以上见中华版《阳明全书》卷七《别湛甘泉序》及卷一《传习录上》）。最后则不以孔孟尤其朱子为偶像，他说，"孟子辟杨墨，至于无父无君，二子亦当时之贤者……墨子兼爱，行仁而过耳；杨子为我，行义而过耳……今世学术之弊，其谓之学仁而过者乎，谓之学义而过者乎，抑谓之学不仁不义而过者乎？吾不知其于洪水猛兽何如也"（《阳明全书》卷二《答罗整庵少宰书》）。"夫学贵得之心，求之于心而非也，虽其言之出于孔子，不敢以为是也，而况其未及孔子者乎？求之于心而是也，虽其言之出于庸常，不敢以为非也，而况其出于孔子者乎？……夫道，天下之公道也。学，天下之公学也。非朱子可得而私也，非孔子可得而私也。天下之公也，公言之而已矣。故言之而是，虽异于己，乃益于己也。言之而非，虽同于己，适损于己也。"（同上）王阳明的言论比之陆象山已经激烈。降至明末，有李贽者，抨击俗儒又甚于王阳明。自汉武帝罢黜百家，表章六经之后，俗儒非孔子之言不敢言。于是千余年来，舍孔子所定的是非之外，乃无是非。李贽说，"夫天生一人自有一人之用，不待取给于孔子而后足也。若必待取足于孔子，则千古以前无孔子，终不得为人乎？故为愿学孔子之说者，乃孟子之所以止于孟子"（《李氏焚书》卷一《答耿中丞》）。但是，世上除孔子所定的是非之外，果无是非么？李贽云，"岂其人无是非哉？咸以孔子之是非为是非，故未尝有是非耳"(《李氏藏书·纪传总论》)。何况孔子之言多随时而发，随人而说，时期不同，或昨日是而今日非，或此人非而彼人是。即如庄子所说，"孔子行年六十，而六十化(与时俱化也)，始时所是，卒而非之。未知今之所谓是之非五十九非也"(《庄子》第二十七篇《寓言》)。后人多不研究哪一句话是孔子说在年六十以前，哪一句话是孔子说在年六十以后，而致孔子之言不免有前后矛盾之处。而后儒又只知舍其单言片语以粉饰自己的主张，孔子之道便变成"博而寡要，劳而少功"(《史记》卷一百三十《太史公自序》)。王充说，"案贤圣之言上下多相违，其文前后多相伐者，世之学者不能知也"(《论衡》第二十八篇《问孔》)。岂是不能知？或知而不敢言，或因其便利于自己的偏见而不言而已。李贽依其见解，对于六经《语》《孟》，当然不认为万世不磨的圣典，李贽以为六经《语》《孟》不过"其迂阔门徒、懵懂弟子记忆师说，有头无尾，得后遗前，随其所见，笔之于书。后学不察，便谓出自圣人之口也。决定目之为经矣，孰知其大半非圣人之言乎？纵出自圣人，要亦有为而发，不过因病发药，随时处方，以救此一等懵懂弟子、迂阔门徒云耳。药医假病，方难定执，是岂可遽以为万世之至论乎"(《李氏焚书》卷三《童心说》)。最后李氏之言最令我觉得痛快的，莫如下述数语，因为文长，只能摘其要旨。"彼(韩愈《原道》论)谓轲之死不得其传者，真大谬也。"唯此言出，宋代理学家便以道统自居，上承孟轲，人道始再开辟。哪知"宋室愈不竞，奄奄如垂绝之人"，反不如汉唐道统失传之时。妄自尊大而不知耻，亦太甚矣。(《李氏藏书》卷二十四《德业儒臣》)

(二) 法后王

礼莫大于圣王(制礼的是圣王)，圣王有百，吾孰法焉？……后王是也(众说皆谓后王指周之文武)。彼后王者天下之君也，舍后王而道上古，譬之是犹舍己之君而事人之君也。(《荀子》第五篇《非相》)

王者之制，道不过三代(过则久远难信)，法不贰后王(贰，离之意，故当以后

王为法)。(《荀子》第九篇《王制》)

　　上举两条可合并说明,三代是指夏商周。尧舜时代已经久远,遗留下来的文献太过简单,不足为凭;夏殷两代文献,据孔子说,也没有完备的纪录可供参考(《论语·八佾》,"杞不足征,宋不足征"条下)。所以荀子所谓后王就是孔子"吾从周"(《论语·八佾》)之周之意。盖周代典章制度比之夏商二代进步,孔子欲从而行之也(参阅《论语注疏》卷三《八佾》,"周监于二代"条下)。后世学者多谓荀子所称后王是指周之文武。但文武二王忙于征伐,没有创造什么典章制度,关此,我在本书(三九六页以下)已经说过了。然则从周——法后王是指哪一位王呢?依我浅见,孔子所谓从周是从周公,荀子所谓法后王是谓法周公所创造的礼(周公制礼作乐,礼乐包括典章制度)。但周公未曾为王,荀子何可称之为后王?据《史记》,武王崩,太子成王立,"成王少,周初定天下,周公恐诸侯畔,周公乃摄行政……周公行政七年,成王长,周公反政成王,北面就群臣之位"(《史记》卷四《周本纪》),是则在周公摄行政七年之中,固曾南面,而不就群臣之列。《史记》又载,"武王既崩,成王少在襁褓之中,周公恐天下闻武王崩而畔,周公乃践阼,代成王摄行政当国……周公之代成王治,南向倍依(负斧),以朝诸侯。及七年后,还政成王,北面就臣位"。裴骃集解,"《礼记》曰,周公朝诸侯于明堂之位,天子负斧依,南向而立。郑玄曰,周公摄王位,以明堂之礼仪朝诸侯也……天子,周公也"(《史记》卷三十三《鲁周公世家》,参阅《礼记》卷五《曲礼下》,"天子当依而立"云云之孔颖达疏),是则周公固曾摄王位也。荀子所以法后王,盖如《吕氏春秋》所说,"上胡不法先王之法,非不贤也,为其不可得而法。先王之法经乎上世而来者也,人或益之,人或损之,胡可得而法?虽人弗损益,犹若不可得而法……古今之法、言异而典殊。故古之命多不通乎今之言者(命,名也。谓古之名物与今之言不同),今之法多不合乎古之法者……凡先王之法,有要于时也。时不与法俱至,法虽今而至,犹若不可法(言法虽存,而时已去,故古法虽在,犹若不可法也)。故释先王之成法,而法其所以为法"(卷十五《慎大览第三》之八《察今》)。孔子从周,荀子法后王,也不是将周之法度尽举而行于春秋战国之时,不过"法其所以为法"而已,故《淮南子》说,"五帝异道而德覆天下,三王殊事而名施后世,此皆因时变而制礼乐者……是故礼乐未始有常也。故圣人制礼乐,而不制于礼乐。治国有常,而利民为本。政教有经,而令行为上。苟利于民,不必法古。苟周于事,不必循旧。夫夏商之衰也,不变法而亡。三代之起也,不相袭而王。故圣人法与时变,礼与俗化。衣服器械,各便其用;法度制令,各因其宜。故变古未可非,而循俗未足多也"(《淮南子》卷十三《氾论训》)。此种见解,在吾国古籍中,可以说是举不胜举,兹只举王安石之言,以作本条结论。他说:"臣以谓当今之失患在不法先王之政者,以谓当法其意而已。夫五帝三王相去,盖千有余岁,一治一乱,盛衰之时具矣。其所遭之变、所遇之势不同,其施设之方亦皆殊。而其为国家之意,本末先后未尝不同也。臣故曰,当法其意而已。"(《王临川全集》卷四十二《拟上殿札子》,世界版)。又说:"古之人以是为礼,而吾今必由之,是未必合于古之礼也。古之人以是为义,而吾今必由之,是未必合于古之义也。夫天下之事,其为变岂一乎哉?固有迹同而实异者矣。今之人慁慁然求合于其迹,而不知权时之变,是则所同者古人之迹,而所异者其实也。事同于古人之迹而异于其实,则其为天下之害莫大矣。此圣人所以贵乎权时之变者也。"(《王临川全集》卷六十七《非礼之礼》)

(三) 民本——民主政治的制度

> 君者舟也,庶人者水也,水则载舟,水则覆舟,此之谓也。(《荀子》第九篇《王制》)

> 用国者得百姓之力者富,得百姓之死者强,得百姓之誉者荣。三得者具,而天下归之。三得者亡,而天下去之。天下归之之谓王,天下去之之谓亡。(《荀子》第十一篇《王霸》)

> 有社稷者而不能爱民,不能利人,而求民之亲爱己,不可得也。(《荀子》第十二篇《君道》)

> 天之生民非为君也,天之立君以为民也。(《荀子》第二十七篇《大略》)

> 汤武非取天下也,修其道,行其义,兴天下之同利,除天下之同害,而天下归之也。桀纣非去天下也,反禹汤之德,乱礼义之分,禽兽之行,积

其凶,全其恶,而天下去之也。天下归之之谓王,天下去之之谓亡。(《荀子》第十八篇《正论》)

故用国者,义立而王……行一不义,杀一无罪,而得天下,仁者不为也……之所与为之者之人,则举义士也。之所以为布陈于国家刑法者,则举义法也。主之所极,然帅群臣而首乡之者,则举义志也。如是,则下仰上以义矣,是綦定也。綦定而国定,国定而天下定。……天下为一,诸侯为臣,通达之属,莫不从服,无它故焉,以济义矣,是所谓义立而王也。(《荀子》第十一篇《王霸》)

上举荀子之言共有六条,最先四条均直接说明民本主义,民本二字出于《夏书·五子之歌》:"民惟邦本,本固邦宁。"(《尚书注疏》卷七《五子之歌》)《尚书》之中,民本思想之例极多,兹只举二三策以为证,《虞书》云,"天聪明,自我民聪明。天明畏,自我民明威"(《尚书注疏》卷四《皋陶谟》)。《周书》云,"天视自我民视,天听自我民听"(《尚书注疏》卷十一《泰誓中》),"古人有言曰,抚我则后,虐我则仇"(同上《泰誓下》)。礼云:"子曰,民以君为心,君以民为体……心好之,身必安之。君好之,民必欲之。心以体全,亦以体伤。君以民存,亦以民亡。"(《礼记注疏》卷五十五《缁衣》)贾谊谓"自古至于今,与民为仇者,有迟有速,而民必胜之"(《新书》卷九《大政上》)。如何使民不与君为仇?只有顺民之心。法家管子曾言:"政之所兴,在顺民心。政之所废,在逆民心。民恶忧劳,我佚乐之。民恶贫贱,我富贵之。民恶危坠,我存安之。民恶灭绝,我生育之。能佚乐之,则民为之忧劳。能富贵之,则民为之贫贱。能存安之,则民为之危坠。能生育之,则民为之灭绝……故知予之为取者,政之宝也。"(《管子》第一篇《牧民》)这就是《大学》所说,"民之所好好之,民之所恶恶之"。慎子说,"故立天子以为天下,非立天下以为天子也。立国君以为国,非立国以为君也。立官长以为官,非立官以为长也"(《慎子·威德》)。《吕氏春秋》云,"群之可聚也,相与利之也。利之出于群也,君道立也……置君非以阿君也,置天子非以阿天子也,置官长非以阿官长也"(卷二十《恃君览第八》之一《恃君》)。

由上举最初四条观之,民本思想都是为君立言,不是为民立言,即为巩固人主的地位不能不顾到人民的福利。吾国有史以来没有民主制度,而在国家需要统一的荀子时代,民本乃适合时势的需要,固不能以今日的眼光,批评先贤的思想。案民本与民主大不相同之点,本书已经说过,民本只有 for the people;民主不但有 for the people,且又有 by the people。盖人民的福利只唯人民自己知之,那深居禁中的天子固不必说,即高坐于庙堂之上的巨宦,纵令出身于平民,亦因久离民间,不知民之疾苦,于是民主为达成 for the people,不能不进一步主张 by the people;复因人民太多,又采用代议制度,组织民意机关以代表人民的意思。然而民意代表又何可深信?美国第三任总统哲斐逊①(T. Jefferson)说,"信任我们的代表,忘记了我们权利的安全问题,这是危险的事。信任(confidence)是专制之母。自由政府不是建设于信任之上,而是建设于猜疑(jealousy)之上。我们用限制政体(limited constitution)以拘束我们托其行使权力的人,这不是由于信任,而是由于猜疑。我们宪法不过确定我们信任的限界,是故关于权力之行使,我们对人不要表示信任。我们须用宪法之锁,拘束有权的人,使其不能做出违法的事"②。于是第一次世界大战之后,欧洲许多国家又采用公民投票制(referendum)以矫其弊。但公民投票制亦有弊端,何以故呢?大多数人民对于政治皆无兴趣,他们所希望于政府的,不过治安良好,没有杀人越货的事;各人均能维持人类应该享受的生活,不至于一箪食,一瓢饮,住破屋,上不蔽风雨,下又有洪水之灾,如此而已。至于其他问题他们多不过问,这是事实,尽管有人否认,而事实还是事实。又有进者大多数人民既是保守的,故对于政制方面的意见,也倾向于保守,拿破仑一世改共和为帝制③,希特勒改民主为独裁④,无不提交公民表决,而均获得最大多数的同意。不但如是,瑞士早就实行公民投票制,而一切稍

---

① 通常译作"杰斐逊"。——编者
② 引自 B.F. Wright, *A Source Book of American Political Theory*, 1929, p. 227。
③ 1802 年拿破仑欲为终身执政官,将议案提请人民表决,结果以 3568885 票对 8365 票而获通过。1804 年,拿破仑欲为皇帝,将国体问题提请人民表决,卒以 3574898 票对 2569 票,又获通过。见 C. Schmitt, *Verfassungslehre*, 1928, S. 280。
④ 1934 年 8 月 2 日总统兴登堡(P. V. Hindenburg)逝世,当天希特勒起草内阁总理兼总统的独裁法,而于 8 月 19 日提交人民表决,结果以 38362760 票对 4294654 票而获通过。见萨孟武、刘庆瑞合著的《各国宪法及其政府》三一五页。

稍急进的议案均被公民否决,只唯缓进的、改良的议案才获通过①。大多数人不但保守,而且都是利己的,故凡议案有关于财政问题,如预算案、租税案、规费案、薪俸案等等多禁止人民表决,盖财政案直接关系人民的财产,人民往往不顾国家的实际情况,常欲削减支出以减轻自己的负担。第一次世界大战之后,欧洲新宪法争相采用公民投票制,而无不禁止人民有创制及复决财政案之权,理由即在于此。瑞士早已施行公民投票制,1891年联邦议会制定一种法律,增加官吏的恩俸,竟由八万五千公民要求复决,卒以353977票对91851票之多数否决之②。第二次世界大战之后,各国因公民投票制每倾向于保守,而致发生独裁政治,遂废止不再采用。其尚采用者,例如意大利共和宪法(第七五条第二项)亦禁止人民复决赋税、会计等案,即其明证。由此可知 by the people 之采用代议制度者,固不可信任,而采用公民投票制,弊端亦不能免。

不问民主或民本,最终目的均欲增进人民的福利。管子说,"政之所兴,在顺民心。政之所废,在逆民心。民恶忧劳,我佚乐之。民恶贫贱,我富贵之。民恶危坠,我存安之。民恶灭绝,我生育之。能佚乐之,则民为之忧劳。能富贵之,则民为之贫贱。能存安之,则民为之危坠,能生育之,则民为之灭绝……故知予之为取者,政之宝也"(《管子》第一篇《牧民》)。这固然是专制时代政治家的口吻,而在民主时代,亦何莫不然。倘若政府不顾人民福利,又将如何?民主时代有代议制度,又因代议制度不可信任,复有公民投票制。然而纵在教育普及的现代,一般人民还是贪目前的小利,而贻大患于将来。韩非说,"民智之不可用,犹婴儿之心也。夫婴儿不剔首则腹痛,不揃痤则浸益,剔首揃痤,必一人抱之,慈母治之,然犹啼呼不止。婴儿子不知犯其所小苦,致其所大利也"(《韩非子》第五十篇《显学》)。这就是卢梭所说,"人民虽然都想追求自己的幸福,而什么是自己的幸福,又缺乏认识的能力"③。何况政府对其人民,毕竟与慈母对其婴儿不同,前者没有亲属关系,后者则有血亲关系。因

---

① J. Bryce, *Modern Democracies*, Vol. I, 1931, p. 385.
② Ibid, p. 385.
③ 参阅拙著《西洋政治思想史》,三民版二一七页、一二一八页。当时未曾注出《民约论》哪一章哪一节。

此，民主不但是公意政治而已，又采用分权制度。麦底逊①（J. Madison）说，"人类若是天使，不需要政府。天使若统治人类，没有控制政府的必要。组织政府是令人类统治人类，一方需要政府能够统治人民，他方需要政府能够控制自己，困难就在这里。政府隶属于人民，这是控制政府的初步方法。但经验告诉吾人，除此之外，尚有再加警戒的必要。吾人分配权力之时，须使各权力机关互相牵制"②。他又说，"立法、行政、司法三权集中于一人之手，这简直可以定义为暴政（tyranny），固不问权力集中于一人，集中于少数人，或集中于多数人；也不问其人取得权力，是由于世袭，由于任命，或由于选举"③。即麦底逊是依孟德斯鸠学说主张三权分立。所谓三权分立是将国家的权力分为立法、行政、司法三种，分属于三个机关，使它们互相制衡，以保护人民的权利。所以三权分立有三个意义，一是把国家权力分为立法、行政、司法三权，这称为权力的区别（Unterscheidung der Gewalten）。二是把三种权力分属于三个机关，这称为权力的分离（Trennung der Gewalten）。三是使三个机关互相牵制，它们势均力敌，谁都不能压迫他方，这称为权力的均衡（Balancierung der Gewalten）④。由此可知三权分立不但使各权力互相分离，且又使各权力互相牵制，而保留均衡。

民主政治依三权分立以实现下列三种制度，此三种制度都是民本主义所没有的，而吾国先哲根本就没有想到。纵在欧洲，亚理斯多德⑤虽知分权，但他所注意的只是权力的分离，未曾说到权力的制衡，最初提出制衡之说的则为罗马的鲍里贝士⑥（Polybius）⑦。对此，中西文的西洋政治思想史均有叙述，本书不必赘言。

---

① 通常译作"麦迪逊"。——编者
② *The Federalist* (Modern Library, 1937), No. 51, p. 337.
③ Ibid, No. 47, p. 313.
④ C. Schmitt. *Verfassungslehre*, 1928, S. 186.
⑤ 通常译作"亚里士多德"。——编者
⑥ 通常译作"波利比乌斯"。——编者
⑦ 可阅 W. A. Dunning, *A History of Political Theorles, Ancient and Mediaeval*, 1923, p. 76ff, p. 116f.

然则民主政治的三种制度是什么呢？大凡理想没有方法使之实现,不过空言而已。于是民主与民本又有一个重要的区别,民本只有理想,而民主则有制度,其制度为下述三种。

一是公意政治。立法权属于议会,议会由人民选举代表组织之。议会每隔数年,改选一次,其讨论议案必须公开为之。公开就是要令人民知道议会的活动。议会不能代表公意,人民在下届选举,可以改选别人。民意代表恐下届落选,依理非遵从公意不可。赫勒尔(H. Heller)说,"人类的权力如果不受拘束,必将变为专恣,而至于倾覆,所以议会虽系决定一切国家活动的最高机关,亦须受制于人民"①。

二是法治政治。国人有一种错误观念,以为法治政治是要求人民守法。人民有服从法律的义务载在宪法之上,又有刑法、民法等等以制裁人民之违法。民主政治所谓法治是要政府(行政权)守法。行政权的活动有一定范围,而其范围大小又确定于法律之上。古代专制君主可以任意行使权力,权力大小没有一定范围。人民战战兢兢,日夜处于恐怖之中,而哪一种恐怖于哪一时来临,又不能预先忖度,讲求应付之法。孟德斯鸠所谓"心理上的安宁"(tranquility of mind)②便不存在。反之,在民主国家,行政权的活动必须根据法律,因之权力大小如何,活动范围如何,均能预先测知。权力不是无限的,便易于控制。但行政权活动的范围要随时势的需要,随时变更,不宜硬性限定。然则如何是可？预算可以挽救这个缺点。我们知道行政须有经费,行政每年未必相同,因之行政经费也每年稍有变更(由此可以补救行政权活动的范围能够弹性地做合理的限界),每年行政经费须一一规定于预算之上,预算必须民意机关同意,这不但可以达成公意,且可使政府行政合于法治政治的要求。

三是责任政治。民主政治一方是公意政治,同时又是法治政治,万一政府违反公意,触犯法律,又将如何挽救？于是民主政治又要求责任政治。凡

---

① H. Heller, *Rechtsstaat oder Diktatur?*, 1930, S. 6.
② F.W. Coker, *Readings in Political Philosophy*, 1938, p. 613. 拙著《西洋政治思想史》多根据此书。此书好在只摘要原著,不参以编述者的意见。是书于1938年以后,又有改版。

政府违反公意,民意机关可表示不信任,要求政府辞职①,而最有力的方法还是预算议决。今只举出英法二国为例言之。英国分收入及支出为永久性和一时性两种。永久性的收入和支出不须每年征求国会同意。一时性的收入和支出须每年由国会议决一次。预算不能通过,政府固然可用永久性的收入以充永久性的支出,但所得税及茶税乃视为一时性的收入,陆海空军的经费以及文官的薪俸又视为一时性的支出,此数者都要每年征求国会同意。所以预算不能通过,税收减少了,而国防无法维持,官吏得不到薪俸,不能不说是严重的问题②。法国的情况更为严重。法国关于收入及支出没有区别一时性或永久性,一切收支都须每年由国会议决一次。所以预算不能通过,任何赋税皆不得征收,任何经费皆不得开支,国家财务行政完全停止,于是走私猖獗,而国债的利息、官吏的薪俸、学校的经费、军队的给养皆要停止支付,势非引起暴动不可③。以上是说明政府违犯公意之时,如何挽救的方法。

---

① 民意机关表示不信任有下述各种方法,不限于不信任投票。今将民意机关表示不信任的方法,列表如次:
  (一)暗示的不信任
    (1)否决政府提出的重要法案尤其是预算案。议会否决政府提出的重要法案,政府当然无从实行其重要政策。因之,这个否决可以表示议会反对政府的施政方针,而含有不信任政府之意。
    (2)通过政府反对的重要法案或修改政府提出的重要法案。议会修改政府提出的重要法案,政府当然须变更其重要政策,因之,这个修改同议会通过政府反对的重要法案,均是强迫政府实行政府所不同意的政策,所以结果与否决政府提出的重要法案相同,含有不信任政府之意。
  (二)明示的不信任
    (1)批评政府或某一位国务员的某一种行为,这在英国称为 vote of censure,这个时候,或是整个政府连带负责,或是该国务员单独负责。
    (2)通过一个议案,反对政府的一般政策,而要求政府辞职,这在英国称为 vote of want of confidence(不信任投票),而为议会不信任政府最明显的方法。
    由此可知议会表示不信任有种种方法,不信任投票不过其中一种而已。所以议会若有立法权,实可利用"通过"或"否决",强迫内阁辞职,原不必依靠不信任投票。换句话说,议会若有立法权,纵令没有不信任投票权,也可以强迫内阁就范,其结果与有不信任投票权相差无几。不信任投票与弹劾不同,弹劾是关于法律问题,为了实现法治政治,而监察官吏违犯法律的行为,在原则上,只唯违法的官吏才负其责。不信任投票则关于政策问题,为了实现公意政治,而监察政府违反公意的行为,在原则上,政府须连带负责。
② W. R. Anson, *The Law and Custom of the Constitution*, Vol. I, 5 ed. (by M. L. Gwyer), 1922, p. 291, 294. 今日制度当有变更。
③ R. Stourn, *The Budget*, (translated by T. Plazinsky), 1917, p. 381f.

至于政府触犯法律,又将如何对付?政府只是没有灵气的机构,本身不会犯法,犯法的乃是政府所任用的官吏。案官吏行为可分别为两种,一是官吏以私人资格而做的行为,二是官吏以官吏的资格而做的行为。因之官吏违法也分两种:一是官吏以私人资格而做的行为犯法,二是官吏以官吏资格而做的行为犯法。官吏私人犯法,固和一般人民一样,应负民法上或刑法上的责任。官吏行使职权,本来有遵守法令的义务,官吏玩忽法令,在法治政治之下,也须负法律上的责任,其所负的责有下列三种:(1)是民事责任,官吏职务上的犯法行为若属于民法上的侵权行为,应依民法规定,负损害赔偿责任。(2)是刑事责任,官吏职务上的犯法行为若属于刑法上的犯罪行为,应依刑法规定,受刑罚处分。(3)是惩戒处分,如申诫、减俸、停职、褫职等是。依各国之制,惩戒处分大率由主管长官为之。因为惩戒权乃是主管长官借以监督属僚的工具。唯关于停职褫职,或由主管长官提议,经普通法院、行政法院或行政官与司法官共同组织的惩戒委员会,依对审程序(Kontradiktorische Verfahren),用判决的形式为之。或由主管长官处理,处理不当,被惩戒人得要求法院、惩戒委员会或其他有关机关审查。必要时,被惩戒人与任命权人尚得为口头辩论,双方可聘请律师,并提出人证物证。审查的结果,审查机关可承认其处分,或取消其处分。兹宜特别注意者,惩戒与弹劾不同,惩戒乃上级官厅对其属僚为之。议会对于官吏不是上级官厅,而惩戒的原因又比弹劾的原因范围较大。例如官吏执行职务,不依服务规程;或对该项官职不甚适合,均得加以惩戒处分,而不必提出弹劾。总之,官吏的行动是处处要受法律拘束的。但是法律固足以拘束小吏,而却未必能够拘束大官。于是各国为了实现法治政治,就给予民意机关一个重要的武器,这个重要武器就是弹劾权。所以弹劾制度乃拘束大官而补法律之不完整。西汉之制,刺史不察黄绶(《汉书·朱博传》),即刺史只察二千石(郡守)、长吏(县令),丞尉以下不察,也是只许弹劾大官之意。更要注意的是,长官有指挥监督属僚的权。属僚执行职权,苟有犯法情事,这可以说是长官未尽指挥监督之责,所以长官不能辞其咎。而为属僚者若明知长官的命令违法,而犹奉行唯谨,亦应负责。台湾"刑法"第二十一条第二项规定"依所属上级公务员命令之职务上行为不罚,但明知命令违法者不在此限"。荀子说,"从道不从君"(《荀子》第十三篇《臣道》)。由荀子整个思想观之,这个"道"字当指礼义,礼以义为基础,而礼又包括"法"在其中,所以从道不从君就是从法不从君。君之命令尚可不从,何况上级公务员的命令? 赫伦(W. E. Hearn)说,"在英国,法律不许人士借口于命令而做不法的事。任谁都没有服从不法命令的义务。所以一个士兵依将帅的命令,向无辜群众开枪,而致引起死伤者,该士兵亦犯了杀人的罪。总之,凡依别人命令而做不法之事,皆不能以之为辩解的理由,纵令受命的人有服从发命的人的义务"[1]。麦耶尔(G. Meyer)亦说,"官吏对于违宪或违法的处分,可以拒绝服从。所谓违宪或违法的处分,一是上级官署权限以外的处分,二是不属于属僚的职权而竟令其执行的处分,三是违反法定形式的处分,四是抵触法律条文的处分"[2]。命令有此四者之一,官吏都不必服从,倘若服从,就应负法律上的责任。

上举第五条及第六条荀子之言均是由民本而主张天下定于一的策略。儒家之中,孟子主张行仁;荀子主张立义。行仁也好,立义也好,均以君主为主体。我曾说过,国家不统一由于地方割据,而地方之能割据,又由于地方官之有武力。汉初七国之乱、晋初八王之乱、唐末五代方镇之乱、明初燕王(成祖)之夺取建文帝位,何一不是因为他们之有武力? 打倒武力,只有利用武力,且需要一位英明的领袖为统一的中心,此不但吾国如此,就是外国亦莫不然。意大利的统一是以撒地尼亚[3](Sardinia)国王维多·伊曼纽尔二世[4](Victor Emmanuel Ⅱ)为中心,佐以首相喀富尔[5](C. B. di Cavour)的纵横策略、加里波底[6](G. Garibaldi)的武力进攻,而成统一之功。德意志的统一是以普鲁士国王威廉一世(Wilhelm Ⅰ)为中心,佐以俾斯麦的铁血主义,先打败奥地利,

---

[1] W. E. Hearn, *The Government of England*, p. 99.
[2] G. Meyer, *Lehrbuch des deutschen Staatsrechts*, 6Aufl, 1905, S. 514. 此书虽然出版已久,但其中所言尚可供今人参考者不少。
[3] 通常译作"撒丁"。——编者
[4] 现译作"维克托·埃马努埃莱"。——编者
[5] 通常译作"加富尔"。——编者
[6] 通常译作"加里波第"。——编者

次打败法国,也成功统一。综观中外历史,统一用和平谈判或开国民会议而能成功者,并不之有。昔者德意志因鉴于西欧各国均已建立统一的民族国家,1848年发生民众革命,革命民众自动召集国民制宪会议(Konstituierende Nationalversammlung)于法兰克福(Frankfurt),制定宪法,谋德国的统一。结果如何?徒劳无功。1866年以后,俾斯麦采用铁血政策,统一方才告成。此即统一非用武力不可之明证也。

孟子言行仁,反对用兵;荀子言立义,在必要时不惜用兵。不问用兵或不用兵,民本就是仁政。单说仁政,还可以实行于民主国,亦可以实行于开明专制国。可惜古人所说民本,其特征乃是"凡事谋人民的利益,凡事不由人民自己决定"(Alles für das Volk, Nichts durch das Volk.)。此盖如商鞅所说:"民不可与虑始,而可与乐成。"(《商君书》第一篇《更法》)尽管吾国士大夫反对商鞅,因而反对商鞅此言,而一旦从政,不知不觉之中,又深信商鞅此言而不疑,此盖人民多贪目前的小利,而罔顾未来的大益。"孔子始用于鲁,鲁人鹥诵之曰,麛裘而韠,投之无戾。韠而麛裘,投之无邮。用三年,男子行乎涂右,女子行乎涂左,财物之遗者,民莫之举,大智之用,固难逾也(逾当作谕,言大智之用固不能使人易晓也)。子产始治郑,使田有封洫,都鄙有服。民相与诵曰,我有田畴,而子产赋之。我有衣冠,而子产贮之。孰杀子产,吾其与之。后三年,民又诵之曰,我有田畴,而子产殖之。我有子弟,而子产诲之。子产若死,其使谁嗣之?"(《吕氏春秋》卷十六《先识览第四》之五《乐成》)民之不知利害也如此。我常常引严复及梁启超之言,证明仁政之不可恃,兹不厌重复,再举之,以作结论。严复说,"夫制之所以仁者,必其民自为之。使其民而不自为,徒坐待他人之仁我,不必蕲之而不可得也。就令得之,顾其君则诚仁矣,而制则犹未仁也。使暴者得而用之(之字当指权势),向之所以为吾慈母者,乃今为之豺狼可也。呜呼,国之所以常处于安,民之所以常免于暴者,亦恃制而已,非待其人之仁也。恃其欲为不仁而不可得也,权在我者也。使彼而能吾仁,即亦可以吾不仁,权在彼者也……(权)必在我,无在彼,此之谓民权"(严译《法意》第十一卷第十九章,复案)。梁启超之言亦值得参考。他说:"言仁政者只能论其当如是,而无术以使之必如是。虽以孔孟之至圣大贤,哓音瘏口以道之,而不能禁二千年来暴君贼臣之继出踵起,鱼肉吾民。何也？治人者有权而治于人者无权。其施仁也常有鞭长莫及、有名无实之忧,且不移时而熄焉。其行暴也,则穷凶极恶,无从限制,流毒及全国,亘百年而未有艾也。圣君贤相既已千载不一遇,故治日常少而乱日常多。若夫贵自由、定权限者……欲行暴者随时随事皆有所牵制,非惟不敢,抑亦不能……是故言政府与人民之权限者,谓政府与人民立于平等之地位,相约而定其界也,非谓政府畀民以权也。赵孟之所贵,赵孟能贱之。政府若能畀民权,则亦能夺民权。"(《饮冰室文集》之十《论政府与人民之权限》,中华版)

（四）政治上的平等

　　虽王公士大夫之子孙,不能属于礼义,则归之庶人。虽庶人之子孙也,积文学,正身行,能属于礼义,则归之卿相士大夫……勉之以庆赏,惩之以刑罚。安职则畜（畜,养也）,不安职则弃。(《荀子》第九篇《王制》)

　　王者之论,无德不贵,无能不官,无功不赏,无罪不罚。(《荀子》第九篇《王制》)

　　德必称位,位必称禄,禄必称用。(《荀子》第十篇《富国》)

上举荀子之言三条,第一条是主张参政平等,此似与本章第三节之(七)所述者矛盾。但本章第三节之(七)是对一般士庶,就用礼或用刑言之。本条是对精察之后,谁得参政言之。当时所谓参政权,不是指选举权,而是指任官权。第二条则补充第一条之不完备,子曰,"义者宜也"(《礼记注疏》卷五十二《中庸》)。管子说:"义者谓各处其宜也。"(《管子》第三十六篇《心术上》)所以平等只是相对的,须合于正义观念,即政治上的平等并不是说任谁都得要求政府必须任用自己为职官,而是说一切公民得依法律规定,按其有德或有能,有就任公职之权,政府不得依出身贵贱而分歧异于其间。荀子在第二条中,不单谓任官,且谓赏罚亦依其人的功罪,不以其人官位高低为准绳。第三条复进而说明凡有德者必有其位,居其位者必得其禄,得其禄者必足以维持与官位相称的生计,这都是合于"义者宜也"的平等。按平等的观念乃发生于不平等的社会,即社会上有不平等的现象,而后人士才会要求平等。然此又须人士有自觉之心,人士没有自觉,纵受差别待遇,亦必泰然处之,不会起来反抗。周为封建社会,封建社会乃是多层次的阶级制度,其结构形式有似金字塔,顶端为天子,次为公卿大夫,再次为四民。何谓四民?《公羊传》成公元年"三月,作丘甲",何休解诂,"古者有四民,一曰德能居位曰士,二曰辟土殖谷曰农,三曰巧心劳手以成器物曰工,四曰通财鬻货曰商。四民不相兼,然后财用足"。但是四民之中,士商较有自由,大部分农民乃束缚于土地之上①,有似欧洲中世的农奴。四民之下,复有俘虏异族而令其"给劳辱之役"的奴隶(《周礼注疏》卷三十四《司隶》)。农奴奴隶固不必说,而农民既纳赋税,又负担力役。他们缺乏知识,没有自觉,而只自叹"实命不同"(《毛诗注疏》卷一之五《国风·小星》),"天实为之,谓之何哉"(同上卷二之三《国风·北门》)。士则不然,他们也有农奴代其耕耘土地,可将余暇研究各种学术。终而跻身于统治阶级,如春秋初期,齐之管仲、鲁之曹刿就是其例。降至春秋之末而至战国时代,有识之士多开学招生,培养人才。士人人数增加,他们满腹经纶,而乃没有脱颖而出的机会,遂由自觉心的作用,对此不平等的待遇抱有极大的反感,乃提出贤者在位、能者在职的口号,而要求人君尊贤使能。此种口号很快传播天下,而摇动了门阀政治的基础。

今再回头解说上举三条荀子之言。关于第一条,法家的管子尚谓士之子恒为士,农之子恒为农,工之子恒为工,商之子恒为商(《管子》第二十篇《小匡》)。儒家的孟子亦谓"仕者世禄"(《孟子·梁惠王下》)。《周礼》有"以世事教能,则民不失职"之句,郑玄注,"世事谓士农工商之事,少而习焉,其心安焉,因教以能,不易其业"。贾公彦疏,"父祖所为之业,子孙述而行之,不失本职,故云以世事教能,则民不失职也"(《周礼注疏》卷十《大司徒》)。《左》昭二十六年晏子说,"在礼……民不迁,农不移,工贾不变",杜预注,"守常业"。在这世守其职,而士庶有别之时,荀子本条之言可以称为进步的思想。但民庶能否属于礼义,

---

① 商人比较自由,我们只观《左》僖三十三年郑商人弦高之事,即可知之。农民束缚于土地之上,我们观孟子说明井田之制,而谓"死徙无出乡",《左传》又有"在礼……农不移"(《左》昭二十六年)之语,可知农民没有迁徙的自由,农民固然可以使用土地,而对于土地乃没有所有权,因之也没有处分权。《王制》有"田里不鬻"(《礼记注疏》卷十二《王制》)之言,即谓农民不得处分土地。

又如何甄别之？这大约是用乡举里选之法，采毁誉于众多之论。汉代常令郡国贡举贤良文学及博士弟子。贤良文学举了之后，多加考试，这个考试称为对策。博士弟子举了之后，则派到太常受业，一年以后加以考试。这个考试称为射策。"射策者谓列策于几案，贡人以矢投之，随所中而对之也。"(《汉书》卷八十一《匡衡传》师古注、卷七十八《萧望之传》师古注)古者男子必须学射，而周代初年又有射侯之仪，"射侯者射为诸侯也。射中，则得为诸侯；射不中，则不得为诸侯"(《礼记注疏》卷六十二《射义》)。射策之"射"当由此而来。

第二条荀子之言可分为前后两段。前段"无德不贵，无能不官"是主张任官平等，而与孟子所说"贤者在位，能者在职"(《孟子·公孙丑上》)旨趣相同。盖有德就是贤，贤者应贵，而赐以爵位。二子所谓"能"均指有才之人，凡人有才的，应授以官职。后段"无功不赏，无罪不罚"是主张刑赏平等，不分亲疏贵贱于其间。即不但如韩非所说，"圣人之治国也，赏不加于无功，而诛必行于有罪者也"(《韩非子》第十四篇《奸劫弑臣》)，且又如韩非另外所说，"诚有功，则虽疏贱必赏；诚有过，则虽近爱必诛"(《韩非子》第五篇《主道》)。

第三条之"德必称位"一语，无须说明。应说明的为"位必称禄，禄必称用"。荀子之意盖谓在其位者须能得到该位所应得的禄。得其禄者不但可以维持一家的生计，而且可以供给与其职相称的一切私人开支，否则贪邪之风是免不了的。贪邪之风可以分为三个阶段：第一阶段是因贫而贪，即如崔寔所说："奉禄甚薄，仰不足以养父母，俯不足以活妻子。父母者性所爱也，妻子者性所亲也，所爱所亲方将冻馁，虽冒刃求利，尚犹不避，况可令临财御众乎！是所谓渴马守水，饿犬护肉，欲其不侵，亦不几矣。"(《全后汉文》卷四十六崔寔《政论》，世界版)到了贪污成为普遍现象，而进入第二阶段，那就不是因贫而贪邪，而是用贪邪以致富，上承权贵，下积私蓄。此际固若王安石所说，"人主于士大夫，能饶之以财，然后可责之以廉耻。方今士大夫所以鲜廉寡耻，其原亦多出于禄赐不足"(《王临川全集》卷六十二《看详杂议》之三《议日罢官而止俸》)，然而加俸而又加俸，又未必有补于事。弄到结果，选者为钱择官，官者为身择利，悠悠风尘尽冒货之士，列官千百无清廉之风。于是又发生了第三阶段的现象，而如王符所说，"官益大者罪益重，位益高者罪益深尔……孔子曰，国有道，贫且贱焉,耻也。国无道,富且贵焉,耻也……盖言衰世之士,志弥洁者身弥贱,佞弥巧者官弥尊也"(《潜夫论》第九篇《本政》)。就贪邪言,官益大,位益高,贪污愈甚。但大官巨吏尽量贪污,亦不会发生问题,要是小吏为了数千元的金钱,做出枉法之事,法律会跟在背后,令你进入囹圄。到了这种地步,虽有监察机关,亦必无补于事。商鞅说,"夫置丞立监者,且以禁人之为利也。而丞监亦欲为利,则何以相禁?故恃丞监而治者,仅存之治也"(《商君书》第二十四篇《禁使》)。西谚有"谁看守看守人"(Who will oversee the overseers?)之语,可知专靠监察制度以防贪邪,势只有增加一个更贪邪的机关。

(五) 改革

国乱而治之者,非案乱而治之之谓也。去乱而被之以治。人污而修之者,非案污而修之之谓也,去污而易之以修。故去乱而非治乱也,去污而非修污也。(《荀子》第三篇《不苟》)

荀子本条之言盖谓政治腐化已极,虽欲改革,亦不可能,势只有革命,才能去污布新。尸子曾言:"祸之始也易除,其除之不可者避之。及其成也,欲除之不可,欲避之不可……干霄之木,始若蘖足,易去也。及其成达也,百人用斧斤,弗能偾也。燎火始起,易息也。及其焚云梦、孟诸,虽以天下之役,扜江汉之水,弗能救也。夫祸之始也,犹燎火蘖足也,易止也。及其措于大事,虽孔子、墨翟之贤,弗能救也。"(《尸子》卷上《贵言》)董仲舒之言,更能阐明荀子之意。他谓"夫救蚤而先之,则害无由起,而天下无害矣……绝乱塞害于将然而未形之时,《春秋》之志也,其明至矣……故救害而先知之,明也"(《春秋繁露》第二十九篇《仁义法》)。董氏又说:"孔子曰,腐朽之木不可雕也,粪土之墙不可圬也……法出而奸生,令下而诈起,如以汤止沸,抱薪救火,愈甚亡益也。窃譬之琴瑟不调,甚者必解而更张之,乃可鼓也。为政而不行,甚者必变而更化之,乃可理也。当更张而不更张,虽有良工,不能善调也。当更化而不更化,虽有大贤,不能善治也。"(《汉书》卷五十六《董仲舒传》)董氏之言即朱熹所说:"譬如补锅,谓之小补可也。若要做,须是一切重铸。"(《朱子语类》卷一百八《论治道·德明》)吾最赞成《淮南子》之言:"所以贵扁鹊者,非贵其随病而调药,贵其擪息脉血,知病之所从生也。所以贵圣人者,非贵随罪而鉴刑也,贵其知乱之所由起也。"(《淮南子》卷二十《泰族训》)此种知几而预防,自非俗吏之所能为。贾谊说:"俗吏之所务在于刀笔筐箧,而不知大体。"补注引"周寿昌曰,刀笔以治文书,筐箧以贮财币,言俗吏所务在科条、征敛也"(《汉书》卷四十八《贾谊传》)。最多亦不过头痛医头,脚痛医脚,而不知清其源而治疗之,岂但头痛不愈,脚痛益甚,吾恐全身皆病,而不知所措矣。

第六节
人　治

　　故有良法而乱者有之矣,有君子而乱者,自古及今未尝闻也。(《荀子》第九篇《王制》)

　　有乱君无乱国,有治人无治法。羿之法非亡也,而羿不世中。禹之法犹存,而夏不世王。故法不能独立,类不能自行。得其人则存,失其人则亡。法者治之端也,君子者法之原也。故有君子,则法虽省,足以遍矣。无君子,则法虽具,失先后之施,不能应事之变,足以乱矣。(《荀子》第十二篇《君道》)

　　人主之害不在乎不言用贤,而在乎不诚必用贤。夫言用贤者口也,却贤者行也(言行不一致)。口行相反,而欲贤者之至,不肖者之退也,不亦难乎?(《荀子》第十四篇《致士》)

　　士有妒友,则贤交不亲。君有妒臣,则贤人不至。(《荀子》第二十七篇《大略》)

　　请问为政,曰贤能不待次而举,罢不能不待须(须臾也)而废。(《荀子》第九篇《王制》)

　　古之人……其取人有道,其用人有法。取人之道,参之以礼;用人之法,禁之以等。行义动静,度之以礼;知虑取舍,稽之以成;日月积久,校之以功。故卑不得以临尊,轻不得以县重,愚不得以谋知,是以万举而不过也。故校之以礼，而观其能安敬也。与之举措迁移，而观其能应变也。与之安燕，而观其能无流慆也。接之以声色、权利、忿怒、患险，而观其能无离守也。彼诚有之者与诚无之者，若白黑然，可诎邪哉(言黑白分明，焉可枉屈乎哉)？《《荀子》第十二篇《君道》》

君人者不可以不慎取臣……均薪施火，火就燥；平地注水，水流湿。夫类之相从也，如此之著也。《《荀子》第二十七篇《大略》》

上举荀子之言共有七条，第一条及第二条均谓人比法重要。关于第一条，《荀子》第十四篇《致士》亦有同一文句。孔子曾言，"制度在礼，文为在礼，行之其在人乎"《《礼记注疏》卷五十《仲尼燕居》》。"子曰，文武之政布在方策，其人存则其政举，其人亡则其政息……故为政在人。"《《礼记注疏》卷五十二《中庸》》这是儒家孔子的意见。现在再看法家管子之言。他说："古之圣王所以取明名广誉、厚功大业，显于天下，不忘于后世，非得人者，未之尝闻。暴王之所以失国家，危社稷，覆宗庙，灭于天下，非失人者，未之尝闻。"《《管子》第十篇《五辅》》又说："明主之治天下也，必用圣人，而后天下治……故治天下而不用圣人，则天下乖乱而民不亲也。"《《管子》第六十四篇《形势解》》此种言论散见于先秦诸子著作之中者颇多。兹只举秦汉时代杂家《淮南子》之言。他谓"法虽在，必待圣而后治……故国之所以存者，非以有法也，以有贤人也。其所以亡者，非以无法也，以无贤人也"《《淮南子》卷二十《泰族训》》。然而人主未必贤，当然不知选贤，而只选其心之所谓贤。荀子之徒韩非说过，"燕子哙贤子之而非孙卿，故身死为僇。夫差智太宰嚭而愚子胥，故灭于越"《《韩非子》第三十八篇《难三》》。如此，贤不贤固依人主之主观的见解而定之。何况"凡人臣之事君也，多以主所好事君"《《商君书》第十四篇《修权》》。"人主好贤，则群臣饰行以要君欲。"《《韩非子》第七篇《二柄》》东汉崇儒，举士以通经行修为主。于是士大夫多矫饰其行，而沽名钓誉便成为一代风气。例如李充伪依其妇之言，与兄弟分异，旋即置酒宴客，共议其事，而宣布其妇离间母兄，逐之出门。延平(殇帝)中诏举隐士大儒，充遂特征为博士(其详见《后汉书》卷八十一《李充传》)。又有樊英者毫无才学，而乃饰伪以邀誉，钓奇以惊俗，自州郡、公卿，上至天子前后礼请，皆不应。不应一次，名望即上涨一倍。及应聘而登高位，竟无奇谋深策，谈者以为失望（其详见《资治通鉴》卷五十一顺帝永建二年）。善乎韩非之言，"今贞信之士不盈于十，而境内之官以百数；必任贞信之士，则人不足官。人不足官，则治者寡而乱者众矣"（《韩非子》第四十九篇《五蠹》）。然则如何而可？韩非以为"今天下无一伯夷，而奸人不绝世。故立法度量，度量信，则伯夷不失是，而盗跖不得非。法分明，则圣不得夺不肖，强不得侵弱，众不得暴寡……服虎而不以柙，禁奸而不以法，塞伪而不以符，此贲、育之所患，尧、舜之所难也。故设柙非所以备鼠也，所以使怯弱能服虎也。立法非所以备曾、史也，所以使庸主能止盗跖也。为符非所以豫尾生也，所以使众人不相谩也"（《韩非子》第二十六篇《守道》）。其实，法又何足恃？吾人读本条荀子及各家之言，即可知之。法不足恃，求救于人，人不足恃，又求救于法，古人思想多陷入循环论。

第二条也是主张人比法更重要。荀子由礼治而法治，由法治又归于人治。据韩非之言，人治亦不足恃。此盖古人有民本思想而无迫令人主实行民本思想的方法之故。前已说过民主以分权为基础，吾国先哲有分职之说，无分权之言。唐代初年三省制度略近于分权。其制如胡致堂所说，"中书出令，门下审驳，而尚书受成，颁之有司"（《通考》卷五十《门下省》）。王鏊亦说，"唐初，始合三省，中书主出命，门下主封驳，尚书主奉行"（王鏊撰《震泽长语上·官制》），这颇有似于美国制度：国会制定法律，法院审查法律，总统执行法律。但法院主要的职务是审判民刑诉讼案件，唐代门下省则无此权，而三省长官又由天子任用，故名为分权，实则集权于天子。《淮南子》说，"古之置有司也，所以禁民，使不得自恣也。其立君也，所以剬有司，使无专行也。法籍礼仪者所以禁君，使无擅断也"（《淮南子》卷九《主术训》）。置有司使民不得自恣，立君使有司不得专行。定法籍，制礼义，使君不得专断，言之甚易，试问人君不顾法籍礼义，又将如之何？

第三条荀子之言是谓人主关于用贤方面言行不一致之弊。《六韬》（《文韬·举贤第十》）云："举贤而不用，是有举贤之名，而无用贤之实也。"刘向谓"夫智不足以见贤，无可奈何矣。若智能见之，而强不能决，犹豫不用，而大者死亡，小者乱倾，此甚悲哀也"（《说苑》卷八《尊贤》）。"子路问于孔子曰，贤君治国，所先者何？孔子曰，在于尊贤而贱不肖。子路曰，由闻晋中行氏尊贤而贱不肖矣，其亡何也？孔子曰，中行氏尊贤而不能用，贱不肖而不能去。贤者知其不用而怨之，不肖者知其必己贱而雠之。怨雠并存于国，邻敌构兵于郊，中行氏虽欲无亡，岂可得乎？"（《孔子家语》第十三篇《贤君》）"仲弓……问政，子曰……举贤才。曰，焉知贤才而举之？子曰，举尔所知，尔所不知，人其舍诸？"（《论语·子路》）孔子答仲弓之言太过乐观，各人见解不同，各人所认为贤不肖亦有异，各人各举其所认为贤才的人，势必酿成朋党之祸，吾人观唐代的牛李党、宋代的新旧党，即可测知孔子之言的流弊。案人主不能选贤乃有三种原因，一是人主不知谁是贤人而用之，这已举韩非之言（《韩非子》第三十八篇《难三》），而说明于前了。二是人主自智而不肯接士。《吕氏春秋》说："亡国非无智士也，非无贤者也，其主无由接故也。无由接之患，自以为智，智必不接。今不接而自以为智，悖。若此，则国无以存矣，主无以安矣。"（卷十六《先识览第四》之三《知接》）三是奸臣妒贤而不肯荐，关此当说明于第四条。

第四条荀子之言是谓妒臣能够蔽君，使君不得用贤。申子谓"一臣专君，众臣皆蔽"（《申子》）。倘若奸臣在侧，贤人又安能至，所以人主对其左右不可不严。何况"人臣之情非必能爱其君也，为重利之故也"（《韩非子》第七篇《二柄》）。"君以计畜臣，臣以计事君，君臣之交，计也。害身而利国，臣弗为也。害国而利臣，君不为也。臣之情害身无利，君之情害国无亲，君臣也者以计合者也。"（《韩非子》第十九篇《饰邪》）君臣关系如此，人主何能不备其臣之奸？王符曾言："凡有国之君未尝不欲治也，而治不世见者，所任不贤故也。世未尝无贤也，而贤不得用者，群臣妒也。"（《潜夫论》第十篇《潜叹》）"夫在位者之好蔽贤……自古而然。"（同上）故凡"处位卑贱而欲效善于君，则必先与宠人为雠矣"（同上第六篇《明暗》）。宠人日在人主左右，可用单言片语，移动人主之意。《吕氏春秋》云，"夫无功不得民，则以其无功不得民伤之。有功得民，则又以其有功得民伤之"（卷十八《审应览第六》之四《离谓》）。有功受谮，谓其心怀不轨；无功受谮，谓其碌碌无能，如是，为人臣者何以自处？但是贤臣亦不易知，贤人弃于野，则佞臣之党满乎朝，天下不乱，乃是罕有的事。陆贾说："人君莫不知求贤以自助，近贤以自辅。然贤圣或隐于田里而不预国家之事者，乃观听之臣不明于下,则闭塞之讥归于君。闭塞之讥归于君,则忠贤之士弃于野。忠贤之士弃于野,则佞臣之党存于朝。佞臣之党存于朝,则下不忠于君。下不忠于君,则上不明于下。上不明于下,是故天下所以倾覆也。"(《新语》第七篇《资质》)

第五条荀子之言,是谓用贤而退不肖,不可专依年劳。董仲舒谓"且古所谓功者,以任官称职为差,非谓积日累久也。故小材虽累日,不离于小官;贤材虽未久,不害为辅佐。是以有司竭力尽知,务治其业,而以赴功。今则不然,累日以取贵,积久以致官,是以廉耻贸乱,贤不肖浑淆,未得其真"(《汉书》卷五十六《董仲舒传》)。即董氏反对"累日以取贵,积久以致官"之制。陆贽说:"夫核才取吏,有三术焉,一曰拔擢,以旌其异能;二曰黜罢,以纠其失职;三曰序进,以谨其守常。如此,则高课者骤升,无庸者亟退。其余绩非出类,守不败官,则循以常资,约以定限。故得殊才不滞,庶品有伦,参酌古今,此为中道。"(《陆宣公奏议》卷十一《论朝官阙员及刺史等改转伦序状》,世界版《翰苑集注》)陆氏所谓拔擢与黜罢是指考课,所谓序进是指年劳。考课与年劳不同,考课是以日月验其职业之修废,年劳是以日月计其资格之深浅。自后魏崔亮创"停年格"(《魏书》卷六十六《崔亮传》),唐代裴光庭定"循资格"(《新唐书》卷一百八《裴光庭传》)之后,考课与年劳渐混而为一。贤者当拔擢,竟以资浅而抑之;不肖者当黜罢,又以年深而升之。陆贽谓"《虞书》'三载考绩,三考黜陟幽明',是则必俟九年,方有进退。然其所进者或自侧微而纳于百揆,虽久于任,复何病哉?汉制,部刺史秩六百石,郡守秩二千石。刺史高第者即迁为郡守。郡守高第者即入为九卿,从九卿即迁亚相、相国,是乃从六百石吏而至台辅,其间所历者三四转耳。久在其任,亦未失宜。近代建官渐多,列级逾密。今县邑有七等之异,州府有九等之差。同谓省郎,即有前、中、后、行郎中、员外五等之殊。并称谏官,则有谏议大夫、补阙、拾遗三等之别。洎诸台寺,率类于斯,悉有常资,各须循守。若依唐虞故事,咸以九载为期,是宜高位常苦于乏人,下寮每嗟于白首,三代为理,损益不同,岂必乐于变易哉?盖时势有不得已也。至如鲧堙洪水,绩用靡成,犹终九年,然后殛窜。后代设有如鲧之比者,岂复能九年而始行罚乎?臣固知其必不能也。行罚欲速而进官欲迟,以此为稽古之方,是犹却行而求及前人也……夫长吏数迁,固非理道,居官过久,亦有弊生。何者?时俗常情,乐新厌旧,有始卒者,其唯圣人。降及中才,罕能无变,其始也,砥励之心必切;其久也,因循之意必萌。加以……莅职既久,宁无咎愆?或为奸吏所持,或坐深文所纠。偶以一跌,尽隳前功,至使理行不终,能名中缺,岂非上失其制,而推致以及于斯乎?……迁转甚速,则人心苟而职业不固;甚迟,则人心怠而事守浸衰,然则甚速与甚迟,其弊一也"(《陆宣公奏议》卷十一《论朝官阙员及刺史等改转伦序状》)。

宋代虽有考课,然其考课似与年劳无别。仁宗初年,范仲淹说:"知县两任,例升同判。同判两任,例升知州……贤愚同等,清浊一致。"(《范文正公集》卷八《天圣五年上执政书》)中年(庆历八年)张方平亦说,"祖宗之时,文武官不立磨勘(勘验成绩即考课)年岁,不为升迁资序。有才实者,从下位立见超擢。无才实者,守一官者十余年不转其任……当时人皆自勉,非有劳效,知不得进。祥符之后,朝廷益循宽大,自监当入知县,知县入通判,通判入知州,皆以两任为限。守官及三年,例得磨勘。先朝始行,未见其弊,及今年深,习以为常,皆谓分所应得,无贤不肖莫知所劝,愿陛下稍革此制"(《宋史》卷一百六十《选举志六·考课》)。考课变成年劳,凡迁官者皆谓"分所应得",当然不能劝励百官之进取。而宋代太过注重资历,由此亦可知矣。司马光说,"臣窃见国家所以御群臣之道,累日月以进秩,循资涂而授任。苟日月积久,则不择其人之贤愚而置高位。资涂相值,则不问其人之能否而居重职"(《司马温公文集》卷二《言御臣上殿札子》,中华版)。王安石亦说,"至于任之,又不问其德之所宜,而问其出身之后先,不论其才之称否,而论其历任之多少……朝廷明知其贤能足以任事,苟非其资序,则不以任事而辄进之,虽进之,士犹不服也。明知其无能而不肖,苟非有罪,为在事者所劾,不敢以其不胜任而辄退之,虽退之,士犹不服也。彼诚不肖无能,然而士不服者何也?以所谓贤能者任其事,与不肖而无能者,亦无以异故也"(《王临川全集》卷十九《上仁宗皇帝言事书》,世界版)。而且宋代依唐之制,以文学取士,凡不由文学出身者,称之为流外,当终身为吏胥,不能跻身于较高的地位。王安石说,"又其次曰流外,朝廷固已挤之于廉耻之外,而限其进取之路矣……古者有贤不肖之分,而无流品之别,故孔子之圣而尝为季氏吏,盖虽为吏,而亦不害其为公卿。及后世有流品之别,则凡在流外者,其所成立，固尝自置于廉耻之外，而无高人之意矣。夫以近世风俗之流靡，自虽士大夫之才，势足以进取，而朝廷尝奖之以礼义者，晚节末路往往怵而为奸，况又其素所成立，无高人之意，而朝廷固已挤之于廉耻之外，限其进取者乎？其临人亲职，放僻邪侈，固其理也"（《王临川全集》同上）。

经元至明，考课自始就有名无实。成化时，王瑞疏言，"三载黜陟，朝廷大典。今布、按二司贤否，由抚、按牒报。其余由布、按评覆。任情毁誉，多至失真"（《明史》卷一百八十《王瑞传》）。万历中，邱橓亦言，"京官考满，河南道例书称职（河南道监察御史协管两京衙门甚多，故云）。外吏给由，抚按官概与保留。以朝廷甄别之典为人臣交市之资，敢徇私而不敢尽法，恶无所惩，贤亦安劝……抚按定监司考语，必托之有司；有司则不顾是非，侈加善考。监司德且畏之，彼此结纳，上下之分荡然，其考守令也，亦如是"（《明史》卷二百二十六《邱橓传》）。不但考守令如此而已，州县佐贰亦临民之官，平日视之若舆隶，任其污黩害民，及至考课，又概与上考。邱橓说："州县佐贰虽卑，亦临民官也……今也役使遣诃，无殊舆隶。独任其污黩害民，不屑禁治……及至考课，则曰此寒官也，概与上考。若辈知上官不我重也，则因以自弃；知上官必我怜也，又从而日偷。"（同上《邱橓传》）明代同宋一样，重视资格，甚至考课也受资格的拘束。邱橓说："荐举纠劾，所以劝惩有司也。今荐则先进士，而举监非有凭借者不与焉。劾则先举监，而进士纵有訾议者罕及焉。"（同上《邱橓传》）贾三近亦说，"抚按诸臣遇州县长吏，率重甲科而轻乡举。同一宽也，在进士则为抚字，在举人则为姑息。同一严也，在进士则为精明，在举人则为苛戾"（《明史》卷二百二十七《贾三近传》）。考课功过乃以出身为标准，贤无所劝，恶无所惩，明代吏治之坏，考课有名无实实为重大原因。

以上所述似旁涉，实未离题，盖借古人之言及古代之事，以阐明荀子所说，"贤能不待次而举，罢不能不待须而废"，乃是为政的要道。

第六条所举荀子之言是说明大有为的人君用人之法。《三略》《中略》云，"军势曰，使智使勇，使贪使愚。智者乐立其功，勇者好行其志，贪者邀趋其利，愚者不顾其死。因其至情而用之，此军之微权（微妙之权术）也"。又《下略》云："清白之士不可以爵禄得，节义之士不可以威刑胁。故明君求贤，必观其所以而致焉,致清白之士修其礼,致节义之士修其道,而后士可致而民可保。"明初方孝孺之言更切实可用。他说:"善用人者,因其所长而用之,而不夺其所好。彼好名也,吾因而与之以名,则天下之好名而愿行其道者无不至,而吾之才不可胜用矣。彼喜功者,能治民则喜因治民以立功;能用兵,则喜因用兵以立功;能兴礼乐,理风俗,则喜挟其所能以立功。然使各尽其才,而如其所欲,则其所立非彼之功,乃有国者之功也。用一人而使喜功者皆至,于国何损乎?"(《逊志斋集》卷二《深虑论十》,中华版)明末有李贽者,其言比方氏更为明显。他谓"贪财者与之以禄,趋势者与之以爵,强有力者与之以权……各从所好,各骋所长,无一人之不中用,何其事之易也"(《李氏焚书》卷一《答耿中丞》)。又谓"孔子知人之好名也,故以名教诱之。大雄氏知人之怕死也,故以死惧之。老氏知人之贪生也,故以长生引之。皆不得已权立名色,以化诱后人,非真实也"(《李氏焚书》卷一《答耿司寇》)。李氏之言虽然偏激,然比之空言选用贤能而不能说出方法者,似尚胜一筹。

第七条所举荀子之言,重点在于警戒人主不慎取臣,势必发生"主势降乎上,党与成乎下"的现象。《六韬》云,"君以世俗之所誉者为贤,以世俗之所毁者为不肖,则多党者进,少党者退。若是则群邪比周而蔽贤,忠臣死于无罪,奸臣以虚誉取爵位,是以世乱愈甚,则国不免于危亡"(《文韬·举贤第十》)。韩非亦说:"相爱者比周而相誉,相憎者朋党而相非,非誉交争,则主惑乱矣。"(《韩非子》第十八篇《南面》)历代朋党的发生均如王符所说,"俗人之相于也,有利生亲,积亲生爱,积爱生是,积是生贤。情苟贤之,则不自觉心之亲之,口之誉之也。无利生疏,积疏生憎,积憎生非,积非生恶。情苟恶之,则不自觉心之外之,口之毁之也"(《潜夫论》第三十篇《交际》)。东汉党锢之祸是因"桓灵之间,主荒政缪,国命委于阉寺,士子羞与为伍,故匹夫抗愤,处士横议"(《后汉书》卷六十七《党锢传》序)。朝野名流"非讦朝政……太学生争慕其风,以为文学将兴,处士复用"(《后汉书》卷五十三《申屠蟠传》),而又加以外戚(大将军窦武)、大臣(太傅陈蕃、河南尹李膺等)的声援。当世名流互相结合,有三君、八俊、八顾、八及、八厨的称号,"窦武、刘淑、陈蕃为三君,君者言一世之所宗也"。李膺等八人为八俊,"俊者言人之英也"。郭林宗等八人为八顾,"顾者言能以德行引人者也"。张俭等八人为八及，"及者言其能导人追宗者也"。度尚等八人为八厨，"厨者言能以财救人者也"（《后汉书》卷六十七《党锢列传》序）。此辈朝野名士互相标榜，以攻击宦官为事，终至发生党锢之祸，即东汉党锢之祸乃是士人反对宦官，绝不是朋党之争。唐代的牛李党均恃宦官以为援，牛党以牛僧孺为领袖，李党以李德裕为领袖。牛僧孺"贞方有素，人望式瞻"（《旧唐书》卷一百七十二《牛僧孺传》）。其两次入相（第一次在穆宗长庆三年，第二次在文宗大和四年）均间接与宦官有关。第一次为相由于李逢吉（李逢吉一派结为八关十六子，但僧孺不与焉）的汲引，而李逢吉则以宦官王守澄为后援。第二次入相由于李宗闵的推荐，而李宗闵"以中人助"，先李德裕秉政，"且得君"（《新唐书》卷一百八十《李德裕传》）。李德裕"以器业自负……奖善嫉恶"（《旧唐书》卷一百七十四《李德裕传》）。而其入秉朝政，则与宦官（宦官为监军杨钦义，德裕原与结交，其后钦义知枢密，德裕柄用，钦义颇有力焉。胡三省注云，言德裕亦不免由宦官以入相。见《通鉴》卷二百四十六《唐纪》文宗开成五年）结交，是则当时所谓朋党之争乃与东汉不同，不是士人反对宦官，而确是士人分裂为朋党而做夺取政权的斗争。唐文宗对李石说，"从前宰相用人，有过，曲为蔽之，不欲人弹劾，此大谬也"（《旧唐书》卷一百七十二《李石传》）。文宗虽知其谬，而竟束手无策，只有叹息，"谓侍臣曰，去河北贼非难，去此朋党实难"（《旧唐书》卷一百七十六《李宗闵传》）。宋代党争又与唐代不同，唐代牛李党没有政见，至少没有确实而不同的政见。宋代新旧党则有明确的政见，因政见之不同，遂互斥异己者为邪党。范纯仁谓"朋党之起，盖因趣向异同。同我者谓之正人，异我者疑为邪党。既恶其异我，则逆耳之言难至；既喜其同我，则迎合之佞日亲。以至真伪莫知，贤愚倒置，国家之患率由此也"（《宋史》卷三百一十四《范纯仁传》）。结果便如徽宗时范纯礼所说，"今议论之臣……以元丰为是，则欲贤元丰之人；以元祐为非，则欲斥元祐之士。其心岂恤国事，直欲快私忿以售其奸，不可不深察也"（《宋史》卷三百一十四《范纯礼传》）。由党派的成见引起宰臣之不断更迭，由宰臣的更迭，引起国策之不断改变。早在仁宗时代，欧阳修就谓"古之善治其国而爱养斯民者，必立经常简易之法"。丘濬解释云，"经常则有所持循，而无变易之烦。简易则易以施为，而无纷扰之乱"（《大学衍义补》卷二十四《经制之义下》）。同时尹洙之言，意义尤深。他说，"夫命令者，人主所以取信于下也。异时民间,朝廷降一命令,皆竦视之。今则不然,相与窃语,以为不久当更,既而信然。此命令日轻于下也,命令轻,则朝廷不尊矣"(《宋史》卷二百九十五《尹洙传》)。宋代因党争之故,宰臣日更,法令日变,其结果,便疑人疑法,因法之难行,而疑用人之失;因人之有失,而疑法之不善。法日变,国家无一定的政策。人日更,中央机构的基础不能安定。苏轼说,"夫天下有二患,有立法之弊,有任人之失。二者疑似而难明,此天下之所以乱也。当立法之弊也,其君必曰,吾用某也,而天下不治,是某不可用也。又从而易之。不知法之弊,而移咎于其人。及其用人之失也,又从而尤其法,法之变未有已也。如此,则虽至于覆败,死亡相继而不悟,岂足怪哉"(《苏东坡全集·应诏集》卷一《策略第三》,世界版)。在此种政局之下,国家不乱已经不易,更何能富国强兵以御外侮?经元至明,明代末叶才有朋党,称为东林党。东林党创立于顾宪成,他累与执政(张居正)抵牾,而廷推阁臣之时,又忤帝意,削籍里居,修东林书院,偕同志高攀龙等讲学其中。当是时士大夫抱道忤时者,率退处林野,闻风向附,学舍至不能容。讲学之余,往往讽议朝政,裁量人物,朝士慕其风者,多遥相应和,由是东林名大著,而忌者亦多(《明史》卷二百三十一《顾宪成传》)。案明代"士大夫好胜喜争"(《明史》卷二百四十《叶向高传》),"又不降心平气,专务分门立户",其"论人论事者各怀偏见。偏生迷,迷生执,执而为我,不复知有人祸且移于国"(《明史》卷二百四十三《邹元标传》)。于是朋党便形成了,"朋党之成也,始于矜名,而成于恶异。名盛则附之者众。附者众,则不必皆贤而胥引之,乐其与己同也。名高则毁之者亦众。毁者不必不贤,而怒而斥之,恶其与己异也。同异之见岐于中,而附者毁者争胜而不已,则党日众而为祸炽矣"(《明史》卷二百三十二《魏允贞传》赞)。泰昌、天启之初,东林党人因有太监王安之助,渐次登用。此时攻击东林者不是阉宦,而是一般士大夫,即齐楚浙三党。此三党者均以地域为基础。他们"与相倡和,务以攻东林,排异己为事……后进当入为台谏者,必钩致门下以为羽翼,当事大臣莫敢撄其锋"(《明史》卷二百三十六《夏嘉遇传》)。其后汪文言用法破齐楚浙三党(《明史》卷二百四十四《魏大中传》,参阅卷二百三十六《夏嘉遇传》)。三党的联合既已瓦解,遂相率归附于魏忠贤,而东林阉党的斗争便开始了。"方东林势盛,罗天下清流。士有落然自异者,诟谇随之矣。攻东林者幸其近己也,而援以为重。于是中立者类不免蒙小人之玷,核人品者乃专以与东林厚薄为轻重"(《明史》卷二百五十六《崔景荣传》赞),中立者蒙小人之玷,何能不引起他们反感?东林陷入孤立之中,在策略上已经失败。最后杨涟劾魏忠贤二十四大罪,忠贤前此尚与东林敷衍(参阅《明史》卷二百四十三《赵南星传》、卷二百四十五《黄尊素传》),现在忠贤就与东林决裂,而过去蒙小人之玷之人便乘机罗织,以梃击、红丸、移宫三案为东林离间天子之骨肉。东林党人相继去位,多下狱而死,党祸之惨比之东汉,似有过之而无不及。到了李自成攻陷北京,崇祯殉国,清军入关,福王即位于南京,唐王即位于福州,桂王即位于肇庆,国事已坏,而朝士还是植党相角,毫不妥协,明祚终在党争之中,归于灭亡。史臣云"明至中叶以后,建言者分曹为朋,率视阁臣为进退,依阿取宠则与之比,反是则争。比者不容于清议,而争则名高。故其端揆之地遂为抨击之丛,而国是淆矣"(《明史》卷二百三十《汪若霖传》赞)。史臣又云,"明自神宗而后,浸微浸灭,不可复振。揆厥所由,国是纷呶,朝端水火,宁坐视社稷之沦胥,而不能破除门户之角立。故至桂林播越,且夕不支,而吴楚之树党相倾,犹仍南都翻案之故态也(福王即位于南京,马士英、阮大铖许多阉党仍借三案为题,欲将东林余党凡生平不快意之人一网打尽,见《明史》卷三百八《马士英传》)。颠覆之端有自来矣。于当时任事诸臣,何责哉"(《明史》卷二百七十九《吕大器传》赞)。然而党争不能消弭,亦有原因。大凡领土愈狭隘,士大夫愈集中,攘夺的对象愈少,斗争的情况愈激烈,这是必然之势,不独明代为然。

本条述荀子之言,"君人者不可以不慎取臣",盖如荀子自己所说,"士有妒友,则贤交不亲;君有妒臣,则贤人不至"(《荀子》第二十七篇《大略》)。汉初,萧何夜追韩信,荐之为大将,这犹可以说将相利害很少冲突,至萧何与曹参的关系则不同了。当他们两人均在沛县为吏之时,相友善。及为将相有隙,至何且死,所推荐唯参。参代何为相国,举事无所变更,一遵何之约束,且自谓才不如何(《汉书》卷三十九《曹参传》)。自认何才在己之上,这是后人所不肯言的;遵守萧何之法而不改变,也是后人所不肯为的。一官去,一官来,后任必变更前任的设施,以为不如是,不能表示我之才智。朝令暮改,国无定制,民无信心,今日不知明日有何改变,今年不知明年有何变更。韩非云:"法禁变易,号令数下者,可亡也。"(《韩非子》第十五篇《亡征》)以此治国,国安能治？唐太宗为秦王时,"府属多外迁,王患之。房玄龄曰,去者虽多,不足吝。如晦王佐才也,大王若终守藩,无所事；必欲经营四方,舍如晦无共功者。王惊曰,非公言,我几失之。因表留幕府"。及太宗即位,"每议事帝所,玄龄必曰,非如晦莫筹之。及如晦至,卒用玄龄策也。盖如晦长于断,而玄龄善谋,两人深相知,故能同心济谋,以佐佑帝"(《新唐书》卷九十六《杜如晦传》)。他们两人没有尔嫉我才、我妒尔能的劣根性,太宗也不因他们两人之能合作,而怀疑其朋比为奸,用尽方法,使两人互相牵制,贞观之治比之周之成康、汉之文景,而当世语良相,必曰房杜,非无因也。宋太祖还是英明之主。前已说过,赵普为相,李崇矩为枢密使,两人相厚善,普子承宗又娶崇矩女,帝闻之不悦。故事,宰相、枢密使每候对长春殿,同止庐中,至是,帝令分异之(《宋史》卷二百五十六《赵普传》、卷二百五十七《李崇矩传》)。宋太祖此种猜疑乃影响于政制之上,而致终北宋之世,军民两政始终龃龉。真宗时田锡上疏言,"密院公事,宰相不得与闻。中书政事,枢密使不得与议,以致兵谋不精,国计未善……此政化堙郁之大者也"(《续资治通鉴》卷二十宋真宗咸平元年二月)。仁宗时范镇亦言,"周以冢宰制国用,唐以宰相判盐铁、度支。今中书主民,枢密主兵,三司主财,各不相知。财已匮,枢密益兵无穷。民已困,三司取财不已。请使二府通知兵民大计与三司同制国用"(《宋史》卷三百三十七《范镇传》)。神宗即位之初,滕元发复言,"中书、枢密制边事多不合,中书赏战功,而枢密降约束。枢密诘修堡,而中书降褒诏……战守大事也,而异同如是,愿敕二府必同而后下"(《宋史》卷三百三十二《滕元发传》)。庆历中,二边用兵,仁宗从富弼及张方平之言,使宰相兼枢密使之任(《宋史》卷一百六十二《职官志二》),然此不过暂时之事。南渡之后,常有战事,军事与政事不能分开,更见明显,所以高宗常令宰相兼枢密使之任。"其后或兼或否,至开禧(宁宗)以宰臣兼使,遂为永制。"(《宋史·职官志二》)三司使如何呢？熙宁三年将三司使的某几种职权移归于各部寺监管辖,于是"三司之权始分"。元丰改制,罢三司,归户部,于是"三司之名始泯"(《宋史》卷一百六十三《职官志三》)。由荀子之言,说到历代朋党之祸,再说到宋代官制,余非好离题而旁涉,盖本条荀子之言,最后一句"夫类之相从也,如此之著也",即暗示君人者不慎取臣,必将发生朋党之祸。若于制度上使各机关互相制衡，又将发生宋代政军财分权之弊。

然则今日民主国的三权分立不会发生流弊，又如何解释呢？案分权制度可实行于民主国，又可实行于专制国。民主国的分权乃预防政府的专擅，而保护人民的自由。专制国的分权则预防大巨的跋扈，而维护天子的权威。均是分权，目的完全不同。分权可分两种：一是权力的分离，即对于同一事项的管辖权分为数种，例如租税，具有制定租税法的权力的为立法机关，具有征收租税的权力的为行政机关，而具有审判有关租税事项之诉讼案件的权力的为司法机关。二是事项的分掌，即将各种不同的事项由各种不同的机关管理，例如今日行政部门分为内政、外交、国防、财政等等，由各部管理之类。至于三权分立所以不发生流弊者，乃因其有统一之故。阿伯邪士①（Abbe Sieyes）分国家权力为两种，一是制定宪法的权力（pouvoir constituant），二是宪法所设置的权力（pouvoir constitute）。制定宪法的权力就是宪法制定权（verfassunggebende Gewalt），必属于国民。宪法所设置的权力就是立法、行政、司法各权，可由国民委任于议会及其他机关。两种权力的位阶不同，前者不受任何拘束，而得自由决定国家的根本组织，所以可视为主权。因之主权还是统一地属于国民。换言之，主权是统一的。至于立法、行政、司法三权只可视为主权的作用（Funktion），即不是权力（Gewalt），而是权限（Zuständigkeit）。权限的分配犹如行政权之作用有内政、外交、财政、国防等等，而可分配于各部会管理。各部会分别管理内政、外交、财政、国防，苟能适合于施政方针，固无害行政权之统一。同样议会、政府、法院分别管理立法、行政、司法，苟能保持其调和，也无害于主权之统一。在行政权，统一各种作用者为总统（总统制）或内阁（内阁制）。在主权，统一各种作用者为国民。权力的分立须待权力的调和，而后才能存在。三权之间没有一种组织用以保持其调和，则三权分立之后，势将破坏国家本身，犹如行政各部会之间没有一个中枢机关谋其调和，则一国行政将互相冲突，而破坏行政权。在主权方面，调和

---

① 通常译作"埃贝·西哀士"。——编者

而统一三权的,就是国民,所以权力分立并不破坏主权的统一。在吾国古代,各种行政甚至各种权力均统一于天子。所以秦汉以后学者无不主张天子应兼听而独断。但是天子荒庸,往往是"果断不用于斥邪佞,反用于逐贤人"(《宋史》卷四百五《袁甫传》),吾人读中国历史,即可知之。

第七节
刑　赏

(一) 刑赏的起源

　　有离俗不顺其上，则百姓莫不敦恶(敦恶乃怨恨之意)，莫不毒孽(视之为妖孽而欲披除之)，若祓不祥，然后刑于是起矣。是大刑之所加也，辱孰大焉……有能化善、修身、正行、积礼义、尊道德，百姓莫不贵敬，莫不亲誉，然后赏于是起矣。是高爵丰禄之所加也，荣孰大焉……雕雕焉县贵爵重赏于其前，县明刑大辱于其后，虽欲无化，能乎哉？(《荀子》第十五篇《议兵》)

　　杀人者死，伤人者刑，是百王之所同也，未有知其所由来者也。(《荀子》第十八篇《正论》)

　　上举荀子之言二条都是说明刑赏的起源。第一条兼言刑赏，第二条专言刑。第一条是由人民就利避害的心理，说明刑赏所以发生的理由。尹文子说，"今天地之间，不肖实众，仁贤实寡。趋利之情，不肖特厚。廉耻之情，仁贤偏多。今以礼义招仁贤，所得仁贤者万不一焉。以名利招不肖，所得不肖者触地是焉。故曰，礼义成君子，君子未必须礼义。名利治小人，小人不可无名利"(《尹文子·大道上》)。此言用赏以劝小人之就善。《乐记》云"刑以防其奸",孔颖达疏,"用刑辟防其凶奸,则民不复流僻也",此言用刑以促小人之避恶。李觏曾言,"用儒而治者有之矣,用儒而乱者有之矣"(《李直讲文集》卷二十一《辨儒》,商务版)。用儒而乱盖拘泥于孔子所说,"道之以政,齐之以刑,民免而无耻。道之以德,齐之以礼,有耻且格"(《论语·为政》)。用儒而治盖能应用孔子所说,"圣人之治化也,必刑政相参焉。太上以德教民,而以礼齐之。其次,以政焉导民,以刑禁之,刑不刑也。化之弗变,导之弗从,伤义以败俗,于是乎用刑矣"(《孔子家语》第三十一篇《刑政》)。

第二条荀子自认不知刑之起源。吾国先哲对此问题没有讨论,纵有讨论,亦只凭一己的臆测,缺乏历史上的证据。兹只述苏洵及苏轼父子二人之言如下。照苏洵说,"民之苦劳而乐逸也,若水之走下……人之好生也甚于逸,而恶死也甚于劳"(《嘉祐集》卷六《易论》,中华版)。劳与逸、生与死两相比较,人必愿生而劳,不愿为死而逸。圣王依此人情,制礼使人各守其分。守分,虽劳亦生;不守分,虽逸亦死,是则"圣人之所恃以胜天下之劳逸者,独有死生之说耳"(同上《乐论》)。但俗论多依孟子学说,以礼为辞让之心(《孟子·公孙丑上》)或恭敬之心(《孟子·告子上》),以义为羞恶之心(《孟子·公孙丑上》《告子上》)。如是,则民庶能否遵守礼义就要依靠各人的良心,而为自律的。此与荀子所说,"夫义者,所以限禁人之为恶与奸者"(《荀子》第十六篇《强国》),"先王恶其乱也,故制礼义以分之"(《荀子》第十九篇《礼论》)之为他律的不同。简单言之,世人之所谓"礼"乃没有强行性,即"礼为无权"。"区区举无权之礼以强人之所不能,则乱益甚,而礼益败。"(《嘉祐集》卷六《诗论》)然则如何使礼能够发生效用?只有于礼之中付以权力,而如《左》昭二十五年郑子大叔所说,"赏罚以制死生"。苏洵说,"人之情非病风丧心,未有避赏而就刑者"(同上卷九《谏论下》)。是故为政之道应"以刑使人,以赏使人"(同上卷二《法制》)。关于刑,苏洵说:"夫刑者必痛之,而后人畏焉。罚者不能痛之,必困之,而后人惩焉。今也大辟之诛,输一石之金而免。贵人近戚之家,一石之金不可胜数,是虽使朝杀一人而输一石之金,暮杀一人而输一石之金,金不可尽,身不可困。况以其官而除其罪,则一石之金又不皆输焉,是恣其杀人也。且不笞不戮,彼已幸矣,而赎之又轻,是启奸也。"(同上卷五《议法》)关于赏,苏洵说,"利之所在,天下趋之……古者赏一人而天下劝。今陛下……轻用其爵禄,使天下之士积日持久而得之,譬如佣力之人计工而受直,虽与之千万,岂知德其主哉? 是以虽有能者亦无所施,以为谨守绳墨,足以自取高位"(同上卷九《上皇帝书》)。苏洵之言只能暗示刑赏的起源。其子苏轼则谓人类均有求生的欲望。人人求生,由于生存竞争,不免发生巧诈,而至引起斗争。所以求生虽是人人共有的欲望,但须有一定轨范,使人人各处其宜,这个规范就是礼(参阅《苏东坡全集·应诏集》卷七《秦始皇帝论》,世界版)。是则礼是依人之情,使人人皆乐其生,而无桀猾变诈之事。苏轼以为仁义与礼法刑政各有不同的起源,"仁义之道起于夫妇、父子、兄弟相爱之间,而礼法刑政之原,出于君臣上下相忌之际。相爱则有所不忍,相忌则有所不敢。夫不敢与不忍之心合,而后圣人之道得存乎其中"(同上《应诏集》卷九《韩非论》)。即道德起于血统团体之相爱,礼法出于统治团体之相忌。相爱之极,常流于姑息而不忍;相忌之极,又流于畏惧而不敢。折中不忍与不敢,圣人之道在于其中。但礼法能够维持,乃有恃于刑赏,而刑赏能够发生效力,照苏轼言,刑须自上而下,赏宜自下而上。本书已经引过苏轼之言,"昔者圣人制为刑赏,知天下之乐乎赏而畏乎刑也,是故施其所乐者自下而上。民有一介之善,不终朝而赏随之,是以下之为善者,足以知其无有不赏也。施其所畏者自上而下,公卿大臣有毫发之罪,不终朝而罚随之,是以上之为不善者,亦足以知其无有不罚也……舜诛四凶而天下服,何也? 此四族者,天下之大族也。夫惟圣人为能击天下之大族,以服小民之心,故其刑罚至于措而不用。周之衰也,商鞅、韩非峻刑酷法,以督责天下。然其所以为得者,用法始于贵戚大臣,而后及于疏贱,故能以其国霸。由此观之,商鞅、韩非之刑法非舜之刑,而所以用刑者舜之术也"(同上《应诏集》卷二《策别第一》)。苏轼之言虽较苏洵进步,略能说出刑赏的起源。若据今日社会科学的解释,有罪者加之以刑(杀人者死,伤人者刑,荀子亦只言刑),其起源可分两种,第一是由人类的禁忌,第二是由人类的仇恨。先就禁忌言之,原始人类对于某种事物,常忌讳某种行为。倘若触犯忌讳,认为必遭天谴,这称为塔布(taboo)。塔布即禁忌之意。禁忌有二,一是对于有益的、崇高的、威力强大的,因其不可思议,认为神圣,由敬畏,禁人慢渎。二是对于有害的、可憎的、污秽的,凡目之所见、鼻之所嗅而可引起不愉快感情的,由厌恶,禁人接触。在禁忌之中,最忌讳的则为慢渎他们视为神圣的自然物,尤其用厌恶的物以慢渎神圣的物。自然物之中,他们认为最神圣而最可敬畏的,则为氏族的图腾(totem)。文化渐开,他们又由自然物的敬畏,进而敬畏祖宗的灵魂。最初禁忌只限于祭神祭祖的祭坛、祭器、祭服、祭仪。其后扩大,凡婚嫁生育交际赠送以及经济生活的牧畜及农耕,均有禁忌。凡人触犯禁忌,必受神罚。神罚之所加不限于罪人一身,且及于氏族全体。所以有人发见某人触犯禁忌,即于神前处以死刑,以减轻神之愤怒,使氏族全体不致受到神之谴责,其科刑是由发见人及关系人执行之,所以只可视为私刑。由此可知禁忌乃是最先具有制裁力的社会规范,用以预防社会受神谴责而至于毁灭。禁忌反复不已,就养成人众的服从习惯,而令剽悍的野蛮人惯于纪律性的生活。次就仇恨言之,原始人类受到侵害,对于加害人,常由仇恨心理而做报复行为。《旧约》(《出埃及记》第二十一章)所载,"以命偿命,以目偿目,以牙偿牙,以手偿手,以足偿足,以烧偿烧,以打偿打",即其一例。此种报仇当一个氏族未与别个氏族接触之时,只是个人对个人的报仇。人口增加,两个以上的氏族发生接触,甲氏族的一员若伤害乙氏族的一员,被害人的乙氏族全体人员,不是单对加害人个人,而是对甲氏族全体人员实行报仇。这称为血族报仇(blood-feud)。血族报仇往往仇上加仇,对于双方氏族均为不利。于是渐次加以改善,由公断人居间调停,除杀人者死之外,其余只处加害人以大辟以下的刑,或令加害氏族对被加害氏族赔偿财物,以代替报仇的残杀。由禁忌发生刑罚,由复仇发生损害赔偿,最初刑是私刑,损害赔偿不过调停的劝告,调停无效,血族复仇又继续进行。社会进化,课刑及损害赔偿变为强制的裁判。裁判权属于氏族的长老或部落的酋长。然而酋长或氏族长也不过推测神意,依神意而作判决而已。详言之,两造在神前,于长老或酋长监视之下,举行决斗,依胜败以决定哪一方为有罪。除决斗外,或对两造用火烧之,用水溺之,或食之以毒。凡入火不烧,入水不溺,食毒不死者,则视为胜诉。此种审判往往是两造俱毙,而不能辨别曲直。后来酋长或长老权力增大,就以公断人的资格审判犯人。凡判决为有罪的人,其所受刑罚极其残酷。盖在野蛮社会,非用重典不能维持社会安宁之故。社会更见进化,刑罚逐渐缓和,至于审判所根据的法律则以祖先传来的习惯为主。习惯杂多,本来没有强行性,但重要的习惯,即有关社会秩序的维持,一般人认为必要而不可缺者,常赋予现代人所谓法律的性质。最初法律是不成文的,而以刑罚为主,《尚书·吕刑》之篇、《周礼》(注疏卷三十六)《司刑》之章均载有夏刑、周刑、吕刑。此三者是否写成文书,史阙其文。《左》昭六年郑人铸刑书,二十九年晋铸刑鼎,著范宣子所为刑书,这是吾国成文法的开始,然皆限于刑律。至于古来的习惯包括今日民法、国家组织法者,则用"礼"字表示之。礼云"礼自外作"(《礼记·乐记》),管子说,"法出于礼"(《管子》第十二篇《枢言》)。不过礼乃不成文的习惯,法为成文的条例,二者固有区别。不成文法可依社会情况而易于变更,成文法有时反难适应变化多端的社会。所以郑铸刑书,叔向责之;晋铸刑鼎,孔子讥之。由叔向、孔子之言,可以证明上述之夏刑、周刑、吕刑均非成文。否则先王既有成文之法,在非先王之言不敢言的时代,叔向、孔子不会反对郑晋的刑书刑鼎。但法律既非成文,则秉权的人察狱或失其实,断罪不得其中,至有以私乱公、以货枉法者。且法非成文,民不预知,临时制宜,轻重难测,对于人庶未必有利。刑书刑鼎受人讥议,吾不知原因何在。韩非说,"法者编著之图籍,设之于官府,而布之于百姓也"(《韩非子》第三十八篇《难三》),即主张法须编为成文,又须公布于民。然而法家所称的法也是指刑而言。自是而后,历代的法便以刑律为主,旁及于亲属法及政府组织法。至于其他法律则称为礼。

(二) 刑赏的作用

夫尚贤使能,赏有功,罚有罪,非独一人为之也,彼先王之道也,一人之本也,善善恶恶之应也,治必由之,古今一也。(《荀子》第十六篇《强国》)

凡刑人之本,禁暴恶恶,且惩(惩戒)其未(将来)也。(《荀子》第十八篇《正论》)

赏不行,则贤者不可得而进也。罚不行,则不肖者不可得而退也。

贤者不可得而进也,不肖者不可得而退也,则能不能不可得而官也(谓各当其任,无差错也)……故先王圣人……知夫为人主上者……不威不强之不足以禁暴胜悍也,故必……备官职,渐庆赏,严刑罚……使天下生民之属,皆知己之所愿欲之举在是于也(举,皆也,是于犹言于是,言生民所愿欲皆在于是也),故其赏行;皆知己之所畏恐之举在是于也,故其罚威。赏行罚威,则贤者可得而进也,不肖者可得而退也,能不能可得而官也。《荀子》第十篇《富国》)

上举荀子之言共三条,均言刑赏的作用(第二条只言刑之作用)。第一条中有"善善恶恶之应也"一句,善善是以德报德,恶恶是以怨报怨。"子曰,以德报德,则民有所劝;以怨报怨,则民有所惩。"(《礼记注疏》卷五十四《表记》)孔子又说,"仁者安仁,知者利仁,畏罪者强仁"。仁者安仁,就是"无欲而好仁","无畏而恶不仁",此种的人,"天下一人而已",言其少也。据孔颖达疏,"知者利仁"言"贪利而行仁,有利则行,无利则止"。"畏罪者强仁"言"若畏惧于罪者,自强行仁,望免离于罪;若无所畏,则不能行仁也"。(《礼记注疏》卷五十四《表记》)此亦由劝惩的结果。邓析说,"为善者君与之赏,为恶者君与之罚,因其所以来而报之,循其所以进而答之。圣人因之,故能用之,因之循理,故能长久"(《邓析子·转辞》)。吾人读第一条荀子之言及余个人的解说,可知荀子思想已接近于法家。管子说,"明主之治也,县爵禄以劝其民,民有利于上,故主有以使之。立刑罚以威其下,下有畏于上,故主有以牧之。故无爵禄,则主无以劝民。无刑罚,则主无以威众。故人臣之行理奉命者,非以爱主也,且以就利而避害也。百官之奉法无奸者,非以爱主也,欲以爱爵禄而避罚也"(《管子》第六十七篇《明法解》)。但人类最切切以为念的乃是生死观念,所以管子又加重语句,而谓"使人不欲生,不恶死,则不可得而制也"(《管子》同上)。我们知道法家主张刑赏是由人类有好恶感情出发。商鞅谓"人君不可以不审好恶,好恶者赏罚之本也。夫人情好爵禄而恶刑罚,人君设二者以御民之志而立所欲焉"(《商君书》第九篇《错法》)。韩非谓"明主之道……设民所欲以求其功,故为爵禄以劝之。设民所恶以禁其奸,故为刑罚以威之"(《韩非子》第三十六篇《难一》)。观三子之言,可知刑赏是以人情为基础。荀子门徒二人,韩非发挥法家思想的理论,李斯实行法家思想的政策,究其来龙去脉,不能不归功于荀子。而荀子之言则与《礼记》(《表记》)吻合,荀子言论对于中华民族的统一贡献甚大。

第二条荀子之言,是专对"刑"言之。"恶恶"是加刑于犯法的人,"征其未"是阻吓一般人民,使其畏刑而不敢犯法。现代学者关于刑法,有两种看法,一是应报主义,意谓刑罚的本质乃基于恶有恶报的观念。所谓"恶恶"就是应报主义。二是预防主义,意谓科刑最重要目的是予一般人民以威吓警戒,以防他们之蹈覆辙,所谓"征其未"就是预防主义。文子曾述老子之言:"圣人因民之所善而劝善,因民之所憎以禁奸。赏一人而天下趋之,罚一人而天下畏之。"(《文子》第二十一篇《上义》)罚一而天下皆畏,就是预防主义。后儒因礼有"刑以防其奸"(《礼记注疏》卷三十七《乐记》),又有"君子礼以坊德,刑以坊淫"(《礼记注疏》卷五十一《坊记》)之语,多依贾谊所说,"夫礼者禁于将然之前,而法者禁于已然之后"(贾子《新书》卷十《定取舍》),而谓礼之作用在使各人知所遵循,而不做越轨的事,故云"礼者禁于将然之前";法乃对于犯禁之人加以制裁,故云"法者禁于已然之后"。其实,刑律既已预定,民皆先知,必能有所警惕而不敢为非作邪,故刑也能禁于将然之前。在吾国先贤之中,最先认识刑律兼有应报主义及预防主义的思想者,厥唯荀子。

第三条荀子之言有"使天下生民之属,皆知己之所愿欲之举在是于也,故其赏行;皆知己之所畏恐之举在是于也,故其罚威"。推此言也,可以得到正反两种结论:正面方面是刑赏得当而发生积极的效用,有如文中子(王通)所说,"赏一以劝百,罚一以惩众,夫为政而何有"(《文中子·立命篇》)。反面方面是刑赏失当而发生消极的祸害,有如太公(吕尚)所说,"废一善则众善衰,赏一恶则众恶归"(《三略·下略》)。要令刑赏得到积极的效用,必须公开为之,使"百姓晓然皆知夫为善于家,而取赏于朝也。为不善于幽,而蒙刑于显也"(《荀子》第九篇《王制》)。盖如《六韬》所说,"赏信罚必于耳目之所闻见,则不闻见者莫不阴化矣"(《文韬·赏罚第十一》)。《司马法》云,"夏赏于朝,贵善也。殷戮于市,威不善也。周赏于朝,戮于市,劝君子惧小人也。三王彰其德,一也"(《司马法》第二篇《天子之义》)。"赏于朝,戮于市"盖如《礼记》所说,"爵人于朝,与士共之,刑人于市,与众弃之"(《礼记注疏》卷十一《王制》)。亦如陆贽所说,"伏以理国化人在于奖一善,使天下之为善者劝。罚一恶,使天下之为恶者惩。是以爵人必于朝,刑人必于市,惟恐众之不睹,事之不彰,君上行之无愧心,兆庶听之无疑议,受赏安之无怍色,当刑居之无怨言,此圣王所以宣明典章,与天下公共者也。奖而不言其善,斯谓曲贷。罚而不书其恶,斯谓中伤。曲贷则授受不明,而恩幸之门启。中伤则枉直莫辨,而谗间之道行。此柄一亏,为害滋大"(《陆宣公奏议》卷七《谢密旨因论所宣事状》,世界版,《翰苑集注》)。

(三) 刑赏须合理

赏不欲僭,刑不欲滥。赏僭则利及小人,刑滥则害及君子。若不幸而过,宁僭勿滥,与其害善,不若利淫。(《荀子》第十四篇《致士》)

王者之论,无德不贵,无能不官,无功不赏,无罪不罚。朝无幸位,民无幸生。尚贤使能,而等位不遗(不遗谓各当其材。等位,等级之位也);析愿(应作折暴)禁悍,而刑罚不过。(《荀子》第九篇《王制》)

刑称罪则治,不称罪则乱。故治则刑重,乱则刑轻。犯治之罪固重,犯乱之罪固轻也。《书》(《尚书·甫刑》)曰,刑罚世轻世重。此之谓也。(《荀子》第十八篇《正论》)

刑当罪则威,不当罪则侮。爵当贤则贵,不当贤则贱。古者刑不过罪,爵不逾德,故杀其父而臣其子,杀其兄而臣其弟。刑罚不怒罪(怒,过也,即刑不过罪),爵赏不逾德,分然各以其诚通,是以为善者劝,为不善者沮……乱世则不然,刑罚怒罪,爵赏逾德,以族论罪,以世举贤,故一人有罪,而三族皆夷。德虽如舜,不免刑均(均,同也,谓同被其刑也),是以族论罪也。先祖当贤,后子孙必显,行虽如桀纣,列从必尊,此以世举贤也。以族论罪,以世举贤,虽欲无乱,得乎哉?(《荀子》第二十四篇《君子》)

有不由令者,然后诛之以刑,故刑一人而天下服,罪人不邮(怨也)其上,知罪之在己也。(《荀子》第十五篇《议兵》)

不教而诛,则刑繁而邪不胜。教而不诛,则奸民不惩。诛而不赏,则勤属(属应作励,勉也)之民不劝。诛赏而不类(类,法也,不类言不依法),则下疑俗俭(俭当作险,谓徼幸免罪,苟且求赏也),而百姓不一。《荀子》第十篇《富国》)

上举荀子之言六条均言刑赏要合理,合理是谓刑赏须与功罪相称,而且公平无有偏颇。

第一条荀子之言无须说明,兹只举古人之言以为证。《左》襄二十六年蔡声子告楚令尹子木曰,"善为国者,赏不僭而刑不滥。赏僭则惧及淫人,刑滥则惧及善人。若不幸而过,宁僭无滥,与其失善,宁其利淫"。《吕氏春秋》亦有同样文句,祈奚往见范宣子曰,"闻善为国者,赏不过而刑不慢。赏过则惧及淫人,刑慢则惧及君子。与其不幸而过,宁过而赏淫人,毋过而刑君子"(卷二十一《开春论第一》之一《开春论》)。此乃出于《尚书·大禹谟》,"宥过无大,刑故无小。罪疑惟轻,功疑惟重。与其杀不辜,宁失不经"。但上述格言亦不可滥用,滥用将酿成姑息养奸之弊。依刑乱国用重典的道理,罪疑不必轻,功疑更不可重。

第二条荀子之言是主张法律上人人赏罚平等,不得分别贵贱贫富亲疏于其间。故云"无德不贵,无能不官,无功不赏,无罪不罚"。但荀子未曾明白说出"平等",故为读者所忽视。管子说,"有犯禁而可以得免者,则斧钺不足以威众。有毋功而可以得富者,则禄赏不足以劝民"(《管子》第十五篇《重令》)。又说,"明主虽心之所爱,而无功者不赏也;虽心之所憎,而无罪者弗罚也……行私惠而赏无功,则是使民偷幸而望于上也。行私惠而赦有罪,则是使民轻上而易为非也……故明主之治也……有功者赏,乱治者诛,诛赏之所加,各得其宜,而主不与焉"(《管子》第六十七篇《明法解》)。商鞅说,"所谓壹刑者,刑无等级,自卿相将军,以至大夫庶人,有不从王令,犯国禁,乱上制者,罪死不赦。有功于前,有败于后,不为损刑。有善于前,有过于后,不为亏法"(《商君书》第十七篇《赏刑》)。韩非借晋文公与狐偃的对话,以明法令不可因亲疏贵贱而有区别。"(晋文)公曰,刑罚之极安至?(狐偃)对曰,不辟亲贵,法行所爱。"(《韩非子》第三十四篇《外储说右上》)"是故诚有功,则虽疏贱必赏;诚有过,则虽近爱必诛。疏贱必赏,近爱必诛,则疏贱者不怠,而近爱者不骄也。"(《韩非子》第五篇《主道》)此即《淮南子》所说，"法者天下之度量，而人主之准绳也。县法者，法不法也。设赏者，赏当赏也。法定之后，中程者赏，缺绳者诛。尊贵者不轻其罚，而卑贱者不重其刑。犯法者虽贤必诛，中度者虽不肖必无罪，是故公道通而私道塞矣"（《淮南子》卷九《主术训》）。李觏说，"先王之制，虽同族，虽有爵，其犯法当刑，与庶民无以异也。法者天子所与天下共也，如使同族犯之而不刑杀，是为君者私其亲也。有爵者犯之而不刑杀，是为臣者私其身也。君私其亲，臣私其身，君臣皆自私，则五刑之属三千止谓民也。赏庆则贵者先得，刑罚则贱者独当，上不愧于下，下不平于上，岂适治之道邪？故王者不辨亲疏，不异贵贱，一致于法"（《李直讲文集》卷十《刑禁第四》，商务版）。

第三条荀子之言是专对刑言之，兹只举兵家之言以为证。《六韬》云，"将以诛大为威，以赏小为明……故杀一人而三军震者杀之，赏一人而万人悦者赏之。杀贵大，赏贵小。杀及当路贵重之臣，是刑上极也。赏及牛竖马洗厩养之徒，是赏下通也。刑上极，赏下通，是将威之所行也"（《龙韬·将威第二十三》）。《司马法》云，"杀人安人，杀之可也……以战止战，虽战可也"（第一篇《仁本》）。又云："赏不逾时，欲民速得为善之利也。罚不迁列，欲民速睹为不善之害也。"（第二篇《天子之义》）《尉缭子》云："凡诛者所以明武也，杀一人而三军震者，杀之；杀一人而万人喜者，杀。杀之贵大，赏之贵小，当杀而虽贵重必杀之，是刑上究也。赏及牛童马圉者，是赏下流也。夫能刑上究，赏下流，此将之武也。"（第八篇《武议》）即兵家关于刑赏有两个重要的意见，一是刑自大官始，赏自小民始；二是刑赏不可逾时，逾时将失去效用。关于前者可举苏轼之言以补足之，关于后者可举柳宗元之言以补足之。柳苏文章已举在《孔子》之章第五节，所以再举之者，盖欲加深读者的认识。苏轼说："昔者圣人制为刑赏，知天下之乐乎赏而畏乎刑也，是故施其所乐者自下而上。民有一介之善，不终朝而赏随之，是以下之为善者足以知其无有不赏也。施其所畏者自上而下，公卿大臣有毫发之罪，不终朝而罚随之，是以上之为不善者，亦足以知其无有不罚也……舜诛四凶而天下服，何也？此四族者，天下之大族也。夫惟圣人为能击天下之大族，以服小民之心，故其刑罚至于措而不用。周之衰也，商鞅、韩非峻刑酷法，以督责天下。然其所以为得者，用法始于贵戚大臣，而后及于疏贱,故能以其国霸。由此观之,商鞅、韩非之刑法非舜之刑,而所以用刑者,舜之术也。"(《苏东坡全集·应诏集》卷二《策别第六》,世界版)柳宗元说:"夫圣人之为赏罚者,非他,所以惩劝者也。赏务速而后有劝,罚务速而后有惩……使秋冬为善者,必俟春夏而后赏,则为善者必怠。春夏为不善者,必俟秋冬而后罚,则为不善者必懈。为善者怠,为不善者懈,是驱天下之人而入于罪也。驱天下之人入于罪,又缓而慢之以滋其懈怠,此刑之所以不措也。必使为善者不越月逾时而得其赏,则人勇而有劝焉。为不善者不越月逾时而得其罚,则人惧而有惩焉。为善者日以有劝,为不善者月以有惩,是驱天下之人而从善远罪也。驱天下之人而从善远罪,是刑之所以措,而化之所以成也。"(《柳河东集》卷三《断刑论下》)

  荀子既云"刑称罪则治,不称罪则乱",何以又说,"故治则刑重,乱则刑轻"?依我浅见,上二句只指法律要件与法律效果应该相称的一般原则。下二句则谓法律要件虽然相同,而在不同的社会环境之下,法律效果亦应有别,或用重刑,或用轻刑。但荀子文中"故治则刑重,乱则刑轻",又如何解释?杨倞以为"治世刑必行,则不敢犯,故重。乱世刑不行,则人易犯,故轻"。如斯解释实在费解。杨注引"李奇注《汉书》曰,世所以治乃刑重,所以乱乃刑轻也"。此言与法家思想相符。但"治则刑重"之上有一"故"字,"故"乃说明"治则刑重"云云与上文"刑称罪则治"云云,有因果关系。荀子本条之言既缺乏因果关系的逻辑,又有悖其所引《吕刑》(即《甫刑》)所说"刑罚世轻世重"之意。盖依孔安国之注《尚书·吕刑》,对此句解释云,"言刑罚随世轻重也。刑新国用轻典,刑乱国用重典,刑平国用中典"(此三句为《周礼·大司寇》文)。荀文中尚有两句:"犯治之罪固重,犯乱之罪固轻也。"杨倞注,"治世家给人足,犯法者少,有犯则众恶之,罪固当重也。乱世人迫于饥寒,犯法者多,不可尽用重典,当轻也"。补注引"郝懿行曰,治期无刑,故重。乱用哀矜,故轻"。两注均难令人满意,依余之意。世治而使之乱,应加重刑。世乱,若为应付紧急事变,而做急速处分,使乱事不致蔓延,此际若有枉法行为,其罪亦轻。英国在1920年制定《紧急权力法》(*Emergency Powers Act*)以前,凡国内发生重大危机,一方内阁得不顾法律之规定,讲求急速应变之法;同时必须国会通过赦罪法

（Act of Indemnity），而后内阁的责任才会解除。荀子所谓"犯乱之罪固轻"是否如斯解释，如斯解释是否强词夺理，请读者判断。

第四条荀子之言也是说明刑赏必须合理，而后人士方尊重刑赏。《书》云，"人不易物，惟德其物"。孔颖达依孔安国的解释，疏云"有德不滥赏，赏必加于贤人，得者则以为荣，故有德则物贵也。无德则滥赏，赏或加于小人，贤者得之，反以为耻，故无德则物贱也。所贵不在于物，乃在于德"（《尚书注疏》卷十三《旅獒》）。晋承曹魏之制，采九品官人之法，"据上品者非公侯之子孙，则当涂之昆弟也"（《晋书》卷四十八《段灼传》）。其公卿大臣尽是汉魏华胄，"秉钧当轴之士，身兼官以十数，大极其尊，小录其要，而世族贵戚之子弟陵迈超越，不拘资次"（干宝《晋纪总论》，引自《晋书》卷五《孝愍帝纪》史臣曰）。其用刑也，有如刘颂所说，"放虺豹于公路，而禁鼠盗于隅隙"（《晋书》卷四十六《刘颂传》）。泰始初，"司隶校尉上党李憙劾奏，故立进令刘友、前尚书山涛、中山王（司马）睦、尚书仆射武陔各占官稻田，请免涛睦等官。陔已亡，请贬其谥。诏曰，友侵剥百姓……其考竟以惩邪佞。涛等不贰其过，皆勿有所问"。司马光对此，评曰，"四臣同罪，刘友伏诛，而涛等不问，避贵施贱，可谓政乎"（《资治通鉴》卷七十九晋武帝泰始三年）。刑赏无章，安得不乱？尤有进者，管子说，"爵服加于不义，则民贱其爵服。民贱其爵服，则人主不尊；人主不尊，则令不行矣……禄赏加于无功，则民轻其禄赏；民轻其禄赏，则上无以劝民；上无以劝民，则令不行矣"（《管子》第三篇《权修》）。岂但管子之言如此，商鞅、韩非也有同一的论调。商鞅说："刑戮者所以止奸也，而官爵者所以劝功也。今国立爵而民羞之，设刑而民乐之，此盖法术之患也。"（《商君书》第六篇《算地》）韩非说，"夫赏所以劝之，而毁存焉。罚所以禁之，而誉加焉。民中立而不知所由，此亦圣人之所为泣也"（《韩非子》第三十五篇《外储说右下》）。又说："民之重名与其重赏也均。赏者有诽焉，不足以劝；罚者有誉焉，不足以禁。"（《韩非子》第四十八篇《八经》之七《听法》）荀子说，"明主有私人以金石珠玉，无私人以官职事业"（《荀子》第十二篇《君道》）。官职乃国家的名器。《左》成二年孔子曰，"唯器与名不可以假人……若以假人，与人政也。政亡，则国家从之，弗可止也已"。贾谊谓"君子之贵也，士民贵之，故谓之贵也。故君子之富也，士民乐之，故谓之富也"（《新书》卷九《大政上》）。苟士民轻视富贵,则朝廷虽拜人为公卿,给以万钟之禄,士民不但不尊敬其人,且将鄙视其人。东汉桓灵之际,阉宦当权,"天下士大夫皆……污秽朝廷"(《后汉书》卷六十七《李膺传》),此即国家不重视名器的结果。徐干说,"古之制爵禄也,爵以居有德,禄以养有功。功大者禄厚,德远者爵尊。功小者其禄薄,德近者其爵卑。是故观其爵则别其人之德也,见其禄则知其人之功也,不待问之。古之君子贵爵禄者,盖以此也……爵禄之贱也,由处之者不宜也,贱其人,斯贱其位矣。其贵也,由处之者宜之也,贵其人,斯贵其位矣……厥后……爵人不以德,禄人不以功,窃国而贵者有之,窃地而富者有之。奸邪得愿,仁贤失志,于是则以富贵相诟病矣。故孔子曰,邦无道,富且贵焉,耻也。然则富贵美恶存乎其世也"(徐干《中论》第十篇《爵禄》,世界版)。晋惠帝时,汝南王亮入秉朝政,欲取悦众心,论诛杨骏之功,侯者千八十一人。御史中丞傅咸遗亮书曰,"今封赏熏赫,震动天地,自古以来,未之有也"。"无功而厚赏,莫不乐国有祸。祸起,当复有大功也。人而乐祸,其可极乎!"(《晋书》卷四十七《傅咸传》,参阅《资治通鉴》卷八十二晋惠帝元康元年)唐肃宗时,府库无蓄积,朝廷专以官爵赏功。诸将出征,皆给空名告身,听临事注名,有至开府特进异姓王者。官爵轻而货重,大将军告身一通,才易一醉。凡应募入官者一切衣金紫,名器之滥至是极焉。范祖禹曰,"官爵者人君所以驭天下,不可以虚名而轻用也。君以为贵而加于君子,则人贵之矣。君以为贱而施于小人,则人贱之矣。肃宗欲以苟简成功,而滥假名器,轻于粪土,此乱政之极也。唐室不竞,不亦宜哉"(引自《大学衍义补》卷十二《戒滥用之失》)。善哉晋傅玄之言:"治国有二柄,一曰赏,二曰罚。赏者政之大德也,罚者政之大威也……民之所好莫甚于生,所恶莫甚于死。善治民者,开其正道,因所好而赏之,则民乐其德也。塞其邪路,因所恶而罚之,则民畏其威矣。善赏者赏一善,而天下之善皆劝;善罚者罚一恶,而天下之恶皆惧者何?赏公而罚不贰也。有善,虽疏贱必赏;有恶,虽贵近必诛,可不谓公而不贰乎?若赏一无功,则天下饰诈矣。罚一无罪,则天下怀疑矣。是以明德慎赏而不肯轻之,明德慎罚而不肯忽之。夫威德者相须而济者也,故独任威刑而无惠,则民不乐生;独任德惠而无威刑,则民不畏死。民不乐生,不可得而教也。民不畏死,不可得而制也。有国立政,能使其民可教可制者,其

唯威德足以相济者乎?"(《全晋文》卷四十七傅子《治体》)

第五条荀子之言,盖谓人主科刑得当,受刑者知罪在己,必不迁怨于上。荀子只对刑言之,其徒韩非则兼言及刑赏。韩非谓"以罪受诛,人不怨上……以功受赏,臣不德君"(《韩非子》第三十三篇《外储说左下》)。又谓"今有功者必赏,赏者不得君,力之所致也。有罪者必诛,诛者不怨上,罪之所生也。民知诛赏之皆起于身也"(《韩非子》第三十八篇《难三》),此皆本于荀子本条之言,当然在荀子之前,慎子已说:"君人者舍法而以身治,则诛赏予夺从君心出矣。然则受赏者虽当,望多无穷;受罚者虽当,望轻无已。君舍法而以心裁轻重,则同功殊赏,同罪殊罚矣,怨之所由生也。是以分马者之用策,分田者之用钩,非以钩策为过于人智也,所以去私塞怨也。故曰,大君任法而弗躬,则事断于法矣。法之所加各以其分,蒙其赏罚,而无望于君也,是以怨不生而上下和矣。"(《慎子·君人》)读此,可以补充荀子未尽之意。

第六条荀子之言,中有"教"字,这个教字不是教训,而是教令。教令就是法令,"不教而诛"是谓政府未发布法令,禁止人民之某种作为,乃因人民有那种作为而即诛之。"教而不诛"是谓政府既已发布法令,禁止人民之某种作为,人民竟敢违抗法令,而政府乃不之诛。管子说,"令未布而民或为之,而赏从之,则是上妄予也……令未布而罚及之,则是上妄诛也……令已布而赏不从,则是使民不劝勉……令已布而罚不及,则是教民不听"(《管子》第十六篇《法法》)。盖依法家之言,法宜编为成文而公布之,即如韩非所说,"法者编著之图籍,设之于官府,而布之于百姓也"(《韩非子》第三十八篇《难三》)。或谓"教"非教令,乃教训之意,即如《吕氏春秋》所说,"三王先教而后杀"(卷三《季春纪第三》之三《先己》),盖如陆贾之言,"夫法令者所以诛恶,非所以劝善,故曾闵之孝、夷齐之廉,此宁畏法教而为之者哉?……化使其然也"(陆贾《新语》第四篇《无为》)。本书常常引《淮南子》之言,"夫使大卜畏刑而不敢盗,岂若能使无有盗心哉"(《淮南子》卷七《精神训》)。"法能杀不孝者,而不能使人为孔曾之行。法能刑窃盗者,而不能使人为伯夷之廉。"(《淮南子》卷二十《泰族训》)故凡希望世人多是孝子廉士,教化极为重要。尸子说,"为刑者,刑以辅教,服不听也"(《尸子》卷下)。这就是孔子所说"五刑所以佐教也"(《孔丛子》第二篇《论书》)之意。最值得注意的是孔子下列之言。其言曰，"《书》云，义刑义杀勿庸，以即汝心。惟曰未有慎事，言必教而后刑也。既陈道德以先服之，而犹不可；尚贤以劝之，又不可；即废之，又不可，而后以威惮之。若是三年，而百姓正矣。其有邪民不从化者，然后待之以刑，则民咸知罪矣"（《孔子家语》第二篇《始诛》）。此说亦通。但我不甚相信教训有如斯力量，故敢擅作第一解释。

（四）厚赏重刑尤其重刑之必要

古之人……以人之情为欲多而不欲寡，故赏以富厚，而罚以杀损也，是百王之所同也。（《荀子》第十八篇《正论》）

赏重者强，赏轻者弱；刑威者强，刑侮者弱。（《荀子》第十五篇《议兵》）

以上所举荀子之言二条都是主张赏要厚，刑要重，而重刑尤为必要。关于第一条，荀子是由人欲出发，主张赏厚刑重的必要。孟子主张寡欲，故他不言刑赏。荀子不反对多欲，且知人欲莫大于就利避害，故他不但主张刑赏，而且主张厚赏重刑。荀子文中有"杀损"二字，杨倞注，"以杀损罚之。杀，灭也"。意义不甚明显，依余之意，"杀损"二字应解释为刑杀及损伤其身体。案荀子不反对肉刑。他说，"世俗之为说者曰，治古（古之治世）无肉刑而有象刑……是不然。以为治邪？则人固莫触罪，非独不用肉刑，亦不用象刑矣。以为人或触罪矣，而直轻其刑，然则是杀人者不死，伤人者不刑也。罪至重而刑至轻，庸人不知恶，乱莫大焉……杀人者不死，而伤人者不刑，是谓惠暴而宽贼也，非恶恶也。故象刑殆非生于治古，并起于乱今也"。"乱今"据杨倞注，"今之乱世妄为此说"（《荀子》第十八篇《正论》）。肉刑谓墨劓剕宫，象刑谓章服，耻辱其形象。余解释"损"字为损伤其身体，即指肉刑而言。荀子主张重刑，其门徒韩非亦说，"赏厚则所欲之得也疾，罚重则所恶之禁也急。夫欲利者必恶害，害者利之反也，反于所欲，焉得无恶？欲治者必恶乱，乱者治之反也。是故欲治甚者，其赏必厚矣；其恶乱甚者，其罚必重矣……且夫重刑者，非为罪人也……重一奸之罪,而止境内之邪,此所以为治也。重罚者盗贼也,而悼惧者良民也,欲治者奚疑于重刑?若夫厚赏者,非独赏功也,又劝一国。受赏者甘利,未赏者慕业,是报一人之功,而劝境内之众也,欲治者何疑于厚赏……所谓重刑者,奸之所利者细,而上之所加焉者大也。民不以小利蒙大罪,故奸必止者也。所谓轻刑者,奸之所利者大,上之所加焉者小也。民慕其利而傲其罪(谓轻易其刑),故奸不止也"(《韩非子》第四十六篇《六反》)。固然韩非希望刑赏适中,他说"用赏过者失民,用刑过者民不畏。有赏不足以劝,有刑不足以禁,则国虽大必危"(《韩非子》第十九篇《饰邪》)。但他还是依荀子"治则刑重,乱则刑轻"(《荀子》第十八篇《正论》),而偏重于严刑。韩非假托孔子赞成"殷之法,刑弃灰于市",谓孔子曾言:"且夫重罚者人之所恶也,而无弃灰,人之所易也。使人行之所易,而无离所恶,此治之道也。"(《韩非子》第三十篇《内储说上·七术》)他自己亦说:"行刑重其轻者,轻者不至,重者不来,是谓以刑去刑也。""罪重而刑轻,刑轻则事生,此谓以刑致刑,其国必削。"(《韩非子》第五十三篇《饬令》)韩非之言可以阐明荀子本条之言之意。

上举第二条荀子之言,荀子毫不保留地主张厚赏重刑,于兹可见。案法家多主张厚赏重刑,而尤主张重刑,管子说,"凡牧民者欲民之正也,欲民之正,则微邪不可不禁也。微邪者大邪之所生也,微邪不禁,而求大邪之无伤国,不可得也"(《管子》第三篇《权修》)。商鞅说:"行罚重其轻者,轻其重者,轻者不至,重者不来,此谓以刑去刑,刑去事成。罪重刑轻,刑至事生,此谓以刑致刑,其国必削。"(《商君书》第十三篇《靳令》)韩非说:"夫严刑者民之所畏也,重罚者民之所恶也,故圣人陈其所恶以禁其邪,设其所恶以防其奸,是以国安而暴乱不起。"(《韩非子》第十四篇《奸劫弑臣》)但韩非尚有"用刑过者民不畏"(《韩非子》第十九篇《饰邪》)之语。此语似与上述严刑矛盾。尹文子说,"老子曰,民不畏死,如何以死惧之?凡民之不畏死,由刑罚过。刑罚过,则民不赖其生。生无所赖,视君之威末如也。刑罚中,则民畏死;畏死,由生之可乐也。知生之可乐,故可以死惧之。此人君之所宜执,臣下之所宜慎"(《尹文子·大道下》)。尹文子属于名家,名法两家的政治思想相去无几。尹文子之言可以说明韩非所谓"用刑过者民不畏"的道理。

荀子赞成刑杀，观下述荀子之言即可知之。他说，"孔子为鲁摄相，朝七日而诛少正卯……汤诛尹谐，文王诛潘止，周公诛管叔，太公诛华仕，管仲诛付里乙，子产诛邓析史付，此七子者皆异世同心，不可不诛也"（《荀子》第二十八篇《宥坐》）。古人言杀，必主张"杀贵大"，韩非说："上古之传言，《春秋》所记，犯法为逆以成大奸者，未尝不从尊贵之臣也。然而法令之所以备，刑罚之所以诛，常于卑贱，是以其民绝望，无所告诉。"（《韩非子》第十七篇《备内》）少正卯虽非尊贵之臣，却是鲁国当时第一名流。诛一名流，其效力大于杀数百小民。商鞅变法，必先刑太子师傅，其用意亦与孔子之诛少正卯相同。

兹要附带说明的是，荀子言刑，未曾言赦，其门人韩非曾说，"若罪人则不可救。救罪人，法之所以败也，法败则国乱"（《韩非子》第三十六篇《难一》），此乃出于《尚书·康诰》"文王作罚，刑兹无赦"之语。古人反对赦令者甚多，例如管子说，"民毋重罪，过不大也。民毋大过，上毋赦也。上赦小过，则民多重罪，积之所生也。故曰，赦出则民不敬，惠行则过日益。惠赦加于民，而囹圄虽实，杀戮虽繁，奸不胜矣（作奸以待赦也）。故曰，邪莫如蚤禁之。赦过遗善（善即惠也），则民不励。有过不赦，有善不遗，励民之道于此乎用之矣"（《管子》第十六篇《法法》）。东汉屡下赦令，王符说，"凡民之所以轻为盗贼，吏之所以易作奸匿者，以赦赎数而有侥望也。若使犯罪之人终身被命（显其名而捕之），得而必刑，则计奸之谋破，而虑恶之心绝矣"（《潜夫论》第十六篇《述赦》）。东汉党锢之祸固然原因甚多，而其导火线则为桓帝延熹九年有善风角者张成，以方技交通宦官，推占当有赦令，教其子杀人。河南尹李膺捕之，果遇赦令获免。膺怒，竟考杀之。成弟子牢修遂诬告膺养太学游士，交结诸郡生徒，诽讪朝廷，败坏风俗。帝怒，下郡国逮捕，并遣使四出，收执膺等二百余人，诬为党人，并下狱。次年窦武上表申理，始赦归，仍书名三府，终身禁锢（参阅《后汉书》卷六十七《党锢列传》序）。此可以证明赦赎数，则恶人出而善人伤矣。贞观七年太宗谓侍臣曰，"蜀先主尝谓诸葛亮曰，吾周旋陈元方、郑康成之间，每见启告理乱之道备矣，曾不语赦。故诸葛亮治蜀十年不赦，而蜀大化。梁武帝每年数赦，卒至倾败。夫谋小仁者大仁之贼，故我有天下以来，绝不放赦"（《贞观政要》卷八《赦令第三十二》）。

在吾国历史上最不用杀的莫如宋,国势最弱的亦莫如宋。宋以忠厚立国,"艺祖有誓约藏之太庙,不杀大臣及言事官,违者不祥"(《宋史》卷三百七十九《曹勋传》)。不杀言事官固然可令台谏言所欲言,然其结果并不理想。仁宗时代已有"言事官多观望宰相意"的现象(《宋史》卷三百十一《庞籍传》,参阅卷二百九十五《叶清臣传》)。南渡以后,台谏便供为奸臣排斥异己的工具,吾人读《秦桧传》(参阅卷四百三十三《洪兴祖传》)、《韩侂胄传》(参阅卷三百九十二《赵汝愚传》)、《贾似道传》即可知之。贾似道秉政之时,"台谏……有所建白,皆呈稿似道始行"(《宋史》卷四百五十一《陈文龙传》)。至于不杀大臣,实有背"杀贵大"(《六韬·将威》)的道理,于是"忠厚"流于"宽大","宽大"流于"姑息"。孝宗曾言:"国朝以来,过于忠厚,宰相而误国,大将而败军,未尝诛戮。"(《宋史》卷三百九十六《史浩传》)此种作风何能矫萎靡之风,而激发英豪之士勇于作为?我似已引过仁宗时李觏之言,"刑罚之行尚矣,积圣累贤未有能去者也,非好杀人,欲民之不相杀也;非使畏己,欲民之自相畏也"(《李直讲文集》卷十《刑禁第一》,商务版)。"杀人者死,而民犹有相杀;伤人者刑,而民犹有相伤。苟有以不忍而赦之,则杀人者不死,伤人者不刑,杀伤之者无以惩其恶,被杀伤者无以伸其冤,此不近于帅贼而攻人者乎?"(同上《刑禁第三》)"术于仁者皆知爱人矣,而或不得爱之说。彼仁者爱善不爱恶,爱众不爱寡。不爱恶,恐其害善也;不爱寡,恐其妨众也。如使爱恶而害善,爱寡而妨众,则是仁者天下之贼也……仁者固尝杀矣,世俗之仁则讳刑而忌戮,欲以全安罪人,此释之慈悲,墨之兼爱,非吾圣人所谓仁也。"(同上卷二十一《本仁》)

王安石与司马光固然政见不同,而关于用刑,见解几乎相似。王安石说,夫民"莫不欲逸,而为尊者劳;莫不欲得,而为长者让……民之于此,岂皆有乐之之心哉?患上之恶己而随之以刑也……由是观之,莫不劫之于外而服之以力者也"(《王临川全集》卷六十六《礼论》,世界版)。他不但主张刑之必要且主张重刑。他说:"《王制》曰,变衣服者其君流。《酒诰》曰,厥或诰曰,群饮,汝勿佚。尽执拘以归于周,予其杀。夫群饮、变衣服小罪也,流、杀大刑也,加小罪以大刑,先王所以忍而不疑者,以为不如是,不足以一天下之俗而成吾治。"(同上卷三十九《上仁宗皇帝言事书》)司马光说:"朝廷近年务行宽政,吏有故出人罪者,率皆不问。或小有失入,则终身废弃。以此,民有谋杀及殴詈尊长者,州县之吏专务掩蔽纵释,惟恐上闻,往往止从杖罪断遣,少有处以正法……遂使顽民益无顾惮。名敦风教,其实坏之。王者之政,当善善恶恶,若宽此悖逆之民以为仁政,臣实愚浅,未之前闻。"(《司马温公文集》卷四《乞今后有犯恶逆不令长官自勘札子》,中华版)

降至南宋,朱熹、陆九渊亦皆反对宋代政治之宽大。朱熹曾说,"今之法家惑于罪福报应之说,多喜出人罪以求福报。夫使无罪者不得直,而有罪者得幸免,是乃所以为恶尔,何福报之有?《书》曰:钦哉,钦哉,惟刑之恤哉!所谓钦恤者,欲其详审曲直,令有罪者不得免,而无罪者不得滥刑也。今之法官惑于钦恤之说,以为当宽人之罪,而出其死。故凡罪之当杀者,必多为可出之涂,以俟奏裁,则率多减等,当斩者配,当配者徒,当徒者杖,当杖者笞。是乃卖弄条贯,舞法而受赇者耳,何钦恤之有"(《朱子语类》卷一百十《论刑》,㤙)。朱熹批评当时法官如此,故他认为凡有法令,必须佐之以刑罚。"号令既明,刑罚亦不可弛。苟不用刑罚,则号令徒挂墙壁尔。与其不遵以梗吾治,曷若惩其一以戒百;与其核实检察于其终,曷若严其始而使之无犯?做大事岂可以小不忍为心?"(同上卷一百八《论治道》,道夫)做大事不可以小不忍为心,故他又主张为政"当以严为本,而以宽济之"(同上,人杰)。"古人为政一本于宽,今必须反之以严。盖必如是矫之,而后有以得其当。"(同上,若海)政既严了,刑就要重。"今人说轻刑者只是所犯之人为可悯,而不知被伤之人尤可念也。如劫盗杀人者,人多为之求生,殊不念死者之为无辜,是知为盗贼计,而不为良民地也。"(同上卷一百十《论刑》,时举)观朱熹之言,可知道学派并不反对"齐之以刑"的道理。

陆九渊曾谓"后世言宽仁者,类出于姑息"(《象山全集》卷三十四《语录上》,中华版)。陆氏曾设问说,"孔子自言为政以德。又曰,道之以德,齐之以礼。又曰,政者正也。季康子问,杀无道以就有道,何如?对曰,子为政,焉用杀?子欲善,而民善矣。宜不尚刑也,而其为鲁司寇,七日必诛少正卯于两观之下,而后足以风动乎人,此又何也"(同上卷二十四《策问之十》)。又说:"尝谓古先帝王未尝废刑,刑亦诚不可废于天下,特其非君之心,非政之本焉耳。夫惟于用刑之际,而见其宽仁之心,此则古先帝王之所为政者也。尧举舜,舜一起而诛四凶。鲁用孔子,孔子一起而诛少正卯,是二圣人者以至仁之心,恭行天讨,致斯民无邪慝之害,恶惩善劝,咸得游泳乎洋溢之泽,则夫大舜孔子宽仁之心,吾于四裔两观之间而见之矣。"(同上卷三十《政之宽猛孰先论》)"用刑"何以见宽仁之心?《论语》,"子曰,唯仁者能好人,能恶人"(《论语·里仁》)。《大学》,"唯仁人为能爱人,能恶人"。郑玄注,"放去恶人媢嫉之类者,独仁人能之,如舜放四罪,而天下咸服"。孔颖达疏,"仁人能爱善人,恶不善之人"(《礼记注疏》卷六十《大学》)。仁是依对方的人格价值,而予以应得的报偿。《司马法》言,"杀人安人,杀之可也"(第一篇《仁本》)。何况杀一以惩百,令人不敢作恶,防患于未然,这才是积极的宽仁。小不忍而舍巨憨,岂可谓仁?这不过表示政府之无力,只得施行姑息政策而已。

第八节

人　君

（一）君之作用

君者善群也。(《荀子》第九篇《王制》)

君者，何也？曰，能群也。能群也者，何也？曰，善生养人者也，善班治人者也，善显设人(设人为用人之意)者也，善藩饰人者也。善生养人者，人亲之。善班治人者，人安之。善显设人者，人乐之。善藩饰人者，人荣之。四统者俱，而天下归之，夫是之谓能群。(《荀子》第十二篇《君道》)

人君者所以管分之枢要也。(《荀子》第十篇《富国》)

无君以制臣，无上以制下，天下害生纵欲，欲恶同物，欲多而物寡，寡则必争矣。(《荀子》第十篇《富国》)

君者仪也，民者景也，仪正而景正。君者槃也，民者水也，槃圆而水圆。君者盂也，盂方而水方。(《荀子》第十二篇《君道》)

君者民之原也，原清则流清，原浊则流浊。(《荀子》第十二篇《君道》)

诸侯有老，天子无老。(《荀子》第十八篇《正论》)

以上共举荀子之言七条，七条又分类为三项。第一项四条言君之必要。第二项二条言君对民的影响。第三项言天下不能一日无天子。

先就第一项第一条言之，前曾说过，人类自始就有群居的习惯，这个群居的人，学者称之为群(horde)。但人类不但成群而居而已，又因觅食及防御的必要，必须协力合作，而有连带关系。人类因协力合作而发生连带关系之时，就构成为社会。原始社会乃是斗争的社会，最初是人与兽争，其次是群与群争，最后是部落与部落争。争斗之时，同群的人常推举一位雄武强有力的人出来领导，使步调能够整齐，以便战胜对方。此人领导既久，就成为君长。荀子说，"百姓之群待之(之指君长)而后和"(《荀子》第十篇《富国》)，即指此而言，故云"君者善群也"。后世学者多承袭此种思想。董仲舒说，"君者群也"(《春秋繁露》第三十五篇《深察名号》)。又说，"王者民之所往，君者不失其群者也。故能使万民往之，而得天下之群者，无敌于天下"(同上第七篇《灭国上》)。《白虎通》亦有"王者往也，天下所归往……君之为言群也"(卷一《号》)之句。

第二条是说明君之能群不是单靠其雄武强有力而已，亦依靠其才识足以安抚同群的人，荀子继着说明安抚的方法，举出生养、班治、显设、藩饰四项。说道，"省工贾、众农夫、禁盗贼、除奸邪，是所以生养之也。天子三公，诸侯一相，大夫擅官(言大夫得专其官事)，士保职，莫不法度而公，是所以班治之也。论德而定次，量能而授官，皆使其人载其事而各得其所宜，上贤使之为三公，次贤使之为诸侯，下贤使之为士大夫，是所以显设之也。修冠弁衣裳、黼黻文章，雕琢刻镂，皆有等差，是所以藩饰之也"(《荀子·君道》)。《吕氏春秋》谓"群之可聚也，相与利之也。利之出于群也，君道立也"(卷二十《恃君览第八》之一《恃君》)。盖谓君能安抚其民，则不但同一的人，即君民之间亦互有利益。如是，群才相聚不散，此皆有恃于君，即"君道立也"。

第二条上文为"人之生不能无群，群而无分则争，争则乱，乱则穷矣。故无分者人之大害也，有分者天下之本利也"，继之才说"而人君者所以管分之枢要也"。荀子曾言："分莫大于礼。"(第五篇《非相》)但制礼之权属于天子。何以证之？"子曰……非天子不议礼。"(《礼记注疏》卷五十三《中庸》)荀子亦谓"先王……制礼义……使人……各得其宜"(《荀子》第四篇《荣辱》)。又说，"先王恶其乱也,故制礼义以分之"(《荀子》第十九篇《礼论》)。礼由人君制定,而分莫大于礼。如是,定分之权自应属于人君,故云"人君者所以管分之枢要也"。但要定分,须先正名。此说创自孔子,孔子云"必也正名乎"(《论语·子路》),又说"君君,臣臣,父父,子子"(《论语·颜渊》)。简单解释之,即希望"名实一致"及"名分相符"。《荀子》书中有《正名》一篇(第二十二篇《正名》),文字深奥,不欲引之以增读者之惑,要不出于孔子正名定分之意。儒家之外,法家商鞅说,"一兔走,百人逐之,非以兔……也。夫卖兔者满市,而盗不敢取,由名分已定也。故名分未定,尧舜禹汤且皆如鹜焉而逐之。名分已定,贪盗不取"(《商君书》第二十六篇《定分》)。慎子说,"一兔走街,百人追之,贪人具存,人莫之非者,以兔为未定分也。积兔满市,过而不顾,非不欲兔也,分定之后,虽鄙不争"(《慎子·逸文》)。名家的尹文子说,"名也者,正形者也。形正由名,则名不可差。故仲尼云,必也正名乎? 名不正,则言不顺也……人君有术……有势……要在乎先正名分,使不相侵杂……故曰,名分不可相乱也……定此名分,则万事不乱也……名定则物不竞,分明则私不行。物不竞,非无心,由名定,故无所措其心。私不行,非无欲,由分明,故无所措其欲"(《尹文子·大道上》)。杂家的尸子说,"天下之可治,分成也。是非之可辨,名定也。……夫使众者,诏作则迟(人君教臣如何作为,则政务之进行也迟),分地则速(君不预臣业,而令百官分职而治,则政务之进行也速),是何也? 无所逃其罪也……君臣同地(君预臣业),则臣有所逃其罪矣。故陈绳则木之枉者有罪,措准则地之险者有罪,审名分则群臣之不审者有罪"(《尸子》卷上《发蒙》)。《吕氏春秋》说:"凡人主必审分,然后治可以至,奸伪邪僻之涂可以息……今以众地者(谓以众治地),公作则迟,有所匿其力也;分地则速,无所匿迟也。主亦有地,臣主同地,则臣有所匿其邪矣,主无所避其累矣……人主……多其教诏,而好自以……此亡国之风也。王良之所以使马者,约审之以控其辔,而四马莫敢不尽力……有道之主,其所以使群臣者亦有辔。其辔何如? 正名审分,是治之辔已……不正其名,不分其职……则人主忧劳勤苦,而官职烦乱悖逆矣……故至治之务在于正名,名正则人主不忧劳矣。"(卷十七《审分览第五》之一《审分》)依上述先哲之言,可知名分本来是谓各人均应循名守分而各处其宜。若应用于政治方面,不过主张君臣相互之间的权利义务关系是相对的,而如孔子所说,"君使臣以礼,臣事君以忠"(《论语·八佾》)。自汉代有些学者倡三纲之说之后,君臣相互之间的权利义务关系便变成绝对的,而如唐太宗所说,"君虽不君,臣不可以不臣"(《旧唐书》卷二《太宗纪》贞观二年)。何谓三纲?董仲舒于《春秋繁露》中曾提及"三纲"二字(第三十五篇《深察名号》)。他依《周易·系辞》"天尊地卑,乾坤定矣"(《周易正义》卷七《系辞上》),"乾阳物也,坤阴物也"(同上卷八《系辞下》),而谓"诸在上者皆为其下阳,诸在下者皆为其上阴"(《春秋繁露》第四十三篇《阳尊阴卑》),"君臣、父子、夫妇之义皆取诸阴阳之道。君为阳,臣为阴。父为阳,子为阴。夫为阳,妻为阴"(同上第五十三篇《基义》),"故下事上,如地事天也,可谓大忠矣"(同上第三十八篇《五行对》)。班固于其《白虎通》中说道:"三纲者何谓也?谓君臣、父子、夫妇也……君为臣纲,父为子纲,夫为妻纲……何谓纲纪(标题为《三纲六纪》,故提及纪字)?纲者张也,纪者理也,大者为纲,小者为纪,所以张理上下,整齐人道也。"(《白虎通》卷七《三纲六纪》)从此而后,名分与三纲便混同为一。后代学者最崇三纲之说而重名分的莫如司马光。他于《资治通鉴》开头即说,"臣光曰,臣闻天子之职莫大于礼,礼莫大于分,分莫大于名。何谓礼?纪纲是也。何谓分?君臣是也。何谓名?公侯卿大夫是也。夫以四海之广,兆民之众,受制于一人,虽有绝伦之力,高世之智,莫敢不奔走而服役者,岂非以礼为之纲纪哉!是故天子统三公,三公率诸侯,诸侯制卿大夫,卿大夫治士庶人,贵以临贱,贱以承贵。上之使下犹心腹之运手足,根本之制支叶。下之事上,犹手足之卫心腹,支叶之庇本根。然后能上下相保而国家治安,故曰天子之职莫大于礼也。文王序《易》,以乾坤为首,孔子系之曰天尊地卑,乾坤定矣,卑高以陈,贵贱位矣。言君臣之位,犹天地之不可易也。《春秋》抑诸侯,尊周室,王人虽微,序于诸侯之上,以是见圣人于君臣之际,未尝不倦倦也。非有桀纣之暴,汤武之仁,人归之,天命之,君臣之分当守节伏死而已矣"(《资治通鉴》卷一《周纪》威烈王二十三年)。前清光绪年间何启及胡翼南受了西洋民权思想的熏陶,合著《新政真诠》一书,抨击三纲甚为激烈。其言曰,"三纲之说非孔孟之言也。商纣无道者也,而必不能令武王为无道,是君不得为臣纲也。瞽瞍顽嚚者也,而必不能令虞舜为顽嚚,是父不得为子纲也。文王以姒氏而兴,周幽以褒女而灭,是夫亦不得为妻纲也。君臣父子夫妇谓有尊卑先后之不同则可,谓有强弱轻重之不同则不可……君臣不言义而言纲,则君可以无罪而杀其臣,而直言敢谏之风绝矣。父子不言亲而言纲,则父可以无罪而杀其子,而克谐允若之风绝矣。夫妇不言爱而言纲,则夫可以无罪而杀其妇,而伉俪相庄之风绝矣。由是官可以无罪而杀民,兄可以无罪而杀弟,长可以无罪而杀幼,勇威怯,众暴寡,贵陵贱,富欺贫,莫不从三纲之说而推,是化中国为蛮貊者三纲之说也"(《新政真诠》卷十五《劝学篇书后·明纲篇辨》)。两氏之言是为反对张之洞的《劝学篇》而作,吾不同意张之洞的《明纲篇》,更不赞成两氏反驳之语,因为其言不合逻辑者甚多,姑引之以供读者参考。

第四条荀子之言,也是说明君之作用,古书多有此言。《书》云,"惟天生民有欲,无主乃乱"(《尚书注疏》卷八《仲虺之诰》)。因为有主,主可依礼法,用其权势限制各人之欲,使其不超过分所应得。当然,欲达成这个目的,须有明君在上,又能依恃其势而行其权。邓析说,"夫治之法莫大于使私不行,君之功莫大于使民不争……民一于君,事断于法,此治国之道也"(《邓析子·转辞篇》)。陆九渊之言对于本条的说明更为明显。他说,"民生不能无群,群不能无争,争则乱,乱则生不可以保。王者之作,盖天生聪明,使之统理人群,息其争,治其乱,而以保其生者也。夫争乱以戕其生,岂人情之所欲哉……当此之时,有能以息争治乱之道,拯斯民于水火之中,岂有不翕然而归往之者。保民而王,信乎其莫之能御也"(《象山全集》卷三十二《保民而王》,中华版)。

第五条及第六条均言君主的行为对于臣民影响甚大。荀子之言乃本于孔子,"政者正也,子帅以正,孰敢不正"(《论语·颜渊》)。孔子曾对哀公说,"政者正也,君为正,则百姓从政(政应作正)矣。君之所为百姓之所从也。君所不为,百姓何从"(《礼记注疏》卷五十《哀公问》)。子夏亦对魏文侯说,"君好之,则臣为之;上行之,则民从之"(同上卷三十九《乐记》)。但是"下之事上,不从其所令,从其所行"(同上卷五十五《缁衣》)。故为人君者不但要慎其所令,更重要的是慎其所行。此种思想不但儒家,各家亦均有之。管子说:"上之所好,民必甚焉。"(《管子》第十六篇《法法》)尸子说:"孔子曰,君者盂也,民者水也。盂方则水方,盂圆则水圆。上何好,而民不从?昔者勾践好勇,而民轻死。灵王好细

腰,而民多饿。夫死与饿民之所恶也。君诚好之,百姓自然,而况仁义乎?"(《尸子》卷上《处道》)

第六条所举荀文(《君道篇》)之前尚有重要文句:"合符节别契券者,所以为信也。上好权谋,则臣下百吏诞诈之人乘是而后欺。探筹投钩者,所以为公也。上好曲私,则臣下百吏乘是而后偏。衡石称县者,所以为平也。上好倾覆,则臣下百吏乘是而后险。斗斛敦概者,所以为啧也。上好贪利,则臣下百吏乘是而后丰取刻与,以无度取于民。故械数者,治之流也,非治之原也。君子者,治之原也。官人守数,君子养原。原清则流清,原浊则流浊。故上好礼义,尚贤使能,无贪利之心,则下亦将綦辞让,致忠信而谨于臣子矣。如是,则虽在小民,不待合符节别契券而信,不待探筹投钩而公,不待衡石称县而平,不待斗斛敦概而啧。故赏不用而民劝,罚不用而民服,有司不劳而事治,政令不烦而俗美。百姓莫敢不顺上之法,象上之志,而劝上之事,而安乐之矣。"荀子又谓"主者民之唱也,上者下之仪也"(《荀子》第十八篇《正论》)云云,意义亦同。

以上所引荀子之言,即孟子所说:"上有好者,下必有甚焉者矣。"(《孟子·滕文公上》)前曾引过商鞅之言:"凡人臣之事君也,多以主所好事君。君好法,则臣以法事君。君好言,则臣以言事君。"(《商君书》第十四篇《修权》)又引过韩非之言:"人主好贤,则群臣饰行以要君欲。"(《韩非子》第七篇《二柄》)"凡奸臣皆欲顺人主之心,以取亲幸之势者也。是以主有所善,臣从而誉之;主有所憎,臣因而毁之。凡人之大体,取舍同者则相是也,取舍异者则相非也。今人臣之所誉者,人主之所是也,此之谓同取。人臣之所毁者,人主之所非也,此之谓同舍。夫取舍合而相与逆者,未尝闻也。此人臣之所以取信幸之道也。"(《韩非子》第十四篇《奸劫弑臣》)昔者宋真宗欲"以无事治天下",王旦为相,便谓"祖宗之法具在,务行故事,慎所变改"(《宋史》卷二百八十二《王旦传》)。仁宗"意在遵守故常"(《宋史》卷二百九十二《田况传》),而宰相吕夷简遂"以姑息为安,以避谤为智"(《宋史》卷二百八十八《孙沔传》),卒致政界"狃用持盈守成之说,文苟简因循之治,天下之吏因以安常习故为俗"(《宋史》卷三百三十四《熊本传》)。神宗尝恨汉文帝之才不能立国更制(《宋史》卷三百二十七《王安石传》),而王安石就谓"人主制法而不当制于法……人主当化俗而不当化于俗"(《宋史》卷三百六十三《李光传》),竟因变法不得其道,而至失败。故韩非谓"君无见其所欲,君见其所欲,臣自将雕琢。君无见其意,君见其意,臣将自表异(君见其意,臣因其意以称之)。故曰,去好去恶,臣乃见素;去旧去智,臣乃自备"(《韩非子》第五篇《主道》)。

第七条虽然不是直接说明君之作用,只因君有重大作用,故特别提出而收入"君之作用"项下。本条依杨倞注,"诸侯供职贡朝聘,故有能力衰弱,求致仕者"。但吾国古书之有关周代制度者,不但天子,就是诸侯,也无致仕之事。《左》隐十一年鲁隐公有"吾将老焉"之语。盖鲁惠公薨时,嫡子桓公年幼;乃令庶子隐公摄位。桓公既长,隐公欲还政于桓公,而自己退居于菟裘之邑,故有是语。周初,天子有控制诸侯的权力,诸侯废弛职务或有畔逆行为,轻者削地或绌爵,重者流放或讨诛(参阅《礼记注疏》卷十一《王制》)。孟子说:"天子适诸侯曰巡狩,诸侯朝于天子曰述职……一不朝,则贬其爵;再不朝,则削其地;三不朝,则六师移之。"(《孟子·告子下》)至于天子无道,除民众起来畔王(如周厉王)之外,绝无流放或讨诛之事。削地或绌爵更不能适用于天子。兼以天子崩殂,太子即就帝位,盖天下不可一日无君之故。英谚有"王不会死"之言,此亦天子无老之意。又有进者,唐玄宗禅位于其子肃宗,自为太上皇,宋孝宗禅位于其子光宗,自为太上皇,而皆引起宫闱不和,这是读史者共知的事。古人深知人情莫不欲富贵,天子富贵极矣,故不能不预防,这是天子无老的原因。

(二) 君道无为

人主者,以官人为能者也。匹夫者,以自能为能者也。人主得使人为之,匹夫则无所移之。百亩一守,事业穷,无所移之也(百亩,一夫之守。事业,耕稼也。耕稼穷于此,无所移于人。若人主必躬治小事,则与匹夫何异也)。今以一人兼听天下,日有余而治不足者,使人为之也(今以一人兼听天下之大,自称日有余,言兼听之日有余也。而治不足,言所治之事少而不足,言不足治也。使人为之,故得如此)。大有天下,小有一国,必自为之然后可。则劳苦耗悴莫甚焉。如是,则虽臧获不肯与天子易势业,以是县天下,一四海,何故必自为之?

为之者,役夫之道也。(《荀子》第十一篇《王霸》)

天子不视而见,不听而聪,不虑而知,不动而功,块然独坐,而天下从之如一体,如四肢之从心,夫是之谓大形。(《荀子》第十二篇《君道》)

(天子)足能行,待相者然后进。口能言,待官人然后诏。不视而见,不听而聪,不言而信,不虑而知,不动而功,告至备也。天子也者,势至重,形至佚,心至愈,志无所诎,形无所劳,尊无上矣。(《荀子》第二十四篇《君子》)

农分田而耕,贾分货而贩,百工分事而劝,士大夫分职而听,建国诸侯之君分土而守,三公总方而议,则天子共己而已矣。(《荀子》第十一篇《王霸》)

主道知人,臣道知事,故舜之治天下,不以事诏,而万物成(不以事诏告,但委任而已,谓若使禹治水,而不告以治水之法)。(《荀子》第二十七篇《大略》)

主好要,则百事详;主好详,则百事荒。(《荀子》第十一篇《王霸》)

明主好同,而暗主好独。(《荀子》第十三篇《臣道》)

故非我而当者吾师也,是我而当者吾友也,谄谀我者吾贼也。(《荀子》第二篇《修身》)

楚庄王谋事而当,群臣莫能逮,退朝有忧色。申公巫臣进问曰,王朝而有忧色,何也?庄王曰,不谷谋事而当,群臣莫能逮,是以忧也。其在中𧇲之言也,曰诸侯自为得师者王,得友者霸,得疑者存,自为谋而莫己若者亡。今以不谷之不肖,而群臣莫能逮,吾国几于亡乎,是以忧也。(《荀子》第三十二篇《尧问》)

以上共举荀子之言九条,以说明君道无为为主,分为五项。第一项四条,说明无为的作风。第二项一条,说明人主对于各种职务应听有司自己为之。第三项一条,说明人主只可守要。第四项一条,说明人主不可自任其智。第五项二条,虽与无为没有直接关系,举之借以说明人主虽然垂拱而治,亦应注意群臣有否面谀之事。更重要的是,人主须有纳谏的雅量。兹再对于每条,解说如次。

关于第一条无须说明,《淮南子》依荀子之言,亦谓"匹夫百亩一守,不遑启处,无所移之也。以一人兼听天下,日有余而治不足,使人为之也……故位愈尊而身愈佚,身愈大而事愈少,譬如张琴,小弦虽急,大弦必缓。无为者道之体也,执后者道之容也。无为制有为,术也。执后之制先,数也。放于术则强,审于数则宁"(卷十四《诠言训》)。

第二条荀子之言,亦无须说明。盖明主虽然无为,而却能辟四门,明四目,达四聪,使天下无壅塞天子之闻见,故能不视而见,不听而聪。又肯接受贤人之忠言嘉谟崇论弘议,故能不虑而知。复能任人之长,而不规规焉唯人之短是视,故能不动而功。孔子说,"古者圣主冕而前旒,所以蔽明也。紞纩充耳,所以掩聪也。水至清则无鱼,人至察则无徒"(《孔子家语》第二十一篇《入官》)。人主最宜引以为戒的,乃是察察为明。察察为明往往变为不明。周亚夫为丞相,不愿委赵禹以重任,为什么呢?据《汉书》(卷九十《赵禹传》),赵禹"事太尉周亚夫,亚夫为丞相,禹为丞相史,府中皆称其廉平。然亚夫弗任,曰极知禹无害,然文深(应劭曰,禹持文法深刻),不可以居大府"。为吏太过深刻,尚不可假以重任,何况丞相,更何况天子何可察察为明?

第三条荀子之言与上述二条相同,兹只举《慎子》及《淮南子》之言以供参考。慎子说,"昔者天子手能衣而宰夫设服,足能行而相者导进,口能言而行人称辞,故无失言失礼也"(《慎子·逸文》)。《淮南子》亦说,"人主之术,处无为之事,而行不言之教……因循而任下,责成而不劳。是故心知规而师傅谕导,口能言而行人称辞,足能行而相者先导,耳能听而执正进谏……故古之王者冕而前旒,所以蔽明也;黈纩塞耳,所以掩聪;天子外屏,所以自障……夫目妄视则淫,耳妄听则惑,口妄言则乱,夫三关者不可不慎守也"(《淮南子》卷九《主术训》)。

第四条乃是说明天子勿以至尊之身,亲总百司之职。《书》云,皋陶"又歌曰,元首丛脞哉,股肱惰哉,万事堕哉"(《尚书注疏》卷五《益稷》),言君亲细务,则臣懈惰,万事将因之废坏也。吾国天子大多察察为明,东汉光武"亲总吏职"(《唐六典》卷一《尚书令》),继统的明帝又"总揽威柄,权不借下"(《后汉书》卷二《明帝纪》论,集解引华峤书),此后天子往往不识治道。老子说,"其政察察,其民缺缺"

（《老子》第五十八章）。申子说，"君道无知无为，而贤于有知有为"（《申子》）。管子说，"侵（越法行事谓之侵）主……从狙（狙，伺也，既任臣以职了，又从而伺之）而好小察"（《管子》第五十二篇《七主七臣》）。兹于历史上举出两位察察为明的天子，观其结果如何。隋文帝"天性沉猜，素无学术，好为小数，不达大体"，"往往潜令人赂遗令史府史，有受者必死，无所宽贷"（《隋书》卷二《高祖纪下》仁寿四年）。"每旦临朝，日侧不倦。尚希谏曰……愿陛下举大纲，责成宰辅，繁碎之务非人主所宜亲也。"（《隋书》卷四十六《杨尚希传》，参阅卷六十二《柳彧传》）唐太宗时，张玄素批评隋文帝，说道，"自古以来，未有如隋室丧乱之甚，岂非其君自专，其法日乱。向使君虚受于上，臣弼违于下，岂至于此？且万乘之重，又欲自专庶务，日断十事，而五条不中。中者信善，其如不中者何？况一日万机，已多亏失，以日继月，乃至累年，乖谬既多，不亡何待"（《旧唐书》卷七十五《张玄素传》）。明崇祯"性多疑而任察"（《明史》卷三百九《流贼传》序），"恃一人之聪明，而使臣下不得尽其忠……凭一人之英断，而使诸大夫国人不得衷其是"（《明史》卷二百五十五《刘宗周传》）。此时清已以高屋建瓴之势，南压区夏。外患日急，而崇祯乃"好察边事，频遣旗尉侦探"（《明史》卷二百五十一《钱龙锡传》）。天子猜忌，于是边臣遇有兵警，不敢自作主张，常"请旨授方略，比下军前，则机宜已变，进止乖违，疆事益坏云"（《明史》卷二百五十二《杨嗣昌传》）。《六韬》云，"军中之事不闻君命，皆由将出"（《龙韬·立将第二十一》）。孙子云，"战道必胜（苟有必胜之道），主曰无战，必战可也。战道不胜，主曰必战，无战可也"（《孙子》第十篇《地形》）。战事请旨示方略，其不败北，自古以来，实未之闻。此种遥制所以发生，乃因崇祯性多疑而好小察之故。

上举第五条荀子之言，在《荀子》第二十一篇《解蔽》中亦有同一文句，但《大略》多"主道知人，臣道知事"二句。此二句亦甚重要。尸子说，"治水潦者禹也，播五谷者后稷也，听狱折衷者皋陶也，舜无为也，而天下以为父母"（《尸子》卷上《仁意》）。《吕氏春秋》云，"古之善为君者，劳于论（择也）人，而佚于官事，得其经也"（卷二《仲春纪第二》之四《当染》）。又云，"贤主劳于求人，而佚于治事"（卷十二《季冬纪第十二》之二《士节》）。此皆本于荀子"主道知人，臣道知事"之言。荀子门人韩非说，"明君之道，使智者尽其虑，而君因以断事，故君不穷于智。

贤者效其材，君因而任之，故君不穷于能。有功则君有其贤，有过则臣任其罪，故君不穷于名。是故不贤而为贤者师，不智而为智者正。臣有其劳，君有其成功，此之谓贤主之经也"（《韩非子》第五篇《主道》）。又说，"人主之道，静退以为宝，不自操事而知拙与巧，不自计虑而知福与咎"（同上）。复说，"下君尽己之能，中君尽人之力，上君尽人之智"（《韩非子》第四十八篇《八经》）。尽己之能者自己操事，尽人之力者自己计虑，尽人之智者不自操事，不自计虑，即不表示自己的才智，而如汉高祖所说，"夫运筹帷幄之中，决胜千里之外，吾不如子房。填国家，抚百姓，给饷馈，不绝粮道，吾不如萧何。连百万之众，战必胜，攻必取，吾不如韩信。三者皆人杰，吾能用之，此吾所以取天下者也"（《汉书》卷一下《高帝纪》五年）。这样，便可达到"事成则君收其功，规败则臣任其罪"（《韩非子》第四十八篇《八经》）。《吕氏春秋》云，"人主自智而愚人，自巧而拙人，若此，则愚拙者（臣）请矣（事皆请示），巧智者（君）诏矣（诏谓教以如何做）。诏多则请者愈多矣。请者愈多，且无不请也（事事皆请示）。主虽巧智，未无不知也（不能没有所不知之事）。以未无不知，应无不请，其道固穷。为人主而数穷于其下，将何以君人乎？穷而不知其穷，其患又将反以自多（其患反而更多），是之谓重塞之主，无存国矣。故有道之主，因而不为，责而不诏"（卷十七《审分览第五》之五《知度》）。又说，"凡奸邪险陂之人，必有因也。何因哉？因主之为。人主好以己为，则守职者舍职而阿主之为矣。阿主之为，有过则主无以责之，则人主日侵，而人臣日得，是宜动（臣）者静，宜静（君）者动也。尊之为卑，卑之为尊，从此生矣"（同上《审分览第五》之二《君守》）。《吕氏春秋》之言乃取之于法家。兹再举慎子及申子之言。慎子说，"君臣之道，臣事事而君无事；君逸乐而臣任劳；臣尽智力以善其事，而君无与焉，仰成而已。故事无不治，治之正道然也。人君自任，而务为善以先下，则是代下负任蒙劳也，臣反逸矣……有过，则臣反责君，逆乱之道也。君之智未必最贤于众也，以未最贤而欲以善尽被下，则不赡矣。若使君之智最贤，以一君而尽赡下则劳，劳则有倦，倦则衰，衰则复返于不赡之道也。是以人君自任而躬事，则臣不事事，是君臣易位也，谓之倒逆，倒逆则乱矣。人君苟任臣而勿自躬，则臣皆事事矣，是君臣之顺，治乱之分，不可不察也"（《慎子》卷上《民杂篇》）。申子说，"古之王者，其所为少，其所因多。因者君术也,为者臣道也。为则扰矣,因则静矣。因冬为寒,因夏为暑,君奚事哉?故曰,君道无知无为,而贤于有知有为,则得之矣"(《申子》)。案法家之言多本于老子,老子以为"自见者不明,自是者不彰,自伐者无功,自矜者不长"(《老子》第二十四章)。关尹子说,"圣人之治天下,不我贤愚,故因人之贤而贤之,因人之愚而愚之。不我是非,故因事之是而是之,因事之非而非之"(《关尹子·三极》)。不我贤愚,不我是非,盖欲人主关于用人行政不自决定。昔者,萧何推荐韩信,以为国士无双,汉王即拜信为大将。张良劝汉王不立六国之后,汉王即令销印。陈平蹑汉王足,汉王悟,即立韩信为齐王。娄敬劝高祖入关而都之,高祖疑未决,及闻张良言,即日驾西都关中。古代明主对其才智常深藏不露,不欲见知于人。人主表示才能,将令群臣知道自己才能之大小;有才能而不施展,群臣将莫测深浅。人主表示智慧,将令群臣知道自己智慧之高低;有智慧而不发表,群臣亦莫测深浅。于是有才能的成为万能,有智慧的成为全知,此之谓"上德不德,是以有德"(《老子》第三十八章)。

上举第六条荀子之言,是谓人主只可守要。案先哲关于人主垂拱而治的思想可大别为两种,一是主张君主无为,二是主张君主守要。荀子的思想则兼二者而有之。守要就是察要。商鞅谓"故圣人明君者,非能尽其万物也,知万物之要也。故其治国也,察要而已矣"(《商君书》第三篇《农战》)。尸子说:"明王之治民也,事少而功立,身逸而国治,言寡而令行,事少而功多,守要也。"(《尸子》卷上《分》)此盖如文子所说:"位高者事不可以烦,民众者教不可以苛。事烦难治,法苛难行,求多难赡……故功不厌约,事不厌省,求不厌寡。功约易成,事省易治,求寡易赡。"(《文子》第十篇《上仁》)

古人希望人主只可察要者甚多。《吕氏春秋》说,"夫相大官也,处大官者不欲小察,不欲小智"(卷一《孟春纪第一》之四《贵公》)。宰相如此,则为天子者岂可察察为明?韩非说,"明主不躬小事"(《韩非子》第三十五篇《外储说右下》)。此盖如前所引过慎子之言,"君之智未必最贤于众也,以未最贤而欲以善尽被下,则不赡矣。若使君之智最贤,以一君而尽赡下则劳,劳则有倦,倦则衰,衰则复返于不赡之道也"(《慎子·民杂篇》)。宋惩唐末方镇之乱,收揽天下之权悉总于天子。而如司马光所说,"臣伏见国家旧制,百司细事,如三司鞭一胥吏,开封府补一厢镇之类,往往皆须奏闻"(《司马温公文集》卷四《乞简省细务不必尽关圣览上殿札子》,中华版)。司马光此奏是在仁宗末年,即嘉祐年间。吾人观"旧制"二字,可知事无巨细,均听上裁,由来已久。徽宗时,蔡京当国,用人行政患人阻止,常用御笔手诏,"违者以大不恭论"(《宋史》卷三百五十二《吴敏传》)。然而因此假托圣旨的流弊便发生了。据《宋史》所述,蔡京"患言者议己,故作御笔密进,而丐徽宗亲书以降,谓之御笔手诏,违者以违制坐之。事无巨细,皆托而行。至有不类帝札者,群下皆莫敢言。由是贵戚近臣争相请求,至使中人杨球代书,号曰书杨。京复病之,而亦不能止矣"(《宋史》卷四百七十二《蔡京传》)。南宋天子亦不知察要之道,高宗固不必说,孝宗颇有作为,但陈亮尚上疏孝宗,"论执要之道"。说道,"陛下自践祚以来……发一政,用一人,无非出于独断。下至朝廷之小臣,郡县之琐政,一切上劳圣虑……臣窃以为人主之职本在于辨邪正,专委任,明政之大体,总权之大纲,而屑屑焉一事之必亲,臣恐天下有以妄议陛下之好详也……今朝廷有一政事,而多出于御批;有一委任,而多出于特旨。使政事而皆善,委任而皆当……而犹不免好详之名。万一不然,而徒使宰辅之避事者,得用以借口,此臣爱君之心所不能以已也。臣愿陛下操其要于上,而分其详于下……不降御批,不出特旨……无代大臣受怨之失,此臣所以为陛下愿之也"(《龙川文集》卷二《中兴论》之二《论执要之道》,中华版)。陈亮疏中谓"徒使宰辅之避事者,得用以借口",吾于《明史》见此流弊矣。明在太祖时代,"威柄在上,事皆亲决"(《历代职官表》卷四《内阁》)。"中外章奏皆上彻御览,每断大事,决大疑,臣下惟面奏取旨,有所可否,则命翰林儒臣折衷古今而后行之。故洪武中,批答皆御前传旨当笔。"(同上引廖道南《殿阁词林记》)此种"事皆亲决"而不知守要之道,最初盖防权臣如左丞相胡惟庸者图谋不轨。而既成为制度,便供为大臣逃避责任的借口。明自成祖以后,曾置内阁,英宗天顺年间,内阁之中亦有首辅。但祖宗"事皆亲决"之制仍然存在,而徒供为大臣逃避责任的借口。例如万历二十年赵志皋为首辅,"年七十余,耄矣,柔而懦"(《明史》卷二百十九《赵志皋传》)。"凡会议会推(明制,朝廷若有大政或任用文武大臣,天子常令廷臣集议。前者称为廷议,后者称为廷推),并令廷臣类奏,取自上裁"(《明史》卷二百三十一《史孟麟传》),所以史孟麟疏争曰,"曩太祖罢中书省,分设六部,恐其专也。而官各有职,不相侵越,则又惟恐其不专。盖以一事任一官,则专不为害。即使败事,亦罪有所归,此祖宗建官之意也。今令诸臣各书所见,类奏以听上裁,则始以一部之事分而散之于诸司。究以诸司之权,合而收之于禁密。事虽上裁,旨由阁拟,脱有私意奸其间,内托上旨,外透廷言,谁执其咎"(《明史》同上)。结果,天子倦勤,大权便归于阉人,所以黄梨洲说,"吾以谓有宰相之实者,今之宫奴也"(《明夷待访录·置相》)。

但是希望人君守要,须有一个前提,即人君能够委任责成,而要人君委任责成,又须朝廷至少于数年内有一定的施政方针。苏轼说,"方今天下何病哉,其始不立,其卒不成……夫所贵于立者,以其规摹先定也。古之君子先定其规摹,而后从事,故其应也有候,而其成也有形……今夫富人之营宫室也,必先料其赀财之丰约,以制宫室之大小……及期而成,既成而不失当,则规摹之先定也。今治天下则不然,百官有司不知上之所欲为也……民不知其所适从也。及其发一政,则曰姑试行之而已,其济与否,固未可知也。前之政未见其利害,而后之政复发矣……何则?其规摹不先定也"(《东坡全集·前集》卷二十一《思治论》,世界版)。钦宗靖康年间,胡安国奏言,"为天下国家,必有一定不可易之计,谋议既定,君臣固守,故有志必成,治功可立"(《宋史》卷四百三十五《胡安国传》)。顾宋代政治竟然毫无定见。用人方面往往是"以一人之言进之,未几又以一人之言疑之"(《涑水记闻》卷五),有如吕公著所说,"前日所举,以为天下之至贤;而后日逐之,以为天下至不肖。其于人材既反覆不常,则于政事亦乖戾不审"(《宋史》卷三百三十六《吕公著传》)。决策方面又是"今日一人言之,以为是而行;明日一人言之,以为非而止"(《宋史》卷三百五十七《程振传》),而如《宋史》所说,"宋臣于一事之行,初议不审,行之未几,即区区然较其失得,寻议废格。后之所议未有以愈于前,其后数人者又复訾之如前。使上之为君者莫之适从,下之为民者无自信守。因革纷纭,非是贸乱,而事弊日益以甚矣"(《宋史》卷一百七十三《食货志上一》)。在如斯政情之下,哪有委任责成之制?关于委任责成,本书已简单说明于《孔子》之章[第七节第二项之(二)委任责成]。何谓委任责成?前已举过陆贽之言,"所谓委任责成者,将立其事,先择其人;既得其人,慎谋其始;既谋其始,详虑其终。终始之间,事必前定。有疑则勿果于用,既用则不复有疑。待终其谋，乃考其事。事愆于素者，革其飏而黜其人；事协于初者，赏其人而成其美。使受赏者无所与让，见黜者莫得为辞。夫如是则苟无其才，孰敢当任；苟当其任，必得竭才。此古之圣王委任责成，无为而理之道也"（《陆宣公奏议》卷七《请许台省长官举荐属吏状》，世界版）。南宋天子均不识委任责成之义。高宗时程俱说："国家之患在于论事者不敢尽情，当事者不敢任责。言有用否，事有成败，理固不齐。今言不合，则见排于当时；事不谐，则追咎于始议。故虽有智如陈平，不敢请金以行间。勇如相如，不敢全璧以抗秦。通财如刘晏，不敢言理财以赡军食。使人人不敢当事，不敢尽谋，则艰危之时，谁与图回而恢复乎？"（《宋史》卷四百四十五《程俱传》）孝宗时陈亮说："臣愿陛下……疑则勿用，用则勿疑。与其位，勿夺其职；任以事，勿间以言……才不堪此，不以其易制而姑留；才止于此，不以其久次而姑迁。"（《龙川文集》卷二《论开诚之道》）宁宗时曹彦约说，"今庙堂之上，患士大夫不奉行诏令，恶士大夫不恪守忠实。故虽信而用之，又以人参之。虽以事权付之，又从中御以系维之。致使知事者不敢任事，畏事者常至失事，卒有缓急，各持己见。兵权财计，互相归咎"（《宋史》卷四百十《曹彦约传》）。理宗时李韶说，"人主职论一相而已，非其人不以轻授，始而授之，如不得已，既乃疑之，反使不得有所为，是岂专任责成之体哉？所言之事不必听，所用之人不必从，疑畏忧沮而权去之矣"（《宋史》卷四百二十三《李韶传》）。宋代缺乏委任责成之制，盖自太祖以来，任何一位天子均有不信任大臣之心。

上举第七条荀子谓"明主好同，而暗主好独"。好同是如《尚书·大禹谟》所说"询谋佥同"，意义相同。"好独"据唐杨倞注，"独谓自任其智"。《书》云："予闻曰，能自得师者王，谓人莫己若者亡。"（《尚书注疏》卷八《仲虺之诰》）荀子本条之言亦此之谓。《吕氏春秋》说，"人主自智而愚人，自巧而拙人，若此则愚拙者请矣，巧智者诏矣（诏，教也）。诏多则请者愈多矣。请者愈多，且无不请也。主虽巧智，未无不知也（不能无所不知）。以未无不知，应无不请，其道固穷。为人主而数穷于其下，将何以君人乎？穷而不知其穷，其患又将反以自多，是之谓重塞之主，无存国矣。故有道之主因而不为，责而不诏"（卷十七《审分览第五》之五《知度》）。又说，"凡奸邪险陂之人，必有因也。何因哉？因主之为。人主好以己为,则守职者舍职而阿主之为矣。阿主之为,有过则主无以责之,则人主日侵,而人臣日得,是宜动者静,宜静者动也。尊之为卑,卑之为尊,从此生矣。此国之所以衰,而敌之所以攻之者也"(卷十七《审分览第五》之二《君守》)。《淮南子》说,"君人者释所守,而与臣下争,则有司以无为持位,守职者以从君取容。是以人臣藏智而弗用,反以事转任其上矣……君人者不任能(不任用臣之智能)而好自为之,则智日困而自负其责也"(卷九《主术训》)。又说,"君好智则倍时而任己,弃数而用虑,天下之物博而智浅,以浅澹博,未有能者也。独任其智,失必多矣。故好智,穷术也"(卷十四《诠言训》)。

第八条是希望人主注意群臣之中,有否面谀天子或逢迎天子之意之人。荀子曾言,"从命而利君谓之顺,从命而不利君谓之谄。逆命而利君谓之忠,逆命而不利君谓之篡……不恤国之臧否,偷合苟容,以持禄养交而已耳,谓之国贼"(《荀子》第十三篇《臣道》)。韩非亦引晋文公之言:"上君所与居,皆其所畏也。中君之所与居,皆其所爱也。下君之所与居,皆其所侮也。"(《韩非子》第三十三篇《外储说左下》)古来成大事者不但需要大才,且又需要弘量。固然量弘的未必才大,而才大的多半量弘。那些斗筲之才稍有成就,往往沾沾自喜,以为天下莫己若也,独任己意,恶人攻难。王安石变法所以失败,史家谓其刚愎自用。刚愎自用与意志坚强不同,意志坚强出于自信力,刚愎自用又混杂以自卑感。一方因自信而自大,他方因自卑而怀疑别人轻视。故凡遇到别人攻难,便忿然变色,以为侮辱。此种人物得意还可,一旦挫折,由自卑感与自大狂的交杂作用,而趋向刚愎自用。即如孟子所说,"訑訑之声音颜色,距人于千里之外,士止于千里之外,则谗谄面谀之人至矣"(《孟子·告子下》)。

第九条也是劝告人主注意面谀的人。韩非曾举张仪与惠施关于连韩魏以伐齐荆之事,辩论于秦王之前。事后,惠施对秦王说,"夫齐荆之事也诚利,一国尽以为利,是何智者之众也?攻齐荆之事诚不可利,一国尽以为利,何愚者之众也?凡谋者疑也,疑也者,诚疑以为可者半,以为不可者半。今一国尽以为可,是王亡半也。劫主者,固亡其半者一也"(《韩非子》第三十篇《内储说上·七术》)。即依惠施之意,凡事付之公议,必有赞成与反对双方意见,若只闻赞成之言,则是群臣依阿主上或重臣之意,这是危险的事。"子思曰……夫不察事之是非，而悦人之赞己，暗莫甚焉。不度理之所在，而阿谀取容，谄莫甚焉。君暗臣谄，以居百姓之上，民弗与也，若此不已，国无类矣。子思谓卫君曰，君之国事将日非矣……君出言，皆自以为是，而卿大夫莫敢矫其非。卿大夫出言，亦皆自以为是，而士庶莫敢矫其非。君臣既自贤矣，而群下同声贤之。贤之则顺而有福，矫之则逆而有祸……如此，则善安从生？"（《孔丛子》第十篇《抗志》）"卫君问子思曰，寡人之政何如？答曰，无非……希旨容媚则君亲之，中正弼非则君疏之。夫能使人富贵贫贱者，君也。在朝之士孰肯舍所以见亲，而取其所以见疏者乎？是故竞求射君之心，而莫敢有非君之非者，此臣所谓无非也。"（《孔丛子》同上）

第九节　人　臣

第一项　总　说

（一）遇合

　　君子能为可贵，而不能使人必贵己；能为可信，而不能使人必信己；能为可用，而不能使人必用己。
《荀子》第六篇《非十二子》）

　　夫遇不遇者时也，贤不肖者材也。君子博学深谋，不遇时者多矣。由是观之，不遇世者众矣。（《荀子》第二十八篇《宥坐》）

　　上举荀子之言二条，均说明君臣的遇合。关于第一条，《荀子》第二十七篇《大略》亦有"君子能为可贵，不能使人必贵己；能为可用，不能使人必用己"。孔子曾言："在下位不获乎上，民不可得而治矣。"（《中庸》）孟子亦说："居下位而不获于上，民不可得而治也。"（《孟子·离娄上》）故言人治，须以贤君为前提，何况"君臣之相与也，非有父子之亲也"（《韩非子》第十四篇《奸劫弑臣》）？臣无功，君轻之；

臣有功,君疑之。蒯通对韩信说,"臣闻勇略震主者身危,而功盖天下者不赏……今足下戴震主之威,挟不赏之功……势在人臣之位,而有震主之威,名高天下,窃为足下危之"(《史记》卷九十二《淮阴侯传》)。此言可以道破古今的君臣关系。在此之前者,有范蠡"蜚鸟尽,良弓藏;狡兔死,走狗烹"之言(《史记》卷四十一《越王句践世家》)。在此之后者,有萧何因功大,恐遭灭族之祸,乃"多买田地,贱贳贷以自污"(《汉书》卷三十九《萧何传》)。如是,君虽用己,贵己,而求其信己,乃是难之又难。宜乎明代李贽有"强臣"之论。贽之言曰:"臣之强,强于主之庸耳,苟不强,则不免为舐痔之臣所谗,而为弱人所食啖矣。死即死,而啖即啖可也,目又安得瞑也?是以不得已于强也。颜鲁公唯弗强也,卒以八十之年,使死于谗。李怀光唯不得已于强也,卒以入赴王室之难,而遂反于谗,皆千载令人痛恨者。甚矣,主之庸可畏也。……乔玄之言曰,君治世之能臣,乱世之奸贼,吾以是观之,使老瞒不遭汉献,岂少一匡之勋欤?设遇龙颜,则三杰矣,奈之何舐痔固宠者专用一切附己之人,日事谗毁,驱天下之能臣而尽入于奸贼也……强者终能自强,而不敢强者终岌岌以死也。夫天下强国之臣能强人之国,而终身不谋自强,而甘岌岌以死者,固少也。是以英君多能臣,而庸君多强臣也,故言强臣,而必先之庸君也。"(《初潭集》卷二十五《君臣五·强臣》)

关于上举荀子之言第二条,亦不过主张君臣的遇合而已,用意与第一条相同。吾国先哲言此者甚多,例如文子谓"有其才,不遇其世,天也。求之有道,得之在命。君子能为善,不能必得其福;不忍而为非,而未必免于祸"(《文子》第十四篇《符言》)。《吕氏春秋》云:"凡遇,合也(遇以人言,合以时言,谓人之遭遇,必因时机之会合也)。时不合,必待合而后行。"(卷十四《孝行览第二》之七《遇合》)又云:"有汤武之贤,而无桀纣之时,不成。有桀纣之时,而无汤武之贤,亦不成……故圣之所贵唯时也。水冻方固,后稷不种。后稷之种必待春,故人虽智而不遇时,无功。"(同上《孝行览第二》之三《首时》)《淮南子》说:"人之为,天成之。终身为善,非天不行。终身为不善,非天不亡。故善否我也,祸福非我也,故君子顺其在己者而已矣。性者所受于天也,命者所遭于时也。有其材,不遇其世,天也。太公何力,比干何罪?循性而行止,或害或利。求之有道,得之在命。

故君子能为善,而不能必其得福;不忍为非,而未能必免其祸。"(《淮南子》卷十《缪称训》)王充谓"操行有常贤,仕宦无常遇。贤不贤才也,遇不过时也……夫以贤事贤君,君欲为治,臣以贤才辅之,趋舍偶合,其遇固宜。以贤事恶君,君不欲为治,臣以忠行佐之,操志乖忤,不遇固宜。或以贤圣之臣,遭欲为治之君,而终有不遇,孔子、孟轲是也。孔子绝粮陈蔡,孟轲困于齐梁,非时君主不用善也。才下知浅,不能用大才也"(《论衡》第一篇《逢遇》)。又云:"人臣命有吉凶,贤不肖之主与之相逢。文王时当昌,吕望命当贵,高宗治当平,傅说德当遂。非文王、高宗为二臣生,吕望、傅说为两君出也。君明臣贤,光曜相察;上修下治,度数相得……尧命当禅舜,丹朱为无道;虞统当传夏,商均行不轨。非舜禹当得天下,能使二子恶也。美恶是非适相逢也。"(《论衡》第十篇《偶会》)

(二) 通才与专才

农精于田,而不可以为田师;贾精于市,而不可以为贾(应作市)师;工精于器,而不可以为器师(皆精于一技,故不可为师长也)。有人也,不能此三技,而可使治三官,曰精于道者也,非精于物者也。(《荀子》第二十一篇《解蔽》)

古代先哲常分人才为两种,一是通才,二是专才。精于道是指通才,即孔子所说,"君子不器"之君子。邢昺疏,"器者物象之名,形器既成,各周其用,若舟楫以济川,车舆以行陆,反之则不能。君子之德则不如器物,各守一用,言见几而作,无所不施也"(《论语·为政》)。礼云"君子曰,大德不官……大道不器"(《礼记注疏》卷三十六《学记》),此之谓也。精于物是指专才,即周公之告鲁公,"无求备于一人"之人。邢昺疏,"任人当随其才,无得责备于一人也"(《论语·微子》)。先秦以及秦汉许多哲人的意见已举在《孔子》之章,不再重复。唐代陆贽说,"人之才行自昔罕全,苟有所长,必有所短,若录长补短,则天下无不用之人;责短舍长,天下无不弃之士"(《陆宣公奏议》卷七《请许台省长官举荐属吏状》,世界版)。又说,"天之生物,为用罕兼,性有所长,必有所短;材有所合,亦有所晙。曲成则品物不遗，求备则触类皆弃。是以巧梓顺轮桷之用，故枉直无废材；良御适险易之宜，故驽骥无失性。物既若此，人亦宜然"（同上卷二十一《论朝官阙员及刺史等改转伦序状》）。宋代司马光说，"人之行能迭有短长，若不弃瑕录用，而以一节废之，则失人多矣"（《司马温公文集》卷三《论举选状》，中华版）。又说，"夫人之才性各有所长，官之职业各有所守。自古得人之盛莫若唐虞之际。然稷、契、皋陶、垂、益、伯夷、夔、龙各守一官，终身不易。苟使之更来迭去，易地而居，未必能尽善也"（同上卷六《初除中丞上殿札子》，中华版）。案通才所需要者常识丰富，专才所需要者才智有所专长。当然专才也可以成为通才，只要其人常识丰富而识大体，否则其人只可对于既定的政策，提出技术上的意见，不宜由其人决定政策。因为决定政策的人讨论一种问题，不宜单就问题本身，判断其是非；而应从一切有关方面，细加研究。例如开辟一条公路，不宜单就交通方面立言，而须从文化方面、经济方面、国防方面、财政方面，研究其价值如何。吾国自唐以后，用文词取士，凡由进士出身者均视之为通才，无所不能。王安石批评宋代用人，"以文学进者，且使之治财；已使之治财矣，又转而使之典狱；已使之典狱矣，又转而使之治礼。是则一人之身而责之以百官之所能备，宜其人才之难为也"（《王临川集》卷三十九《上仁宗皇帝言事书》，世界版）。

第二项　宰　相

（一）相之起源及其重要

君者论一相。（《荀子》第十一篇《王霸》）

彼持国者必不可以独也，然则强固荣辱在于取相矣。（《荀子》第十一篇《王霸》）

为人主者莫不欲强而恶弱，欲安而恶危，欲荣而恶辱，是禹桀之所同也。要此三欲，辟此三恶，果何道而便？曰在慎取相，道莫径是矣。（《荀子》第十二篇《君道》）

君人者，立隆政本朝而当，所使要百事者（杨倞注，主百事之要约纲纪者，谓相也），诚仁人也，则身佚而国治，功大而名美，上可以王，下可以霸。立隆正本朝而不当，所使要百事者，非仁人也，则身劳而国乱，功废而名辱，社稷必危，是人君者之枢机也（杨倞注，枢机在得贤相）。故能当一人而天下取（能当谓能用人之当，一人指相），失当一人而社稷危。不能当一人而能当千百人者，说无之有也（谓无此事）。既能当一人，则身有何劳而为？垂衣裳而天下定。故汤用伊尹，文王用吕尚，武王用召公，成王用周公旦，卑者五伯，齐桓公……九合诸侯，一匡天下，为五伯长，是亦无他故焉，知一政于管仲也，是君人者之要守也。（《荀子》第十一篇《王霸》）

上举荀子之言共四条，第一条单单提一"相"字，并谓人主只要择相，其他政务可以不理。兹借第一条说明相之起源。相本来是诸侯朝聘之时，辅导行礼的官。《左》定十年，公会齐侯于夹谷，孔丘相。杜预注，"相，会仪也"。即如章太炎所说，"相者宾赞之官，故在人主左右"（《检论》七《官统上》）。春秋时代朝聘会盟甚为重要，当时国君常以习礼仪、善辞令、长交际、有学识的人为相，而相既在人主左右，辅导行礼，故凡遇有重大问题发生之时，人主不免与其商讨，令其贡献意见。这样，相就由宾赞之官，参知政事，渐变而总理国政了。然其地位尚非百官之长。齐桓公以管仲为相，管仲固然总理齐之国政，而其官品只是下乡，齐之上卿仍是国高二氏。《左》僖十二年，"齐侯使管夷吾平戎于王，使隰朋平戎于晋。王以上卿之礼飨管仲。管仲辞曰，臣贱有司也，有天子之二守国高在。管仲受下卿之礼而还"。杜预注，"国子高子……皆上卿也"。固然春秋时代总百揆的多称为相，其实乃如顾炎武所说，"三代之时，言相者皆非官品。（原注云，《荀子》言孙叔敖相楚，传只言为令尹。《淮南子》言子产为郑国相，传只言执政。）惟襄公二十五年崔杼立景公而相之，庆封为左相，则似真以相名官者"（《日知录》卷二十四《相》，参阅《左》襄二十五年）。唯自庆封诛崔氏而当国（《左》襄二十七年），高鲍之徒又攻逐庆封（《左》襄二十八年）之后，又恢复旧制。所以景公疾，欲立少子荼为太子，仍授命于国惠子及高昭子（《左》哀五年），即齐之上卿在春秋末期还是国高二氏。到了战国，君权日益增大，贵族日益没落，人主常任用士人以抑制贵族，于是相之地位渐次提高，不但实质上，而且名义上均是一国最高行政长官，其正式以丞相名官者，似以秦为首。武王"二年，初置丞相，樗里疾、甘茂为左右丞相"（《史记》卷五《秦本纪》）。此外赵魏亦有丞相之官。《赵策》（《战国策》卷二十《赵三》），"建信君曰，文信侯（吕不韦）之于仆也，甚无礼……仆官之丞相（使为丞相官属），爵五大夫，文信侯之于仆也，甚矣其无礼也"。《魏策》（《战国策》卷二十三《魏二》），苏代曰，"莫如太子之自相。是三人（张仪、薛公、犀首）皆以太子为非固相也，皆将务以其国事魏，而欲丞相之玺"。由此可知丞相之制固然创始于秦，而在战国时代，置丞相的又不以秦为限。

以上乃述相之起源。今举孔子之言以证明"君者论一相"，"卫出公使人问孔子曰，寡人之任臣，无大小，一一自观察之，犹复失人，何故？答曰，如君之言，此即所以失之也……君未之闻乎，昔者舜臣尧，官才任士，尧一从之。左右曰，人君用士，当自任耳目，而取信于人，无乃不可乎？尧曰，吾之举舜，己耳目之矣。今舜所举人，吾又耳目之，是则耳目人终无已已也。君苟付可付，则己不劳，而贤才不失矣"（《孔丛子》第三篇《记义》）。即依孔子之意，人主只可择相，其他大臣应由宰相选用。如在今日民主国，内阁制的元首只能选任内阁总理，一般国务大臣则听内阁总理选用之。但内阁总理须对国会负责，而元首必须任用国会所信任的人为内阁总理。古代没有国会代表民意，宰相只对天子负责，如是，天子所选择的宰相是否得人，就有问题了。

上举荀子之言第二条说明相之重要，《尸子》中有一则，"郑简公谓子产曰，饮酒之不乐，钟鼓之不鸣，寡人之任也。国家之不义，朝廷之不治，与诸侯交之不得志，子之任也。子无入寡人之乐，寡人无入子之朝。自是以来，子产治郑，城门不闭，国无盗贼，道无饿人。孔子曰，若郑简公之好乐，虽抱钟而朝可也"（《尸子》卷上《治天下》）。人主的责任在于择相，既任贤相了，就应深信不疑。我对于先哲思想，总认为美中尚有缺点。盖人主未必贤，其所选择的相，何能保证其必贤？司马光说，"国家凡举一事，朝野之人必或以为是，或以为非。凡用一人，必或以为贤，或以为不肖。此固人情之常，自古已然，不足怪也。要在人主审其是非而取舍之，取是而舍非，则安荣；取非而舍是，则危辱……故博谋群臣，下及庶人，然而终决之者，要在人君也。古人有言曰，谋之在多,断之在独。谋之多,故可以观利害之极致。断之独,故可以定天下之是非。若知谋而不知断,则群下人人各欲逞其私志,斯衰乱之政也"(《司马温公文集》卷六《上体要疏》,中华版)。司马光之言,即刘向所谓"兼听独断"(《说苑》卷十三《权谋》),最后决定权还是属于人主。但是用哪一种方法使人主认识谁人是贤,又用哪一种方法迫使人主任用贤相,却没有一人提出具体的方法。法家虽言"明主使法择人,不自举也"(《韩非子》第六篇《有度》),但人主不依法择人,又将如何,对此关键问题,也没有一言提到。我忘记了哪一位英国学者曾经说道:"宪法不是制定的,而是生长的。"吾国古人多主张君主无为,此与西洋之君主"统而不治"意义相同。然而英国能够成为内阁制,岂一朝一夕之功?英国的内阁制开始于18世纪之初汉诺威(Hanover)王朝时代,其原则为国王不负责任,而国王不负责任则由于国王不担任实际职务,岂但无权决定政策,且亦无权选任首相。此种制度不是任谁设计的,而是无意之中渐次生长的。1714年斯图亚特(Stuart)王朝断绝,汉诺威王朝开始,乔治一世(George I)由德国入即王位,因为不谙英语,遂不列席内阁会议,而把一切国务委托内阁处理。内阁决定之后,再报告国王,国王不知英国国情,凡事无不批可。乔治二世亦然。这样,政权就由国王移归于内阁,而国王不出席内阁会议亦成为宪法上的习惯。国王既不出席内阁会议,因之,内阁开会之时,不能不推举一人为临时主席。积时既久,此位临时主席便成为内阁的领袖,这样,就产生了内阁总理。乔治一世不识英国情形,常令窝尔波①(R. Walpole)选择国务大臣,由是内阁总理不但为内阁会议的主席,且有推荐同僚的权。同僚既然由内阁总理推荐,当然唯其人马首是瞻,于是内阁总理就有了较大的权限。但是内阁总理虽为内阁的领袖,苟国王可以自由任免内阁总理,则内阁总理也只是国王的幕僚长而已。所幸者,内阁总理须得国会的信任,因之,国王必须任命国会所信任的人,即众议院多数党所拥护的人为内阁总理。此种制度也是渐次生长的。汉诺威王朝开始之后,行政大权归于内阁,一切政策均由内阁决定。但内阁要实行政策,须有经费,而议决经费的权则属于国会尤其众议院,

---

① 通常译作"沃波尔",英国辉格党政治家,被认为是英国历史上第一位首相。——编者

所以国会可利用这个权限控制内阁，而使内阁对国会负责。国会表示不信任，内阁若非解散众议院，诉之于民，就须自行辞职。内阁的命运既悬于国会信任之有无，则组织内阁的人当然须有国会的后援。要使内阁得到国会的后援，最简单的方法，是于国会两院之中，选择最有力的议员，委以组阁的事。自政党发达之后，国会两院议员尽是政党的党员，而国会最有力的议员必为政党的领袖。政党领袖受命组阁，当然于同党议员之中，选择国务大臣。这就是责任内阁制必转变为议院内阁制——政党内阁制的理由。英国在光荣革命之后，政党内阁已开其端，到了汉诺威王朝，辉格党（Whigs）及托利党（Tories）就交握政权。19世纪前叶，辉格党改称为自由党，托利党改称为保守党，两党交互组织内阁，而使政党内阁达到完成之域。我为什么详述英国宪政历史？盖借此证明吾国虽有君主无为的思想，其所以不能成为内阁制的原因。

（二）相的职权

> 相者论列百官之长，要百事之听（听取百事之治而考其得失），以饬朝廷臣下百吏之分（使百官均能守分而尽职），度其功劳，论其庆赏，岁终，奉其成功，以效于君。当则可，不当则废。（《荀子》第十一篇《王霸》）

本条是说明相之职权。《汉书》卷四十陈平对汉文帝之言、卷七十四丙吉告掾史之言，均可为本条注脚。依荀子之意，人主之责在于择相。汉时，"丞相进见圣主，御坐为起，在舆为下"（《汉书》卷八十四《翟方进传》）。"汉典旧事，丞相所请，靡有不听。"（《后汉书》卷四十六《陈忠传》）天子的提议，丞相若不同意，只有作罢。举一例说："（周亚夫）迁为丞相……窦太后（文帝后，景帝母）曰，皇后兄王信可侯也……上（景帝）曰，请得与丞相计之。亚夫曰，高帝约，非刘氏不得王，非有功不得侯。不如约，天下共击之。今信虽皇后兄，无功，侯之，非约也。上默然而沮。"（《汉书》卷四十《周亚夫传》）在武帝初年（元光年间），丞相权力尚大，田蚡为丞相，"荐人或起家至二千石，权移主上"(《汉书》卷五十二《窦婴传》)。"(丞相田)蚡言，灌夫家在颍川，横甚，民苦之，请案之。上曰，此丞相事，何请？"(《汉书》卷五十二《灌夫传》)这可以证明丞相有推荐百官之权，虽以二千石之尊，其人选亦由丞相决定。丞相又有执行刑赏的权，武帝谓"此丞相事，何请"。可见丞相权限之大。我们以为政治不过"力"而已。慎子说，"君臣之间犹权衡也。权左轻则右重，右重则左轻，轻重迭相橛，天地之理也"(《慎子·逸文》)。所以臣权能与君权制衡，必须天子与宰相双方权力能保均衡，否则势非君主专制，则必定发生权臣窃命之祸。汉在武帝任用公孙弘为相以前，丞相承过去的惯例，有相当权力，而丞相必以列侯任之。列侯皆是功臣，高祖之登帝位，由于列侯推戴；诸吕作乱所以失败，因为列侯不与外戚合作；文帝从外藩入承大统，也是由于列侯迎立。一方天子须于列侯之中选择丞相，同时列侯之力又可以左右政局，所以西汉初年丞相乃代表列侯，统百官，揆百事，借以牵制天子的专制。到了列侯没落，丞相一职解放于列侯之外，固然政治脱掉贵族的色彩，然而丞相没有背景，就失去对抗天子的权力。这个时候，不是"丞相所请，靡有不听"，而是天子所要求的，丞相必须接受。

本条荀子之言乃说明宰相最重要的职务在于求贤，不可身亲细务。"贞观二年，太宗谓房玄龄、杜如晦曰，公为仆射(唐以左右仆射为尚书省长官)，当助朕忧劳，广开耳目，求访贤哲。比闻公等听受辞讼，日有数百，此则读符牒不暇，安能助朕求贤哉？因敕尚书省，细碎务皆付左右丞，惟冤滞大事合闻奏者，关于仆射。"(《贞观政要》卷三《择官第七》)宰相固以求贤为职，但其所求的只可限于大官。唐玄宗开元初年，姚崇为相。"崇尝于帝前，序次郎吏。帝左右顾，不主其语。崇惧，再三言之，卒不答。崇趋出。内侍高力士曰，陛下新即位，宜与大臣裁可否。今崇亟言，陛下不应，非虚怀纳诲者。帝曰，我任崇以政，大事吾当与决，至用郎吏，崇顾不能而重烦我邪？崇闻乃安，由是进贤退不肖，而天下治。"(《新唐书》卷一百二十四《姚崇传》)余细察玄宗之言，似宰相得选用郎吏，至于公卿大臣，汉世以后，天子均欲自己选任。郎吏小官也，其在汉世，公府对其掾属，郡县对其曹僚，皆由长官辟署。隋代以后，一命以上之官皆出于朝廷。(《通典》卷十四《选举二·历代制中》)此盖隋文性忌刻，不欲政归臣下。他固以为官吏任免权乃是天子控制百官最有力的工具,故乃剥夺长官辟署曹掾的权。于是政治上又发生了一种现象,曹掾既由朝廷任免,苟他们不与长官合作,则长官失侍毗之助,虽有奇才,亦难发挥其智能。何况长官不能自由任免其曹掾,曹掾何畏乎长官?陵迟而至宋代,叶适曾云:"吏人根固窟穴,权势熏炙……故今世号为公人世界,又以为官无封建,而吏有封建者,皆指实而言也。"(《水心集》卷三《吏胥》)这就是今人所谓科员政治的来源。

又者,依荀子之言,考课百官虽由宰相主之,考课的结果,黜陟之权必属于人主。先哲尤其法家均重视刑赏,认为人主不可放弃,兹只举韩非之言以为证。他说:"明主之所道制其臣者,二柄而已矣。二柄者,刑德也。何谓刑德?曰杀戮之谓刑,庆赏之谓德。为人臣者畏诛罚而利庆赏,故人主自用其刑德,则群臣畏其威而归其利矣……今人主非使赏罚之威利出于己也,听其臣而行其赏罚,则一国之人,皆畏其臣而易其君,归其臣而去其君矣。此人主失刑德之患也。夫虎之所以能服狗者,爪牙也,使虎释其爪牙,而使狗用之,则虎反服于狗矣。人主者,以刑德制臣者也,今君人者释其刑德,而使臣用之,则君反制于臣矣。"(《韩非子》第七篇《二柄》)他又说:"赏罚者邦之利器也,在君则制臣,在臣则胜君。"(《韩非子》第二十一篇《喻老》)此种考课由相、赏罚由君的制度,曾实行于汉世,丞相丙吉说,"民斗相杀伤,长安令、京兆尹职所当禁备逐捕。岁竟,丞相课其殿最,奏行赏罚而已"(《汉书》卷七十四《丙吉传》)。丙吉谓"岁竟,丞相课其殿最,奏行赏罚",即荀子所说,"岁终,奏其成功,以效于君"。

然则考课之法如何?此已略述于《孔子》之章。案吾国早在虞舜时代已有考课。《书》云,"三载考绩,三考黜陟幽明"。又云,"敷奏以言,明试以功,车服以庸"。孔颖达疏,诸侯来朝者,"舜各使陈进其治理之言,令自说己之治政。既得其言,乃依其言,明试之以要其功,以如其言。即功实成,则赐之车服,以表显其人有才能可用也。人以车服为荣,故天子之赏诸侯,皆以车服赐之。《觐礼》云,天子赐侯氏以车服是也"(《尚书·舜典》)。孔疏似不如韩非之言简洁而明晰。韩非说:"群臣陈其言,君以其主授其事,事以责其功。功当其事,事当其言,则赏。功不当其事,事不当其言,则诛。"(《韩非子》第五篇《主道》)又云:"为人臣者陈而(而字当作其)言,君以其言授之事,专以其事责其功。功当其事,事当其言,则赏。功不当其事,事不当其言,则罚。故群臣其言大而功小者,则罚。非罚小功也,罚功不当名也。群臣其言小而功大者,亦罚。非不说于大功也,以为不当名也,害甚于有大功,故。"(《韩非子》第七篇《二柄》)观孔疏,似虞舜时代有赏而无罚。此盖当时还是原始国家。所谓诸侯只是部落酋长。所谓天子不过其力足以压倒别的部落,各部落乃奉之为共主。各部落酋长自有其土地人民,这是传自祖先,而非授之于天子的。共主为讨部落酋长的欢心,自不敢绳之以法,故有赏而无罚。夏代还是如此,故《司马法》(第二篇《天子之义》)云:"夏赏而不罚。"非不罚也,不敢罚也。当然,对于自己部落的人,是有赏,又有罚的。陆贽曾言:"臣愚以为信赏必罚,霸王之资;轻爵亵刑,衰乱之渐。信赏在功无不报,必罚在罪无不惩。非功而获爵,则爵轻;非罪而肆刑,则刑亵。爵赏刑罚,国之大纲。一纲或棼,万目皆弛。虽有善理,未如之何……夫立国之道,惟义与权;诱人之方,惟名与利。名近虚,而于教为重。利近实,而于德为轻。专实利而不济之以虚名,则耗匮而物力不给。专虚名而不副之以实利,则诞谩而人情不趋……锡货财,赋秩廪,所以彰实也。差品列,异服章,所以饰虚也。居上者,必明其义,达其变,相须以为表里……则为国之权得矣。"(《陆宣公集》卷四《又论进瓜果人拟官状》,世界版)陆贽谓"诱人之方,唯名与利",名利并重,此乃出于韩非,韩非云:"民之重名与其重赏也均。赏者有诽焉,不足以劝;罚者有誉焉,不足以禁。"(《韩非子》第四十八篇《八经》)东汉末叶,主荒政谬,国命委于阉寺,宦者父兄子弟皆为公卿列校牧守令长,布满天下。"天下士大夫皆……污秽朝廷。"(《后汉书》卷六十七《李膺传》)此即政治腐化,名不足以诱人之证也。

荀子门人韩非曾谓:"宰相必起于州部。"(《韩非子》第五十篇《显学》)此语虽非出自荀子,而两汉则常依之以选择宰相。西汉丞相多出身于郡守,盖郡守乃亲民之官,既知百姓的疾苦,又有治民的经验,郡守入为丞相,其所决定的政策不会有闭门造车之病。故凡九卿之无治民经验,而才堪宰辅者,常外放为郡守,而后再内召为御史大夫,旋迁为丞相。例如:

(王骏)迁司隶校尉,奏免丞相匡衡,迁少府。八岁成帝欲大用之,出

骏为京兆尹,试以政事……代宣(薛宣)为御史大夫……病卒。(《汉书》卷七十二《王骏传》)

宣帝察望之经明持重,论议有余,材任宰相,欲详试其政事,复以为左冯翊。望之从少府出,为左迁,恐有不合意,即移病。上闻之,使侍中成都侯金安上谕意曰,所用皆更治民以考功,君前为平原太守日浅,故复试之于三辅,非有所闻也。望之即视事……(神爵)三年代丙吉为御史大夫(丞相魏相薨,御史大夫丙吉迁丞相)……丞相丙吉年老,上重焉……上以望之意轻丞相……不说……左迁……为太子太傅……望之遂见废不得相。(《汉书》卷七十八《萧望之传》)

(翟方进为)司直……上以为任公卿,欲试以治民,徙方进为京兆尹,搏击豪强,京师畏之……居官三岁,永始二年迁御史大夫……数月……为丞相。(《汉书》卷八十四《翟方进传》)

以上三例均可以证明西汉天子均希望丞相有治民经验。故朱博说"故事,选郡国守相高第为中二千石,选中二千石为御史大夫,任职者为丞相"(《汉书》卷八十三《朱博传》)。

宰相必起于州郡,盖欲中央官与地方官打成一片,居内者知地方的情况,居外者知中央的旨意,而无隔悬之弊,所以朝廷每有大事,三辅长官(其治所均在长安)尤其京兆尹常得参加会议。例如:

始元五年有一男子……自谓卫太子……丞相御史中二千石至者立莫敢发言。京兆尹不疑后到,叱从吏收缚。或曰,是非未可知,且安之。不疑曰,诸君何患于卫太子!昔蒯聩违命出奔,辄(蒯聩子)距而不纳,《春秋》是之。卫太子得罪先帝,亡不即死,今来自诣,此罪人也。遂送诏狱……后赵广汉为京兆尹,言我禁奸止邪,行于吏民,至于朝廷事,不及不疑远甚。(《汉书》卷七十一《隽不疑传》)

敞为京兆,朝廷每有大议,引古今,处便宜,公卿皆服,天子数从

之。(《汉书》卷七十六《张敞传》)

第三项 群 臣

(一) 百官的分职

人之百事如耳目鼻口之不可以相借官也,故职分而民不探(探应作慢),次定而序不乱。(《荀子》第十二篇《君道》)

能不能兼技(虽能者亦不能兼各种技能),人不能兼官。(《荀子》第十篇《富国》)

倕作弓,浮游作矢,而羿精于射。奚仲作车,乘杜作乘马,而造父精于御。自古及今,未尝有两而能精者也。(《荀子》第二十一篇《解蔽》)

以上所举荀子之言三条均主张百官必须分职。第一条及第二条就是名家邓析所说,"治世,位不可越,职不可乱"(《邓析子·无厚篇》)。法家管子亦说,"同异分官则安",尹知章注,"同异之职分官而治"(《管子》第八篇《幼官》)。管子又说:"明主之治也,明于分职,而督其成事,胜其任者处官,不胜其任者废免。"(《管子》第六十七篇《明法解》)慎子谓"古者工不兼事,士不兼官。工不兼事则事省,事省则易胜。士不兼官则职寡,职寡则易守"(《慎子·威德篇》)。韩非说:"明主之道,一人不兼官,一官不兼事。"(《韩非子》第三十六篇《难一》)《淮南子》的见解和韩非相同,亦谓"人不兼官,官不兼事"(《淮南子》卷十一《齐俗训》)。又说:"夫华骝、绿耳,一日而至千里,然其使之搏兔,不如豺狼,伎能殊也。鸱夜撮蚤蚊,察分秋毫,昼日颠越,不能见丘山,形性诡也……工无二伎,士不兼官,各守其职,不得相奸,人得其宜,物得其安,是以器械不苦,而职事不嫚。夫责少者易偿,职寡者易守,任轻者易权,上操约省之分,下效易为之功,是以君臣弥久而不相猒(猒,欺也)……是故有一形者处一位,有一能者服一事。力胜其任,则举之者不重也。能称其事,则为之者不难也。毋小大修短各得其宜,则天下一齐,无以相过也。圣人兼而用之,故无弃才。"(《淮南子》卷九《主术训》)荀子曾言:"目不能两视而明,耳不能两听而聪。"(《荀子》第一篇《劝学》)均是视也,而不能两视。均是听也,而不能两听。那么,安可以目视,又以目听;以耳听,又以耳视?《吕氏春秋》(卷三《季春纪第三》之五《圜道》)云:"万物殊类殊形,皆有分职,不能相为(谓不能相兼也)。"陆贾对此则说:"目以精明,耳以主听,口以别味,鼻以闻芳,手以之持,足以之行,各受一性,不得两兼,兼则心惑。"(《新语》第九篇《怀虑》)西晋之世,"秉钧当轴之士,身兼官以十数,大极其尊,小录其要,机事之失,十恒八九"(干宝《晋纪总论》),观西晋之乱,可知兼职误国之祸。

由上举荀子之言第三条,更可知道用人不可求备于一人。《淮南子》说,"是故贤主之用人也,犹巧工之制木也。大者以为舟航柱梁,小者以为楫楔,修者以为榱橑,短者以为朱儒枅栌,无小大修短,各得其所宜,规矩方圆各有所施……今夫朝廷之所不举,乡曲之所不誉,非其人不肖也,其所以官之者非其职也"(《淮南子》卷九《主术训》)。陆贽说,"天之生物,为用罕兼。性有所长,必有所短。材有所合,亦有所暌。曲成则品物不遗,求备则触类皆弃。是以巧梓顺轮桷之用,故枉直无废材。良御适险易之宜,故驾驥无失性。物既若此,人亦宜然"(《陆宣公奏议》卷十一《论朝官阙员及刺史等改转伦序状》,世界版)。又说:"人之才行,自昔罕全,苟有所长,必有所短。若录长补短,则天下无不用之人。责短舍长,则天下无不弃之士。"要是"居常则求精太过,有急则备位不充"(同上卷七《请许台省长官举荐属吏状》)。如是,上位必苦于乏人,下僚又嗟乎白首。世上非无人才,问题在于人主是否求备于一人。

(二) 臣道

持宠处位,终身不厌之术。主尊贵之,则恭敬而傅。主信爱之,则谨慎而嗛。主专任之,则拘守而详。主安近之,则慎比而不邪。主疏远之,则全一而不倍。主损绌之,则恐惧而不怨。(《荀子》第七篇《仲尼》)

事圣君者，有听从，无谏争。事中君者，有谏争，无谄谀。事暴君者，有补削，无挢拂……恭敬而逊，听从而敏，不敢有以私决择也，不敢有以私取与也，以顺上为志，是事圣君之义也。忠信而不谀，谏争而不谄，挢然刚折端志而无倾侧之心，是案曰是，非案曰非，是事中君之义也。调而不流，柔而不屈，宽容而不乱，晓然以至道而无不调和也，而能化易时关内之（化易者谓开导其善心，关内者谓掩闭其邪志），是事暴君之义也。（《荀子》第十三篇《臣道》）

从命而利君谓之顺，从命而不利君谓之谄。逆命而利君谓之忠，逆命而不利君谓之篡。不恤君之荣辱，不恤国之臧否，偷合苟容以持禄养交而已耳，谓之国贼。君有过谋过事，将危国家殒社稷之惧也，大臣父兄有能进言于君，用则可，不用则去，谓之谏。有能进言于君，用则可，不用则死，谓之争。有能比知（合智）同力，率群臣百吏而相与强君挢君，君虽不安，不能不听，遂以解国之大患，除国之大害，成于尊君安国，谓之辅。有能抗君之命，窃君之重，反君之事，以安国之危，除君之辱，功伐足以成国之大利，谓之拂。故谏争辅拂之人，社稷之臣也，国君之宝也，明君之所尊厚也，而暗主惑君以为己贼也。故明君之所赏，暗君之所罚也。暗君之所赏，明君之所杀也。伊尹、箕子可谓谏矣（伊尹谏太甲，箕子谏纣）。比干、子胥可谓争矣。平原君之于赵，可谓辅矣。信陵君之于魏，可谓拂矣。传曰，从道不从君。此之谓也。（《荀子》第十三篇《臣道》）

礼，居是邑，不非其大夫。（《荀子》第二十九篇《子道》）

上举荀子之言四条，单读一、二两条，甚似荀子主张为人臣者要绝对顺从其君。再读第三条，就知荀子并不盲目地主张顺从。臣对其君，除谏争外，尚有辅拂的责任。所谓辅拂比之孟子的反抗暴君，有两点不同：第一，孟子主张"民为贵，社稷次之，君为轻"（《孟子·尽心下》）。荀子亦说，"天之生民非为君也，天之立君以为民也"（《荀子》第二十七《大略》），即亦主张民本思想。吾细读上举第三条荀子之言，荀子似谓国为贵，君为轻。文中虽有"尊君"二字，然目的在于"安国"；又有"除君之辱"四字，目的在于"成国之大利"，语语均以国家利害为主。如云,"解国之大患,除国之大害"。如云,"安国之危……成国之大利"。盖孟荀二子均希望国家统一,然要完成统一之业,依荀子之意,不能不富国强兵(《荀子》书中有《富国》及《议兵》两篇)。此二者皆须权出于一,君位安定。故云"权出一者强,权出二者弱"(《荀子》第十五篇《议兵》)。绝对不可如《吕氏春秋》所述:"俗主之佐……皆患其身不贵于国也,而不患其主之不贵于天下也;皆患其家之不富也,而不患其国之不大也。"(卷十三《有始览第一》之六《务本》)欲国之大,在当时需要君位安定而能贵于天下,这是荀子尊君的理由。第二,孟子分卿为贵戚之卿及异姓之卿。贵戚之卿,"君有大过则谏,反覆之而不听,则易位"。异姓之卿,"君有过则谏,反复之而不听,则去"(《孟子·万章下》)。荀子不别贵戚之卿与异姓之卿,也不别大过或普通的过错,为人臣者皆得谏争,比谏争更重的则为辅拂。盖在孟子时代,虽然列国已经开始中央集权,但贵族尚未丧失政治上的领导地位,孟子顾到现实情况,故说,"为政不难,不得罪于巨室"(《孟子·离娄上》)。且只唯贵戚之卿(贵族)才有易君位之权。荀子时代一方列国贵族已由领主退处于封君的地位,他方天下大势已接近于统一。统一须有一个中心,这个中心就是英明的君主。意大利的统一有恃于喀富尔①(C. di Cavour)之辅佐撒地尼亚②(Sardinia)国王维多·伊曼纽尔③二世(Victor Emmanuel II),德意志的统一有恃于俾斯麦之辅佐普鲁士国王威廉一世。荀子希望列国之中,有一国人君负起统一的责任,故他对于人君不如孟子那样急进,主张易位,而只主张辅拂。

荀子有言:"入孝出弟,人之小行也。上顺下笃(上顺从于君父,下笃爱于卑幼),人之中行也。从道不从君,从义不从父,人之大行也……孝子所不从命有三,从命则亲危,不从命则亲安,孝子不从命,乃衷(衷,忠也);从命则亲辱,不从命则亲荣,孝子不从命,乃义;从命则禽兽,不从命则修饰,孝子不从命,乃敬。故可以从命而不从,是不子也。未可以从而从,是不衷也。明于从不从之义,而能致恭敬,忠信端悫,以慎行之,则可谓大孝矣。传曰,从道不从君,从义不

---

① 通常译作"加富尔"。——编者
② 通常译作"撒丁"。——编者
③ 现译作"维克托·埃马努埃莱"。——编者

从父。此之谓也。"(《荀子》第二十九篇《子道》)观荀子所谓大孝,亦可了解大忠的含义。荀子又说:"鲁哀公问于孔子曰,子从父命,孝乎?臣从君命,贞乎?三问,孔子不对。孔子趋出,以语子贡曰,乡者君问丘也,曰子从父命孝乎,臣从君命贞乎?三问而丘不对,赐以为何如?子贡曰,子从父命,孝矣。臣从君命,贞矣。夫子有奚对焉?孔子曰,小人哉,赐不识也。昔万乘之国,有争臣四人,则封疆不削。千乘之国,有争臣三人,则社稷不危。百乘之家,有争臣二人,则宗庙不毁。父有争子,不行无礼。士有争友,不为不义。故子从父,奚子孝?臣从君,奚臣贞?审其所以从之之谓孝、之谓贞也。"(《荀子·子道》)荀子此一段话乃本于《孝经》,"曾子曰……敢问子从父之令,可谓孝乎?子曰,是何言与,是何言与?昔者天子有争臣七人,虽无道,不失其天下。诸侯有争臣五人,虽无道,不失其国。大夫有争臣三人,虽无道,不失其家。士有争友,则身不离于令名。父有争子,则身不陷于不义。故当不义,则子不可以不争于父,臣不可以不争于君。故当不义则争之,从父之令又焉得为孝乎"(《孝经》第十五章《谏诤》)。此皆说明君父的命令若不合法或不合理,臣子没有服从的义务。台湾"刑法"第二十一条第二项,"依所属上级公务员命令之职务上行为不罚,但明知命令违法者不在此限"。德国学者麦耶尔(G. Meyer)说,"官吏对于违法或违宪的处分,可以拒绝服从。所谓违宪或违法的处分,一是上级官署权限以外的处分,二是不属于属僚的职权而竟令其执行的处分,三是违反法定形式的处分,四是抵触法律条文的处分"[1]。命令有这四者之一,官吏均不必服从,倘若服从,就要负法律上的责任。英国学者赫伦(W. E. Hearn)之言更见明显。"在英国,法律不许人士借口于命令而做不法的事。任谁都没有服从不法命令的义务。所以一个士兵依将帅的命令,向无辜群众开枪,而致引起死伤者,该士兵亦犯了杀人的罪。总之,凡依别人命令而做不法之事,皆不能以之为辩解的理由,纵令受命的人有服从发命的人的义务。"[2]吾为什么引用德英学者之言?盖欲借此说明荀子所谓"不从命"有似现代的法治

---

[1] G. Meyer, *Lehrbuch des deutschen Staatsrechts*, 6 Aufl., 1905, S. 514.
[2] W. E. Hearn, *The Government of England*, 1930, p. 99.

思想。可惜古人不能研究先秦学说,而超出先秦学说之上。今人研究古人书籍,又拘泥于训诂而不明其大义。若是,文化复兴何能达到?

第四条荀子之言是述孔子不答子路之问,子贡告知子路夫子何以不答之故。杨倞注,"惧于讪上"。孔子之时,"诸侯僭于天子,大夫僭于诸侯"(《公羊传》昭公二十五年),在鲁国,季氏最强,故子家子告昭公曰,"季氏得民众久矣,君无多辱焉"(《公羊传》同上)。子贡告知子路之言当本于孔子所说,"邦无道,危行言孙"。邢昺疏,"危,厉也。孙,顺也……邦无道,则厉其行,不随污俗。顺言辞,以避当时之害也"(《论语注疏》卷十四《宪问》)。这是出于君子在无道之邦,不以言辞灾及其身之意。但吾又有一说,《左》僖元年,传有"讳国恶,礼也"之言,《公羊传》隐公十年关于"讳国恶"有所说明。《左》僖元年孔疏则谓何者当讳,没有常准。在礼,同姓不婚。鲁昭公娶于吴为同姓。陈大夫问孔子,昭公知礼乎?孔子曰,知礼。邢昺疏,"此章记孔子讳国恶之礼也"。朱注引"吴氏曰,鲁盖夫子父母之国,昭公鲁之先君也"(《论语·述而》)。

礼尚有"为人臣者无外交,不敢贰君也"之语。孔颖达疏,"为人之臣……从君而行,不敢贰心于他君,所以不行私觌之礼"。孔疏是依郑玄之注(《礼记注疏》卷二十五《郊特牲》)。依吾浅见,对于《礼记》此语,应做扩大解释。人臣对于国家有尽忠的义务,人臣私交外国,已经不可,要是依私交,进而假借外力,谋颠覆政府,则为叛国行为。五代之世,大臣务私交外国者甚多,卒至武臣不肯战,文臣持两端,盖他们均不欲得罪敌国,希望敌兵入侵之时,可以保全生命财产以及官职,且可以超迁官位。举最极端之例言之,当后晋高祖石敬瑭崩殂之时,少帝即位,国内大乱,契丹主德光入寇,成德节度使杜重威闭垒不战,阴遣人诣契丹请降,德光许以中国与重威为帝(《新五代史》卷五十二《杜重威传》)。同时德光又以赵延寿为幽州节度使,封燕王,委以图南之事,许以中国帝之(《旧五代史》卷九十八《赵延寿传》)。即契丹主用帝位以饵中国军阀,使他们互相猜贰,以便他自己侵吞中国。冯道事四姓十君,当世之士喜为之称誉,甚至名闻异国(《新五代史》卷五十四《冯道传》、《旧五代史》卷一百二十六《冯道传》)。何以故呢?平时务私交于外国,故能陵阙虽殊,顾盼如一。

第十节
经　济

(一) 富国即富民的重要

足国之道,节用裕民,而善臧其余。节用以礼,裕民以政(杨倞注,以礼谓用不过度,以政谓取之有道也),彼裕民故多余……上以法取焉,而下以礼节用之……度人力而授事,使民必胜事,事必出利,利足以生民,皆使衣食百用出入相揜(百用杂用,养生送死之类。出,出财也。入,入利也。量入为出,不使出数多于入数也)。必时臧余,谓之称数(足用有余,则以时藏之,此之谓出入相称之术)……轻田野之赋,平关市之征,省商贾之数,罕兴力役,无夺农时,如是则国富矣。夫是之谓以政裕民。(《荀子》第十篇《富国》)

本条荀子之言是说明富国须先富民,富民之道以保护农业为首要。吾国自古以农立国,人口以农民占最大多数,保护农民就是保护最大多数的人民。上古农业如何,史无文献可征。周代农业颇见进步。《诗》云:"滮池北流,浸彼稻田。"(《毛诗注疏》卷十五之二《小雅·白华》)是则西周末年已经注意稻田的灌溉。西门豹引漳水溉邺(《史记》卷二十九《河渠书》),则人工灌溉也发生了。春秋时代《左传》又有铸铁之记载(《左》昭二十九年冬晋铸刑鼎),爰至战国,农具用铁似已成为普遍的现象,所以孟子有"许子……以铁耕乎"之言(《孟子·滕文公上》)。农业固然进步,而农民的收获仍难维持一家的生计,这在战国时代已经如此。魏文侯时李悝曾说,"今一夫挟五口,治田百亩。岁收亩一石半,为粟百五十石,除十一之税十五石,余百三十五石。食,人月一石半,五人终岁为粟九十石,余有四十五石。石三十,为钱千三百五十。除社闾尝新、春秋之祠用钱三百,余千五十。衣,人率用钱三百,五人终岁用千五百,不足四百五十。不幸疾病死丧之费及上赋敛,又未与此。此农夫所以常困,有不劝耕之心,而令籴至于甚贵者也"(《汉书》卷二十四上《食货志》)。盖地力愈用愈竭,因之农业生产力就有递减之势,李悝不过说明农夫的困穷是由未尽地力之故。经秦至汉,谚有"以贫求富,农不如工,工不如商,刺绣文不如倚市门"(《汉书》卷九十一《货殖传》),农民之穷似是受了商业资本的压迫,文帝时晁错说上曰:"夫腹饥不得食,肤寒不得衣,虽慈父不能保其子,君安能以有其民哉……今农夫五口之家,其服役者不下二人。其能耕者不过百亩,百亩之收不过百石。春耕夏耘秋获冬藏,伐薪樵,治官府,给徭役,春不得避风尘,夏不得避暑热,秋不得避阴雨,冬不得避寒冻,四时之间,亡日休息。又私自送往迎来,吊死问疾,养孤长幼在其中,勤苦如此,尚复被水旱之灾,急政暴虐,赋敛不时,朝令而暮改。当具有者半贾而卖,亡者取倍称之息,于是有卖田宅、鬻子孙以偿责者矣。而商贾大者,积贮倍息,小者坐列贩卖,操其奇赢,日游都市。乘上之急,所卖必倍。故其男不耕耘,女不蚕织,衣必文采,食必粱肉,亡农夫之苦,有仟佰之得。因其富厚,交通王侯,力过吏势,以利相倾;千里游遨,冠盖相望,乘坚策肥,履丝曳缟。此商人所以兼并农人,农人所以流亡者也。今法律贱商人,商人已富贵矣。尊农夫,农夫已贫贱矣。故俗之所贵,主之所贱也;吏之所卑,法之所尊也。上下相反,好恶乖迕,而欲国富法立,不可得也。方今之务,莫若使民务农而已矣。"(《汉书》卷二十四上《食货志》)元帝时贡禹又说,"商贾求利,东西南北,各用智巧,好衣美食,岁有十二之利,而不出租税。农夫父子暴露中野,不避寒暑,捽草杷土,手足胼胝,已奉谷租,又出稿税,乡部私求,不可胜供。故民弃本逐末,耕者不能半。贫民虽赐之田,犹贱卖以贾,穷则起为盗贼,何者?末利深而惑于钱也"(《汉书》卷七十二《贡禹传》)。何以"有者半贾而卖,亡者取倍称之息",何以"贫民虽赐之田,犹贱卖以贾"?我在《孟子》之章,已经说过农民要吃盐(凡劳力的人,盐乃是生活必需品),要以铁耕,还要缴纳赋税,这一切都是要用货币的。农民所有的是米谷,不是货币。农民要取得货币,须将米谷卖给商人。商人则乘农民的穷困,贱价以购米谷;又乘农民的急需,高价以贩盐铁。农民受了商人的剥削,生活愈益困苦,万一凶年歉收,一家生计就无法维持,只有向财主借债,等到丰年之时,再把债务还清。但财主所有的不是货物,而是货币;农民所借的也不是货物,而是货币。即农民将借来货币购买生活必需品,以维持一家的生计。这样一来,则是农民于货币的价值最低廉的时候借了货币,而于货物的价格最昂贵的时候买了货物;更于货币的价值最昂贵的时候还了货币,而于货物的价格最低廉的时候卖了货物。所以农民日益贫穷,弄到结果,竟然不能偿清债务,而须"卖田宅、鬻子孙以偿责者矣"。

国家以农立国,而农民的生活如斯艰苦,所以学者及政治家由于重农又提出两种政策,一是贱商,二是贵粟。管子已经说过,"凡五谷者,万物之主也。谷贵则万物必贱,谷贱则万物必贵"(《管子》第七十三篇《国蓄》),而实行此两种政策(贱商及贵粟)者,则为商鞅。他固以为"治国……能本事而禁末者富"(《商君书》第八篇《壹言》)。由这思想出发,遂谓"欲农富其国者,境内之食必贵,而不农之征必多,市利之租必重,则民不得无田。无田不得不易其食,食贵则田者利,田者利则事者众。食贵籴食不利,而又加重征,则民不得无去其商贾技巧而事地利矣。故民之力尽在于地利矣"(《商君书》第二十二篇《外内》)。汉世初年固曾轻商矣,高祖时代"贾人不得衣丝乘车,重税租以困辱之"。惠帝吕氏时,虽"弛商贾之律,然市井子孙亦不得为官吏"(《汉书》卷二十四下《食货志》),然而何补于事?文帝时,商贾大者,据晁错言,"衣必文采,食必粱肉……因其富厚,交通王侯"(《汉书》卷二十四上《食货志》)。降至武帝,商人且破坏了不得仕官为吏的禁令,而出来参加政治。例如东郭咸阳是盐商,孔仅是铁商,桑弘羊是贾人之子,而均做过大官巨吏(参阅《汉书·食货志下》)。至于贵粟,文帝时,晁错已经建议"欲民务农在于贵粟。贵粟之道在于使民以粟为赏罚。今募天下入粟县官(天子),得以拜爵,得以除罪。如此,富人有爵,农民有钱,粟有所渫(渫,散也)。夫能入粟以受爵,皆有余者也。取于有余以供上用,则贫民之赋可损,所谓损有余补不足,令出而民利者也"。文帝从错之言,令民入粟买爵(《汉书·食货志上》)。汉制,民犯罪,得以爵赎罪(参阅《汉书》卷二惠帝元年令)。所以人民均愿买爵,然重农贵粟的目的却不能达到。吾人读上举元帝时贡禹之言,即可知之。

自是而后,重农就成为吾国先哲经济思想的中心观念。兹只举东汉两位学者之言以供读者参考。王充说:"夫世之所以为乱者,不以贼盗众多,兵革并起,民弃礼义,负畔其上乎?若此者,由谷食乏绝,不能忍饥寒。夫饥寒并至,而能无为非者寡。然则温饱并至,而能不为善者希。传曰,仓廪实,民知礼节。衣食足,民知荣辱。让生于有余,争起于不足。谷足食多,礼义之心生。礼丰义重,平安之基立矣。故饥岁之春,不食亲戚。穰岁之秋,召及四邻。不食亲戚恶行也,召及四邻善义也。为善恶之行,不在人质性,在于岁之饥穰。由此言之,礼义之行在谷足也。"(《论衡》第五十三篇《治期》)王符说:"凡为治之大体,莫善于抑末而务本……夫为国者以富民为本……夫富民者以农桑为本,以游业为末。"(《潜夫论》第二篇《务本》)他由此出发,便依荀子"罕兴力役,无夺农时",说道:"国之所以为国者,以有民也。民之所以为民者,以有谷也。谷之所以丰殖者,以有人功也。功之所以能建者,以日力也(谓有闲暇而力有余也)……孔子称庶则富之,既富则教之;是故礼义生于富足,盗窃起于贫穷;富足生于宽暇,贫穷起于无日。圣人深知力者,乃民之本也,而国之基,故务省役而为民爱日。是以尧敕羲和,钦若昊天,敬授民时;邵伯讼不忍烦民,听断棠下,能兴时雍而致刑错。今则不然,万官挠民,令长自炫,百姓废农桑而趋府庭者,非朝晡不得通,非意气不得见,讼不讼辄连月日,举室释作以相瞻视;辞人之家,辄请邻里应对送饷。比事讫,竟亡一岁功,则天下独有受其饥者矣。"(《潜夫论》第十八篇《爱日》)

（二）富民政策

> 草木荣华滋硕之时，则斧斤不入山林，不夭其生，不绝其长也。鼋鼍鱼鳖鳅鳝孕别之时（别谓生育，与母分别也），罔罟毒药不入泽，不夭其生，不绝其长也。春耕夏耘，秋收冬藏，四者不失时，故五谷不绝而百姓有余食也。污池渊沼川泽，谨其时禁，故鱼鳖优多而百姓有余用也。斩伐养长不失其时，故山林不童而百姓有余材也。（《荀子》第九篇《王制》）

上举荀子之言与孟子对梁惠王说，"不违农时，谷不可胜食也。数罟不入洿池，鱼鳖不可胜食也。斧斤以时入山林，材木不可胜用也"云云（《孟子·梁惠王上》），完全相同。在生产技术幼稚之时，亦只有用此方法限制消费，而后社会才得安定。但是吾人须知大众贫穷，政府纵不令其节俭，他们亦非节俭不可。公卿贵戚纵令政府下令劝其节俭，他们亦必浪费物资。吾人读王符《潜夫论》第十二篇《浮侈》，即可知之。

（三）先富后教

> 不富无以养民情，不教无以理民性。故家五亩宅，百亩田，务其业而勿夺其时，所以富之也。立大学，设庠序，修六礼，明七教，所以道之也。《诗》曰，饮之食之，教之诲之。王事具矣。（《荀子》第二十七篇《大略》）

荀子此言亦先富后教之意。先富后教乃吾国古代思想家及政治家共同的主张。勾践欲报吴仇，十年生聚，十年教训，亦先富而后教。董仲舒说："孔子谓冉子曰，治民者先富之，而后加教。语樊迟曰，治身者，先难后获。以此之谓治身之与治民所先后者不同焉矣。《诗》曰，饮之食之，教之诲之。先饮食而后教诲，谓治人也。又曰，坎坎伐辐，彼君子兮，不素餐兮。先其事后其食,谓治身也。"(《春秋繁露》第二十九篇《仁义法》)董仲舒所引孔子之言,可知孔子深知人情,政治家对于治民与治身,态度不同,治民先富后教,治身则先事后食。要是对人是一套仁义道德,对己又另一套荣华富贵,意在训人,其实只有令人发生反感而已。王安石说,"圣人之为道也,人情而已矣"(《王临川全集》卷七十《策问十一道》之五,世界版)。人情所视为最重要者不外生养,而"食货人之所以相生养也"(同上卷六十五《洪范传》)。故"凡正人之道",必"富之然后善"(同上《洪范传》)。冬暖而妻号寒,年丰而儿啼饥,而乃教之以仁义道德,哪有效用?

(四)聚敛与藏富于民

> 王者富民,霸者富士,仅存之国富大夫,亡国富筐箧,实府库。筐箧已富,府库已实,而百姓贫,夫是之谓上溢而下漏。入不可以守,出不可以战,则倾覆灭亡可立而待也。(《荀子》第九篇《王制》)

本条荀子之言是主张藏富于民,有急而须,一朝可聚。兵家尉缭子亦有此言:"王国富民,伯国富士,谨存之国富大夫,亡国富食府,所谓上满下漏,患无所救。"(《尉缭子·战威第四》)韩非之言更有意义。他说,"府库空虚于上,百姓贫饿于下,然而奸吏富矣"(《韩非子》第三十五篇《外储说右下》)。《吕氏春秋》云,"俗主之佐……皆患其家之不富也,而不患其国之不大也"(卷十三《有始览第一》之六《务本》)。凡国家财政未上轨道,奸吏最易营私舞弊。苏轼说,"兴利以聚财者人臣之利也,非社稷之福。省费以养财者社稷之福也,非人臣之利。何以言之?民者国之本,而刑者民之贼。兴利以聚财,必先烦刑以贼民。国本摇矣,而言利之臣先受其赏"(《苏东坡全集·续集》卷九《刑政》,世界版)。兹试举二三则贪邪之事以供读者参考。南齐永明年间,丹徒县令沈巑之"性疏直,在县自以清廉不事左右,浸润日至,遂锁系尚方,叹曰,一见天子足矣。上召问曰,复欲何陈?答曰,臣坐清,所以获罪。上曰,清复何以获罪?曰,无以承奉要人。上曰,要人为谁?巑之以手板四面指曰,此赤衣诸贤皆是"(《南史》卷七十

《傅琰传》)。南宋孝公之末,朱熹奏言"纪纲不正于上,风俗颓弊于下,其为患之日久矣……甚者以金珠为脯醢,以契券为诗文。宰相可啖,则啖宰相。近习可通,则通近习。惟得之求,无复廉耻"(《宋史》卷四百二十九《朱熹传》)。明代官场早已贪污成风,中年以后更甚,举其显著者,武宗正德年间,张原说,"比年军需杂输十倍前制,皆取办守令。守令假以自殖,又十倍于上供。民既困矣,而贡献者复巧立名目,争新竞异,号曰孝顺。取于民者十百,进于上者十二"(《明史》卷一百九十二《张原传》)。世宗嘉靖年间,王廷相说,"今廉隅不立,贿赂盛行。先朝犹暮夜之私,而今则白日之攫。大臣污则小臣悉效,京官贪则外臣无畏"(《明史》卷一百九十四《王廷相传》)。神宗万历十一年丘橓陈吏治积弊,说道:"惩贪之法在提问,乃豺狼见遗,狐狸是问……苞苴或累万金,而赃止坐之铢黍……方今国与民俱贫,而官独富,既以官而得富,还以富而市官。"(《明史》卷二百二十六《丘橓传》)以上是借历史上官吏贪邪,而致民不聊生,引起大乱,朝代因之颠覆,以证明本条荀子之言之非伪。

(五)国贫的原因

> 士大夫众则国贫,工商众则国贫,无制数度量则国贫。下贫则上贫,下富则上富。(《荀子》第十篇《富国》)

吾国士大夫不但以仕进为最大目的,且以仕进为解决生活的方法。所以职官之数须与士大夫之数保持一定的比例。官多而士少,少到仅能供给政府每年的需要,则政府不能随意选择人才,因之,选贤与能的目的无法达到。官少而士多,多到大部分士大夫无处安插,则将引起党派的斗争,而致社会秩序为之纷乱。东汉教育颇见发达,单单太学生就有三万多人,每一宿儒又收门生数十人至千余人。士大夫人数太多,国家的官职不能收容他们。桓灵之时,主荒政谬,国令委于阉宦,京师游士不免非评朝政,太学生争慕其风,遂由学生运动引起党锢之祸。唐代教育更见发达,中央有六学二馆,地方亦有学校。大部分士大夫均不能升之于朝,任之以职,而朝廷铨选又不公平。人类均有生存欲望,游士因冻馁而喧诉,喧诉无效,自必结为朋党,攻击当道,希望发生政变,造成一个新局面,幸而成功,在野者固然弹冠相庆,在朝者就须离职下台。然而下台的人岂肯甘心,势又锐意报复,俄而此庸矣,俄而又黜矣,俄而此退矣,俄而又进矣,一起一仆,仇怨愈深,最后便发生牛李党之争,而令唐文宗深叹"去河北贼非难,去此朋党实难"(《旧唐书》卷一百七十六《李宗闵传》)。宋代除地方学校外,中央共有八学,"入流之路不胜其多"(《宋史》卷三百四十《吕大临传》)。叶适说,"今者化天下之人而为士,尽以入官"(《水心集》卷三《法度总论三》,中华版)。士大夫人数超过职官之数数倍至十数倍,他们为开拓前途,何能不集朋结党,设法引起政变?这样,便发生了新旧党之争。苏辙说,"近世以来……士之来者无穷,而官有限极……是以吏多于上,而士多于下,上下相窒,譬如决水于不流之泽,前者未尽,来者已至,填咽充满,一陷于其中,而不能出。故布衣之士多方以求官,已仕之吏多方以求进,下慕其上,后慕其前,不愧诈伪,不耻争奋,礼义消亡,风俗败坏,势之穷极遂至于此"(《栾城集》卷二十一《熙宁二年上皇帝书》,商务版)。明代地方有学校,中央置国学(称为国子监),分为六堂。入国学者厚给廪饩,又有家粮(《明史》卷六十九《选举志一·国学》,参阅卷一百十三《太祖马皇后传》)。士人入任之途甚多,有进士、举人、监生、杂流数种,进士为殿试中式之人,举人为乡试及第之人(在明以前,乡试及第,不能成为任官资格),监生为国子学生之通称,杂流是由吏道出身之人。合此数途,士大夫人数当然超过职官之数。而考选又不公平,达官子弟往往名列前茅(参阅《明史》卷七十《选举志二》、卷一百六十八《万安传》)。幸而考试及第,能否得官,又非倚仗权贵汲引不可。于是"无耻之徒但知自结于执政,所得爵禄直以为执政与之"(《明史》卷二百三十《汤显祖传》)。他们"分曹为朋,率视阁臣为进退,依阿取宠,则与之比,反是则仇"(《明史》卷二百三十《蔡时鼎传》赞曰)。又者,明代有廷推大臣之制,即大臣有阙,令吏部会同朝臣推举之(参阅《明会要》卷四十八《廷推》)。然而党同伐异,人情之常,他们何能以大公无私之心,品藻人才,势必引用私人而排斥异己,这样,又助长了朋党之争。顾宪成就是因为吏部廷推王家屏,神宗特旨任用沈一贯,先后疏争,而被削籍,乃归卧无锡,而讲学于东林书院的(《明史纪事本末》卷六十六《东林党》,万历二十二年)。何况仕途壅塞,退处林野之人惟冀日后有变,不乐政局安定,遇有机会,即借题发挥,攻击当途。盖欲引起政变,使得意者退处林野,不得意者弹冠相庆。此种心理乃是党争的根本原因。由此可知党争的发生完全由于士大夫众,历代帝王知士大夫过剩之害者,当推隋文帝。仁寿以前,置国子学,统国子、太学、四门、书、算学,各置博士、助教、学生等(《隋书》卷二十八《百官志下》)。"京邑达于四方,皆启黉校",真是"讲诵之声,道路不绝","中州儒雅之盛,自汉魏以来,一时而已"(《隋书》卷七十五《儒林传》序)。班固曾谓汉时儒生之多,"盖禄利之路然也"(《汉书》卷八十八《儒林传》赞)。吾国古书不问哪一学派,最后必讲到治国平天下的道理。一介士子要发展治平的才智,非跃上政治舞台不可。跃上政治舞台犹未可也,必须取得公卿之位,受到天子眷顾,参知政事。士大夫太多,就是要发展治平之道之人太多。职官之数有限,公卿之位更有限,而士大夫的来源不绝,于是他们遂由生存竞争,互相攻讦,这是势之必然,隋文大约有鉴于东汉儒学之盛,终至发生处士横议的现象,故乃忽然下令减少学校之数。不但养士少,而取士更少,仁寿中,秀才只取十余人。(《旧唐书》卷七十《杜正伦传》)这样,民之秀异者不得志于仕途,散而归乡里,他们岂肯槁项黄馘以老死于布褐,必将辍耕太息以俟时机之至,投靠于草莽英雄,为其谋臣策士。朱熹以道统自居,谓"古之太学主于教人,而因以取士,故士来者为义而不为利"。明代丘濬以为士之游于太学,"彼果何所为而来哉?固将以希禄食,干爵位,以为父母之养、乡里之荣,以行己之所志也。其心未尝无所利,苟无所利,孰肯去乡井、捐亲戚,以从事于客游哉"(《大学衍义补》卷七十《设学校以立教下》)。仁寿元年隋文恐生徒太多,无所安插,国子学(不久改名为太学)唯留学生七十人,太学四门及州县学并废(《隋书》卷二《文帝纪》仁寿二年)。

以上只就"士大夫众"言之。何以"士大夫众则国贫"?盖士多而欲其不会沦为游士,兴风作浪,只有把他们容纳于官僚组织之中。这样,职官之数便增加了。职官冗滥,官禄当然加多。唐代财政所以破产,德宗建中年间,沈既济就谓"臣计天下财赋耗敚大者唯二事,一兵资,二官俸"(《新唐书》卷一百三十二《沈既济传》)。欧阳修著《新唐书》,于《食货志》中,亦谓"兵冗官滥为之大蠹"(《新唐书》卷五十一《食货志一》)。然则裁员可吗?德宗贞元初,张延赏为相,"减天下吏员，人情愁怨，至流离死道路者。泌请复之，帝未从……泌曰……所谓省官者，去其冗员，非常员也……自至德以来有之，比正员三之一，可悉罢。帝乃许复吏员，而罢冗官"（《新唐书》卷一百三十九《李泌传》，参阅卷一百二十七《张延赏传》）。宋代亦因官多，经费为之膨胀。仁宗时，吴及上疏论政事，谓"仓廪空虚，内外匮乏，其弊在于官多兵冗，请汰冗兵，省冗官"（《宋史》卷三百二《吴及传》）。哲宗元祐三年，苏轼谓"臣等伏见从来天下之患无过官冗……今日一官之阙，率四五人守之，争夺纷纭，廉耻道尽。中材小官，阙远食贫，到官之后，求取渔利，靡所不为，而民病矣……吏部以有限之官，待无穷之吏；户部以有限之财，禄无用之人，而所至州县，举罹其害"（《苏东坡全集·奏议集》卷四《论特奏名》，世界版）。官冗如此，而裁员又常引起纷乱。仁宗"景祐三年正月，诏御史中丞杜衍沙汰三司吏，吏疑衍建言。己亥，三司吏五百余人诣宰相第喧哗，又诣衍第诟詈，乱投瓦砾。诏捕后行二人，杖脊配沙门岛，因罢沙汰"（《涑水记闻》卷十）。

荀子谓"工商众则国贫"，此盖吾国古代以农立国，农民人数虽多，而乃太过贫穷，欲望不但不高，而且不多，一方男耕女织，衣食能自给了，他方鸡豚狗彘之畜又成为农民的副业，每家经济均能自给自是，因是国内市场便见狭隘。国外呢？东部及南部有大海为阻，海道不易交通，北方及西方又与游牧种族为邻，他们不甚需要中国商品，因之国外市场也无法开拓。商人固然可以蓄积资本，然不能用之以振兴工业，只有依"以末得之，以本守之"的成规，购买田地，于是土地渐次集中，而农民竟被排斥于农村之外。古代租税以田赋为主，土地集中于豪强，豪强或逃税，或免税，所以工商众则国贫。

荀子又谓"无制数度量则国贫"，杨倞注，"不为限量，则物耗费"。国家不怕开支之大，只怕开支不得其道，而无利于一般人民。孔子称许大禹"卑宫室而尽力乎沟洫"（《论语·泰伯》）。邢昺疏，"沟洫，田间通水之道也"。朱注，"沟洫，田间水道……备旱潦者也"。宫室只供给天子个人享受，沟洫则以防水旱之灾，与人民利害有极大的关系。人民所最痛恨的，是不必要的土木工程，一方峻宇雕墙，他方蓬门陋巷，两相对比，何能不引起人民反感？固然萧何曾说，"天子以四海为家，非令壮丽，亡以重威"（《汉书》卷一下《高帝纪》七年），然亦须有限度，营造不已，试问经费及人工从何而来？繁敛租税，租税必转嫁于农民;微调力役,而力役又舍农民,无人负担。租税增加,可使农村减少资本;力役增加,可使农村缺乏劳动力,此二者都是有害于农业的。农业崩坏,谷价腾贵,于是农村贫穷又扩大为民众贫穷,其初也土匪遍地,其次也政权颠覆,其终也群雄割据。这个时候不是乱到全国皆乱,纵以汉高祖、唐太宗那样雄才大略,也不能收拾残局,使天下复归于统一。天子大兴土木工程而国祚因之而亡,在吾国历史上,其例甚多,而最显明的则为隋炀帝。此时全国壮丁尽给国家征用,终至"丁男不供,而以妇人从役"(《隋书》卷二十四《食货志》)。贫穷成为普遍的现象,百姓相率离开"王化"的社会,走到违法的方面去,用违法的方法来苟全自己的生活。而如司马光所述那样,"百姓困穷,财力俱竭,安居则不胜冻馁,死期交急;剽掠则犹得延生,于是始相聚为群盗"(《资治通鉴》卷一百八十一《隋纪》炀帝大业七年)。然而炀帝竟不觉悟,"百姓思乱,从盗如市"(《隋书》卷六十四《鱼俱罗传》),隋祚遂亡。

本条荀子最后二句"下贫则上贫,下富则上富",即有若所说,"百姓足,君孰与不足?百姓不足,君孰与足"(《论语·颜渊》),这是众所共知的事,不必赘言。

(六) 义与利

> 义与利者,人之所两有也。虽尧舜不能去民之欲利,然而能使其欲利不克(克,胜也)其好义也。虽桀纣亦不能去民之好义,然而能使其好义不胜其欲利也。故义胜利者为治世,利克义者为乱世。上重义则义克利,上重利则利克义……从士以上皆羞利而不与民争业。(《荀子》第二十七篇《大略》)

凡经济施设,目的都是谋人民的福利。孟子见梁惠王,虽曰"王何必曰利,亦有仁义而已矣"。然其代梁惠王设计的王政政策,如曰"不违农时,谷不可胜食也"云云,何一不是谋人民的福利?关于义与利,已说明于《孔子》之章,兹只解说荀子最后一句:"从士以上皆羞利而不与民争业。"《左》文二年孔子谓臧文仲有三不仁，其中之一为"妾织蒲"。杜预注，"家人贩席，言其与民争利"。据古礼，"子曰，君子不尽利，以遗民……故君子仕则不稼"。郑玄注，"不与民争利也"。孔颖达疏，"君子不尽竭其利，当以余利遗与民也"（《礼记注疏》卷五十一《坊记》）。荀子曾言："荣辱之大分，安危利害之常体，先义而后利者荣，先利而后义者辱。荣者常通，辱者常穷；通者常制人，穷者常制于人，是荣辱之大分也。"（《荀子》第四篇《荣辱》）但吾人须知荀子与孟子对于"义"的解释完全不同。孟子以为"羞恶之心义也……非由外铄我也，我固有之也"（《孟子注疏》卷十一《告子上》）。荀子则依《中庸》所说"义者宜也"，以为"先王……制礼义……使人……各得其宜"（《荀子》第四篇《荣辱》）。即据荀子之意，礼与义均由外作，故他又云："夫义者，所以限禁人之为恶与奸者也。"（《荀子》第十六篇《强国》）《乐记》云，"义近于礼"，此即管子所说，"礼出乎义"（《管子》第三十六篇《心术上》），亦即荀子所说，"礼者法之大分"（《荀子》第一篇《劝学》）。这样，本条荀子之言"义胜利者为治世，利克义者为乱世"可以解说为，人士均守礼法，礼法胜过人士好利之心，则为治世。人士不守礼法，人士好利之心压倒其遵守礼法之意，则为乱世。然而人士守不守礼法，既由外力限禁人之为恶与奸，其出于被动，理之至明。

第十一节
军　事

彼仁者爱人,爱人故恶人之害之也。义者循理,循理故恶人之乱之也。彼兵者所以禁暴除害也,非争夺也。(《荀子》第十五篇《议兵》)

事强暴之国难……事之以货宝,则货宝单而交不结。约信盟誓,则约定而畔无日。割国之锱铢以赂之,则割定而欲无厌。事之弥烦,其侵人愈甚,必至于资单国举然后已。虽左尧而右舜,未有能以此道得免焉者也。(《荀子》第十篇《富国》)

士民不亲附,则汤武不能以必胜也。故善附民者,是乃善用兵者也。故兵要在乎善附民而已。……凡用兵攻战之本,在乎壹民(《荀子》第十五篇《议兵》)

用强者,人之城守,人之出战,而我以力胜之也,则伤人之民必甚矣。伤人之民甚,则人之民必恶我甚矣。人之民恶我甚,则日欲与我斗。人之城守,人之出战,而我以力胜之,则伤吾民必甚矣。伤吾民甚,则吾民之恶我必甚矣。吾民之恶我甚,则日不欲为我斗。人之民日欲与我斗,吾民日不欲为我斗,是强者之所以反弱也。(《荀子》第九篇《王制》)

不杀老弱,不猎禾稼,服者不禽,格者不舍,奔命者不获(奔命谓奔走来归,不获之为囚俘也)。凡诛,非诛其百姓也,诛其乱百姓者也。百姓有扞其贼(谓为贼之扞蔽),则是亦贼也,以故顺刃者生(顺刃谓不战),苏刃者死(苏刃谓相向格斗者),奔命者贡(贡谓献于上将也)……《诗》曰,自西自东,自南自北,无思不服。此之谓也。(《荀子》第十五篇《议兵》)

且夫暴国之君,将谁与至哉?彼其所与至者,必其民也。而其民之亲我,欢若父母;其好我,芬若椒兰。彼反顾其上,则若灼黥,若雠仇。人之情虽桀跖,岂又肯为其所恶,贼其所好者哉?是犹使人之子孙自贼其父母也。(《荀子》第十五篇《议兵》)

闻鼓声而进,闻金声而退,顺命为上,有功次之(军之所重在服从命令,故有功次之)。令不进而进,犹令不退而退也,其罪惟均。(《荀子》第十五篇《议兵》)

以上共举荀子之言七条。第一条全文为"陈嚣问孙卿子曰,先生议兵常以仁义为本,仁者爱人,义者循理,然则又何以兵为?凡所为有兵者,为争夺也。孙卿子曰,非汝所知也,彼仁者爱人……"云云。《三略》云,"圣王之用兵,非乐之也,将以诛暴讨乱也"(《下略》)。《司马法》云,"古者以仁为本,以义治之之谓正(仁虽为本,但仁须得其宜,而后才合于正道)。正不获意则权,权出于战,不出于中人(正道行不通,则用权变之道。权变之出于战者,非中人所能)。是故杀人安人,杀之可也。攻其国,爱其民,攻之可也。以战止战,虽战可也……故国虽大,好战必亡。天下虽安,忘战必危"(第一篇《仁本》)。《尉缭子》说,"故兵者所以诛暴乱,禁不义也"(第八篇《武议》)。最能阐明荀子之意的则为《吕氏春秋》,它谓"夫攻伐之事,未有不攻无道而罚不义也。攻无道而伐不义,则福莫大焉,黔首利莫厚焉。禁之者,是息有道而伐有义也,是穷汤武之事而遂桀纣之过也。凡人之所以恶为无道不义者,为其罚。所以蕲有道行有义者,为其赏也。今无道不义存,存者赏之也。而有道行义穷,穷者罚之也。赏不善而罚善,欲民之治也,不亦难乎"(卷七《孟秋纪第七》之三《振乱》)。

关于第二条,韩非曾书,"君人者,国小则事大国,兵弱则畏强兵。大国之所索,小国必听;强兵之所加,弱兵必服"(《韩非子》第九篇《八奸》),如是,为国者岂可不奋发图强？要是只知委曲求全，今日割一城，明日割一地，何异于抱薪救火？薪不尽，火不灭，此势之必然，不可不察。对外如此，对内亦然。《淮南子》说，"夫兵者，所以禁暴讨乱也……教之以道，导之以德而不听，则临之以威武；临之威武而不从，则制之以兵革。故圣人之用兵也，若栉发耨苗，所去者少，而所利者多"(卷十五《兵略训》)。

第三条荀子之言，是谓要用兵，须先附其民。人主能善附民，则敌人不敢来攻。孙子说，"用兵之法，无恃其不来，恃吾有以待之；无恃其不攻，恃吾有所不可攻也"(《孙子》第八篇《九变》)。吴子说，"昔之图国家者，必先教百姓而亲万民……不和于国，不可以出军……是以有道之主将用其民，先和而造大事"(大事谓征伐也)(《吴子》第一篇《图国》)。岂但要善附民而已，且宜善附其同僚。三国时，刘备得荆州，往取巴蜀，使关羽坐镇江北。建安二十四年，关羽发兵围樊城。"南郡太守糜芳在江陵，将军傅士仁屯公安，素皆嫌羽轻自己。羽之出军，芳、仁供给军资，不悉相救。羽言，还当治之。芳、仁咸怀惧不安，于是孙权阴诱芳、仁，芳、仁使人迎权。"(《蜀志》卷六《关羽传》)蜀魏尚未交战，羽之后路已经断绝，虽欲引军退还，亦不可能。吴子所谓"不和于国，不可以出军"，关羽之失败可为注脚。

读第四条荀子之言，可知他也反对以力服人，而如孟子所说："以力服人者非心服也，力不赡也。"(《孟子·公孙丑上》)但统一而不用武力，似难成功。《吕氏春秋》谓"强大未必王也，而王必强大。王者之所借以成也何？借其威与其利。非强大，则其威不威，其利不利"(卷二十二《慎行论第二》之四《壹行》)。威有恃于兵强，利有恃于国富，国富兵强是王天下所必需的。春秋时代，齐晋最强，然其最强期间并不甚长。齐自桓公死后，内乱时起，晋自文公殁后，政局亦不安定，陵迟而至战国，三家分晋，晋之国力因分而日弱。田氏代齐，不能于纵横之日发愤为雄，而燕齐交战，又自耗其国力。所以七雄之中，秦楚最强。楚领土甚大，然论其地势，不能入武关以攻三辅，亦不能溯汉水，由汉中进窥关中。秦如何呢？早在《左》襄十八年，师旷就说，"南风不竞"(指楚)。董叔又谓"天道多在西北"，不识董叔所谓西北是否指秦。秦立国于关中，"四塞以为固……利则出攻，不利则入守"(《史记》卷七十九《范雎传》)，此地理形势比之其他六国为优也。"秦地……号称陆海,为九州膏腴。始皇之初,郑国穿渠,引泾水溉田,沃野千里,民以富饶"(《汉书》卷二十八下《地理志》),此经济情况比之其他六国为优也。自平王东迁洛邑以后,"周室微,诸侯力政,争相并,秦僻在雍州,不与中国诸侯之会盟",尽力向西发展。穆公时代,"益国十二,开地千里,遂霸西戎"(《史记》卷五《秦本纪》)。到了战国,孝公任用商鞅,实行变法,自是而后,秦益富强。商鞅变法,定下农战政策。所谓农战,是谓民居则尽力于农,出则勇于作战。但是人情必有所爱,又有所恶。"农,民之所苦;而战,民之所危也。"(《商君书》第六篇《算地》)如何使民甘其所苦,而不避其所危?商鞅以为"非劫以刑,而驱以赏莫可"(《商君书》第二十五篇《慎法》)。即"利出于地,则民尽力;名出于战,则民致死。入使民尽力,则草不荒;出使民致死,则胜敌。胜敌而草不荒,富强之功可坐而致也"(《商君书》第六篇《算地》)。"故吾教令,民之欲利者非耕不得,避害者非战不免。境内之民莫不先务耕战,而后得其所乐,故地少粟多,民少兵强。能行二者于境内,则霸王之道毕矣。"(《商君书》第二十五篇《慎法》)但是秦既以农立国,又采农兵制度,务外战则农事废,勤耕耘又无遑向外发展。然则如何调和农与战呢?于是商鞅就引诱三晋的人来耕秦地,而使秦民应敌于外。即如杜佑所说:"鞅以三晋地狭人贫,秦地广人寡,故草不尽垦,地利不尽出。于是诱三晋之人,利其田宅,复三代,无知兵事,而务本于内,而使秦人应敌于外。"(《通典》卷一《田制上》)商鞅说:"秦之所与邻者三晋也,所欲用兵者韩魏也。彼土狭而民众……此其土之不足以生其民也,似有过秦民之不足以实其土也。意民之情,其所欲者田宅也,而晋之无有也,信秦之有余也。必如此,而民不西者,秦士戚而民苦也……今利其田宅,而复之三世,此必与其所欲,而不使行其所恶也,然则山东之民无不西者矣……夫秦之所患者,兴兵而伐,则国家贫;安居而农,则敌得休息。此王所不能两成也……今以故秦事敌,而使新民作本,兵虽百宿于外,竟内不失须臾之时,此富强两成之效也。"(《商君书》第十五篇《徕民》)但是三晋的人既有田宅,而又三代蠲免兵役,秦人哪里愿意呢?商鞅所定军功之法"五甲首而隶五家",秦人出战,能得着甲者五人之首,便能隶役五家。此五家当系三晋的人。秦人为武士阶级,晋人则为佃户,秦人解放于农耕之外,其地位在晋人之上。晋人解放于兵役之外,其安全在秦人之上。双方都有所利,所以秦国采用这个政策之后,"数年之间,国富兵强,天下无敌"(《通典》卷一《田制上》)。

第五条荀子之言即所谓王者之师。李靖对唐太宗说道,"夫攻者不止攻其城,击其阵而已,必有攻其心之术焉"(《李卫公问对》卷下)。羊祜伐吴,就是应用攻心之术。据《晋书》所载,武帝"有灭吴之志,以祜为都督荆州诸军事、假节……镇南夏……与吴人开布大信,降者欲去,皆听之……自是前后降者不绝,乃增修德信,以怀柔初附……人有略吴二儿为俘者,祜遣送还其家。后吴将……来降,二儿之父亦率其属与俱……祜出军行吴境,刈谷为粮,皆计所侵,送绢偿之。每会众江沔游猎,常止晋地,若禽兽先为吴人所伤而为晋兵所得者,皆封还之。于是吴人翕然悦服,称为羊公,不之名也"(《晋书》卷三十四《羊祜传》)。反顾吴之作风如何呢?吴主孙皓"自登位以来,法禁转苛,赋调益繁","百姓罹杼轴之困,黎民罢无已之求,老幼饥寒,家户菜色。而所在长吏迫畏罪负,严法峻刑,苦民求办。是以人力不堪,家户离散,呼嗟之声,感伤和气"(《吴志》卷二十《贺邵传》)。一方羊祜施惠,他方吴主暴虐,以善附民之兵攻那暴君之国,可以不战而胜。

第六条乃荀子与临武君议兵于赵孝成王前之语,双方辩论要点如次。"临武君曰……兵之所贵者势利也(乘势争利),所行者变诈也……孙吴用之,无敌于天下,岂必待附民哉?孙卿子曰,不然,臣之所道,仁者之兵,王者之志也。君之所贵权谋势利也,所行攻夺变诈也,诸侯之事也……以桀诈桀,犹巧拙有幸焉。以桀诈尧,譬之若以卵投石,以指挠沸;若赴水火,入焉焦没耳……且夫暴国之君,将谁与至哉……"(下接本条所举荀子之言)吾意荀子之言可用于民族相同的割据时代,不能用于民族不同的今日国家。春秋时代,中原诸国尚不视秦楚为同类。楚在长江南北,楚武王说,"我蛮夷也"(《史记》卷四十《楚世家》)。秦在函谷以西,孝公初年各国尚以"夷翟遇之"(《史记》卷五《秦本纪》)。到了后来,秦楚两国文化上已与中原诸国同化,此际附民之政与权谋诈变可以并行不悖。未战之前,应先附民,不但要善附本国之民,且要善附外国之民。既战之时,权谋变诈亦甚重要。李觏说:"兵之作尚矣,黄帝尧舜以来,未之有改也。故国之于兵,犹鹰隼之于羽翼,虎豹之于爪牙也。羽翼不劲,鸷鸟不能以死尺鹖。爪牙不锐，猛兽不能以肉食。兵不强，圣人不能以制褐夫矣。所谓强兵者……必有仁义存焉耳……历观世俗之论兵者，多得其一体而未能具也。儒生曰，仁义而已矣，何必诈力？武夫曰，诈力而已矣，何必仁义？是皆知其一，未知其二也。愚以为仁义者兵之本也，诈力者兵之末也。本末相权，用之得所，则无敌矣。故君者纯于本者也，将者驳于末者也。孙子曰，主孰有道，将孰有能？道，道德也；能，智能也。又曰，将者智也，信也，仁也，勇也，严也，乃知君则专用道德，将则智信仁勇严并用之矣……然为将者多知诈力，而为君者或不通仁义，故虽百战百胜，而国愈不安，敌愈不服也。所谓仁义者，亦非朝肆赦，暮行赏，姑息于人之谓也。贤者兴，愚者废，善者劝，恶者惩，赋敛有法，繇役有时，人各有业而无乏用，乐其生而亲其上，此仁义之凡也。彼贫其民，而我富之；彼劳其民，而我逸之；彼虐其民，而我宽之。则敌人望之，若赤子之号父母，将匍匐而至矣。彼虽有石城汤池，谁与守也；虽有坚甲利兵，谁与执也？是谓不战而屈人之兵矣。"（《李直讲文集》卷十七《强兵策第一》，商务版）即李觏主张用兵之道应仁义与诈力并用。何谓诈力？孙子说，"兵者诡道也，故能而示之不能，用而示之不用。近而示之远，远而示之近。利而诱之，乱而取之，实而备之，强而避之，怒而挠之，卑而骄之，佚而劳之，亲而离之。攻其无备，出其不意。此兵家之胜，不可先传也"（《孙子》第一篇《始计》）。又说，"吾所与战之地不可知。不可知，则敌所备者多。敌所备者多，则吾所与战者寡矣。故备前则后寡，备后则前寡，备左则右寡，备右则左寡，无所不备则无所不寡"（《孙子》第六篇《虚实》）。吴子亦云，"以近待远，以佚待劳，以饱待饥……左而右之，前而后之，分而合之，结而解之"（《吴子》第三篇《治兵》）。即孙吴两人主张多用诡兵，使敌人疲于奔命而穷于应付。《左》昭三十年，吴王阖庐问伐楚之计于伍员。员曰，"若为三师以肄焉（肄犹劳也）。一师至，彼必皆出。彼出则归，彼归则出，楚必道敝（罢敝于道）。亟肄以罢之，多方以误之。既罢，而后以三军继之，必大克之。阖庐从之，楚于是乎始病"。如此六年，吴果入郢。后汉建安五年，袁绍欲伐曹操，"田丰说绍曰……将军据山河之固，拥四州之众，外结英雄，内修农战，然后简其精锐，分为奇兵，乘虚迭出，以扰河南，救右则击其左，救左则击其右，使敌疲于奔命，人不得安业，我未劳而彼已困,不及三年,可坐克也……绍不从"(《魏志》卷六《袁绍传》,参阅《后汉书》卷七十四上《袁绍传》)。卒大败于官渡,愁恨而死。

第七条荀子之言,重点在最后数句:"令不进而进,犹令不退而退也,其罪惟均。"荀子是对军队作战言之,其门人韩非则扩大而应用于政事之上。韩非说,"先令者杀,后令者斩"(《韩非子》第十九篇《饰邪》)。管子有言:"令未布而民或为之,而赏从之,则是上妄予也。上妄予,则功臣怨。功臣怨,而愚民操事于妄作。愚民操事于妄作,则大乱之本也。令未布而罚及之,则是上妄诛也。上妄诛则民轻生,民轻生则暴人兴、曹党起而乱贼作矣。令已布而赏不从,则是使民不劝勉,不行制,不死节。民不劝勉,不行制,不死节,则战不胜而守不固。战不胜而守不固,则国不安矣。令已布而罚不及,则是教民不听。民不听,则强者立。强者立,则主位危矣。故曰,宪律制度必法道,号令必著明,赏罚必信密,此正民之经也。"(《管子》第十六篇《法法》)案军之进退必须齐一,《六韬》云:"凡兵之道莫过于一。"(《文韬·兵道第十六》)孙子亦谓"夫金鼓旌旗者,所以一民之耳目也。民既专一,则勇者不得独进,怯者不得独退,此用众之法也"(《孙子》第七篇《军争》)。恃个人之勇,不待令而进攻,纵令立功,亦侥幸耳。故荀子说,"顺命为上,有功次之"。兹宜注意的是,荀子文中之"令"是指将军之令,非指人主之命。《六韬》云,"国不可从外治,军不可从中御……军中之事,不闻君命,皆由将出"(《龙韬·立将第二十一》)。《三略》云,"《军势》曰,出军行师,将在自专,进退内御,则功难成"(《中略》)。孙子说,"知吾卒之可以击,而不知敌之不可击,胜之半也。知敌之可击,而不知吾卒之不可以击,胜之半也。知敌之可击,知吾卒之可以击,而不知地形之不可以战,胜之半也……故曰,知彼知己,胜乃不殆"(第十篇《地形》)。而能知彼知己的,只唯身临前线的将,至于深居禁中的天子必难知悉。是故"战道必胜,主曰无战,必战可也。战道不胜,主曰必战,无战可也"(《孙子》第十篇《地形》)。孙子说,"君命有所不受"(《孙子》第八篇《九变》)。尉缭子说,"将者上不制于天,下不制于地,中不制于人"(《尉缭子》第二篇《兵谈》,第八篇《武议》有同一文句)。此皆如李靖称许唐太宗,"每有任将,必使之便宜从事",而太宗亦谓"军中但闻将军之令,不闻君命"(《李卫公问对》卷下)。然此必须为将者知彼知己,先定方略,坚持不变。为君者又能信任将军，容纳其策，而无怀疑之心，方克有成。汉宣帝时，西羌作乱，上拜赵充国为后将军，问以破虏之策。充国曰，百闻不如一见，臣愿驰至金城，观察地形，而后再定方略。既至，认为计莫良于屯田，虏数挑战，充国坚守，朝廷促其出击，充国不顾，前后三上屯田奏，"奏每上，辄下公卿议臣，初是充国计者什三，中什五，最后什八……上于是报充国曰……今听将军，将军计善"（《汉书》卷六十九《赵充国传》）。读者应知宣帝不是依一己的意见，干涉充国作战，而是依廷议，决定对付西羌的政策。唐代初年虽有太宗及李靖之言，安史乱后，朝廷对于握兵之将均不信任，往往从中遥制。德宗时陆贽曾说，"古之遣将帅者，君亲推毂而命之曰，自阃以外，将军裁之。又赐铁钺，示令专断。故军容不入国，国容不入军。将在军，君命有所不受。诚谓机宜不可以远决，号令不可以两从。未有委任不专，而望其克敌成功者也。自顷边军去就，裁断多出宸衷，选置戎臣，先求易制……一则听命，二亦听命，爽于军情亦听命，乖于事宜亦听命。若所置将帅必取于承顺无违，则如斯可矣。若有意乎平凶靖难，则不可也。夫两疆相接，两军相持，事机之来，间不容息。蓄谋而俟，犹恐失之。临时始谋，固已疏矣。况乎千里之远，九重之深，陈述之难明，听览之不一，欲其事无遗策，虽圣者亦有所不能焉。……将帅既幸于总制在朝，不忧罪累，陛下又以为大权由己，不究事情。用师若斯，可谓机失于遥制矣"（《陆宣公奏议》卷九《论缘边守备事宜状》，世界版）。明代崇祯的遥制比之唐之德宗更甚，崇祯"性多疑而任察"（《明史》卷三百九《流贼传》序），"好察边事，频遣旗尉侦探"（《明史》卷二百五十一《钱龙锡传》）。边臣知帝性猜忌，遇有兵警，不敢自作主张，常"请旨授方略，比下军前，则机宜已变，进止乖违，疆事益坏云"（《明史》卷二百五十二《杨嗣昌传》）。作战请旨示方略，听命是听命了，其不败北，自古以来，未之尝闻。

第十二节
天及卜筮

（一）天——历代民变与宗教

唯圣人为不求知天。（《荀子》第十七篇《天论》）

君子敬其在己者，而不慕其在天者。（《荀子》第十七篇《天论》）

天行有常，不为尧存，不为桀亡，应之以治则吉，应之以乱则凶。强本而节用，则天不能贫。养备而动时，则天不能病。修道而不贰，则天不能祸。故水旱不能使之饥，寒暑不能使之疾，祆怪不能使之凶。本荒而用侈，则天不能使之富。养略而动罕，则天不能使之全。倍道而妄行，则天不能使之吉。故水旱未至而饥，寒暑未薄而疾，祆怪未至而凶，受时与治世同，而殃祸与治世异，不可以怨天，其道然也。（《荀子》第十七篇《天论》）

治乱天邪？曰，日月星辰瑞历，是禹桀之所同也，禹以治，桀以乱，治乱非天也。时邪？曰，繁启蕃长于春夏，畜积收臧于秋冬，是禹桀之所同也，禹以治，桀以乱，治乱非时也。地邪？曰，得地得生，失地则死，是又禹桀之所同也，禹以治，桀以乱，治乱非地也。（《荀子》第十七篇《天论》）

星队木鸣,国人皆恐,曰,是何也？曰,无何也,是天地之变,阴阳之化,物之罕至者也。怪之可也,而畏之非也。夫日月之有蚀,风雨之不时,怪星之党见,是无世而不常有之。上明而政平,则是虽并世起,无伤也。上暗而政险,则是虽无一至者,无益也。夫星之队,木之鸣,是天地之变,阴阳之化,物之罕至者也。怪之可也,而畏之非也。物之已至者,人祆则可畏也。(《荀子》第十七篇《天论》,下文举出许多人祆,即耕稼失时、政令不明、礼义不修之类,文长从略。)

从天而颂之,孰与制天命而用之？望时而待之,孰与应时而使之？(《荀子》第十七篇《天论》)

卜筮然后决大事,非以为得求也(得求谓得所求也),以文之也(谓用以文饰政治之有问题者)。故君子以为文,而百姓以为神。以为文则吉,以为神则凶也。(《荀子》第十七篇《天论》)

上举荀子之言共七条,第一条与第二条、第三条与第四条合并解说。第五条以下,每条各有其独立意义,故均单独解说。

第一条与第二条均主张凡事在己而不在天,这是荀子思想与孟子不同之处。孟子颇信天与命,他说,"莫之为而为者天也,莫之致而至者命也"(《孟子·万章上》)。鲁平公欲见孟子,嬖人臧仓沮之,遂不往见,乐正子以告孟子。孟子亦委之于天,说道,"行或使之,止或尼之,行止非人所能也。吾之不遇鲁侯,天也。臧氏之子焉能使我不遇哉"(《孟子·梁惠王下》)。荀子深信人力可以胜天。孔子固然"畏天命"(《论语·季氏》)。但"子罕言命",据邢昺疏,"命者,天之命也"(《论语·子罕》)。凡言天,常归结于命；凡言命,又追源于天,其实均是天命。孔子岂但"罕言命"而已,而且对于政治上的成败且不信天命,"哀公问于孔子曰,夫国家之存亡祸福,信有天命,非唯人也。孔子对曰,存亡祸福皆己而已。天灾地妖不能加也……天灾地妖所以儆人主者也"(《孔子家语》第七篇《五仪解》)。案天命思想由来甚早。大凡一个王朝成立既久,王朝便有权威,复由权威而发生正统观念。正统观念固然后人有许多说明(参阅《孔子》章),而最初乃基于神权思想。在民智幼稚之时,要推翻神权思想所维护的王朝,必须利用另一个神权观念，而谓新王朝的建立也是由于上帝所命。舜受禅于尧，禹受禅于舜，单单因为其有大功于民人，并不借助于神权。夏代传祚四百余年，王室的权威树立了，所以汤要伐桀，不能不借助于神祇。《诗》云，"天命玄鸟，降而生商，宅殷土芒芒。古帝命武汤，正域彼四方"（《诗经·商颂·玄鸟》）。即汤之祖先——契乃是神祇之子。汤之伐桀，在誓师时，必曰"非台小子，敢行称乱，有夏多罪，天命殛之"。"夏氏有罪，予畏上帝，不敢不正。"（《商书·汤誓》）在凯旋时，必曰"敢用玄牡，敢昭告于上天神后，请罪有夏"（《商书·汤诰》）。甚至伊尹还政于太甲之时，还要说"夏王弗克庸德，慢神虐民，皇天弗保"（《商书·咸有一德》），这可以证明殷之代夏不是容易的事，所以由汤（即王位十三年崩）经外丙（即位二年崩）、中壬（即位四年崩）而至太甲即位三年，还是借助皇天，抨击夏王。殷代传祚六百余年，王室的权威也树立了，所以武王伐纣，亦不能不借助于神祇。《诗》云，"时维后稷……诞寘之隘巷，牛羊腓字之；诞寘之平林，会伐平林；诞寘之寒冰，鸟覆翼之。鸟乃去矣，后稷呱矣"（《诗经·大雅·生民》）。即周之祖先——后稷也是神祇之子，而武王伐纣之时，亦谓秉承上天之命，例如"商罪贯盈，天命诛之，予弗顺天，厥罪惟钧"（《周书·泰誓上》）。"惟受（纣名）罪浮于桀……天其以予乂民。"（《泰誓中》）"上帝弗顺，祝降时丧。尔其孜孜，奉予一人，恭行天罚。"（《泰誓下》）"今予发（武王名）惟恭行天之罚。"（《周书·牧誓》）"予小子……敢祇承上帝，以遏乱略。"（《周书·武成》）由此可知武王伐纣，也和汤之伐桀一样，不甚容易。经二代而至康王，尚谓"毖殷顽民，迁于洛邑，密迩王室，式化厥训"（《周书·毕命》）。柳宗元说，"力足者取乎人，力不足者取乎神"（《柳河东集》卷四十四《非国语上·神降于莘》，世界版），这是汤放桀、武王杀纣必须假借上帝——神意的理由。固然《书》云，"唯上帝不常，作善，降之百祥；作不善，降之百殃"（《商书·伊训》）。礼亦云，"国家将兴，必有祯祥；国家将亡，必有妖孽"（《礼记注疏》卷五十三《中庸》）。然而早在春秋时代，郑子产就不相信天能降祸于民，《左》昭十八年"夏五月，火（火星）始昏见，丙子风……戊寅风甚，壬午大甚，宋卫陈郑皆火……裨灶曰，不用吾言，郑又将火（昭公十七年冬，有星孛于大辰，西及汉，裨灶欲用瓘斝玉瓒禳火，子产不听，今复请用之）。郑人请用之，子产不可。子大叔曰，宝以保民也，若有火，国几亡，可以救亡，子何爱焉？子产曰，天道远,人道迩,非所及也,何以知之?灶焉知天道,是亦多言矣,岂不或信?遂不与,亦不复火"。子产生在春秋时代,列国以力相攻,故信人力而不信天道,间或用卜筮以决定政治尤其战争之事,要亦不过借鬼神以加强人民的信心,使人民勇于作战而已。天道观念到了汉世,由董仲舒提倡阴阳学说,而后盛行。但董氏提倡天道盖亦有故。汉代初年崇尚黄老,其后儒家继起,终之以法家学说。儒家注重人治,希望人主尊贤使能,使"贤者在位,能者在职"(《孟子·公孙丑上》),但是决定谁是贤能,其权乃属于人主。"燕子哙贤子之而非孙卿,故身死为僇。夫差智太宰嚭而愚子胥,故灭于越。"(《韩非子》第三十八篇《难三》)法家主张法治,希望人主"不淫意于法之外,不为惠于法之内"(《管子》第四十六篇《明法》)。但是法由人主制定,"利在故法前令则道之,利在新法后令则道之"(《韩非子》第四十三篇《定法》)。这样,要束缚人主于法律之内,亦非易事。法不能拘束人主,人不能牵制人主,人主不受任何限制,于是人治及法治均遇到障碍。如何冲破这个障碍,在民主思想尚未发生以前,学者只有求助于上天,于是董仲舒就采纳阴阳家思想,创造天人合一之说,以此警告人主,使人主不敢虐民以逞。他说,"王者不可以不知天"(《春秋繁露》第八十一篇《天地阴阳》),天命无常,"故夏无道,而殷伐之。殷无道,而周伐之。周无道,而秦伐之。秦无道,而汉伐之。有道伐无道,此天理也,所从来久矣"(同上第二十五篇《尧舜不擅移,汤武不专杀》)。即董氏认为天可以予夺人主的国祚。"受命之君……宜视天如父。"(同上第三十五篇《深察名号》)天常示人主以灾祥,使人主有所戒惧及劝勉。董氏说:"帝王之将兴也,其美祥亦先见;其将亡也,妖孽亦先见。"(同上第五十七篇《同类相动》)这称为谴告。但天以灾异谴告人主之时,常由轻微而渐严重。即董氏认为天对人主的施政,常用谴告之法以监督之。他说:"天地之物,有不常之变者谓之异。小者谓之灾,灾常先至,而异乃随。灾者天之谴也,异者天之威也。谴之而不知,乃畏之以威。诗云畏天之威,殆此谓也。凡灾异之本尽生于国家之失,国家之失乃始萌芽,而天出灾害以谴告之。谴告之而不知变,乃见怪异以惊骇之。惊骇之尚不知畏恐,其殃咎乃至。以此见天意之仁,而不欲陷人也。谨案:灾异以见天意,天意有欲也,有不欲也,所欲所不欲者,人内以自省,宜有惩于心;外以观其事,宜有验于国。故见天意者之于灾异也,畏之而不恶也,以为天欲振吾过,救吾失,故以此报我也。"(同上第三十篇《必仁且智》)董氏又说,"孔子作《春秋》……《春秋》之所讥,灾害之所加也。《春秋》之所恶,怪异之所施也。书邦家之过,兼灾异之变,以此见人之所为,其美恶之极,乃与天地流通而往来相应"(《汉书》卷五十六《董仲舒传》)。董氏由此说到阴阳四时五行之道,即由阴阳四时五行之顺逆,以卜国家之治乱。即董氏的学说以三种观念为基础,一是阴阳,二是四时,三是五行。这三者属于天事,但天事反映人事,而人事亦往往引起天事,故云"天人一也"(《春秋繁露》第四十九篇《阴阳义》)。此种理论吾人试称之为天人感应说。阴阳、四时、五行与人事尤其政治得失,都可以互相感应。西汉末年王莽假符命以窃取帝位,光武中兴因图谶而遂即帝位。自是而后,阴阳学说遂支配了整个社会,吾人观二十四史之中多载有《五行志》,即可知之。固然阴阳学说与图谶均出于迷信心理,但二者又有不同之点,前者尚有人定胜天之意,即人君能修德政,虽有灾变,亦可致福。否则虽有祯祥,祸亦旋降。图谶之说则不然,凡事皆由天定,天命所定,人力莫如之何。换言之,世之治乱与政之兴废毫无关系。时当治,虽桀纣亦不能使之乱。时当乱,虽尧舜亦不能使之治。此种宿命论是将人力视为渺小之物,而与阴阳学说之人定胜天不同。

阴阳学说乃神道设教之意。吾固以为吾国古人之信天信神本来与西洋人不同,西洋人由于畏惧心理,目的在于入天堂,不下地狱;吾国古人由于爱敬心理,目的在于报效恩德。礼云,"夫圣王之制祭祀也,法施于民则祀之,以死勤事则祀之,以劳定国则祀之,能捍大灾则祀之"(《礼记注疏》卷四十六《祭法》)。这哪有求福避祸之意。祷告上天——神祇以求福避祸乃是后世人士失去自信力,而后才发生的。

第三条及第四条均谓天不能降祸福于人,世之治乱在人而不在天。此种思想已盛行于春秋时代。《左》桓六年随(国名)季良(随之贤臣)曰,"夫民神之主也,是以圣王先成民,而后致力于神",此言圣王为政,先讲民事,而后才讲神事。《左》庄三十二年虢史嚚曰,"吾闻之,国将兴,听于民;将亡,听于神",此言盛世为政,以民意为准;衰世为政,以神意为准(依卜筮)。"季路问事鬼神。子曰,未能事人,焉能事鬼。"(《论语·先进》)"樊迟问知。子曰,务民之义,敬鬼神而远之,可谓知矣。"(《论语·雍也》)这都是先民事、后神事之意,前曾举过《礼记·祭法》中"法施于民则祀之"云云,均因其有功于民事,故死后祀之为神。东周以后,列国攻战不休,秦虽统一天下,然不及十年,始皇一死,就发生大乱,继之又有刘项之争。人士既见一治一乱之频繁,复见乱世长而治世短,于是不知不觉之中,思想便倾向于神权观念,更趋向于宿命论。《淮南子》著作于前汉初年,其宿命论尚限于个人的逢遇。它说:"人之为,天成之。终身为善,非天不行。终身为不善,非天不亡。故善否我也,祸福非我也,故君子顺其在己者而已矣。性者所受于天也,命者所遭于时也。有其材不遇其世,天也。太公何力,比干何罪?循性而行止,或害或利,求之有道,得之在命,故君子能为善,而不能必其得福;不忍为非,而未能必免其祸。"(《淮南子》卷十《缪称训》)又说:"汤武之王也,遇桀纣之暴也。桀纣非以汤武之贤暴也,汤武遭桀纣之暴而王也。故虽贤王必待遇,遇者能遭于时而得之也,非智能所求而成也。"(《淮南子》卷十四《诠言训》)王充为东汉的人,承王莽暴政之后,继以绿林赤眉的焚掠,他虽依当时天文学的知识,说明日食月食有常数,"在天之变,日月薄蚀,四十二月日一食,五六月月亦一食,食有常数,不在政治,百变千灾,皆同一状,未必人君政教所致"(《论衡》第五十三篇《治期》),但他又说,"案谷成败,自有年岁,年岁水旱,五谷不成,非政所致,时数然也。必谓水旱政治所致,不能为政者莫过桀纣,桀纣之时,宜常水旱。案桀纣之时,无饥耗之灾。灾至自有数,或时返在圣君之世。实事者说尧之洪水,汤之大旱,皆有遭遇,非政恶之所致。说百王之害,独谓为恶之应,此见尧汤德优,百王劣也。审一足以见百,明恶足以照善。尧汤证百王,至百王遭变,非政所致,以变见而明祸福。五帝致太平,非德所就明矣"(同上《治期》)。即世之治乱纵与岁之丰凶有关,而水旱"时数然也",绝非"政治所致"。故其结论乃谓"夫贤君能治当安之民,不能化当乱之世。良医能行其针药,使方术验者,遇未死之人,得未死之病也。如命穷病困,则虽扁鹊未如之何。夫命穷病困之不可治,犹夫乱民之不可安也……故世治非贤圣之功,衰乱非无道之致。国当衰乱,贤圣不能盛。时当治,恶人不能乱。世之治乱在时,不在政。国之安危在数,不在教"(《治期》)。吾国思想本来是深信人力,人定胜天。现在则命运注定了人之生死、世之治乱。经三国而至魏晋易代之世，发生了正始之风，而中华民族刚毅之气竟一变而为柔弱。

观第五条荀子之言，更可知道荀子不言天，而专论人事，吾人以荀子思想比孟子进步，理由在此。案荀子有此思想，来源甚早，《左》庄三十二年"秋七月，有神降于莘（虢国之地）。惠王问诸内史过（周大夫）曰，是何故也？对曰，国之将兴，明神降之，监其德也；将亡，神又降之，观其恶也。故有得神以兴，亦有以亡。虞夏商周皆有之……神居莘六月，虢公使祝应（大祝名应）、宗区（宗人名区）、史嚚（大史名嚚）享焉，神赐之土田。史嚚曰，虢其亡乎？吾闻之，国将兴，听于民；将亡，听于神……虢多凉德，其何土之能得"。《左》僖十六年"春，陨石于宋五，陨星也。六鹢退飞过宋都，风也。周内史叔兴聘于宋，宋襄公问焉。曰，是何祥也？吉凶焉在？……退而告人曰，君失问，是阴阳之事，非吉凶所生也，吉凶由人"。然自董仲舒用儒术以说明阴阳之后，阴阳之事便与政之治乱、国运之吉凶联结起来。自兹以降，在吾国历史上最有势力的思想，不是儒家，不是法家，更不是道家，而是阴阳家，吾人读正史《五行志》即可知之。东汉且将阴阳失调规定为国家制度。固然前汉元帝永光元年，春霜夏寒，日青无光，丞相于定国上书自劾，乞骸骨，上不许，定国固辞，乃罢就第（《汉书》卷七十一《于定国传》），此乃定国自己让位，不是天子策免。灾变策免丞相乃开始于成帝以荧惑守心，而令丞相翟方进自杀（《汉书》卷八十四《翟方进传》）之时，然亦不过政治上一种借口。东汉以后，才成为确定的制度，而始于安帝永初元帝太尉徐防以灾异策免，故史云"凡三公以灾异策免，始自防也"（《后汉书》卷四十四《徐防传》）。这个玄学的制度到了曹魏文帝黄初二年才见废止（《魏志》卷二《文帝纪》）。这不是由于思想进步，而是因为"三公无事，又希与朝政"（《魏志》卷二十四《高柔传》），自不宜令其负责。荀子此种思想传于柳宗元，柳宗元说，"夫雷霆雪霜者，特一气耳，非有心于物者也。圣人有心于物者。春夏之有雷霆也，或发而震，破巨石，裂大木，木石岂为非常之罪也哉？秋冬之有霜雪也，举草木而残之，草木岂有非常之罪也哉？彼岂有惩于物也哉？彼无所惩，则效之者（《左》襄二十六年有'赏以春夏而刑以秋冬'之句）惑也……且古之所以言天者，盖以愚蚩蚩者耳，非为聪明睿智者设也"（《柳河东集·断刑论下》，世界版）。柳氏又说，"天地大果蓏也,元气大痈痔也,阴阳大草木也,其乌能赏功而罪祸乎?功者自功,祸者自祸,欲望其(指天)赏罚者大谬;呼而怨,欲望其(指天)哀且仁者愈大谬矣"(同上卷十六《天说》)。照柳宗元之意,"生植与灾荒皆天也,法制与悖乱皆人也……其事各行不相预"(同上卷三十一《答刘禹锡天论》)。这个"天"是指自然现象的天,盖物之生长、时之旱灾,不过自然现象,至于法制与悖乱始是人为之事,二者各行其是而不相预,而人乃说"天胜焉","人胜焉",此值"愚民恒说耳"(同上卷三十一《答刘禹锡天论》)。李觏云:"人之情非所常见而见之必惧。"(《李直讲文集》卷二十二《天谕》,商务版)人类看到天灾地变所以发生"惧"的情绪,不过"不常见而见之"而已。

读荀子第六条之言,可知荀子不但不信天能降祸福于人,且欲利用人力以制天命。案人类的生活一方须倚赖自然,同时又受自然的压迫。在人智幼稚之时,只知自然的伟大,而没有能力抵抗自然、战胜自然。狂风暴雨的袭击、大旱霖雨的摧残,此种现象既不是人力所能左右,就不能不想人力以外的原因。于是在人类的幼稚心理之中,遂谓冥冥之中必有一个万能的主宰,控制一切。这个主宰吾国古人称之为"皇天"(《虞书·大禹谟》)或称之为"上帝"(《夏书·益稷》)。但同时却说"天工人其代之"(《虞书·皋陶谟》),此即"制天命而用之"之意。帝尧即位命官,以羲和为第一,即命羲和"钦若昊天,历象日月星辰,敬授人时",孔颖达疏云"于时羲和似尊于诸卿"(《尚书·尧典》)。帝舜摄位,最初也是"在璇玑玉衡,以齐七政",孔安国注云:"在,察也,七政日月五星。"(《尚书·舜典》)即太古之人所致力研究的乃是自然现象的"天"。盖在农业社会,何时播种,何时收获,均与季节有关,所以"敬授人时"乃是一种极重要的政治。洪水为灾,禹平洪水,其他聪明的人发明了桥梁,发明了舟楫,发明了堤防,又改良了建筑物的构造,"应时而使之",以应付环境的需要。由夏至殷,抽象的皇天或上帝改变为神秘的神祇。子云:"殷人尊神,率民以事神。"孔子谓"其民之敝,荡而不静",依郑注孔疏,意谓殷人习于鬼神虚无之事,鬼神无体,凡事不求实际,故心放荡而无所定(《礼记注疏》卷五十四《表记》)。而箕子的《洪范》且说:

> 汝则有大疑,谋及乃心,谋及卿士,谋及庶人,谋及卜筮。汝则从,龟从,筮从,卿士从,庶民从,是之谓大同。身其康强,子孙其逢吉。汝则从,龟从,筮从,卿士逆,庶民逆,吉。卿士从,龟从,筮从,汝则逆,庶民逆,吉。庶民从,龟从,筮从,汝则逆,卿士逆,吉。汝则从,龟从,筮逆,卿士逆,庶民逆,作内吉,作外凶。龟筮共违于人,用静吉,用作凶。(《尚书·洪范》)

龟、筮乃与人主、卿士、庶人各为一个单位,共同决定国之大事,于是在殷代,凡与神权有关的职业就成为最高尚的职业,巫咸、巫贤(巫咸之子)均曾辅佐王室,《商书·咸有一德》云,"伊陟赞于巫咸",注引马融曰,"巫,男巫也,名咸,殷之巫也"。男巫而为天子的辅佐,可知殷代神权思想之浓厚。而大史(祭祀之官,非后世之史官)、大士(主神之士,与卿士之士不同)、大祝、大卜因与神权有关,便成为国家最上级的官(参阅《礼记注疏》卷四《曲礼》)。周以武力改造国家组织,周人没有殷人那样迷信。子曰,"周人……事鬼敬神而远之"(《礼记·表记》)。殷代五官之大卜、大祝、大史,周降之为下大夫(《周礼注疏》卷十七《春官·宗伯》),而殷代五官之司徒、司马、司寇,周又升之为六卿(《尚书注疏》卷十八《周官》),巫之地位更见低落,而只是祈雨之官(《周礼·春官·宗伯》)。由春秋之末而至战国,人士更不信神而信武力,兼以诸侯日事战争,争地以战,杀人盈城,争城以战,杀人盈野。于是就有各派哲人提出各自的学说,欲用之以拯救人类。他们均托古改制,选择一位过去的伟人来做他们学派的宗师,儒家假借尧舜,道家假借黄帝,农家假借神农。这表示什么呢?固然是希望过去伟人复活于现世。Messiah 的观念不是犹太人才有的;同时表示人类还是信任人类,相信人力可以挽救自己。秦汉以后就不同了,秦承战国大乱之后,统一天下,理应与民休息,而始皇乃大兴土木,赋繁役重,"奸邪并生,赭衣塞路,囹圄成市,天下愁怨"(《汉书》卷二十三《刑法志》)。但是后人虽称始皇为暴君,而始皇仍不失为一位英主,其专制魔力确能压服民众的灵魂,使他们不敢反抗。他们不能同西周人民一样,"相与畔,袭厉王,厉王出奔于彘"(《史记》卷四《周本纪》),而只希望奇迹的发生,奇迹则为秦亡或始皇死(参阅《史记》卷六《秦始皇本纪》,三十二及三十六年）。三十七年始皇果然死于沙丘了，而继统的二世又复庸懦，庸懦的人终日都在恐怖之中。他要避免恐怖，每欲示强，不愿见弱于人，由是更做出种种暴虐的行为，先杀大臣及宗室，次杀无辜的人民，人民失望，遂由戍卒陈胜、吴广起义，用罩鱼狐鸣之法，以鼓励戍卒的勇气，天下莫不响应，"县杀其令丞，郡杀其守尉"（《史记》卷八十九《陈馀传》），而秦祚随之而亡。

秦亡汉兴，社会安定有一百余年之久。贾谊曾说，"民不足而可治者，自古及今未之尝闻"（《汉书》卷二十四上《食货志》）。盖不足则离乡轻家，民如鸟兽，流散四方。他们流散之后，如何生活？只有由流民转为盗匪。盗匪发生之后，最先劫掠的往往不是城市的豪富，而是乡村的小康之农。小康之农既遭劫掠，于是流民又将流民"再生产"出来了。成帝时代已有小股流寇（参阅《汉书》卷十《成帝纪》，阳朔三年、鸿嘉三年、永始三年）。哀帝时代"盗贼并起，或攻官寺，杀长吏"（《汉书》卷八十一《孔光传》）。人心浮动，遂发生许多图谶，宣告汉运将终，新朝当起，复用宗教团体的形式，传行西王母筹，以扰乱人心（参阅《汉书》卷十一《哀帝纪》建平二年及四年）。王莽乘此机会，造作符命，夺取汉的天下。王莽代汉，建国号曰新，虽施行许多改革，而改革均不合实际需要，改革变为虐政，人心思汉，社会上又传播"刘氏复起"的图谶（《后汉书》卷一上《光武帝纪》），王莽遂于全民暴动之下归于灭亡。

光武中兴，明章之后就发生外戚与阉宦之争，又值西羌作乱，和帝时，"男子疲于战阵，妻女劳于转运"（《后汉书》卷四十三《何敞传》）。安帝时，"田畴不得垦辟，禾稼不得收入"（《后汉书》卷五十一《庞参传》），一直到了灵帝初，羌祸才见消灭。计东汉为了讨伐西羌，所用金钱自安帝永初中至灵帝建宁元年，前后共用去三百六十余亿（《后汉书》卷六十五《段颎传》）。就经济说，社会已步步踏入崩坏之域。而政治腐化又促成社会的加速崩坏。当时政界人物乃如王符所说"官益大者罪益重，位益高者罪益深"（《潜夫论》第九篇《本政》）。人民受了虐政的压迫，便铤而走险，而郡国"皆欲采获虚名，讳以盗贼为负"，"更相饰匿，莫肯纠发"。其结果也，由穿窬变为强盗，由强盗变为攻盗，攻盗成群，发生大奸（《后汉书》卷四十六《陈忠传》）。其声势最大者则为黄巾贼张角。他组织宗教团体，先用"符水咒说以疗病，病者颇愈，百姓信向之"；次散布谣言，谓"苍天已死,黄天当立,岁在甲子,天下大吉",以扰乱人心;最后才起来暴动,人心求变,"旬日之间天下响应"(《后汉书》卷七十一《皇甫嵩传》)。虽然一年之内就见平定,然黄巾之后,复有黑山诸贼并起山谷间,众至百万,渐寇河内,逼近京师,其后诸贼皆为朱儁击破(《后汉书》卷七十一《朱儁传》)。此时也,宦官与外戚的斗争将近最后阶段,固然两败俱伤,而凉州军阀董卓乃拥兵而入,造成板荡之祸,东汉政权为之倾覆,州郡牧守各务兼并,统一局面又告结束,代之而出现的则为三国的分立。

由三国经两晋而至南北朝,在这三四百年之中,一般人民受尽苦难,受了贫穷的压迫、兵祸的压迫、赋役的压迫、豪强的压迫、灾旱的压迫,而政府竟然视若无睹,而且趁火打劫,也来压迫。他们悲观至极,以至于厌弃人生,甚至渴望死亡。他们失去胆量,失去自信力,自视为软弱无能的动物。他们希望有个万能的神出来拯救他们。然而神的观念只是地上权力射入人类脑中,由幻想作用反映出来,而形成一种虚幻的现象,现在他们的地上权力,如国家、皇帝、哲人都不能拯救他们。总而言之,他们固有的地上权力对于他们的苦难都束手无策,因之他们的天上权力——神也不能得到他们的崇拜。他们甚至怀疑自己的神,而去欢迎那个为外国人崇拜而未为本国人拜过的神。中国人经"五胡乱华"之后,舶来的佛教大见流行,不是毫无原因的。佛教的教义能够深入人心,当然还有理由,即因果报应之说。因果报应即所谓三世因果,有"过去当今未来……凡为善恶,必有报应"(《魏书》卷一百十四《释老志》)。今生的苦难由于前生作孽,要使来生不受苦难,只有修炼今生。"惩暴之戒莫苦乎地狱,诱善之劝莫美乎天堂。"(《弘明集》卷三宋何承天《答宗居士书》)孙绰谓"历观古今祸福之证,皆有由缘,载籍昭然,岂可掩哉,何者?阴谋之门,子孙不昌,三世之将,道家明忌,斯非兵凶战危,积杀之所致邪"(《弘明集》卷三孙绰《喻道论》)。案因果报应之说,吾国早已有之,《尚书·伊训》云,"惟上帝不常,作善降之百祥,作不善降之百殃"。文中"上帝"二字是指天道。《尚书·汤诰》云,"天道福善祸淫"。天道就是天理,为自然法则之意,没有什么神秘。因为没有神秘,所以吾国的果报又与西洋不同。基督教的最后审判是在未来的未来,佛教的轮回也在来生。中国的果报则在现世,来生的事既不可知,而最后审判又遥遥无期,这何能威吓在上有权者作恶之念,更何能减少在下受害者愤愤不平之气?果报必在现世,不限于平民,皇室更为明显。司马懿受两世托孤之命,就友谊言,亦应竭股肱之力,效忠贞之节,顾乃欺凌幼主,诛戮大臣。子师废齐王而立高贵乡公,昭弑高贵乡公而立陈留王,每乘废置,窃取威权,三世秉政,卒移魏鼎,其创业之本异于前代。"明帝时,王导侍坐,帝问前世所以得天下。导乃陈帝（司马懿）创业之始,用文帝（司马昭）末高贵乡公事。明帝以面覆床曰,若如公言,晋祚复安得长远?"（《晋书》卷一《宣帝纪》）前此"欺他孤儿寡妇,狐媚以取天下"（石勒语,见《晋书》卷一百五《石勒载记下》）,现在生儿（惠帝）愚暗,又为其后（贾后）所制。前此,杀害曹爽,使曹家兄弟不能屏藩王室,现在则八王作乱,骨肉自相残害。而亡国之日,"宋受晋终,马氏遂为废姓",可谓惨矣,而"齐受宋禅,刘宗尽见诛夷",报应又不爽了（《南史》卷四十三《齐高帝诸子传》论）。齐呢?齐明帝残杀高帝及武帝的子孙,凶忍惨毒,唯恐不尽（参阅《南齐书》卷三十六《高帝十二王传》、卷四十《武帝十七王传》）,不必假手异姓,一家骨肉已自相诛夷了。当明帝遣人杀武帝子巴陵王子伦之时,"子伦正衣冠,出受诏曰……先朝昔灭刘氏,今日之事,理数固然"（《南齐书》卷四十《巴陵王子良传》）。后魏高允曾言:"天人诚远,而报速如响,甚可惧也。"（《魏书》卷四十八《高允传》）然而人众所希望于宗教的,是整个人民脱离苦海,并不是单单一家的报应。当佛教盛行于魏晋南北朝之时,民间所信者为释迦佛,而经过数百年之久,释迦佛竟不能超度众生。人民绝望了,又希望一个新生的神出来拯救,于是在后魏之末,世上又传播一种消息,"将来有弥勒佛方继释迦而降世"（《魏书》卷一百十四《释老志》）,天上权力改换了,地上皇朝自宜改换。

隋文肇兴,结束了数百年纷乱之局,而使中国复归于统一。炀帝嗣位,虐用其民,百姓困穷,相聚而为群盗,大业六年"有盗数十人,皆素冠练衣,焚香持华,自称弥勒佛,入自建国门,监门者皆稽首,既而夺卫士仗,将为乱。齐王暕（炀帝子）遇而斩之,于是都下大索,与相连坐者千余家"（《隋史》卷三《炀帝纪》）。据《通鉴》胡三省注,"释氏之说以为释迦佛衰谢,弥勒佛出世,故盗称之以为奸"（《通鉴》卷一百八十一隋炀帝大业六年胡三省注）。果然,弥勒佛出世了,群盗也猬毛而起了。群盗为奸多借弥勒佛以号召,其声势较大者有宋子贤、向海明等,他们均自称"弥勒出世"(《通鉴》卷一百八十二隋炀帝大业九年)。固然不久即见平定,而自是而后,人民的自信力更缺乏了。周厉王无道,国人相与叛袭厉王,厉王出奔于彘(《史记》卷四《周本纪》),此际叛民固未曾假托于神。秦末,陈胜、吴广揭竿而起,不能不利用罩鱼狐鸣(《史记》卷四十八《陈涉世家》)。柳宗元说,"力足者取乎人,力不足者取乎神"(《柳河东集》卷四十四《非国语上·神降于莘》),即力足者无须假托于神,力不足者便须假托神怪。人民的自信力日益低落,每逢灾难均求神来庇护,偶有叛变,亦必借助于神。隋自弥勒佛出世之后,继之则有世族杨玄感、李密的起义。乱事愈演愈大,大则跨州连郡,称帝称王,小则千百为群,攻城剽邑,隋祚遂亡。隋虽非亡于弥勒佛,而却亡于借弥勒佛的发难。

隋亡唐兴,安史乱后,既有宦官之祸,又有朋党之争,复有方镇之乱。吾国以农立国,唐代的农业政策极不利于农民,而如陆贽所说:"当稔而顾籴者,则务裁其价,不时敛藏。遇灾而艰食者,则莫揆乏粮,抑使收籴。遂使豪家贪吏反操利权,贱取于人,以俟公私之乏困,乘时所急,十倍其赢。"(《陆宣公奏议》卷八《请减京东水运收脚价于缘边州镇储蓄军粮事宜状》,世界版)而政治又极腐化,德宗时,天下稍安,群小便因之佞谀。"贪权窃柄者则曰,德如尧舜矣,焉用劳神?承意趣媚者则曰,时已太平矣,胡不为乐?……议曹以颂美为奉职,法吏以识旨为当官,司府以厚敛为公忠,权门以多赂为问望。"(《陆宣公奏议》卷二《奉天论前所答奏未施行状》)文宗时,刘蕡说:"居上无清惠之政,而有饕餮之害,居下无忠诚之节,而有奸欺之罪……贪臣聚敛以固宠,奸吏因缘而弄法,冤痛之声上达于九天,下流于九泉。"(《旧唐书》卷一百九十下《刘蕡传》)而又加之以师旅,因之以凶荒,遂于僖宗时代引起王仙芝、黄巢之乱。兹宜特别提出告知读者的,王仙芝富于资,稍通书记辩给,黄巢屡试进士不第,愤而为盗,即他们两人不是草莽无知之辈,故未曾假托迷信,而直接指斥时政。王仙芝"檄诸道,言吏贪沓,赋重,赏罚不平"。黄巢发露布,"诋宦竖柄朝,垢蠹纪纲。指诸臣与中人赂遗交构状。铨贡失才。禁刺史殖财产。县吏犯赃者族,皆当时极敝",故"巢之起也,人士从而附之"(《新唐书》卷二百二十五下《黄巢传》)。及攻陷京师,巢众"遇穷民于路,争行施遗……慰晓市人曰,黄王为生灵,不似李家不恤汝辈,但各安家。巢贼众竞投物遗人"(《旧唐书》卷二百下《黄巢传》)。只因黄巢所统率者乃是饥饿的群盗,他们平素受了贪官污吏的压迫,受了土豪劣绅的鱼肉,积以成忿,一旦起事,便大肆焚掠。虽以禁掠之所得施小惠于民,而对于时政毫无裨益,故终不能得到民心,而至灭亡。巢亡,唐祚亦亡。

唐亡之后,继以五代之乱,五代之乱远过于南北朝。南北朝时,南北分立,双方均有统一的政权。五代之世,北方虽然统一,南方则分裂为许多国家。而北方的统一又不巩固,区区五十年中,易朝五次,易姓八次。到了后周,官民俱惫,民既思治,官惫不能再乱,一方思治,他方不能再乱,因之,乱源的宗教就无法号召民庶。经后周世宗的改革,民庶更知统一的必要。

宋兴,外受辽夏的压迫,内有朋党之争,传至徽宗,政治腐化,财政紊乱,经济萧条。徽宗爱好花石,朱勔又"豪夺渔取于民,毛发不少偿"。士民家每因一石一木而至破产,比屋致怨,"腊因民不忍,阴聚贫乏游手之徒,宣和二年十月起为乱"。初"无弓矢介胄,唯以鬼神诡秘事相扇诱","不旬日聚众至数万"。"凡得官吏,必断脔支体,探其肺肠,或熬以膏油,丛镝乱射,备尽楚毒,以偿怨心"(《宋史》卷四百六十八《方腊传》,参阅卷四百七十《朱勔传》),是亦利用神怪以诱惑民心。而对于前此虐民以逞的官僚,则加以残杀,以消百姓的怨心。虽然乱事不二年即见平定,然腊已"破六州五十二县,戕平民二百万"(《宋史·方腊传》)。元气大伤,金人南下,宋遂南渡,定都于临安(杭州)。高宗时代君臣已经苟且偷安,欲"俟天意自回,强敌自毙"(《宋史》卷三百八十一《王居正传》)。孝宗虽有恢复中原之志,但苟安已久,人士多"不知干戈之为何事",宁可宴安于江左一隅之地,文恬武嬉,歌舞太平,"而钱塘为乐国矣"(参阅《龙川文集》卷一《上孝宗皇帝第一书》,中华版)。经光宗而至宁宗,再传至理宗,政治日益腐化,经济日益萧条,财政日益穷匮,通货膨胀,物价腾踊,流民充斥,剽掠成风(参阅《宋史》卷四百七《杜范传》、卷四百十五《黄畴若传》、卷四百二十三《李韶传》,传中均述及楮券日轻、物价踊贵之状)。这个时候,民众若不起来革命,推翻宋室,难免亡国之惨。然而士大夫深受理学派学说的影响,欲由格致诚正,进至修齐,再进至治平。政治上的动静受了伦理观念的影响,惩忿窒欲,抑制感情之冲动,自不能领导民庶,推翻腐化的政权。一般民庶深鉴北宋方腊之乱,人民涂炭,反而促成金之南侵。人民为对付金人，遂忍辱含垢，不愿再作暴动，于是宋代遂在民气消沉之下，而为蒙古所灭。

元以异族入主中原，一帝崩殂，常发生宗室内讧及大臣争权之事。以新集易动之基而无久安难拔之虑，元之国运因此而衰。其促成元之灭亡者尚有种种原因，宗教上喇嘛骄暴，政治上贪吏横行，财政上收入不敷支出，经济上楮币不断跌价。这在一传而至成宗之世，已经如此，顺帝即位之后，年年饥馑，至于发生人相食的现象（《元史》卷五十一《五行志一》稼穑不成），于是遂激成民变。民变多借助于神，尤以弥勒佛为号召，其声势最大者则为韩林儿，其先世以白莲教烧香惑众，至林儿父山童倡言天下大乱，弥勒佛下生，河南及江淮愚民皆翕然信之。刘福通因之欲起兵为乱，事觉，福通遂反，山童死，林儿逃。福通物色林儿，迎立为帝，建国曰宋。其后张士诚攻杀福通，明太祖击走士诚，以林儿归，居之滁州。不久，林儿死。《明史·韩林儿传》赞曰，林儿横据中原，蔽遮江淮十有余年，太祖得以从容缔造者，借其力焉（《明史》卷一百二十二《韩林儿传》)。此外如芝麻李以烧香聚众而反。徐寿辉以妖术阴谋聚众，举兵为乱，以红巾为号（《元史》卷四十二《顺帝本纪》至正十一年八月），这都是柳宗元所说"力不足者取乎神"的注脚。

元亡明兴，外患内乱不绝于史，外患以正统年间的瓦剌（也先）、嘉靖年间的鞑靼（俺答），以及由嘉靖至万历年间的倭寇，为患最烈（参阅《明史》卷三百二十二《日本传》、卷三百二十七《鞑靼传》、卷三百二十八《瓦剌传》）；内乱开始于永乐十九年唐赛儿倡乱于山东（《明史》卷一百七十五《卫青传》），此后乘瑕弄兵，频见窃发（《明史》卷一百六十六《李震传》、卷一百七十二《杨信民传》《张骥传》《白圭传》、卷一百七十八《项忠传》、卷一百八十七《何鉴传》），虽皆旋见扑灭，而吏治腐化引起民变，已经明如观火。降至宪宗，因口吃，不欲与大臣面谈国事，深居宫中，由是阉人遂有弄权的机会，致令政治日益腐化，赋税日益加重，终而影响于人民生活。洪武年间解缙已经说过，"夏税一也，而茶椒有粮，果丝有税，既税于所产之地，又税于所过之津"（《明史》卷一百四十七《解缙传》）。嘉靖时，余珊又复警告："近年以来，黄纸蠲放，白纸催征；额外之敛，下及鸡豚；织造之需，自为商贾。江淮母子相食，兖豫盗贼横行，川陕湖贵疲于供饷，田野嗷嗷，无乐生之心。"（《明史》卷二百八

《余珊传》)降至万历,吕坤亦说,"臣久为外吏,见陛下赤子冻骨无兼衣,饥肠不再食,垣舍弗蔽,苫稿未完,流移日众,弃地猥多。留者输去者之粮,生者承死者之役,君门万里,孰能仰诉"(《明史》卷二百二十六《吕坤传》)。结果殷户减少,冯琦说,"比来天下赋额,视二十年以前,十增其四。而民户殷足者,则十减其五"(《明史》卷二百十六《冯琦传》)。然社会的安定有赖于殷户者甚大,《周礼》荒政十二,保富居一,盖如钱士升所说,"且郡邑有富家,固贫民衣食之源也。地方水旱,有司令出钱粟,均粜济饥,一遇寇警,令助城堡守御。富家未尝无益于国"(《明史》卷二百五十一《钱士升传》)。殷户减少,势之所趋,中产阶级更随之没落。贫穷成为普遍化的现象,弥勒佛又出世了。嘉靖五年,"妖贼李福达……以弥勒教诱愚民……为乱,事觉……父子论死"(《明史》卷二百六《马录传》)。自南北朝之末而至明代末年,作乱者多假托弥勒佛以为号召,弥勒佛有此威力,值得研究。陵迟而至天启,魏阉乱政,"四川则奢崇明叛,贵州则安邦彦叛,山东则徐鸿儒乱"(《明史》卷二百四十六《满朝荐传》)。徐鸿儒以白莲教惑众,于天启二年倡乱,"蹢山东二十年,徒党不下二百万"(《明史》卷二百五十七《赵彦传》),后虽伏诛,而社会秩序已经破坏。崇祯即位,国事已不可为,"流寇日炽,缘墨吏朘民,民益走为盗,盗日多,民生日蹙"(《明史》卷二百六十五《王家彦传》)。流寇既蔓延于全国,清兵又侵略于边境。边事益坏,流寇益炽,而以出自陕西之李自成、张献忠最为嚣张。崇祯十七年,自成攻入京师,崇祯自缢死。吴三桂引清兵入关,清兵次第平定李张二贼。流寇之祸虽熄,而明祚亦随之而亡。

前清时代亦常有宗教团体作乱之事,乾隆年间有白莲教之乱,咸丰年间有天理教之乱,光绪年间有义和团之乱,亦皆借宗教为号召,甚至洪秀全的起事(道光三十年)亦利用上帝会(即三点会),传布上帝教,称上帝为天父,耶稣为天父长子,秀全自己则为天父次子,下界转世,劝度生灵,先后攻拔六百余城,势力及于十有六省,后因诸王互相忌杀,而天父、天兄(耶稣)之说更与吾国固有文化不合,人心涣散,各地相继失守,终至灭亡(同治三年)。

综上所述,可知吾国历来对于腐化的政府,首先出来反抗的多利用宗教。盖唯宗教才有神秘性可以引诱愚民,又唯宗教才有组织,可以结合群众。因此,历代政府率皆反对宗教,尤其反对宗教团体,只唯佛道二教能够继续存在。然而三武固曾灭佛,道教亦受过压迫,道教创始于东汉张陵,以符箓禁咒之法行世,从受道者出米五斗。子衡、孙鲁相继遵行其道,美其道者称之为五斗米道,恶其道者号之为米贼。建安年间鲁据汉中,以其道教民,作义舍以便行路者的休憩,又置义米肉悬于义舍,行路者量腹取足,若过多,鬼神辄病之,民庶乐之(参阅《魏志》卷八《张鲁传》)。由此可知道教是将神奇与布施合并为一,自张鲁以后,与政府利害不相冲突,故不为朝廷所禁。佛教于汉明帝之世传入中国,"魏黄初中,中国人始依佛戒,剃发为僧"(《隋书》卷三十五《经籍志》)。佛教的理想为涅槃,涅槃又称圆寂,即命终成佛之意,故其所理想的人生在未来,不在现世,此与政治之为现实问题者不同。三武灭佛,原因不在于信仰的不同,而在于利害的冲突。当时人民出家,可以免除赋役,故《魏书》(卷一百十四)《释老志》云,"愚民侥幸,假称入道,以避输课……所在编民相与入道,假慕沙门,实避调役"。而全国土地归属于佛庙而得免税者又甚广大。故《魏书·释老志》又云,"自迁都(孝文帝迁都洛阳)已来,年逾二纪,寺夺民居,三分且一……非但京邑如此,天下州镇僧寺亦然,侵夺细民,广占田宅"。北朝如此,南朝亦然,故《宋书》(卷九十七《天竺迦毗黎国传》)云,"佛法讹替,沙门混杂,未足扶济鸿教,而专成逋薮"。朝廷为挽救财政困难,不能不压迫佛教,然而朝廷灭佛的财政政策与人民信佛的经济动机(求免课役)本来不能相容。朝廷不务其本,而谋其末,所以灭佛无不失败。由唐(唐武宗灭佛)经宋至明,人士还有假托出家以避课役之事。到了前清康熙五十年下"永不加税"之谕(萧一山著《清代通史》第一册八一〇页以下,商务版),人民不必假托出家以避赋役,佛教的势力大见降落。据历史所示,凡利用宗教号召人民叛变者,亦只能发难于一时,不能成功于永久。此盖任何宗教均有神秘观念,而与吾国固有文化之为现实而又平易者不能相容之故。所以宗教之于吾国,只有不谈政治,一谈政治,必至失败。

　　最后对于宗教尚须一言者,一切宗教多产生于民众受难最苦的时代。但宗教乃不能拯救民众的苦难,反而民众的苦难却因宗教的麻醉而延长。因为宗教常把乐园建设在幻想的世界,民众受了幻想的迷惑,而寄望于未来的乌托邦,其结果常常不想改造现实社会,而只想离开现实社会,由是民众渐次失去斗志,苦难便因之延长。耶稣说"我的国不属这世界"(《新约·约翰福音》第十八章三十六节),"你们听见有话说,以眼还眼,以牙还牙。只是我告诉你们,不要与恶人作对,有人打你的右脸,连左脸也转过来,由他打"(《新约·马太福音》第五章三十八节至三十九节),一方把理想的王国由现实世界移于精神世界,同时又教人忍辱含垢,不做反抗。这样,人民对于暴政,哪能起来做革命运动。

(二) 卜筮

> 卜筮然后决大事,非以为得求也(得求谓得所求也),以文之也(谓用以文饰政治之有问题者)。故君子以为文,而百姓以为神。以为文则吉,以为神则凶也。(《荀子》第十七篇《天论》)

《左》桓十一年,楚将与郧人战,"莫敖(官名,时屈瑕为之)曰,卜之。对曰,卜以决疑,不疑何卜?遂败郧师于蒲骚,卒盟而还"。凡人缺乏自信力,而发生疑惑之时,古人常用卜以决定何所取舍。前已引过柳宗元之言,"力足者取乎人,力不足者取乎神"。柳氏又说,"卜者世之余伎也,道之所无用也……然而圣人之用也,盖以驱陋民也……要言,卜史之害于道也多,而益于道也少,虽勿用之可也"(《柳河东集》卷四十四《非国语上·卜》),所谓"驱陋民"即柳氏所说"盖以愚蚩蚩者耳"(同上卷三《断刑论下》)。唐代文人韩柳并称,韩愈接受孟子的思想,柳宗元接受荀子的思想。以文字言,韩胜于柳,犹如《孟子》之书,文字胜过《荀子》之书。以思想言,柳胜于韩,犹如荀子的言论合于逻辑,孟子的言论多近独断,故在思想方面,荀子比之孟子似胜一筹。